DER WIENER PITAVAL

Ubald Tartaruga

DER WIENER PITAVAL

Herausgegeben,
erweitert, kommentiert, bearbeitet und
mit Illustrationen versehen
von
Harald Seyrl

EDITION SEYRL
Wien-Scharnstein
2000

ISBN 3-901697-08-X

By *EDITION SEYRL*
Wien - Scharnstein
2000 Alle Rechte vorbehalten. Nachdruck, auch auszugsweise, verboten

Typographische Gestaltung:
Róbert Gábor

Druck:
Herstellung unter Mitwirkung der ROKA-EX GmbH.
Budapest

DER
WIENER PITAVAL

Die bedeutendsten Kriminalfälle aus
dem Wien des 19. Jahrhunderts

Unter dem Pseudonym Ubald Tartaruga brachte der Wiener Oberpolizeirat Dr. Edmund Ehrenfreund (geb. 12. Februar 1875) in den Jahren vor dem Ersten Weltkrieg in Anlehnung an das klassische Vorbild seinen WIENER PITAVAL heraus, in welchem er sechzig der interessantesten Kriminalfälle des 19. Jahrhunderts schildert.

Der Leiter des Österreichischen und Wiener Kriminalmuseums, Mag. Harald Seyrl, hat dieses seit vielen Jahrzehnten vergriffene Werk neu bearbeitet, mit fachkundigen Kommentaren und Erläuterungen versehen und den originalen Text durch zahlreiche Illustrationen ergänzt.

Ubald Tartaruga betonte bei der ursprünglichen Abfassung seines Werkes, daß „Kriminalgeschichte auch Kulturgeschichte" sei, ein Anspruch, dem in der Neuauflage besonderes Augenmerk gewidmet wurde. Nicht die Schilderung von Mord und Totschlag steht im Vordergrund, die Menschen und das Leben im alten Wien werden lebendig. Es öffnet sich ein Fenster in die alte Kaiserstadt an der Donau, einer Stadt voll Plüsch und Glimmer, aber auch voll Leid und Tod. Man geht durch die dunklen, verwinkelten Gassen und betritt düstere Schenken, begegnet lebensfrohen Menschen, die unter den ausgesteckten Buschen beim jungen Wein den Ernst des Alltages verdrängen und trifft auf leichte Mädchen und hinterhältige Kavaliere. Eine Begegnung mit dem alten Wien, voll Blut und Freude, voll Lust und Leid - geheimnisvoll, faszinierend und doch ebenso liebenswert wie die Stadt unserer Tage.

VORWORT ZUR ERSTEN AUFLAGE

Kriminalgeschichte ist Kulturgeschichte. Die Wahrheit dieses Satzes wurde aber erst spät erkannt. Der erste Schriftsteller, welcher eine Sammlung der merkwürdigsten Kriminalfälle für Juristen, Psychologen und das große gebildete Publikum schuf, war der berühmte französische Rechtslehrer Francois Gayot de Pitaval. Er ließ, vom Jahre 1734 angefangen, zwanzig Bände seiner „Causes célebres et intéressantes" erscheinen. Das Werk, welches ungeheuren Anklang fand, wurde nach seinem Tode von J. C. de Laville fortgesetzt. Der Parlamentsadvokat Richer gab sodann der Sammlung, der man mit Recht vorwarf, daß sie einen Wust von nicht zur Sache gehörigen Betrachtungen enthalte, eine neue Gestalt, durch welche er sich bestrebte, den Leser in Spannung zu erhalten. Eine Auswahl dieser Kriminalgeschichten wurde im Jahre 1792 in Jena unter dem Titel: „Merkwürdige Rechtsfälle, als ein Beitrag zur Geschichte der Menschheit" veröffentlicht, zu der kein Geringerer als der deutsche Dichterfürst Friedrich Schiller die Vorrede schrieb. Eine weitere Fortsetzung des Werkes begannen im Jahre 1842 unter dem Titel: „Neuer Pitaval" der deutsche Kriminaldirektor Dr. J. E. Hitzig und der Schriftsteller Dr. W. Häring (Pseudonym: „Willibald Alexis"). Später wurde die Kompilation von Dr. A. Vollert weitergeführt. Endlich erscheint gegenwärtig in Tübingen „Der Pitaval der Gegenwart", herausgegeben von Dr. R. Frank, Professor in Tübingen, Dr. G. Roscher, Polizeidirektor in Hamburg und Dr. H. Schmidt, Reichsgerichtsrat in Leipzig.

Wenn wir die hier aufgezählten Sammelwerke durchstudieren, so finden wir im alten „Pitaval" hauptsächlichst nur französische Prozesse berücksichtigt, was einleuchtet, da ja der Schöpfer desselben ein Gallier war. Der Franzose sucht bekanntlich Welt und Menschen nur in seiner Nation. Auch stand ihm sicherlich das einschlägige Material müheloser zur Verfügung. Verwunderlicher ist dagegen, daß auch die verschiedenen Fortsetzungen der Sammlung in der Mehrzahl bloß französische Fälle bringen, obwohl die deutschen Herausgeber ausdrücklich bemerken, daß „auffällige Kriminalgeschichten nicht mehr dem Lande allein gehörten, wo sie vorgefallen, auch nicht der Wissenschaft allein", daß sie vielmehr „das traurige Vorrecht hätten, ein großes Gemeingut zu sein". Immerhin begegnen wir nebenbei zahlreichen englischen und deutschen Kriminalbegebenheiten. Was nun die letzteren betrifft, so werden wir in alle möglichen deutschen Kleinstädte versetzt, nur von Wien ist fast nie die Rede. Dies ist um so merkwürdiger, als Wien doch vor Entstehung des norddeutschen Bundes *(1866)* die bedeutendste und größte Stadt Deutschlands war.

Die Erklärung liegt darin, daß der Wiener, namentlich der von Anno dazumal, niemals eine besondere Vorliebe für Seelenforschung besaß, sondern leichtlebig und sorglos den Herrgott einen guten Mann sein ließ. Das beredteste Zeugnis hierfür ist die Tatsache, daß, als im Jahre 1850 mit Einführung der neuen Gerichtsordnung der „Criminalsenat des Wiener Magistrates" aufgelöst wurde, um seine Zuständigkeit für Verbrechen an die landesfürstlichen neugeschaffenen Gerichte abzutreten, der Präsident desselben den Aktenbestand des ehemaligen Wiener Kriminalgerichtes bei Übergabe der Geschäfte als wertlos einstampfen ließ. 180 Zentner Akten, nein Kulturdokumente, wurden damals „mit Vorwissen des Vizebürgermeisters Philipp", des ehemaligen Präsidenten des städtischen Kriminalgerichtes „skartiert". Die Stadt Wien war somit nicht mehr in der Lage, den späteren Forschern für die Bearbeitung hier vorgefallener Verbrechen Material zu bieten. Alles, was die Bibliothek der Stadt Wien besitzt, ist eine ziemlich umfangreiche Sammlung von gedruckten Urteilen, hauptsächlich Todesurteilen, aus denen sich nicht viel ersehen läßt. Im „Archive" befinden sich allerdings viele geschriebene Bücher des ehemaligen Wiener Kriminalgerichtes, welche die Titel führen: „Annalen", „Memorabilien", „Untersuchungsakten", „Appellationsdekrete", „Urtheile", „Ausweisungsdekrete" und „Ratsprotokollsauszüge", ihr kriminalhistorischer Wert ist aber gering. Außerdem existiert ein Faszikel „Vormerkbücher", mutmaßlich von dem Magistratsrate Kyselak beim Kriminalsenate angelegt, ein Band Akten aus dem Nachlasse des Magistratsrates Kiesewetter beim genannten Kriminalsenat, ferner ein Geschäftsjournal des Auditors Boleslawski aus den Jahren 1848 und 1849, endlich ein Bündel Akten des dem Stifte Klosterneuburg unterstehenden Polizeikommissariats Brigittenau und Zwischenbrücken aus dem Jahre 1848.

Alle diese Handschriften und Akten stellte dem Verfasser der als Schriftsteller selbst bestens bekannte Archivdirektor, Herr Hermann Hango, in zuvorkommendster Weise zur Verfügung, wofür ihm hiemit bestens gedankt sei. Leider versprechen die erwähnten bescheidenen Überbleibsel, wie oben bemerkt, weit mehr als sie halten. Die Lektüre zeigt, daß es sich meistens nur um Personal- oder sonstige für die gedachte Aufgabe unwesentliche Dinge handelt. Bloß der kleinere Rest gibt über den einen oder anderen Wiener Prozeß der ersten Hälfte des 19. Jahrhunderts interessanten Aufschluß. Der Verfasser, welcher es sich zur Aufgabe gestellt hatte, zum erstenmal einen „W i e n e r Pitaval" zu schreiben und seinen Mitbürgern zu zeigen, daß es auch bei uns nichts mehr Neues gibt, daß vielmehr „schon alles dagewesen ist", war daher auf viele andere Quellen angewiesen. Die Publizistik des Vormärzes kam ihm dabei sehr zustatten. Sie gab ihm Nebenumstände bekannt, welche trotz ihrer kriminalistischen und sozialen Bedeutendheit in Akten nicht festgehalten zu werden pflegen, sie diente ihm aber auch als Richtschnur beim Aufsuchen des nötigen Dokumentenmaterials. Hierbei nahm sich seiner der Direktor der k. k. Universitätsbibliothek, Herr Regierungsrat Dr. Isidor Himmelbaur, in liebenswürdigster Weise an und gewährte ihm alle nur möglichen Begünstigungen. Ich entledige mich einer Ehrenpflicht, dem Herrn Regierungsrat für dieses Entgegenkommen hier den ergebensten Dank auszusprechen.

Zum Schlusse erübrigt es dem Autor außerdem, einer Reihe hervorragender Persönlichkeiten für ihre ähnliche Mithilfe seine Dankbarkeit auszudrücken. Er kann es leider bloß summarisch tun, denn die Namen der betreffenden Herren müssen aus dem einfachen Grunde verschwiegen werden, weil diese eigentlich kein Recht besaßen, dem Schreiber Einblick in die teilweise privaten, teilweise gesetzlich geschützten Archive und Registraturen zu gewähren. Gerade aus diesen Quellen schöpfte der Verfasser aber den Hauptinhalt seiner Erzählungen, wenigstens, soweit es sich um die Epoche vor dem Jahre 1850 handelt. Darüber hinaus erhielten durch sie auch jene Fälle, die sich später ereigneten, vielfach Leben und Farbe.

Wie oben erwähnt, mußte die Publizistik oftmals Lücken ausfüllen. Wenn sich dadurch da und dort eine Unrichtigkeit oder Ungenauigkeit einschlich, so bittet der Verfasser im voraus um Vergebung. Ultra posse nemo obligutur.

U. Tartaruga
(1913)

HISTORISCHE ENTWICKLUNG
DER WIENER POLIZEI- UND GERICHTSGEWALT

Wenn man bedenkt, daß die Justiz erst im 18. Jahrhundert allmählich von der Verwaltung getrennt und der größte Teil der heutigen Polizeiübertretungen früher gerichtlich mit den grausamsten Leibes-, Freiheits- und Todesstrafen geahndet wurde, so wird verständlich, daß man keine Geschichte der polizeilichen Vollzugsgewalt schreiben kann, ohne zugleich eine solche der Strafrechtspflege zu verfassen, in deren Rahmen sich die Sicherheitspolizei tatsächlich entwickelt hat.

Diesfalls ergeben sich aber bedeutende Unterschiede zwischen dem klassischen römisch-griechischen und dem deutschen Recht, welch letzteres für die Wiener Verhältnisse fast ausschließlich in Betracht kommt. Bei den Auffassungen lag allerdings durch die längste Zeit der gemeinsame Gedanke zugrunde, daß man keinen Staatsanwalt brauche, daß auch in strafrechtlichen Dingen immer nur der Beleidigte klagen könne, und daß alle Schuld mit Geld tilgbar sei. Ausnahmen kannte man nur dann, wenn es sich um Angriffe gegen den Staat oder die Götter handelte. In solchen Fällen verhängte man auch Todes- und späterhin Freiheitsstrafen.

Immerhin besaßen die juristisch gebildeten Griechen und noch mehr die Römer verhältnismäßig bald eigene Vollzugsbeamte, nämlich die Ephoren, beziehungsweise Ädilen und Liktoren. Die alten Deutschen benötigten dagegen keine Polizeibeamten, die übrigens bis in die neueste Zeit immer nur als Handlanger der politischen und richterlichen Machthaber angesehen wurden, denn noch im Mittelalter bestand für jeden deutschen Bürger die sogenannte „Gerichts- und Landfolge", das heißt, es war Bürgerpflicht, unentgeltlich Heeres-, Gerichts- und Polizeidienst zu leisten. Die letztgenannten beiden Tätigkeiten kamen in Frage, wenn es sich um die Unschädlichmachung von Räubern, Raubrittern und Wegelagerern handelte. Im übrigen mußte der Kläger den Geklagten selbst vors Gericht laden, und wenn er nicht gutwillig ging, zu den Richtern schleppen. Ja, sogar der Vollzug des Urteils oblag ausschließlich ihm selbst.

Nach und nach rang sich wohl die Ansicht durch, daß auch der Staat ein Interesse daran habe, Verbrecher anzuklagen und zu bestrafen (die sogenannte Offizialmaxime), da durch Missetaten nicht nur das Opfer, sondern auch die ganze Gemeinschaft in ihrer Würde und ihren Rechten verletzt werde, aber der Zerfall des Reiches zerstörte wieder alle diese zarten Ansätze modernen Fühlens.

Die Lage war am Ausgange des Mittelalters eine solche, daß das Königsgericht freilich noch bestand, aber nur in den geringsten Fällen Gelegenheit fand, Recht zu sprechen. Es herrschte vielmehr auf dem Gebiete der Justiz eine kolossale Zersplitterung. Jedes Land, jede Stadt, jedes Dorf, jeder Stand, ja sogar jeder einzelne Gutsherr besaß eine besondere Gerichtsbarkeit und auch eigene Polizei. Diese Häscher waren natürlich keine Fachorgane, sondern Leute, zu deren lästigen Nebenobliegenheiten es gehörte, die Befehle des Gerichtsherrn zu vollziehen. Berüchtigt war in dieser Hinsicht die bestechliche, grausame und ungebildete Patrimonialpolizei.

Nur in den Städten zeigte sich ein frischerer Zug, indem dieselben Gericht und Polizei strammer zu organisieren begannen und insbesondere beamtete Vollzugsorgane schufen. Da indessen, wie erwähnt, das Recht selbst ein hundertfaches war und auch sonst keinerlei Einheitlichkeit bestand, die einzelnen Gerichtsbehörden in keinem gegenseitigem Verkehre gemeinsame Arbeit leisteten, hauptsächlich aber auch keine Vollzugsorgane für das flache Land als Verbindungsglied aufgestellt wurden, so darf man diese Epochen das „goldene Zeitalter der Gauner" nennen. Gelang es nämlich einem Verbrecher, die Grenzen eines Rechtsgebietes zu verlassen, so war er in der Regel vor jeder weiteren Anfechtung geschützt. Fing man ihn ein, dann hatte er allerdings keinen Grund zur Heiterkeit, denn damals triumphierte die höchste Willkür, die brutalste Grausamkeit. Man huldigte einzig und allein der Vergeltungs- und Abschreckungstheorie, verhängte die Todesstrafe so häufig und so skrupellos, daß man sie verschärfen zu müssen glaubte, um sie wirksamer zu machen. Bevor also ein Delinquent hingerichtet wurde, was durch das Schwert, Feuer, Rad, den Strick und manchmal auch noch auf andere Weise geschah, stellte man ihn auf den Pranger, führte ihn auf den „hohen" (Schinder-) Wagen zur Richtstatt, oder man schleifte ihn gar hin, zwickte ihn während des Marsches mit glühenden Zangen oder marterte ihn womöglich noch in raffinierterer Art. Damit nicht genug, beging man auch an der Leiche allerhand Scheußlichkeiten. Man vierteilte sie, man verstreute ihre Asche in alle Winde oder schüttete sie in den vorbeifließenden Strom und so weiter.

Das ereignete sich durchaus nicht bloß im Mittelalter. Wir besitzen zum Beispiel ein Urteil vom 14. Juni 1743, welches gegen den Prager ständischen Kreissekretär Karl David wegen Aufwiegelung gefällt worden war und folgendermaßen lautete: Zuerst Abhauung der rechten Hand, dann des Kopfes, hierauf Pfählung des Kopfes auf der Richtstatt. Neben dem Kopfe sei die rechte Hand anzunageln. Endlich sei der Leichnam zu vierteilen und je ein Teil in den vier Hauptstraßen Prags auf Galgen zu hängen.

Dieser Unglückliche wurde aber gerade in dem Augenblicke, wo ihm die rechte Hand durch einen Schwertstreich vom Arme getrennt werden sollte, begnadigt und auf den Brünner Spielberg gebracht, den ja die Wenigsten lebendig, oder wenn schon, in blindem Zustande zu verlassen pflegten.

Einen Wandel brachte erst die naturrechtliche Schule im 18. Jahrhundert, welche Aufklärung verbreitete, für Menschlichkeit, eine vernünftige Strafgesetzgebung, ein geordnetes Prozeßrecht, die Mündlichkeit und Öffentlichkeit des Verfahrens, die Aufstellung eines Verteidigers und, wie bereits oben erwähnt, für die Trennung der Justiz von der Verwaltung eintrat, was zuerst in Frankreich zur Wirklichkeit wurde.

Noch maßgebender für den Umschwung in der Rechtspflege, aber hauptsächlich für den Aufstieg der Polizeibehörden wurden die technischen Errungenschaften des 19. Jahrhunderts, das Zeitalter der Erfindungen. Zwar gab es noch immer keine Kriminalpolizei im heutigen Sinne, aber doch schon Polizisten, die nicht nur auf ihre persönliche Erfahrung und ihr mehr oder minder gutes Gedächtnis angewiesen waren, sondern die vermöge der Presse, der Eisenbahn, des Dampfschiffes, des Telegraphen, des Telephons und so weiter in wechselseitigem Gedankenaustausch und Verkehre standen und auf eine gewisse Selbständigkeit mit Recht Anspruch erheben durften. Man hatte die Gerichte schon früh den „Arm der Gerechtigkeit" genannt und die Polizeiorgane als dessen Hand angesehen, die sich nach den Bewegungen des Armes zu richten habe. Nun wurde das Verhältnis Schritt für Schritt ein anderes. Die Finger der Hand begannen durch ihr Tastgefühl und ihr Geschick auf eigene Faust in der Menschheit herumzusuchen und lenkten jetzt, wenn sie einen Schuldigen herausgefunden hatten, den schwerfälligen Arm des Gerichtes erst in die entsprechende Richtung.

Dies trat vornehmlich seit dem Jahre 1873 in Erscheinung, wo der Grazer Strafrechtslehrer Professor Dr. Hans Groß der Schöpfer und Begründer der Kriminalwissenschaft wurde. Seither haben die Polizeibehörden in der Anthropometrie, Daktyloskopie und auf anderen wissenschaftlichen Gebieten Handhaben gewonnen, die ihnen eine achtunggebietende sachliche, objektiv kontrollierbare, selbständige Tätigkeit ermöglicht.

Natürlich mußte auch das sonstige Bildungsniveau des Polizisten gehoben werden, so daß die Öffentlichkeit heute mit Recht solche Vollzugsorgane verlangt, die mit dem ganzen modernen Verkehre, mit dem Verwaltungs- und Justizapparate vollkommen vertraut sind.

Diesen allgemeinen Entwicklungsgang finden wir ganz genau auch in der Wiener Geschichte. Als älteste Quelle kann das am 18. Oktober 1221 verliehene Wiener Stadtrecht des Babenberger Herzogs Leopold VI., des Glorreichen, gelten. Er setzte damals einen aus 24 Bürgern bestehenden Stadtrat ein, dem die gesamte Verwaltung übertragen wurde. Von einer Polizeibehörde oder auch nur von Vollzugsorganen ist darin keine Rede. Auch Kaiser Friedrich verlangt in der „goldenen Bulle" des Jahres 1237 keine Polizisten, ebensowenig wie dies Rudolf von Habsburg 1278 und Albrecht I. 1296 taten. Vielmehr war es Pflicht der Wiener Bürger, die Stadt zu schützen und zu diesem Zwecke Patrouillendienst zu verrichten. Man teilte das Gebiet in Viertel, an deren Spitze ein Hauptmann oder Viertelmeister stand. Die entlegeneren Teile mußten die Jungen, das Zentrum die älteren Männer begehen, woher wohl auch der Ausdruck „Alt- und Jungviertel" stammt. Der Stadtrichter war

DIE WIENER „TAG- UND NACHTWACHE" NACH EINER ANSICHT AUS DEM JAHRE 1547

oberste Gerichtsbehörde, unabhängig von der eigentlichen Gemeindeobrigkeit (dem Magistrate) und im gleichen Range wie der Bürgermeister. Bürger sollten in allen bürgerlichen oder peinlichen Rechtsfällen nur von Bürgern gerichtet werden, und zwar nach dem Rechte und nach den alten Gewohnheiten der Stadt, ausgenommen im Falle des Hochverrates. Die wichtigsten Sachen entschied der Herzog selbst oder seine Delegierten. Die Schotten hatten hinsichtlich ihrer Besitztümer eine eigene Gerichtsherrlichkeit, ebenso war die Universität selbständig. Auch die Klöster und einige Lehnsherren durften auf ihrem Territorium Recht sprechen. Was die Vororte anbelangt, so hatte der Ortsrichter in den leichteren Übertretungen zu judizieren, während er Klagen auf Tod oder Verlust der Ehre bloß entgegenzunehmen und durch Zeugenvernehmungen spruchreif zu machen hatte. Der Angeklagte (Malefizperson) wurde sodann samt den Prozeßakten dem Wiener Stadtrichter übergeben. Dies vollzog sich unter Beobachtung gewisser Förmlichkeiten. Um die Mittagsstunde führte ihn nämlich der Ortsrichter, begleitet von den Ortsinsassen, zum Grenzgemarkungsstein, wobei der Delinquent am Halse einen roten Beutel („Fürfang") mit 72 Pfennigen trug. Dort rief der Ortsrichter dreimal: „Herr Richter von Wien, seid Ihr hie?" Auf die bejahende Antwort erfolgte die Übernahme. Der „luckerte" Stein von Währing existiert noch heute. Er wird im Hause XVIII., Gentzgasse 72 aufbewahrt.

Am 13. Mai 1444 bezog der Wiener Stadtrat über lebhaften Wunsch der von allerhand Gesindel beunruhigten Vorstädte auch diese in den Patrouillendienst ein. Gleichzeitig wurde ein Alarmplatz bestimmt, wo sich die Bürgerpolizei auf ein bestimmtes Signal hin zu versammeln hatte. Dies ereignete sich besonders bei Feuersbrünsten, für welche dann im Jahre 1454 eine spezielle Feuerordnung erlassen wurde, sowie auch bei zahlreichen Überschwemmungen.

Natürlich empfanden die reicheren und bequemeren Bürger den geschilderten anstrengenden Dienst sehr unangenehm, weshalb es später gebräuchlich wurde, sich durch ärmere Männer gegen Entgelt vertreten zu lassen. Diese Stellvertretung nahm einen solchen Umfang an, daß der Stadtrat um die

Mitte des 14. Jahrhunderts den Entschluß faßte, eigene Söldner anzuwerben, doch ist es gewiß bezeichnend, daß man deshalb die alte staatliche Verpflichtung der Bürger zur Gerichts- und Landfolge nicht aufhob, sondern die ersteren weiter für die Ruhe und Ordnung verantwortlich machte. Wenn auch faktisch bezahlte Leute den Polizeidienst versahen, verantwortlich blieben dennoch die Bürger. Im Jahre 1546 nahm die Stadt Wien 60 Landsknechte auf, an deren Spitze ein Hauptmann stand und deren Obliegenheit es war, an den Toren Permanenzdienst zu versehen. Wir besitzen ein Bild, welches die damalige „Stadtguardia", dies war der offizielle Titel, zeigt. Sie besaß eine eigene Fahne mit dem Stadtwappen. Das Anwachsen der Stadt machte es nötig, ihren Stand im Jahre 1569 auf 150 Mann und bis zum Jahre 1683 auf 1.200 Mann zu bringen.

Die „Guardia" bereitete den Stadtvätern aber großen Kummer, denn sie zeigte alle Unarten und Übergriffe der damaligen Soldateska und verursachte durch ihre schlechte Disziplin und ihre Ausschreitungen Aufregung unter der Bürgerschaft. Die Stadtgardisten waren ungerecht und verlogen, so daß man auf ihr Zeugnis hin niemanden mehr verurteilen wollte. Daher griff der Stadtrat schon im Jahre 1582 auf die altdeutsche Bürgerpflicht zurück und verordnete, daß jede Gardistenpatrouille durch zwei Bürger zu begleiten sei, um Exzesse hintanzuhalten und verläßliche Gerichtszeugen zu gewinnen.

Daß eine solche Verfügung unter den Gardisten böses Blut machte, braucht nicht hervorgehoben zu werden. Sie fühlten sich stärker als die des Polizeidienstes längst entwöhnten Bürger und verweigerten denselben den Gehorsam. Da man sich nicht getraute, diese famosen „Schutzleute" abzuschaffen, so errichtete man ein Gegeninstitut in der „Rumorwache", und zwar im Jahre 1650. Diese auf Gemeindekosten amtierende Truppe zählte aber nur 60 Mann, welche von einem Rumormeister, einem Leutnant und drei Korporalen befehligt wurden. Alle Klagen der Rumormeister, daß es ihnen unmöglich sei, mit so wenig Leuten die Ruhe und Ordnung aufrecht zu erhalten, scheiterten an den Kosten, denn die Stadt mußte ja über Drängen der Stadtgardisten deren Stand immer noch vermehren. Es kam daher zu immerwährenden Reibereien zwischen der Stadtguardia und der Rumorwache, die sich bis zum Jahre 1741 hinzogen, wo Maria Theresia am 20. November endlich die Auflösung der ersteren dekretierte und an ihre Stelle zwei Regimenter setzte, die fortan die Tore der befestigten Stadt und diese selbst zu bewachen und zu schützen hatten.

Dies war der Anfang der Militarisierung im Wiener Polizeiwesen, welche einen großen Rückschritt in der Entwicklung des Sicherheitsdienstes bedeutete. Wir werden darauf noch später zurückkommen und wollen hier nur vorausschicken, daß Kaiser Leopold II. (1790 - 1792) die gesamte Lokalpolizei verstaatlichte, was die Auflösung der kommunalen Rumorwache herbeiführte, die bereits verschiedene erfreuliche Ansätze zu selbständigerem Handeln gezeigt hatte.

Um den Dienst der Rumorwache, die Behandlung der Arrestanten und die Heranziehung verschiedener Ubikationen zu verstehen, müssen wir uns ein wenig mit der Wiener alten Rechtspflege beschäftigen. In ältester Zeit gab es keine Gefängnisse. Solche wurden vielmehr erst ziemlich spät erbaut. So besaß auch das Wiener Gerichtsgebäude, die „Schranne", „allwo das hochnothpeinliche Gericht der gemainen Stat Wien tagte", ursprünglich keine Lokalitäten zur Aufnahme von Häftlingen. Sie stand anfangs am Petersplatze. Aber schon im Jahre 1325 finden wir die Schranne auf den Hohen Markt, den Urplatz Wiens, verlegt. Sie befand sich im Di Paulischen Hause Nr. 524 (neu 13), welches Gebäude, ebenso wie das erste, eine Freitreppe besaß. Bei der im Jahre 1437 wütenden großen Feuersbrunst wird diese neue Schranne aber ein Raub der Flammen. Nach dem Brande übersiedelte man auf die gegenüberliegende Seite, und zwar auf den Grund, wo sich gegenwärtig zwischen der Camesinagasse und den Tuchlauben das Gebäude Nr.5 erhebt. 1630 erwies sich die „Schranne" bereits als baufällig und mußte restauriert werden. Das renovierte Gebäude erhielt einen Reichsadler, Löwenreliefs und eine Statue der Justitia, wurde jedoch bald darauf wieder gründlich baufällig. Maria Theresia baute die Schranne 1740 um und Joseph II. nahm im Jahre 1785 eine Vergrößerung vor, um Kerker für Schwerverbrecher zu schaffen.

Vor der Schaffung eigener Kerker sperrte man die Sträflinge in die Türme der Festungswerke oder die Kasematten des Burg- und Stadtgrabens. Namentlich der geräumige Kärntnerturm wurde zu diesem Zwecke benützt. Daß aber noch in später Zeit der Stadtgraben als Zuchthaus benützt wurde, beweist ein „Urthel" vom 27. Oktober 1706, demzufolge ein Student auf dem „akademischen Richtplatze" hingerichtet werden sollte, weil er am 17. und 18. Jänner „Provokationszettel" angeschlagen, also nach heutigen Begriffen eine recht harmlose politische Demonstration veranstaltet hatte. Man ließ übrigens „Gnade walten" und verurteilte ihn „nur" zur „Relegation (von der Universität) und zweijähriger Zwangsarbeit in Eisen im hiesigen Stadtgraben (!) und nachheriger Landesverweisung".

Vor der Schranne stand frei das „Fischbrunnhäuschen", aus dem die Fischhändler gegen eine Abgabe das Wasser holten, und an der vorderen Seite desselben das „Narrenköterl", ein kleiner käfigartiger Bau, hinter dessen Gitter man in der Zeit von 1547 bis 1710 Trunkenbolde, Dirnen, Ruhestörer, Zauberer, Flucher und Gotteslästerer sperrte, um sie dem öffentlichen Spotte preiszugeben. Es war für die Wiener eine „Hauptthetz", diese von den Polizisten eingebrachten Herrschaften durch Schimpfen, Nasedrehen und Verlachen zu „narren". (Man darf das „Köterl" also nicht mit einem Irrenhause verwechseln.) Bis zum Jahre 1616 wurde es von einer prachtvollen Linde, an sich eine Sehenswürdigkeit Wiens, überschattet. Da sich auch der Pranger in der Nähe befand, so nannten die Wiener den Platz das „Schmerzhäufel".

Der Pranger stand beim Lichtensteg und diente sowohl als Strafverschärfung wie auch als Strafe für sich. Jeder Ausgestellte bekam eine Tafel umgehängt, welche den Grund der Strafe verkündete. Die Wiener nannten sie „Magentaferl".

Karl VI. ließ das „Narrenköterl" abbrechen und errichtete an seiner Stelle eine „Schandsäule", vor welcher in Hinkunft alle Verbrecher, insbesondere Mörder, ausgestellt wurden, um der öffentlichen Verlesung ihres Urteils auf solche Weise beizuwohnen. Die „Schandsäule" verschwand erst im Jahre 1848.

DAS GEBÄUDE DER MITTELALTERLICHEN SCHRANNE AM HOHEN MARKT IN WIEN

Wir haben oben gesagt, daß Joseph II. das Schrannengebäude im Jahre 1785 vergrößerte, um dort die Schwerverbrecher unterzubringen. Daraus ergibt sich die Frage, ob sie bis dahin durchwegs in den Türmen der Festungswerke schmachten mußten? Das war seit 1608 nicht durchwegs der Fall. In diesem Jahre, also unter der Regierung des Kaisers Rudolf II., erbaute man nämlich in der Rauhensteingasse, gegenüber dem Kloster der Siebenbüchnerinnen (Karmeliterinnen) ein „Amts-Hauß", in welchem auch der Freymann (Henker) seine Wohnung erhielt. Ferdinand III. versah es anno 1637 mit einer hübschen Kapelle. 1722 war es aber schon so „unmodern", daß Karl VI. einen Neubau anordnete. Vorerst mußte man eine merkwürdige Prozedur vornehmen, um das Gemäuer „ehrlich" zu machen, sonst hätte man keinen einzigen Handwerker gefunden. Einem Chronisten zufolge berief zu diesem Ende der Unterrichter Vinzenz Melchior Nußdorfer am 14. April 1722 sämtliche Meister, Gesellen und Tagelöhner ins Rathaus und forderte sie auf, mit ihm in die Rauhensteingasse zu gehen. Es war ein feierlicher Zug, von hunderten Menschen begleitet und von tausenden Neugierigen begafft. An Ort und Stelle ließ Herr Nußdorfer die Professionisten sich davon überzeugen, daß kein einziger Häftling mehr hier sei und daß alle Gebrauchsgegenstände derselben verbrannt worden seien. Hierauf klopfte er mit seinem Amtsstocke dreimal auf die Mauer und verkündete unter lautem Trommelwirbel, daß jeder, der sich unterfangen sollte, den am Neubaue Beschäftigten vorzuwerfen, sie ließen sich zu einer „unehrlichen" Arbeit verwenden, eine Leib- und Lebensstrafe zu gewärtigen habe. Seine Worte wurden von den Handwerkern wie ein Schwur wiederholt, wobei sie mit ihren Werkzeugen ebenfalls auf die Mauern schlugen. Erst jetzt konnte man mit dem Neubaue beginnen.

Von der Bevölkerung nie anders als „Malefiz-Spitzbubenhaus" genannt, hatte es zwei Stockwerke mit durchwegs vergitterten Fenstern. Die Tore waren mit schwerem Eisenblech beschlagen und über dem Haupteingang thronte ein ganz kolossaler Kalvarienberg aus rohen Steinen. Man sah schon von weitem auf buntbemaltem Hintergrunde in riesigen Dimensionen unter Metallbaldachinen den Heiland

DER HOHE MARKT MIT DEM SCHRANNENGEBÄUDE IM JAHRE 1719

am Kreuze, die Muttergottes, Johannes und Magdalena, flankiert von den Schächern als Symbole der gerechten und ungerechten Bestrafung.

Die Verbrecherzellen lagen im Keller. Die Räumlichkeiten erstreckten sich unter die Nachbarhäuser hin und boten für sehr viele arme Sünder Platz, da man jedem einzelnen nur sehr wenig Luft, gar kein Licht und bloß so viel Bewegungsfreiheit gönnte, daß er nach jeder Richtung hin zur Not einen Schritt tun konnte. Überdies schmiedete man ihnen eiserne Ringe um den Leib, schwere Ketten an die Füße, gewährte ihnen nur Pritschen als Liegestätten und gab ihnen nichts anderes als Brot und Wasser zur Nahrung. Verkehr oder eine gegenseitige Aussprache hatten sie nicht. Sie wurden allerdings manchmal in den Hof geführt, jedoch lediglich zu dem Behufe, die urteilsmäßig periodisch wiederkehrenden körperlichen Züchtigungen zu erleiden.

Im Malefiz-Spitzbubenhause gab es auch Untersuchungen. Wenn der Verdächtigte leugnete, so führte ihn der Freymann in eine eigene Kammer, wo er ihm, wie es die damalige „Halsgerichtsordnung" verlangte, „mit rohen Worten" den Gebrauch der Marterwerkzeuge zu erklären hatte. Als solche wurden angeführt: die Daumenschrauben, die Beinschrauben oder spanischen Stiefel, die Schnürung (Zusammenpressung von Armen und Beinen) und endlich das Aufziehen und Recken in der Luft, verschärft durch 40 Pfund schwere Fußgewichte. Nach dieser Vorbereitung durch den Henker erschien

DAS „MALEFIZ-SPITZBUBENHAUS" IN DER RAUHENSTEINGASSE

die „peinliche Halsgerichtskommission", um sich an einem schwarzgedeckten, mit drei brennenden Kerzen versehenen Tische niederzulassen und nochmals auf ein Geständnis hinzuarbeiten. Verharrte der Delinquent beim Leugnen, so übergab man ihn dem Freymann, der mit Unterstützung einiger Gehilfen die Folterungen vornahm. In den „Ruhepausen" hatte er übrigens dem Opfer neuerliche Vorstellungen zu machen. Blieb der Beschuldigte standhaft, so durfte das Martern durch „längstens eine Stunde" fortgesetzt werden.

Es darf uns nicht wundernehmen, wenn Kaiser Joseph II., der sich auch in eine Zelle des Brünner Spielbergs eine Stunde lang einsperren ließ, um sodann zu erklären, daß er der letzte Mensch sei, der hier gemartert wurde, das „Malefiz Spitzbubenhaus" schloß. Er brachte die Verbrecher einstweilen im „Rumorhaus", der Kaserne der „Rumorwache", Am Tiefen Graben Nr. 37 unter und bestimmte, daß nach Fertigstellung der Zellen im Schrannengebäude nur mehr die Schwerverbrecher dahin geschafft werden sollen. Die Leichtverbrecher seien dagegen polizeilich anzuhalten. Hierzu war das mit einer vom Volke „Heiliger Josef" genannten, in Wirklichkeit aber Joseph II. darstellenden Statue gezierte Rumorhaus zu klein, weshalb man schon früher die Polizeihäftlinge ins „Fischbrunnhäusel" auf dem Hohen Markt, schräg gegenüber dem Hause „Zur silbernen Schlange Nr. 525" bringen mußte. Die Rumorwachen erhielten daher ein neues Haus im Sterngäßchen. Schon damals bildete das uralte Gebäude in jenem Stadtteile ein ähnliches Verkehrshindernis wie das Siebenbüchnerinnenkloster am Salzgries. Von modernen Einrichtungen konnte keine Rede sein. Und dennoch verstanden es die Organe der Wiener Polizeidirektion, das Vorhandene voll auszunutzen.

Dort entstand unter anderem das erste Erkennungsamt, um sich seine berühmten Erfolge zu holen, welche zunächst die Dresdener Polizei und dann die Berliner zur Nacheiferung aufmunterten. Speziell die Daktyloskopie begann ihren Siegeszug über Deutschland vom Theobaldkloster aus. Auch für die halbwegs menschliche Unterbringung der Arrestanten wurde auf das beste vorgesorgt. Freilich bildete die Abfertigung der Zellenwagen, die ins Haus nicht einfahren konnten, täglich ein Hauptspektakel des neugierigen Wiener Volkes, und so machte sich das Bedürfnis nach einem den heutigen Anforderungen entsprechenden Gebäude immer dringender geltend. Dies führte endlich zur Errichtung des Polizeipalastes auf der Elisabethpromenade im neunten Bezirke. Der Neubau wurde im Jahre 1902 begonnen, 1904 beendet und enthält nebst einem Gefangenenhause, wie es auf dem Kontinente kaum eine zweite Stadt besitzt, eine Unzahl von Bureauräumlichkeiten, in denen die Kriminalpolizei, das Museum und noch andere Departements der Wiener Polizeidirektion ihren Sitz aufschlagen konnten. Erwähnenswert wäre auch noch, daß die ersten Kommissariate keine Arreste hatten, so daß die Häftlinge täglich in den alten kommunalen Grundarrest eskortiert werden mußten, wo der würdevolle „Grundwachter" noch immer das Zepter führte.

Die Schranne vermochte bald auch nicht mehr den neuen Anforderungen zu genügen. Man begann daher im Jahre 1832 mit dem Bau des Wiener Landesgerichtes, welches man in der Alservorstadt auf den Gründen der ehemaligen bürgerlichen Schießstätte nach den Plänen J. Fischers zu errichten beschlossen hatte. Das Gebäude, welches ursprünglich viel kleiner war, wurde im Jahre 1839 fertig, worauf die kommunalen Richter aus der alten Schranne fortzogen. Hier sprachen sie bis 1850, dem Inkrafttreten der neuen Gerichtsordnung, welche die Befugnisse an landesfürstliche Beamte übertrug, Recht. Die Räumlichkeiten des Schrannengebäudes dienten dann noch bis zum Erscheinen des neuen Strafgesetzbuches (1852), welches die Delikte in Übertretungen, Vergehen und Verbrechen einteilt, der „magistratischen Abteilung zur Untersuchung schwerer Polizeyübertretungen". Die Zierde des Hauptfensters, das Eisengitter, ein Meisterwerk der Schmiedekunst, hob man bei der Demolierung des Gebäudes zwar auf, aber unter dem Gerümpel des städtischen Materialdepots in der Roßau. Erst anfangs des 20. Jahrhunderts holte man es von dort hervor und verleibte es dem Museum der Stadt Wien ein. Als man die berühmte, auch auf den Stichen von Kleiner (1719) und Delsenbach (1797) sichtbare Uhr abnahm, fanden sich rückwärts auf dem Zifferblatt die bezeichnenden Worte: „Diese Uhr schlägt keinem Glücklichen." Sie wurde übrigens auf dem Neubau wieder angebracht.

Das im Volksmunde „Graue Haus" genannte Landesgerichtsgebäude hatte anfangs nicht den in die Alserstraße mündenden Trakt. Speziell der Schwurgerichtssaal wurde erst 1872 gebaut. Dann fehlte der dritte, beziehungsweise in den Mitteltrakten der vierte Stock. Vom Jahre 1873 an wurden auch die Hinrichtungen innerhalb des Landesgerichtsgebäudes und nicht mehr öffentlich vollzogen.

In früheren Zeiten wurden die Enthauptungen am Hohen Markte, manchmal aber auch Am Hof und am Schweinemarkt (dem heutigen Lobkowitzplatz) vollbracht, während der Scheiterhaufen auf der „Gänsweyd" in Erdberg errichtet zu werden pflegte, ungefähr dort, wo sich heute die Rasumofskygasse befindet. Dieser Platz wird zum erstenmal am 27. März 1708 gelegentlich der Justifizierung von Falschmünzern erwähnt. Aber noch im Jahre 1768 wurde dort eine Frau verbrannt. Der Galgen stand am Rabenstein, doch wurden ab und zu Verbrecher auch Am Hof und auf dem Schweinemarkt hingerichtet.

Überhaupt findet man in den Chroniken eine ganze Reihe von Örtlichkeiten aufgezählt, an denen gelegentlich Personen „vom Leben zum Tode befördert wurden", wie der Amtsausdruck lautet. Wir lernten schon einen „akademischen Richtplatz" kennen und so weiter. Auch hinsichtlich der Todesarten begegnen wir mancher Abwechslung. Man pflegte Kindesmörderinnen, Diebinnen und unsittliche Personen häufig zu ertränken, Räuber zu rädern, Hochverräter und Münzverfälscher zu blenden. Alle diese Geschäfte hatte der „Freymann" zu besorgen, der nicht bloß als „unehrlich" galt, sondern geradezu verhaßt war. Angriffe auf seine Person, besonders wenn er schlecht arbeitete, waren nichts Seltenes. So kam es im Jahre 1488 zu einer Attacke, als er infolge Bestechung den zum Tode verurteilten

Jaroslav von Boskowitz mit dem Schwerte statt auf den Nacken auf den Rücken traf (wodurch der Verurteilte frei wurde). Man eröffnete einen Steinhagel auf den Henker. Als sich im Jahre 1501 ein ähnlicher Fall ereignete, wobei der Scharfrichter totgeschlagen wurde, rief man fortan den sogenannten „Freymannsfrieden" aus, das heißt, vor der Exekution verkündete immer ein Magistratsbeamter folgende „Erinnerung": „Von der Hochlöblichen k. auch k. k. niederösterreichischen Landesregierung wird hiemit jedermann kund und zu wissen gemacht, daß, falls der Freymann bei der heutigen Hinrichtung des zum Tode verurteilten Delinquenten auf was immer für eine Art, wider alles Verhoffen, unglücklich sein sollte, denselben niemand von den gegenwärtigen Zuschauern, weder mit Worten, noch auf eine andere Art bei schärfster Ahndung, zu schimpfen oder sonst zu beleidigen, berechtigt sein sollte, indem der Freymann, wenn sich durch ihn ein Fehler ereignen sollte, ohnehin von Seite des Gerichtes zur schärfsten Verantwortung gezogen werden wird."

So blieb es bis zur Abschaffung der öffentlichen Hinrichtungen, die meist für 10 Uhr vormittags bestimmt wurden, wobei einige hundert Mann Militär im Verein mit den Organen des Sicherheitsdienstes für die Aufrechterhaltung der Ordnung zu sorgen hatten.

In älterer Zeit vollzog sich die Exekution in folgender Form:

Der Stadtrichter bildete mit dem „Rat der Zwölfe" den „Gerichtshof". Verhandelt wurde unter freiem Himmel auf dem Söller des Gebäudes. Wurde der Delinquent am Hohen Markt justifiziert, so stellte man ihn zur „Gerichtssäule", einer einfachen Säule, die am Knaufe die Waage der Gerechtigkeit trug. Am Schrannengebäude wehte eine rote Fahne. Der Senat amtierte in schwarzer Tracht. Dann verlas der Fronbote das Urteil, worauf der Sünder unter Vorantragung des Kruzifixes mit gebundenen

DIE RICHTSTÄTTE AM „RABENSTEIN" IN DER ROSSAU

Händen und im schwarzen Büßerkleide dem Henker, auch „Züchter" genannt, feierlich übergeben wurde. Dieser trug einen scharlachfarbenen Mantel.

Fand die Hinrichtung an einem anderen Orte statt, so wurde der Verurteilte auf den „Malefizwagen" (Schinderkarren, auch „hoher Wagen" genannt) gesetzt, wo er auf dem rückwärtigen Platze sitzen mußte, während der Priester vorne saß. Der Sitz des Büßers hatte keine Lehne. Nach der Vollstreckung hielt der Geistliche stets eine Rede, worauf das „Urthel" in Form eines Erinnerungsblattes an die Zuschauer verteilt wurde.

Der Hauptplatz für Hinrichtungen durch den Strang befand sich jedenfalls im heutigen neunten Bezirke. Sicher ist, daß der Rabenstein als die älteste Richtstätte Wiens angesehen werden darf, von der erzählt wird, daß sie 1488 ausgebessert worden sei, weil dies 1311 unterlassen worden wäre. Der Richtpflock erhob sich auf einem rundlichen Ziegelbau, der oben eine Plattform hatte. Er zeigte eine Türe, durch welche man zu einer Treppe gelangte, über die man zum Galgen emporstieg.

Matthias Corvinus verlegte nach der Einnahme Wiens dessen Richtplätze im Jahre 1488 an einen außerhalb der Vorstädte gelegenen Ort. Die letzte Hinrichtung fand hier am 19. März 1786 statt.

Die Stadterweiterung verdrängte den Galgen später wieder zur heute noch oberhalb des Kaiser-Franz-Josefs-Spitales in der Triesterstraße stehenden und sagenumwobenen „Spinnerin", wo als letzter öffentlich Hingerichteter am 28. Mai 1868 der Tischlergehilfe Georg Ratkay sein Leben aushauchte, der am 9. Jänner 1868 die „unter den Weißgärbern", Adamsgasse Nr. 9, wohnhafte achtunddreißigjährige Tischlersgattin Marie Henke ermordet und beraubt hatte. Dieser Fall bildete übrigens auch deshalb einen Markstein in der Wiener Kriminalchronik, weil man hier zum erstenmal die Presse zur Mitarbeit herangezogen hatte, und dies war ein Verdienst der Polizei, welche sich damals bereits zu einem hohen und imponierenden Grade der Selbständigkeit emporgerungen hatte. Der erste innerhalb des Landesgerichtsgebäudes hingerichtete Delinquent war der Raubmörder Enrico von Francesconi, der am 18. Oktober 1876 den Geldbriefträger Johann Guga ermordet hatte.

Ubald Tartaruga

Wien um das Jahr 1485, von der Rothenthurmseite.

①
DIE FREUNDINNEN VON ALTHAN
1805

In der zweiten Hälfte des 18. Jahrhunderts lebten in der Wiener Vorstadt Althan (*heute Teil des 9. Wiener Gemeindebezirkes*) zwei Familien namens Pfundheller und Fallembichl. In jeder der beiden wuchs eine hübsche Tochter heran, die enge Freundinnen waren. Da traf es sich, daß der Graf Althan einen sehr netten, höflichen und zuvorkommenden Kammerdiener aufnahm, der alsbald die Bekanntschaft der beiden Mädchen machte. Der Diener hieß Franz Traittler und verstand es, die Liebe sowohl der Pfundheller-Marie als auch der Fallembichl-Resi zu erringen. Beide schmeichelten sich, die Auserwählte zu sein, und als der schöne Franz bald hier, bald dort freundlicher wurde, ging die Mädchenfreundschaft, wie so oft, in die Brüche. In Wirklichkeit fand der Kammerdiener an der sanften Resi das größere Wohlgefallen, wenn auch Marie temperamentvoller und hübscher war. Nach einem Jahre machte er der Fallembichl-Resi einen förmlichen Heiratsantrag, der mit großer Freude seitens der Familie angenommen wurde.

Von dieser Stunde an herrschte zwischen den Häusern Pfundheller und Fallembichl keinerlei Verkehr mehr. Marie sann Rache. Sie quälte ihre gewesene Freundin und deren Gatten unausgesetzt mit anonymen Briefen und anderen häßlichen Mitteln weiblicher Eifersucht und Engherzigkeit und brachte es so weit, daß Traittler, um endlich Ruhe zu haben, seinen Posten beim Grafen Althan kündigte und „in die Stadt" zog, wo er bei einem anderen Aristokraten eine Art Verwalterstelle erlangte.

Aber auch da hörten die Intrigen der grollenden Pfundheller-Marie nicht auf, so daß sich Traittler zu energischen Schritten entschloß. Er erbat sich den Schutz der Polizei und erzielte dadurch für einige Zeit äußerlich Ruhe. Marie schien es aber als ihr Lebenswerk zu betrachten, das Glück der Freundin zu stören. Sie heiratete allerdings, um zu zeigen, daß sie sich aus der Sache nichts mehr mache, einen Taglöhner namens Luger, den seine Eltern verstoßen hatten und der ein bezirksbekannter Tunichtgut war. Resi besaß damals schon einen fünfjährigen Knaben, der den Taufnamen seines Vaters trug.

Traittler wollte aus ihm ebenfalls einen Bediensteten machen und ließ ihn allerlei Fertigkeiten erlernen, welche dem heranwachsenden braven Jungen die Wege ebnen sollten. Frau Luger verfolgte dies mit scheelem Neide. Auch sie gebar einen Sohn Anton, der aber in die Fußstapfen seines Vaters trat, nichts arbeiten wollte und der schlechteste Schüler war.

Noch vor Erreichung der Mündigkeit hatte der hoffnungsvolle junge Kammerdienersohn das Unglück, seinen Vater zu verlieren. Derselbe starb infolge einer furchtbaren Aufregung, die darin ihren Grund hatte, daß ihm sein Dienstgeber ein Kontrollorgan beigab. Als Traittler erfuhr, daß diese Maßregel auf eine anonyme Verdächtigung zurückzuführen sei, traf ihn der Schlag. Der verwaiste Knabe hatte, wie seine Mutter, die volle Überzeugung, daß hinter dieser Verleumdung wieder nur die Luger-Marie zu suchen sei, sichere Beweise hatte man aber nicht und Frau Traittler war eine ungemein versöhnliche, friedfertige Natur. Sie beruhigte ihren Sohn damit, daß man böse Menschen durch Liebe gewinnen müsse, sonst würden sie noch feindseliger. Im übrigen hoffte sie, als Witwe mit den Ersparnissen, die sie während ihrer Ehe gemacht, und dem Gnadengehalte, welchen ihr der letzte Dienstgeber ausgesetzt, ihr Fortkommen zu finden und auch die Erziehung ihres Kindes vollenden zu können.

Franz Traittler war zwanzig Jahre alt geworden, als es ihm gelang, bei einer sehr vornehmen Herrschaft einen Vertrauensposten zu erwerben. Er wurde um die Stelle allenthalben beneidet. Allein, er kam nicht dazu, sie anzutreten. Am Tage seines Dienstantrittes erklärte ihm der Freiherr, in dessen Haus er aufgenommen war, daß er den Posten, so leid es ihm tue, anderweitig habe besetzen müssen.

Traittler stürmte, schäumend vor Wut, heim. Er erzählte seiner Mutter, was ihm widerfahren und erklärte, hieran könne nur die Luger schuld sein. Nun sei das Maß voll, er lasse sich nicht mehr länger zurückhalten, jetzt sei der Moment gekommen, wo er für alle die Kümmernisse abrechnen müsse,

HÄUSERENSEMBLE DES WIENER ALTHANPLATZES, WIE ES ZUM ZEITPUNKT DER GESCHILDETEN TAT BEREITS BESTANDEN HATTE. LICHTBILD UM 1880

welche er und seine Eltern von jener Feindin erlitten hätten. Frau Traittler bemühte sich, den erregten Sohn zu besänftigen, doch dieser geriet dadurch noch mehr in Zorn.

Da, gerade im kritischsten Augenblick, öffnet sich die Tür und Frau Luger tritt mit der Miene innigster Freundschaft in die Stube. Frau Traittler zittert, indem sie der ehemaligen Freundin die Hand reicht, denn sie ahnt, daß ihr Sohn, dem alles Blut aus dem Gesichte gewichen ist, irgend etwas Schreckliches plant. Frau Luger wendet sich mit heuchlerischem Augenaufschlag an den jungen Traittler, meint, es sei Zeit, die alten, guten Beziehungen wieder anzuknüpfen, da stößt der Jüngling einen wilden Fluch aus, ergreift ein Terzerol und schießt eine Kugel gegen die Luger-Marie ab. Die Kugel verfehlt ihr Ziel und streift den Arm der Mutter. Frau Traittler fällt vor Schreck, nicht weil sie eine ernstliche Verletzung erlitten, vom Sessel. Franz Traittler glaubt, daß er einen Muttermord begangen und schießt sich selbst eine Kugel ins Herz. Er sinkt tot zur Erde.

Die Luger wäscht die Schläfen der Witwe, bringt sie zum Bewußtsein, zeigt ihr, sich innerlich an deren Schmerz weidend, den Leichnam des Sohnes und droht ihr mit der Strafanzeige, denn es sei klar, daß Franz Traittler auf sie (die Luger) einen Mordanschlag verübt habe, und daß Frau Traittler im Einverständnis gewesen sei. Der Intrigantin ist es indessen mit der Strafanzeige nicht so ernst, als sie es glauben macht. Ihr Zweck ist ein anderer und sie erreicht denselben auch. Frau Traittler, furchtsam, wie sie schon einmal ist, sucht die Feindin durch Bitten von dem in Aussicht gestellten Schritte abzuhalten und verspricht ihr dafür jede gewünschte Unterstützung.

Der junge Traittler wurde als Selbstmörder begraben. Die Kirche verweigerte ihm die Einsegnung. Hinter seinem Sarg schritt nur die unglückliche Mutter, der man ihr Letztes, was sie hatte, in jenem abseits gelegenen Winkel des Friedhofes für immer in die Erde senkte ...

Von diesem Tage an war Frau Luger mehrmals in der Woche Gast der Kammerdienerswitwe. Sie kaufte sich plötzlich bessere Kleider, auch Anton Luger zeigte sich in neuen Gewändern, und niemand wußte, daß das Geld hiezu aus den Erpressungen stammte, deren Opfer Frau Traittler geworden war. Allein im Jahre 1803 starb die Luger eines schimpflichen Todes. Sie hatte eine Wöchnerin bestohlen, wanderte dafür in das Gefängnis und zog sich daselbst eine Lungenentzündung zu, an deren Folgen sie noch vor stattgeliabter Strafverhandlung zugrundeging.

Anton Luger ging nun im Hause der Traittler aus und ein. Er verlangte immerwährend Geld und schüchterte die alternde Frau durch Drohungen so ein, daß sie seinen steigenden Forderungen immer wieder gerecht wurde. Anton Luger war damals 29 Jahre alt, strich beschäftigungslos durch die Straßen und Gassen und ließ sich vollends von der Witwe Traittler erhalten.

Schließlich genügten ihm diese Unterstützungen auch nicht mehr, und er faßte den Entschluß, seine Wohltäterin zu ermorden.

Am 16. März 1805 kam er abends zwischen 8 und 9 Uhr in ihre Wohnung „In der Stadt Nr. 407". Nach einigen belanglosen Worten zog er mit einem Male ein scharf geschaffenes, großes Küchenmesser aus dem Rock und stach die Frau nieder. Er ging hiebei mit tierischer Grausamkeit vor, indem er der Armen nicht weniger als siebenunddreißig teils tödliche, teils minderschwere Wunden beibrachte. Der Gerichtsarzt konstatierte sechs Schnitte und einunddreißig Stiche am Kopf, am Hals, an der Brust und an den Händen. Außerdem war der Herzbeutel durchstochen und die Luftröhre durchschnitten. Nach verübtem Mord trug der Mörder das Opfer ins Bett und deckte es zu, so daß man vom Körper nichts sah. Dann durchsuchte er die Habseligkeiten der Verblichenen. Er eignete sich sieben Schnüre echter, sogenannter Kropfperlen an, ein silbernes Eßbesteck, eine Tabaksdose aus Elfenbein und eine andere Dose „Mannheimer Komposition", wie der Akt sich ausdrückt, endlich drei weiße, leinene Sacktücher. Die letzteren behielt Anton Luger für sich, die anderen Beutestücke veräußerte er unter allerhand Vorspiegelungen an Bekannte.

Als die Frau ermordet aufgefunden wurde, dachte jedermann an einen ihr fernestehenden Täter. Hausleute wollten einen Bettler gesehen haben, der vorher bei anderen Türen frech ein Almosen verlangt habe und lenkten das Augenmerk der Polizei in diese Richtung. Es wurden ausgedehnte Streifungen in Wien ver-anstaltet, die sämtlichen Vorstadtwirtshäuser sowie der Stadtgraben durchstreift, in dem sich damals derart viel lichtscheues Gesindel aufhielt, daß die Finanzwachen den Auftrag bekamen, jeden Schmuggler unbarm-herzig niederzuschießen, wenn er Gewalt entgegensetzen sollte.

K.K. MILITÄRPOLIZEIWACHE 1800

Die Bemühungen waren aber natürlich vergeblich. Die Wiener beschäftigten sich mittlerweile mit dem tragischen Tode der alten sympathischen Frau unaus- gesetzt weiter, und so konnte es nicht fehlen, daß deren besonders in der letzten Zeit inniges Verhältnis zu dem Sohne ihrer ehemaligen Freundin so manchem Eingeweihten auffiel. Man begann sich mit dem überbele-umundeten Anton Luger zu befassen und fand bald, daß der arbeitsscheue Bursche einen bedenklichen Aufwand treibe. Er besuchte Unter- haltungen, bezahlte Schulden und verausgabte für „allerhand Ergetzl- ichkeiten" Summen, deren Herkunft zweifelhaft erschien. Am 4. April sah sich daher die Polizei veranlaßt, seine Verhaftung anzuordnen. Anton Luger, welcher hartnäckig leugnete, wurde dem städtischen Kriminalgericht eingeliefert, dessen Beamten es bald gelang, den Mörder zum Geständnisse zu bringen.

Ende April 1805 sprach ihn der Magistrat des vollbrachten meuchlerischen Raubmordes schuldig und verurteilte ihn zum Tode durch den Strang. Am 13. Mai langte das Urteil, von den oberen Justizbehörden bestätigt, ein, worauf es ihm um 11 Uhr vormittags im Ge-richtsgebäude am Hohen Mark-te öffentlich kundgemacht wurde. Dann erfolgte die Ausstellung am Pranger.

Die Hinrichtung wurde für den 16. Mai festgesetzt.

Interessant ist der Schriftwechsel zwischen dem Magistrate und der Polizeibehörde, der vor jeder Justifizierung gepflogen wurde und eine geordnete Abwicklung dieser traurigen Amtshandlung zum Ziele hatte.

Wir entnehmen dem Akte zunächst folgende Note:

An die löbliche K. auch K. K. Polizey-Ober-Direction (in der Stadt Saitzergasse Nr. 455, dem kaiserlich königlichen Hofkriegsgebäude gegenüber).

Vermöge allerhöchster Entschließung ddo. praes.... ist das wider den Raubmörder Anton Luger gefällte Todesurteil bestätigt worden, das nach drey Tagen an ihm vollzogen werden muß; welches einer löblichen k. auch k. k. Polizey-Ober-Direction mit dem Ersuchen eröffnet wird, dieselbe wolle die nötige Mannschaft beordern, welche bey dem mutmaßlichen Zusamnienflusse des Volkes die Ruhe und die ungestörte Vollführung der Exekution sichern könne; und da sich hiebei ein oder andere Anstände noch ergeben dürften, so frägt der Magistrat auf eine vorläufige mündliche Besprechung an, zu dem Ende möge eine löbliche Polizey-Ober-Direction den Tag und die Stunde bestimmen, in welcher selbe vorzunehmen gefällig seyn wolle. Wien, den ...

Exped, den 12. May 1805. Macher m. p.

Exped. eodem Schwarzer m. p.

Das Resultat des gepflogenen Einvernehmens ist dann das folgende von der Polizei ausgestellte Dekret:

„An die k. auch k. k. Herren Polizey-Kommissäre Hofbauer und Hinterfeld!

Vorweiser dieses ist der von dem löblichen Magistrate bestimmte Herr Kommissär, der vor der Exekution auf Befehl der Hochlöblichen Landes-Regierung die Erinnerung an das Publikum zu machen hat, daß sich Niemand an dem Freymann vergreyffen solle, auf den Fall, als die Execution ihm nicht gelingen möchte; es ist ihm daher aller Vorschub, um in das innere des Kreises zu gelangen, zu leisten, damit er seinen Auftrag in Vollzug setzen könne.

K. auch K. k. Polizey-Ober-Direction.
Wien, den 15. May 1805.
Ohs m. p."

Die erwähnte „Erinnerung", welche der Magistratskommissär regelmäßig zu verkünden hatte, lautete folgendermaßen:

„Von der Hochlöblichen K. auch K. k. niederösterreichischen Landes-Regierung wird hiemit Jedermann kund und zu wissen gemacht, daß, falls der Freymann bey der heutigen Hinrichtung des zum Tode verurtheilten Delinquenten auf was immer für eine Art, wider alles Verhoffen, unglücklich seyn sollte, denselben Niemand von den gegenwärtigen Zuschauern, weder mit Worten, noch auf eine andere Art bey schärfster Ahndung, zu schimpfen oder sonst zu beleidigen, berechtigt seyn sollte; indem der Freymann, wenn sich durch ihn ein Fehler ereignen sollte, ohnehin von Seite des Gerichts zur schärfsten Verantwortung gezogen werden wird!"...

Die Hinrichtung war, wie immer, für 10 Uhr vormittags festgesetzt. Einige hundert Mann Militär hatten im Vereine mit der Polizeiwache für die Aufrechterhaltung der Ordnung zu sorgen. Der Referent des Stadtgerichtes, Gerichtskommissärssubstitut Josef Franz Seißer, berichtet über den Vollzug der Todesstrafe und die letzten Stunden des Mörders an seine Vorgesetzten in nachstehender Weise: Der Galgen sei vor der Matzleinsdorferlinie errichtet gewesen. Der Delinquent, der schon in der Armensünderzelle große Reue an den Tag gelegt habe, wäre kraftvoll vom „Malefizwagen", der ihn aus dem Gerichtsgebäude hinausbrachte, gestiegen, um das „Vorbereittingsgebet" mit lauter, standhafter Stimme zu sprechen, vor dem Seelsorger niederzuknien und nochmals zu beichten. Dann sei Luger „fest" die Leiter emporgestiegen und habe dem Scharfrichter, während ihm dieser die Schlinge um den Hals legte, etwas für die Umstehenden Unverständliches ins Ohr geflüstert.

Scharfrichter Hofmann habe nachher mitgeteilt, daß die letzten Worte des Verurteilten Abschiedsgrüße an seinen Schulkollegen, den Wagnermeister Arbhann, gewesen seien. Unter allgemeiner Rührung sprach der Seelsorger, Pater Alexander, nach geschehenem Akte eine kurze Predigt, die mit einem Gebete endigte. Der Körper sei sodann dem Gesetze gemäß bis halb acht Uhr abends hängen geblieben, um sodann abgenommen und auf dem Selbstmörderplätzchen verscharrt zu werden.

So endete eine Mädchenfreundschaft.

Todesurtheil

welches von dem

Magistrate

der

Kaiserl. Königl. Haupt- und Residenz-

Stadt Wien

über die, mit dem

Anton L** *Luger*

wegen Raubmordes

abgeführte Criminaluntersuchung geschöpfet, und in Folge herabgelangter hoher und allerhöchsten Bestättigung heute

am 16ten May 1805

mit dem Strange vollzogen worden ist.

Thatbestand.

Anton L**, 29 Jahre alt, von hier gebürtig, katholischer Religion, ledig, ohne Profession oder andere Beschäftigung, gerieth am 19. März dieses Jahres, durch Müßiggang und Ausschweifungen verleitet, auf den gräßlichen Gedanken, die Theresia Traittler, Wittwe eines herrschaftlichen Bedienten, mit welcher derselbe seit mehreren Jahren in Bekanntschaft gestanden war, zu ermorden, um einen Theil ihrer Habseligkeiten an sich zu bringen.

Er führte am erwähnten Tage zwischen 8 und 9 Uhr Nachts, da er auf ihre Bestellung, um etwas abzuhohlen in ihre Wohnung in der Stadt Nro. 407 gekommen war, den vorgefaßten bösen Entschluß mit einem, in dieser Absicht mitgenommenen, neu geschliffenen, großen Küchenmesser auf eine so grausame Art aus, daß er ihr in allen sieben und dreyßig theils tödtliche, theils mindere Wunden, nähmlich: sechs Schnitte und ein und dreyßig Stiche am Kopfe, Halse, an der Brust und den Händen beybrachte, worüber sie denn, da er ihr die Luftröhren entzwey geschnitten und den Herzbeutel durchstochen hatte, ihren Geist aufgeben mußte.

Nach verübtem Morde bedeckte er die Erblichene mit ihrem Bette, durchsuchte ihre Habseligkeiten, und eignete sich davon sieben Schnüre ächte, sogenannte Kropfperlen, ein silbernes Eßbesteck, eine Tobaksdose von Elfenbein und eine andere von Mannheimer Composition, endlich drey weiße, leinerne Sacktücher zu. Diese letzteren behielt er für sich; alles übrige aber veräußerte er unter allerley Vorspiegelungen an Bekannte, und verwendete von dem Kaufgelde bis zu seiner, am 4. April erfolgten Verhaftung mehreres theils auf Ergetzlichkeiten, theils zur Tilgung einiger Schulden. Bey der gerichtlichen Untersuchung gestand er dieses Verbrechen mit den hier vorne angezeigten Umständen ganz übereinstimmend ein.

Urtheil.

Der Raubmörder, Anton L**, soll gemäß des 119. §. des Gesetzbuches über Verbrechen mit dem Tode bestrafet, und diese Strafe an ihm, nach dem 10. §. eben daselbst mit dem Strange vollzogen werden.

②
DIE GREISSLERIN VOM HUNGELGRUND
1809

In einer stürmischen Winternacht des Kriegsjahres 1809, am 20. Dezember, fanden Passanten der Piaristengasse *(die heutige Ziegelofengasse im 4. Wiener Gemeindebezirk)* am Gehsteige, mitten im Schnee, einen bis aufs Hemd entkleideten Mann. Sie traten hinzu, da sie ihn für einen Betrunkenen hielten, der sich seines Gewandes entledigt habe, gewahrten aber, zu ihrem Entsetzen, daß der Körper steif und kalt sei. Der über und über mit Blut besudelte Kopf des Toten sagte ihnen, daß es sich um ein Verbrechen handle. Nun liefen sie was sie konnten, um einen Wachsoldaten oder Polizeidiener (wie die damaligen Sicherheiter hießen).

Es war schon früher Morgen, als an dem Tore des städtischen Kriminalgerichtes auf dem Hohen Markte heftig geschellt wurde. Der aus dem Schlafe gerüttelte Magistratsdiener stand einer polizeilichen Estafette der k. k. Polizeibezirksdirektion Wieden gegenüber, welche ein wichtiges Dienststück überbrachte. „Ein Mord ist geschehen", raunte der Polizist dem Türhüter geheimnisvoll zu, der den Akt sofort entgegennahm und dem diensthabenden Beamten Albrecht einhändigte. Die Meldung sagte: „.. daß in der Piaristengasse an der Mauer beym Tempel eine Mannsperson erschlagen und der Kleydung beraubt worden seye.." Herr Albrecht erstattete dem Magistratspräsidium Bericht und erhielt den Auftrag, sich gemeinsam mit dem städtischen Gerichtskommissär Seißer unverzüglich „an diessen Ort zu begeben um den Tathbestand zu erheben und denen Thätern auf die Spur zu kommen". Die aus den genannten beiden Magistratspersonen bestehende Gerichtskommission fand den Leichnam aber nicht mehr in der Piaristengasse vor. Gemütlich, wie man damals in Wien war, hatte man den Körper schon weggeschafft. Mit Mühe und nach vielem Umfragen erfuhren die Herren Albrecht und Seißer, daß der Tote zum Grundgericht nach Matzleinsdorf getragen worden sei. Zwischen der Piaristengasse und dem Grundgericht von Matzleinsdorf lag bei den Verkehrs- und lokalen Verhältnissen des Jahres 1809 eine ganze Reise. Die „Kommission" machte sich dessenungeachtet gleich auf den Weg und langte endlich bei dem zu beschauenden Körper ein. Ein Polizeidiener erteilte ihnen die angenehme Auskunft, daß der Tote bereits agnosziert sei. Er sei mit dem „Greißler Matthias Kandl vom Hungelgrund Nr. 9, zum Salzküffel" *(später Matzleinsdorferstraße 9, heute Teil der Wiedner Hauptstraße - das Haus wurde 1889 abgerissen)*, identisch. Die bedauernswerte Gattin des Erschlagenen habe denselben, ebenso wie andere Zeugen, mit vollkommener Sicherheit erkannt

DAS „SALZKÜFEL-HAUS" IN HUNGELBRUNN MIT DEM GESCHÄFT DES FRAGNERS KANDL

und sei über das Geschehene untröstlich. Allem Anscheine nach liege ein Straßenraub vor, denn Matthias Kandl sei einige Stunden, bevor man ihn fand, Schmalz einkaufen gegangen und habe 150 Gulden in Bankozetteln sowie eine Uhr und gute Kleidungsstücke mitgenommen. (Derartige Überfälle auf Fußgänger waren zu Beginn des 19. Jahrhunderts in Wien durchaus nichts Seltenes, da unsere Vaterstadt damals infolge immerwährender Kriege von Truppen entblößt war und man über die großen politischen Sorgen der kleinen Bedürfnisse, zu denen auch der Schutz der Person und des Eigentums gehörte, vergaß.) Man berief einen Wundarzt, welcher an dem Körper nicht weniger als zehn „teils tödliche, teils mindere Wunden" feststellte.

Während die Polizei nach den Tätern bei Wirten und in den Herbergen der Umgebung fahndete, vernahm man auf dem Hohen Markte die „Greißlerin vom Hungelgrund", Theresia Kandl, die mit großer Ruhe und Gelassenheit den Schmerz schilderte, der ihr von ruchloser Hand bereitet worden sei. Auch die Polizei stellte ihr einen glänzenden Leumund aus, nannte sie ein braves, friedfertiges Weib und berichtete, daß das Ehepaar im besten Einvernehmen gelebt habe.

Die Kunde von der Mordtat verbreitete sich mit Blitzesschnelle durch die Stadt und drang selbst in die entferntesten Teile derselben. So hörte auch der in Heiligenstadt etablierte Bäckermeister Josef Werner davon sprechen und hatte nichts Eiligeres zu tun, als sich sofort in die Stadt zu begeben. Er ließ sich zu dem Referenten Seißer führen und fragte ihn in Gegenwart der jungen Witwe, ob man den Mörder schon kenne. Als dies mit Bedauern verneint wurde, verlangte der Bäckermeister mit dem Gerichtskommissär unter vier Augen zu sprechen. Frau Kandl wurde aufgefordert, draußen zu warten, worauf Josef Werner erklärte: „Herr Richter, wenn Sie nicht wissen, wer den Kandl umgebracht hat, dann will ich es Ihnen sagen: Niemand anderer als die Kandlin selbst, die hier ein so heiliges Gesicht macht." Kommissär Seißer fuhr betroffen vom Stuhle auf und machte dem Bäckermeister Vorwürfe, daß er einen derartigen schrecklichen Verdacht so leichtfertig ausspreche. Werner ließ sich indessen nicht einschüchtern. „Herr von Seißer," rief er aus, indem er dem in Wien sehr gut bekannten Gerichtsbeamten fest in die Augen blickte, „ich weiß, was ich spreche. Die Kandlin ist eine schlechte Person. Sie hat schon im Jahre 1807 mit einem Fleischhauerssohne ein Verhältnis gehabt, von dem ihr Mann gar nichts wußte. Ich bin überzeugt, daß sie's noch immer mit dem Fleischhauer hält, und was mich in meinem Verdacht am meisten bestärkt, ist etwas, was ich jetzt gerade zufällig auf dem Gang gehört hab', nämlich, daß sie die Tabakspfeifen ihres Mannes gleich nach der Ermordung ihrem Bruder geschenkt hat. So was tut keine Person, der es wirklich schwer ums Herz ist."

„Und das ist alles?" fragte Seißer verwundert.

„Sie werden schon noch mehr finden, wenn Sie sich Mühe geben," replizierte der Bäckermeister aus Heiligenstadt ein wenig gereizt, „ich bin ja nur ein einfacher Bürger, ich kann Ihnen nur das eine sagen, und das wiederhole ich aus vollster Überzeugung: Die Kandlin ist eine bedenkliche Person."

Unmutig empfahl sich der Gerichtskommissär von Josef Werner und rief die Greißlerin wieder in sein Zimmer. Er fragte sie mehr aus formellen Gründen, ob sie vor der Ehe ein Verhältnis mit einem Fleisch-hauerssohn unterhalten habe. Da ging eine ganz unerwartete Veränderung in dem Wesen der Frau vor. Aus der sanften, tugendsamen Person wurde plötzlich ein unheimliches, megärenhaftes Weib, dessen Augen nicht mehr de- und wehmütig dreinblickten, sondern giftige Pfeile auf ihr Gegenüber schossen, so daß der Untersuchungsrichter geradezu erschrak. Theresia Kandl bestritt energisch, je eine andere Liebschaft gehabt zu haben, als die mit ihrem verstorbenen Gatten, aber man sah es ihr an, daß sie etwas zu verbergen hatte. Seißer drang daher in sie, ihm die volle Wahrheit zu gestehen, denn dies sei in Anbetracht des entsetzlichen, ungeklärten Verbrechens unumgänglich notwendig. Wie leicht könnte nicht ein Verdacht auch gegen sie ausgesprochen werden!? Kaum hatte der Gerichtskommissär diese Äußerung getan, als die Kandlin aufsprang und so frech wurde, daß er einen Diener hereinrief und die Zeugin für verhaftet erklärte.

Als die Frau abgeführt war, durchmaß Seißer das Zimmer mit großen Schritten. Die Worte des

Bäckermeisters gingen ihm durch den Kopf. Er maß ihnen mit einem Male großen Wert bei. Nach kurzem Besinnen ließ er Herrn Albrecht holen und machte demselben zu wissen, daß er eine Hausdurchsuchung auf dem Hungelgrunde vornehmen wolle.

Bald darauf verließen die beiden Herren das Gerichtsgebäude und begaben sich zunächst auf die Polizeibezirksdirektion Wieden, wo sie um Assistenz ersuchten. Der Polizeikommissär meinte lächelnd, daß die Mühe wohl umsonst sei. Wäre etwas Verdächtiges in der Wohnung des Ehepaares Kandl gewesen, so hätte es wohl den vielen Polizeidienern und Gerichtspersonen, die inzwischen, teils aus Neugierde, teils, um die plötzlich zur Witwe gewordene Greißlerin zu sehen und zu befragen, auffallen müssen. Die Gerichtsfunktionäre blieben trotzdem bei ihrem Entschlusse, und bald darauf betraten sie unter großem Aufsehen die Wohnung des Ehepaares Kandl.

Ihr erster Blick galt dem Bette des Getöteten. Hier brauchten sie nicht lange nach Beweismitteln zu suchen: An der Wand zeigten sich nämlich deutliche Blutspritzer, von denen die meisten verwaschen waren. Es handelte sich also um Spuren, die zu verwischen jemand ein lebhaftes Interesse hatte. Man untersuchte hierauf das Bett selbst und stieß alsbald auf die Kleider des Greißlers, von denen man bisher angenommen hatte, daß sie von den Straßenräubern fortgetragen worden seien. Nun konnte es keinen Zweifel mehr geben, daß Matthias Kandl nicht auf der Straße, sondern in seiner Wohnung, ja in seinem eigenen Bette, ermordet worden sei. Der Täter hatte sodann den Leichnam

HOFANSICHT DES „SALZKÜFEL-HAUSES" IN HUNGELBRUNN

fortgeschafft und sich desselben in einem entlegenen Teile der Stadt, in der Piaristengasse, entledigt. Daß Frau Kandl der Bluttat nicht ferne stehen könne, war natürlich ebenso sicher.

Die Herren vom Gerichte begaben sich nach diesen wichtigen Entdeckungen wieder in das Amtsgebäude zurück und ließen die „Kandlin" vorführen. Sie teilten ihr mit, welche Schuldbeweise gegen sie vorlägen, worauf die junge Frau einen Augenblick zitterte und keines Wortes mächtig war. Schon hatte sie sich aber wieder zusammengerafft und stellte jedes Verschulden in Abrede. Der Gerichtskommissär unterbrach sie. Vor ihm lag das Resultat der über sie gepflogenen Erhebungen. Es hieß dort, daß Theresia Kandl, geborene Teppich, 23 Jahre alt, aus Atzgersdorf bei Wien, tatsächlich als ganz junges Mädchen ein uneheliches Kind zur Welt gebracht hatte, welches nach dreizehn Tagen gestorben war, und dessen Vater man nicht kannte. Am 30. Oktober 1808 war sie dann in Hietzing mit dem Greißler Matthias Kandl zum Altar getreten. Wer der Geliebte gewesen sei, herrschte sie Seißer an, wenn sie nicht wolle, daß man ihre Schande öffentlich verkünde. Da gestand sie, in die Enge getrieben, ein, daß der Liebhaber Michael Pellmann heiße und der Sohn eines Fleischhauers in Mauer sei. Er wäre es auch gewesen, der ihren Mann mit ihrem Wissen umgebracht habe. Auf die Frage, wo sich der Täter aufhalte, antwortete die Inquisitin, daß sie dies nicht wisse, denn er diene gegenwärtig beim Militär und wohne in irgendeiner der Wiener Kasernen.

Das städtische Gericht sandte unverweilt Boten in alle Kasernen, nirgends wußte man jedoch über Pellmann Bescheid. Endlich in der letzten fand man den Namen in den Standeslisten. Der Mann selbst war bereits zu seinen Eltern entlassen. Gerichtskommissär Seißer erhielt nunmehr den Auftrag, nach Mauer zu fahren und Pellmann dort zu verhaften. Dies geschah noch am 21. Dezember. In Mauer rief das Erscheinen der Wiener Kriminalbeamten das größte Aufsehen hervor. Der alte Pellmann war einer der angesehensten Bürger des Ortes und auch über seinen Sohn Michael wußte man nur das Beste zu berichten. Michael war gerade nicht daheim, als die Amtspersonen in seinen Effekten wühlten. Er erfuhr ihre Ankunft aber und eilte geradewegs in das Elternhaus, um sich zur Verfügung zu stellen. Zunächst ahnte er gar nicht, daß seine Täterschaft erwogen werde. Er hörte erst jetzt, daß Kandl ermordet worden sei. Als man ihm vorhielt, welch entsetzlichen Verbrechens ihn Theresia bezichtigte, schäumte er auf vor Zorn. Es sei zwar richtig, daß er vor und nach ihrer Verheiratung mit ihr sträflichen Umgang gepflogen, doch wäre er eines Mordes unfähig, und sei seine Liebe zur Kandlin keineswegs so heiß, daß er ihrethalben einen Menschen erschlagen würde.

All sein Leugnen hätte ihm freilich nichts genützt, wenn es ihm nicht gelungen wäre, ein unanfechtbares Alibi nachzuweisen. Die Gerichtspersonen stellten fest, daß Michael Pellmann schon seit mehreren Tagen seinen Heimatsort nicht verlassen habe. Dies mußte ihm daher die Freigabe erwirken.

Die Kommission kehrte nach Wien zurück und teilte der Mörderin das Ergebnis der gegen ihren Geliebten geführten Amtshandlung mit. Gleichwohl blieb sie bei ihren Angaben.

Am nächsten Tage gestand sie indessen, durch lange Verhöre erschöpft, die alleinige Täterschaft. Unter Tränen beichtete sie, daß ihre Ehe mit Matthias Kandl unglücklich gewesen sei. Anfangs habe sie zwar in Eintracht mit ihm gelebt, bald aber hätte es immerwährend Streit gegeben. Der Gatte habe sie roh behandelt, und dies vermochte sie umsoweniger zu ertragen, als sie noch immer den jungen Pellmann liebte. Auf solche Weise häufte sich in ihr ein unüberwindlicher Haß gegen den Gatten an.

Am 19. Dezember faßte sie den Entschluß, denselben zu ermorden. Sie führte den gräßlichen Vorsatz noch an diesem Tage zwischen sieben und acht Uhr abends aus. Kandl hatte sie vor seinem Entfernen wieder mit Schlägen bedroht. Als er müde und schläfrig vom Einkaufe heimgekehrt war und sich zu

---

Todesurtheil

welches von dem

Magistrate

der

Kaiserl. Königl. Haupt- und Residenz

Stadt Wien

über die, mit der

Theresia K**

wegen Meuchelmords

abgeführte Krimminaluntersuchung geschöpfet, und in Folge der von den hohen und höchsten Justizbehörden herabgelangten Bestättigung heute

am 16ten März 1809

mit dem Strange vollzogen worden ist.

Thatbestand.

Theresia K** 23 Jahre alt, zu Atzgerstorf in Niederösterreich gebohren, katholischer Religion, und seit dem 30ten Oktober vorigen Jahrs mit den hiesigen Fragner Mathias K** verheirathet lebte zwar die ersten Wochen mit ihrem Gatten in ehelicher Eintracht; bald aber entstand zwischen ihnen eine Uneinigkeit, die in ihrem Gemüthe einen solchen Haß gegen ihren Gatten hervorbrachte, daß sie ihn am 19ten Dezember zu ermorden beschloß.

Diesen gräßlichen Vorsatz führte sie noch an demselben Tage zwischen 6 und 7 Uhr Abends aus.

Als ihr Gatte von Geschäften ermüdet sich zu Bette begab, brachte sie demselben im Schlafe mit einer Holzhacke zehen, theils tödtliche, theils mindere Wunden am Kopfe bey, woran er den Geist aufgab.

Nach dieser vollbrachten Mordthat trug sie den durch einige Zeit in ihrer Wohnung verborgenen Leichnahm in einer Butte aus dem Hause, warf denselben unbemerkt in eine entlegene Gasse, und suchte

suchte die Spuren des Mordes in ihrer Wohnung zu vertilgen, und die darauf deutenden Gegenstände zu entfernen; sie wurde aber wegen mehrerer gegen sie entdeckten rechtlichen Anzeigungen schon am Tage nach der That ergriffen und in Verhaft gebracht.

Uebereinstimmend mit diesen erst angeführten, und durch die gerichtlichen Erhebungen bewährten Umständen, legte sie während ihrer Untersuchung das Geständniß ab, dieses Verbrechen verübet zu haben.

Urtheil.

Die Theresia K** soll wegen Meuchelmords nach Vorschrift des 119 §. des Gesetzes über Verbrechen mit dem Tode bestraft, und diese Strafe gemäß des 10 §. eben daselbst an ihr mit dem Strange vollzogen werden.

TODESURTEIL DER THERESIA KANDL, AUSGESTELLT VOM MAGISTRATISCHEN WIENER KRIMINALGERICHT

Bette gelegt hatte, schlich sie leise an sein Bett und ließ eine Hacke oftmals mit Wucht auf den Kopf des Schlafenden niedersausen...

Es war geschehen und sie fühlte sich von einer furchtbaren Last befreit, doch galt es, den Leichnam aus dem Hause zu schaffen. Niemand stand ihr mit Rat und Hilfe zur Seite. Am klügsten schien es ihr, wenn sie den Toten in einer der vielen im Geschäfte befindlichen Butten hinaustrüge. Aber wohin? Auch mutete sie sich nicht die genügende Körperkraft zu. Der Versuch mußte jedenfalls gemacht werden. Sie schleppte eine Obstbutte herbei und machte Anstrengungen, den schweren Mann hineinzuzwängen. Es gelang ihr wegen seiner Kleider nicht. Matthias Kandl hatte sich, wie er war, aufs Bett geworfen, um ein wenig auszuruhen. Zeit war keine zu verlieren, so entschloß sie sich, den Toten auszuziehen und bloß im Hemde in das Gefäß zu stecken. Mit unsäglicher Selbstüberwindung brachte sie dieses schaudervollere Werk zuwege. Dann hob sie die Butte auf. Vor Aufregung sank sie jedoch wiederholt nieder. Die Verzweiflung und Angst gaben ihr schließlich die Kraft, daß sie ihre Bürde aus dem Hause schaffen konnte ...

THERESIA KANDL WIRD AM „HOHEM WAGEN" DURCH DIE STADT ÜBER DIE TRIESTERSTRASSE ZUR HINRICHTUNG BEI DER SPINNERIN AM KREUZ GEBRACHT

Und nun ging sie die kreuz und die quere, sie wußte nicht wohin, sie hatte kein Ziel, sondern bloß den einzigen Gedanken, sich des Leichnams zu entledigen. Dort drohten ihre Füße zu versagen. Sie lehnte sich an eine Mauer. Ein Polizeidiener fragte sie, ob ihr übel sei und wohin sie ihre schwere Last trage. Sie bebte an allen Gliedern. Wenn sie hier zusammenbräche!? Wenn man den Inhalt der Butte entdeckte? Sie sammelte ihre letzten Kräfte und ging weiter. In der Piaristengasse konnte sie nicht mehr. Wieder lehnte sie sich an ein Haus und hielt Umschau. Hier wollte und mußte sie den Toten absetzen. Sie blickte ängstlich nach links und nach rechts und auf die Fenster der Häuser, bis sie ein Taumel der Verzweiflung erfaßte. Rasch ließ sie die Butte herabgleiten, stülpte sie um - und rannte mit dem leeren Gefäß, was sie die Beine tragen konnten gegen Matzleinsdorf. Schweißtriefend langte sie zu Hause an: Nun erst war sie Witwe geworden.

DIE „SPINNERIN AM KREUZ" NACH EINER ANSICHT AUS DEM BEGINN DES 19. JAHRHUNDERTS

Erschöpft beendete die Frau ihr Geständnis. Die Herren vom Gerichte waren von der lebendigen Schilderung ergriffen. Ob dieselbe aber auch richtig war? Bei der Lügenhaftigkeit des Weibes mußte man in Erwägung ziehen, daß eine derartige Kraftleistung nicht recht glaubhaft schien. Allein Theresia Kandl gab über die geäußerten Zweifel genau an, wo das Mordinstrument, die Hacke, und wo die Butte versteckt seien. Dort fand man die Gegenstände auch tatsächlich. Damit war der Schuldbeweis vollständig erbracht. Man konstatierte auch, daß wirklich einige liebe Nachbarn, wie die Mörderin es angegeben hatte, ihr fortwährend damit in den Ohren lagen, wie sie, eine so schöne Frau, es denn nur über sich gebracht hätte, einen so ungebildeten, groben Mann zu heiraten. Solche unbesonnene Reden trugen natürlich sehr dazu bei, die finsteren Pläne des Weibes zur Reife zu bringen.

Die Untersuchung währte bis Mitte Februar. Dann erfloß nachstehendes Urteil: „Die Theresia Kandl soll wegen Meuchelmordes nach Vorschrift des § 119 des Gesetzes über Verbrechen mit dem Tode bestraft, und diese Strafe gemäß des § 10 ebendaselbst an ihr mit dem Strange vollzogen werden." Dieses Urteil mußte dem Appellationsgerichte vorgelegt werden, welches am 3. März die Bestätigung erteilte.

Am 13. März 1809 wurde der Mörderin das Todesurteil „deutlich vorgehalten und öffentlich kund gemacht". Damit war die schimpfliche Ausstellung auf dem Pranger verbunden. Eine unabsehbare Menschenmenge umgab das Schandgerüste, auf welchem Theresia Kandl die unzähligen Flüche und Spottreden hören mußte, die ihr die erbitterten Leute hinaufsandten. Der Strafakt beschreibt die Verurteilte folgendermaßen: „Selbige ist von ziemlich großer, schlanker Leibesstatur, hat langlichtes, sauberes Gesicht, gespitzte Nase, blaue Augen und blonde, rückwärts in einen Chignon geschlungene Haare, trägt am Leibe ein blaulicht mit weißen Tupfen versehenes Korsett, einen rot, mit weißen Tupfen versehenen kotonenen Rock, ein leinernes, geblümtes Tüchel und ein blau-mußlinenes Tüchel um den Hals, weiße Strümpfe und schwarze, lederne Schuhe."

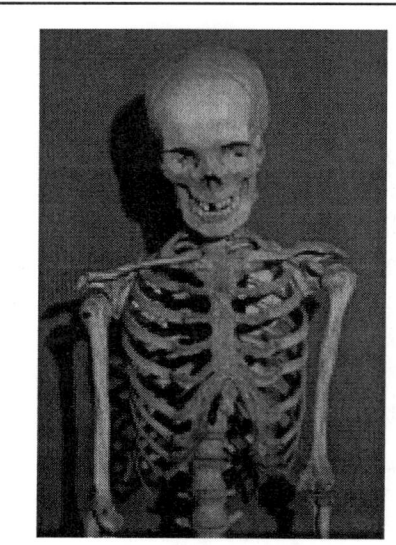

MAZERIERTES SKELETT DER HINGERICHTETEN THERESIA KANDL

Nach der Ausstellung auf dem Pranger wurden die zum Tode Verurteilten, so auch Theresia Kandl, in die Arme-Sünderzelle gebracht, wo sie, drei und oft mehr Tage, die Justifizierung vor Augen, in Gemeinschaft eines Geistlichen ausharren mußten.

Die Hinrichtung wurde für den 16. März angesetzt. Da man mit dem Zusammenströmen großer Menschenmassen rechnete, wurden nicht weniger als 332 Mann Kavallerie und 32 Mann Infanterie zur Aufrechterhaltung der Ordnung aufgeboten. Um 8 Uhr früh fuhr der „Malefiz-Wagen" auf dem Hohen Markte vor, den die schöne Verurteilte schreckensbleich bestieg, um die lange Leidensfahrt zur Justifizierungsstätte, der „Spinnerin am Kreuz", anzutreten. Um 10 Uhr langte man daselbst an. Die kaiserlichen Polizeikommissäre Hofbauer und Fröhlich sorgten für die Sicherheit des „Freymannes". Bald hatte Theresia Kandl ihr Leben ausgehaucht. Um 6 Uhr abends wurde der Leichnam abgenommen und vorschriftsmäßig auf der für Selbstmörder bestimmten Stelle sang- und klanglos verscharrt. *(Die Justifizierten bei der Spinnerin am Kreuz wurden meist in unmittelbarer Nähe des gotischen Bildstockes verscharrt.)*

Später wurde die Leiche heimlich ausgegraben und einem Arzte verkauft. Von diesem vererbte sich das Skelett bis auf den heutigen Tag weiter.

③
JOHANN GEORG GRASEL
1812-1818

Österreich stand in den ersten beiden Jahrzehnten des 19. Jahrhunderts fast unausgesetzt im Kriege. Es hatte nämlich gegen äußere Feinde zu kämpfen, aber auch gegen innere. Die Taten des ersten Napoleon hatten das Unterste zu oberst gekehrt, alle Bande der Ordnung schienen gelockert, niemand wußte, was aus dem Staate, der im Jahre 1811 bankrott geworden war, noch werden sollte. Das war eine Zeit, in der sich sämtliche Elemente der Unruhe ziemlich nach Belieben austoben konnten. Das gänzlich veraltete Gerichts- und Polizeiwesen begünstigte ihr hemmungsloses Treiben. Es gab keine Zentralgewalt. In jedem Dorf saß wohl ein Richter, aber der eine hörte auf die Weisungen des Gutsherrn, der andere auf die eines Stiftes und so weiter, ja selbst Wien besaß bloß einen städtischen, keinen landesfürstlichen Kriminalsenat. Der Magistrat sprach Recht, verurteilte zum Tode, nicht staatliche Organe. Erst in den fünfziger Jahren des 19. Jahrhunderts wurden kaiserlich königliche (staatliche) Gerichte geschaffen.

Der Raubmörder Grasel.

Noch viel schlimmer stand es um die Kriminalpolizei. Nicht einmal die Städte, die in der Reorganisation des gesamten Strafwesens an der Spitze schritten, legten Wert auf die Zusammenarbeit mit anderen Polizeibehörden und so kam es, daß ein Verbrecher von einer Stelle verfolgt, von der anderen aber freigelassen, ja sogar „verscheucht" wurde, um mit ihm „keine Schereien" zu haben. In Niederösterreich allein zählte man damals gegen zweihundert Kriminalge-richte. Wer in einem Gerichtssprengel etwas angestellt hatte, mußte bloß trachten, aus dieser Gemarkung mit heiler Haut zu fliehen, dann durfte er sich als geborgen und sicher betrachten.

In diese Epoche, die anderseits als die „goldene Zeit des Wiener Kongresses" gefeiert wird, weil sie für Wien allerdings viel äußeren Glanz und Prunk brachte, fiel das Wirken des Räuberhauptmannes Johann Georg Grasel. Sein „Arbeitsfeld" waren das Waldviertel Niederösterreichs sowie die abgrenzenden Teile Böhmens und Mährens. Er sammelte eine Schar verwegener Leute um sich, zumeist Deserteure, die vor keiner Gewalttat zurückschreckten, und wußte sie trotz seiner Jugend - er begann seine Laufbahn mit ungefähr zweiundzwanzig Jahren - zu meistern. Ihm ging freilich schon ein gewisses Renommee voraus, denn auch sein Vater und verschiedene seiner Angehörigen waren Verbrecher.

Sein Name hatte bald einen schlimmen Klang. Es genügte, daß irgendein Raufbold oder Zechpreller, statt zu zahlen, ausrief: „Ich bin der Grasel!" und alles zog sich schon vor ihm zurück. Der Wirt machte einen tiefen Bückling und bat um Gnade. Selbstverständlich entstanden bald allerlei Fabeln, die ihn zum Mittelpunkt irgendeiner kühnen, besser gesagt, frechen Tat machten, das meiste aber war davon erdichtet.

Grasel stellt, soweit seine Persönlichkeit gerichtsordnungsmäßig geprüft werden konnte, keineswegs einen romantischen Menschen dar. Er war kein Rozsa Sandor und kein Rinaldo Rinaldini, sondern weit mehr ein Individuum, das man mit dem modernen kriminalpsychologischen Worte „gefühlstot" bezeichnen kann. Er hatte in seiner Jugend nichts gelernt, nichts Gutes gesehen.

Ein „Wasenmeisterischer" wußte ganz genau, daß ihn ein anderer seiner Gilde nicht verraten werde,

Personsbeschreibung
des höchst gefährlichen Raubmörders Johann Georg Graßl.
(Aus den Verhören seiner verhafteten Raubgenoßen genommen.)

Nach der Schilderung einiger seiner verhafteten Mitschuldigen ist Johann Georg Graßl 22 Jahr alt, großer schlanker Statur, hat ein länglichtes mehr mageres als fettes Gesicht von gesunder Farbe, mit wenigen Blatternarben, und Sommersprossen, graue Augen, eine länglichte gespitzte etwas links gebogene Nase, die Unterlippe kennbar stärker, als die obere, kleine weiße etwas voneinanderstehende Zähne, dunkelbraune kurzgeschnittene Haare, derley schwache Augenbraunen, und schwachen unter das Kinn gewachsenen Backenbart, unter dem rechten Ohr eine Schrame, die quer gegen die Wange läuft, und den kleinen Finger an der rechten Hand krum und einwärts gebogen.

Seine Kleidungsstücke können nicht angegeben werden, da er sie oft wechselt, und nach den Umständen, und wie es ihm zu seinem Vorhaben passend scheint, ändert; gewöhnlich soll er sich jedoch für einen Pferdehändler, Viehändler Schweinhändler und dergleichen ausgeben, nach Art der Leute von diesen Handthierungen auch gekleidet seyn, einen silbernen gedrehten, auch einen Kaisring an der rechten Hand tragen.

Er legt sich auch die Namen, Franz Schönauer, Frey, Fleischmann ec. bey, seine Raubgenoßen nennen ihn den großen Hannsjörgel, auch den Niklo (Nikolo.)

Er spricht geschwinde deutsch auch böhmisch, und ist sehr kühn unternehmend, stark und gewandt, sein Betragen unter fremden Leuten ist aufgeweckt und fröhlich, er liebt insbesondere die Frauenzimmer und den Tanz. Unter seinen Raubgenoßen ist er äußerst streng, und bey Einbrüchen durch Mauern, Thüren, Schlößer aller Art, sehr geschickt, er hat sehr viel Muth, und obschon er weder lesen noch schreiben kann, so hat er doch einen sehr guten Kopf, und vergißt nicht leicht etwas.

Er trägt gewöhnlich Pistollen, Terzerolle, Messer und ein Stilet bey sich, und hält sich meistens in Wäldern und abgelegenen Wasenmeistereyen auf.

Nach der Angabe anderer, hat Graßl braune Augen, dunkle in einen Kakadu geschnittene Haare, die er vorne in gedrehten Schnecken bis über die Augen hängen läßt, ein mageres blaßes Gesicht, eine breite gestumpfte etwas aufwärts stehende Nase, und an der rechten Ohrseite einen verharschten Biß, der wie eine Bohne aussieht.

---

daß er dort stets einen Unterschlupf, wenn nicht gar tätige Mithilfe bei der Begehung einer strafbaren Handlung finde. Dies machte sich Grasel zunutze. Selbstverständlich konnte er aber auch auf Leute zählen, die er bezahlte oder bedrohte, wie nicht minder auf so manches weibliche Wesen, welches sich geschmeichelt fühlte, wenn ihm der gefürchtete Räuberhauptmann seine Gunst bezeigte. Man darf eine solche Haltung der Bevölkerung nicht ohne weiteres verurteilen. Diese konnte auf keinerlei ausreichenden staatlichen Schutz bauen und stand vielfach vor der Wahl, den Räuber zu begünstigen und das Eigentum im großen und ganzen zu retten, oder zu riskieren, daß ihr das Haus über dem Kopf angezündet werde. Es war also keine Übertreibung, wenn Johann Georg Grasel sagte, daß er es gar nicht nötig habe, das geraubte Gut bei der eigenen oder bei bekannten Wasenmeisterfamilien zu verstecken, jeder Bauer „hebe es ihm gern auf", er verfüge über Tausende von Freunden und Hunderte von Freundinnen, die ihm alle die Treue hielten. Besonders auf die Riesenzahl seiner „Liebchen" war er stolz. Ob er selbst glaubte, daß die letzteren aus freiem Entschluß die seinen geworden waren, wollen wir nicht untersuchen, da uns ein genaueres Bild seines Seelenlebens fehlt. Zu verwundern wäre es allerdings nicht, wenn er sich dieser Täuschung hingegeben hätte, denn er wurde vielfach verwöhnt. Es gab Dörfer, deren Insassen ihm bei seinem Erscheinen mit Brot und Wasser oder mit Blumen entgegengingen, wie die Fama sagt, und das mag dort zugetroffen sein, wo er einen offenen Überfall zu planen schien. Es war ja keine Kleinigkeit, plötzlich eine Schar bis an die Zähne mit Dolchen und Pistolen bewaffneter Kerle herannahen zu sehen. Tatsache ist jedenfalls, daß Grasel dort, wo man ihm nicht gleich zu Willen war, mit brutaler Grausamkeit vorging. Er überfiel Reisende auf der Landstraße und plünderte sie bis aufs Hemd aus, er erbrach nachts Fenster und Türen der Bauernhäuser, drang in die Wohnungen, zerrte die Schlafenden aus den Betten und raubte, was ihm in die Hände kam. Seine gelindeste Strafe bei geleistetem Widerstand bestand darin, daß er dem Angefallenen Bettücher um den Kopf wand und ihn sofort umzubringen drohte, wenn er auch nur Miene machen wollte, diese Augenbinde zu entfernen.

Insgesamt suchte Grasel in der Zeit seiner Tätigkeit nicht weniger als 123 Ortschaften Niederösterreichs heim. Er selbst gestand 195 begangene Verbrechen ein. Wenn der „Graselschrecken" zu arg wurde und man sich an den Kaiser nach Wien wandte, wurden militärische Streifungen angeordnet. Natürlich vollzog sich der Anmarsch von zum Beispiel 600 Mann Infanterie und 200 Reitern aus Wien bei den damaligen Verkehrsverhältnissen so, daß der Räuberhauptmann und seine Bande rechtzeitig Wind bekamen und ein geschütztes Plätzchen aufsuchen konnten. Bei solchen und ähnlichen Gelegenheiten (manchmal wurde irgendein „Sicherheiter" vom Ehrgeiz gepackt, den Grasel unschädlich zu machen) ereigneten sich viele Mißgriffe. Einmal erwischten sie in der Gegend von Tabor einen Reisenden, prügelten ihn als den vermeintlichen Räuberhauptmann halbtot und schleppten ihn im Triumph in den Gemeindekotter. Doch es war ein harmloser Baron, den sie da gefangen und der sich die angetretene „Vergnügungstour" ganz anders vorgestellt hatte. Grasel kamen diese Entgleisungen jedesmal bald zu Ohren und dann machte er sich über die ungeschickten Behörden und ihre eitlen Organe ausgiebig lustig.

Schließlich aber wurden derartige Zustände den zahlreichen hochmögenden Herrschaften und Verwaltungen zu bunt, besonders, da sie selbst immer häufiger das Ziel der Angriffe wurden, und sie verlangten vom Wiener Hofe, daß er endlich dem schandbaren Treiben ein Ende mache. Der Kaiser befahl daraufhin den berühmten Wiener Polizeichef Franz Ritter von Sieber zur Audienz und übertrug ihm die Leitung der Amtshandlung. Grasel sollte dementsprechend auch vor ein Wiener Gericht gestellt werden. Sieber versprach, sein Möglichstes zu tun, doch er ging mit wenig Hoffnung ans Werk. Seine eigenen Untergebenen brauchte er ja vollzählig in der Residenz, wie sollte er nun mit der Landpolizei, die sich bisher so unfähig gezeigt hatte, einen Erfolg erzielen?

Zunächst erließ er aber jedenfalls eine Kundmachung, die folgenden Wortlaut hatte:

Kundmachung.

Nachdem die bisher angewendeten Mittel, den vieler sehr schwerer Verbrechen durch Tatsachen und durch die Aussagen mehrerer seiner verhafteten Mitschuldigen überwiesenen, als Anführer einer zahlreichen Bande von Dieben und Räubern bekannten Johann Georg Grasel den Händen der strafenden Gerechtigkeit zu überliefern, ohne Erfolg waren, so ist die k. k. Polizei-Oberdirektion kraft einer Allerhöchsten Entschließung befugt und angewiesen, zu verordnen, öffentlich kundzumachen und zu erklären:

1. Wer den Raubmörder Johann Georg Grasel, dessen Personsbeschreibung in dem Anhang enthalten ist, lebend an das Kriminalgericht des Magistrats der k. k. Haupt- und Residenzstadt Wien oder an ein anderes Kriminalgericht hier Landes einliefert, erhält, wenn er kein Mitschuldiger desselben, eine Belohnung von 4000 fl. W. W. (Wiener Währung). Wenn seine Einlieferung durch das Zusammenwirken mehrerer Personen erfolgt, wird die als Belohnung ausgeschriebene Summe von 4000 fl. unter sie nach dem Maße des tätigen Anteiles, den jede an der Zustandebringung des Verbrechers hatte, verteilt.

2. Wenn einer der Schuldgenossen Grasels, oder mehrere derselben, seine Verhaftung freiwillig

auf die erwähnte Art bewerkstelligt, so ist ihm Nachsicht der Strafe und eine Belohnung von 2000 fl. W. W. zugesichert. Wer aber uneingedenk seiner Pflicht und seines Gewissens so vermessen ist, den Räuber und seine Genossen zu verbergen, ihm Unterstand und Unterschleif zu geben, Anzeigungen, die ihm in Beziehung auf diese gefährlichen Menschen bekannt werden und die zu ihrer Entdeckung führen können, der Obrigkeit verheimlicht, oder auf was immer für eine Art und Weise diesen Verbrechern wissentlich Beistand und Vorschub leistet, hat, auch wenn er sonst keinen Anteil an ihren Verbrechen nahm, die in dem § 194 des Gesetzes über Verbrechen ausgesprochene Strafe des schweren Kerkers von drei bis vier Jahren zu erwarten. Ebenso wird

    3. auch derjenige, welcher den Behörden und Obrigkeiten bei den Anordnungen, die sie zur Entdeckung und Gefangennahme Grasels zu treffen für notwendig finden, vorsätzlich oder aus Nachlässigkeit nicht Folge leistet oder seinen Beistand verweigert, mit Arrest von einem bis zwei Jahren und nach der Größe seiner Schuld auch mit härterer körperlicher Züchtigung bestraft werden. Da es endlich

    4. auch sich fügen kann, daß jemand bestimmte Auskünfte und Nachweisungen über den bezeichneten Verbrecher zu geben vermag, ohne in der Lage zu sein, sich seiner zu bemächtigen, so findet sich die hohe Polizeihofstelle bewogen, demjenigen, der von dem Aufenthalt Grasels den

Behörden Nachricht bringt, wenn diese Nachricht zu des Räubers wirklicher Habhaftwerdung die unmittelbare Veranlassung wird, ebenfalls eine Belohnung, und zwar von 500 Gulden W. W. zu verheißen.

    Wien, am 6. November 1815.

Franz R. v. Sieber,
kayserl. königl. wirkl. Hofrat und Polizey-Oberdirektor."

In dieser Kundmachung fallen die hohen Summen auf, die da an Prämien ausgesetzt wurden, insbesondere die für Grasels Mitschuldigen, denen sogar Straflosigkeit zugesichert wurde. Der sonst so siegesbewußte Wiener Kriminalchef verriet dadurch am deutlichsten, wie wenig rosig er in die Zukunft blickte. Es war eben ein letzter verzweifelter Schritt, um die Gefangennahme des frechen Räuberhauptmanns durchzusetzen, koste es, was es wolle. Der Kundmachung war eine Personsbeschreibung angefügt, welche, wie es in jener Zeit üblich gewesen ist, wo es weder Lichtbilder, noch ein wissenschaftliches Identifizierungsmittel (Anthropometrie, Daktyloskopie und so weiter) gab, an Ausführlichkeit nichts zu wünschen übrig ließ.
Sie lautete:

Personsbeschreibung
des höchst gefährlichen Raubmörders Johann Georg Grasel
(aus den Verhören seiner verhafteten Raubgenossen genommen).

Nach der Schilderung einiger seiner verhafteten Mitschuldigen ist Johann Georg Grasel 22 Jahre alt (er zählte tatsächlich bereits 24 Jahre), großer schlanker Statur, hat ein längliches, mehr mageres, als volles Gesicht von gesunder Farbe, mit wenigen Blatternarben und Sommersprossen, graue Augen, eine längliche, gespitzte, etwas links gebogene Nase, die Unterlippe kennbar stärker als die obere, kleine, weiße, etwas voneinanderstehende Zähne, dunkelbraune, kurzgeschnittene Haare, derlei schwache Augenbrauen, schwachen, unter das Kinn gewachsenen Backenbart, unter dem rechten Ohre eine Schramme, die quer über die Wange läuft, und den kleinen Finger an der rechten Hand krumm und einwärts gebogen. Seine Kleidungsstücke können nicht angegeben werden, da er sie oft wechselt und nach den Umständen, und wie es ihm zu seinem Vorhaben passend scheint, ändert. Gewöhnlich soll er sich jedoch für einen Pferdehändler, Viehtreiber, Schweinehändler und dergleichen ausgeben, nach Art der Leute von diesen Hantierungen auch gekleidet sein und einen silbernen gedrehten, auch einen Reifring an der rechten Hand tragen. Er legt sich die Namen Franz Schönauer, Frey, Fleischmann usw. bei. Seine Raubgenossen nennen ihn den „großen Hansjörgel", auch den „Niklo" (Niklas). Er spricht geschwind Deutsch, auch Böhmisch und ist sehr kühn, unternehmend, stark und gewandt. Sein Betragen unter fremden Leuten ist aufgeweckt und fröhlich. Er liebt insbesondere die Frauenzimmer und den Tanz. Unter seinen Raubgenossen ist er äußerst streng und bei Einbrüchen durch Mauern, Türen, Schlösser aller Art sehr geschickt. Er hat sehr viel Mut und, obgleich er weder lesen noch schreiben kann, so hat er doch einen sehr guten Kopf und vergißt nicht leicht etwas. Er trägt gewöhnlich Pistolen, Terzerole, Messer und Stilett bei sich und hält sich meistens in Wäldern und abgelegenen Wasenmeistereien auf. Nach den Angaben anderer hat Grasel braune Augen, dunkle, in einen Kakadu geschnittene Haare, die er vorne in gedrehten Schnecken bis über die Augen hängen läßt, ein mageres, blasses Gesicht, eine breite, gestumpfte, etwas aufwärts stehende Nase und an der rechten Ohrseite einen verharrschten Biß, der wie eine Bohne aussieht".

Trotz der Langatmigkeit dieser Personsbeschreibung konnte der Leser aber doch nicht recht entnehmen, wie der gefürchtete Räuber eigentlich aussehe. Nur das eine schien klar hervorzugehen, daß er in der Nähe des rechten Ohres eine auffallende Narbe zeige. Schön war er jedenfalls nicht mit seiner „etwas links gebogenen Nase" und seinem mageren, blatternarbigen Gesicht und so weiter. Was da Gegenteiliges in verschiedenen Fünf-Kreuzer-Romanen erzählt wurde, gehört also ins Gebiet der Phantasie. Es ist festgestellt, daß die Proklamation des Wiener Polizei-Oberdirektors in ganz Niederösterreich, Mähren und Böhmen einen tiefen Eindruck machte. Nun hatte man endlich das Gefühl, daß der Kaiser Wert auf die Festnahme des Räubers lege, welcher unbestritten den Beinamen „Schrecken des Waldviertels" führte.

Überall erwachte der Ehrgeiz der Stadt- und Dorfpolizisten, und auch so mancher Bürger und Bauer trug Verlangen, die hohe Prämie zu verdienen. Man brauchte ja nur ganz unauffällig zu schauen und zu lauschen, und wer wußte, ob man da nicht die eine oder andere gute Nachricht aufging. Die Wasenmeistereien wurden fortab von vielen Leuten unter mehr oder minder scharfe Beobachtung genommen, was wiederholt zu Streitigkeiten und Raufereien führte. Der eine „Schinder" erblickte darin eine persönliche Beleidigung, der andere fühlte sich in seinen Geschäften gestört, die ja nicht immer das helle Licht vertrugen, und wieder andere sahen das Treiben deshalb nicht gerne, weil sie wirklich gewöhnt waren, Grasel oder seine Leute zu verbergen. Dies trug in der Regel viel mehr ein, als das Einholen und Verscharren verendeter Tiere.

Zu den ehrgeizigsten Berufspolizisten der damaligen Zeit gehörte nun der Detektive David Mayer aus Brünn. Er diente bei der dortigen Polizeidirektion, fand aber keine rechte Anerkennung und wollte schon aus diesem Grund beweisen, daß er ein tüchtiges Organ sei. So verfiel er auf die Idee, sich Grasel als Banditenmitglied aufzudrängen. Er wollte sich verkleiden und trachtete, in der Maske eines herangekommenen, zu allem fähigen Menschen die Spur des Gesuchten zu finden. Das war natürlich ein sehr ungeschickter Plan, denn der wackere Detektive lief Gefahr, entweder von anderen Sicherheitsorganen erkannt und ausgelacht oder zuerst gar arretiert zu werden, um sich dann noch den Spott zu holen. Auch war zu einem solchen Beginnen ein längerer Urlaub notwendig, den er bestimmt nicht erhalten haben würde. Daran, daß ein so gewiegter Verbrecher wie Grasel sofort Lunte gerochen hätte, schien Mayer gar nicht gedacht zu haben.

In seiner Beharrlichkeit hatte er jedoch Glück. Zufällig erfuhr er nämlich, daß der Justizverwalter von Drosendorf, Herr Schopf „gute Verbindung" mit dem Räuberhauptmann habe, und zwar durch die siebzehnjährige Tochter der Wasenmeisterin von Autendorf. Das schmucke Ding hieß Therese Heinberger und stand in dem Verdachte, eine heimliche Geliebte Grasels zu sein. Deswegen hatte sie wohl schon sehr oft brummen müssen, wobei aber „nie etwas herauskam", da sie immer hartnäckig jede Beziehung zu dem Gesuchten leugnete. Nun besuchte Detektive Mayer an einem dienstfreien Tage den Justizverwalter und zog neuerlich Erkundigungen über das Mädel und dessen Verhältnis zu Grasel ein. Der biedere Herr Schopf wäre natürlich gern bei einer solchen Amtshandlung Teilnehmer

— — der Schrecklichste der Schrecken,
Das ist der Mensch in seinem Wahn! *Schiller.*

DER RÄUBERHAUPTMANN GRASL.

oder gar Leiter gewesen, aber er besaß vorläufig keine neuen Nachrichten. Der Brünner Kriminalist ließ sich dadurch keineswegs abschrecken; er meinte, daß man die „Resel" einfach wieder verhaften solle, freilich nicht nur zu dem Zwecke, um durch Verhöre etwas aus ihr „herauszubringen", sondern um sie durch einen weiblichen Lockspitzel zu einem Geständnis zu bringen. Er brachte bereits einen fertigen kühnen Plan mit und wußte Herrn Schopf, indem er ihm die „Leitung" der Amtshandlung antrug, auch für denselben zu gewinnen. Das Ganze sollte strenges Geheimnis bleiben. Man wollte nur noch einen geeigneten weiblichen agent provocateur und einen Kutscher einweihen. Für die erstere Rolle einigte man sich auf eine alte Diebin namens Benkhart. Befriedigt von seinem Erfolge kehrte Mayer wieder nach Brünn zurück und arbeitete nun fein säuberlich eine detaillierte „Ordre de bataille" aus, die er, von der Gediegenheit und Wichtigkeit des Vorschlages durchdrungen, dem allmächtigen Wiener Polizeiminister Baron Franz Haagen von Altenstein einschickte. Und David Mayer hatte Glück. Der Leiter der Polizeihofstelle fand an dem Plane Gefallen und genehmigte ihn. Dies hatte zur Folge, daß sich der Detektive sofort aus Brünn entfernen und an die Verwirklichung seiner Absicht machen konnte. In seinen Koffer packte er allerhand Gegenstände ein, die er für seine Vermummungszwecke zu verwenden gedachte. Er stieg beim Justizverwalter in Drosendorf ab und verließ vorläufig nicht mehr dessen Haus, denn ihm fiel eine besondere Rolle zu, die es nötig machte, vorher von niemandem gesehen zu werden. Die beiden Männer besprachen nochmals alle Einzelheiten und trafen auch die entsprechenden Vorbereitungen. Ohne die untergebenen Organe über den Grund und Zusammenhang einzuweihen, entsandte der Justizverwalter noch am selben Tage Leute nach Autendorf und ließ Therese Heinberger festnehmen. Das Mädchen schimpfte und fluchte und fand dabei auch lebhafte verwandtschaftliche Unterstützung, aber was half es?

Nun mußte Therese Heinberger wieder einmal in den Arrest der Herrschaft Drosendorf wandern, um, wie sie überzeugt war, von neuem ungezählte Male zu versichern, daß sie Johann Georg Grasel im Leben nie gesehen, geschweige denn Verbindung mit ihm unterhalten habe oder auch nur dessen Greueltaten kenne. Daher hatte der arme Büttel, dem die unangenehme Aufgabe zugefallen war, die Eskorte durchzuführen, seine liebe Mühe mit dem zungenfertigen und kräftigen Mädchen. Er dankte dem lieben Herrgott, daß er sie endlich dem „gestrengen Herrn Justizverwalter vorführen konnte". Mit finster zusammengezogenen Brauen trat die „Resel" bei demselben ein, trotzig seine Ansprache erwartend. Herr Schopf setzte seine ernsteste Amtsmiene auf und sagte.:

„Ich habe sie mir wieder bringen lassen müssen, da neue schwere Inzichten gegen sie dem hohen Gerichte hinterbracht worden sind, was ich meine, wird sie sich ja denken können?"

Er machte eine Kunstpause, indem er die riegelsame Gestalt über seine Brillengläser hinweg musterte.

„Ich kann mir gar nichts denken," erwiderte die Verhaftete gereizt, „als das eine, daß diese ganze Geschichte einmal ein Ende haben muß ... Und wenn es nicht anders wird, so gehe ich direkt nach Wien in Audienz und führe Beschwerde. Ich will doch mein Lebtag nicht immer davor zittern müssen, ins Loch gesteckt zu werden, weil Ihr es auf mich scharf habt!"

„Oho, meine liebe Therese Heinberger," unterbrach sie der Justizverwalter, „da werde ich mir aber doch einen anderen Ton ausbitten müssen, verstanden? Das hohe Gericht weiß genau, was es tut. Es ist einmal so und davon ist sie mich auch nicht abzubringen imstande, daß sie ein geheimes Verhältnis mit dem berüchtigten Grasel hat, und wenn sie nicht bald in sich geht und ihr Gewissen erleichtert, so fürchte ich daß es noch viel schlimmer werden wird. Sie weiß wohl, daß es außer dem Arrest von Drosendorf noch ganz andere Gefängnisse gibt, gegen die der unserige ein wahres Paradies ist, zum Beispiel den Spielberg... he? ... da wird es ihr wohl doch nicht ganz geheuer zumute, wie?"

Die Wasenmeisterstochter lachte höhnisch auf.

„Der Spielberg? Dorthin bringt man doch schon längst niemanden mehr, am wenigsten Weiber! Lasset nur diese Versuche, mich einzuschüchtern! Ich sage nur nochmals das eine, daß ich von Euch ein für allemal Ruhe haben möchte'. Ich kenne den Grasel nicht, bin noch weniger seine Geliebte und werde mich über Euch beim Kaiser beschweren, daß Ihr es nur wisset. Unsereins läßt sich nicht ins Bockshorn jagen. Ihr könnet mich einsperren, aber ich weiß auch, was ich für Wege einzuschlagen habe!" Dabei stampfte sie wütend mit dem Fuße auf.

Dem Justizverwalter kam die Erregung und das unbotmäßige Benehmen der „Heinberger-Theres" diesmal ganz gelegen. Für ihn handelte es sich ja im Wesen nur darum, sie unter einem schicklichen Vorwande in den Kotter zu bringen, und dazu hatte er jetzt den augenfälligsten Grund.

Mit gespielter Entrüstung warf sich Herr Schopf in die Brust und schrie dem Häftling zu: „Wie unterfängt sie sich, mit einem hohen Gerichte zu sprechen?! Oh, ich will ihr's zeigen! - Marsch in den Arrest mit ihr!" befahl er dem Gemeindepolizisten. „Dort soll sie bei Wasser und bei Brot zunächst einige Tage lang darüber nachdenken, wie man mit einem altgedienten, wohlbestallten Justizverwalter zu verkehren hat!".

Das Mädchen wandte ihm mit erzwungenem Lachen den Rücken und ließ sich willig abführen. Im Hinausgehen rief sie ihm aber noch zu: „Mich werdet Ihr nicht anders machen! Sperrt mich nur ein! Wer zuletzt lacht, lacht am besten! Ich fürchte mich vor nichts, am allerwenigsten vor Euch!"

„Hinaus" zischte der Justizverwalter und rieb sich dann, als sich die Tür hinter den beiden geschlossen hatte, vergnügt die Hände.

Kaum war die Luft rein, als David Mayer eintrat, der hinter einem Vorhang im Nebenraum die ganze Szene beobachtet hatte. Auch er stimmte in die Heiterkeit des Justiziärs ein und wünschte sich und ihm, daß das Weitere sich ebenso programmgemäß vollziehen möge.

Therese Heinberger befand sich einige Minuten später in dem Arrestlokal, einem gegen die Straße zu gelegenen, vergitterten unterirdischen Raume, in welchem es auch nach der Auffassung damaliger Zeit an dem Notwendigsten mangelte. Ein dumpfes, feuchtes Kellergewölbe, von Schmutz und

Ungeziefer starrend, sollte schon an und für sich, bevor man noch über Schuld oder Unschuld entschieden hatte, abschreckend wirken.

Einigemal ging die „Resel" auf und nieder, dann ließ sie sich verzweifelt auf die Holzpritsche fallen, vergrub ihr Gesicht in die Hände und dachte über ihr Geschick nach. Sie mochte so etwa drei Stunden vor sich hingebrütet haben, als sich plötzlich der Arresttür Schritte näherten. Sie fuhr in die Höhe und blickte neugierig zum Eingang. Wer mochte es sein? Würde sie dem Justizverwalter heute trotz der späten Stunde noch einmal vorgeführt werden, um ihm Rede und Antwort zu stehen? Sie hatte ihn durch ihre Haltung gereizt, wollte er nun in irgendeiner Form Rache nehmen? Da knarrte ein Schlüssel im Schlosse, die Tür ging auf und ein herabgekommenes Weib wurde hereingestoßen. Ein schwerer Polizistenstiefel half ihr nach, so daß sie einige Schritte weit in die Zelle stolperte. Mit einem grimmigen Blicke wandte sich die neue Arrestantin nach dem Häscher um, während ihre Lippen sich bewegten, als wollte sie ihm etwas zurufen. Aber man hörte nichts. Erst als sich die Tür wieder geschlossen hatte, begann das Weib zu schelten und fluchen. Therese Heinberger war ebenfalls wieder in Erregung geraten, doch unterdrückte sie ihren Groll und nahm ihre frühere Stellung ein. Ihre Zellengenossin flößte ihr wenig Lust zu einer Unterhaltung ein. Sie war ein offenbar tief gesunkenes Individuum, zerlumpt und verwahrlost, auch schien sie eine Trinkerin zu sein, die sich auf ein vernünftiges Plaudern kaum verstand. Nachdem sie noch eine Weile gepoltert hatte, bestieg sie die Pritsche und warf sich der Länge nach neben Therese hin. Es sah so aus, als wollte sie ihren Rausch ausschlafen. Eine Viertelstunde ungefähr herrschte Stille im Arrest. Dann setzte sich das Weib aber auf und begann auf das Mädchen einzureden: „Weshalb bist denn du hier?" „Ich weiß nicht", klang es kurz und abweisend zurück. „Du weißt es nicht ... Hm, du wirst es schon wissen, willst es mir aber nicht sagen, was? ... Na, macht auch nichts ... Der eine stiehlt, der andere begeht etwas anderes ...". „Ich hab' gar nichts gestohlen", versetzte das Mädchen unwirsch.

„Und glaubst du, daß ich etwas getan hab'? ... Das heißt, ich habe schon verschiedenes begangen, aber das ahnen ja diese Schafsköpfe da oben nicht und so wird es wohl auch bei dir der Fall sein ... Sie werfen einen einfach in den Kerker und glauben dann, wir werden ihnen alles auf die Nase binden! Wenn sie auf das spekulieren, werden sie sich bei mir schneiden..."

Therese hatte bei den letzten Sätzen aufgehorcht, enthielt sich jedoch einer Äußerung, weshalb die andere wie im Selbstgespräch fortfuhr:

„Manchmal hat man halt Pech ... Und so schön wär's diesmal geworden ... alles war so schön eingefädelt, muß einen so ein Sakramenter plötzlich abfangen! Der Teufel hole diese ganze Bande! Aber, sie mögen sich nur Zeit lassen, mein Loisl ist ja frei und weiß, daß ich in der Tinte sitze ... es wird ihm schon was einfallen, daß ich aus diesem scheußlichen Loch da herauskomme. Aber, dann sollen sie sich freuen! Ich will's ihnen hundertfach heimzahlen ... Und der Loisl und seine Freunde sie werden's dem vermaledeiten Justizverwalter mit Zins und Zinseszinsen vergelten..."

Nun war die Wasenmeisterstochter doch ein bißchen neugierig geworden. „Wer ist denn dein Loisl?" fragte sie ohne besonderen Nachdruck.

„Der Loisl? ... der Loisl? ..." Sie fixierte das Mädchen einen Augenblick, als wollte sie dessen geheimste Gedanken erraten, dann fügte sie hinzu: „Hast du schon einmal etwas vom König der Räuber gehört?"

DER JUSTIZÄR UND KRIMINALGERICHTSVERWALTER VON DROSENDORF FRANZ JOSEPH SCHOPF

Jetzt war es an Therese Heinberger, ihrer Genossin scharf in die Augen zu blicken. Mit einem leisen Anflug von Spott erwiderte sie:

„Das Wort hab' ich freilich gehört, aber wer soll es denn eigentlich sein?"

„Wer? ... Da fragst noch? ... Na, mein Loisl ist's. Es gibt in der jetzigen Zeit keinen größeren Räuberhauptmann als ihn. Der versteht sein Geschäft, meine Liebe! Dem folgen sie wie die Schulbuben dem Lehrer! ... Aber, ich weiß nicht, einer von den Halunken muß jetzt doch den Verräter gespielt haben, denn wir wurden plötzlich überfallen. Na, es hat ihnen nichts geholfen, alle sind sie entkommen ... bis auf mich na ja, ein Weibsbild kann man natürlich leicht überwältigen aber es schadet nichts ...die Hauptsache ist, daß sich der Loisl gerettet hat, der bringt mir schon wieder die Freiheit, schneller als es der Herr von Schopf ahnen wird."

Das Mädchen hatte nachdenklich zugehört. Als das Weib geendet hatte, schmunzelte die „Resel" ganz unmerklich, als halte sie nicht viel von den Behauptungen, und legte sich langsam wieder auf die Pritsche zurück.

Die andere schien das zu ärgern. „Du glaubst, daß ich aufschneide, was?" brummte sie. „Na, paß nur auf, ob ich recht habe oder nicht."

„Ich wünsch' dir 's vom Herzen!" klang es überlegen zurück, hierauf tat Therese so, als ob sie schlafen wollte. Sichtlich beleidigt, drehte ihr das Weib den Rücken und es wurde abermals ruhig im Arrest. So strichen einige Stunden hin, bis es ungefähr Mitternacht war. Da war es der „Resel", als hörte sie leise Pfiffe. Sie begann zu lauschen, doch hielt sie das Ganze bald nur für einen Traum und schlief wieder ein. Allein nach einiger Zeit wurde sie neuerlich munter. Nun hörte sie deutlich wispern. Sie rieb sich die Augen und versuchte umherzublicken. Bald hatte sie die Wahrnehmung gemacht, daß der Platz neben ihr leer geworden war. Dafür glaubte sie jedoch die Umrisse ihrer Zellengenossin am Fenstergitter zu erkennen.

Natürlich! Von dort schien ja auch das Flüstern zu kommen. Sie strengte sich an, ein Wort zu verstehen. Die Entfernung war aber zu groß. Oder hatte sie sich noch immer nicht vollständig ermuntert? Sie setzte sich auf und horchte weiter. Jetzt unterschied sie genau eine Weiber- von einer Männerstimme. Ihre Zellengenossin sprach also mit jemandem, der offenbar durch jene Pfiffe die Aufmerksamkeit auf sich gelenkt hatte. Sollte der Loisl also doch so rasch gekommen sein, um seine Gefährtin zu befreien? ... Und sie selbst ...? Wer nahm sich ihrer an? Der Neid erfaßte sie und die Sehnsucht, ins Freie zu gelangen. Allmählich fing sie die beiden zu verstehen an. sei es, weil man glaubte, sie schlafe schon und man brauche sich keinen Zwang anzutun, oder infolge des Umstandes, daß das Paar im Eifer der Rede überhaupt lauter sprach.

„Mit dem Polizeidiener werde ich schon fertig," sagte gerade der Mann, „es handelt sich nur darum, wohin wir gehen!"

„Das ist alles eins," antwortete das Weib, „du glaubst doch nicht, daß uns diese Eseln ein zweitesmal kriegen?!"

„Oho," widersprach der Loisl, nur er konnte es sein, "ich werde wegen der Drosendorfer Gerichtsbande doch meinen Plan nicht aufgeben? Eher mache ich ein paar kalt."

„Den Raubzug werden wir natürlich nicht fallen lassen, aber das wird sich alles finden. Erst muß ich draußen sein. Du hast leicht reden, schau' dir mir einmal das Loch hier näher an", antwortete die Vagantin.

„Darüber mach' dir keine Sorgen. Ich habe meine Leute ganz in der Nähe. Wenn du willst, hol' ich dich noch heute heraus," sagte „Loisl".

„Ob ich will! Aber jetzt kommst du doch nicht mehr ins Haus herein. Durchs Fenster geht's einmal nicht."

„Warum nicht? Das Gitter brechen wir heraus"

„Nein, nein, so etwas macht Lärm. Ich werde dann vielleicht deinetwegen anderswohin geschickt, wo man nichts mehr machen kann. Es bleibt schon bei dem, was wir zuerst besprochen haben; du schleichst dich morgen ein und wartest, bis der Polizeidiener seinen Rundgang gemacht hat, dann sperrst du auf und, bis man draufkommt, sind wir längst in Sicherheit ... Na, die dort (hier deutete sie auf Therese) wird freilich nichts zu lachen haben. Die wird der Herr von Schopf für unsere Mitwisserin halten und fein malträtieren, damit sie etwas ausplaudert"

„Wer ist denn die?"

„Ich kenn' sie nicht. Mir scheint, sie bildet sich, was auf sich ein ... Na, uns geht sie ja nichts an. Aber, Loisl, sei um Gottes willen vorsichtig. Der Justizverwalter hat mir heute gesagt, daß überall Militär ist." „Überall ist keines, ich weiß schon, wo sie herumstreifen .."

„Du, auf das kann man sich bei der heutigen Zeit nicht verlassen. Schau', es wär', was Schreckliches, wenn ich da herauskäm' und wir bald darauf alle beide gefangen werden möchten."

Noch bevor der Mann antworten konnte, mengte sich eine zweite Frauenstimme ins Gespräch. Sie gehörte der Resel, die mit einmal einen Entschluß gefaßt und sich den beiden genähert hatte.

„Leutl," begann sie, "ich hab' alles gehört, aber ihr brauchst euch nicht zu fürchten ... Mein Geliebter ist gar ein Großer ... es ist der Grasel. Nehmt mich mit und ich bringe euch in Sicherheit! Außerdem werd' ich ihm sagen, daß ihr gut zu mir waret und er wird euch bestimmt bei eurer Sache helfen. Wenn er etwas in die Hand nimmt, dann gelingt's auch, und wenn das ganze österreichische Militär gegen ihn aufgeboten wird."

Es trat Stille ein.

Das Paar maß, verblüfft über deren unerwartetes Dazwischentreten, die Wasenmeisterstochter, als wollten sie durch einen Blick feststellen, ob sie ihr vertrauen könnten.

„Wer bist du denn eigentlich?" erkundigte sich Loisl ziemlich kühl. „Ich möchte dir nur raten, hübsch vorsichtig zu sein. Wenn du vielleicht vorhast, mich in ein Netz zu locken, wirst du's bereuen. Ich bin nicht allein und, wenn mich der eine nicht rächt, so tut's bestimmt der andere."

„Ich bin die Heinberger-Therese vom Autendorfer Schinder. Fragt einmal, von mir aus auch den Herrn von Schopf, ob ich dem Grasel Seine bin oder nicht. Nehmt mich nur mit, ihr werdet's nicht bereuen."

Das Weib wechselte einige unverständliche Worte mit dem Loisl, worauf dieser sagte:

„Also gut, ich mach' dich frei, aber du bringst uns in Sicherheit und auch mit dem Grasel zusammen? ... Mit dem wirklichen Grasel?" setzte er noch mit scharfer Betonung hinzu.

„Das verspreche ich dir, so wahr ich hier sitze!" beteuerte die Geliebte des gefürchteten Räuberhauptmannes.

Loisl überlegte einen Augenblick, dann rief er aus: „Und damit du siehst, daß man sich auf mich verlassen kann, will ich euch noch heute befreien!"

„Nein, Loisl, das tust du nicht!" unterbrach ihn das Weib erschrocken. „So etwas muß sorgfältig vorbereitet sein. Ich will nicht, daß du auch verhaftet wirst, denn dann gibt's für uns auch nichts mehr..."

„Ich komm' bestimmt ins Haus, verlaß dich darauf!" widersprach der Mann. „Ja, aber hinaus nicht mehr." „Ich werd' doch mit dem alten Büttel fertig werden!"

„Wer weiß? Und dann mag ich nicht, daß unnötig Blut fließt!"

Loisl machte eine wegwerfende Handbewegung.

„Recht hat er," unterstützte ihn Resel, „was liegt denn schon daran, ob einer mehr oder weniger von diesem Geschmeiße auf der Erde ist! Haben sie denn mit uns ein Erbarmen?"

Ihre Augen glühten dabei voll teuflischen Hasses.

„Und ich leid's nicht!" eiferte sich das Weib. „Ich kenn' den Loisl, er rennt mit dem Schädel durch die Wand, ich trau' aber dem schlauen Fuchs von einem Verwalter nicht. Ich möchte wetten, daß er sich vorgesehen hat, wenn er so schwere Insassen im Arrest hat. Lieber halte ich's noch einige Tage hier aus, bis alles gut eingefädelt ist, dann soll's meinetwegen losgehen. Ich werde mich, wenn es nottut, schon auch wehren, aber ins Blaue hinein spiele ich nicht mit meinem Schicksal!"

Loisl zuckte die Achseln.

„Mit euch Weibern ist wirklich nichts zu machen", knurrte er.

„Wenn du jetzt schon so ungeschickt herumredest, bist du imstande, mir noch alles zu verderben. Ich werde also die Geschichte vorbereiten und meine Burschen sammeln. Vielleicht komme ich morgen, vielleicht übermorgen - ihr müßt euch eben gedulden. Ich hab' halt gemeint, daß ich's allein auch richte."

„Und es ginge auch ganz gut zu dritt", bestätigte die Resel. „Wenn wir frei sind, gehen wir gleich zur Mutter nach Autendorf, nehmen uns in der Nacht ein Wagerl und fahren nach Horn."

„Zu was denn nach Horn?" fragte Loisl.

„Zum dortigen Schinder."

Leise fügte sie noch hinzu:

„Bei ihm hält sich der Hansjörgel jetzt verborgen."

Das dreiblättrige Kleeblatt wechselte einen verständnisvollen Blick.

„Und nun schau', daß du von hier fortkommst," rief jetzt das Weib, „sonst wird dich am Ende jemand gewahr! Wir erwarten dich je früher desto lieber, aber auf Numero Sicher wollen wir gehen!"

Der Mann gehorchte. Mit einem kurzen Gruß empfahl er sich und war im Nu den Blicken der beiden Frauen entschwunden, die sich im Vertrauen auf die baldige Freiheit beruhigt schlafen legten.

Loisl begab sich aber nur bis zum Eingang des Gerichtsgebäudes, wo er dreimal anläutete. Dies war das zwischen ihm und Herrn Schopf verabredete Zeichen. Bald öffnete sich das Tor und der Justizverwalter ließ den Detektive David Mayer aus Brünn in den Flur.

Freudestrahlend erzählte der letztere, wie sich alles nach Wunsch entwickle.

„Die Heinbergerin ist mit uns im Bunde," begann er, „und zwar ohne daß sie eine Ahnung davon hat. Und wissen Sie, wo er sich gegenwärtig aufhält?"

„Nun?"

„In Horn, beim Wasenmeister."

„Hab' ich mir's doch gedacht. Dieser alte Lump da drüben! Na, ich werde es ihm aber einbrocken! Neugierig wäre ich, was die Resel dazu sagen würde, wenn ich ihr ins Gesicht erklären tät', daß der Grasel in Horn versteckt ist."

„Unterstehen Sie sich, Herr Justiziär!" unterbrach ihn der Detektive erschrocken. „Da möchte sie ja doch sofort Lunte riechen!"

„Aber, es fällt mir doch gar nicht ein, so etwas zu machen. Ich mein' nur so beispielmäßig. Ich hätte ein höllisches Vergnügen daran, denn eine Post könnt' sie ihm ja doch nicht mehr schicken!"

„Oh, das kann man nicht wissen. Das sind Verbrecher, die es faustdick hinter den Ohren haben und sich in jeder Lage zurechtfinden. Aber ich denke halt so: wer weiß, ob sie mich nicht angelogen hat. Sie hat mich schließlich zum erstenmal gesehen. Mit der Benkhart konnte ich mich noch nicht unbelauscht verständigen. Aber, ich muß schon sagen, auf dieses alte Laster baue ich felsenfest, sie wird das Mädel schon einspinnen..."

„Besonders, wenn sie eine Prämie spürt", lachte der Justizverwalter vergnügt.

„Von dem Geld kann sie sich ein paar Gläser Branntwein kaufen."

„Halt ja."

„Aber, wissen Sie, Herr Justiziär. ich möcht' Sie bitten, daß Sie die zwei Weiber bis übermorgen in Ruhe lassen, ich meine, daß Sie sie gar nicht mehr vorführen lassen!"

„Übermorgen wollen Sie's machen?"

„Ja, übermorgen. Es schaut natürlicher aus. Ich habe ihnen nämlich gesagt, daß ich den Befreiungsplan gründlich vorbereiten wolle. Na, und wenn die beiden bis dahin ohne Abwechslung brummen, wird die Resel mich um so sehnsüchtiger erwarten!"

„Ich bin ganz einverstanden," versetzte Herr Schopf, „mir liegt ohnedies eine solche Komödie nicht. Ich wüßte gar nicht, was ich mit dem Frauenzimmer sprechen sollt', denn verstellen kann ich mich schwer."

„Um so besser. Also übermorgen. Abgemacht?"

„Abgemacht!"

„Und morgen werd' ich noch mit dem Polizeidiener ein bißchen Schule halten, daß er mir nichts verdirbt."

„Schön. Er ist Feuer und Flamme für den Plan, denn auf den Grasel und sein Mädel hat er einen furchtbaren Zorn."

Die Männer schüttelten einander die Hand, worauf sie langsam die Treppe emporschritten und jeder in sein Zimmer verschwand.

Der nächste Tag schlich für die Resel sehr langsam dahin. Sie hatte sich schon auf ein Verhör gefreut, in welchem sie den Justizverwalter noch mehr verhöhnen wollte als bisher, der Polizist erschien jedoch bloß einmal mit dem Mittagessen, Brot und Wasser, und ließ sich hierauf nicht mehr blicken. Die Benkhart verzichtete, wie sie erklärte, gern auf Zusammenkünfte mit Herrn Schopf und malte lieber in satten Farben aus, was die beiden, der „Hansjörgel" und ihr Loisl, nach gelungenem Handstreiche alles „tentieren" würden.

So kam endlich die zweitnächste Nacht heran.

„Heute wird er kommen!" prophezeite das Weib.

„Heute?" fragte das Mädchen aufgeregt. „Hat er dir denn eine Post geschickt?"

„Das nicht, aber ich habe das so in den Gliedern. Ich spüre jedes Wetter in meinen Hühneraugen und jedes große Ereignis im linken Schienbein. Heute zwickt es mich ganz gewaltig. Pass auf, heut' kommt er."

Die Resel schaute sie mit einer Miene an, als wollte sie sagen, „Hoffentlich täuscht dich dein Schienbein nicht".

Sie ging in dem feuchten Lokal unruhig hin und her und legte sich erst nieder, als sie von der Benkhart energisch dazu aufgefordert worden war.

„Wenn du einen solchen Lärm machst, werden wir ihn nicht hören", warnte sie nämlich das Mädchen. „leg' dich her und lausche wie ich."

Eine Stunde mochten sie so in atemloser Stille dagelegen haben, als plötzlich ein furchtbarer Lärm vor der Arresttür entstand. Man hörte eine Männerstimme rufen: „Holla, was gibt's da?! He, stehen bleiben oder ich schieße! Wer seid Ihr?!"

Statt einer Antwort erklangen verschiedenartige Geräusche, erst ganz dumpfe, dann helle, als wenn mit Metallgegenständen zugeschlagen würde.

„Das sind sie!" riefen die beiden Frauenzimmer gleichzeitig aus, sprangen blitzartig von der Pritsche auf und eilten zur Tür. Resel hatte vorher eine Latte abgerissen und schickte sich an, dieselbe als Waffe zu benützen.

Draußen war die undeutlich gewordene Wechselrede verstummt, aber statt ihrer drang ein immer matter werdendes Röcheln und Stöhnen in die Zelle.

„Ist mir nicht recht!" ließ sich das Weib vernehmen.

„Gut so! Nur fest!" stieß die Resel haßerfüllt aus, wobei alle beide an den Polizeidiener dachten, der mit dem Loisl in ein Handgemenge geraten sein mußte.

Jetzt noch ein metallener Klang, als hätte eine Säbelspitze auf etwas Hartes, die Mauer oder eine andere Waffe geschlagen, dann ein Fall und - Ruhe.

Zwei Sekunden später wurde ein Schlüssel hastig ins Schloß gesteckt und umgedreht. Die Tür ging auf, eine brennende Laterne wurde sichtbar und nun konnten die Frauen in dem flackernden Lichte die Gestalt Loisls erkennen. Loisl war natürlich der Detektive Mayer.

„Jetzt nur schnell!" keuchte er. "Bald wär's fehlgegangen ... so viel Zähigkeit hätt' ich dem Kerl gar nicht zugetraut!"

Die Gefangenen ließen sich die Aufforderung nicht zweimal sagen. Pfeilschnell flogen sie an dem Manne vorbei, als sie aber den Arrest verlassen hatten, zögerten sie doch unwillkürlich einen Moment. Sie fürchteten wohl, über einen menschlichen Körper zu stolpern. Dazu hatten sie indessen keinen Grund, denn der Polizeidiener war mit seinen zwei blechernen Kochdeckeln längst auf die Treppe geeilt, wo er sich rasch verbarg, um die „Flucht" der drei Personen mit fröhlichem Behagen zu beobachten.

Loisl trieb die Frauen weiter und schob sie flugs durch das halboffene Tor ins Freie. Dort angelangt, fingen sie, sich immer an die Wände der Häuser drückend, zu laufen an, bis sie endlich aus dem Weichbilde von Drosendorf verschwunden waren. Loisl-Mayer riet auch jetzt noch zur Eile und Vorsicht an, die Heinberger-Therese fand dies aber durchaus nicht für nötig.

„Hier kenne ich mich gut aus", sagte sie mit einem bezeichnenden Augenzwinkern. „Lasst mich nur führen. Meine Wegabschneider kennt die hohe Gerechtigkeit von Drosendorf nicht!"

Den beiden anderen war das ganz recht, denn sie wußten ja haargenau, daß ihnen kein Unheil drohe, ihre Angst war bloß gespielt gewesen.

Bald schlug die Resel einen Waldweg ein, der bei der herrschenden Finsternis nicht ganz ungefährlich war. Sie sprach wenig, desto mehr wollte der Detektive Mayer jedoch aus ihr herausbekommen.

Er erkundigte sich angelegentlichst, was denn der Hansjörgel in der letzten Zeit alles getrieben habe, worauf er freilich nur die kurze Antwort erhielt: „Er war nicht faul."

Doch der Pseudo-Loisl ließ, wie er es beruflich gewöhnt war, nicht locker, nur versuchte er, das Mädchen auf andere Weise, indem er nämlich dessen Liebesstolz zu treffen bemüht war, gesprächig zu machen.

„Jetzt sag mir aber einmal," hob er nach einer Weile unvermittelt an, „Warum dein Schatz seinen guten Namen so oft beschmutzt?"

Reserl warf den Kopf herausfordernd zu ihm um.

„Wieso?" herrschte sie ihn an.

„Na ich meine, warum er arme Teufel und alte Weiber ganz überflüssigerweise malträtiert? Das haben die anderen großen Räuber nie getan. Die sind immer nur auf die Reichen losgegangen."

Das Mädchen lachte verächtlich auf. „Und du glaubst, daß der Hansjörgel Leuten etwas wegnimmt, die nichts haben?"

"Das sage ich nicht. Ich wundere mich aber, daß er diese Menschen mißhandelt. Tut er das aus Zorn, weil sie nichts besitzen und er ihnen nichts abknöpfen kann?"

Die Resel machte eine verächtliche Handbewegung und schritt weiter. Es stand ihr augenscheinlich nicht dafür, auf einen solchen Unsinn zu antworten. Schließlich gab es ihr indessen dennoch keine Ruhe.

„Wer hat dir denn diesen Bären aufgebunden?" fragte sie den vermeintlichen Loisl.

„Bären? Das ist gar kein Bär. Ich weiß es ganz bestimmt, daß der Grasel erst neulich im Mährischen

drin ein krankes altes Bauernweib arg verletzt und gequält hat. Er hat ihr spitze Nägel in den Leib getrieben."

Da lachte die Wasenmeisterstochter auf, daß es nur so durch den Wald gellte und der Detektiv scheinheilig ausrief:

„Bist du nicht still?!... Wie leicht kann uns wer hören!"

Allein unbekümmert um die Mahnung, rief das Mädchen: „Ah, darauf spielst du an? Oh, die Geschichte kenne ich. Die hat mir der Hansjörgel erzählt und dabei hielt er sich den Bauch vor Lachen. Das war so: Er traf die Alte am Abend beim Schwämmesuchen. Voll Mitleid fragte er sie, warum sie sich so abplage, ob sie denn die Schwämme so notwendig brauche und ob sie keine Kinder und Enkel habe, die ihr diese Arbeit abnehmen würden?

Da fängt das Weib zu schimpfen an: „Ja, kann man bei den jetzigen Zeiten junge Mädeln allein in den Wald schicken? Habt ihr denn noch nichts von dem Teufelkerl, dem Graselbuben gehört? Der ist doch hinter jedem Frauenzimmer her und macht sie unglücklich!"

„Gar so schlimm wird's doch nicht sein" meinte der Hansjörgel, „soviel ich weiß, haben ihn die Frauenzimmer sogar recht gern!"
„Gern? Ja, vielleicht solche, wie er einer ist! Andere nicht! Die anderen fürchten ihn wie den Gottseibeiuns und wer ein gläubiger, rechtschaffener Mensch ist, betet nur alle Tage zu seinem Herrgott, daß sie ihn recht bald erwischen und aufhängen. Ich, wenn ich nicht auf dem Totenbett liege, schwöre, daß ich mit meinen achtundsiebzig Jahren hingeh, wenn er endlich unschädlich gemacht ist..."
So ist es weitergegangen, bis dem Hansjörgel die Geduld verlassen hat. „Wisset, Mutterl" hat er angefangen, „Ich kenn ein unfehlbares Mittel, wie man den Grasel kriegt, mir hat´s eine sehr gescheite Wahrsagerin verraten."
Die Alte ist darauf sehr neugierig geworden und hat ihn gefragt, warum er denn den Räuber dann nicht fange. „Das ist nämlich so" lachte der Hansjörgel, „ein Mannsbild kann das nicht machen. Da muß ein sehr frommes Weib mithelfen".
„Das bin ich gewiß," vesicherte sie. „Ihr seid wirklich fromm?" meinte der Hansjörgel. „Na, fragt nur bei meinem Herrn Pfarrer nach!" beteuerte die Alte. „Ich will euch glauben" sagte er, „also paßt einmal auf, dazu sind fünfzig Schusterzwecken notwendig".
„Wo soll ich denn Schusterzwecken hernehmen?"
„Na, so holt mir sie gleich da vom Dorfschuster. Ich werde Euch da erwarten. Da ist Geld dafür, aber Ihr müßt euch tummeln, denn ich hab' nicht viel Zeit." Damit drückt er ihr ein paar Kupferstückeln in die Hand und sie macht sich wirklich zum Schuster auf. Nach ein paar Minuten bringt sie die Zwecken und hält sie dem Hansjörgel hin. Der sagt: „Ja, das sind schon die richtigen!"
Dann geht er zu einem abgesägten Baumstamm, streut die Schusterzwecken darauf und ruft der Alten zu: „Jetzt will ich Euch einmal den Grasel zeigen! Macht mir recht weit die Augen auf und schauet mich an. Ich bin der Grasel." Dem Weibe verschlägt es natürlich sofort die Rede, jetzt wollte der Meinige aber nicht mehr verzeihen. „Sehet," meint er, „Ihr habt über mich geschimpft, ohne mich je gesprochen zu haben. Ihr wollt mich baumeln sehen und ich möchte wieder, daß Ihr einen recht bequemen Sitz dazu habt!" Und ehe die Alte noch ja oder nein sagen kann, hebt er sie auf und setzt sie mit dem nackten Körper auf die spitzigen Schusterzwecken. Zur Strafe bleibt Ihr jetzt so lange da sitzen, bis ich verschwunden bin, und das nächstemal seid vorsichtiger und haltet euer Lästermaul".
„So war die Geschichte. Ein Spaß war es, und ich gönn' ihn der Alten von Herzen. Was hatte sie über den Hansjörgel so loszuziehen, ohne ihn zu kennen?"
„Ich hätte halt doch Mitleid gehabt," meinte Loisl Mayer, „schließlich wäre der Schrecken auch genug Strafe gewesen."
„Da sieht man," ereiferte sich die Resel, „daß du kein richtiger Räuberhauptmann bist. Eine Disziplin muß sein. Wer kein Herz im Leib hat und keinen Mann vorstellt, soll Bandkrämer werden oder Justizverwalter in Drosendorf!"
Die Benkhart mußte hier ebenso auflachen wie David Mayer aus Brünn.
Unentwegt fuhr die plötzlich redselig gewordene Schinderstochter fort: „Wie sich der Hansjörgel sonst gegen arme Menschen benimmt, werde ich auch gleich erzählen. Es war auch erst kürzlich, da trifft er eine Kleinhäuslerin im Wald, fragt sie über ihre

Grasels-Porträt. N°18.

Verhältnisse aus und sagt dann „Ihr dauert mich, Weibsbild, ich will Euch helfen. Ich bin der Grasel ... na, erschreckt nur nicht, einem armen Teufel tue ich nie etwas. Ich möchte Euch einmal ein gutes warmes Essen verschaffen und selbst dabei sein. Da habt Ihr zweihundert Gulden. Bestellt beim Wirt ein Festessen, zündet recht viele Kerzen an, ladet das ganze Dorf ein und erwartet mich dann. Ihr könnet ruhig sagen, daß ich kommen werde, ich fürchte mich nicht. Aber, wenn Ihr das Geld anders verwendet, so werde ich Euch bestrafen." Sprach es und entfernte sich. Die Kleinhäuslerin ist zitternd dagestanden und war der Meinung, daß sie geträumt habe. Endlich war sie aber doch wieder so weit, daß sie ins Dorf gehen konnte, und dort hat sie natürlich gleich alles erzählt. Der Bürgermeister hat nur so die Augen aufgerissen. „So eine Frechheit", schreit er, „jetzt sagt sich der Hallodri gar noch an, wie ein Fürst oder König". Das nächste war natürlich, daß er Alarm geschlagen und die umliegenden Dörfer verständigt hat und daß von weither Polizisten und Soldaten gekommen sind. Diesmal wollte man den Hansjörgel bestimmt fangen. Die Festtafel ist reich hergerichtet worden, der feinste Wein mußte aus dem Keller, die Kerzen haben gebrannt und die Kleinhäuslerin ist bebend am Tische gesessen und hat zum erstenmal in ihrem Leben einen guten Braten gegessen, wenn sie dabei auch innerlich nicht ganz zufrieden war. Jeden Augenblick, hat sie gedacht, muß ja der gefürchtete Grasel kommen. Und die Organe der Gerechtigkeit haben auch voll Angst gelauert und dafür um so lebhafter dem Wein zugesprochen, um sich Mut zu machen. So ist die Tafel vorübergegangen, aber wer nicht erschienen ist, war der Grasel. Vielen war das übrigens sogar lieber, denn man wüßte ja doch nicht, was der gemacht hätte, wenn man ihm entgegengetreten wäre. Ganz betrunken ist alles schließlich heimgewackelt. Aber am nächsten Morgen ! War das eine Überraschung! Da kommen die Beamten auf's Steueramt und wollen zu arbeiten anfangen, aber was sehn sie? Das genze Steueramt ist ausgeraubt. Der Hansjörgel war also wirklich mit seiner Bande im Ort gewesen, aber nicht dort, wo die Einwohner sämtlich bei Fraß oder Trunk gesessen sind. Für die zweihundert Gulden, die er der armen Kleinhäuslerin geopfert hat, die dadurch einmal zu einer schönen Erinnerung gekommen war, hatte er sich die ganze Meute vom Hals geschafft. Kein Mensch hat ihm bei seinem Einbruch gestört ...Nun, was sagst du jetzt?"
„Das war etwas," bestätigte Mayer, „so etwas lasse ich mir gern gefallen. Wer dem Staat etwas wegnimmt, hat ganz recht. Alle Achtung, ich habe übrigens schon etwas davon gehört. Mir scheint, es hat sich in Zlabings zugetragen?"
„Ob in Zlabings, weiß ich nicht, im Mährischen war es irgendwo."
Mit solchen Reden erreichten sie die Wasenmeisterei in Autendorf. Sie lag am Ende des Ortes, wie dies überall der Fall war. Ein bissiger Köter sprang mit wütendem Gebell den Ankömmlingen entgegen, aber die Resel beschwichtigte ihn schnell. Schweifwedelnd begleitete er das Mädchen bis an ein sehr schmutziges Fenster, an dessen Scheibe es jetzt anklopfte. Auf die unwirsche Frage, wer draußen stehe, antwortete Therese: „Ich bins - die Resel!", worauf bald aufgeschlossen wurde.
Ihre Begleiter wurden von der Wasenmeisterin, die sich allein im Hause befand, da ihr Gatte in anderen Ortschaften Äser einzusammeln hatte, mit scheelen, mißtrauischen Blicken gemessen. Allein, die Freunschaft war bald hergestellt.
Wenn die Resel jemanden einführt, so konnte man sich auf sie und den Gast verlassen. Mayer gab sich natürlich auch als Räuber aus und versprach, sich der Bande Grasels anschließen zu wollen. Er fand im Laufe der Gespräche bald bestätigt, daß Grasel in Horn verborgen sei, weshalb er auch drängte, bald dahin zu gelangen. Dies schien vorerst auf Schwierigkeiten zu stoßen, denn das Fuhrwerk war, wie erwähnt, auswärts in Verwendung, einem Fremden wollte sich Therese Heinberger mit ihren beiden Schutzbefohlenen jedoch nicht anvertrauen. Dem Detektiv war es begreiflicherweise gar nicht darum zu tun, mit dem Autendorfer „Schinderwagerl" zu fahren. Er hatte ja längst einen in die Sache eingeweihten Kutscher gemietet, der bloß auf einen Wink wartete, um zu erscheinen. Er erzählte daher eine ausführliche Geschichte, in welcher ein Fuhrwerksbesitzer als Haupthehler eine

gewichtige Rolle spielte und verstand es, alle Bedenken der Wasenmeisterin und ihrer Tochter zu zerstreuen. Die Benkhart leistete dabei als redegewandte alte Verbrecherin treffliche Hilfsdienste. Man kam auf diese Weise noch in derselben Nacht überein, am kommenden Abend nach Horn abzufahren. Mayer erbot sich dabei in „kühner Art", die Verständigung des Kutschers zu übernehmen. Um nur recht sicher zu gehen, ließ er sich von de Resel durch einen falschen Bart und entsprechende Verkleidung unkenntlich machen, begab sich morgens wieder nach Drosendorf, wo er den Wagen, nachdem er den Justizverwalter in alles bisher Geschehene eingeweiht hatte, nach Autendorf stellig machte. Der Leiterwagen fuhr zur festgesetzten Stunde, hoch mit Heu beladen, vor, worauf die Resel und die beiden Lockspitzel hineinkrochen und die Reise antraten.

Nach einigen Stunden langten sie, von der Polizei völlig unbehelligt, an ihrem Bestimmungsorte, bei der Horner Wasenmeisterei, ein. Hier mußte wohl Therese Heinberger den Einlaß vorbereiten. denn der Schinder von Horn war ein siebenschlauer, vorsichtiger Mann, der genau wußte, was auf dem Spiele stand, wenn er zu leichtgläubig war. Auf einen verabredeten Pfiff schlüpften David Mayer und die Benkhart aus ihrem Versteck heraus und begaben sich, von einem Knecht geleitet, in das Innere des Hauses. Hier sollte ihrer eine unangenehme Überraschung harren. Grasel war bis vor zwei Tagen tatsächlich an diesem Orte gewesen, hatte sich dann aber schleunigst aus dem Staube gemacht, da er von befreundeter Seite darüber informiert worden war, daß eine militärische Razzia nach ihm angeordnet sei. Zwar wußte man nicht, ob sie gerade die Horner Wasenmeisterei im Auge habe, doch konnten die Soldaten leicht herkommen, und das wollte der Räuberhauptmann und sein Anhang nicht riskieren.

Diese Wendung war der Resel vielleicht am unangenehmsten, denn sie setzte großen Stolz darein, über alle Unternehmungen ihres Geliebten bestens unterrichtet zu sein, und nun sah es beinahe so aus, als hätte sie sich bloß wichtig gemacht. Detektive Mayer hätte natürlich die Rückkunft Grasels ganz ruhig hier abwarten können, allein er lief ja Gefahr, sich beim Eintreffen des Militärs legitimieren zu müssen, was seinen fein eingefädelten Plan zunichte gemacht haben würde.

Was tun? Therese Heinberger bestand auf sofortiger Abreise.

Auch sie durfte in der Horner Wasenmeisterei nicht aufgegriffen werden, nicht nur, weil sie ja aus dem Drosendorfer Gefängnisse entwichen war, sondern auch, weil man sie hinlänglich als eine der Freundinnen des Räuberhauptmannes kannte.

Da verfiel David Mayer auf einen Ausweg. Er schloß, wie es in den erhaltenen Akten heißt, mit dem Wasenmeister von Horn folgende „Konvention": Er werde mit seiner „Geliebten" (der Benkhart) seinen Schlupfwinkel in Klobouk bei Brünn aufsuchen und hier eine Verständigung seitens des Grasel abwarten. Dann werde es gemeinsam gegen eine Fabrik in Lettowitz gehen, wo ihnen ein beabsichtiger Einbruch eine Riesenbeute eintragen werde.

Der Vorschlag wurde mit Begeisterung angenommen. Therese Heinberger machte sich, wie sie war, zu Fuß wieder auf den Heimweg, während das falsche Liebespaar mit dem Heuwagen nach Klobouk abreiste. Dort hatte sich Mayer eine Höhle ausgesucht, in deren Nähe eine Kohlbrennerhütte stand. Statt in der Höhle zu wohnen, hielt sich der Detektive in der Hütte verborgen und beobachtete. Als er fast schon an dem Gelingen zweifelte, denn es waren beinahe zehn Tage seither verstrichen, gewahrte er einen verwegen aussehenden Burschen, der sich der Höhle näherte. Mayer schlich geschickt aus der Hütte und pirschte sich ganz leise an den Verdächtigen heran.

„Heda!" rief er den Erschrockenen von rückwärts an, „du kommst von ihm, nicht wahr?"

„Von wem?" brummte der Bursche mißtrauisch.

„Na, von meinem Freunde in Horn."

Der Fremde wollte noch immer nicht mit der Farbe heraus. „Wer ist das? Ich kenne deine Freunde nicht."

„Aber, mach keine Umstände! Dich schickt der Hansjörgel und ich bin ein guter Bekannter der Resel von Autendorf. Du sollst mir eine Nachricht bringen?"

Endlich wurde der Bursche gesprächiger und es stellte sich heraus, daß der „Niklo" in Horn eingetroffen sei und um ein Stelldichein bitte. Mayer wäre es lieber gewesen, wenn Grasel den Zusammenkunftsort genannt hätte Da indessen das Umgekehrte der Fall war, so ließ er dem Räuberhauptmann sagen, daß er ihn mit dem Heuwagen aus Horn abholen werde. Dann gehe es direkt nach Lettowitz. Den Tag oder, besser gesagt, die Nacht konnte er nicht bestimmen, denn er hatte sowohl die Benkhart als auch den Kutscher längst heimgeschickt. Zu dritt hätten sie ja in Klobouk ein viel zu großes Aufsehen gemacht.

Der Bote verabschiedete sich, worauf der Detektive ein anderes Fuhrwerk mietete und auf dem kürzesten Wege nach Drosendorf zurückkehrte. Dort herrschte eitel Freude, denn nun durfte man annehmen, daß der Verbrecher sicher in die Falle gehen werde. Die Festnahme mußte jedoch genau vorbereitet werden. Wo und wie sollte man ihn unschädlich machen? Der Justiziär riet, eine große Truppe zusammenzustellen, damit man gegen alle Zwischenfälle gefeit sei. Der viel geschicktere Mayer sprach sich aber dagegen aus. Daß Grasel gut beraten sei, hatte er eben wieder erst gesehen. Wie hätte man nun bei der damaligen Schwerfälligkeit des behördlichen Apparates Militär oder auch nur Polizei in größeren Massen aufbieten können, ohne bemerkt zu werden?

„Nein, mein lieber Justizverwalter," widersprach er daher, „so kann man die Geschichte nicht machen. Ich muß mich da wohl auf mich allein verlassen. Geht es, dann sind wir berühmte, reiche Leute, geht es nicht, muß es auch gut sein."

Schopf lachte. „Ja, wie wollen Sie denn allein den Grasel fangen? Sie sprechen so, als wären Sie ein Neuling. Ich brauche Ihnen doch nicht erst zu sagen, wie frech der „große Hansjörgel" und seine Getreuen sind! Sie sind eine tote Leiche, wenn Sie sich ohne Assistenz an ihn heranmachen."

„Das tut nichts. Sie wissen, ich habe mir seine Festnahme zur Aufgabe meines Lebens gemacht und da lasse ich mir auch nichts dreinreden. Mir handelt es sich jetzt bloß darum, einen Ort auf der Strecke Horn-Lettowitz zu kennen, wo das Unternehmen am günstigsten auszuführen wäre."

Der Justizverwalter zuckte die Achseln: „Was soll ich Ihnen darauf antworten? Hier kommt es meiner Ansicht nach nur auf Kraftentfaltung an. Der Grasel ist, wenn es um sein Leben geht, in jedem Orte gleich stark."

„Das meine ich nicht. Wenn ich mit ihm reise, darf er mir seine Bande nicht mitbringen. Im Gegenteil, ich will die Sache so spitzen, daß seine Leute bestimmt an einer andern Stelle weilen, wenn ich über ihn herfalle."

„Und wie wollen Sie ihm das mundgerecht machen?"

„Wie? Sehr einfach. Ich stelle ihm vor Augen, daß wir doch beide Räuberhauptleute seien und unsere Mannschaften hätten. Es sei doch ausgeschlossen, daß ich meine Freunde jetzt ausschalte, wo es viel zu erbeuten gibt, um alles den Graselleuten zuzuschanzen. Gehe es aber an, mit einem solchen Aufgebote von verwegenen Kerlen nach Mähren zu ziehen? Da müßten wir ja Argwohn erregen. Nach meiner Ansicht sei die Geschichte nur so zu machen, daß wir unsere beiderseitigen Helfer allmählich in der Nähe von Lettowitz zusammenziehen, so daß wir sie im gegebenen Momente bloß herbeizurufen brauchen. Der Schlupfwinkel gebe es dort genug. Das wird und muß ihm einleuchten."

Der Justiziär zog seine Stirn lächelnd in Falten und dachte eine Weile nach.

„Am Papier nimmt sich das ja sehr schön und gut aus", versetzte er dann, „ob er Ihnen indessen darauf eingeht? Wer mag das voraussagen?"

„Ich probiere es eben und meine Spürnase sagt mir, daß ich ihn kriege."

„Ich wünsche Ihnen jedenfalls alles Glück zum guten Gelingen".

„Das ist mir zu wenig", unterbrach ihn Mayer. „Sie haben mir noch immer nicht den Ort genannt, wo man am besten seine Verhaftung durchführen könnte. Es muß doch Dörfer geben, wo brave Bauern wohnen, die im fraglichen Augenblicke wacker mithelfen."

Schopf machte eine wegwerfende Handbewegung.

"Ehrliche Landleute gibt es hier genug, aber sie haben sämtlich eine heillose Angst vor dem Räuber.

Ich rate Ihnen nur nochmals, Ihren Plan nicht auf eine einzige Karte zu setzen. Übrigens ... lassen Sie mich noch ein wenig nachgrübeln ... hm, Sie wollen durchaus einen bestimmten Ort von mir genannt wissen..."

"Ja, aber er muß natürlich auf dem direkten Wege liegen, und zwar ungefähr in der Mitte, damit ich, ohne verdächtig zu sein, eine Rast vorschlagen kann."

Schopf schaute den Detektive an und sann dabei nach. Er ließ die Dörfer an der Strecke zwischen Horn und Lettowitz im Geiste vorbeiziehen. Endlich sagte er:

„Vielleicht in Mörtersdorf, dort ist ein einziges Gasthaus, in dem sich zur jetzigen Zeit auch immer männliche Gäste befinden."

„Mörtersdorf! Gut, bleiben wir also bei Mörtersdorf. Ich muß es mir jetzt nur so einrichten. daß wir zu einer für mich günstigen Zeit dort eintreffen."

Und dabei blieb es auch. Die beiden Verschworenen nahmen voneinander Abschied. David Mayer verständigte seinen Kutscher, der bald darauf mit einem Wagen voll Stroh vorfuhr. So wurde die Reise nach Horn angetreten.

Als sie sich der Wasenmeisterei näherten, schlug dem Detektiv das Herz freilich zum Zerspringen. Heute sollte er dem gefürchteten Banditen entgegentreten, um ihm ins Auge zu blicken. Hatte Grasel am Ende doch erfahren, wer der „Loisl" sei? Möglich wäre schließlich alles, dachte der Brünner Polizist. Das Verhängnis mochte es ja auch wollen, daß sich in der Gesellschaft des Räuberhauptmannes ein Verbrecher befinde, mit dem er schon einmal dienstlich in Brünn zu tun hatte. Dann wäre es, davon war er überzeugt, allerdings um ihn geschehen. Auch sonst raubte ihm die eigentümliche Situation, in der er sich befand, fast den Atem.

Bei seiner Ankunft trat zunächst der Wasenmeister auf die Straße. Mit bebender Stimme fragte ihn Mayer: „Ist er da?"

Der andere nickte nur stumm mit dem Kopfe und winkte ihm, mitzukommen. In der Stube war kein Mensch. Der Schinder verließ dieselbe aber durch eine zweite Tür und strebte auf eine Art Scheuer zu, in der Tierhäute und stinkende Knochenreste hoch aufgehäuft lagen. Der Detektive folgte zaghaft. Sie traten nun hinter einen Stoß aufgeschichteten Brennholzes und standen dem Vielgesuchten gegenüber.

Grasel streckte dem Detektive in herzlichster Weise die Hand entgegen und sagte gemütlich: "Du hast meine Resel befreit, ich dank' dir schön."

„Ist gern geschehen", stotterte Mayer.

„Aber, warum hast du denn die Deine nicht mitgebracht?" forschte der Räuber.

„Weiber nehme ich nicht gern mit, wenn ich etwas vorhabe."

„Na, manchmal sind sie gut zu brauchen, aber hörst, Franzl," wendete er sich an den Wasenmeister, „ich glaub', wir könnten ganz gut in die Stube gehen."

„Ich denk' auch" lautete die Antwort und die drei begaben sich in das Zimmer.

Dort begann sich Grasel sofort angelegentlichst über den Einbruch in Lettowitz - den Loisl (Mayer) durch die Autendorfer Resel in Vorschlag gebracht hatte, um Grasel in seine Falle zu locken - zu erkundigen. Mayer phantasierte ihm das Unmöglichste vor. Nach seiner Darstellung waren dort Millionenschätze untergebracht.

Dem Räuberhauptmann leuchteten dabei die Augen. Wiederholt klopfte er dem neuen Freunde derb auf die Schulter und versprach, sich zu revanchieren, wenn sich die Vorhersagen als richtig erweisen sollten. Bald saß Mayer mit Grasel und der ganzen Wasenmeisterfamilie gemütlich beim Tische, um ein gutes Mahl zu verzehren. Man wollte sich ja vorher ausgiebig stärken. Heute mußte noch aufgebrochen werden.

Mit einmal schlug draußen der Hund an.

Erschrocken fuhren alle auf. Grasel begab sich sofort zu den in den Hof fahrenden Ausgang der Stube, um rechtzeitig entwischen zu können, während der Schinder hinauseilte.

Schon nach wenigen Minuten kehrte er aber wieder und brachte ein Frauenzimmer mit - die Benkhart. Mayer war auf das unangenehmste berührt, denn er vermutete irgendeine peinliche Botschaft. Zum Glück paßte sein mißmutiges Gesicht in den Rahmen, denn er hatte ja gerade vorhin erst erklärt, daß er Weiber bei Verbrecherfahrten gern daheim lasse.

Der Wasenmeister hatte Grasel mit einigen Worten beruhigt und zugleich die Benkhart als Loisls Geliebte vorgestellt.

Der Räuberhauptmann kehrte wieder an den Tisch zurück, schüttelte dem neuangekommenen Weib kräftig die Hand und bedankte sich auch bei ihr, daß sie sich der Resel angenommen hatte.

Die Benkhart machte schöne Augen auf Grasel und nahm neben ihm Platz.

„Ich will diesmal unbedingt mitfahren," sagte sie resolut, „denn ich bin es, die den Einbruch ausgekundschaftet hat, und wenn ich mich nicht meiner Haut wehre," setzte sie scherzhaft hinzu, „fall' ich bei der Verteilung durch." Grasel lachte laut auf.

„Was? So ein Schmutzian ist der Loisl?!" rief er aus. „Na, da haben's meine Mädel besser. Die können von mir alles kriegen, nur gern müssen s' mich haben!"

Während sich hieran ein angeregtes Gespräch knüpfte, trug eine Magd schwarzen Kaffee auf. Dieser sollte den Schluß der Mahlzeit bilden. Dann hieß es abfahren. Der Kutscher spannte bereits die Pferde ein.

Man kam überein, sich nicht im Stroh zu verstecken, sondern ganz keck oben zu sitzen. Grasel wollte seinen Hut fest ins Gesicht drücken und sich allenfalls auf den Bauch legen, wenn man Soldaten oder Polizisten begegnen sollte.

Als man sich schon zum Aufbruch rüstete, zupfte die Benkhart den Detektive am Ärmel und rannte ihm ins Ohr, daß sie vom Justiziär ein Schlafpulver erhalten habe, welches sie dem Grasel ins Getränk mischen wolle. Wenn er fest schliefe, würde sich am hellen Tage die Festnahme viel leichter bewerkstelligen lassen als früh, wo wenige Leute auf den Straßen und in dem Wirtshause wären. Mayer solle daher ein augenblickliches Unwohlsein heucheln und den Wunsch äußern, die Nacht zuzugeben, um erst am folgenden Morgen wegzufahren. Man werde dann gegen Mittag in Mörtersdorf einlangen, was, wie gesagt, weitaus günstiger sei.

Der Detektive fand den Rat für gut und begann alsbald über starke Magenschmerzen zu klagen. Die Benkhart zeigte sich sehr besorgt und verlangte unbedingten Aufschub der Reise bis morgen früh. Grasel stimmte ohne weiteres zu.

Morgens trank man wieder Kaffee und dabei gelang es der Benkhart wirklich, das Schlafpulver in das Glas des Räubers zu schütten, ohne daß es dieser oder seine Freunde merkten.

Eine Viertelstunde später bestieg man den Wagen. Grasel steckte dabei eine Pistole sowie einen Dolch zu sich, was Mayer keineswegs gleichgültig sein konnte. Kaum hatten sie sich daher nach herzlichster Verabschiedung in Bewegung gesetzt, als Loisl zu Grasel sagte:

„Aber du, Hansjörgel ... ich täte an deiner Stelle die Waffen weg."

Der Räuber sah ihn groß an. Er schien den neuen Komplizen nicht zu begreifen, weshalb dieser seinen Standpunkt begründen zu müssen glaubte.

„Jetzt willst du doch kein Räuberhauptmann sein," führte er aus, „jetzt bist du ein Bauer, der faul auf dem Wagen liegt; wenn's der Teufel will, daß dich doch einer kennt, was machen wir dann, wenn sie uns verhaften?"

„So schnell verhaftet mich keiner", lachte Grasel.

„Viele Hunde sind des Hasen Tod! Gib deine Waffen ins Stroh, wenigstens findet man bei dir nichts, wenn sie uns visitieren."

„Du bist mir ein netter Einbrecher," spottete Grasel, „aber wenn du dich schon so fürchtest, sollst du deinen Willen haben."

Mit diesen Worten zog er Pistole und Dolch hervor und verbarg sie im Stroh, dann streckte er sich lang aus und legte den Hut auf sein Gesicht.

„Ich habe heut' schlecht geschlafen", bemerkte er, als wollte er das Versäumte nachholen.
Seine beiden Gefährten tauschten freudestrahlend Blicke.
„Aha," flüsterte die Benkhart dem Detektive zu , „das Pulver beginnt zu wirken."
Und nun kamen sie überein, mit ihrem Gefangenen kurzen Prozeß zu machen. Da er ja in wenigen Minuten wehrlos sein werde, sei es gar nicht notwendig, erst irgendeine Komödie in Szene zu setzen, sondern man könne einfach einige entschlossene Bauern herbeirufen und mit ihrer Hilfe den Schlafenden fesseln. Sei dies einmal besorgt, läge auch nichts daran, sich zu demaskieren.
Allerdings fühlten sie beide, daß vorläufig noch größte Vorsicht im Platze sei. Grasel fing bald an, tiefe Atemzüge zu machen, so daß man annehmen durfte, daß er bereits fest schlafe.
Mayer und die Benkhart begannen nun Ausschau zu halten.
Nach einiger Zeit kamen drei Bauernburschen in Sicht, die bei einem Gehöfte standen. Ein Blick des Einverständnisses, und der Detektive gab ihnen vom Wagen herab ein Zeichen.
Da fing der Räuber aber an, sich zu bewegen, und zum Schreck der zwei Verschworenen schob er seinen Hut beiseite, hob etwas den Kopf und blinzelte in die Fahrtrichtung. Alles Blut war aus den Gesichtern Loisls und seiner Geliebten gewichen. Mayer fuchtelte zum Schein in der Luft herum, als wollte er lästige Fliegen verscheuchen, während sich die Benkhart eifrigst an ihrer Kleidung zu schaffen machte.
Das Schlafpulver hatte also nicht gewirkt. Dies war eine sehr unangenehme Entdeckung. So ging es jedenfalls nicht, es mußte beim ursprünglichen Plan bleiben. Wie die Dinge lagen, durfte man froh

DAS ALTE WIRTSHAUS IN MÖRTERSDORF

sein, wenn Grasel nichts gemerkt hatte. Und dies schien auch der Fall zu sein, denn er kümmerte sich nicht viel um die drei jungen Bauern, sondern ließ das Haupt wieder fallen und bedeckte die Augen neuerlich mit seinem Hute.
Mißmutig und ohne ein weiteres Wort zu wechseln, hockten der Detektiv und seine Helferin auf dem Stroh und ließen die Pferde weitertrotten.
Es war gegen halb zwei, als sie sich der Ortschaft Mörtersdorf näherten. Als sie beinahe die ersten Häuser erreicht hatten, rüttelte Mayer den Räuberhauptmann wach und sagte: "Jetzt sind wir in

Mörtersdorf, da muß ich unbedingt einkehren und mich stärken., sonst schlafe ich selber ein. Einer von uns muß aber doch munter sein."

Grasel richtete sich auf und sah sich um. „Ja, sind wir da sicher?" fragte er, den vermeintlichen Kornplizen scharf musternd.

„Darauf kannst du dich verlassen!" scholl er zurück. „Der Wirt ist mein Freund. Aber zur Vorsicht will ich früher hineingehen und schauen, ob die Luft rein ist. Bleib' einstweilen auf dem Wagen."

Mit diesen Worten sprang Mayer von dem Gefährt und eilte demselben voraus. Als er das Wirtshaus erreicht hatte, gab er dem Kutscher das Zeichen, nachzufahren und vor der Schenke zu halten. Sodann trat er in die niedrige Stube, die er zu seinem Verdrusse vollkommen leer fand. Erst nach einigem Suchen stieß er auf den Wirt, den er um ein Zimmer bat. Er bezahlte sehr gut und holte hierauf seine Reisegenossen herein. Bevor Grasel aber noch das Haus betrat, raunte ihm der Detektive die Warnung zu: „Hansjörgel, wir können heute unmöglich weiterfahren. Der Wirt hat mir gesteckt, daß sie gegen die mährische Grenze streifen. Er hat uns ein abgelegenes Zimmer gegeben und da müssen wir abwarten. Aber, ich sage dir gleich, er ist ein großer Hasenfuß, und ich habe ihm versprechen müssen, daß wir uns in der Schenkstube bei Tag nicht blicken lassen. Selbstverständlich darf er auch nicht wissen, wer du bist, denn daß er, wenn die Gelegenheit so schön und Militär in der Nähe ist, sich nicht doch die hohe Prämie verdienen wollen möchte .."

Grasel schwieg, nur eine Wolke senkte sich auf seine Stirn. Vielleicht bereute er schon, mit Mayer gemeinsame Sache gemacht zu haben. Er folgte ihm trotzdem in das Lokal, wobei er seine Blicke freilich merkwürdig lauernd herumschweifen ließ.

Der Detektive verteidigte gegenüber dem Räuber und der Benkhart seinen Entschluß, wobei er jedoch fast nur die Zustimmung des Weibes fand. Mayer wurde es allmählich unheimlich. Das Schweigen Grasels kam ihm verdächtig vor. Er war innerlich nur insofern beruhigt, als er wußte, daß der Räuberhauptmann seine Waffen nicht mitgenommen., sondern im Stroh gelassen hatte.

Gegen Abend erhob sich Mayer und erklärte, in der Wirtsstube rekognoszieren zu wollen. Er fand keinen Widerspruch.

Unten angelangt, traf er einige Bauern beim Kartenspiele an. Er rief sofort den Wirt herbei und berichtete nun den erstaunten Zuhörern, wer im Hause eingetroffen sei.

„Es wird gewiß nicht lange dauern, so kommt er herüber, dann müssen wir ihn packen!"

Zuerst waren die Bauern zu Tode erschrocken, dann aber erklärten sie sich einverstanden, über Grasel herzufallen. Man vereinbarte das Stichwort: „Herr Wirt, einen frischen Wein!"

Sich selbst gegenseitig Mut machend, erhoben sich hierauf die Bauern und traten in eine Nebenkammer.

Wirklich währte es nicht lange, daß Grasel herunterkam. Gewissermaßen zu seiner Begrüßung rief Mayer, wie beschlossen, aus: „Herr Wirt, einen frischen Wein!" (Nach einer andern Version habe das Stichwort: „Herr Wirt, ein Zimmer!" gelautet, da Mayer die Verhaftung schon beim Eintreffen durchführen wollte.) Gleichzeitig ging er dem Freunde entgegen, um ihn scheinbar zum Tische zu geleiten. Er hoffte, daß jetzt die Bauern herauslaufen und sich auf Grasel stürzen würden. Dann hätte er ihn von rückwärts umschlungen und wehrlos gemacht. Allein es blieb in der Kammer mäuschenstill. Die Bauern hatten Angst bekommen und trauten sich nicht in die Schenke. Der Detektiv ärgerte sich ungeheuer, doch er durfte sich nichts merken lassen.

Kaum hatte Grasel Platz genommen, als Mayer unter einem Vorwande in die Kammer eilte und den Feiglingen die Leviten las. Von hier aus gewahrte er, wie der Räuberhauptmann aufstand und unruhig in der Stube auf und nieder ging.

Diesmal ahnte er bestimmt ein Unheil. Sollte man den Banditen jetzt entwischen lassen? Nein, dachte der Detektiv und sprang, einen verzweifelten Entschluß fassend, mit einem einzigen Satze in das Schanklokal hinaus. Er wollte dem Räuberhauptmann sagen, daß das Haus umstellt sei, und ihn direkt in die Bauernkammer führen. Da wandte sich Grasel aber gerade zum Gehen. Der Detektive faßte ihn nun von rückwärts beim Kragen und riß ihn mit aller Kraft zu Boden. Er dachte sich: „Er oder ich!"

Erst diese Unerschrockenheit gab den Bauern den Mut wieder. Sie liefen aus der Kammer, um Mayer zu helfen. Dazu war es aber höchste Zeit, denn der Räuberhauptmann hatte einen im Ärmel verborgen gehaltenen Dolch blitzschnell in seine Hand gleiten lassen und rang wie wütend, um einen Arm freizubekommen und den Verräter zu erstechen. „Hab' ich mir's doch gedacht, daß du ein Spitzel bist", keuchte er zähneknirschend. „Hin mußt du werden, du Hund!"

Da griffen jedoch schon einige eiserne Fäuste zu und nun versuchte Grasel, sich selbst zu erstechen. Es war vergeblich. Man hatte ihn überwältigt. Nach kurzer Zeit war bereits der Justizverwalter Schopf mit Assistenz zur Stelle, denn er hatte es sich doch nicht nehmen lassen, der Expedition für alle Fälle zu folgen.

Noch in derselben Nacht wurde der Marsch nach Horn angetreten, wo man weitere Bandenmitglieder festzunehmen hoffte. Wirklich glückte es, in der Wasenmeisterei eine Reihe von Helfershelfern Grasels zu verhaften, und zwar nicht die harmlosesten. Der Räuberhauptmann hatte nämlich ebenfalls nicht mit offenen Karten gespielt und nach Lettowitz nur wenige Komplizen geschickt. Die anderen sollten als Deckung zurückbleiben und bei anfälligem Verrat blutige Rache nehmen.

Die Ankunft in Horn erfolgte am Morgen des 20. November 1815. Da Grasel schon einmal aus dem dortigen Gefängnisse, dem „Diebsturm", ausgebrochen war, so konnte sich der Justizverwalter nicht dazu entschließen, ihn daselbst einzusperren. Er schickte vielmehr sofort um Militär und, als dieses eingetroffen war, legte man den gefürchteten Banditen, an Händen und Füßen gefesselt, auf einen Leiterwagen und eskortierte ihn derart nach Wien.

Hier hatte sich die Kunde von der endlich gelungenen Festnahme des Verbrechers wie ein Lauffeuer verbreitet, so daß hunderte Menschen schon bei der Taborlinie warteten, als die Soldaten mit dem „großen Hansjörgel" einlangten. Der Zug wurde immer gewaltiger, je mehr man sich der Inneren Stadt näherte. Das Ziel war natürlich das Schrannengebäude auf dem Hohen Markt, in welchem das magistratische Kriminalgericht der Stadt Wien tagte.

In den vorhandenen Akten heißt es wörtlich, daß Johann Georg Grasel „in guter Verwahrung nach Wien gebracht (wurde), wo er am 22. November, mittags um 12 Uhr, unter dem Zusammenströmen einer großen Volksmenge ankam", die sich freute, „...einen so gefährlichen Gesellen endlich unschädlich zu wissen."

Der Räuberhauptmann wurde als Deserteur vor ein Kriegsgericht gestellt. Dessen Urteil gelangte am 28. Jänner 1818 zur Publizierung und lautete im Auszuge:

„Johann Georg Grasel und dessen sechs Mitschuldige vom Soldatenstande betreffend: Johann Georg Grasel, fälschlich auch Haller, Schönauer, Eigner und Kohe, insgemein aber der „große Hansjörg", auch „Niklo" genannt, von Neuserowitz, Znaimer Kreis, in Mähren gebürtig, 27 Jahre alt, ist nicht nur der Desertion und zahlreicher Diebstähle, desgleichen mehrerer, zum Teile schwerer Verwundungen, ferner eines am 13. Juni 1812 bei Obergrünbach an dem Wirte Michael Witzmann, weil ihn derselbe anhalten wollte, verübten Totschlages, nicht minder vielfältiger, zu Reichenbach, Unterthumeritz, Zettenreuth, Modes und anderen Orten, mit gewaltsamer Handanlegung an die Personen der Beraubten, ja selbst mit anhaltender schwerer Mißhandlung derselben verübten Beraubungen schuldig, sondern er hat auch geständiger- und erwiesenermaßen insbesondere bei dem weiteren, in der Nacht vom 18. auf den 19. Mai 1814 zu Zwettl unternommenen und vollführten Raub, die beraubte 66 jährige Anna Maria Schindlerin auf eine so gewalttätige und grausame Art behandelt, daß der Tod derselben erfolget ist und notwendig erfolgen mußte.

Jakob Fähding, insgemein „Gams" genannt, von Blospitz in Mähren, Znaimer Kreises, gebürtig, 28 Jahre alt, ist nach seiner wiederholten und mit den sonst erhobenen Umständen übereinstimmenden Bekenntnissen außer seiner Desertion und vielfältigen Diebstählen geständig, sowohl bei dem schon erwähnten, in der Nacht zum 14. Mai 1814 zu Modes unternommenen Raube als auch bei dem vier

Tage darauf geschehenen Raube zu Zwettl tätig mitgewirkt, insbesonders bei dem ersten den beraubten Pfarrer Lammatsch, während der Grasel sich des Gutes desselben bemächtigte, im Bette festgehalten, auch denselben, wenn er sich loswinden oder zu schreien versuchte, in das Gesicht geschlagen, und diese Behandlung ungefähr eine Viertelstunde fortgesetzt, nicht minder bei dem zweiten Male der beraubten Anna Maria Schindlerin Füße und Hände, letztere auf den Rücken, gebunden, auch auf Verlangen des Grasel, ihr mit Federn gefülltes dickes Oberbette zu dem Ende in den Keller gebracht zu haben, um solches dem von dem Grasel dahin geschleppten gebundenen Weibe auf das Gesicht zu legen und somit, wenn sie etwa der ihr zugefügten Verletzungen ungeachtet noch zu schreien vermöchte, ihr Geschrei unhörbar zu machen.

Ignatz Stangel, ingesamt „Natzl", auch „der schöne Natzl" genannt, von Lokos in Mähren, Iglauer Kreises, gebürtig, 27 Jahre alt, ist neben der Desertion und vielen Diebstählen, auch der Mitwirkung bei dem dreifachen Raube, welcher, wie schon bemerkt, zu Reichenbach, Unterthumeritz und Zettenreuth im Juli 1811 und November 1812 bei Nacht unternommen und vollbracht worden, schuldig. Auch ist es insbesondere durch seine Geständnisse reichlich erwiesen, daß er bei dem Raube zu Unterthumeritz die beraubte 54 jährige Katharina Rieger mit einer Schnur, die er zu diesem Ende eigens mitgebracht hatte, an Händen und Füßen gebunden habe.

Was nun die Bestrafung dieser Verbrecher betrifft, so soll der Johann Georg Grasel, da er seine schwersten Verbrechen noch vor dem Eintritte in den Soldatenstand begangen hat und daher nach den Zivil-Strafgesetzen abzuurteilen ist, insbesondere seines an der Anna Maria Schindlerin zu Zwettl verübten räuberischen Totschlages wegen in Gemäßheit des § 124 und § 10 des Gesetzbuches über Verbrechen mit dem Tode durch den Strang bestraft werden.

Auch sind Jakob Fähding und der Ignatz Stangel, welche ihr Verbrechen als Soldaten verübt haben, daher nach Militärgesetzen zu bestrafen sind, nach § 35 Kriegsartikel und dem Patente das Verbrechen des Raubes betreffend, vom 16. Oktober 1802, weil der Fähding bei dem Raube zu Modes und Zwettl und der Stangel bei dem Raube zu Reichenbach, Unterthumeritz und Zettenreuth oben angeführtermaßen mitgewirkt hat, mit dem Strange hinzurichten."

Drei Tage nach Verlesung dieses Urteils wurden diese drei Hauptmitglieder der Grasel-Platte zum Hochgericht geführt, welches damals auf dem „Glacis" zwischen dem Burg- und Schottentor stattzufinden pflegte. In den alten Urteilen heißt es stets „am gewöhnlichen Richtplatze vor dem Schottentore". In früherer Zeit wurden die Justifizierungen auf dem Rabenstein vollzogen, der sich auf dem Platze befand, wo heute der Schlickplatz liegt. Dieser Teil des Alsergrundes war damals noch unverbaut.

Man hatte diesmal zum abschreckenden Beispiel drei Galgen errichtet. Grasel kam als Anführer zuletzt an die Reihe. Für ihn war der mittlere Pflock bestimmt. Die Verbrecher wurden stets mit dem Rücken zur Stadt hochgezogen. Der „große Hansjörg" starb am tapfersten. Er zeigte nicht die mindeste Angst.

Die vorstehende Darstellung beruht auf den alten, im gewesenen Ministerium des Innern aufbewahrten Polizeiakten sowie auf den mündlichen, teilweise auch schriftlichen Überlieferungen der Nachkommen des Justizverwalters Schopf und des Detektives Mayer aus Brünn. Es werden darin sicherlich gewisse Ungenauigkeiten sein, wie es eben bei nicht vollständig aktenmäßigen Darstellungen unvermeidlich ist, da Dinge, die man nicht selbst erlebt hat, beim Weitererzählen schon in dem Munde von Zeitgenossen verschiedene Abweichungen erfahren. Im Wesentlichen aber ist die Verhaftung Grasels als authentisch anzusehen, da sie sich in der Hauptsache mit dem Aktenmaterial deckt.

Wie leicht Gehörtes bei der Wiedergabe oder gar bei der mündlichen Überlieferung verändert wird, erhellt ein Bericht, den mir ein bejahrter, in Südmähren geborener Herr über die Festnahme durch David Mayer gab, indem er sich dabei auf oftmalige und immer gleichlautende Erzählungen seines Großvaters berief, der ein Zeitgenosse Grasels war und in den von diesem gefährdeten Gebieten gewohnt hatte. Der Bericht lautet:

„Grasel hatte im Waldviertel sowie auch im angrenzenden Teil Südmährens fast in allen Orten, wo er sich zeitweise aufhielt, eine Geliebte, bei welcher er Unterschlupf fand. Zu diesen gehörte auch eine gewisse Kathi, von den Leuten allgemein die „Jock'schen Kathl" genannt. Zu gleicher Zeit hatte in unserem Städtchen ein Jude namens Mayer, ein geriebener Bursche, das Brauhaus gepachtet, konnte es aber aus Mangel an Geldmitteln nicht halten und sollte stante pede ausziehen. Er beschloß nun, um sich die nötigen Geldmittel zu verschaffen, den Grasel zu fangen und die ausgesetzte Prämie von dreitausend Gulden zu verdienen. Er ließ sich, als man die Kathi wieder einmal wegen Hehlerei eingezogen hatte, zu ihr einsperren und es gelang ihm, dieselbe in sich verliebt zu machen. Er gewann nach und nach ihr ganzes Vertrauen, gab scheinbar sein Geschäft auf und zog mit ihr der Grasel-Bande nach. Da er ein äußerst pfiffiger und mit allen Wassern gewaschener Geselle war, konnte er Grasel und seiner Bande so manchen Dienst erweisen und gewann in der Folge dessen Vertrauen, so daß der Räuberhauptmann den Juden immer um sich haben wollte. Trotzdem ergab sich für Mayer aber lange keine Gelegenheit zur Gefangennahme. Endlich kamen sie eines Tages nach Mörtersdorf bei Horn und kehrten dort in einem Gasthaus ein. Außer ihnen waren noch an Gästen zwei Militär-Urlauber und mehrere Bauern anwesend. Da Grasel, der nicht von vielen Leuten gekannt war, die Gewohnheit hatte, sich stets mit dem Rücken gegen die anderen Gäste zu setzen, bemerkte er nicht, daß sich Mayer, welcher endlich den günstigen Moment für gekommen glaubte, mit den beiden Urlaubern durch Zeichen verständigte. Als sie nun einige Zeit gezecht hatten, sprang Mayer plötzlich auf, umschlang Grasel von hinten und rief: „Helfet, das ist der Grasel!" Die beiden Soldaten fielen sofort über Grasel her, auch die Bauern halfen und so wurde er trotz seiner nachgewiesenen Stärke und heftigen Gegenwehr (das Messer hatte ihm Mayer sofort aus dem Stiefel gezogen) gebunden und nach Horn transportiert, um von da nach Wien eingeliefert zu werden."

Es ist klar, daß der Gewährsmann meines Berichterstatters gut informiert war, denn die Verhaftung entspricht im großen und ganzen der von mir wiedergegebenen aktenmäßigen Darstellung. Interessant aber ist, wie schon die Zeitgenossen Grasels die „Jockschen-Kathl" mit der Therese Heinberger und den Brünner Detektiv David Mayer mit einem verkrachten jüdischen Brauhausbesitzer verwechselten. Die Verwechslung konnte nur damals geschehen sein, denn die heute lebende Generation kennt selbstverständlich die Namen der einzelnen Freundinnen Grasels nicht mehr. Daß er eine „Kathi" zur Geliebten hatte, dürfte richtig sein, denn ich fand ihren Namen in manchem Räuberroman. Auch las ich in einem alten Zeitungsbericht, daß unter den von den Zivilgerichten verurteilten Helfern und Helfershelfern auch die „Kathi" war, ohne daß ihr Familienname angegeben war. Weiters wurden damals die Ehegartner-Nandl und die Halterstochter von Höflein als bestrafte Hehlerinnen angeführt. Die gegen die Mitschuldigen, - auch aus dem Soldatenstande - geschöpften Urteile lauteten auf Kerkerstrafen von verschiedener Dauer. Am erheblichsten war jene, die Grasels Vater zugesprochen wurde. Er war zu lebenslänglichem schweren Kerker verurteilt worden, büßte seine Schuld eine lange Reihe von Jahren auf dem Spielberg in Brünn ab, wurde aber dann begnadigt und starb einige Jahre später im Versorgungshause zu Ybbs.

Wie schon eingangs erwähnt, hat Johann Georg Grasel, wie jeder berühmte Räuber, im Laufe der Zeit, namentlich in früheren Jahren, wo noch der Kolportage- oder der „Fünf-Kreuzer-Roman" in Blüte stand, zahlreiche „Federn" in Bewegung gesetzt. Die Verfasser sammelten vorher alle erdenklichen, mündlichen Überlieferungen und suchten diese dann, entsprechend zugefeilt, in eine zusammenhängende Erzählung zu gießen. Manches, vielleicht ein bedeutender Teil dieser Geschichten, mag sich ähnlich zugetragen haben. weshalb es nicht unangebracht erscheint, diese Bücher auch in eine historische Schilderung aufzunehmen. Mindestens erhalten wir dann von ihm ungefähr jenes allgemeine Bild, welches sich die Zeitgenossen von ihm gemacht hatten. Ich möchte hauptsächlich zwei „Werkchen" erwähnen, nämlich "Die beiden Grasel" (gemeint ist Vater und Sohn) und „Johann Georg Grasel". Der volle Titel dieses im Verlage Ferdinand Berger in Horn erschienen Büchels ist eigentlich langatmiger. Er lautet: „Lebensgeschichte des verwegenen Räuberhauptmannes Johann

Graseltänze.

Verfaßt von Joh. Fürst.

Volkslied in lokaler Mundart

Ausschließliches Verlagsrecht u. Druck v. C. Barth, Mariahilf Nr. 28. in Wien.

A Tanzel woll'n ma bringa,
Es is d'ran zwar nöt viel Neu's,
Aber 's thut so g'spaßi klinga,
Darum singan ma 's mit Fleiß!
Den Tanz!

Georg Grasel" und zeigt am grünen Umschlage die Figur eines tief vermummten italienischen Abruzzenräubers, der den typischen spitzen, breitrandigen Bänderhut sowie die theatralische, weite Pelerine trägt und in der linken Hand einen Dolch zückt. Es ist mir gelungen, ein solches Exemplar aufzutreiben, doch soll es, wie man mir sagte, auch Neuauflagen geben.

Diesem „Werkchen" entnehme ich nun, daß Johann Georg Grasel am 31. Jänner 1791 geboren worden sei. Das genaue Geburtsdatum fehlt leider in den vorhandenen Akten. Der Vater wird dort als „Landmann" bezeichnet. „Bauer" ist darunter keineswegs zu verstehen, worauf übrigens auch die folgende Bemerkung hindeutet, daß der alte Grasel drei Jahre nach der Geburt des Hans Georg von Neuserowitz in Mähren (der Ort stimmt mit den amtlichen Daten überein) nach Hadersdorf bei Straß in Niederösterreich übergesiedelt sei. Daselbst habe die Familie ein "einsam stehendes, hölzernes Häuschen" bewohnt. Man könnte sich den Vater Grasel also höchstens als „Kleinhäusler" denken, doch legt die abgesonderte Lage des Wohnsitzes vielleicht den Gedanken nahe, daß er tatsächlich der Abdecker des Dorfes war. Daß der spätere Räuberhauptmann im Elternhause nichts Gutes gesehen habe, wurde bereits erwähnt und geht auch unzweifelhaft aus dem gerichtlichen Urteile hervor. Der Romanschreiber wälzt die Schuld aber allein auf den Vater des Knaben und erzählt zur Beleuchtung einen Vorfall, der sich an einem Februarabend des Jahres 1797 in Straß zugetragen haben soll.

Da sei nämlich plötzlich dichter Nebel eingefallen, so daß eine Kutsche, in welcher ein vornehmer Herr saß, verunglückte. Das Pferd kam zum Sturze und trotz der Bemühungen des Kutschers und Passagiers habe es nicht gelingen wollen, das Tier wieder auf die Beine zu bringen. Da sei aus dem Dickicht ein kleiner Junge hervorgesprungen - der sechsjährige Hansjörgel - und habe sich gegen gute Bezahlung zur Hilfeleistung angeboten.

Der Vorschlag sei gern angenommen worden, worauf der Bub rasch seinen Vater Johann Grasel herbeigeholt habe, dem es bald gelang, das Gefährt flottzumachen. Der feine Herr bezahlte dann mit einem Geldstück und fuhr weiter. Nun schickte der alte Grasel aber seinen Jungen mittels eines kurzen Befehls auf einem kürzeren Abkürzungsweg bis zum nächsten Wirtshaus, damit er dort den Wagen abwarte. Man konnte ja voraussehen, daß die Reisenden in dem Gasthofe übernachten würden. Richtig langte er viel früher an und verbarg sich unter altem Holzwerk. Als die Pferde ausgespannt waren, kroch der Knabe hervor und tastete die Seitenwände so lange mit geschickter Hand ab, bis er endlich eine Brieftasche voll Geld gefunden hatte. Mit der Beute lief der junge Hansjörgel wieder zu seinem Vater zurück. Unterwegs sah er aber neugierig nach, was die Tasche enthalte, fand ein Paket Banknoten und das auf Elfenbein gemalte Porträt einer Frau. Das Bild gefiel ihm derart, daß er es sich heimlich aneignete. Die Banknoten übergab er - nach dem genannten Verfasser - dem Vater, der sie gierig zählte, als seine Frau eintrat. Diese schrie ihn an:

DIE GEFANGENNAHME GRASELS IN MÖRTERSDORF

„Was macht ihr da? Woher habt ihr das Geld? Sollte es wirklich so sein, wie schon lange die Leute munkeln, daß du ein schlechter Mensch bist und sogar dein Kind teilnehmen lässt an deinen Missetaten?" Darüber erbost, soll Vater Grasel seiner Ehegesponsin zugerufen haben: „Weib, reize mich nicht oder ich ermorde dich". Die Mutter Hansjörgels habe nun ihr Kind gebeten, von seinem Vater zu fliehen, der Junge sei jedoch auf diesen zugelaufen um solcherart zu zeigen, daß er ihn mehr liebe als sie. Schluchzend wäre daraufhin Frau Grasel hinausgegangen.

Nach diesem Bericht war der alte Grasel also eine Art Raubritter von Straß, denn wenn er seinem Sohne erst gar nicht zu erklären brauchte, was er tun solle, wenn ein einfacher, kurzer Befehl, auf einem Seitenwege dem Wagen vorzulaufen, genügte, den Plan zu verwirklichen, so konnte jener Reisende kaum der erste gewesen sein, dem ein solches Mißgeschick widerfuhr.

Man wird diese Geschichte eben nur im Rahmen der übrigen Überlieferungen verstehen müssen, denen zufolge die Familie des zukünftigen Räuberhauptmannes hauptsächlich von Diebstahl und Hehlerei gelebt habe.

Grasels Romancier geht sodann gleich auf das Jahr 1815 über, wo bereits der von uns wörtlich zitierte Steckbrief des Wiener Polizeichefs erlassen und hohe Prämien auf den Kopf des Räubers ausgesetzt waren. Es wird hier erwähnt, daß sich Hansjörg nach seiner Desertion vom Militär vorzüglich in den Wäldern zwischen Krems und Horn herumgetrieben habe, um aber wiederholt bei Tanzmusiken zu erscheinen und mit hübschen Mädchen Liebschaften anzuknüpfen. So sei er eines Abends in einem Wirtshaus in Unter-Ravelsbach aufgetaucht, selbstverständlich unerkannt, um sich zu unterhalten. Er war angeblich in Begleitung eines Freundes mit einem sogenannten „Steirerwagel" vorgefahren. Zufällig wäre nun der Gerichtsdiener Egidi eingetreten und habe die Leute darauf halb im Ernst, halb im Spaß aufmerksam gemacht, daß man sich jetzt leicht vierhundert Gulden verdienen könne. Man brauche bloß den Grasel einzuliefern. Daraufhin hätten die Anwesenden den Gesuchten in Schutz genommen, da er armen Menschen nichts tue. „Pfui, redet doch nicht so, als wenn ihr selber einer von Grasels Bande wäret!" habe daraufhin der Gerichtsdiener gerufen, woran er noch die Behauptung knüpfte, daß Hansjörgel arme Hausierer nicht nur anfalle und beraube, sondern auch noch mißhandle. Da sei plötzlich einer der beiden Fremden aufgestanden, habe Egidi gewürgt und ihm zugerufen, daß er sich hüten solle, über Grasel Lügen zu erzählen. Auf die Frage des erschrockenen Gerichtsbüttels, wieso sein Angreifer wissen könne, daß dies Unwahrheiten seien, habe ihn Hansjörg verächtlich zur Seite geschleudert und erklärt: „Schuft! Ich sage dir nochmals - du hast gelogen, denn du weißt recht gut, daß ich wohl einem betrunkenen Hausierer seine Ware genommen, ihm aber nichts zuleide getan habe. Du hast von meiner Mutter Wohltaten genossen und zum Danke dafür verfolgst du mich? Aber, den Grasel wirst du nicht fangen"

Sodann sei er völlig unangefochten langsam mit seinem Begleiter hinausgeschritten, um den Tanzboden zu verlassen. Niemand habe sich getraut, ihm ein Haar zu krümmen, denn allen sei das Wort von den bebenden Lippen geflossen: „Das war der Grasel!"

Ich habe ja schon eingangs darauf hingewiesen, wie groß die Angst vor diesem Verbrecher war, so daß jeder selbstbewußte Zechpreller den Scherz wagen konnte, sich für den Grasel auszugeben, um unbehelligt mit der Schuld durchzubrennen.

In dem Roman wird neben dem Intimus Grasels „Gams" den wir mit seinem wirklichen Namen Jakob Fähding bereits kennengelernt haben - ein Mottinger-Michel genannt. Es ist mir nicht gelungen, diese Gestalt kriminalhistorisch zu belegen, doch kann ich ihre Existenz auch nicht in Abrede stellen. Es ist nur auffällig, daß Grasel einen so kühnen Einbruch, wie den - im Prozeß übrigens unerwähnten - Einbruch in die Gruft der Herzogin von Lontin,- nicht in Gesellschaft seines zweiten Hauptmitschuldigen, des „"Schönen Natzl", ausgeführt hat. Die Tat soll er vielmehr mit „Gams" und dem „Mottinger-Michel" vollbracht haben. Wir werden gut tun, diesen Fall nur als Legende anzusehen, denn man wird wahrscheinlich nichteinmal den Ort des Verbrechens auf Grund der Angaben genau feststellen können.

„In einer romantischen Gegend unweit Horn", beginnt dieses Kapitel, "erhob sich damals, rings von Wäldern umgeben, auf einem Felsen die Burg Hohenstein. Sie war von einer hohen Mauer umringt und nur die Rückseite, welche den Turm mit der Kapelle und die Gruft enthielt, war in den Felsen gebaut." Tief im Winter seien nun die drei Räuber eines Nachts zur Burg gekommen, um auf halsbrecherischem Wege über ein Dach in das Innere der Kapelle und endlich in die unterirdische Gruft der genannten Herzogin zu gelangen. Nach mühevoller Entfernung des Deckels hätten die verwegenen Räuber den Sarg geöffnet und der Leiche das reiche Goldgeschmeide sowie die Juwelen geraubt. Der in weiße Gewänder gehüllte Leichnam sei bei der ersten Berührung in Staub zerfallen. Überhaupt wird der ganze Vorgang so schauerlich als möglich geschildert. Wer Geschmack an derartigen, in Kolportageromanen häufigen, Graselgeschichten findet, mag sich das Nähere in dem von uns erwähnten Büchlein nachlesen. Ja, es fehlt am Schlusse nicht einmal die Behauptung, daß der Mottinger-Michel nach getaner Arbeit die Burg Hohenstein in Brand steckte.

Daß Grasel wiederholt seinen Häschern entwischt ist, steht fest. Damit befaßt sich der Roman insbesondere in seinem vierten Kapitel. Es ist da von einer zwischen Maissau und Eggenburg befindlichen Hütte die Rede, die der Truppe des Räuberhauptmannes sehr oft als Schlupfwinkel gedient hatte. Ich möchte dazu nur bemerken, daß man heute noch in manchen Gegenden des Waldviertels Höhlen zeigt, wo sich Grasel aufgehalten hätte. Diese Angaben beruhen auf mündlicher Überlieferung und mögen vielfach den Tatsachen entsprechen. Gewiß ist jedenfalls, daß die Bande nach Veröffentlichung der Wiener Kundmachung zu äußerster Vorsicht getrieben wurde und daß Grasel in dieser Schlußepoche seines Lebens so manchem seiner bisherigen Helfer nicht mehr vertraute. Da dürfte er sich dann in Hütten und Höhlen verborgen gehalten haben, von denen sonst in den erhaltenen amtlichen Belegen keine Rede ist.

Die erwähnte Hütte soll eines Nachts das Ziel einer militärischen Streife gewesen sein. Wenn wir dem ungenannten Autor glauben wollen, so hielt sich Grasel in jener Nacht mit dem „Gams", dem "schönen Natzl", dem „Mottinger-Michel" und dem „alten Gföhler" dort auf. Der „alte Gföhler" kommt das eine oder andere Mal als Hehler in den Akten vor. Hier ist von seinem ausgezeichneten Spürhunde die Rede, der die Gabe besessen habe, die Annäherung von Menschen schon auf weite Strecken zu wittern. Gerade als die vier Männer gemütlich Wein tranken, schlug das Tier an, worauf der Gföhler bald feststellte, daß die Hütte von vier Seiten angegriffen werde. Auf einen schneidigen Befehl Grasels flohen die Banditen jeder in eine andere Richtung. Der Hauptmann wurde alsbald von einem Soldaten gestellt, der auf ihn feuerte. Der Angegriffene wußte aber auszuweichen, und nun habe sich in dem finsteren Walde eine planlose Schießerei entwickelt, während welcher alle vier Spießgesellen mit heiler Haut entkommen konnten.

Erdacht scheint mir in diesem Kapitel die Bemerkung zu sein, daß Grasel eine instinktive Angst vor dem Orte Mörtersdorf gehabt habe. Erdacht deshalb, weil der Räuberhauptmann, wie wir wissen, später in Mörtersdorf endgültig festgenommen wurde, was hier offenbar nur in interessanter Weise vorbereitet werden soll. Als nämlich das Gespräch auf einen in Mörtersdorf zu unternehmenden „großen Fang" kommt, ruft der Romanheld Grasel aus. "In diesem Neste will ich nichts unternehmen, denn so oft ich nur den Namen höre, so überfällt mich eine unerklärliche Bangigkeit. Es ist mir, als sollte ich in diesem Mördersdorf noch einmal ein großes Unglück haben."

GRASEL; FÄHDING UND STANGEL IN KETTEN

In der Sieberschen Kundmachung ist davon die Rede, daß „die bisher angewendeten Mittel, den vieler, sehr schwerer Verbrechen durch Tatsachen und durch Aussagen mehrerer seiner verhafteten Mitschuldigen überwiesenen Johann Georg Grasel den Händen der strafenden Gerechtigkeit zu überliefern, ohne Erfolg waren ... " Damit waren nicht bloß die großangelegten behördlichen Massenfahndungen gemeint, sondern auch die Versuche einzelner Organe und Bürger, den Räuberhauptmann stellig zu machen. Es braucht wohl nicht erst betont zu werden, daß zahlreiche der „Amtshandlungen" sehr ungeschickt und plump in Angriff genommen wurden, so daß ein Fachmann deren Aussichtslosigkeit voraussehen mußte. Grasel blieben diese lächerlichen Anstrengungen natürlich nicht verborgen.

Er häufte dann, wie schon oben erzählt, seinen ganzen rohen Spott auf die Verursacher. Hieher gehört auch die folgende Geschichte, die mir ein Gewährsmann, als in seiner Jugendzeit oft gehört, berichtete und die man einst in der ganzen Horner Gegend gut kannte. Wahrscheinlich handelt es sich hier um jene Flucht Grasels aus dem Horner „Diebsturm". welche den historischen Justizverwalter Schopf auch später abgehalten hat, den Verbrecher dort einzusperren.

„In Horn", so lautet der Bericht, „befand sich beim damaligen Amtsgerichte ein Diener namens Fabian Brennthaler, ein großmäuliger Kerl, der überall herumschrie, er werde doch noch einmal den Grasel einfangen. Der Räuberhauptmann erfuhr dies und spielte dem guten Brennthaler Schabernack auf Schabernack. Der Amtsdiener, welcher bereits öfters den „Grasel" arretiert zu haben glaubte, um freilich jedesmal eine bittere Enttäuschung zu erleben, hatte eines Tages wirklich das Glück, den richtigen zu erwischen. Ob sich der Gesuchte freiwillig festnehmen ließ, darüber schweigt die Geschichte. Genug, er war es, den Brennthaler gefesselt ins Horner Gefängnis brachte. Dort wies er ihm hoch oben im Turm ein Gemach an. Grasel, der sich sehr willig zeigte. verlangte bald darauf ein gutes Nachtmahl, Wein dazu, ein frisches Strohlager und noch andere Bequemlichkeiten, die ihm der über seinen Erfolg begeisterte Brennthaler von Herzen gern einräumte. Da der Turm eine feste Tür, ein gutes Schloß und stark vergitterte Fenster hatte, so glaubte der Gerichtsdiener seinen Häftling sicher aufgehoben, gönnte sich ein feines Essen und legte sich dann aufs Ohr. Brennthaler, welcher im Erdgeschoß des Turmes wohnte, erwachte aber gegen drei Uhr früh, da er ein verdächtiges Geräusch gehört hatte. Er ergriff seine geladene Flinte und lief hinaus. Da sah er zu seinem Schrecken, daß sich Grasel eben an einem Seile zu Boden ließ. Der Diener legte an und schoß, aber er fehlte. Grasel erkannte die Gefahr und sprang aus halber Turmhöhe hinunter. Er stürzte, war jedoch im Nu wieder auf den Beinen und rannte davon. Brennthaler lief ihm vergeblich nach. Der Räuberhauptmann hatte sich befreit.

Verzweifelt erstieg der Büttel den Diebsturm und besah die Zelle des Entwichenen. Grasel hatte ein Fenstergitter durchgefeilt und sich an einem aus dem frischen Stroh hergestellten Seile hinuntergelassen. Das war ein furchtbarer Schlag für den Amtsdiener. Mit Blitzesschnelle verbreitete sich die Kunde in der Stadt und deren Umgebung und in wenigen Stunden sang man schon ein Spottlied auf ihn, der bei der Bevölkerung lange nicht so viele Sympathien genoß als der „Hansjörgel". Die Geschichte wurde so arg, daß sich Fabian Brennthaler lange Zeit gar nicht auf die Straße wagte."

Ein ähnlicher Streich wird auch im Roman erzählt. Er spielt ebenfalls in Horn, hat aber nicht den Gerichtsdiener, sondern den gestrengen Herrn Bürgermeister selbst zum tragischen Helden. Dieser traf angeblich einmal, als er von einem Jagdausflug heimkehrte, auf der Straße einen Wanderer, den er leutselig ansprach und vor Grasel warnen zu müssen glaubte. Der Fremde, welcher sich für einen Tuchmacher aus Iglau ausgab, lachte darüber. Als dann gar der Bürgermeister damit prahlte, daß er dem Räuberhauptmann schon auf der Spur sei und gute Aussicht habe, den Preis von viertausend Gulden zu verdienen, frozzelte ihn der Wanderer mit den Worten: „So? Nun, dann gratuliere ich Ihnen zu den viertausend Gulden. Ich zweifle aber, denn wie ich den Grasel kenne"

„Wie, sie kennen den Grasel?" ereiferte sich das Stadtoberhaupt „Nun, ich bin zweimal zufällig auf meinen Reisen mit ihm zusammengekommen."

Da konnte sich der biedere Bürgermeister nicht mehr halten. Er wollte durchaus Näheres hören und, als der Tuchmacher aus Iglau entgegnete, daß er zu hungrig sei, um so lange Geschichten zu erzählen, nahm ihn der Bürgermeister ins Haus mit, zog ihn seiner Tafel zu und machte ihn mit seiner Frau bekannt. Speise und Trank wurden in reicher Menge aufgetragen und endlich verlangte der Gastgeber die sehnsüchtig erwarteten Schilderungen. Da beginnt der Tuchmacher Loblieder auf Grasel zu singen, wie zum Beispiel der Räuber an einem Schulmeister und einem Schneider großmütig handelte und so weiter, bis der Bürgermeister ärgerlich ausruft: „Genug, Ihr erzählt ja lauter Geschichten von dem Grasel, daß man glauben sollte, er sei der bravste und edelste Mensch. Erzählet lieber, wie Ihr ihn kennen gelernt habt." Hier wich der Fremde aber aus und fragt, ob sich der Bürgermeister denn gar nicht fürchte, ausgeraubt zu werden. Der blickt erstaunt. So viel Keckheit und Courage würde nicht einmal der Grasel haben, um bei einem Bürgermeister einzubrechen, meint er. Übrigens sei das Haus gut gesichert. Dem Tuchmacher bereitet das großen Spaß. Könnte man denn nicht ganz gut annehmen, scherzt er, er sei der Grasel und hätte in seinem Stiefel ein langes, zweischneidiges Messer? Dabei zieht er ein solches hervor. Jetzt beginnt der Bürgermeister zu beben, er wird totenbleich und zittert am ganzen Leibe. Seine Gattin sinkt beinahe vom Stuhle. Grasel sucht die beiden zu beruhigen, er sei doch nicht der gefürchtete Räuberhauptmann, sondern ein harmloser Tuchmacher aus Iglau, aber er werde ihnen an die Hand gehen, den Banditen zu fangen, besitze er doch eine amtliche Personsbeschreibung von Grasel. Mit diesen Worten hält er seinem Gegenüber den uns bekannten Anhang zum Sieberschen Steckbrief hin. „Hier steht es", läßt ihn der Verfasser sagen, „daß der Grasel 22 Jahre ist, dies ist aber nicht wahr, denn er ist in meinem Alter, nämlich 25 Jahre. Hier steht ferner, daß er eine nach links gebogene Nase hat, aber der Grasel hat eine Nase so wie ich, gerade in der Mitte. Endlich steht hier, daß der kleine Finger krumm sein soll. Aber der Grasel hat so gerade Finger wie die meinigen und macht sie nur krumm, wenn er in eine fremde Tasche greift. Der Grasel reist auch nicht unter seinem Namen herum, sondern gibt sich bald für einen Viehhändler, bald für einen Fleischhacker, manchmal auch für einen Tuchhändler aus Iglau aus . . ."

Nun war es natürlich heraus. Damit hatte sich Grasel entlarvt. Er vertritt im nächsten Augenblick dem Bürgermeister, der zur Tür eilen will, den Weg und eröffnet ihm, daß das Haus von seinen Getreuen umstellt sei, doch wolle er hier keine Gewalttat verüben, da er so gut bewirtet worden sei. Dann entfernte er sich mit der Drohung: „Ich hoffe aber, daß sie keine Lust mehr haben werden, sich die viertausend Gulden zu verdienen. Und jetzt, Herr Bürgermeister, blicken sie auf ihre Uhr. Sie werden durch eine ganze Stunde nicht aus diesem Zimmer gehen, auch ihre Frau nicht. Handeln Sie dagegen, so ist Ihr Haus ein Raub der Flammen. Gute Nacht, Herr Bürgermeister! Gute Nacht, werte Frau!" Dann schritt er gravitätisch zur Tür hinaus und verließ das Haus ...

Zu dieser Episode ist kritisch wohl nur zu bemerken, daß Johann Georg Grasel - soweit wir amtliche Belege besitzen - niemals theatralisch auftrat, sondern, entsprechend seiner Unbildung, stets roh und ungeschliffen. Er befand sich auch niemals allein und hätte einen solchen Spaziergang nach Horn ohne Begleitung kaum unternommen. Es ist aber begreiflich, daß sich in und um Horn herum zahlreiche Anekdoten über ihn bildeten, da er sich in jener Gegend häufig aufhielt und tatsächlich die dortige Obrigkeit mindestens einmal um einen bedeutenden Erfolg brachte. Auf alle Fälle aber ist die eben mitgeteilte Geschichte gut erfunden und packend geschildert.

ÖFFENTLICHE SCHAUSTELLUNG DER ZUM TODE VERURTEILEN VOR DEM KRIMINALGERICHT AM HOHEN MARKT

Die „Gefangennahme und Hinrichtung" Hansjörgels ist im Roman ganz unrichtig geschildert. Mayer wird nicht erwähnt, weder als Detektiv, noch als jüdischer Brauhausbesitzer, sondern ein Urlauber erkennt den Banditen und hetzt die Bauern zum Überfalle auf. Es ist bloß von „einem Kameraden" die Rede, mit dem Grasel in dem Wirtshaus zu Mörtersdorf eingekehrt sei, ferner wird seine Geliebte „Kathi aus Ravelsbach" angeführt, die indessen bei der Verhaftung nicht anwesend ist. Er hat nur die vergangene Nacht bei ihr geweilt und gedenkt ihrer beim Weine. Das Bildchen hat er verloren, weshalb er auch den Kampf mit seinen Gegnern bald aufgibt.

Vielleicht gibt aber gerade dieses Schlußkapitel den richtigen Maßstab für die Beurteilung des besprochenen Kolportageromanes. Die interessanten historischen und authentischen Momente der Gefangennahme entzogen sich ganz der mündlichen Überlieferung, *Der Legendenbildung stand nichts mehr im Wege....*

④
DER BRUDER ALS DOPPELMÖRDER
1817

Als achtundzwanzigjähriges Mädchen lernte die Bauerntochter Anna Bachmann in Melk einen „hohen Herrn" kennen. Ihre Eltern hatten eine Wirtschaft in Pöchlarn und pflegten ihre Erzeugnisse auf den Markt des bekannten Stiftsortes zu liefern. Dies besorgte „die Älteste", auf deren Tugend und Rechtschaffenheit man sich unbedingt verlassen konnte. So mancher Bauernbursche hätte sie zur Frau begehrt, war aber mit einem Korbe wieder heimgegangen. Anna war nicht stolz, sie pochte nicht darauf, daß der elterliche Besitz altererbt und schuldenfrei war, sie mochte sich aber dem Willen eines fremden Mannes nicht beugen und blieb lieber ledig. Trotz ihrer Jahre, die man ihr nicht ansah, war sie eine blühende Erscheinung. Es war im Jahre 1802, als sie, wie erwähnt, auf einer Promenade jenen „hohen Herrn" kennen lernte. Sie ruhte auf einer Bank eben ein wenig aus, als dem Betreffenden ihre Schönheit auffiel. Er ließ sich neben ihr nieder und knüpfte mit ihr ein Gespräch an. Anna, welche nicht oft Gelegenheit hatte, mit gebildeten Personen zu verkehren, fand an dem Manne Gefallen, und als sie das nächstemal geschäftlich nach Melk kam, war es kein Zufall mehr, daß sie mit ihm zusammentraf. Bald war aus den beiden ein Liebespaar geworden, obwohl der Abstand zwischen ihnen ein sehr großer und an eine eheliche Verbindung nicht zu denken war.

Den Eltern konnte das Verhältnis für die Dauer nicht verborgen bleiben, dafür sorgten schon die Freundinnen und Bekannten Annas. Da gab es dann heftige Szenen im Vaterhause. Man wollte sie sofort an einen Bauernsohn verheiraten, der sich über die Herzensneigung des Mädchens, vermutlich wegen der zu erwartenden Mitgift, hinweggesetzt hätte. Anna weigerte sich jedoch entschieden, ihre Einwilligung zu geben. Die Eltern verlangten, daß dem Gerede von dem Verhältnisse mit dem „hohen Herrn" ein Ende gemacht werde. Der Bauernsohn trat als so stürmischer Bewerber auf, daß sich Anna, um ihrem Geliebten peinliche Szenen zu ersparen, zu einer Verlobungsfeier entschloß. Am Tage derselben verschwand sie jedoch aus Pöchlarn.

Die Gründe waren mannigfacher Natur. Vor allem hatte sie erkannt, daß sie ihr Bräutigam wirklich liebe und daß es ihm nicht bloß um die Erlangung der Mitgift zu tun sei. Einen solchen Mann durfte und konnte sie nicht hintergehen. Wenn man auch den Grund ihrer Weigerung noch nicht ganz verstand, über kurz oder lang wäre er ja doch an den Tag gekommen.

Anna teilte dem „hohen Herrn" ihre Pläne mit, daß sie der Heirat entgehen wolle, und bat ihn, sie mit Rat zu unterstützen, da sie ihre schwere Stunde in der Fremde erwarten wolle.

Der Geliebte schrieb ihr jedoch, daß er diesen Schritt nicht billigen könne. Sie möge den Angehörigen alles erklären und daheim verbleiben, da er dann bessere Gelegenheit haben werde, mit ihr in steter Verbindung zu sein. In Wien, wohin sie sich begeben wolle, könne er sie nicht so frei besuchen und auf Spaziergängen begleiten. Auch sehe er nicht ein, warum sie seinetwegen den Bauernsohn nicht heiraten wolle.

Dieser Zeilen brachte Anna die Überzeugung, daß der „hohe Herr" nur ein frevles Spiel mit ihr getrieben habe. Sie begab sich, ohne ihm zu antworten, nach Wien. Wie sie bisher nie ein Geschenk empfangen hatte und auch aus Stolz und Schamgefühl jetzt unter gar keinen Umständen eines angenommen hätte, stellte sie sich auf eigene Beine und war entschlossen, ihre Ersparnisse zu opfern. Der Kummer über das treulose Verhalten des angebeteten Mannes, die Unannehmlichkeiten mit ihrer Familie, die Empfindung, daß sie nun auf der Welt verlassen und verstoßen sei, alles dies bewirkte, daß sie in eine heftige Krankheit verfiel. In ihrer Verzweiflung, die sie dem Wahnsinne nahe brachte, wurde sie von einem typhösen Fieber ergriffen, so daß sie in das Spital gebracht werden mußte. Dortselbst kam sie vorzeitig nieder, das Kind starb aber kurze Zeit nach der Geburt. Niemand kümmerte sich um sie, auch nicht derjenige, welcher ihr so nahe gestanden ...

Die lange Krankheit verschlang ihr erspartes Geld. Als sie endlich als genesen aus der Spitalspflege entlassen wurde, hatte sie nur die Wahl, ob sie heimkehren oder den Geliebten um Unterstützung bitten solle, wenn sie sich nicht ihr Brot durch ihrer Hände Arbeit verdienen wollte. Sie entschied sich für das letztere und beschloß, einen Posten als Köchin anzunehmen.

Jahre vergingen. Sie hatte von ihren Eltern nichts mehr gehört, als eines Tages ein Brief ihres Vaters eintraf, in welchem er ihr mitteilte, daß Haus und Hof in Wucherhänden seien, daß man nur ihr die Schuld daran beimessen könne, denn sie habe Schmach und Schande über die Familie gebracht, den guten Ruf zerstört, das Vertrauen untergraben - kurz, es sei ihre Pflicht, den Eltern nun wieder aufzuhelfen. Dies sei nur dadurch möglich, daß sie dem „hohen Herrn" entsprechend zusetze. Er müsse Geld geben, um die durch ihn ruinierte Wirtschaft wieder aufzurichten. Anna traute ihren Augen kaum. Der Schmerz überwältigte sie, als sie dies las, denn sie liebte ihre Eltern noch immer. Bald trocknete sie aber entschlossen ihre Tränen. Ein namenloser Ekel erfaßte sie. Um wieviel besser dünkte sie sich, die Verstoßene, Ehrlose, als jene Menschen, die sich hartherzig zu ihren Richtern gemacht, und zu denen sie auch ihre leiblichen Eltern zählen mußte. Es lag auf der Hand, daß der Verfall des väterlichen Gutes mit ihrer Liebesgeschichte nichts gemein haben konnte. Man wollte nur mit ihrer Beihilfe eine Erpressung begehen. Dazu hätte sie aber nicht einmal dann die Hand geboten, wenn sie nicht so vollständig mit ihrem Geliebten gebrochen haben würde. Sie teilte ihrem Vater mit, wie sie über die Angelegenheit denke, und ersuchte ihn, ihr nicht mehr zu schreiben, da er es ja bisher nicht für nötig befunden hätte, sich nach ihrem Befinden zu erkundigen.

Einige Tage später erhielt Anna den Besuch ihres jüngsten Bruders Johann. Er klagte ihr über die schlechten Verhältnisse und bat sie um Geld. Johann, seines Zeichens Schneider, war damals Hausknecht, hatte den Posten aber in den nächsten Tagen zu verlassen und meinte, daß er mit einer Barschaft von fünf Gulden zehn Kreuzer, die er besitze, nicht lange werde leben können. Anna machte ihm heftige Vorwürfe, händigte ihm einige Gulden aus und verbat sich die ferneren Besuche, da ihre Herrschaft dieselben nicht dulden werde.

Johann, ein fünfundzwanzigjähriger, kräftiger Bursche, rückte nun mit dem bereits vom Vater geäußerten Ansinnen hervor, daß Anna von ihrem Geliebten Geld erpressen solle. Da kam er natürlich schlecht an. Sie wies dem Bruder kategorisch die Türe und erklärte, von ihrer Familie nichts mehr wissen zu wollen.

Johann Bachmann begab sich nunmehr auf eigene Faust zu dem „hohen Herrn" und verlangte von diesem im Namen der Schwester Geld. Seine Forderung wurde zwar nicht abgeschlagen, doch bestand der Geliebte darauf, daß Anna den Betrag selbst von ihm holen müsse. Daß er so nichts ausrichten werde, war dem verkommenen Burschen klar. Er entfernte sich daher mit der Vorgabe, dies seiner Schwester mitteilen zu wollen. In Wahrheit faßte er jedoch den Entschluß, das Mädchen - seine Schwester - zu ermorden, um einige Gulden an sich zu bringen. Am 30. April begab er sich zu dem gedachten Zwecke in die Wohnung ihres Dienstgebers.

Sein Plan war, sie mit dem gewöhnlich in der Küche liegenden Fleischhammer auf den Kopf zu schlagen und zu betäuben. Er wurde eingelassen, fand aber nicht den Mut zur Ausführung, auch kamen ihm Zweifel, ob sie eine größere Geldsumme besitze. Er fuhr daher wieder nach Melk, besuchte erneut den „hohen Herrn", trat sehr frech auf, drohte mit Skandalen und wußte den Mann zu bewegen, daß er eine namhafte Summe durch eine Vertrauensperson nach Wien zu senden versprach.

In der Annahme, daß das Geld am ersten Mai eingetroffen sei, kam Johann Bachmann am 2. Mai 1817, abends um halb neun Uhr, wieder zu seiner Schwester. Er fand schöne Worte und wußte so ein längeres Gespräch einzuleiten. Anna stand währenddessen bei einem Schaffe Wasser und reinigte eine Flasche. Plötzlich schlich sich Johann Bachmann, der der irrigen Meinung war, daß seine Schwester allein im Hause war, von rückwärts an sie heran, ergriff den Schlegel und versetzte ihr meuchlings einen derartigen Schlag auf den Hinterkopf, daß das Mädchen zusammensank. Anna raffte sich aber zusammen und wollte aufstehen. Da stürzte sich der entmenschte Bruder neuerlich auf sie und hieb noch zwei- bis dreimal auf sie ein, bis sie bewußtlos wurde.

Auf das Getöse eilte der im anstoßenden Zimmer anwesende Bruder des Dienstgebers, ein alter Mann, in die Küche. Aus Furcht, ergriffen zu werden, schlug ihn Bachmann mit der Mordwaffe gleichfalls auf den Kopf, so daß auch das zweite Opfer zu Boden fiel. Nun gedachte Bachmann den Raub zu begehen. Er durchsuchte den Koffer der Schwester, aber er sollte die Früchte seines Verbrechens nicht genießen.

Durch das Ächzen der schwerverwundeten Personen und durch den ungewöhnlichen Lärm in der sonst so ruhigen Wohnung aufmerksam gemacht, erschienen verschiedene Hausparteien vor der Türe und verlangten Einlaß. Durch ihr Pochen und Schreien geriet Bachmann in großen Schrecken. Er wollte sein Heil in der Flucht suchen, öffnete die verriegelte Türe und eilte mit drohend geschwungenem Schlegel hinaus. Betroffen wichen die Leute, meist Weiber, zurück, so daß Bachmann die Stiege gewann, auf welcher er das Mordinstrument wegwarf. Mit lautem Geschrei liefen ihm die Verfolger nach, und schon nach wenigen Schritten war er auf der Straße ergriffen und der Polizeiwache übergeben.

Während der vom Wiener Stadtgericht gepflogenen Untersuchung gestand Bachmann seine Verbrechen. Das von dem „hohen Herrn" gesandte Geld traf wirklich einige Tage später ein. Die arme Anna kam aber nicht mehr in die Lage, darüber zu verfügen. Trotz sorgfältiger ärztlicher Behandlung starb sie am 22. Mai 1817, nachdem der Bruder ihres Dienstgebers schon am 12. des Monates seinen Verletzungen erlegen war.

Die gerichtliche Obduktion ergab, daß der zweiundsechzig Jahre alte Mann drei Hiebe mit dem ein Pfund, einundzwanzig Lot schwerem Schlegel erhalten hatte, welche die Vorder-, Ober- und die Seitenteile des Kopfes trafen.

Die Köchin hatte vier Schläge am „gewölbten Teile des Kopfes" empfangen. Bei beiden Personen wurden dadurch „mehrfache Knochensprünge des Schädels sowie heftige und wiederholte Gehirnerschütterungen erzeugt", wie die Gerichtsärzte sich ausdrückten. Eine weitere Folge seien Blutaustritte und Entzündungen der Hirnhaut gewesen, welche notwendig zum Tode führen mußten. Das Urteil wurde im Juni 1817 über Johann Bachmann gesprochen. Es lautete auf Tod durch den Strang. Am 23. Juni desselben Jahres langte es, von der Oberbehörde bestätigt, ein, wurde öffentlich kundgemacht und bereits am 26. Juni vollstreckt.

Die Justifizierung des Johann Bachmann gehört zu den grauenvollsten, welche die Wiener Kriminalgeschichte kennt. Der Verurteilte hatte bis zum letzten Tage auf Begnadigung gehofft. Als dieselbe ausblieb, wurde er von einer unbezwinglichen Todesangst ergriffen. Er verweigerte jeden geistlichen Beistand und gebärdete sich so rabiat, daß er an Händen und Füßen gebunden, auf den „Malefizwagen" gehoben werden mußte. Dies war auch wahrscheinlich der Grund, daß er während der düsteren Fahrt zur Spinnerin am Kreuz bei einer jähen Wendung des Karrens auf die Straße kollerte. Unter großem Geschrei der Menge und des Mörders selbst wurde er wieder hinaufgeschafft. Das Volk erblickte in dem Vorfalle aber ein Zeichen der Vorsehung. Vor dem Galgen spielten sich noch entsetzlichere Szenen ab. Bachmann sträubte sich, als man ihm die Fußfesseln gelöst, nach Kräften gegen die Hinrichtung. Sein Jammergeschrei durchschnitt unheimlich die Luft. Dazu kam, daß eine weiße Straßentaube immerwährend den Pflock umkreiste, um sich wiederholt auf denselben niederzulassen. Der Scharfrichter geriet dadurch in merkliche Verwirrung und legte dem Delinquenten, der den Kopf auf die Brust preßte, die Schlinge so schlecht um den Hals, daß sie abrutschte. Bachmann fiel herab, wurde jedoch von den Gehilfen des Scharfrichters aufgefangen, die nun so roh zugriffen, daß dies abermals den Unwillen der zahlreichen Zuschauer erweckte. Militär und Polizei mußte gegen die Menschenmassen einschreiten, die Miene zu machen schienen, den verurteilten Doppelraubmörder den Händen der Justiz zu entreißen. Auch der zweite Versuch des Scharfrichters schlug beinahe fehl. Mit Gewalt mußte dem Todeskandidaten das Kinn emporgerissen werden, um die Schlinge wirksam anlegen zu können. In den Akten findet sich über jene Vorgänge zwar nur wenig, daß die Justifizierung indessen mit Schwierigkeiten verbunden war, geht aus den wenigen erhaltenen Notizen hervor. Bis abends, wo der Leichnam nach Vorschrift herabgeholt wurde, harrte die erregte Menge vor dem Galgen aus und konnte nur mühsam im Zaume gehalten werden.

Bei dem immer nur als „hohen Herren" aus Melk bezeichneten Geliebten der Ermordeten Anna Bachmann dürfte es sich um ein wichtiges Mitglied der Ordensgemeinschaft gehandelt haben, dessen Namensnennung auch in dem Tartaruga zur Verfügung stehenden Akt den vormärzlichen Zensurvorschriften zum Opfer gefallen war

Todesurtheil,

welches von dem

Magistrate

der

Kaiserl. Königl. Haupt- und Residenz-Stadt Wien,

über die mit dem

Johann B*

wegen zweyfachen räuberischen Todtschlages

abgeführte Criminaluntersuchung geschöpft, und in Folge der von den hohen und höchsten Justiz-Behörden herabgelangten Bestättigung

heute am 26. Junius 1817

mit dem Strange vollzogen worden ist.

Thatbestand.

Johann B***, 25 Jahre alt, von Stadt Pöchlarn in Niederösterreich geboren, katholischer Religion, ledig, ein Schneidergesell, in letzterer Zeit Hausknecht, gerieth bey seiner bloß in 5 fl. 10 kr. bestehenden Baarschaft wegen seines künftigen Unterhalts in Besorgniß, und verfiel in diesem Zustande am 30. April d. J., in der Ueberzeugung, daß er von seiner, in der Stadt Nr. 873 als Köchinn dienenden Schwester in der Güte kein Geld bekommen würde, auf den Gedanken, sich zu dieser Schwester zu begeben, und ihr mit dem gewöhnlich in der Küche liegenden, zum Fleischklopfen bestimmten hölzernen Schlögl einen Schlag auf den Kopf zu versetzen, um sie zu betäuben, und ihr dann einige Gulden nehmen zu können.

In dieser Absicht erschien derselbe sogleich am oben erwähnten Tage Nachmittags bey seiner Schwester, stand jedoch bey ihrem Anblicke aus Reue von der Vollführung seines Vorsatzes ab.

Am 2. May darauf erneuerte er aber seinen Entschluß, begab sich gegen halb 9 Uhr Abends zu seiner Schwester in ihren Dienstort, verweilte in der Meinung, daß sie sich allein zu Hause befinde, unter anscheinend freundschaftlichem Gespräche durch eine Viertelstunde bey derselben in der Küche, ergriff endlich den gedachten Schlögl vom Herde, und versetzte ihr damit, während sie mit dem Auswaschen einer Flasche beym Schaffe beschäftigt war, von rückwärts, ohne daß sie es habe wahrnehmen können, einen Schlag an den Kopf, dergestalt, daß sie zusammen sank.

Als die Schwester ungeachtet dessen sich aufzurichten anfing, wiederhohlte B*** aus Besorgniß, ergriffen zu werden, die Schläge auf ihr Haupt noch zwey oder drey Mahl, bis sie bewußtlos dahin fiel.

Ueber das hierdurch verursachte Getöse trat aber der im anstossenden Zimmer allein anwesende Bruder des Wohnungsinnhabers in die Küche, und auch diesem brachte B*** aus Furcht, angehalten zu werden, mit dem nähmlichen Schlögl mehrere Streiche auf den Kopf mit solcher Gewalt bey, daß dieser gleichfalls besinnungslos zusammenstürzte.

Durch das Aechzen der verwundeten Köchinn, und durch den ungewöhnlichen Lärm wurden mehrere Personen vor die verriegelte Wohnungsthür herbey gezogen, und durch deren Geschrey und Anpochen in Schrecken gesetzt, ergriff B***, noch vor Verübung des beabsichteten Raubes, durch die von ihm geöffnete Küchenthür, (da die versammelten Personen aus Furcht, von ihm mit dem emporgehobenen Schlögl geschlagen zu werden, auseinander wichen) die Flucht; ward aber, nachdem er den Schlögl auf der Stiege weggeworfen, auch damit eine Person am Fuße leicht verwundet hatte, endlich auf der Strasse von den nacheilenden Leuten festgehalten, und der Polizeywache übergeben.

Während seiner Untersuchung bekannte B*** diese That übereinstimmend mit den vom Gericht erhobenen Umständen.

Ungeachtet der sorgfältigen ärztlichen Hülfe ist der Bruder des Dienstherrn am 12. May, und die Köchinn am 22. desselben Monaths an den unheilbaren Verwundungen und Folgen derselben verstorben; denn nach dem über die vom Gericht veranlaßte Section der Leichname von den Aerzten ab-

gegebenen Befunde, hat der 62 Jahr alte Bruder des Dienstherrn wenigstens 8 Schläge mit dem 1 lb. 21 Loth schweren hölzernen Schlögl an die Vorder-, Ober- und Seitentheilen des Kopfes, die 43 Jahr alte Köchinn hingegen wenigstens 4 Schläge an den gewölbten Theil des Kopfes empfangen; bey Beyden wurden dadurch mehrfache Knochensprünge des Schädels, heftige und wiederhohlte Gehirn-Erschütterungen, Blut-Extravasate, Entzündungen der Hirnhaut und zum Theile Vereiterung des Gehirns verursacht, und diese Verwundungen bey ihrer Schwere und Menge durch die unheilbaren Folgen für Beyden nothwendig tödtlich.

Urtheil.

Der Johann B***, soll wegen zweyfachen räuberischen Todtschlages nach dem 124. §. des Gesetzbuches über Verbrechen, mit dem Tode bestrafet, und diese Strafe an ihm, gemäß des 10. §. eben daselbst, mit dem Strange vollzogen werden.

Gedruckt bey Thaddäus Edlen v. Schmidbauer.

⑤
DER MASKIERTE SCHNEIDER
1817

Zu den interessantesten Gestalten der Wiener Kriminalgeschichte gehört der Schneider Ferdinand Wurzinger, der im Alter von fünfundzwanzig Jahren schmachvoll am Galgen endete. Wurzinger war ein echtes Wiener Kind. Seine Eltern, biedere Bürgersleute, hatten ihn für das Schneiderhandwerk bestimmt; der ebenso aufgeweckte als unruhige Knabe trug sich aber mit allerhand krausen Ideen, beabsichtigte, Seiltänzer, dann Schauspieler zu werden. Seine Eltern konnten ihn nur mit Mühe abhalten, sich durchziehenden Komödiantentruppen anzuschließen. In damaliger Zeit galt die Ausübung der Schauspielkunst als etwas Entehrendes und es konnte ein Bürgerskind nichts Schimpflicheres begehen, als Komödiant zu werden. Nur der Not gehorchend, nicht dem eigenen Triebe, wurde der Bursche endlich Schneiderlehrling. Er erlernte das Handwerk dank seiner Intelligenz und Geschicktheit so schnell und gründlich, daß sich ihm eine schöne Zukunft darzubieten schien. Mancher wohlsituierte Geschäftsmann bot ihm die Hand seiner Tochter an und Wurzinger entschied sich, kaum zweiundzwanzig Jahre alt, eine Frau zu wählen. Er hielt aber nicht um eine derjenigen an, die er unglücklich gemacht, sondern um die reichste der Bewerberinnen und etablierte sich als Kleidermacher und eröffnete, unternehmungslustig, wie er war, gleichzeitig einen Handel mit Putzsachen.

Er verstand es schon damals, ausgiebig die Reklametrommel zu schlagen. Im folgenden soll der Wortlaut seiner Ankündigungen, die er teilweise in der „Wiener Zeitung" erscheinen ließ, teilweise durch Bekannte verbreitete, der Vergessenheit entrissen werden. Dies schon deshalb, weil man so nebenbei daraus ersieht, wie schwer es im alten Wien war, jemanden zu eruieren.

Die Annoncen lauteten:

"Ankündigung an das schöne Geschlecht!

Durch die seit einer Reihe mehrerer Jahre erprobte Zufriedenheit und dem gnädigen Zuspruch aufgemuntert, empfiehlt sich neuerdings der Unterzeichnete dem hohen Adel und verehrungswürdigsten Publikum als Kleidermacher nach französischem Muster. Auch putzet er auf eine ganz neu erfundene Pariser Art alle, Gattungen Spitze, point d'alencon, Petine, Brüßler, Niederländer, auch alle Art Blondspitz und Retz. Nebstdem werden obbenannte Artikel mit der größten Genauigkeit ausgebessert, zusammengestücket, angeöhrelt und angeendelt usw. Er wohnt zu mehrerer Bequemlichkeit gleich außer dem Burgtor, bey der Stadtmauth, an der Brücke, der letzten Wache gegenüber, Nr. 1283.

Es empfiehlt sich zu Gnaden
Ferdinand Wurzinger"

Das Geschäft blühte anfangs. Der junge Meister vermochte den vielen an ihn ergangenen Bestellungen gar nicht gerecht zu werden. In seinem Leichtsinne vergeudete er aber weit mehr, als er einnahm, indem er allerhand noblen Passionen nachging und liederliche Frauenzimmer unterstützte, so daß nicht nur die Mitgift seiner Gattin aufgebraucht wurde, sondern auch Schulden gemacht werden mußten. Der Schneidermeister unterhielt gleichzeitig mehrere Liebesverhältnisse, um den betörten Mädchen ihre Ersparnisse herauszulocken. Für Dauer war diese Art, den Lebensunterhalt zu verdienen, natürlich nicht tragbar. Allmählich kamen die Frauenzimmer darauf, daß Herr Wurzinger sehr schnöde Absichten hinter seinen Liebesbeteuerungen verberge und es kam zu so manchem stürmischen Auftritte. Die Gattin des Schwindlers spielte dabei eine recht beklagenswerte Rolle, so daß sie sich endlich, als sie sah, daß er rettungslos verloren sei, entschloß, zu ihren Eltern zurückzukehren.

Von diesem Momente an ging es rapid abwärts. Wurzinger fand auf der schiefen Ebene keinen Halt mehr. Seine Mittel, sich Geld zu verschaffen, wurden immer bedenklicher, immer skrupelloser und bald sank er zum gemeinen Erpresser herab.

DER TIEFE GRABEN IN WIEN, WO WURZINGER AUF NR. 8 WOHNTE

In der Nähe Wurzingers wohnte nämlich ein Ehepaar, namens Mettler, der Mann war ein kleiner Hofbeamter. Eines Tages erscheint im Verlaufe des Vormittags ein Dienstmann bei Frau Mettler, der ihr ausrichtet, daß sie noch am selben Tage zum Kärntnertor kommen möge, wo ihrer ein Herr warte, der ihr Wichtiges mitzuteilen habe. Frau Mettler, die mit ihrem Gatten in glücklichster Ehe lebte, wies den Boten sehr energisch ab. Wenn der Auftraggeber ihr etwas zu sagen habe, möge er nachmittags kommen, zu welcher Zeit ihr Mann zu Hause sei. Am nächsten Tage war aber der Dienstmann wieder da und richtete abermals dasselbe aus. Er war auch diesmal nicht erfolgreicher. Einige Tage später traf ein Briefchen ein, in welchem der Schreiber um ein Stelldichein an einem bestimmten Ort an der Stadtmauer bat, da er ihr etwas äußerst Interessantes über ihren Gatten zu berichten habe. Nun vermochte Frau Mettler, wenngleich ihr Ehegesponse niemals einen Anlaß zur Klage gegeben, nicht länger zu widerstehen. Zur festgesetzten Stunde stiehlt sie sich vom Hause weg und lenkt ihre Schritte klopfenden Herzens zum Rendezvousorte. Dort trat ihr ein Herr in

REDOUTE IN DER WINTERREITSCHULE, WO AUCH DIE ERWÄHNTE MASKENREDOUTE AM 26. DEZEMBER 1816 STATTGEFUNDEN HATTE

schwarzem Anzug entgegen, begrüßt sie sehr ehrfurchtsvoll und führte sie im Gespräche bis zu einer Bank, wo er sie bat, sich niederzulassen. Die Frau, welche nur hören wollte, was ihr Mann angestellt habe, folgt der Einladung, da auf derselben Bank ein zwar schlafender Mann saß, der ihr im Notfalle beispringen könne. Der Herr erzählte ihr unterdessen alles mögliche, nur nicht das, was sie so neugierig gemacht hatte. Dabei wurde er immer zärtlicher und liebenswürdiger, bis er endlich Farbe bekannte, ihr einen Liebesantrag stellte und erklärte, daß „um ein so schönes Weiberl ewig schade wäre". Nun weiß Frau Mettler, woran sie ist. Sie springt entrüstet auf und eilt, so schnell sie konnte, nach Hause. Noch hatte sie ihre Hauskleider nicht angelegt, pocht es heftig an der Tür. Ein unbekannter Mann mit langem, schwarzen Vollbart steht draußen, der sich sofort in die Wohnung zwängt und sie mit den Worten anspricht: „Ah, habe ich Sie also erwischt? Oh, leugnen Sie nicht, ich habe alles gesehen, ich bin der Mann, der auf der Bank neben Ihnen saß, als Sie hinter dem Rücken Ihres Mannes heute ein Stelldichein hatten. Daß Sie es nur wissen: Ihr Mann merkt es schon lange, daß Sie ihn betrügen. Deshalb hat er mich auch als geheimen Beobachter aufgestellt, nun, und jetzt ist der Beweis da. Ich bin auch in der Burg bedienstet, noch heute soll er alles erfahren!" Die arme Frau drohte vor Entsetzen in Ohnmacht zu fallen. Der Spion fing sie in seinen Armen auf und meinte höhnisch: „Daran bin ich gewöhnt. Mit solchen Dingen werden Sie mich nicht abhalten, die Ehre Ihres Mannes zu retten!" - „Aber, hören Sie nur," jammert Frau Mettler, „ich bin ganz unschuldig..."

„Freilich, was, denn!" spottet der andere. „So machen es die Unschuldigen, wenn der Mann ahnungslos seinen Pflichten nachgeht." Frau Mettler sank nun vor dem Unbarmherzigen in die Knie und bot ihm alles, was sie besitze, an, wenn er ihrem Gatten nichts von dem Vorfalle erzähle. Der Fremde läßt sich schließlich erweichen. „Gut," erwidert er, „wenn Sie mich honorieren, will ich schweigen, sonst wären ja meine Bemühungen vergeblich gewesen. Ihr Mann hat mir zehn

Gulden versprochen, wenn ich Sie erwische. Falls Sie mir ebensoviel auf die Hand geben, bleibt die Geschichte unter uns." Die Frau war es mit tausend Freuden einverstanden, gab dem Erpresser den verlangten Betrag und verabschiedete denselben.

Allein am kommenden Tage ist der Unverschämte wieder vor der Tür. „Ich habe es mir überlegt," ruft er der Frau, die eine schlaflose Nacht verbracht hatte, zu, „für einen so lumpigen Betrag verkaufe ich mein Gewissen nicht. Da nehmen Sie wieder ihr Geld, ich gehe sofort zu Ihrem Manne." Wieder fleht ihn Frau Mettler an und beide einigen sich nach langem Für und Wider auf ein Schweigegeld von fünfzig Gulden. Da sie aber so viel nicht besaß, bestellte sie den Mann für den nächsten Tag in die Jägerzeile *(heute Praterstraße)*. Er war es zufrieden und entfernte sich. Nun erst stiegen der Frau großen Bedenken auf. Wohin hatte sie sich in ihrer Angst verstiegen? Wie sollte sie einen so bedeutenden Geldbetrag aufbringen, ohne ihrem Manne etwas davon zu sagen? Ganz in Tränen aufgelöst, warf sie sich auf ihr Bett. Bald darauf kehrte Herr Mettler, vergnügt und froh, wie immer, vom Amte heim. Als er seine Frau so verweint sah, drang er in sie, daß sie den Grund ihrer Erregung eingestehe. Endlich fiel sie ihm schluchzend um den Hals und teilte ihm die schrecklichen Abenteuer mit, die sie wegen ihrer Eifersucht und Neugierde zu bestehen gehabt hatte.

Der Hofbeamte nahm die Sache nicht so tragisch. Er versprach, sie am nächsten Tage in die Jägerzeile zu begleiten, um den frechen Burschen kennenzulernen. Gesagt, getan, Frau Mettler ging voraus, ihr Gatte folgte ihr in einer gewissen Entfernung. Der Bärtige traf pünktlich ein und setzte sich an der Seite der Frau in Bewegung. Mit einem Male war jedoch der Gatte hinter ihnen, packte den Mann bei den Haaren und rief: „He, he, mein Bester, jetzt möchte ich Sie auch kennenlernen!" Der Mann erschrak furchtbar, und nicht zum geringsten darüber, daß seine Haare samt dem Barte in Bewegung gerieten, denn sie waren falsch. Das Ehepaar sah dem Schwindler ins Gesicht und erkannte in ihm – den Schneidermeister Wurzinger. Dieser verlegte sich nun aufs Bitten und beschwor die beiden, ihn nicht unglücklich zu machen. Er hätte sich nur einen schlechten Scherz erlaubt und erklärte sich bereit, der Frau als „Schmerzensgeld" zwei neue Pariser Kleider umsonst zu machen. Wieder meldete sich die Denkungsweise einer echten Evastochter: Frau Mettler verwendete sich bei ihrem Gatten dafür, daß er Herrn Wurzinger unter diesen Bedingungen laufen lasse ...

Vielleicht hätte der Schneidermeister sein Versprechen eingelöst, wenn er nur die Mittel besessen haben würde, den Stoff und die notwendigen Materialien anzuschaffen. Dazu kam, daß ihn zwei seiner Gläubigerinnen, die fesche, junge Stubenkatze Brigitta Hollmann, der er einen Heiratsantrag gemacht hatte, und die zweiundsiebzigjährige Köchin Theresia Dörfler, auf Rückzahlung der ihm geliehenen Geldbeträge drängten. Beide dienten „In der Stadt" *(im „Kleinmariazellerhof", Johannesgasse 6)* bei einem vierundneunzigjährigen, alleinstehenden Herrn. Um die beiden Frauenzimmer zu besänftigen, hatte Wurzinger sie in der letzten Zeit öfters besucht. Er gab ihnen dann schöne Worte, für die ja ein weiblicher Gläubiger immer empfänglicher ist, als ein männlicher. Gelegentlich der erwähnten Besuche überzeugte sich nun Ferdinand Wurzinger, daß der Greis ein reicher Mann sei. Dessen Geldbesitz, dachte er, könnte ihn aus allen Nöten erretten. Wurzinger, der, wie früher angeführt, jeden Begriff von Ehre und Anständigkeit verloren hatte, geriet daher zu Weihnachten 1816 auf den bösen Gedanken, den alten, hilflosen Mann zu berauben. Mit der Köchin hoffte er schnell fertig zu werden. Er faßte einen Plan, der so recht seinem Hange zu schauspielerischen Verkleidungen entsprach, nämlich den, die Dörfler in einem Maskenanzuge zu überraschen, während ihrer ersten Bestürzung durch Verbinden der Augen und Drohungen unschädlich zu machen und sodann deren Dienstgeber zu berauben.

Hinderlich war ihm nur Brigitta, die er vorher vom Hause wegbringen mußte. Es ist nicht bekannt, ob Wurzinger auch der zweiundsiebzigjährigen Köchin den Hof machte, doch fast scheint es so, denn als er am 24. Dezember das Stubenmädchen auf eine Redoute für den 26. Dezember laden will, geht er nicht, wie sonst, in die Wohnung, sondern schickt ihr einen Brief nachstehenden Wortlautes:

DER TATORT DES MORDES AN THERESIA DÖRFLER,
DER „KLEINMARIAZELLERHOF"
IN DER JOHANNESGASSE 6

„Liebenswürdiges Freilein!
Sie werden schon entschuldigen, daß ich es wage, Ihnen zu schreiben und Ihnen um Gegenliebe zu bitten, den ich liebe Ihnen mit einer solchen Gluth, das die Dampfbäder ein reines Schneegestöber dagegen ist. Freilein, indem Sie mit den Anton ohnehin kein Verhältnis mer haben, was ich glaube und war sein wird, Freilein, wenn Sie nur einen Funken Liebe für mich haben, was ich in Sommer schon öfters bemerkt habe, so können Sie einen glücklichen Sterbenden aus mir machen, wen Sie am 26. übermorgen, Abends, gleich nach 6 Uhr, in die Maskenredoute, was wir neilich besprochen haben, komen würden. Wenn Sie nicht Zeit haben sollten, was ich kaum glaube, so machen Sie auf Ihrer Wohnungstür mit der Greiten einen Strich, daß ich weiß, ob Sie mich lieben oder nicht, aber gewiß, das ich nicht umsonst warte, was ich nicht glaube.

Mit Achtung der Sie bis in den Tod liebende
Ferdinand Wurzinger."

Unser Schneiderlein hatte nicht falsch spekuliert. Als er am 26. Dezember zur Tür der beiden Mädchen schleicht, bemerkt er keinen „Greitenstrich" *(Kreidestrich).* Nachdem er längere Zeit gelauscht und keine Stimmen gehört hat, eilt er zum Maskenfest. Brigitta ist bereits an Ort und Stelle und zeigt sich für die Einladung sehr dankbar. Auch scheint ihr der Schneider, der ein kleidsames Ritterkostüm gewählt, recht gut zu gefallen. Plötzlich erbleicht Wurzinger aber und raunt dem Stubenmädchen ins Ohr, daß er vergessen habe, Geld zu sich zu stecken. Er eile nur rasch heim, sie möge sich einstweilen gedulden. Sie will ihm einen Betrag borgen, er weist ihn aber beleidigt zurück und meint, daß er sich von einer Dame, die er ausführe, nichts zahlen lasse, wenngleich er ihr Schuldner sei. Dann begibt er sich eilends in die Stadt, den Kragen seines Winterrockes hoch aufgeschlagen, die blauen engen Hosen unbedeckt, doch darum nicht besonders auffällig, da es damals genug Masken in den Straßen gab. Er wirft den Winterrock vor der Tür ab, nimmt eine Larve vor das Gesicht und läutet an. Theresia Dörfler öffnet ihm, doch fehlt dem Schneider der Mut, sofort auf die alte Köchin loszustürzen. Er läßt sich vielmehr mit ihr, nachdem er die Larve abgenommen, in ein Gespräch ein und begleitet sie auf ihr Zimmer. Dort weiß er einen kurzen Wortwechsel zu provozieren, in dessen Verlaufe er ihr unverhofft einen derartigen Faustschlag auf den Kopf versetzt, daß sie betäubt zu Boden stürzt. Nun verstopft er ihr mit ihrem eigenen Halstuch den Mund, bindet ihr beide Hände und zwängt den Knebel, so weit es möglich ist, in den Schlund der Greisin. In der Meinung, daß Theresia Dörfler genug habe, erbricht er ihren Kasten und raubt einen Barbetrag von fünfundneunzig Gulden. Dann dringt er in das Zimmer des Dienstgebers, öffnet mit den dort gefundenen Schlüsseln zwei Schränke und drei Kästen und entwendet vor den Augen des hilflosen alten Mannes „an barem Gelde, Pretiosen und etwas Leinwäsche, einen gerichtlich erhobenen Wert von 2469 Gulden und 56 Kreuzer..."

Hierauf flieht der Mörder, hüllt sich in seinen Winterrock und eilt heim. Brigitta hat mittlerweile so anregende andere Gesellschaft gefunden, daß sie des Schneiders ganz vergißt und frühmorgens etwas bedüselt heimkehrt. Niemand öffnet ihr. Die Küche findet sie leer. Wie sie ins Zimmer der Resi tritt, sieht sie dieselbe geknebelt und tot auf dem Boden liegen.

Der Polizei war es nicht schwer, die Spur Wurzingers zu finden. Am nächsten Tage schon wurde er verhaftet. Er gab den Verwahrungsort der Beute an, die man auch tatsächlich sicherstellen konnte. Vom Gelde fehlten bloß beiläufig fünfundneunzig Gulden, mit denen er eine kleine Schuld getilgt hatte. Am 6. Februar 1817 wurde Ferdinand Wurzinger *(bei der Spinnerin am Kreuz)* öffentlich hingerichtet, nachdem das vom Wiener Magistrate gefällte Todesurteil bestätigt worden war.

Todesurtheil,

welches von dem

Magistrate

der

Kaiserl. Königl. Haupt- und Residenz-Stadt Wien,

über die mit dem

Ferdinand W*

wegen Raubmordes

geführte Criminaluntersuchung geschöpfet, und in Folge herabgelangter hoher und höchster Bestätigung heute

am 6. Februar 1817

mit dem Strange vollzogen worden ist.

Thatbestand.

Ferdinand W***, 25 Jahre alt, in Wien geboren, katholisch, verehlicht, ein Schneider, gerieth binnen kurzer Zeit, größten Theils durch üble Wirthschaft, in eine drückende Schuldenlast.

Seine stärksten Gläubiger waren zwey seiner Arbeitskunden, die sich als Stubenmagd und als Köchinn im Dienste bey einem in der Stadt wohnenden 94jährigen, an allen Sinnen geschwächten Greise, befanden.

Durch öftere Besuche bey denselben lernte er die dortigen häuslichen Verhältnisse kennen, und zu Weihnachten vorigen Jahres faßte er den Vorsatz, diesen Umstand zu benützen, den Greis zu berauben, und mit dem Ertrage des Raubes seine Schulden zu bezahlen.

In dieser Absicht beredete er, am 25. und wiederholt am 26. December v. J. die Stubenmagd, am letztgenannten Abende in die Redoute zu gehen. Zugleich rieth er ihr, der nöthigen Vorbereitungen zum Balle wegen, sich gleich nach 6 Uhr vom Hause zu entfernen. Dieß geschah, und als Ferdinand W*** die Ueberzeugung davon erhalten hatte, begab er sich am 26. December Abends um 9 Uhr in einem Maskenkleide, und mit einer Larve vor dem Gesichte, in die Wohnung des Greises, in der Absicht, der 72jährigen Köchinn, Theresia Dörfler, beym Eintritte die Augen zu verbinden, und sie in solchen Schrecken zu versetzen, daß sie ihn am Raube nicht hindern könne.

Er hatte aber, seiner Angabe nach, nicht sogleich den Muth dazu, nahm daher die Larve ab, ließ sich in ihrem Zimmer in ein Gespräch mit ihr ein, das angeblich in einen Wortwechsel überging; im Verlauf desselben schlug er sie plötzlich mit der Faust dergestalt zum Kopf, daß sie betäubt zu Boden stürzte; hierauf verstopfte er ihr mit ihrem eigenen Halstuche den Mund, band ihr beyde Hände, und stopfte ihr das Tuch, so weit er konnte, in den Hals hinab, wodurch er, seinem eigenen Geständnisse nach, überzeugt war, diese Gewaltthat müsse ihr den Tod zuziehen, wie dann auch derselbe nach der gerichtlichen Leichenbeschau eine nothwendige Folge jener Mißhandlung war.

Ferdinand W*** erbrach, nachdem dieses Hinderniß bey Seite geräumt war, 2 Schränke, öffnete mit den, in den Zimmern gefundenen Schlüsseln, noch 3 Kästen, und raubte erst der ermordeten Dörfler 95 fl., dann dem im Bette befindlichen, ganz unbehilflichen Greise in dessen Beyseyn am baa..a Gelde, Prätiosen und etwas Leinwäsche, einen gerichtlich erhobenen Werth von 2469 fl. 56 kr.

Gleich am folgenden Tage, den 27. December gegen Mittag, wurde er eingezogen.

Der Inquisit hat diese That, mit dem gerichtlich erhobenen Befunde übereinstimmend gestanden, und die Verwahrungsorte des inzwischen schon beseitigten geraubten Guts angezeigt; dieses fand sich bis auf 95 fl., mit welchen er eine kleine Schuld getilgt hatte, richtig vor.

Urtheil.

Der Raubmörder, Ferdinand W***, soll gemäß des 119. §. des Gesetzbuches über Verbrechen, mit dem Tode bestrafet, und diese Strafe an ihm, gemäß dem 10. §. eben dieses Gesetzbuches, mit dem Strange vollzogen werden.

Gedruckt bey Thaddäus Edlen v. Schmidbauer.

⑥
BEI DER GOLDENEN SCHLANGE
1817

In der Burggasse, im heutigen siebenten Gemeindebezirke, befand sich früher einmal ein ziemlich hoher Berg. Bekanntlich besitzt keine zweite Stadt der Erde ein so hügeliges Terrain als Wien, und nur mühsam gelingt es, die vielen Bodenerhebungen allmählich dem modernen Verkehre anzupassen. Auf dem erwähnten Berge stand damals ein imposantes Gebäude, eine Burg der Herzöge von Österreich, welche dadurch in aller Welt bekannt war, daß die hohen Herrschaften von dort zum sogenannten „Veilchenfeste" auszogen. Die Burg selbst wurde später in ein Jagdschloß umgewandelt. Unter der Regierung der „Römischen Kaiser deutscher Nation" geriet das Jagdschloß aber immer mehr in Vergessenheit, und im 17. Jhdt. sehen wir es bereits als eine Ruine, die man für billiges Geld an wen immer vermietete. So kam es, daß ein Fleischhauer namens Johann Müller dort eine Schlachtbank errichtete und die Ställe, welche einst den edlen Schlacht- und Turnierrossen gehörten, mit seinen Schafen, Schweinen und Ochsen belegte. Das Geschäft Müllers ging jedoch sehr schlecht. Der Bedarf war in Neustift dazumal noch ein geringer, und als sich endlich noch die Maul- und Klauenseuche ausbreitete, erkannte der strebsam Gewerbsmann, daß er nicht mehr weiter konnte. Soweit die verbürgte Geschichte.

Nun spinnt aber die Wiener Volkssage das Geschick Müllers in folgender Weise weiter:

Es war im zweiten Türkenkriege, *(1683)* als die Feinde just einige hundert Schritte von der Schlachtbank Müllers entfernt ein großes Zeltlager aufschlugen. Der Wiener Bürgermeister Liebenberg berief damals alle waffenfähigen Bürger in die Stadt, damit sie das 13.000 Mann starke Verteidigungsheer verstärken. Wirklich stellten sich dem Grafen Rüdiger von Starhemberg nicht weniger als 7.000 Bürger zur Verfügung, und mit ihrer sowie des Polenkönigs Sobieski Hilfe gelang es, das aus 200.000 Mann bestehende Türkenheer unter Kara Mustapha in die Flucht zu schlagen. Unter den heldenmütigen Verteidigern befand sich auch Johann Müller, der seine Frau Margarete allein in dem vereinsamten Hause zurücklassen mußte. Die wilden Horden der Türken ergriffen bald Besitz von der Schlachtbank, führten die Schafe, zehn an der Zahl, als Proviant fort und ergriffen auch die junge Frau, um sie mit sich zu nehmen, da ertönten Trompetensignale, der mörderische Kampf begann, und die türkischen Soldaten mußten rasch ins Lager zurück. Dies war die Rettung Margaretens. Die Türken ließen auf der Flucht ihr reiches Lager am „Neustifte" zurück. Die Kostbarkeiten wurden von den glücklichen Siegern mit Beschlag belegt und auf Wagen fortgeschafft. Das Wertlose überließ man den dortigen Ansiedlern. So warf man der Margarete eine graue Schlange zu, deren Zweck man nicht kannte. Noch ehe die Frau die Schlange näher zu betrachten Zeit hatte, stürmten alle „Neustifter" in die nahe St. Ulrichskirche, um heiße Dankgebete zum Himmel emporzusenden. Nach verrichtetem Gebete begab sich Frau Margarete heim, wobei es ihr schien, als würde ihr der Korb, in welchem sie die Schlange trug, immer schwerer. Zu Hause angelangt, ergriff sie ein Fleischmesser und schnitt den Leib der Schlange voll Neugierde auf. Aus der geborstenen Schlange blinkte ihr eitel Gold in Massen zu. Der ganze Tisch glänzte von kostbarem Geschmeide, welches wahrscheinlich aus dem Besitze eines großen türkischen Herrn stammte. In diesem Augenblicke trat Johann Müller, verstaubt, aber heil und gesund, in das Gemach und fiel seiner Frau in die Arme. Dabei erblickte er das viele Gold und fragte erstaunt, woher sie dies habe. Sie erzählte ihm den Hergang und zweifelte daran, daß man ihr echtes Gold geschenkt habe. Der Fleischhauer meinte, darüber werde der Jude Salomon Jackles besser Bescheid geben können. Er raffte das Metall zusammen und eilte fort. Es währte nicht lange, trabte Johann auf einem prächtig gezäumten, auch aus der Beute der Türken stammenden Araber in den Hof und rief seiner Frau schon von weitem freudestrahlend zu: „1.500 Dukaten hat er mir dafür gegeben!" Das glückliche

Ehepaar beratschlagte, wie es das Geld fruchtbringend verwerten könnte. Der Mann sagte: „Weißt du, Margarete, du bist eine gute Köchin, da wird es uns an Zuspruch nicht fehlen, das Fleischhauergewerbe gefällt mir nicht mehr, ich werde ein Wirt." Die Gattin war damit einverstanden, und als man über den Platz des zu errichtenden Gasthauses nachsann, schritt Johann Müller lachend zum Fenster, zeigte auf einen großen, von einer Ruine begrenzten Garten, ganz oben am Berge, und sagte: „Dort soll unser Wirtshaus erstehen. Wenn ich dem alten Heimann für Garten und Ruine hundert Dukaten gebe, ist er tausendfach froh."

Der Handel war bald und leicht abgeschlossen, einige Wochen später arbeiteten schon die Maurer auf der erwählten Stätte. Johann Müller eiferte die Arbeiter an, spendete ihnen häufig Wein und Imbiß, und ehe sechs Wochen um waren, stand das neue Häuschen, welches zwei nette Stuben und eine kleine Küche enthielt, fertig da. Über der Tür ließ Johann Müller aber unter einem grünen Wirtszeichen folgende Inschrift anbringen:

> „Das Haus steht in Gottes Hand,
> Zur goldenen Schlange wird's genannt."

Damit schien es richtig zu sein. Der erste Gast war der Jude Salomon Jackles, der das gereichte Glas Wein segnete, und nach ihm kamen immer mehr und mehr Gäste, so daß das Ehepaar kaum in der Lage war, die Speisen und Getränke mit der gewünschten Schnelligkeit herbeizuschaffen. Tatsache ist es, daß auf jenem Berge ein Gasthaus „Zur goldenen Schlange" gegründet wurde, welches ja auch heute noch den Neubauern und anderen Wiener Bürgern wohlbekannt sein dürfte, und daß es einen ganz seltsamen Zuspruch aufwies. Bald zeigte es sich, daß die Lokalitäten zu klein seien, doch entschloß sich erst der Sohn Johann Müllers, einen zweiten Stock aufzusetzen. Die Familie Müller starb später aus und das Gasthaus ging in den Besitz eines gewissen Bernhard über. Auch dieser verstand es, den guten Ruf desselben zu erhalten.

Es ist heute nicht unsere Aufgabe, die Gründung Johann Müllers weiter zu verfolgen, wir wollten nur das Milieu schildern, in welchem sich eine sehr traurige Wiener Kriminalaffäre abspielte. In dieses allbeliebte, von den besten Kreisen besuchte Gasthaus kam nämlich anfangs des 19. Jahrhunderts auch ein Student der Chirurgie mit Namen Wolfgang Freyberger. Der junge Mann stammte aus Mähren und oblag hier seinen Studien. Sein Vater war ein armer Kleinhäusler, der sich das Geld vom Munde absparte, um dem Sohne die Mittel zur Erlangung eines akademischen Grades geben zu können. Wolfgang war ein fleißiger Schüler. Er wußte mit dem väterlichen Unterhalt so zu wirtschaften, daß er niemals in Schulden geriet. Ab und zu nur vergönnte er sich einen besseren Tropfen Weines, den er im Gasthause „Zur goldenen Schlange" hinter die Binde goß. Als er eines Abends, es war im Frühling 1817, still bei einem Glase saß, flatterte etwas ins Zimmer, welches ihm wie ein bunter Schmetterling erschien. Unter silberhellem Lachen flog nämlich ein junges Mädchen in die Stube, hielt einen Augenblick bei einem Tische, dessen Stammgäste es scherzend begrüßten, dann eilte es zum Schanktisch, an dem ihr Onkel, der Wirt, stand, und hierauf zur Kasse, in welcher dessen Gattin saß, das leichte Kleidchen flog förmlich wie eine Fahne im Winde, so rasch bewegte sich der Wildfang hin und her. Ein Duft ging von dem elastischen Körper aus, Farben blendeten den Jüngling, so daß er ganz von dem Liebreiz gefangen war. Er starrte dem bezaubernden Wesen sprachlos nach, hingerissen von den weichen, zarten Linien der Wangen, von dem trillernden und jubilierenden Munde, und als ihn ein zufälliger Blick ans den blauen, hingebungsvoll - feurigen Augen der „Schlangen-Rosel" - so nannte man das siebzehnjährige Mädchen in der Umgebung - traf, da war es um ihn geschehen. Er erkundigte sich nur mehr, wer die Wunderbare sei und beglich dann seine Zeche; er mußte das Wirtshaus verlassen, denn sonst wäre er einem der Gäste, die so vertraut mit dem Kinde taten, an die Gurgel gesprungen.

Draußen griff er sich wie in einem Sinnestaumel an die Stirne. „Wolfgang," rief er sich selbst zu, „was ist mit dir vorgefallen?. Bist du denn plötzlich verrückt geworden? Siehst irgendein dummes Mädel und verlierst gleich den Kopf?" Er schüttelte trotzig sein Haupt, als wollte er die Erinnerung von sich schleudern und wandte die Schritte heimwärts.

Am nächsten Morgen war alles nur eine flüchtige Erinnerung, als hätte sich der Vorfall vor vielen Jahren, in seiner Kindheit, abgespielt. Doch, sowie es Abend wurde, packte ihn der Gedanke, daß er heute wieder zur „Goldenen Schlange" müsse. Nur auf kurze Zeit, dachte er. Warum sollte er sich nicht auch an zwei Tagen ein Gläschen Wein kaufen dürfen? Plagte er sich nicht untertags genug mit dem Studium? Dieser Gedanke ergriff so vollständig Besitz von ihm, daß er ihn nicht mehr los werden konnte. Einige Stunde später saß er wieder in dem Wirtshaus.

Und so ging es fort. Wolfgang Freyberger wurde Stammgast bei der „Goldenen Schlange", obwohl er nur selten Gelegenheit hatte, die Rosel zu sehen. Er spann sich in einen ganz merkwürdigen Traum ein: Das Mädchen gehöre ihm, er war überzeugt, daß er es heiraten werde, wenn er seine Studien beendet habe - nur übersah er dabei, daß Rosel diesen Traum nicht ebenfalls träumte. Das lustige, lebensfrohe Ding hatte keine Ahnung, daß der Student sterblich verliebt sei. und schäkerte mit ihm, wie mit jedem anderen - bis Wolfgang Freyberger eines Tages ein energisches Veto aussprach, als es sich darum handelte, daß Rosel auf einen Ball gehen sollte. Die Wirtsleute fragten ihn erstaunt, was denn das ihn angehe, worauf der Student hervorstieß: „Das geht mich sehr viel an, meine Lieben, ich habe mich . . ." hier brach er ab, er dachte nämlich daran, daß er um des Mädchens willen bereits ein Verbrechen begangen habe, von welchem wir gleich sprechen wollen. Wir möchten nur vorausschicken, daß es durch diese Unüberlegtheit zu einer Aussprache kam, in welcher dem Studenten aber nicht alle Hoffnung genommen wurde. Die Verwandten Rosels hatten im Prinzipe nichts dagegen, daß ihre Nichte einen graduierten Chirurgen zum Manne nehme, zumal sich Freyberger fälschlich als Sohn eines sehr reichen Bauern ausgab. Das Mädchen selbst war auch nicht abgeneigt, den Studenten später als Bräutigam anzunehmen, nur verspürte es vorläufig weder eine besondere Neigung zu demselben, noch Lust, sich ein Tanzvergnügen seinetwegen rauben zu lassen. Wolfgang geriet durch diese Vorgänge in einen furchtbaren Seelenzustand. Die Wirtsleute wollten einen Beweis dafür haben, daß er imstande sein werde, ein Weib am Anfange seiner Laufbahn zu ernähren, sie verlangten eine Sicherheit dafür, daß er vom Hause aus vermögend sei - anderseits drängte den Studenten eine alte Dame auf Rückgabe eines namhaften Betrages, den sie ihm für kurze Zeit geborgt hatte. Freyberger, der, wie wir hörten, vom Vater nur so viel erhielt, daß er höchstens ab und zu eine besondere Ausgabe bestreiten konnte, benötigte in letzterer Zeit sehr viel Geld. Da er es sich auf ehrliche Weise nicht zu verschaffen vermochte, hatte er im Mai 1817 von jener alten, gutherzigen Dame eine Banco - Obligation im Betrage, von fünfhundert Gulden entliehen. Er täuschte ihr vor, daß er eine Erbschaft gemacht habe und verbrauchte bis zum August 1817 für angeschaffte Kleider, Wäsche und Zehrauslagen 391 Gulden und 53 Kreuzer ...

DIE ALTE TABORSTRASSE WO SICH DAS GASTHAUS „ZUM WIDDER" BEFUNDEN HATTE

SZENE AUS EINEM EINKEHRWIRTSHAUS IN DER WIENER VORSTADT,
WIE ES DAS GASTHAUS „ZUM WIDDER" GEWESEN WAR

Am 15. August saß er wieder in der „Goldenen Schlange" und trank ärgerlich sein Glas Wein. Rosel ließ sich nicht blicken, er ahnte, daß sie sich irgendwo ohne ihn vergnüge, die alte Frau hatte ihm unmittelbar vorher einen ernsten Brief geschrieben, in dem sie ihm mit einer Strafanzeige drohte, kurz, Wolfgang Freyberger befand sich in einer ihn zu allem fähig machenden Stimmung. Da belauschte er unwillkürlich, als er in sein Glas stierte, ein Gespräch am Nebentische. Dort saßen einige Bürger, welche über die Unsicherheit auf den öffentlichen Straßen schimpften und ihrer Verwunderung darüber Ausdruck gaben, daß noch keiner der von Wien mit dem Erlöse für verkaufte Waren heimkehrenden Bauern nächtlicherweile ausgeraubt worden sei. Die Landbewohner legten da eine unglaubliche Sorglosigkeit an den Tag, schliefen meist auf ihren Wagen und erwachten erst, wenn die Pferde vor ihrem Stalle stünden. Wolfgang Freyberger fuhr leicht zusammen. Seine Augen erglänzten, als wäre ein teuflisches Licht in ihnen. Seine Finger spielten nervös mit dem Tischtuche, dann rief er den Kellner, zahlte und lief hinaus. Das Gespräch der Bürger fesselte ihn. Wie, wenn er es als Fingerzeig eines näheren Schicksals betrachtete? Er hatte ja schon lange aufgehört, an Gott zu glauben, seine Lage war in der Tat schrecklich. Er konnte jederzeit in den Kerker wandern und alles verloren haben. Was läge daran, wenn es einen Bauern mehr oder weniger gäbe, dachte der schon vor Aufregung Halbwahnsinnige. Die Nacht verbrachte er schlaflos. Er erhob sich wie gerädert von seinem Lager und lenkte die Schritte gegen den Tandelmarkt. Dort kaufte er einen dreieinviertel Pfund schweren Hammer und verbarg ihn sorgsam unter seinem Rock. Ohne einen Bissen zu sich zu nehmen, trieb er sich sodann auf den Stadtwällen herum, bis es Mittag wurde. Dann lenkte er die Schritte gegen den Gasthof „Zum Widder" in der Leopoldstadt, wo sich alltäglich viele Bauern mit ihren Waren einfanden. Er kaufte sich ein Mittagmahl, welches er nur zur Hälfte verzehrte und spähte dann nach einem Bauern aus, der die Absicht habe, mit der Losung heimzufahren und es gelang ihm, einen solchen ausfindig zu machen. Freyberger sprach denselben an und bat ihn, ob er mitfahren könne, er sei ein armer Student, der seinen Vater, auch einen Bauern, besuchen möchte. Der Fuhrmann gab gern seine Einwilligung. Um vier Uhr nachmittags setzte sich das Gefährt in Bewegung, um den Weg über Korneuburg nach Stockerau einzuschlagen. Freyberger redete während der Fahrt nur wenig, er war zu sehr mit dem schrecklichen Entschlusse beschäftigt, der sich in seiner Seele festgesetzt hatte. Beim Anbruch der Dunkelheit schlief der Bauer in seiner Wagenflechte ein. Um beiläufig elf Uhr nachts langte das Gefährt zwischen dem Postmühl-Wirtshause und Sirndorf an, jetzt hielt der Student den Augenblick für gekommen. Schnell holte er den Hammer hervor und versetzte seinem Wohltäter mehrere wuchtige Schläge auf den Kopf, die den sofortigen Tod herbeiführten. Dann raubte er dem Opfer 505 Gulden, sprang vom Wagen, ließ die Pferde weitertrotten und begab sich zu Fuße nach Wien zurück. Der ermordete Bauer gehörte zur Herrschaft Oberstinkenbrunn. Er war fünfundzwanzig Jahre alt, verheiratet und Vater zweier Kinder. Als der Wagen anhielt, kam die Frau des toten Mannes heraus und begrüßte denselben ahnungslos. Mit Entsetzen bemerkte sie, daß alles voll Blut und Gehirnmasse sei ... Die Leiche wurde gerichtsärztlich obduziert und ergab folgenden Befund: „Das Stirnbein bis in die Augenbrauen und die Grundgegend zerschlagen, und zwar in zwanzig größere und kleinere Stücke...."

DER VON FREYBERGER ERMORDETE BAUER TRIFFT BEI SEINEM HOF IN SIERNDORF EIN

Am 17. August sehen wir Wolfgang wieder in der „Goldenen Schlange". Er zeigt dem Wirte das Geld als Beweis dafür, daß er über genügend Privatvermögen verfüge, tilgt einen Tag später den größeren Teil seiner Schulden und behält nur so viel, daß er sich noch einige vergnügte Tage vergönnen kann. Da trifft es sich, daß jene beiden Bürger wieder am Nebentische sitzen. Sie unterhalten sich über die Bluttat und erwähnen es als sonderbar, daß sie gerade vorher von einer solchen Möglichkeit gesprochen hätten. Darüber gerät der Student in solche Aufregung, daß es auffällt. Die Polizei wird auf ihn aufmerksam, und einige Tage später wird er in das Stadtgericht am Hohen Markte eingeliefert. Nach kurzem Leugnen bricht Freyberger zusammen und gesteht.
Wir besitzen das „Urthel" über Wolfgang Freyberger, welches in der üblichen Form lautet: „Wolfgang Freyberger soll wegen Meuchel- und Raubmordes nach dem § 119 des Gesetzbuches über Verbrechen mit dem Tode bestraft, und diese Strafe an ihm gemäß des § 10 ebendaselbst, mit dem Strange vollzogen werden."

> # Todesurtheil,
> welches von dem
> ## Magistrate
> der
> Kaiserl. Königl. Haupt- und Residenz-Stadt Wien,
> über die mit dem
> ## Wolfgang F****
> wegen Meuchel- und Raubmordes
> abgeführte Criminaluntersuchung geschöpfet, und in Folge der von den hohen und höchsten Justiz-Behörden herabgelangten Bestätigung
> ### heute am 16. September 1819
> mit dem Strange vollzogen worden ist.
>
> ---
>
> TODESURTEIL GEGEN WOLFGANG FREYBERGER

Ein Vermerk sagt uns noch: „Dies geschah am 16. September 1817 außerhalb Wiens auf der gewöhnlichen Richtstätte Spinnerin am Kreuz".

Und was aus der Rosel von der „Goldenen Schlange" wurde? Darüber schweigen die Quellen..

⑦
SEVERIN VON JAROSCHINSKI
1827

Severin von Jaroschinski war ein Edelmann aus Russisch-Polen. Er hatte im Jahre 1793 im Gouvernement Podolien als Sohn sehr begüterter Eltern das Licht der Welt erblickt. Sein Vater trug sich mit dem Plan, ihn für den höheren russischen Staatsdienst zu erziehen und brachte den Knaben nach Wien, weil es hier einige weltberühmte Schulen gab. Severin wurde in dem auf dem Hohen Markte gegenüber der Schranne befindlichen „Flebanischen Institute" inskribiert und genoß, da keine Kosten gescheut wurden, Einzelunterricht. Erstklassige Lehrer befaßten sich mit der Ausbildung des sehr aufgeweckten, aber maßlos eitlen und leichtsinnigen Knaben. Unter den Lehrern befand sich Reichelo, als Schauspieler „Küstner" genannt, sowie der beliebte Weltpriester und Professor der Mathematik Konrad Blank.

Während der vier Jahre, die Severin von Jaroschinski in dem Institute zubrachte, hatte die Vorsteherin wiederholt Anlaß, dem Zögling ins Gewissen zu reden. Wir haben früher bemerkt, daß man aus den Fenstern der Lehranstalt auf die Schranne sah, wo der Pranger aufgerichtet war und wo die Verbrecher öffentlich zu ihrer Schande ausgestellt wurden. Hatte Severin nun etwas begangen, führte ihn die Dame zum Fenster und zeigte ihm den Schandpfahl, wobei sie sagte: „Sehen Sie diesen Verbrecher? Wenn Sie so weitermachen, haben Sie das Nämliche zu erwarten."

Nach Beendigung der Studien kehrte Jaroschinski zunächst in sein Vaterland zurück, um sich der militärischen Laufbahn zu widmen. Er beteiligte sich an verschiedenen Kriegen und erwarb den St. Annen-Orden. Unstet, wie er war, bekam er die Strapazen aber bald satt und trat in den Zivilstaatsdienst über. Dort brachte er es rasch zum „Marschall zu Mohilow". Jaroschinski, der auch Malteserritter war, lebte nun auf so großem Fuße, daß er sich genötigt sah, reich zu heiraten. Er ehelichte das begüterte Fräulein Theophila Scalacola und zahlte von der Mitgift seine beträchtlichen Schulden. Er lebte jedoch bloß einige Jahre mit seiner Gattin und den drei Kindern zusammen, durch seine Spielleidenschaft kamen jedoch allmählich fast alle erheirateten Besitzungen unter den Hammer. Er verschuldete nun nicht allein sein Privateigentum, sondern auch Staatsgüter, und fand es schließlich für geraten, aus Rußland zu verschwinden. Vorher raffte er die letzten Gelder zusammen, unter denen sich auch Staatsgelder befanden, und wandte sich in Begleitung seines Dieners Michael nach Wien. Diese Stadt der Gemütlichkeit und Genußfreudigkeit hatte er genau kennen und lieben gelernt, und hier hoffte er seiner Spielleidenschaft weiter frönen zu können.

Es war im Juni 1826, als Severin von Jaroschinski nach zwölfjähriger Abwesenheit wieder in die Kaiserstadt an der Donau kam. Er trat sofort als Grandseigneur auf, ließ sich Visitkarten drucken, auf denen es hieß: „Le Comte Severin de Jaroschinski Marechal de Mohilow, Chevalier plusieurs ordres etc." und fand Aufnahme in die feinste Gesellschaft.

SEVERIN VON JAROSZYNSZKI

Die Kassierin vom silbernen Kaffehaus.

Der aller regelmäßigen Einkünfte bare Kavalier beteiligte sich an allen noblen Zusammenkünften, anläßlich welcher Karten gespielt wurde, und war von einem fabelhaften Glück begünstigt.
Daß er dasselbe nicht, - wie sich der Franzose so liebenswürdig ausdrückt, - „korrigierte", beweist, daß es nicht immer auf seiner Seite blieb. Es dauerte kurze Zeit, so geriet Jaroschinski, der die kostspieligsten Passionen hatte und sich, namentlich Schauspielerinnen gegenüber, äußerst freigebig zeigte, in große Geldnot. Er wußte diesen Umstand aber so geschickt zu tarnen, daß man ihm vielfach Geld lieh. Seine Gläubiger waren keineswegs nur Kavaliere, sondern auch gutbürgerliche Leute. So lieh ihm der Schneidermeister Mißgrill bare 12.000 Gulden Konventionsmünze, obwohl er von dem Edelmann für gelieferte Kleider noch 750 Gulden zu fordern hatte. Jaroschinski verausgabte auch das fremde Geld mit vollen Händen. Kein Wunder, daß er damals in Geldnot geriet und die unentbehrlichsten Gegenstände verpfänden mußte. Seine letzten zehn Gulden schenkte er einer ihm ganz fremden Frau, die ihn zugunsten ihres mittellosen Sohnes, dem das Nötige fehlte, um sich Bücher zu kaufen, anbettelte. Dazu kam, daß er Ende Jänner 1827 von der russischen Regierung den Befehl erhielt, unverzüglich heimzukehren und über die ihm anvertraut gewesenen Staatsgelder Rechenschaft zu geben.
In dieser Klemme faßte Severin von Jaroschinski, der, wie wir an dem einen Beispiele sahen, wohl grenzenlos

JOHANN CONRAD BLANK

leichtsinnig, aber nicht schlecht war, den schrecklichen Entschluß, seinen einstigen Lehrer, den greisen Professor Blank, umzubringen und zu berauben. Er wußte, daß der Abbè reich sei, allein wohne, und daß der alte Mann zu ihm Vertrauen habe.

Für den 9. Februar 1827 lud er den Geistlichen zu einem Mahle in seine Wohnung ein, nachdem er sich am 5. Februar ein langes, scharfes Küchenmesser zur Ausführung seines Planes gekauft hatte. Professor Blank leistete der Einladung mit tausend Freuden Folge, da er gern wieder mit seinem Schüler beisammen sein wollte. Im Gespräch teilte der alte Priester dem Gastgeber ahnungslos mit, daß er sein Vermögen in Obligationen angelegt habe. Jaroschinski, der sich angelegentlichst erkundigte, wie man solche Wertpapiere am leichtesten zu Geld mache, hörte dem Geistlichen aufmerksam zu und beschloß, die Tat jedoch lieber in der Wohnung des Opfers zu vollbringen. Er bat den Gast, ob er sich die Effekten nicht ansehen könne, da er die Absicht hege, sich auch Obligationen zu kaufen und nicht übervorteilt werden wolle. Der Professor erklärte sich hiezu gerne bereit und forderte den Edelmann auf, ihn am 12. Februar in seiner Wohnung zu besuchen.

Blank besaß im Hause Nr. 978 der Inneren Stadt, „Zur eisernen Birn"(*Johannesgasse 19 - Seilerstätte 24*), eine behagliche, im vierten Stockwerke gelegene Wohnung. Jaroschinski traf pünktlich ein und ließ sich die Obligationen zeigen. Da es aber nur solche von geringem Werte waren, drang er in seinen Lehrer, ihm doch auch höherbewertete zu zeigen, damit er (Jaroschinski) nicht beschwindelt werden könne. Professor Blank erklärte sich auch hiezu gerne bereit, nur sei er nicht

DAS WOHNHAUS VON BLANK, DAS HAUS „ZUR EISERNEN BIRN" IN DER JOHANNESGASSE-ECKE SEILERSTÄTTE

imstande, dem Wunsche gleich zu entsprechen, denn er hätte die Papiere in die Obhut des k. k. Kammerdieners Kolb gegeben. Morgen könne Jaroschinski jedoch wiederkommen. Blank begab sich wirklich zu dem Kammerdiener und verlangte sein Eigentum, da er es „„..einem polnischen Grafen.." zeigen müsse.

Am 13. Februar erschien um elf Uhr vormittags, wie verabredet Severin von Jaroschinski in der Blankschen Wohnung. Der Professor wies ihm acht Stück Obligationen im Gesamtwerte von 60.000 Gulden Konventionsmünze vor und breitete sie vor seinem Gast auf dem Tisch aus. Als er sich dann einen Augenblick abwandte, um etwas zu suchen, sprang Jaroschinski hinter ihn, zog das vorbereitete Küchenmesser aus der Tasche und versetzte dem alten Manne einen so wuchtigen Stich in den Hinterkopf, daß der Greis sofort zusammenstürzte. Blank war aber noch nicht tot, weshalb Jaroschinski auf das Haupt des Wehrlosen unbarmherzig einhieb. Überdies führte er auch Stiche in den Unterleib des Opfers. Dann packte er schnell die Obligationen und verschwand.

Als der Geistliche am 13. und 14. Februar nicht in die Schule kam, wurde man besorgt und es machten sich einige Schüler auf, um den Professor zu besuchen. Sie fanden ihn tot inmitten einer großen Blutlache auf dem Boden liegend.

Die alarmierte Polizei eruierte zunächst im Wohnhause des Ermordeten folgendes: Zu dem unterhalb Blanks wohnenden Professor Riegler war am 13. ein „feiner Herr" gekommen, dem der Dienstbote auf dessen Läuten geöffnet hatte. Auf die Frage des Ankömmlings, ob der Professor daheim sei, habe das Mädchen geantwortet, ob der Herr zu Professor Riegler oder zu Professor Blank wolle? Daraufhin sei der Fremde erschrocken und habe sich mit den Worten entfernt, er hätte sich im Stockwerke geirrt. Der Dienstbote sah ihm nach und stellte fest, daß er in das vierte Stockwerk gehe. Professor Riegler fügte hinzu, er habe zwischen zwölf und ein Uhr ein Gepolter in der Wohnung Blanks gehört und zu seiner Frau gesagt: „Was macht denn der Professor oben? Mir scheint, er rangiert seine Möbel?" Es habe ihm aber keine Ruhe gelassen, so daß er sich anschickte, hinaufzueilen. Seine Frau habe ihn zum Glück davon abgehalten.

Auf diese Art erlangte die Behörde eine Personsbeschreibung des Täters, die auch entsprechend verlautbart wurde. Mittlerweile erschien der Kammerdiener Kolb bei der Polizei und gab an, daß der Ermordete ihm am 12. die Obligationen mit dem Beifügen abgenommen habe, er müsse dieselben „einem polnischen Grafen" zeigen. Schließlich fiel der Verdacht auf Severin von Jaroschinski, der sich, obwohl seine Geldkalamitäten bekannt waren, am 14. Februar einen Reisewagen um 1.700 Gulden gekauft hatte, nachdem er Wertpapiere eingewechselt hatte. In der Wechselstube war er persönlich bekannt. Man entsandte „Vertraute" in den Trattnerhof, in welchem der polnische Edelmann logierte und suchte sich über den Geldbesitz Jaroschinskis zu orientieren, da die von dem Täter erlangte Personsbeschreibung genau auf ihn paßte.

Man erfuhr vom Diener Michael und einem zweiten Domestiken, daß der „Herr Graf" die Nacht nach dem Morde schlaflos verbracht und mit einem Eisen etwas geschlagen habe. Michael hatte ferner das große Küchenmesser durch Zufall einen Tag vor dem Morde in einer Kastenlade gesehen. Jaroschinski hatte nämlich einen Fidibus verlangt, und als Michael in der Lade nach einem Stück Papier suchte, war ihm das Messer aufgefallen. Er wagte seinen Herrn nicht zu fragen, als er den „Grafen" aber dann in der Nacht hämmern hörte, sagte er zu seinem Kollegen: „Um Gottes willen, unser Herr wird uns doch nicht umbringen wollen, oder vielleicht sich selbst, weil er kein Geld hat?!" Am anderen Morgen, als ihm Jaroschinski ein Paket mit Geld einhändigte, welches er gut aufbewahren solle,

DER ALTE TRATTNERHOF

THERESE KRONES

konnte sich Michael nicht mehr beherrschen und fragte, woher denn auf einmal das viele Geld stamme. Jaroschinski antwortete: „Von meinem Bruder. Er schickte mir 1.000 Dukaten." Michael erkundigte sich nun auch nach der Bestimmung des neuen Küchenmessers, worauf er zur Antwort erhielt, er möge es für die bevorstehende Reise behalten, denn man könne nicht wissen, wozu man es noch brauchen werde.

Dies waren schwerwiegende Indizien, aus denen die Polizei die Konsequenz zog, daß sie am 16. Februar abends den Trattnerhof mit Vertrauten umstellte.

In der Wohnung des Kavaliers fand ein Festmahl statt, an welchem neben ihm die berühmte Schauspielerin Therese Krones und deren Kollegin Jäger teilnahmen. Auch ein Baron von der russischen Gesandtschaft war zugegen. Jaroschinski hatte das Essen vom Trakteur Wittmann, und zwar das Gedeck für fünf Gulden pro Person, bestellt. Für die damalige Zeit war dies ein sehr hoher Betrag.

Als während des Speisens trotzdem keine fidele Stimmung aufkommen wollte, so daß sich der Gastgeber verstimmt zeigte, begann die Krones das Lied: „Brüderlein fein" zu singen, wobei sie mit den Worten: „Es muß doch geschieden sein..." auf die bevorstehende Abreise Jaroschinskis anspielte. Zufällig kam dann die Rede auf die Ermordung des alten Professors Blank, wobei die temperamentvolle Krones ausrief: „Ich wette, das war nicht die erste Tat des Spitzbuben. Aber, meiner Seel', ich brenn vor Begierde, den Kerl hängen zu sehen. Bin ich krank, so laßt's ich mich im Bett hintragen, um den schlechten Kerl baumeln zu sehen!"

Bei diesen Worten verzog Jaroschinski sein Gesicht und sprach nichts mehr. Die Krones fragte ihn: „Graferl, was fehlt Ihnen denn?" und streichelte ihn am Kinne. Jaroschinski stand rasch und ärgerlich vom Tische auf und sagte: „Ich bin böse auf Sie." Therese Krones nahm diese Bemerkung nicht allzu tragisch und fuhr im früheren Tone fort: "Graferl, Sie werden uns doch ein Abschiedspräsent machen?" Jaroschinski wies verstört auf einen Kasten mit Silbergeschirr und brummte: „Da, nehmen Sie, was Ihnen gefällt." Sodann ergriff er seine Tabakspfeife und ging in das Nebenzimmer. Die Gäste wußten nicht, was Jaroschinski nur heute habe und beratschlagten. Im Zimmer nebenan vernahmen sie Stimmen. Sie glaubten, es handle sich um eine

DIE VERHAFTUNG JAROSCHINSKIS

Abschiedsvisite und warteten, bis der Hausherr wieder erscheine, um ihm über sein Benehmen Vorwürfe zu machen. Endlich öffnete sich die Türe, und Jaroschinski wurde sichtbar. Hinter ihm standen aber Polizisten und seine Hände waren mit Stricken gefesselt. Die Krones sank, von einer schweren Ohnmacht betäubt, mit einem Aufschrei zu Boden. Der „Graf" und seine unschuldigen Diener wurden zum Stadtgericht gebracht, wo sie strengen Verhören unterzogen wurden. Jaroschinski leugnete hartnäckig, obwohl die Beweise klar für seine Schuld sprachen. Als er sich dann immer mehr in Widersprüche verwickelte, verurteilte ihn der Kriminalbeamte zu zwölf Stockstreichen, was nach der damaligen Strafprozeßordnung ein beliebtes Mittel gegen hartnäckig Leugnende war. Die überaus schimpfliche Prozedur trieb den Verbrecher zum Geständnisse ...

Bald darauf fällte ein Kriminalsenat das Urteil: „Zum Tode durch den Strang." Das obere und das oberste Gericht bestätigte das Todesurteil, und nun versammelte sich täglich ein nach Hunderten zählendes Publikum vor der

JAROSCHINSKI IN DER ARMESÜNDERZELLE

Schranne, um des Mörders, der nach dem geltenden Gesetze „ausgestellt" werden mußte, ansichtig zu werden. Am 27. August fand die Verkündigung des rechtskräftigen Spruches statt. Jaroschinski wurde zu diesem Zwecke in den Ratssaal geführt. Er war auf das feinste gekleidet: Grauer Pantalon, grüner Frack, schwarzsamtene Weste. An den Füßen trug er leichte Schellen. Der sechs Kriminalräten vorsitzende Staatsrat begann mit der Verlesung, indem er feierlich verkündigte, daß das Urteil des Wiener Magistrates von der höchsten Instanz bestätigt worden sei. Jaroschinski unterbrach ihn mit den Worten: „Das ist der Tod." Trotzdem er also wußte, daß es um ihn geschehen, griff er wütend nach einem Stuhl, als er die Worte „..vom Leben zum Strange" vernahm. Der Präsident fügte hinzu, daß sich die öffentliche Verlautbarung unmittelbar anschließen werde. Dies war dem Edelmanne furchtbarer als der Tod. Er bat, ihm diese Demütigung zu ersparen, doch konnte seinem Wunsch nicht entsprochen werden, da das Gesetz vorschrieb, daß das Urteil öffentlich vom Balkon verkündet und vom Verurteilten von der Schandbühne aus angehört werden müsse. Jaroschinski sah dies ein, verbeugte sich und ließ sich dann in die Wachstube führen, wo er im Gespräche mit dem Gerichtsarzt bis zehn Uhr verblieb, um welche Stunde die Ausstellung vor sich gehen sollte.

SEVERIN VON JAROSCHINSKI VOR GERICHT

JAROSCHINSKI AUF DER SCHANDBÜHNE VOR DER SCHRANNE

Als die Uhr die zehnte Stunde schlug, betrat er den Pranger, auf welchem er sich sehr gefaßt, fast frech zeigte. Er überblickte die wogende Menge und sah dann zu jenen Fenstern auf, an welchen ihn vor einem Jahrzehnt das prophezeit worden war, was er heute erleben mußte. Endlich durfte er abtreten und wurde in den Gerichtshof gebracht, wo ihn zwei Priester der Kongregation der Liguorianer erwarteten. Als ihn dieselben fragten, ob er französisch spreche, fuhr er sie zornig an: „Besser als Sie" und kehrte ihnen den Rücken. Auf die weitere Frage, ob er ein Vaterunser beten könne, schrie er: „Glauben Sie, daß ich ein Bauer bin? Ich bin Kavalier und in Wien erzogen worden." Eines weiteren Wortes würdigte er sie nicht. Der Vizebürgermeister Krachan schickte daher zu dem Seelsorger des Wiener k. k. Provinzialstrafhauses Philipp Jakob Münnich, dessen Memoiren wir auch die Schilderung der letzten Stunden des Raubmörders entnehmen, und ließ ihn bitten, dem widerspenstigen Verurteilten, der keinen Geistlichen sehen wolle, Trost zuzusprechen. Der Pater folgte der Einladung und wurde von Jaroschinski wider Erwarten freundlich empfangen. Der Häftling sagte: „Ich bitte, blei-ben Sie bei mir; ich will nur die Liguorianer nicht." Der Priester verbrachte schlaflos und ohne aus den Kleidern zu kommen, die Tage bis 30. August mit dem Delinquenten. Für den 30. August war die Justifizierung bei der Spinnerin am Kreuz festgesetzt. Wir wollen den Seelsorger nun selbst sprechen lassen:

IN DER ARMESÜNDERZELLE

„Jetzt wurden wir zum Abendessen gerufen, und zwar zum letzten. Ich zwang mich, etwas zu essen, um ihn dadurch zur Nahrung zu reizen. Aber mein Mund war verschlossen. Jaroschinski aß sehr wenig, trank ein Glas Bier und verließ das Speisezimmer. Als wir im Aussetzzimmer auf und abgingen, sagte er mir leise, daß er eine unbeschreibliche Angst fühle, zwar nicht, weil er sterben müsse, denn er habe es verdient, sondern weil er eine greuliche Tat verübt habe, weil er schändlich sterben müsse, wodurch seine Familie geschändet sei, die doch an der Sache unschuldig ist. Er fragte mich auch öfters, ob seine Mutter während seiner Verhaftung in Wien gewesen sei, ich sagte, ich wisse es nicht.

Er schien sich bald zu fassen und sagte: „Wann werden sie mir den Kopf abhacken?" Ich sagte, daß er nicht geköpft, sondern gehängt werde. „Wie ist das Hängen? Haben Sie es schon einmal gesehen?" Nachdem ich sagte, ich sei schon einem Unglücklichen dieser Art beigestanden, mußte ich ihm die ganze Manipulation erklären. „Wie lange kann es dauern?" fragte er ganz ruhig. „Eine Minute" war meine Antwort. "Das ist lange" sagte er. „Werden Sie auf der Richtstätte mir eine Predigt halten?"

Severin von Jaroschinski's letzte Stunden.

Den 27. August 1827.
Montag.

Vormittags	Von ½11 Uhr bis zur Mittagszeit immerwährend geraucht.
Mittags: Suppe mit Lungenstrudel	wenig hievon gespeist.
Rindfleisch mit Gurkensalat und Sardellensauce	wenig hievon gespeist.
Kohl mit Bratwürsten	———*)
Pouding mit Chateau	
2 gebratene Enten	wenig hievon gespeist.
Gekrausten Salat	
Pomeranzensalat	wenig hievon gespeist.
Zwetschken und Pfirsich	
Schwarzen Kaffee	ohne Zucker getrunken.
Nachmittags	immerwährend geraucht.
Abends: Nudlsuppe	
Eingemachte junge Gans	
Gebratene Schnepfen	hievon 2 gespeist, welche er sich besonders bestellt hat.
Wein	
Bier	einige Gläser getrunken.
Slibowitz	1 Gläschen getrunken, welcher ihm angenehm war.

Um 3 Uhr ging derselbe erst schlafen und schlief bis 5 Uhr.

Den 28. August 1827.
Dienstag.

Frühstück: Kaffee	
Slibowitz	1 Gläschen getrunken und ein kleines Stück Kipfel zu sich genommen, hierauf wieder geraucht.

*) Dieser und die folgenden Striche (nach einzelnen Speisen) bedeuten wohl, daß der Delinquent von den bezüglichen Gerichten nichts genommen. (Anmerkung des Herausgebers.)

Mittags: Suppe mit Knödeln	einige Löffel hievon gespeist.
Rindfleisch mit Gurken und Milchkren	einige Stücke hievon gespeist.
Eingemachte junge Gans	
Kraut mit gesiechtem Fleisch	
Spritzkrapfen	
Nierenbraten	ein kleines Stück von der Niere gespeist.
Aepfel und gekrausten Salat	
Pfirsich und Zwetschken	

Vor der Suppe hat er 1 Glas Slibowitz getrunken, dann während des Speisens 1 Glas Bier und 3 Gläser Wein. Als das Obst aufgetragen wurde, stand er vom Tische mit einer Unruhe auf und ging zum Fenster. Dann bat er, in das Aufsehstübchen rückkehren zu dürfen, wo er seinen Kaffee ohne Zucker mit dem geistlichen Herrn getrunken hat, hernach wieder geraucht.

Nachmittags	immerwährend geraucht.
Abends: Suppe mit geriebenem Teig	
3 gebratene Hühner	2 Stück vom hintern Teil mit Appetit gespeist.
Gekrauster Salat	
Wein	1 Glas getrunken.
Bier	

War beim Abendessen sehr gut aufgelegt.

Den 29. August 1827.
Mittwoch.

Frühstück: Kaffee	
Slibowitz	2 Gläschen und ein kleines Stück Kipfel, sodann geraucht.
Mittags: 1 Gläschen Slibowitz getrunken.	
Nudlsuppe	
Rindfleisch mit Gurken	einige Stücke gespeist.
Schnittlingsauce, Paradeisäpfelsauce	
Kohlrabi mit schweinernen Karbonaden	
Kalbsbraten	ein Stückl von der Niere gespeist.
Gekrausten Salat	
Pomeranzensalat	
Weintrauben und Birnen	
Butterkrapfen	
Wein	3 Gläschen getrunken.
Gewärmten Wein	1 Gläschen getrunken.

War sehr gut aufgelegt beim Mittagessen.

„Ja.". „Vor der Hinrichtung?" „Nein" sagte ich.
Der Seelsorger schildert nun die letzte Nacht, während welcher der Verurteilte sich mit ihm aussprach und ihn bat, seinen Kindern zu schreiben, daß sie nur ja ihre Leidenschaften, besonders aber den Stolz bekämpfen sollen. In der Früh beichtete der Mörder und schlug sich nach Empfang der heiligen Kommunion dreimal mit solcher Andacht an die Brust, daß alle zu Tränen gerührt wurden.
Die Erinnerungen Pater Münnichs fahren dann fort:
„Nach der Messe richtete ich mich zur Reise (nach der Spinnerin am Kreuz), ich stellte ein Fläschchen Hoffmannsgeist zu mir, um bei vielleicht eintretendem Übelsein Hilfe leisten zu können. Im Talar, mit einem weiten, schwarzen Mantel angetan, das Kruzifix in der Hand, den Kopf mit einer Kamera bedeckt, erschien ich im Aussetzzimmer und erwartete die siebente Stunde. Jaroschinski war sehr unruhig und bat mich öfters, Anstalt zum Abgehen zu treffen.

JAROSCHINSKI AUF DER FAHRT ZUR RICHTSTÄTTE IM „HOHEN WAGEN"
NACH EINER ZEICHNUNG VON PETER FENDI

Endlich, als es sieben Uhr schlug, klopfte es an die Türe, ich rief: „Herein!" Da trat der Kommissär des Gerichtes, schwarz gekleidet, herein, begab sich zu Jaroschinski, der unterdessen aufgestanden war, und sagte: „Lieber von Jaroschinski! Die Stunde hat geschla-gen. Das Gesetz fordert sie nun, die ihnen zuerkannte Strafe zu vollziehen." Da rief Jaroschinski um einen Schnaps, fiel dem Ober-Gefangenwärter, dem Schreiber, den sogenannten Stöckelknechten, dem Polizeifeldwebel, Korporal, jedem Gemeinen um den Hals, küßte sie und weinte bitterlich. Alle weinten. Es herrschte Grabesstille.

> **Todesurtheil,**
>
> welches von dem
>
> **Magistrate**
>
> der
>
> Kaiserl. Königl. Haupt- und Residenz-Stadt Wien,
>
> über die mit dem
>
> **Severin v. J****, fälschlich Graf v. J******
>
> **wegen meuchlerischen Raubmordes**
>
> abgeführte Criminaluntersuchung geschöpfet, und in Folge der von den hohen und höchsten Justiz-Behörden herabgelangten Bestättigung
>
> **heute den 30. August 1827**
>
> mit dem Strange vollzogen worden ist.

Jaroschinski sammelte sich, nahm das ihm dargereichte Rosoglio-Gläschen und stellte es mit einer solchen Heftigkeit nieder, daß es zerbrach.
Ich nahm ihn unter die Arme, da sagte er zu mir: „Ich werde Ihnen zeigen, daß ich standhaft bin." Wir gingen über die Stiegen, wo ihm an den letzten Stufen die Eisen, die zum Abstreifen schon bereitet waren, abgenommen wurden. Als er aber die ungeheure Menge Menschen, die Kavallerie, Infanterie, den Wagen, die Henkersknechte, die ihn anfaßten, sah, verlor er alle Kraft und das Bewußtsein; er bemühte sich, sich zu fassen, sprang auf den Wagen und setzte sich auf meinen Platz, ich nahm den seinen ein, da kam der Gefangenenwärter des Stadtgerichtes und sagte, er müsse rückwärts sitzen, er tat es, und ich begab mich auf den für den Priester bestimmten Platz. Jaroschinski konnte sich nicht aufrecht halten. Sein Sitz hatte keine Lehne, er saß in der Mitte und fiel bald vor-, bald rückwärts, bald rechts, bald links. Hätte ich nicht seine Knie mit den meinigen festgehalten, so wäre er in oder aus dem Wagen gefallen. Er versuchte oft zu sprechen, ich verstand aber nichts, als: „Ich sehe nicht..." Seine Mundmuskeln waren gelähmt und Geifer floß aus denselben. Ich nahm mein Sacktuch, um ihn zu reinigen; er wollte aber sogleich seines herausziehen, konnte es aber lange nicht herausbringen; endlich gelang es ihm, wie es aber aus der Tasche war, flog es schon aus dem Wagen. Man hob es auf und reichte es mir, da es aber vom Kote verunreinigt war, gab ich es dem Finder zurück.

Ich hatte seine rechte Hand in der meinigen; sie war sehr kalt, aber auf seiner Stirne zeigten sich Schweißtropfen. Er fing an, seine Wangen aufzublasen und versuchte es mit Gewalt, sein Halstuch zu öffnen, um sich Luft zu verschaffen. Es wollte ihm lange nicht gelingen, endlich öffnete sich der Knoten und das Halstuch flog aus dem Wagen. Nun sah er aus, als wäre er schon vom Galgen herabgekommen. Seine Augen waren sehr trübe. Ich machte ihn, als wir zur Paulanerkirche auf der Wieden kamen, aufmerksam, seine gegenwärtigen Leiden Gott für seine Sünden aufzuopfern. Er verstand es und nickte mit dem Kopfe „ja" zu.

Bald darauf riß er die Augen mit Gewalt auf, erheiterte sich und sagte: „Da kommt eine Hofequipage, die bringt mir Pardon!" (Es war ein Fiaker, der den Gerichtskommissär führte.) Bald darauf sagte er: „Da kommt ein Stabsoffizier, der bringt mir Pardon!" (Es war ein Militärchirurg.) Außerhalb der Linie ritten zwei k. k. Reitknechte schnell am Wagen vorüber; dies bestätigte ihm ganz, daß er begnadigt werde. Wer es weiß, daß Jaroschinski bald fünf Jahre in Wien verlebte, die Hofequipagen und Militärbranchen genau kannte, wird daraus deutlich sehen, daß er sich nicht gegenwärtig war. Als er schon unter dem Galgen stand und die Henkersknechte ihn anfaßten, um ihn zu binden, rief er: „Meinen Geistlichen" und wand sich aus den Händen der Henkersknechte, schwankte aber im Gehen und stieß heftig an die Galgensäule, die er aus Angst nicht sah. Ich sprach ihm Mut zu und munterte ihn zur Geduld auf. Er faßte sich, stellte sich in die Mitte des Galgens, ließ sich geduldig binden und sagte: „Ich bitte, machen sie geschwind." Ich war an der linken Seite des Galgens, als er aufgezogen wurde. Ich dachte nun über die an das Volk zu haltende Rede, ich war davon ganz begeistert. Ich achtete nicht darauf, was geredet wurde. Der Henker kommandierte mit seinen Knechten, diese sprachen auch. Ich sah in die Höhe, von Jaroschinski hatte den Strick um den Hals. Der Henker winkte seinen Knechten, die hinter dem Galgen ließen nach, die unter dem Galgen zogen an. Von Jaroschinski war tot.

Mehr als 20.000 Menschen umgaben den Gerichtsplatz. Ich trat gegen das Gesicht des Erhängten und begann meine Rede an das Volk. Ich sprach von der Macht der Leidenschaften. Ich würde auch die Pflicht der Eltern berührt haben, aber es fing zu regnen an, wodurch die Zuhörer in Bewegung und Unruhe gerieten....."

(Es finden sich sowohl in zeitgenössischen Darstellungen wie auch in Teilen des Originalaktes immer wieder unterschiedliche Schreibweisen des Täternamens. Es wurde deshalb in diesem Beitrag die von Ubald Tartaruga benützte Schreibweise gewählt. Der Herausgeber)

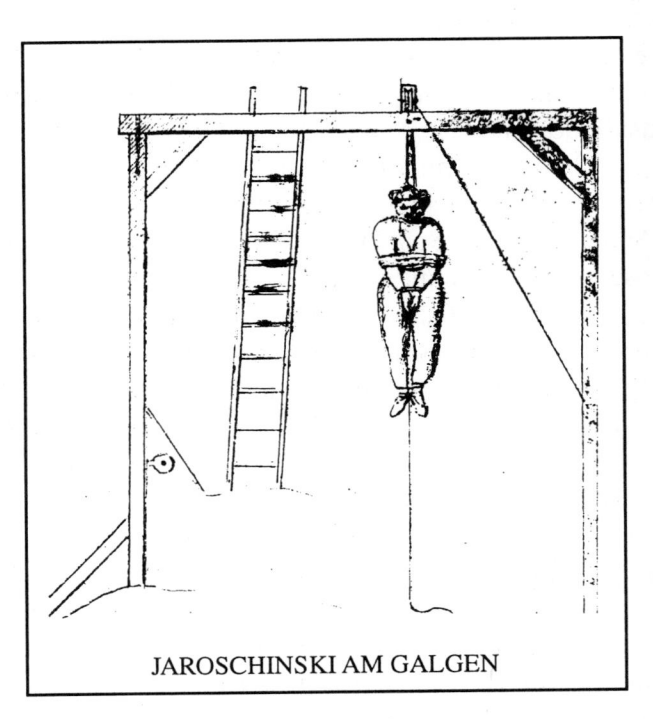

JAROSCHINSKI AM GALGEN

⑧
IN DEN KASEMATTEN NÄCHST DEM SCHANZELTORE
1829

Auf dem Dominikanerplatze, in dem Hause, welches später die Nummer neun erhielt und der Sitz des „Barbarastiftes" wurde, befand sich ehedem die „Himmelsburse", auch „Rosenburse" genannt. *(Namensgebung in der „Rosenbursengasse" in der Inneren Stadt).* Unter „Bursen" und „Coderieen" sind die alten Studentenhäuser Wiens zu verstehen.

Die älteste Wiener Burse befand sich auf der Brandstatt und hieß „Zur Eiche". Eine andere, nahezu gleich alte, war die „Lamm Burse", die ursprünglich nach dem Stifter „Sprenger-Burse" hieß und am Platze der Universitätskirche stand. Dann gab es noch die „Goldberg-Burse" in der Johannesgasse, die „Lilien-Burse" auf dem alten Fleischmarkt, gegenüber dem Laurenzerkloster und viele andere. Einem Trakte der „Lilienburse" gegenüber befand sich die vorerwähnte „Himmelsburse", von welcher eine Zeit hindurch das Scherzwort der Scholaren galt, daß sie wegen eines hübschen Mädchens, namens Rosel, auch „Rosenburse" genannt werde.

Die Rosel ist allerdings historisch. Sie hatte freilich keine besonderen Verdienste, es sei denn, daß sie ihrem in der Verwaltung der „Himmelsburse" bediensteten Vater Gänge und Einkäufe besorgte, wobei sie so manchem Studenten in die Augen fiel. Ihr Vater trug sich daher mit hochfliegenden Plänen und sah es mit großem Mißfallen, daß sich ein Handwerker, ein Riemergeselle scheinbar mit Erfolg um ihre Gunst bewarb. Der ungebetene Liebhaber war Franz Haucke, zweiundzwanzig Jahre alt, zu Setzdorf in österreichisch-Schlesien geboren. Haucke kam mit dreizehn Jahren aus seiner Heimat nach Wien, erlernte das Riemerhandwerk, zeichnete sich durch außerordentlichen Fleiß aus und versprach ein tüchtiger Meister zu werden.

Sein Ziel war es, recht bald selbständig zu werden und die Rosel als Gattin heimzuführen. Er sparte zu diesem Zweck sehr emsig, legte Groschen auf Groschen und hoffte in kurzer Zeit vor den strengen Vater seiner Angebeteten hintreten zu können. Der Himmel der beiden Liebenden trübte sich aber, denn es bewarb sich ein in fürstlichen Diensten stehender Beamter um die schöne Rosel und versicherte sie trotz ihrer ablehnenden Haltung seiner herzlichsten Gefühle, da er wußte, daß er dem Vater gefalle. Dieser Rivale verfolgte den Riemergesellen durch fortwährende Nadelstiche, hinterbrachte den Eltern des Mädchens jedes Stelldichein, so daß es endlich zu einem peinlichen Auftritt kam. Rosel bat - es war im Frühling des Jahres 1829 - den Geliebten zu einem Stelldichein und eröffnete ihm mit Tränen, daß sie nicht mehr mit ihm zusammenkommen dürfe, sonst käme sie weit fort zu Verwandten. Franz schien diese Botschaft niederzuschmettern. Er sagte, daß er ohne sie nicht leben könne und daß es ein Mittel geben müsse, den harten Entschluß des Vaters zu brechen. Das Mädchen schüttelte traurig den Kopf. Wie sollten sie aus dem Wirrsale herausfinden? Standen ihnen doch keine Geldquellen zu Gebote, um den Kampf mit dem Leben gemeinsam und selbständig zu wagen. Da leuchtete es in den Augen Franzens auf. Er drückte heiß die Hand der Geliebten und rief. „Rosel, verzage nicht! Ich hab's, wir werden heiraten und, wenn es notwendig ist, in die weite Welt hinausgehen!" Sie schaute ihm verblüfft ins Gesicht. „Heiraten? Jetzt? Ich habe doch kein Geld, der Vater gäbe mir, wenn ich dich nähme, nichts mit." - „Du brauchst nichts, Geliebte," entgegnete der Riemergeselle, „ich bringe alles in die Ehe, was wir brauchen." - „Deine Ersparnisse sind doch nicht so groß", erwiderte das Mädchen. - „Das nicht, aber ich habe heute etwas geträumt und will mein Glück im Spiel versuchen." Rosel warf ihm einen tadelnden Blick zu. Auf so schwache Hoffnungen gestützt, durfte ihr Franz nicht den Kopf verdrehen. Er war jedoch von seiner Idee ganz begeistert und erklärte, daß er felsenfest auf Erfolg rechne, denn die Mutter Gottes sei ihm im Traume erschienen.

Rosel war zwar fromm erzogen, konnte aber die Zuversicht nicht teilen und nahm von ihrem Verehrer mit dem Schwur Abschied, daß sie ins Kloster gehe, wenn sie ihn nicht haben könne.

Einige Wochen waren seitdem verstrichen, man schrieb damals Anfang Mai, da erschien Franz Haucke, sehr fein ausstaffiert, vor dem Vater Rosels und hielt in aller Form um deren Hand an. Das Mädchen traute seinen Augen kaum. Es hatte in der Zwischenzeit fast nur geweint und vollständig an jeder besseren Wendung verzweifelt. Nun sollte Franz doch recht behalten? Wirklich hatte er, wie er erzählte, Glück im Spiele gehabt und eine nette Summe gewonnen, die ihm eine sofortige Heirat ermöglichte. Das Mädchen schwamm im Glücke, die Eltern wagten nicht, mit rauher Hand dasselbe zu stören, denn gegen den Riemergesellen, der sich nun als Meister auftun wollte und einen ausgezeichneten Ruf genoß, lag wirklich nichts vor. Man wies den Freier also nicht ab und das junge Paar traf eiligst Anstalten zur Hochzeit.

Der noble Nebenbuhler warf trotzdem seine Flinte nicht ins Korn. Er lag dem Vater beständig mit der Warnung in den Ohren, daß eine auf Spielgewinn aufgebaute Ehe doch unmöglich eine glückliche sein könne. Wer einmal spiele, spiele wieder, und es sei doch um die schöne Rosel ewig schade. Auch wollte er durchaus wissen, wo Franz so viel Geld gewonnen habe. Damit hatte es freilich einen Haken. Nicht einmal die Braut konnte diese Frage beantworten. Es kam so weit, daß der Vater das Verlöbnis aufzulösen'drohte. wenn der zukünftige Schwiegersohn sich über den Spielgewinn nicht äußern wolle. Dieser tat wieder sehr beleidigt. Er war, seitdem er wieder mit Rosel in Verkehr getreten, sehr zerstreut und gereizt, erwiderte trotzig, daß er niemandem Rechenschaft geben müsse und daß er sich die fortwährenden Verdächtigungen nicht länger gefallen lasse.

Eines Tages blieb er gar aus. Als man sich in seinem Wohnhause nach ihm erkundigte, hieß es, Franz Haucke sei verreist, aber es müsse etwas nicht stimmen, denn Polizeiorgane hätten über ihn Nachforschungen gepflogen.

Nach einigen Wochen langte bei der Rosel ein Schreiben Hauckes ein, daß sie sein Benehmen entschuldigen müsse, er habe aber fortreisen müssen, sonst wäre in Wien etwas Schreckliches

DAS ALTE FISCHER- ODER AUCH SCHANZELTOR,
IM ZUGE DER STADTERWEITERUNG 1859 ABGERISSEN

geschehen. Er befinde sich jetzt in der Steiermark, wo er einen Platz suche, an dem er ein Geschäft errichten könne. Sobald er einen solchen gefunden, werde er sie sofort heimführen. Daran war freilich nicht mehr zu denken. Die großen Aufregungen der letzten Zeit hatten das erst siebzehnjährige Mädchen aufs Krankenlager geworfen, es litt schwer an der Lunge und wußte, daß seine Tage gezählt seien. Es kamen dann nur wenige kurze Grüße von Franz, was Rosel mit namenlosem Weh erfüllte. Als der Herbst mit seinen Stürmen ins Land zog, trug man sie hinaus.

Und nun wollen wir, um die Liebesgeschichte zum Abschlusse zu bringen, ein Dokument des Wiener Kriminalgerichtes veröffentlichen, welches am 26. August des Jahres 1830 an die Mauer des Gerichtsgebäudes geheftet wurde. An diesem Tage führte man nämlich Franz Haucke aus der Stadt hinaus und richtete ihn hin.

Die Kundmachung beginnt mit einer kurzen Schilderung des Vorlebens und fährt dann fort: „Freytags, den 8. May v. J. wurde er von dem ihm von einer Weinschenke früher bekannt gewesenen Martin Stilp, Salzverschleißer, in einem Gewölbe der Kasematte nächst dem Schanzelthore, zu einem Spaziergange auf das Land auf den folgenden Sonntag, den 10. May, eingeladen, und da ihm bewußt war, daß Stilp aus dem Verschleiße des Salzes viel Geld in Verwahrung habe, so faßte er in der Zwischenzeit den Entschluß, den Stilp beym Abhohlen in dein oberwähnten Gewölbe mit einer Riemerahle zu erstechen und sich des Geldes zu bemächtigen, um mit Hülfe desselben selbständig und Meister werden zu können.

In dieser Absicht nahm er am 9. May, Abends, bey seiner Entfernung aus der Werkstätte seine Riemerahle in seine Wohnung, begab sich des anderen Tages um 4 1/4 Uhr Morgens unter dem Vorwande, die Kirche besuchen zu wollen, aus seinem Aufenthaltsorte, verbarg die Riemerahle in seiner Brusttasche, und steckte einen auf dem Wege zu dem Gewölbe des Stilp gefundenen Stein in die Tasche, um damit diesem zuerst einen Schlag auf den Kopf versetzen, und ihm in der Betäubung leichter die Stiche, mit der Ahle beibringen zu können.

Als nach seinem Eintritte in das Gewölbe des Stilp, letzterer seinen Entschluß, wegen des schlechten Wetters nicht auf das Land gehen zu wollen, erklärt, und sich abermals in das Bett gelegt hatte, versetzte Franz Haucke während des Gespräches dem Stilp mit dem Steine einen Schlag auf den Kopf in die rechte Schlafgegend, und da sich Stilp hierüber aufzurichten begann, mit der aus der Brusttasche hastig herausgezogenen Ahle mehrere Stiche in die Brust, so wie mit dem neuerdings aufgehobenen Steine mehrere Schläge auf den Kopf, worauf Stilp regungslos liegen blieb.

Aus Furcht vor Entdeckung warf Franz Haucke am nächsten Tage den Sack mit Silbermünze in die Donau; von dem Papiergeld hingegen, im Betrage von beiläufig 2.100 fl., dessen Besitz er durch die Vorspiegelung eines Gewinnes aus der Lotterie unbedenklich darzustellen suchte, kaufte er verschiedene Sachen an und brachte einen Theil bey Unterhaltungen durch; ein Theil wurde ihm auch an einem dritten Orte, wohin er ihn zur Aufbewahrung übergab, veruntreut, so daß er gegenwärtig nur noch im Besitze eines kleinen Theiles war.

Nach seiner am 23. Jänner d. J. erfolgten Abreise von Wien kamen gegen Franz Haucke rechtliche Anzeigen des von ihm begangenen Raubmordes hervor; er wurde deshalb verfolgt, zu Feldkirchen in Steiermark ergriffen und hieher überliefert; er gestand nach längerem Leugnen die Verübung dieser That übereinstimmend mit den gerichtlich erhobenen Umständen.

Der ermordete Martin Stilp war schon früher auf gerichtliche Veranlassung der gesetzlichen Vorschrift gemäß ärztlich untersucht und dabey erhoben worden, daß demselben am Kopfe drey gequetschte Wunden, dann in der Nähe des rechten Achselgelenks eine, und in der Brust drey Stichwunden beigebracht gewesen sind.

Urtheil.

Franz Haucke ist des Verbrechens des Raubmordes schuldig und soll deshalb nach Vorschrift des § 119 des Gesetzbuches über Verbrechen mit dem Tode bestraft, und diese Strafe an ihm gemäß § 10 eben daselbst, mit dem Strange vollzogen werden.

> # Todesurtheil,
>
> welches von dem
>
> ## Magistrate
>
> der
>
> kaiserl. königl. Haupt- und Residenzstadt Wien,
>
> über die mit dem
>
> ## Franz H*****(auk)
>
> ### wegen Raubmordes
>
> abgeführte Criminal-Untersuchung geschöpft, und in Folge der von den hohen und höchsten Justiz-Behörden herabgelangten Bestättigung
>
> ### heute den 26. August 1830
>
> mit dem Strange vollzogen worden ist.

Unter den Zuschauern, auf der Richtstätte, befand sich auch der Nebenbuhler Hauckes, der ein Exemplar dieser dort zur Verteilung gelangenden Kundmachung ergriff, um dasselbe wortlos, aber mit mühsam verhaltener Schadenfreude den Eltern des Mädchens auf den Tisch zu legen.
Die arme Rosel wußte zum Glücke nichts mehr davon. Sie lag ja längst schon in der kühlen Erde, in welche nun auch der auf einen so schrecklichen Abweg geratene Franz verscharrt wurde.

⑨ DER VERDÄCHTIGE VOM „PARADEISGARTEL"
1829

In der Dämmerung des 5. Juli 1829 schritt ein junger Mann nachdenklich aus der westlichen Umgebung der Stadt gegen die Burgbastei: Sein Ziel war das „Paradiesgärtchen", wo er sich in dem dortbefindlichen berühmten Kaffeehaus niederließ, um das schöne Panorama zu genießen. Das „Paradeisgartel", wie es die Wiener hießen, war einer der beliebtesten Sammelpunkte unserer Altvorderen. Ein Schriftsteller der Dreißigerjahre, der zugleich Zeitungsberichterstatter war, schildert eine dort veranstaltete Abendunterhaltung in folgender Weise: „Das Paradiesgärtchen bildet auch heuer (1831) einen Vereinigungspunkt für zahlreiche und elegante Gesellschaften. Es ist aber auch inmitten Wiens kaum ein Platz denkbar, der eine freiere, gesündere Lage hätte und dabei eine Aussicht gewährte, die wirklich zauberisch genannt werden muß. Vom Balkon des Kaffeehauses aus durchschweift der Blick, außer einem großen Teile der Vorstädte, vom Schwarzenberg-Palais und der Karlskirche angefangen, die ganze Gebirgsreihe des Galitzin-, Kahlen- und Leopoldsberges bis an die Donau hin. Wenn Lanner mit seinem Orchester daselbst spielt, so ist dies ein Zugmittel mehr und bei einer solchen Gelegenheit waren unlängst mehr als 1.500 Personen zugegen, die bei den Lieblingskompositionen des Meisters: „Die Schnellsegler", „Die Wuarler", „Flüchtige Lust" und „Paradies-Soiree-Walzer" in einen wahren Beifallssturm ausbrachen."

Die Geschichte des Paradeisgartel, welches in den Siebzigerjahren der Stadterweiterung zum Opfer fiel, nachdem es schon vorher vom Volksgarten losgerissen worden war, ist recht interessant. Es wurde im Jahre 1818 von einem sehr spekulativen Italiener namens Pietro Corti gegründet.

DAS LEGENDÄRE „PARADEISGARTEL" IM ALTEN WIEN

Am 9. Februar 1781 in Bergamo geboren, war er 1795 als Lehrling nach Wien gekommen, hatte 1803 das Kaffeehaus in Schwechat übernommen und erwarb im Jahre 1808 das Wiener Bürgerrecht. Im Jahre 1805 und auch im zweiten Kriegsjahr 1809 leistete Corti dem Staate so wichtige Spionagedienste, daß Kaiser Franz der ganzen Familie des Italieners für immerwährende Zeiten das Privilegium erteilte, im Paradies-, sowie im Volksgarten gegen einen sehr kleinen Platzzins die

Kaffeehausgerechtigkeit auszuüben. Vier Jahre nach Gründung des „Paradeisgartels" erbaute Corti tatsächlich auf Grund der Pläne des Hofbaurates Peter von Nobile den Salon im Volksgarten. Im übrigen erzählen die Chronisten, daß das Paradeisgartel die „Kaffeehütte auf der Burgbastei", die sogenannte "Ochsenmühle", ersetzen sollte, welcher Bäuerle unrecht tut, wenn er sagt, daß sie trotz des sich dort einfindenden eleganten Publikums ein erbärmlicher Spaziergang gewesen sei. Der sonderbare Name Ochsenmühle entstand deshalb, weil das Publikum wegen des beschränkten Raumes der Burgbastei immerfort die Runde vor und durch dieses Geschäft machen mußte. Die „Ochsenmühle" war nur ein Zelt, allerdings ein etwa zwanzig Klafter langes, welches der Eigentümer des auf dem Kohlmarkte befindlichen Kaffeehauses, ein gewisser Milano, im Hintergrunde der Burgbastei errichtet hatte. Diese nahm den Raum des heutigen äußeren Burgplatzes, samt dem Kaiser- und Volksgarten ein. Unmittelbar vor dem Rittersaale der Hofburg stand die höher gelegene „spanische Bastei". Die Ochsenmühle übte eine derartige Anziehungskraft aus, daß die Burgbastei-Soireen sogar die Theater schwer schädigten. Jeder fremde Potentat wurde in erster Linie dorthin geführt, und es gab damals in Wien keinen Ort, wo sich mehr berühmte Personen einfanden. Seit dem Jahre 1809 ging es aber rapid abwärts. Die Franzosen hatten die Fortifikationswerke der Burgbastei gesprengt und das Kaffeezelt war so baufällig geworden, daß man es kaum mehr wagte, unter seinem Dache Platz zu nehmen. Man war nicht mehr gegen Wind und Regen geschützt und die Lichter mußten mit Glaskugeln versehen werden, sonst wären sie ausgeblasen worden. Es kamen wohl noch Familien mit ihren Töchtern und Söhnen in die Ochsenmühle, denn diese hatte so lange Zeit hindurch den Haupttheirats-und Rendezvousort gebildet, im Jahre 1812 wurde aber ernstlich Schluß gemacht, es erschienen militärische Arbeiter, welche mit der Abtragung der Burgbastei, deren Mauern die Franzosen schon vorher in den Stadtgraben geworfen hatten, begannen, um Raum für die Anlage des neuen äußeren Burgplatzes zu schaffen.

Es ist also begreiflich, daß die Wiener, denen man die Ochsenmühle und die Burgbastei genommen hatte, Sehnsucht nach einem anderen gleichartigen Etablissement verspürten, und dieses wurde eben das „Paradeisgartel".

Nachdem wir diesen historischen Rahmen vorausgeschickt, wenden wir uns wieder unserem einsamen Wanderer zu. Er ließ sich, wie gesagt, inmitten des eleganten Publikums nieder und träumte in die Ferne. Dem jungen Manne, welcher Rudolf Gruber hieß und ein Beamter der Polizei war, hatte, wie er sich einbildete, das Schicksal so übel mitgespielt, daß er noch am selben Abend Selbstmord verüben wollte. Erstens war er unglücklich verliebt, da die Eltern seiner Angebeteten kein Vertrauen in seine Zukunft setzen wollten; zweitens empfand er es bitter, daß ihn die Vorgesetzten schlecht behandelten und wenig von seinen Fähigkeiten hielten. So ehrgeizig er war, so minderwertige Arbeiten teilte man ihm zu, und er mußte es sich selber eingestehen, daß er bei seinen Aufgaben keine glückliche Hand bewies. Gruber hatte also zu sterben beschlossen, nur wollte er vorher noch einmal die Poesie seiner Vaterstadt in vollen Zügen genießen, ohne Rücksicht auf seine geringen Geldmittel besuchte er daher das Paradeisgartel...

Als er nun einmal, es war schon etwas spät geworden, seinen Blick zur Seite wandte, gewahrte er an einem Nebentisch einen älteren Mann, der ihm vor allem dadurch auffiel, daß er so gar nicht in die versammelte Gesellschaft paßte. Der Betreffende trug zwar ein neues Gewand, schien aber sehr minderer Abkunft zu sein und kein reines Gewissen zu haben. Dem Polizeibeamten kam es vor, als blickte der Mann immer scheu um sich, und als ihre Augen einander zufällig begegneten, erinnerte sich Rudolf Gruber, daß er mit dem Verdächtigen schon einmal dienstlich zu tun hatte, nur wußte er nicht mehr, aus welchem Anlaß. Der andere schien sich dessen ebenfalls zu entsinnen, denn er steckte das Geld, welches er unter dem Tische gezählt hatte, rasch ein, zahlte und entfernte sich eiligst. Vorher hatte er etwas weggeworfen. Gruber begann der Mann so zu interessieren, daß er ihm zu folgen beschloß. Er erhob sich, seine Sorgen ganz vergessend, ging zu dem Tische, an dem der Verdächtige gesessen hatte und suchte nach dem weggeworfenen Gegenstande. Er gewahrte denselben einen Schritt seitwärts und hob ihn auf: Es war ein alter, leerer Sperrbeutel. Gruber steckte ihn für alle Fälle ein und eilte dem Fremden nach, der war jedoch bereits verschwunden. Er konnte ihn weder links noch rechts bemerken und schlug daher aufs Geratewohl eine Richtung ein, die ihn zur Kärntnerstraße führte. Als er in diese eingelenkt war, sah er schon von weitem eine riesige Menschenansammlung. Als er näher kam, fand er überall Leute mit entsetzten Mienen beisammenstehen und hörte, wie sie sich die gräßlichsten Einzelheiten einer Bluttat erzählten, die ein paar Stunden vorher im Herzen der Stadt verübt worden war. Dort hatte sich im Hause Kärntnerstraße Nr. 1072 ein Raubmord ereignet. Das Opfer war die vierzigjährige Dienstmagd Anna Watzek der Hausmeisterin Theresia Gradl. Die letztere hatte sich mittags entfernt, um eine kranke Verwandte außerhalb Wiens zu besuchen. Ihr Mann, ein Anstreicher, hatte ebenfalls auswärts zu tun, so daß die Magd allein zu Hause geblieben war. Sie wurde von ihrer Dienstgeberin, welche gegen Abend heimkehrte, ermordet aufgefunden. Frau Gradl hatte vergeblich an die Tür gepocht, bevor sie, Böses ahnend, die Wohnung aufbrechen ließ. Mitten im Zimmer lag die Magd in ihrem Blute. Der Täter hatte ihr mit der Hacke eine Reihe furchtbarer Verletzungen auf den Hinterkopf beigebracht. Die Ärmste war zwischen einem an der Wand stehenden Sessel und einem Tische zusammengesunken. Die aus der nahegelegenen Polizei-Oberdirektion herbeigeeilten Funktionäre stellten mit Hilfe der Hausmeisterin fest, daß sich die Tat als Raubmord qualifiziere, denn es fehlten eine goldene Uhr und vierzig Gulden. Nachträglich konstatierte man auch noch, daß aus einem Uhrkasten eine silberne Uhr geraubt worden sei.

DIE ALTE KÄRNTNERSTRASSE

Als Rudolf Gruber von dieser Mordtat hörte, war er überzeugt, daß jener Verdächtige vom Paradeisgartel der Täter sei. Er hatte zwar keine objektiven Anhaltspunkte, seine persönliche Überzeugung sagte es ihm aber. Er hütete sich freilich, seinen Verdacht auszusprechen. Diese Zurückhaltung schien ihm auch sehr vorteilhaft, als er vernahm, was man bisher bereits eruiert hatte. Man war nämlich schon auf einer anscheinend richtigen Spur. Kein anderer als der Hausbesorger selbst wurde der Tat beschuldigt. Herr Gradl war das Kind bemittelter Eltern, die ihn nur deshalb ein Handwerk erlernen ließen, weil er für das Kaufmannsgeschäft des Vaters nicht taugte. Der einzige Sohn, wurde er immer verhätschelt, und als die Eltern starben, konnte er sich nicht in die neuen Verhältnisse, die von ihm Fleiß und Sparsamkeit forderten, einfinden. Er verpraßte das Erbteil der Eltern und auch die Mitgift seiner Frau, welche vergeblich gehofft hatte, aus ihm einen anderen Menschen zu machen. Gradl arbeitete nur hie und da, und wenn er sich entfernte, um angeblich irgendwo einem Verdienste nachzugehen, so beruhte dies meist auf Unwahrheit. Er begab sich dann vielmehr zu allerhand Stelldicheins, die ihm die Mittel gewähren sollten, seinen Leidenschaften, der Trunk- und Spielsucht, zu frönen. Wenn seine Frau hinter diese Schliche kam, entstand regelmäßig Streit, wobei sich die Dienstmagd auf die Seite der ersteren stellte, der sie, nach Ansicht Gradls, auch sonst Spionagedienst leistete. Die Behörde nahm also an, daß der Hausmeister die unbequeme Magd aus Rache erschlagen und das Geld nur deshalb entwendet habe, um einen Raubmord glaubhaft zu machen, das heißt, den Verdacht von sich abzulenken. Gradl wurde auch nach seiner Heimkunft trotz seines Leugnens festgenommen. Rudolf Gruber dachte aber immerfort an seinen Mann vom Paradeisgartel. Diese Idee setzte sich in seinem Kopfe derart fest, daß er im geheimen Erhebungen auf eigene Faust pflegte. Er erkundigte sich in der Umgebung des Tatortes, ob man dort nicht früher einen Menschen gesehen habe, der wie jener Verdächtige ausgesehen habe. Eine Geschäftsfrau glaubte sich erinnern zu können, daß einigemal zwei Männer, von denen einer ziemlich alt war und dem geschilderten Individuum geähnelt habe, in das ihr gegenüberliegende Haus Nr. 1072 gegangen seien. Gruber entsann sich nun einer Amtshandlung, die er vor einiger Zeit aus Anlaß eines Diebstahls abgewickelt hatte. Als Täter standen damals zwei Männer vor ihm, und jetzt wußte er es plötzlich ganz genau, daß einer derselben jener Alte gewesen sei. Auch gewisse Einzelheiten fielen ihm ein. Er eilte ins Amt und begann die Gestionsprotokolle auf zwei Jahre zurück zu durchstöbern. Nach mehrstündiger Arbeit schoß ihm das Blut ins Gesicht. Er hatte den Fall gefunden. Der ältere der beiden Gauner hieß Josef König und war seines Zeichens Strumpfwirker, Gruber schlug nun im Meldungsamt nach und hob die Adresse jenes König aus. Er erschien auf der Landstraße Nr. 55 gemeldet. Allein, wie er war, begab sich der Polizeibeamte in das bezeichnete Haus, doch traf er den Gesuchten nicht an. Der war mit seiner Familie nach Breitenfeld gezogen. Einige Minuten später sehen wir Rudolf Gruber schon nach dieser Vorstadt eilen und an einem recht armseligen Hause halten. Er war an Ort und Stelle. Nachdem er sich vergewissert hatte, daß Josef König hier wohne und seit der Entdeckung der Mordtat drückende Schulden bezahlt habe, klopfte er bebend an die Tür. Eine Frau öffnete ihm. In der Stube sah er auch schon den Mann aus dem Paradeisgartel. Gruber trat ein und ersuchte König, ein wenig mit ihm hinauszugehen. Dieser erblaßte und fragte um den Grund. Gruber lispelte ihm seinen Namen ins Ohr, erinnerte ihn an jene Amtshandlung und erklärte, daß ihn die Polizei für den Täter in einer zur Anzeige gebrachten geringfügigen Diebstahlsangelegenheit halte, da er sich neue Kleider gekauft, Schulden gezahlt habe und sogar noble Kaffeehäuser besuche. König atmete erleichtert auf und meinte lächelnd: „Aha, ich habe Sie auch gleich im Paradeisgartel erkannt." Den Diebstahl gestand er so halb, und halb zu und ging ohne Widerrede mit. Jetzt war es natürlich Zeit, den Vorgesetzten Meldung zu erstatten. Rudolf Gruber wies auf das Vorleben Josef Königs hin und meinte, daß ein solcher Mensch wohl eines Raubmordes fähig sei. Die Vorgesetzten waren aber nicht zu überzeugen. Sie wollten Josef König anfangs gar nicht in den Mordfall einbeziehen und betrachteten das Ganze als eine unwillkommene Belästigung seitens Grubers. Dabei begingen sie zu dessen Leidwesen, weil sie eben von der Sache nichts hielten, den Fehler, daß sie dem König mitteilten, er werde der Ermordung Anna Watzeks verdächtigt. Der alte Verbrecher wußte sich nun so zu rechtfertigen, daß seine Unschuld bezüglich des Raubmordes nahezu erwiesen schien. Sein Versuch, ein Alibi nachzuweisen, gelang ihm zwar nicht besonders, allein er gestand einen Diebstahl ein, den die Polizei noch nicht kannte, und gab darüber so viele Einzelheiten, daß sein Geldbesitz auf einmal klar verständlich war. Der Referent wollte König soeben aus seinem Akt ausscheiden, als Rudolf Gruber atemlos ins Bureau stürzte. Er rief dem Häftling zu: „Sie haben im Paradeisgartel etwas weggeworfen, können Sie mir sagen, was dies war?" Der Alte schüttelte ruhig den Kopf: „Ich hab' gar nix wegg'worfen", sagte er sicher.

Gruber riß nun jenen Sperrbeutel aus der Tasche und hielt ihn hin: „Kennen Sie das?" fragte er. den Mann scharf musternd. König begann zu zittern und war keiner Wortes mächtig. Nur mit dem Aufgebote seiner letzten Kraft stieß er hervor: „Dös hat nie mein g'hört!" - „Ganz richtig, aber der Trödlerin Andreska vom Breitenfeld! Kein anderer als sie hat sie zu Silvester ermordet. Sie haben damals am Breitenfeld gewohnt, sind bald darauf auf die Landstraße gezogen und wohnen jetzt, wo die Geschichte schon ein wenig vergessen ist, wieder im Breitenfeld . . ." Josef König verlangte seine Abführung. Er leugnete zwar hartnäckig weiter, konnte, seine Rolle aber nicht zu Ende spielen. Der Sperrbeutel, den Gruber damals aufgelesen, brachte ihn zu Fall. Als ihn das Beweismaterial endlich erdrückte, gestand er beide Mordtaten ein.

Wir lassen nun die amtliche Darstellung der beiden Mordtaten folgen, aus der die Einzelheiten ersehen werden können:

„Josef König, 60 Jahre alt, zu Neuharzdorf, Böhmen, geboren, katholisch verheiratet, Vater zweier Kinder, Strumpfwirker von Profession, war von Jugend auf boshaft und jähzornig. Er flüchtete in seinem 17. oder 18. Jahre wegen des gegen ihn entstandenen begründeten Verdachtes eines Diebstahles von Glatz, wohin er schon in seiner Kindheit mit seinen Eltern gekommen war, aus dem väterlichen Hause in die k. k. österreichischen Staaten, kam in seinem 20. Lebensjahre in den k. k. Militärdienst, wurde während desselben wegen eines Ärardiebstahles abgestraft und nach 13 1/2 Jahren mit Abschied entlassen.

Im Zivilstande geriet er dreimal wegen Diebstahles und einmal wegen körperlicher Verletzung in

---

Todesurtheil,

welches von dem

Magistrate

der

kaiserl. königl. Haupt- und Residenzstadt Wien,

über die mit dem

Joseph K**

wegen meuchlerischen Raubmordes, dann des Verbrechens des Diebstahls und dergleichen Versuches

abgeführte Criminal-Untersuchung geschöpft, und in Folge der von den hohen und höchsten Justiz-Behörden herabgelangten Bestättigung

heute den 17. Juny 1830

mit dem Strange vollzogen worden ist.

TODESURTEIL DES JOSEPH KÖNIG VOM 17. JUNI 1830

Untersuchung, hatte als unbefugter Anstreicher nur einen kärglichen Erwerb, und seine Umstände verschlimmerten sich dergestalt, daß er im Jahre 1828 seine geringen Wäschestücke im k. k. Pfandamte zu versetzen genötigt war, und daß zu Georgi 1829 auf seine ärmlichen Gerätschaften wegen des schuldigen Wohnungszinses die Pfändung geführt wurde.

Schon im Laufe des Jahres 1827 machte er mit dem in ähnlichen Umständen befindlich gewesenen unbefugten Anstreicher A. T. Bekanntschaft und eröffnete diesem seinen Entschluß, jemanden zu ermorden, um Geld zu erhalten und sich aus der Not zu helfen. A. T. stimmte diesem Vorschlage bei und gab mehrere ihm von seinen Anstreicherarbeiten und aus anderen Anlässen bekannte Orte, insbesondere die auf dem Breitenfelde wohnhafte Trödlerin Johanna Andreska und die Hausmeisterin Theresia Gradl in der Kärntnerstraße als Personen an, bei welchen durch Diebstahl oder Mord Geld zu erlangen wäre.

Infolge dieser Verabredung gingen A. T. und Josef König, und zwar letzterer stets mit einer kleinen Holzhacke versehen, seit Michaeli 1828 mehrere Male aus, teils um die Wohnung der Trödlerin Johanna Andreska und der Hausmeisterin Gradl, teils andere Personen zu beobachten. Sie wurden aber stets durch die Anwesenheit anderer an der Ausführung gehindert.

Erst am 31. Dezember 1828 gelang es ihnen nach längerem Auflauern, um die Mittagszeit die Andreska allein zu Hause anzutreffen und in ihren Verkaufsladen eingelassen zu werden, wo dann dieselbe, während sie auf Verlangen des A. T. sein bei ihr verpfändetes Kleid in der Kastenschublade aufzusuchen im Begriffe war und sich zu diesem Ende bückte, von dem Josef König von rückwärts mit der Hacke zwei Hiebe auf den Kopf erhielt, wovon sie gleich zusammenstürzte. Nachdem die Unglückliche noch aus dem Verkaufslokale in das daranstoßende Zimmer geschleppt und ihr von Josef König noch einige Schläge auf den Kopf versetzt wurden, bis sie ohne Bewegung liegen blieb, durchsuchten sie, um Geld zu finden, jedoch vergeblich die Kästen und entfernten sich dann durch den rückwärtigen Ausgang der Wohnung, ohne etwas anderes als einige Paar Strümpfe oder Socken, acht gegossene Kerzen und einen Sperrbeutel mit beiläufig ein Gulden und dreißig Kreuzer in Kupfergeld mitgenommen zu haben. Dieser Geldbetrag wurde hierauf von ihnen teils zur Bezahlung einer Zeche verwendet, teils geteilt. König gestand erst nach langem und hartnäckigem Leugnen diese Tat in Übereinstimmung mit den gerichtlich erhobenen Umständen. Bei der nach Vorschrift des Gesetzes an der beiläufig 60 Jahre alten Trödlerin Andreska vorgenommenen gerichtlichen Beschau wurden an ihrem Kopfe sieben gequetschte Wunden, und darunter sechs, jede einzeln für sich tödlich, befunden, so daß der Tod dieser Unglücklichen aus der Tat notwendig erfolgen mußte. Ferner hat Josef König das Geständnis einiger Diebstähle und Diebstahlsversuche abgelegt und einen zweiten meuchlerischen Raubmord, obwohl gleich anfangs seiner Arretierung desselben rechtlich bezichtigt, doch erst nach längerem Leugnen und übereinstimmend mit den gerichtlichen Erhebungen dahin bekannt: Über Mitteilung des A. T., daß bei dem Hausmeister im Hause 1.072 in der Kärntnerstraße viel Geld zu bekommen wäre, und über ihr Einverständnis, daß sie zur Erlangung des Geldes die Ehewirtin des Hausmeisters in dessen Abwesenheit um das Leben bringen wollten, seien sie schon vor Ermordung der Andreska einige Male, mit einer kleinen Hacke versehen, wegen Ausforschung der schicklichen Gelegenheit dahin gegangen, jedoch durch die Anwesenheit anderer Personen an der Vollbringung ihres Vorhabens verhindert worden. Nachdem im Sommer 1829 ihre Zusammenkünfte seltener geworden, habe er, Josef König, am 5. Juli des ersterwähnten Jahres diese Tat allein ins Werk, gesetzt.

An diesem Tage nachmittags habe er sich unter dem Vorwande, den Hausmeister zu einer Arbeit zu bestellen, in dessen Wohnung begeben und mit der dort anwesenden, ihm unbekannten Weibsperson in ein Gespräch eingelassen. Während dieselbe auf einem Sessel gekniet und mit irgend etwas an der Mauer beschäftigt gewesen sei, habe er ihr mit der aus der Hausmeisterküche zu sich genommenen Hacke von rückwärts zwei oder drei Hiebe auf den Kopf versetzt, so daß dieselbe auf einem nahestehenden Tische zusammengefallen sei. Da sich die Weibsperson, während er die Wohnungstür von innen zugesperrt habe, wieder erhoben, habe er ihr mit der Hacke mehrere Schläge auf den Kopf beigebracht, bis sie regungslos liegen blieb, eine goldene Uhr, 40 Gulden Konventionsmünze, so aus einem Uhrkasten eine silberne Uhr geraubt, nach Versperrung der Wohnung sich entfernt. Die Ermordete war die Dienstmagd Anna Watzek, 40 Jahre alt. Bei der Obduktion wurden 20 meistens auf den Hirnschädel beigebrachte tödliche Wunden gefunden...."

Josef König wurde am 17. Juni 1830 durch den Strang hingerichtet. Rudolf Gruber hatte sich aber durch die Aufklärung der beiden Mordtaten so große Anerkennung erworben, daß er wieder seinen Lebensmut und seine Arbeitsfreude fand. Wir begegnen seinem Namen noch bei verschiedenen, in späteren Jahren vorgefallenen kriminalistischen Begebenheiten.

⑩
DIE ALTE HETZMEISTERIN
1830

In der Gärtnergasse am Alsergrunde *(der heutige Lederergasse in der Josefstadt)* wohnte eine Frau, welche im Jahre 1830 ihr fünfundsiebzigstes Lebensjahr vollendet und Elisabeth Arnold hieß. Man nannte sie aber nur "die alte Hetzmeisterin" und sagte ihr nach, daß sie neidig sei, weil sie trotz ihres Reichtums so sparsam lebe. Es hatte zwar niemand ihr Geld gesehen, doch gab es Altersgenossen der Greisin, welche behaupteten, daß alle „Hetzhäusler" Vermögen erworben hätten, folglich auch Frau Arnold. Sie führe ja auch ihre Wirtschaft, ohne einem Verdienst nachzugehen.

Die Worte „Hetzmeister" und „Hetzhaus" sind heute ganz vergessen, es gab jedoch eine Zeit, in welcher sie das Wiener Publikum zu begeistern vermochten. Wir dürfen nicht gar zu abfällig über die noch gegenwärtig in Spanien so beliebten Stierkämpfe urteilen, haben sich doch unsere gemütlichen Vorfahren auch an den gräßlichen Schauspielen von „Tierhetzen" ergötzt. Wie im Süden Europas, waren es auch in Wien vorzüglich die Vertreterinnen des zarten Geschlechtes, welche sich an dem schaudervollen Anblicke zerfetzter Tierleiber weideten.

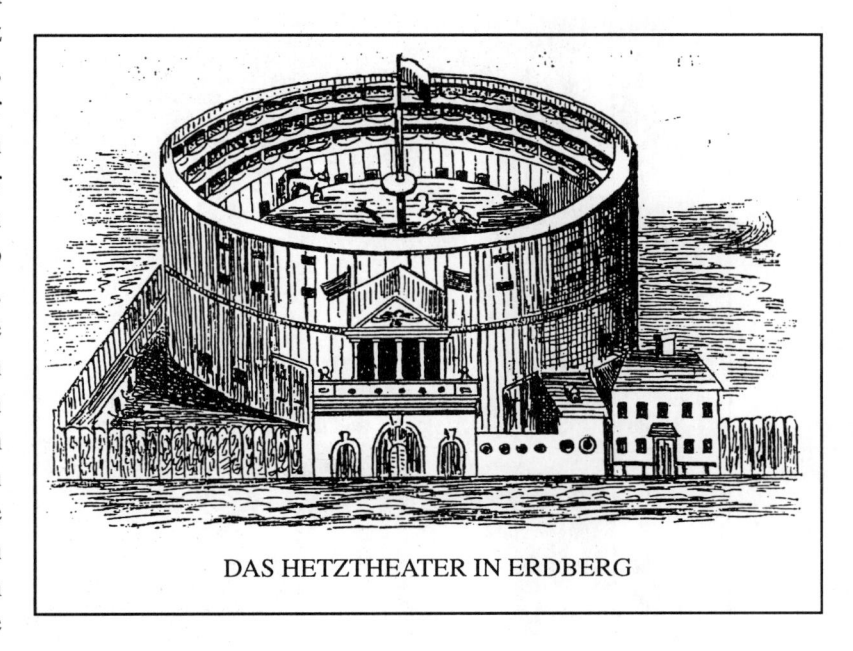

DAS HETZTHEATER IN ERDBERG

Dies galt als durchaus vornehm, denn der Hof begünstigte die erwähnten Veranstaltungen und schuf für dieselben sogar ein eigenes Referat im Obersthofmeisteramte. Die „Oxen- und Perenhezzen" gehörten nach dem alten Theateralmanach zu den sogenannten Nebenspektakeln des k. k. Hof- und Nationaltheaters.

Die Veranstaltungen fanden in dem „Hetzhause", einem großen Holzbau vor dem Stubentore statt. Das Gebäude war ein Amphitheater, welches über dreitausend Personen faßte und über dessen Eingang ein riesiger kaiserlicher Adler prangte. Von einem Balkon übersah man den Zwinger mit den Hetzhunden, den 22 1/2 Klafter im Durchmesser betragenden Hetzplatz (die Arena) und das mit Brettern überdeckte Wasserbassin im Mittelpunkte des letzteren. In das Wasser flüchteten sich gewöhnlich die gejagten Bestien, während zwei neben dem Bassin angebrachte, sieben Klafter hohe, mit Sprossen versehene Bäume den Hetzknechten genau so Schutz bieten sollten, wie es die Barrieren im heutigen spanischen Zirkus tun. In der Mitte der ersten Galerie nahm ein Orchester Platz, welches während der Vorführungen einen Riesenlärm machte.

Das Personal bestand aus einem artistischen Leiter, „Hetzmeister" genannt, welcher auch in den Schaustellungen tätig war, einem Hetzverwalter, dessen Aufgabe der eines Intendanten gleichkam, und einer Anzahl von Hetzknechten. Diese unterstützten den Hetzmeister während der Darbietungen und hatten auch die Tiere abzurichten. An „Hetztagen", welche meist auf Sonn- und Feiertage fielen, wurden Aushilfsknechte gedungen, denen hauptsächlich die niederen Arbeiten zugewiesen wurden. Zu dem „stehenden Tierpersonal" gehörten nach einer aus dem Jahre 1772 stammenden

Schrift von J. H. F. Müller, betitelt „Genaue Nachrichten von beiden k. k. Schaubühnen und anderen Ergötzlichkeiten in Wien": Ein Löwe, ein Tiger, zehn Bären, sechs Wölfe, vier Wildschweine, zwei ungarische Vollstiere, zwei Schweizer Vollstiere, zwei Hirsche, einige Füchse, Dachse und Luchse, schließlich dreiundsiebzig große Fang-, sogenannte Fleischhackerhunde. Außer diesen Tieren wurden gewöhnlich auch zwei ungarische Ochsen, die von Wiener Fleischhackern zu stellen waren, gehetzt. An das Amphitheater war ein Haus gebaut, in welchem das ständige Personal wohnte.

An den hohen Einkünften dieser blutigen Veranstaltungen waren natürlich auch die Angestellten beteiligt, und ein brauchbarer Hetzmeister wurde ebenso gut bezahlt, wie heute ein berühmter spanischer Torero.

HISTORISCHE ANSICHT DER GÄRTNERGASSE, SEIT 1862 LEDERERGASSE

Die in der Gärtnergasse wohnhafte Elisabeth Arnold war nun eine Verwandte des Hetzmeisters Stadelmann und ehemals in dem betreffenden Hetztheater beschäftigt. Ob sie wirklich Reichtümer sammelte, konnten wir nicht ermitteln, es scheint kaum der Fall zu sein, aber die Vorstadtleute, in deren Nachbarschaft die alte Frau später lebte, erzählten es sich. Es mag sein, daß Frau Arnold einfacher und bescheidener lebte, als es vielleicht notwendig war, daß sie jedoch ein gutes Herz besaß, beweist ihr Verhalten gegenüber einem jungen Burschen, der ein Sohn einer ihrer Bekannten oder Verwandten war. Der Bursche, Karl Padowetz mit Namen, kam als Kind aus Tabor in Böhmen nach Wien und wurde hier Uhrmacher. Trotzdem man sich alle Mühe gab, aus ihm einen braven Handwerker zu machen, neigte Karl immer mehr zu einem liederlichen Lebenswandel. Er erhielt schlechte Sittennoten in der Schule, trieb sich dann mit arbeitsscheuen Burschen herum, begann zu trinken und spielen und geriet in Schulden. Die Witwe Arnold tat, was ihr möglich war. Sie unterstützte den Uhrmachergesellen wiederholt mit Geld, erklärte ihm aber schließlich, daß dies doch nicht immer so weitergehen könne. Karl Padowetz war im Jahre 1830, wo ihm die geschilderte ernste Ermahnung zuteil wurde, vierundzwanzig Jahre alt, man konnte also von ihm verlangen, daß er endlich in sich gehe.

Es war am Pfingstsonntag des erwähnten Jahres, als die Bewohner der Gärtnergasse *(heute Lederergasse)* in der Alservorstadt gellende Hilferufe vernahmen, die aus dem Hause der „alten Hetzmeisterin" ertönten. Man stürzte von allen Seiten herbei, und da flog auch schon die Türe auf, aus der Karl Padowetz flüchtete. Gleichzeitig sah man die Greisin, ganz mit Blut besudelt, gegen einen Tisch wanken. Während sich die einen um sie bemühten, fielen andere über den verkommenen Menschen her, der sein Heil in der Flucht suchen wollte, schlugen ihn halbtot und übergaben ihn der Polizei. Was war vorgefallen? Hören wir, was der städtische Untersuchungsrichter darüber zusammenfaßt:

„... Durch diese Verluste (im Spiele) in Verlegenheit gesetzt, entschloß er sich irgend Jemandem, der ihm unterkomme, einen tödlichen Streich zu versetzen und etwas zu nehmen. Da er am Sonnabende vor dem Pfingstsonntage d. J. den am nähmlichen Tage eingenommenen Arbeitslohn gleichfalls im Spiele verlohren hatte, begab er sich am Pfingstsonntage, den 30. May d. J., zu der ihm bekannten alten Witwe Elisabeth Arnold in der Gärtnergasse in der Alservorstadt, und faßte den Entschluß, der Arnold mit der bei dem Eintritte in die Wohnung derselben gesehenen Holzhacke

Todesurtheil,

welches von dem

Magistrate

der

kaiserl. königl. Haupt= und Residenzstadt Wien,

über die mit dem

Carl P******

wegen meuchlerischen Raubmordes

abgeführte Criminal=Untersuchung geschöpft, und in Folge der von den hohen und höchsten Justiz=Behörden herabgelangten Beſtättigung

heute den 16. September 1830

mit dem Strange vollzogen worden ist.

den schon früher beabsichtigten Streich auf den Kopf beyzubringen, und von ihr sich eine Rest Taffet und einen goldenen Fingerring anzueignen.

Als die Witwe Arnold nach einem beinahe anderthalbstündigen Aufenthalte des Padowetz in der Wohnung derselben aus dem Zimmer in die Küche ging, folgte er ihr dahin nach und versetzte ihr daselbst mit dem Rücken ihrer Holzhacke von rückwärts einen solchen Schlag auf das Hinterhaupt, daß sie sogleich zu Boden sank. Über ihr Geschrey stieß er derselben ein in der Küche gestandenes Geschirr ins Gesicht und würgte sie am Halse, um sie am Schreien zu hindern. Auf den im Hause entstandenen Lärm ergriff er die Flucht, auf welcher er jedoch angehalten wurde.

Die verwundete, 73 Jahre alte Elisabeth Arnold starb bereits am 2. Juni, und bei der an ihr vorgenommenen ärztlichen Untersuchung wurden, ungeachtet Padowetz ihr nur einen Streich mit der Hacke und einen Stoß mit dem Topfe versetzt zu haben bestimmt eingestand, sieben Verletzungen am Kopfe, und darunter vier lebensgefährliche und eine mit der stumpfen Kehrseite der Hacke beigebrachte Wunde von der Beschaffenheit gefunden, daß sie selbst bey dem günstigsten Zustande des Körpers den Tod unausweichlich zur Folge haben mußte.. ."

Karl Padowetz wurde zum Tode durch den Strang verurteilt. Die oberen Justizbehörden bestätigten das Urteil und es sollte am 16. September 1830 die öffentliche Hinrichtung des Raubmörders stattfinden. Polizei und Magistrat befürchteten diesmal Kundgebungen seitens der erbitterten Bewohner des Alsergrundes, denn Frau Arnold war im Liechtental, Thury, in der Rossau usw. ebenso bekannt als auf ihrem engeren Grunde. Es wurden daher zwischen den beiden verantwortlichen Behörden eine Reihe von Noten gewechselt und Besprechungen abgehalten.

Dank der getroffenen Verfügungen vollzog sich der Akt der Justifizierung aber glatt. Karl Padowetz starb kläglich, unausgesetzt um sein junges Leben jammernd, dreiundeinhalb Monate nach dem Hinscheiden der von ihm ermordeten Wohltäterin. Allein in der Alservorstadt erinnerte man sich noch lange an den Burschen, und es diente sein Name, leichtsinnige Jünglinge vor einem ähnlichen Schicksale zu warnen.

⑪
DER „FREIHAUS- JUD"
1830

Kein Wiener Gebäude hat eine so reiche Geschichte, wie das *(ehemalige)* „Freihaus". Die Überlieferungen beginnen bereits in der Zeit Kaiser Ferdinands III., welcher vom Jahre 1637 bis 1657 regierte. Dieser ruhmbedeckte Herrscher war ein ebenso leidenschaftlicher als kühner Jägersmann. Er liebte es, sich nur mit geringem Gefolge den Gefahren einer Sauhatz auszusetzen. Sein steter Begleiter war Graf Konrad Balthasar von Starhemberg. Da geschah es im Juni 1647, daß der Kaiser, nachdem er vor den Wällen unserer Vaterstadt schon zwei Eber erlegt hatte, durch ein drittes, nicht gut getroffenes Wildschwein in ernste Lebensgefahr geriet. Er hatte das Tier mutig in ein Gebüsch verfolgt, es krachte auch ein Schuß, der Kaiser gab aber auf das Hüfthornsignal des Grafen Starhemberg keine Antwort. Besorgt arbeitete sich der letztere daher durch das Gestrüpp, bis er seines Gebieters ansichtig wurde, der sich mit der hocherhobenen, bereits abgeschossenen Büchse gegen den wütenden Eber verteidigte. Graf Starhemberg sprang mit seinem Hirschfänger hinzu und befreite den kühnen Jäger, um den es sonst geschehen gewesen wäre. Der Kaiser umarmte wortlos den treuen Gefolgsmann und brach die Jagd ab, um nach Wien zurückzureiten. Sie näherten sich längs des Wienflusses im Schritte der Residenz. Ferdinand sprach auch jetzt noch keine Silbe, erst als sie hinter der Schleifmühle zu einer Gabelung des Flusses kamen, der dort einen großen Flächenraum als Inselplatz umschloß, sagte der Kaiser plötzlich: „Da drüben die Insel ist ja dein, nicht wahr?" - „Majestät scherzen", antwortete der Graf. - „Es muß doch so sein," lautete die Erwiderung, „sie heißt doch „Konradswörth" - „Mein Name ist wohl Konrad," wandte Graf Starhemberg bescheiden ein, „allein die Insel ist Eigentum Eurer Majestät." - „War es," lächelte der Kaiser, „solange mich der Graf Starhemberg nicht vom Tode befreit hat. Jetzen gehört sie dir! Kein Wort des Dankes. Du bist nicht mir, sondern ich dir verpflichtet, nimm sie, und der Besitz möge dir Glück bringen!" Einige Tage später empfing der Graf die vom 3. Juli datierte Pergamentrolle, welche die Schenkung beinhaltete, das große Siegel und die eigenhändige Unterschrift des Monarchen trug und überdies die Bemerkung enthielt, daß Konradswörth für immerwährende Zeiten von allen Lasten, Gaben und Dienstbarkeiten befreit sein solle.

Graf Starhemberg ließ bald darauf den Arm der Wien, welcher seinen Besitz zur Insel machte, ableiten, das heißt, er regulierte den Flußlauf und errichtete ein Sommerpalais, dem er den Namen „Freihaus" gab. Das stattliche Schloß ging aber im Jahre 1657 durch einen großen Brand zugrunde. Der gräfliche Besitzer erbaute an seiner Stelle ein neues Gebäude, welches er mit einer Unzahl von Nebenhäusern versah und nicht mehr für sich allein behielt, sondern an Bürger, wenigstens zum größten Teile, vermietete. Viele Geschäftsleute zogen hierauf aus der Stadt hinaus und gestalteten das Freihaus zu einer kleinen Stadt um. Aber auch in dieser neuen Gestalt hatte das Bauwerk kein Glück. Die Pest brach aus und im Freihaus allein lagen dreihundert Personen an dieser schrecklichen Seuche darnieder. Zu dieser Zeit gehörte der Besitz bereits dem jungen Grafen Ernst Rüdiger von Starhemberg, jenem tapferen Soldaten, dessen Namen mit der Geschichte Wiens für ewige Zeiten ruhmvollst verknüpft ist. Er gehörte damals zu den wenigen Bewohnern, die von dem furchtbaren Übel verschont geblieben waren, labte die Kranken, tröstete die Witwen und Waisen und führte die Überlebenden nach dem Erlöschen der Krankheit persönlich in die Stadt auf den Graben, wo sie einer Messe beiwohnten, welche der Erzbischof zelebrierte. Kaum war die Pest abgewendet, drangen Nachrichten an das Ohr der vielgeprüften Wiener, daß ein großes Türkenheer im Anzuge sei, um die Kaiserstadt einzunehmen. Graf Starhemberg wurde Oberkommandant, und als er von seiner hohen Warte, dem Stephansturme aus bemerkte. daß gerade sein Haus für die Feinde eine Festung werden könnte, entschloß er sich zur Opferung desselben. Die Bewohner des Freihauses mußten ausziehen, der Graf erschien sodann mit Soldaten und legte selbst Feuer an. In kurzer Zeit stand

Konradswörth in hellen Flammen. Es folgte die Belagerung Wiens und dessen heldenmütige Verteidigung.

Als sich die Kriegswogen geglättet hatten und wieder Ruhe ins Land gezogen war, erbaute der Graf das Freihaus von neuem. Wieder wurde es, da es noch vergrößert worden war, die Heimstätte hunderter Wiener Bürger. Allein auch der dritte Bau sollte zerstört werden.

Am 24. Juni 1759 brach nämlich eine Feuersbrunst aus, welche ganz Wien mit Angst und Schrecken erfüllte. Sie war in den gräflichen Stallungen entstanden, das brennende Stroh wurde vom Sturmwinde über die Dächer getragen, in der Grasgasse begann es zu brennen, dann auf der Landstraße, ja bis Erdberg fraß sich das gierige Element weiter. Zweiunddreißig Hütten und Häuser wurden ein Raub der Lohe, die Bewohner rannten plan- und hilflos umher, an ein Löschen war nicht zu denken, zwei Tage und eine Nacht dauerte das Wüten des Brandes, und als endlich der Sturm nachließ und die Flammen kleiner und seltener wurden, sah man vom Freihaus nur mehr eine kahle Ruine. Das größte Wiener Gebäude sollte aber wiedererstehen, hunderte Hände rührten sich, um diesen Plan zu verwirklichen, und so entstand das Freihaus in der Gestalt, wie es bis auf uns kam. Kaiserin Maria Theresia wohnte der Einsegnungsfeierlichkeit bei. Das Haus hatte nämlich eine Kapelle erhalten, was bei seiner enormen Einwohnerzahl wohl nicht verwundern kann.

DAS ALTE FREIHAUS

Es ist nun ganz selbstverständlich, daß an einer Niederlassung, wie dem Freihaus, welche Jahrhunderte alt ist und ganze Menschengenerationen heranwachsen sah, unzählige historische Erinnerungen, Denkwürdigkeiten und Legenden haften. Man erzählte sich zum Beispiele noch lange von dem Gastmahle, welches Graf Georg Adam Starhemberg im Jahre 1786 seinen achthundert Mietern gab, als er in den Fürstenstand erhoben wurde; oder gar die Überlieferungen, welche dessen ersten Richter betrafen - das Freihaus hatte nämlich eine eigene Gerichtsbarkeit - den „wohledlen Herrn Oehlerer Balthasar". Er wurde anno 1699 angestellt und war durch seine gemütlichen salomonischen Urteile berühmt. Sein strengstes Disziplinarmittel war die Drohung mit der Kündigung. Eine solche Schande mochte niemand heraufbeschwören. Der Neffe eines späteren Richters, namens Christian Roßbach, kam auf die Idee, im Freihause ein Theater zu errichten. Dasselbe wurde die Wiege des Theaters an der Wien. Wir sehen Mozart und Schikaneder im „Freihaus" verhandeln, dort wurde Text und Musik zur unvergänglichen Zauberflöte geboren; und wir begegnen außerdem einer Anzahl bekannter Männer aus allen Berufsgattungen, die im Freihaus segens- und ruhmvollst wirkten. Für die meisten war und ist das Gebäude, nein, die „Stadt" ein heiliger Boden, der gewissermaßen gar nicht zum übrigen Wien gehört. So gab es auch Geschäftsleute, die, obwohl selbst nicht im Freihaus wohnhaft, nur mit den Bewohnern desselben Handel trieben, und zu diesen zählte auch ein Handelsjude mit Namen Jesaias Broda, welcher in der Wiener Kriminalgeschichte einen bedauernswerten Platz einnimmt, aber ganz vergessen ist.

Jeremias Broda war ein Trödler, welcher das Geschäft von seinem Vater übernommen hatte und so reell führte, daß man seinen Reichtum allgemein als einen ehrlich und rechtschaffen erworbenen bezeichnete. Er war der Geldmann der kleinen Leute des Freihauses und der von sämtlichen Parteien bevorzugte Käufer gebrauchter Kleider. Wenn man einen Gegenstand an den Mann bringen wollte, so wartete man, bis der „Freihaus-Jud" komme, und auch dieser trieb in erster Linie mit den Bewohnern des Freihauses Handel.

Am 3. Juni 1830 besuchte ihn nun ein junger Mann, der sich darauf berief, daß er zwar selbst nicht Mieter des Freihauses sei, aber dort einen Onkel habe und durch diesen die Verhältnisse kenne. Er bat den Trödler, ihn am nächsten Vormittage in seiner Wohnung zu besuchen. Er habe nämlich eine Erbschaft gemacht, die ihm eine Reihe höchst wertvoller Möbel und Wäschestücke verschaffte. Da er damit nichts anfangen könne, sei er willens, diese Objekte zu verkaufen. Er wäre nun in derartigen Dingen ganz unerfahren und möchte nicht übervorteilt werden, ob nicht Jesaias Broda, als anerkannt redlicher Käufer, das Geschäft mit ihm abschließen wollte. Der Trödler, obwohl erst sechsunddreißig Jahre alt, war eine abergläubische, zaghafte Natur, als der junge Mann aber in überschwenglichen Worten von der Pracht der Waren schwärmte, sagte er endlich zu.

Am 4. Juni 1830 entfernte sich Broda vormittags mit dem Versprechen aus seiner Wohnung, in kurzer Zeit wieder zurückzukehren. Als er daher bis nachmittags, ja bis abends noch nicht daheim war, bemächtigte sich seiner Angehörigen die größte Sorge. Jesaias Broda galt als ein pünktlicher Mensch und überdies hatte er ein hübsches Stück Geld mitgenommen. Die Polizei, welche damals recht gemütlich amtierte und derartige Sachen durchaus nicht ernst zu nehmen pflegte, erklärte, vorläufig nichts machen zu können, da man die Adresse jenes Verkäufers nicht kenne. So verging der nächste Tag, ohne daß man eine Spur des „Freihausjuden" gefunden hätte. Die Angehörigen des Trödlers rasteten aber nicht. Sie erinnerten sich, daß der junge Mann gesagt habe, er sei ein Bandmacher und der Neffe eines im Freihaus wohnhaften Tischlers. Sie fragten nun selbst solange dort bei den Parteien herum, bis sie den mutmaßlichen Namen des

K.K. MILITÄR-POLIZEIWACHMANN
ZU FUSS IN DER ADJUSTIERUNG
VOR 1837

jungen Mannes erfahren hatten. Er hieß: Johann Baptist Sabath. Nun liefen sie wieder zur Behörde und stellten die Wohnung desselben fest. Unter diesen Namen war wirklich ein Bandmacher vorgemerkt. Über Betreiben der Verwandten Brodas begab sich ein Polizeidiener in das Wohnhaus Sabaths.

Dort hieß es, daß der Gesuchte am 4. Juni mittags fortgegangen sei, ohne bis jetzt heimzukehren. Entweder habe sich Sabath in Geschäften entfernt, oder um leichtsinnigen Streichen nachzugehen, denn beides wäre bei ihm nichts Seltenes. Die Behörde entschloß sich nach längerer Überlegung, die Türe gewaltsam zu öffnen. Man drang in die Wohnung ein und entdeckte im zweiten Zimmer der Wohnung den blutbefleckten Leichnam des Jesaias Broda. Er lag hingestreckt auf dem Fußboden, nicht weniger als zwanzig Kopfwunden hatten um den erstarrten Körper eine riesige Blutlache ausgeströmt. Sechs Verletzungen erklärte der Wundarzt für absolut tödlich. Auch das Mordwerkzeug fand sich, ein schwerer Hammer, der dem Bandmacher gehörte. Er mußte sein Opfer von rückwärts überfallen haben. Die Verwandten des Ermordeten konstatierten das Fehlen der Brieftasche mit Wechseln im Betrage von mehreren tausend Gulden. Es war also Raubmord.

Die Polizei veranstaltete sofort Streifungen, die jedoch keinen Erfolg hatten. Johann Baptist Sabath blieb vorläufig gänzlich verschollen. Inzwischen befaßte sich die Sicherheitsbehörde mit seinem Vorleben. In dem Akte heißt es wörtlich: „Johann Baptist Sabath, 25 Jahre alt, in Wien geboren, katholisch, verheiratet, Bandmacher, war schon in seiner frühesten Jugend leichtsinnig und arbeitsscheu. Nach seiner Freisprechung fand er teils in Wien, teils bei Wien als Geselle Beschäftigung. Im Jahre 1829 erlangte er die Bandmacherbefugnis. Er erhielt große Geldvorschüsse, machte aber trotzdem leichtsinnig Schulden. Als eine Anzahl Wechsel fällig wurde, die er nicht bezahlen konnte, wurde er nach Ungarn flüchtig. Nach seiner baldigen Rückkunft arbeitete er bei einem Hutmacher, verlor jedoch den Posten wieder wegen schlechten Geschäftsganges. Zu Pfingsten des Jahres 1830 kämpfte er bereits mit Nahrungssorgen. Diese Verhältnisse brachten ihn offenbar zu dem Entschlusse, den als wohlhabend bekannten israelitischen Handelsmann Jesaias Broda zu ermorden..."

Nach einiger Zeit vergeblichen Suchens traf aus Preßburg ein Akt ein, in welchem es hieß, daß man dort einen Mann namens Johann Baptist Sabath wegen verschwenderischer Geldausgaben angehalten habe. Derselbe wolle ein großer Bandmacher aus Wien sein und man fragte an, ob diese Angaben auf Wahrheit beruhten. Die Antwort, welche mit Eilpost abging, lautete natürlich auf Einlieferung an das Wiener Kriminalgericht. Sabath wurde bald darauf nach Wien eskortiert und als geständig am 19. August 1830 zum Tode durch den Strang verurteilt. Durch kaiserlichen Gnadenakt wurde aber die Todesstrafe in siebzehnjährigen schweren Kerker umgewandelt.

„PLAQUE" (KOKARDE) DER K.K. ZIVILPOLIZEIWACHE

⑫
DAS ÄGYPTISCHE BETÄUBUNGSMITTEL
1830

Überall, wo Menschen regelmäßig zusammenkommen, in Schulen, Ämtern, Gesellschaften, Fabriken, Werkstätten, beim Militär usw., gibt es Personen, die den anderen unfreiwillig zum Gespött dienen. Entweder sind sie dumm oder ungeschickt, es scheint aber, daß der „Prügelknabe" eine mit dem angeborenen Humorbedürfnis korrespondierende Notwendigkeit ist. Solche Menschen ahnen gewöhnlich nicht, daß man sich über sie lustig macht; meistens freuen sie sich, Stoff zur Unterhaltung bieten zu können, sie glauben, komisch zu sein, ohne zu begreifen, daß sie in Wirklichkeit tragischkomisch wirken. Kommt ihnen aber zum Bewußtsein, daß man nicht „über sie lacht", sondern, daß man sie „verlacht", dann ereignen sich oft Explosionen, von denen uns die internationale Kriminalchronik schaudervolle Dinge zu erzählen weiß. Wir wollen hier einen derartigen Fall behandeln, der sich Ende 1830 in Wien zugetragen hat und ein furchtbares Kapitel unserer Blutchronik bildet.

In Gumpendorf befand sich eine Schlosserwerkstätte, in welcher drei Gesellen beschäftigt waren: Johann Karl Hack, Karl Jenkner und Anton Kebert. Von diesen galt Karl Hack als Zielobjekt für allerhand passende und unpassende Scherze. Zu Czernowitz in der Bukowina geboren, erst zweiundzwanzig Jahre alt, war er in der Schule schlecht fortgekommen und stellte sich auch zur Arbeit nicht gerade geschickt an. Dabei bekundete er einen lächerlichen Dummstolz, war eitel und leichtsinnig.

In das Haus des Meisters pflegte ein junges Mädchen zu kommen, von dem wir nur den Vornamen „Kathl" kennen. Sie war die Freundin der Haustochter und liebäugelte mit dem Anton Kebert. Hack bemühte sich, ohne zu sehen, daß Kathl seinen Kollegen bevorzuge, deren Gunst zu erringen. So saßen eines Abends vor Weihnachten der Meister, die Meisterin, die beiden Mädchen und die drei Gesellen beisammen und sprechen über allerlei. Karl Jenkner lenkte das Gespräch auf verschiedene Schlaf- und Betäubungsmittel und las dann aus einem Büchel etwas über ein "ägyptisches Betäubungsmittel" vor, mit welchem, nach dessen Wirkungen zu schließen, nur Haschisch gemeint sein konnte. In der Schilderung hieß es, daß die Ägypter aus Hanf ein Präparat bereiten, welches den Menschen die Seligkeit auf Erden bringe. Man atme entweder die Dämpfe des Krautes ein oder gieße einige Tropfen des aus demselben gewonnenen Extraktes in eine Flüssigkeit und verspüre sofort eine ganz eigentümliche Erstarrung. Schlund und Brust zögen sich scheinbar zusammen, aber dies geschehe ohne jedwede Schmerzempfindung. Man merke, daß sich die Gesichtsmuskeln krampfen, daß die Augenlider anschwellen, doch dies löse sich nach kurzer Zeit in eine süße Müdigkeit auf. Plötzlich werde dann der Körper, dem Gefühle nach, durchsichtig, leicht, von göttlicher Kraft durchflutet, und man habe die Empfindung, daß nun alles Erdenleid begraben sei. Von allen Seiten flögen einem neue, großartige Ideen zu, die gesamte Umgebung erscheine in phantastischen, nie geschauten Farben, man arbeite mit dem Herzen und mit dem Verstande und verspüre dabei, daß dies in einer unbeschreiblich genialen Weise geschehe. Man sehe in das Innerste jedes Mitmenschen, durchblicke dessen Seele wie ein überirdisches Wesen, und dabei werde man von einer immer wachsenden Seligkeit durchströmt, wie man sie sich in wachem Zustande einfach nicht vorstellen könne.

Der Schlossergehilfe hielt inne und es entwickelte sich ein Diskurs, während dessen die Versammelten den Wunsch aussprachen, das Wunderkraut kennenzulernen. Hack hörte aufmerksam zu und redete wenig. Er hatte vordem von diesem seltsamen Betäubungsmittel noch nichts gewußt und wollte sich nicht gern vor Kathl bloßstellen. Das Mädchen fragte aber gerade ihn, ob er nicht auch begierig wäre, das Narkotikum praktisch an sich zu erproben. Oder ob er sich gar fürchte? Die zweite Frage rüttelte Karl Hack gewaltig auf. Furcht kenne er nicht, meinte er entschieden, aber es sei ja jedenfalls unmöglich, sich das „Kraut" zu verschaffen. Hier fiel ihm Jenkner ins Wort, indem er bemerkte, daß ihm einmal ein Freund, der als Matrose den Orient bereise, ein Quantum mitgebracht hätte. Das Experiment sei um so gefahrloser, als dem Traumschlafe keineswegs ein Katzenjammer folge, sondern daß man frisch und gesund erwache. Nur der übermäßige Genuß sei gefährlich, dies wäre aber eine allgemeine Erscheinung.

Kathl war von der Sache ganz begeistert. Sie wandte sich an Karl Hack, ob er „als der Vernünftigste" nicht eine Probe machen möchte. Wenn die Wirkungen den Schilderungen entsprächen, gäbe es für sie nichts Verlockenderes, als dieselben am eigenen Körper zu prüfen.

Hack war über diese Aufforderung nicht wenig stolz und erklärte, das „ägyptische Betäubungsmittel" jederzeit nehmen zu wollen. Das ließ sich Jenkner nicht zweimal sagen. Er verschwand für einen Augenblick und kehrte dann mit einem Glase zurück welches bis zur Neige mit einer braunen Flüssigkeit gefüllt war. Alle blickten gespannt auf Hack, der den Trunk mit einer großen Gebärde entgegennahm, aber doch erst vorsichtig zu demselben roch. Er setzte das Glas ab und meinte, daß es ja gewöhnlichen Rum enthalte. Die anderen erwiderten, daß man das Präparat nur „gebunden" trinken könne, was Hack wieder mit dem Einwurfe beantwortete, daß ihm die Quantität des Rums zu groß erscheine, da müsse er einen Branntweinrausch kriegen. „Keine Spur," rief Jenkner aus, „der Extrakt tötet alle Nebenwirkungen, obwohl ich nur vierzig Tropfen in das Glas gegossen habe." Er brauche sich nicht zu scheuen. Mit einem kräftigen Schluck sei die Geschichte ins Werk gesetzt. Hack führte nun mit einem heldenhaften Lächeln das Gefäß an die Lippen und schüttete dessen Inhalt in die Gurgel. Kaum war dies geschehen, als er ein wenig taumelte und zu Boden sank.

Der Schlossergeselle erwachte erst nach längerer Zeit. Er hatte keine Ahnung, wo er sich befinde. Nur ein Gefühl beherrschte ihn, daß ihn sämtliche Glieder wie Feuer brannten. Was mit ihm geschehen sei, konnte er nicht begreifen. Er lag irgendwo, es war aber sicher nicht sein Bett. Auch die Werkstätte sah er nicht. Wo befand er sich nur. Er hörte unweit von sich laut sprechen und lachen. Während sein Kopf zu zerspringen drohte, bemühte er sich, die Stimmen zu unterscheiden. Er erkannte jedoch niemanden, weder den Karl, noch den Anton, es war auch nicht der Meister oder die Meisterin und noch weniger die Kathl. Er bemühte sich, nachzudenken, was vordem geschehen sei. Es war ihm so, als hätte er zuletzt im Kreise seiner Arbeitskollegen gesessen. Plötzlich fühlte er sich derb angefaßt. Jemand schrie ihm zu, was er denn treibe. Ob das Wirtshaus vielleicht der Grundarrest sei, daß er sich hier schlafen lege. Es sei überhaupt schon sehr spät, er möge schauen, daß er heimkomme. Karl Hack sah dem Manne ganz verdutzt ins Gesicht. Er verstand auch nicht eine Silbe von dem, was dieser sprach. „Wo bin ich denn eigentlich?" lallte er. „Nun, wo werden Sie denn sein?" herrschte ihn der Wirt an, „beim Urban, wo ihr das Bier holet. Aber, das sage ich Ihnen, wenn Sie sich das nächstemal wo anders einen Rausch anzechen, so schlafen Sie ihn dort auch gleich aus. Ich habe mich nur Ihrer erbarmt, sonst wären Sie in meiner Toreinfahrt erfroren." Der Schlossergeselle vermochte noch immer nicht zu begreifen und bat um etwas Wasser. Nachdem er einen herzhaften Schluck getan, erhob er sich langsam von seinem Lager. Er erkannte nun, daß er in einem Nebenzimmer des Wirtshauses auf einer Bank geschlafen hatte. Wie er jedoch hiehergeraten sei, war ihm ein Rätsel. Er wankte langsam zu den Gästen hinaus, die ihn mit lautem Hallo empfingen. „Ja, wie schaut denn der Karl aus?!" schrien sie, „wie haben s' denn dich hergerichtet?!" Und alle lachten aus voller Kehle. Karl Hack warf einen müden Blick in den Spiegel und erschrak über sich selber. Sein Gesicht war rabenschwarz, mit Ruß dick belegt, in welchem seine Finger lange, weiße Rinnen gegraben hatten.

Nun durchfuhr ihn ein Gedankenblitz. Er erinnerte sich mit einem Male, daß er in Gesellschaft Kathls ein Glas geleert habe: es fiel ihm ein, daß dasselbe eine geheimnisvolle Flüssigkeit enthalten habe; er wußte aber auch, daß der Trunk nach Rum gerochen und daß seine beiden Arbeitskollegen dabei gewesen seien.

Eine tiefe Falte grub sich zwischen seine Augenbrauen.

Er bat den Wirt um ein Waschbecken, reinigte sein Gesicht und erklärte den Gästen, die fortfuhren, sich über einen derartigen Rausch lustig zu machen, mit erzwungenem Lächeln, daß er heute ein bedeutungsvolles Fest gefeiert habe. Dann begab er sich auf den Heimweg. Als er die Schlafstube betrat, die er mit den anderen Gesellen teilte, lagen die letzteren schon im tiefen Schlafe. Sie hatten die Decke ganz über den Kopf gezogen und schienen ihn nicht zu hören. Hack entkleidete sich, ohne sie zu wecken, und kroch in sein Bett.

Todesurtheil

welches von dem

Magistrate

der kaiserl. königl. Haupt- und Residenzstadt Wien

über die mit dem

Johann Carl H***

wegen Meuchelmordes und derley Versuches, dann der öffentlichen Gewaltthätigkeit durch boshafte Beschädigung eines fremden Eigenthums

abgeführte Criminal-Untersuchung geschöpft, und in Folge der von den hohen und höchsten Justiz-Behörden herabgelangten Bestättigung

heute den 19. May 1831

mit dem Strange vollzogen worden ist.

Beim Erwachen sah er sich allein. Die beiden Schlafgenossen waren schon aufgestanden und in die Werkstätte gegangen. Karl Hack blieb noch eine Weile in den Federn, dann erhob er sich, nachdem er gehört, daß die Turmglocke bereits neun schlug. Er beeilte sich gar nicht. Die Arbeit war ihm Nebensache. In ihm hatte sich die Überzeugung festgewurzelt, daß man ihn vor Kathl lächerlich gemacht hatte. Dieser Gedanke ließ ihn am ganzen Leibe erzittern. Er fühlte etwas Furchtbares in sich heranreifen und wünschte geradezu einen Streit mit dem Meister wegen des Spätaufstehens herbei. Nachdem er sein Arbeitsgewand angelegt hatte, ging er mit festen, bedächtigen Schritten in die Werkstätte. Bei seinem Eintritte standen der Meister und die beiden Gesellen längst am Amboß. Hack grüßte niemanden. Es war ihm, als ob die drei den Kopf senkten und sich angelegentlicher mit ihrer Arbeit beschäftigten. Hack trat an seinen Tisch und nahm die Werkzeuge zur Hand. Mittags, als es zum Speisen kam, wurde zwar gesprochen, doch vermied es jeder, die Rede auf die Geschehnisse des Vorabends zu lenken.

So verstrichen einige Tage, Karl Hack war wie ausgewechselt. Er wich jedem Bekannten scheu aus und sprach kein überflüssiges Wort. In ihm waren schwarze Gedanken gereift. Lassen wir nun den städtischen Untersuchungsrichter erzählen, welcher bald die traurige Gelegenheit fand, sich mit dem Schlossergesellen zu befassen:

„...Aus Haß und Zorn über die ihm vermeintlich von diesen Nebengesellen zugefügten Beleidigungen und bewiesene Geringschätzung, und aus Neid über ihren höheren Arbeitslohn und ihre bessere Kleidung, faßte er am 12. Dezember v. J. (1830) den Entschluß, diese zwei Nebengesellen um das Leben zu bringen, und diese Tat während ihres Schlafes durch Schläge auf ihren Kopf mit einem Hammer deshalb in den Morgenstunden des folgenden Tages zu vollführen, um zu sehen, wohin er die Streiche führe.

In dieser Absicht nahm er bei seiner Ankunft zu Hause beyläufig um ein Uhr in der Nacht, vom 12. auf den 13. Dezember v. J. aus der neben der Schmiede befindlichen Küche einen 2 Pfund 26 Loth schweren Schmiedhammer in ihre gemeinschaftliche Schlafkammer, verbarg ihn unter seinem Kopfpolster und versetzte mit der flachen Seite desselben am kommenden Morgen, ungefähr um 7 Uhr, nachdem er, den Hammer in der Hand, vor den noch schlafenden Nebengesellen stehend, vielleicht eine Viertelstunde darüber, was er tun solle, nachgesonnen hatte, auf die linke Seite des Kopfes dem Jenkner zwei, und dem Kebert drei oder vier Streiche dergestalt, daß sie ohne Bewegung liegen blieben.

Als Hack darauf während seines Ankleidens bei dem Blicke in die Kammer den Kebert den Kopf emporheben bemerkt, und wer da sei, fragen gehört hatte, ergriff er den in der Werkstätte, auf der Arbeitsbank gelegenen, 1 Pfund 12 1/2 Loth schweren Bankhammer, und führte damit noch zwei Schläge rückwärts auf den Kopf des Kebert, so daß dieser darauf regungslos geblieben ist.

Hierauf nahm Hack zur Bezahlung einer Schuld aus der unversperrten Truhe des Kebert 1 fl. 10 kr. Conventionsmünze, und von der Wand die silberne Sackuhr des Kebert, letztere in der Absicht, um sie zur Erde zu werfen, welche Absicht er auch sohin ausführte. Während seiner Untersuchung hat Hack ein umständliches und mit den gerichtlichen Erhebungen übereinstimmendes Geständniß dieser That abgelegt.

Der verwundete 23 oder 24 Jahre alte Karl Jenkner ist, ohne mehr zum Bewußtseyn zu gelangen, am Vormittage des 25. Dezember an den erlittenen Kopfverletzungen gestorben, und bei der auf gerichtliche Veranlassung an ihm vorgenommenen ärztlichen Untersuchung wurde befunden, daß demselben am Kopfe zwey Wunden, darunter eine notwendig tödtliche beigebracht worden seien. Der Geselle Anton Kebert, dessen fünf Kopfverletzungen ärztlich als schwer erkannt worden sind, wurde durch die angewendete Hülfe vom Tode gerettet..."

Auch das Urteil liegt uns im Wortlaute vor und wir können nur sagen, daß es heutigen Tages sicherlich anders, nämlich milder, ausgefallen wäre. Es lautet:

„Johann Karl Hack ist des Meuchelmordes und desgleichen Versuches, dann der öffentlichen Gewalttätigkeit durch boshafte Beschädigung eines fremden Eigentums und der schweren Polizeyübertretung des Diebstahles schuldig, und deßhalb nach Vorschrift des § 119 des Gesetzbuches über Verbrechen mit dem Tode zu bestrafen, und diese Strafe an ihm gemäß § 10 ebendaselbst, mit dem Strange zu vollziehen."

Die Hinrichtung wurde für den 19. Mai 1831 bestimmt und vollstreckt.

So entsetzlich endete ein schlechter Spaß, den man sich mit einem jungen, ehrgeizigen Menschen erlaubt hatte.

⑬
EINE KÖCHIN AUS DEM „ELYSIUM"
1836

Das „Elysium" war einer der berühmtesten Ballsäle, jedenfalls aber der originellste Unterhaltungsort des vorkonstitutionellen *(vor 1848)* Wien. Als seine Wiege ist der „Seitzer-Keller" anzusehen, der sich in jenem altertümlichen Gebäude zwischen der Seitzergasse und der Tuchlauben befand. Dort, wo sich später der „Bazar" erhob, welcher fortan den Durchgang vermittelte, stand bis in die Dreißigerjahre des vorigen Jahrhunderts ein stattliches, mit einem großen Hofraume versehenes Gebäude, der Seitzerhof. Die Gründung geht bis in das Jahr 1313 zurück, Herzog Friedrich der Schöne hatte nämlich zur genannten Zeit die Karthause zu Mauerbach gestiftet und ihr Gottfried aus der Karthause als Prior vorgesetzt. Da sich die Zahl der Mönche ständig vermehrte, schenkte er denselben auch ein Gebäude in der „Verber- (nachmaligen Dorotheer-) gasse". Als auch dieses zu klein wurde, tauschten die Mönche dafür das Haus

DER BAZAR IM SEITZERHOF

„Zu den Röhren" ein und nannten es Mauerbacherhof. Das geschah im Jahre 1335. Anno 1403 tauchte der Name „Seitzerhof" zum ersten Male urkundlich auf. Daß der „Mauerbacher- und der Seitzerhof" zwei Bezeichnungen für ein einziges Haus waren, zeigt ein Häuserschema von 1700, in welchem wir lesen: „Der Seitzer- oder Mauerbacher-Hoff, worinnen die Capelle St. Nicolai, auch eine Schänkstuben, eben zu selbigen Kloster gehörig." Die „Schänk-Stuben", wie man sie auch heute in Klöstern findet, entwickelte sich allmählich zu einem großen, eleganten Restaurant, dem Seitzer-Keller.

Wir lesen, daß dieses Lokal aus weitläufigen, fünfundsiebzig Klafter langen, unterirdischen Räumen bestand, die einen Konzertsaal, Tanzräume usw. enthielten und zur Abhaltung von Produktionen verwendet wurden. So heißt es, daß sich in dem Konzertsaale die Zöglinge des Blindeninstituts produzierten, daß die „Speisesäle" allabendlich einen „hohen Adel und ein distinguiertes Publikum" beherbergten, und daß insbesondere „die schwarze Redoute", ein prächtiger Tanzsaal, die „mindere Bevölkerung" anzog. Der Seitzer-Keller faßte schon damals zehntausend Personen. Wir haben heute keinen geschlossenen Belustigungsort, welcher geeignet wäre, solche Menschenmassen aufzunehmen. Ein sehr unternehmungslustiger Pächter war der Wirt Grader, der die „schwarze Redoute" mit Tannenreisig, Emblemen und Fahnen schmücken ließ und ein hervorragend gutes Geschäft machte.

Den Höhepunkt erreichte der Seitzer-Keller aber erst 1833, als ihn ein gewisser Johann Daum übernahm. Dieser gestaltete den Belustigungsort ganz um, ließ ihn durch den Tapezierer Eckhardt nach besonderen Plänen auf das glänzendste ausstatten und nannte die neuen Räume: „Elysium". Das Etablissement rief das größte Aufsehen hervor. Man hatte dergleichen noch nie gesehen. Der Besuch war ein massenhafter. Das Elysium bot tatsächlich entzückende Sehenswürdigkeiten für alt und jung, für das Volk sowohl, als auch für die elegante Welt. Man konnte dort sogar schon eine Art „lebender Bilder" bewundern. Der an den Zeltsaal angrenzende Speisesaal wurde nämlich im Jahre 1835 zu einer „Bildergalerie" umgewandelt. Darunter verstand man keine Ausstellung von Kunstgemälden, sondern transparente Wandelbilder, welche häufig auch aktuelle Ereignisse betrafen. Es handelte sich also - um den Vorläufer des heutigen Kinos. Damit waren selbstverständlich die Schaustellungen nicht erschöpft. Wir wollen nur nebenbei erwähnen, daß Daum an den Diwanen mechanische Fächer anbringen ließ, welche sich zu bewegen und Kühlung zuzufächeln begannen, wenn sich ein vom Tanze erhitztes Paar niedersetzte.

Das Elysium, welches von Jahr zu Jahr mehr Besucher hatte, erlitt jedoch im Jahre 1838 den Todesstoß. Am 18. März öffneten sich zum letztenmal seine gastlichen Pforten, denn der ehrwürdige Seitzerhof sollte demoliert werden. Der Baugrund war für das neue Riesenhaus, den „Bazar", bestimmt, welcher zwei Jahre später vollendet wurde.

Der kühne Daum ließ dessenungeachtet den Mut nicht sinken, wenngleich er einen enormen Schaden durch die Unterbrechung seines Betriebes zu verzeichnen hatte. Er mietete die kolossalen Kellerräume im St. Annengebäude (wo sich damals die Akademie der bildenden Künste befand) und adaptierte sie für seine Zwecke. Die genannten neuen Lokalitäten waren nicht unbekannt, denn in einem Teile derselben bestand schon vorher der „Annakeller", auch „Tunnel" genannt. Eine alte Zeitung schildert die Schöpfung Daums mit folgenden Worten: „Am Faschingsonntag, dem 1. März 1840, wird das neue „Elysium" eröffnet. Besonderen Reiz gewährt die originelle Einteilung der großartigen Räume in „Weltteile". Der Ein- oder eigentlich Abgang ins Elysium führt von der Johannesgasse aus. In der Tiefe angelangt betritt man zuerst Asien, die Wiege der Menschheit, nachdem man früher eine von Elephanten getragene Halle durchschritten. Asien selbst wird durch einen Nabobsaal charakterisiert. Hier werden mimisch-plastische Darstellungen, Jongleurstücke, gymnastische Übungen gezeigt, hier sind hübsche Chinesinnen zu sehen, Affen und bunte Papageien schwingen und schaukeln sich auf den Zweigen der Bäume. Aus der Kredenz dieser Abteilung führt ein Gang nach Europa, welches in das „gemütliche" und „elegante" Europa zerfällt. Das gemütliche wird durch eine Scheuer, in welcher die Zither ertönt und dralle Tirolerinnen ihre Dudler und Jodler loslassen, repräsentiert. Das elegante Europa besteht aus einem großen Tanzsaal. Auf einer Treppe gelangt man von hier nach Afrika, durch einen ägyptischen Saal repräsentiert. Die Wandgemälde, ihre Seefahrt und ihren Aufenthalt im Harem darstellend, sind von Schilchers Meisterhand ausgeführt. Und nun erst der wirkliche, daß heißt, der durch Statisten und Statistinnen dargestellte, über der Kredenz hinter einer großen Glaswand angebrachte Harem, welch ein Magnet für die Männerwelt! Die Repräsentantinnen der Seraildamen, für welche Daum eine Anzahl wirklich hübscher Mädchen zu gewinnen wußte, sind übrigens im vollsten Sinne des Wortes nur zum Anschauen da und dürfen über strengen Auftrag der Polizei von Seiten dieser Holden keinerlei Anknüpfungspunkte mit dem männlichen Teile des Publikums gesucht werden." Ein tschibukrauchender, sorbetschlürfender Pascha bekundet von Zeit zu Zeit seine Liebe zu einer der Favoritinnen durch eine (nur markierte) Umarmung. Gegenüber dem Serail ist eine kleine Bühne angebracht, auf welcher Pantomimen, lebende Bilder, Kraftdarstellungen usw. in bunter Abwechslung vorgeführt werden. Ein mit Spiegeln und Shawels dekorierter Gang vermittelt die Kommunikation mit Amerika, einem Urwald mit Felsenpartien und einem rauschenden Wasserfalle. Drachenartiges Gewürm, Klapperschlangen und Eulen speien hier Lichtflammen aus. Der Hauptmagnet dieser Abteilung ist die Eisenbahn, auf hölzernen Schienen laufende Wägelchen, von Ponys gezogen, als deren Lenker phantastisch gekleidete Kinder Neulerchenfelds und Ottakrings fungieren. Für diese Fahrten, die hinüber nach Australien führen, muß separat gezahlt werden. Im letzten Weltteile sind Malereien, Ausblicke auf das Meer, von Holzer. Aus dieser Abteilung, in der eine Tropfsteingrotte und ein Vulkan angebracht sind, gelangt man über einen mit natürlichen Bäumen bepflanzten Hügel in eine Hütte der Urbewohner und von da wieder zurück zu dem Ausgangspunkte nach Asien. Daß in allen fünf Welttheilen echt wienerisch gegessen und getrunken werden wird, versteht sich von selbst, ebenso werden allenorts die heiteren Weisen größerer und kleinerer Orchester, bis zum Quartett herab, ertönen, und sind die Musiker den verschiedenen Zonen entsprechend kostümiert. Auch zahlreiche andere Genüsse werden geboten. Ein Troubadour, einst ein reicher Hausherr und Fabrikant vom Brillantengrund, tänzelt zwischen den Speisetischen hindurch, seine Lieder mit der Guitarre akkompagnierend; ein Bruder Eremit, in einer Grotte, wie in einem Beichtstuhle sitzend, prophezeit zukünftige Geschicke. Taschenspieler arbeiten mit ihren Apparaten, und so weiter. Ein Improvisator wird durch seine glänzenden Einfälle entzücken..." .

Die Voraussage des Blattes traf wirklich ein. Während des Faschings war das Gedränge im Elysium geradezu lebensgefährlich.

Aber auch sonst gab es in Wien kein zweites Lokal, welches derart beliebt gewesen wäre. Vater und Sohn Daum erfanden alljährlich neue Zugnummern und machten durch die humoristische Beleuchtung der Tagesereignisse ihre Räumlichkeiten zu einer Stätte köstlichen Humors.

DETAIL AUS DER BIEDERMEIERLICHEN KIRCHENGASSE IN MARIAHILF

Trotzdem fand das Elysium ein unerwartet frühes Ende. Der Gründer Johann Daum, welcher auch Besitzer des Kaffeehauses auf dem Kohlmarkte und des Hotels am Peter (heute „Hotel Wandl") war, starb am 12. Dezember 1854 an der Cholera. Er befand sich damals schon in Wucherhänden und wurde von Gläubigern hart bedrängt. Das wäre jedoch nicht der Grund des Zusammenbruches gewesen. Zur Zeit des Konkordates (1855-1870) wurde vielmehr das St-Anna-Gebäude, welches ehedem den Jesuiten gehört hatte, denselben wieder zurückgegeben, und es war natürlich undenkbar, daß ein Belustigungsort, wie das Elysium, weiter unter einem so frommen Dache bestehe. Am 8. März 1859 fand denn die letzte Vorstellung statt, worauf diese prächtige Unterhaltungsstätte in das Meer der Vergessenheit versank.

Wie alle Lokale, in denen eine für Geld erhältliche Lebensfreude pulsiert, so hatte auch das Elysium seitens solcher Menschen Opfer gefordert, die nicht imstande waren, die nötigen Beträge auf ehrlichem Wege aufzubringen. Die alte Polizeigeschichte verzeichnet so manchen Selbstmord in den Kellern des St.-Annen-Gebäudes, sowie wegen desselben. Auch Verbrechen gegen das Eigentum und die Person kamen wiederholt vor.

Einen derartigen Fall wollen wir in den nachstehenden Zeilen behandeln, obwohl die Quellen leider hier etwas spärlich fließen. Wir hätten sowohl vom kriminalgeschichtlichen als auch vom kriminalpsychologischen Standpunkte gewünscht, daß uns die Beweggründe erhalten geblieben wären, welche das Wiener Stadtgericht veranlaßt haben, gegen einen keineswegs sympathischen Täter eine mildere Auffassung Platz greifen zu lassen. Adolf Kratochwil, einundzwanzig Jahre alt, seines Zeichens ein Schlossergeselle, war seit jeher leichtsinnig veranlagt, trieb sich, statt zu arbeiten, in Wirtshäusern und Tanzlokalen umher und geriet so bald in Schulden.

Mitte der Dreißigerjahre kam seine Schwester aus dem Heimatsorte Kardaschrzetschitz (so schreibt der Akt das Wort) nach Wien und fand als Köchin (wahrscheinlich nur als Küchenmädchen) im Elysium Aufnahme. Dies bedeutete den vollständigen Ruin des liederlichen Burschen. Er besuchte nun öfter die Schwester und faßte dabei Zuneigung zu einer „Jodlerin", die ihm solange sehr freundlich tat, als er Bestellungen beim Kellner zu machen imstande war. Ging ihm das Geld aus, wandte sie sich anderen Gästen zu, was den verliebten Schlossergesellen in Harnisch brachte. Es kam zu Auftritten, welche den Geschäftsleiter veranlaßten, dem Kratochwil das Lokal zu verbieten. Dieser kehrte sich unter der Vorgabe nicht daran, da er seine Schwester besuchen könne, wann immer er wolle, da es seinen Eltern durchaus nicht gleichgültig sein könne, ob ihr unverdorbenes Kind sittlichen Gefahren ausgesetzt sei oder nicht. Die Antwort war die sofortige Entlassung der Köchin. Marie Kratochwil fand durch dasselbe Dienstvermittlungsbureau bald einen neuen Posten. und zwar bei der in Mariahilf, Kirchengasse 113, wohnhaften Hauptmannswitwe Elisabeth Baronin Jugenicz. Die Baronin war eine etwas nervöse, jedoch seelensgute Dame, bei welcher das Dienstpersonal lange Jahre auszuhalten pflegte. Es ist daher gewiß auffallend, daß Adolf Kratochwil am Palmsonntag 1836 bei ihr erschien und in äußerst brutaler Weise verlangte, daß seine Schwester nicht mehr „malträtiert" werde, da er als Bruder über ihre Ehre und Gesundheit zu wachen habe. Als die alte Frau entrüstet erwiderte, unterbrach er sie heftig und begehrte die sofortige Verabschiedung der Schwester. Die Baronin wäre damit einverstanden gewesen, obwohl sie das Dienstmädchen sehr gut leiden mochte, dieses aber bat sie mit erhobenen Händen, auf die Worte des Bruders nichts zu geben. Er habe sie schon einmal um einen guten Platz gebracht. Die Baronin erklärte hierauf dem Burschen, daß sie gesetzlich keineswegs verpflichtet sei, die Köchin sofort zu entlassen, und forderte ihn auf, die Wohnung nie wieder zu betreten, widrigenfalls sie die Hilfe der Polizei in Anspruch nehmen würde. Adolf Kratochwil entfernte sich fluchend, und nun erzählt uns der Akt, daß er der Baronin "in den nächsten Wochen viermal aufgelauert habe, ohne eine Gelegenheit zur Stillung seines Rachebedürfnisses zu finden". Am 23. August 1836 kam er plötzlich in die unversperrte Wohnung der alten Dame, nachdem er so lange in der Nähe des Hauses gewartet hatte, bis seine Schwester dasselbe verließ. Er rief der allein anwesenden Baronin schon in der Tür zu, er sei erschienen, um ihr grobes Benehmen zu strafen. Die hilflose Witwe, deren rechte Hand gelähmt war, wurde von Todesangst ergriffen und flehte den wild dreinblickenden Schlossergesellen an, er möge ihr nichts Böses zufügen. Kratochwil packte sie aber an der einen Hand und zog ein Rasiermesser aus der Tasche. Während die Baronin mit dem letzten Aufgebote ihrer Kräfte um Hilfe rief, fügte er ihr zwei tiefe Schnitte in den Hals bei. Mit einem markerschütternden Schrei stürzte die Dame zusammen. Dieser war nicht ungehört geblieben. Die Hausleute liefen aus ihren Wohnungen, und nun sah Kratochwil, daß er verloren sei, wenn er nicht fliehe. Er gab daher Fersengeld und warf das blutige Messer weit von sich. Doch es war schon zu spät. Er wurde ergriffen und der Polizei übergeben. Um die schwer verletzte Baronin bemühten sich mehrere Ärzte, jedoch vergebens. Sie starb bald nach dem Mordanschlag. Die Obduktion ergab, daß ihr Kratochwil die innere Drosselblutader durchschnitten hatte, so daß der Tod unbedingt, und zwar rasch, erfolgen mußte.

Die gerichtliche Untersuchung förderte zutage, daß Kratochwil im Juni seinem Arbeitskollegen einen blauen Tuchmantel in dem damals ganz respektablen Wert von 28 fl. entwendet hatte, um den Erlös - wie könnte es anders sein - im Elysium durchzubringen. Er war dort als „zahlender Gast", wie er sich nannte, erschienen, hatte sich ins „Gemütliche" gesetzt und brachte die Verkaufssumme bis auf den letzten Kreuzer durch. Auch Schulden höchst bedenklicher Art hatte er gemacht, um den berühmten Unterhaltungsort besuchen zu können. Es drängt sich uns daher die Vermutung auf, daß Kratochwil die Baronin nicht aus Rache ermordete, sondern um sie zu berauben. Wenn er keine Beute machte, so lag dies im Umstand, da er die Flucht ergreifen mußte. Es fällt einem schwer, sich der Auffassung des Wiener Kriminalgerichtes anzuschließen, daß der jugendliche Mörder nur seine verletzte Ehre habe rächen wollen. Er wurde tatsächlich nicht wegen Raubmordes, sondern wegen gemeinen Mordes mit Erkenntnis vom 5. Jänner 1837 zum Tode durch den Strang verurteilt, über Antrag des Magistrates aber vom Kaiser zu schwerem Kerker begnadigt.

DER ESKORTIERTE MÖRDER

⑭
EIN APACHENPAAR AUS DEM VORMÄRZ
1838

Das Haus Nr. 71 auf der Landstraße gehörte in den Dreißigerjahren des 19. Jahrhunderts einer Frau Johanna Ernst. Dieselbe war Witwe und in der Umgebung sehr gut gelitten, da sie es verstand, kleine Leiden ihrer Nachbarn durch gütigen Zuspruch, werktätige Hilfe und wohlmeinende Ratschläge zu lindern, wenn sie auch nicht gerne materielle Opfer brachte. Frau Ernst war eine überaus sparsame Dame, die eine große Freude hatte, wenn sie irgend ein altes Möbelstück oder abgetragenes Gewand verkaufen konnte, oder wenn ihr sonst ein Gewinn zufloß, wäre er auch noch so geringfügig gewesen. Sie brauchte für ihre eigene Person sehr wenig, hielt keinen Dienstboten und erzählte es gern, daß sie infolge ihrer strengen Haushaltung das ererbte Vermögen mit der Zeit verdoppelt habe. Die Einkäufe ließ sie sich durch eine neunjährige Enkelin besorgen.

BIEDERMEIERLICHE STRASSENANSICHT AUS DER LANDSTRASSE

Am 28. Februar 1838 - es war Aschermittwoch - hatte sie das Enkelkind wieder zu verschiedenen Kaufleuten geschickt, um allein in ihrer Wohnung zu bleiben. Das Mädchen kehrte nach einer Weile zurück und suchte die Großmutter schon von der Gasse aus durch Rufe zu verständigen. Die Antwort blieb aber aus, so daß die kleine Botin der Meinung war, daß die alte Frau in der Küche war. Da dies nicht der Fall war, lief sie die ganze Wohnung ab. Es war vergeblich, die Großmutter meldete sich nirgends. Da fiel dem Mädchen ein, daß Frau Ernst einen Käufer für einige Einrichtungsstücke erwarte und gesagt habe, sie werde die letzteren noch putzen, damit sie einen höheren Kaufpreis erziele. Diese Gegenstände befanden sich in einem abseits gelegenen Raume. Kaum hatte das Mädchen jedoch einen Blick in das Gemach geworfen, als es mit dem Zeichen eines furchtbaren Schreckens in den Hof eilte, um mit durchdringenden Schreien die Hausleute zusammenzurufen.

Diese begriffen sofort das Entsetzen, welches die Enkelin der Frau Ernst erfaßt hatte. An einer niedrigen Leiter hing die Hausbesitzerin, blaurot im Gesicht, tot und kalt. Um ihren Hals schlang sich ihr eigenes Tuch. Die Frau hatte anscheinend Selbstmord verübt. Während sich die Nachricht hievon rasch verbreitete, liefen mehrere Personen auf die nächste Polizeiwachstube, um Meldung von dem Vorfalle zu erstatten. Nach einiger Zeit erschien eine polizeiliche Kommission am Tatorte. Sie bestand aus einem Kommissär und einem Wundarzt. Der Herr Chirurgus fand an dem Leichname nichts Auffälliges und war geneigt, einer normalen Beerdigung keinen Einspruch entgegenzusetzen. Der Kommissär machte ihn jedoch auf verschiedene Kratzwunden aufmerksam und hielt ein Verbrechen für nicht ausgeschlossen.

DER VORGETÄUSCHTE SELBSTMORD AM 28. FEBRUAR 1838

Mittlerweile waren erwachsene Verwandte der Verstorbenen eingetroffen, welche plötzlich ausriefen: „Da hat ja wer den Kasten aufgebrochen." Das hatten die Herren von der Kommission noch nicht bemerkt, da sie sich bisher nur mit der Leichenbesichtigung und der Umfrage im Hause beschäftigt hatten. Der Kasten wies wirklich Spuren gewaltsamer Öffnung auf und bei der peinlichen Ordnung und Sauberkeit, welche Frau Ernst stets zeigte, war es nicht anzunehmen, daß sie das Möbelstück, etwa, weil sie den Schlüssel verloren, erbrochen hätte. Zum Überflusse gelang es den Angehörigen, das Fehlen einer großen Geldsumme festzustellen. Auf der Landstraße Nr. 71 war also ein Raubmord geschehen, niemand vermochte indessen irgendwelche Angaben zu machen, die es der Behörde möglich gemacht hätten, einen Täter zu finden.

Frau Ernst wurde begraben, ohne daß man auch nur einen einzigen Anhaltspunkt bezüglich der Täterschaft hatte. Der Kommissär, welcher eine auf dem Grunde sehr bekannte Persönlichkeit war, ließ sich dadurch nicht entmutigen. Er setzte seine Nachforschungen fort und erfuhr, daß Frau Ernst gelegentlich einen heimlichen Besuch zu einer in der Nähe wohnhaft gewesenen Kartenaufschlägerin gemacht hatte, welcher die Polizei später das Handwerk legte, weil sie einen liederlichen Lebenswandel führte, nur mit übelbeleumundeten Personen verkehrte und auch ihre Kunden durch einen theatralischen Humbug beschwindelte.

HOFANSICHT EINES ALTEN LANDSTRASSER HAUSES

Uns liegt eine publizistische Schilderung eines Besuches bei der „Zauberin auf der Landstraße" vor, mit welcher kaum eine andere Frauensperson gemeint sein kann. Der Gewährsmann des Blattes schilderte die Behausung und das Vorgehen des Weibes in so grellen Farben, daß man die Haltung der Polizei wohl begreift, wenn er auch stark übertrieben haben sollte.

Er erzählt: „. . . Ich besah mir das Haus von der gegenüberliegenden Seite. Es war ein uralter, einstöckiger schlecht gehaltener Bau mit zwei Fronten. Die Fenster waren alle geschlossen. Ein Verkaufsladen oder Firmenschild war nirgends zu sehen. Zaghaft verfügte ich mich durch die enge Tür in den Hausflur, einen schmalen, finsteren Gang, der weder eine Inschrift, noch eine Laterne oder ein sonstiges Zeichen von Obsorge aufwies. Mein Kopf reichte fast bis zur Decke. Langsam schritt ich weiter. Bald gelangte ich zu einem Seitengange, der zu einer Wendeltreppe führte. Es roch nach Feuchtigkeit und Moder, wie in einer Gruft. Ich überlegte noch, ob ich in das erste Stockwerk klettern solle; da entdeckte ich eine Wohnungstür, hinter welcher ich den Hausmeister vermutete. Im nächsten Momente knarrte eine andere Tür, und der Oberkörper eines alten Weibes wurde sichtbar, welches aus einem Keller heraufkam. Die Alte fragte mich sofort um mein Begehr, so daß ich vor Überraschung nicht einmal wußte, was ich ihr antworten solle.

„Sie brauchen sich gar nicht zu genieren" scholl es mir entgegen, „da kommen ganz andere Herrschaften her."

Damit humpelte sie fort, ohne sich weiter um mich zu kümmern. Nur die Worte rief sie mir noch nach: „Erster Stock, rechts." Die Auskunft klang beinahe wie ein Befehl. Ich klomm also die Wendeltreppe empor. Sie war von einem schmucklosen, gußeisernen Geländer umrahmt und bloß spärlich durch ein niedriges, tief in das massive Gemäuer eingelassenes Fensterchen erleuchtet. Nun war ich oben. Alles war in so engen Dimensionen gehalten, daß man das Gefühl hatte, einen Kirchturm zu besteigen oder den Auslug eines einsamen Ritterschlosses. Auf diesen Gängen fand wirklich nur eine einzige Wohnungstür Platz, und selbst die bloß notdürftig.

Endlich hielt ich vor der Tür der „Zauberin". Ich drückte ein wenig auf die Klinke, da gab sie nach, und ich stand in einem Vorzimmer. Dieser Raum war in der Richtung des Eintretenden bloß einen Meter lang, dann versperrte ein alter Kasten den Weg. Zu meiner Linken stellte ich ein mit Töpfen und Kräutern bedecktes Fenster fest. Zur Rechten erstreckte sich jedoch das Vorzimmer beiläufig drei Meter weit, um sodann von einer Tür begrenzt zu werden. Ich vernahm keinen Laut, nicht einmal das Ticken einer Uhr. Meine Augen suchten ängstlich und zögernd die Wände ab, wobei mir auf dem genannten Kasten einige ausgestopfte Tiere auffielen. Ich bin sonst keine schwache Natur, aber hier erfaßte mich ein Gruseln, welches einigermaßen begreiflich war. Die Würfel waren aber einmal gefallen, abziehen wollte ich jetzt nicht mehr. Ich begab mich also weiter, indem ich der

DIE „ZAUBERIN" UND KARTENAUFSCHLÄGERIN

Stubentür zustrebte. Noch bevor ich dieselbe erreicht hatte, entdeckte ich neben mir eine weibliche Gestalt. Hinter ihr sah ich eine kleine Tapetenöffnung, aus der sie entweder soeben gekommen war, oder die sie schon bei meinem Erscheinen verlassen hatte - ich wußte es nicht. Die Frau rührte sich nicht. Die Hände über der Mitte gekreuzt, erwartete sie wort- und bewegungslos meine Ansprache. Ich brachte jedoch keinen Laut über die Lippen. Das unverhoffte Zusammentreffen, die sonderbaren Begleitumstände, die eigenartigen räumlichen Verhältnisse und, nicht zuletzt das abstoßende Aussehen dieses Weibes, erstickten meine Rede.

Die Frau war keineswegs häßlich. Sie mochte einige dreißig Jahre zählen, war wohlgebaut und hatte eine frische Gesichtsfarbe; unter ihren etwas buschigen Brauen funkelte aber ein Paar grünlicher, stechender Augen hervor, welche mit der schmalen, gebogenen Nase einen unbeschreiblich unheimlichen Eindruck hervorriefen. Bekleidet war sie mit einem braunen, abgetragenen Rock und einer ebensolchen, altmodisch zugeschnittenen Jacke. Die ganze Figur wirkte so abscheulich und fabelhaft, daß an meinem Geiste alle Hexen, von denen ich in meiner Kindheit gehört und gelesen, in tollem Wirbel vorüberrasten ... Wir sahen uns ins Auge. Jetzt öffnete sie ihren Mund und sprach. „Bin ich Ihnen empfohlen worden?" Ich nickte verlegen. Nun schlurfte sie zur Stubentür und öffnete sie leise. Willenlos begab ich mich ins Zimmer: War das ein seltsamer Raum! Voll mit Gerümpel, wurmstichigen Möbeln, Schränken, Gläsern und Flaschen. So mochte das Laboratorium des seligen Doktor Faust ausgesehen haben. Von der Decke hing eine Öllampe herab, daneben ein ausgestopfter Vogel, ich glaube ein Uhu. Eine Ecke verschloß ein schwarzer Vorhang, auf den ein Totenschädel gemalt war. Die Frau weidete sich an meinem Erstaunen, allein sie sollte über mich nicht triumphieren. Ich war keineswegs das an der Angel zappelnde Fischlein, welches sie vielleicht in mir vermutet hatte. All der Hokuspokus roch zu sehr nach Berechnung, nach Spekulation auf minder gebildete, leichtgläubige oder schwärmerisch veranlagte Gemüter, als daß er mich länger gefangengenommen hätte. Darüber war ich im reinen. Um aber ihre Entfaltung nicht zu stören, ließ ich nichts von meinen Gedanken merken. „Wo fehlt es denn?" fragte sie mich jetzt, indem sie mit wichtiger Miene meine Rechte ergriff und deren Linien studierte. „Ich leide sehr", log ich. „Nichts ist unheilbar", antwortete sie mit finster gerunzelten Brauen, und als ich erwidern wollte, fuhr sie mir über den Mund und rief: „Halten Sie ein! Was ich für Sie tun kann, will ich tun! Ich will die Gnade des höchsten Geistes (hier machte sie eine Verbeugung) auf Sie herabflehen!"

Dann sprang sie mit großer Behendigkeit hinter den geheimnisvollen Vorhang.

Ich muß gestehen, daß mir von dieser Minute an die Sache nur mehr komisch vorkam. Gar, als sie nach einer kurzen Weile in einem Kostüm hervorkam, wie es die Zauberer in einer Märchenposse tragen. Auf dem Kopfe saß ihr ein bunter Turban, mit rätselhaften Tierfiguren geziert. Um den Hals hatte sie eine lebendige Schlange gelegt und über ihre Schultern fiel ein Kaftan, wie ihn orientalische Priester zu tragen pflegen, in grellen Farben gehalten, mit fremdartigen Ornamenten bedeckt. Rote Schnabelschuhe mit goldenen Schnallen - vermutlich das Erbe einer Zirkusdame - vervollständigten das Gewand.

Nun hatte ich aber genug. Ich warf ihr ein Geldstück hin und entfernte mich mit dem Bedeuten, daß ich auf ihre Kunst verzichte. Auf der Gasse zergrübelte ich mir aber den Kopf darüber, wie es möglich wäre, daß so viel angesehene Damen täglich bei einer solchen Schwindlerin vorfahren, um deren wertlose Prophezeiungen um teures Geld zu erkaufen..."

Zu den Kunden dieser „Zauberin" sollte also auch Frau Ernst gehört haben, und war der Kornmissär überzeugt, daß die erstere mit dem blutigen Verbrechen in Verbindung zu bringen sei, obwohl ihm sachliche Gründe zu einer solchen Vermutung fehlten. Gemeldet war das Weib nicht, denn man hatte es damals aus der Residenz abgeschafft, der Polizeibeamte vermutete jedoch, daß sich die Verworfene unter einem falschen Namen in Wien aufhalte.

Einige Tage später waren seine eifrigen Recherchen insoferne von Erfolg gekrönt, als es ihm gelang, den Namen ihres Liebhabers zu erfahren: Georg Resniczek. Auch dieser genoß einen schlechten

Leumund, ohne aus der Residenz verwiesen zu sein. Der Kommissär fahndete eifrigst nach ihm. Als man in Wien eine Woche danach eine Streifung in den Stadtgräben veranstaltete, wurde der Mann mit verschiedenen anderen Individuen zufällig arretiert. Man hütete sich, dem Häftling den gegen ihn gehegten Verdacht mitzuteilen. Der Kommissär entließ ihn sogar früher als die anderen, denn er hatte einen bestimmten Plan gefaßt. Er sandte ihm nämlich einen Polizeidiener insgeheim nach, der seine richtige Wohnung konstatieren sollte. Resniczek hauste in Altlerchenfeld, und zwar mit einem zweiten vorbestraften Burschen zusammen. Der Kommissär ließ ihn eine Zeitlang überwachen, wobei sich zeigte, daß Resniczek noch immer mit seiner Geliebten verkehre. Das Paar traf sich jedoch nur im Freien. Man zögerte noch mit dessen Festnahme, da es sich darum handelte, den beiden verdächtige Geldausgaben nachzuweisen. Dies gelang auch wirklich. Der Kommissär war nun überzeugt, daß er den Mörder ausgeforscht habe und schritt zu seiner Verhaftung. Resniczek wurde festgenommen, nur seine Geliebte entkam. Sie täuschte die Polizeidiener in einer raffinierten Weise.

Todesurtheil,

welches von dem

Magistrate

der

kaiserl. königl. Haupt- und Residenzstadt Wien, als Criminal-Gerichte,

über die mit

Georg R* **

wegen meuchlerischen Raubmordes

abgeführte Criminal-Untersuchung geschöpft, und in Folge der von den hohen und höchsten Justiz-Behörden herabgelangten Bestätigung

heute den 22. November 1838

mit dem Strange vollzogen worden ist.

———

TODESURTEIL DES GEORG RESNICZEK VOM 22. NOVEMBER 1838

Daß der Landstraßer Kommissär aber keinen Fehlgriff getan, beweist der Gerichtsakt, aus dem wir das Folgende zitieren:

„Georg Resniczek, 36 Jahre alt, zu Wodrowitz, unter der Herrschaft Buchtitz in Mähren geboren, katholisch, verheiratet, ein Taglöhner, wurde schon in früheren Jahren mehrere Male wegen Wilddiebstahles abgestraft. Im Jahre 1827 wurde er zu Brünn eines verübten Raubes sehr verdächtig, jedoch der Beweis nicht als rechtlich hergestellt befunden, wohl aber wurde er wegen Verbrechens der öffentlichen Gewalttätigkeit mit zweijährigem schwerem Kerker und im Jahre 1836 zu Znaim abermals wegen Diebstahls mit schwerem Kerker von einem Jahre und sechs Monaten bestraft.

Wegen häuslicher Zwistigkeiten verließ er im Herbste jenes Jahres seine Ehewirtin und seine Heimat und begab sich in Gesellschaft einer liederlichen Weibsperson nach Wien, wo er bey seiner Arbeitslosigkeit bald in Geldverlegenheit gerieth und in dieser auf den Gedanken verfiel, der ihm in der Nachbarschaft seines Aufenthaltes als vermöglich bekannt gewordenen Hausinhaberin Johanna Ernst auf der Landstraße Nr. 71 auf irgend eine Weise etwas wegzunehmen. Nachdem er sich unter dem Vorwande des Ankaufes einiger Einrichtungsstücke dreymal ohne etwas entwenden zu können, und zwar zweymal in und einmal bey ihrer Wohnung eingefunden, und die Verhältnisse ausgespäht hatte, faßte er, von jener Weibsperson zur Herbeyschaffung von Geld gedrängt, am Aschermittwoch, den 28. Februar dieses Jahres, den Entschluß, die erwähnte Johanna Ernst zu ermorden, und sie ihrer wertvollen Sachen zu berauben.

Unter dem Vorwande des Ankaufes von Sesseln und eines Spiegels, fand er sich vor neun Uhr morgens an diesem Tage in der Wohnung der Ernst ein, wartete die Entfernung ihrer neunjährigen Enkelin ab, trank, um mehr Mut zu erlangen, in der Nachbarschaft ein paar Gläser Branntwein, und wußte, nach seiner Rückkehr zur Ernst, dieselbe in ein abseits gelegenes, finsteres, sogenanntes Kellerzimmer zu locken, wo er, als sie auf einer kleinen Leiter stehend, ihm einige Sesseln zum Besehen herabzulangen im Begriffe war, ihr, ohne daß sie sich dagegen versehen konnte, plötzlich die Leiter unter den Füßen wegriß, dergestalt, daß sie unter einem Schrei auf die Lehne des Sofas herabstürzte, und sich schwer beschädigte.

Durch das Geschrei erschreckt, eilte er zwar in das daranstoßende Zimmer, kehrte aber sogleich wieder zurück, packte die auf dem Boden bewußtlos liegende Ernst mit den Händen am Halse und drosselte dieselbe, wobei er ihr auf die Brust kniete, bis sie kein Lebenszeichen von sich gab. Nachdem er hierauf die Ernst mit ihrem eigenen Tuche auf der kleinen Leiter aufgehängt, und aus einem erbrochenen Kasten Geld und mehrere werthabende Gegenstände geraubt hatte, glückte es ihm zwar, sich unbemerkt aus der Wohnung der Beschädigten zu entfernen; allein den eifrigen Nachforschungen der Polizeybehörden gelang es endlich, rechtliche Inzichten gegen denselben aufzufinden, und sich seiner Person, sowie des größten Theiles des geraubten Gutes zu bemächtigen. Georg Resniczek gestand vor dem Criminal-Gerichte die That übereinstimmend mit den oben angeführten Umständen offen ein, und der Wert des geraubten Gutes wurde theils nach seynem Geständnisse, theils durch gerichtliche Schätzung auf 847 fl. 10 kr. C.-M. erhoben.

Bey der vorschriftsmäßig veranlaßten Sektion des Leichnams der Johanna Ernst ergab sich aus dem ärztlichen Befunde, daß dieselbe am Kopfe und auf der Brust mehrere schwere Verletzungen erlitten habe, und daß die mit der Hand vollzogene Erdrosselung als Ursache ihres Todes anzusehen sey."

Das Urteil lautete auf Tod durch den Strang, worauf Georg Resniczek am 22. November 1838 hingerichtet wurde.

Was aus seiner Geliebten, der „Zauberin von der Landstraße", wurde, geht aus dem Akt nicht mehr hervor. Auch andere Quellen hüllen sich hierüber in Schweigen ....

⑮
DIE KNABENLEICHE IM STADTGRABEN
1842

Um das alte Wien zog sich der Stadtgraben hin. Er legte sich wie ein schützender Gürtel um die Basteien, jene Bollwerke, welche in verschiedenen Zwischenräumen, in der Zeit von der ersten Türkenbelagerung (1529) bis zur zweiten (1683) aufgeführt worden waren. Die Basteien spielten nicht nur in folgenden Kriegszeiten eine Rolle, sondern gaben den Geschichtsschreibern unserer Vaterstadt auch in kriminal- und kulturhistorischer Hinsicht wiederholt Gelegenheit, über sie zu sprechen. Sie bildeten für die Wiener eine wunderschöne Promenade, und wenn es auch im und hinter dem Stadtgraben oft nicht geheuer zuging, so ließ man sich doch nicht das unvergleichliche Vergnügen entgehen, auf diesen stolzen Wällen, die eine köstliche Rundsicht boten, bis spät in die Nacht zu lustwandeln.

Die berühmteste der Basteien war die im Jahre 1632 begonnene und 1656 vollendete, nach dem kaiserlichen Generalmajor, Hofkriegsratspräsidenten, Regimentsinhaber, Obersten der Stadtguardia und Stadtkommandanten von Wien, Johann Christoph Freiherr von Löbl, benannte „Löwelbastei" (richtiger: Löbelbastei). Freiherr von Löbl besaß in der Nähe (neben dem Hause Nr. 21 in der Herrengasse) ein Haus, in welchem er auch am 15. Juli 1638, fünfzig Jahre alt, starb. Diese Befestigung bestand, sowie die anderen, anfangs nur aus Erde, um Anno 1656 mit einer Steinmauer verkleidet zu werden. Im zweiten Türkenkriege bildete sie und die Burgbastei den Zielpunkt der heftigsten feindlichen Angriffe. Die Türken führten schon in der ersten Nacht (zum 14. Juli 1683) die Laufgräben vom „Kroatendörfel" (Spittelberg) und von „oberhalb des Rodenhofes" (heutiger Gemeindebezirk: Josefstadt) gegen sie. Der Grund hiefür lag einerseits darin, daß die beiden Wälle das Herz der belagerten Stadt, die kaiserliche Burg schützten, anderseits aber auch in dem Umstande, daß die zwischen beiden Basteien liegende „Courtine", der weniger gedeckte Zwischenwall, durch sein weiches Erdreich einen zur Anlegung von Schanzgräben sehr geeigneten Platz darbot. Auch konnte der türkische Oberbefehlshaber, Großvezier Kara Mustapha, von seinem auf einer Anhöhe bei St. Ulrich (Neubau) errichteten Zelte aus die Bewegungen der beiderseitigen Streitkräfte auf dieser Strecke leicht übersehen. Die Wiener Bürger wußten aber die Burg- und Löwelbastei so tapfer zu halten, daß ihr der Großvezier den Namen „Zauberhaufen" beilegte. Viele Heldenkämpfer fanden hier den Tod für das Vaterland. So der frühere Bäckermeister und Soldat, Hauptmann Loth, welcher während des Sturmangriffes vom 16. August, nachdem er einem hünenhaften Janitsaren, der den Wall erklommen und den Halbmond aufgepflanzt hatte, den Kopf gespalten, von einer feindlichen Kugel mitten durch das Herz getroffen wurde. Die Stadtgeschichte nennt noch eine ganze Reihe von solchen tapferen Bürgern, deren Mut es zu verdanken war, daß die Türken nach sechzigtägiger Belagerung nichts anderes als die Verwandlung der Löwel- und Burgbastei in einen Schutthaufen erreicht hatten. Am 3. September mußten die Verteidiger allerdings den „Zauberhaufen" verlassen, um Kara Mustapha durch Parlamentäre solange hinzuhalten, bis das Entsatzheer angerückt war; damit gaben sie den Feinden die Stadt aber keineswegs preis. Sie bildeten vielmehr aus demolierten Dachstühlen, Möbeln und anderen Dingen Barrikaden, sperrten die Gassen durch Ketten, alte Eisengitter und große Steine ab und machten dadurch ein Eindringen weiter unmöglich. Als dann das Entsatzheer vom Stephansturme gesichtet wurde, stiegen nicht nur von diesem Freudenkugeln und Raketen empor, sondern auch von der Löwelbastei, die den herrlichsten Anblick auf den Kahlenberg bot.

Nach dem Kriege wurde die Löwelbastei wieder als Festungswerk hergestellt, im Jahre 1700 sehen wir auf ihr eine kaiserliche Schießstätte, die im Jahre 1741 verschwand, da sie für die weitere Stärkung der Wiener Befestigungen, gleich anderen Häuschen und Gärten, ein Hindernis bildete.

Damals drohte ein schon am Riederberg stehendes bayrisch-französisches Heer mit dem Anzuge und war dem Grafen Khevenhüller die verantwortungsvolle Aufgabe zugefallen, die Residenz zu verteidigen. Auf dem freigewordenen Teile wurde in den Jahren 1755 bis 1760 an Stelle der Schießstätte ein kaiserlicher Lustgarten geschaffen, der den schon seit 1542 gebräuchlichen Namen „Paradiesgarten" erhielt. Kaiser Franz I., ein bedeutender Kenner und Schätzer der Gartenkunst, überwachte die vom damaligen Hofgärtner Steckhofen besorgte Anlage. Über dieses Gärtchen haben wir schon in der Erzählung „Der Verdächtige vom Paradeisgärtel" gesprochen und dort auch ausgeführt, wie am Platze der kaiserlichen Villa später ein Kaffeehaus entstand, wie sich die „Ochsenmühle" allmählich zu einem erstklassigen Unterhaltungs- und Modeort Wiens herausbildete und wie sie dann auch wieder verschwand. Im Jahre 1809 wurde sie mit den dortigen Festungswerken auf Befehl Napoleons in die Luft gesprengt. 1811 begann die Wiederherstellung, gleichzeitig mit der Eröffnung des Franzenstores. 1820 schleifte man das Paradiesgärtchen, errichtete dafür eine neue Anlage auf der Löwelbastei und überließ das Hofgebäude dem Italiener Corti zur Errichtung eines Kaffeehauses. Von dort aus zog sich der Korso nordostwärts gegen die Mölkerbastei. Während aber die ständigen Figuren, der Graf Dzirzanowski, genannt „Basteikönig"; der Fürst Putiatin, genannt „Kanonenstiefel" (wegen seiner blechernen, hohen Stiefel, die er gegen bissige Hunde trug); der rundliche „Hundsdoktor" Bohrer mit seinem vieltaschigen Rocke, der unzähligen kleinen Kläffern Platz bot; der polnische Ex-König Stanislaw Poniatowski, genannt „Stanitzelmann", weil er an die Straßenjugend immer Zuckerwerk verteilte; der „Baron Puh", in Wirklichkeit Burkhart, ein nervöser Mann, welchen die schlimmen Buben mit der Nachahmung von Schüssen in Schrecken zu versetzen beliebte. Liebespärchen und auch lichtscheue Menschen mieden die belebteren Teile und wandeln mehr gegen die ruhigere Löwel- und Mölkerbastei, weshalb sich dort naturgemäß auch häufiger strafbare Handlungen abspielten.

Die Mölkerbastei war in der Wiener Blutgeschichte zweimal der Schauplatz besonders scheußlicher Verbrechen. Eines der beiden sei hier besprochen:

Da fand nämlich am 14. Jänner 1842 ein Finanzwächter im Stadtgraben, unterhalb der Mölker- und Löwelbastei, einen sterbenden Knaben. Der Kopf desselben wies schreckliche Verletzungen auf

DER WIENER STADTGRABEN UNTERHALB DER BASTEIEN
IN DER ZEIT DES KRIMINALFALLES KARL FEID

und es unterlag keinem Zweifel, daß das Kind von oben herabgestürzt war. Man brachte es schon tot ins Spital. Die Leiche wurde behördlich besichtigt, allein mit der Feststellung der Persönlichkeit des Verunglückten hatte es seine Schwierigkeiten. Erst am Morgen gelang es, Namen und Adresse zu eruieren, da sich die Mutter des Knaben stundenlang geängstigt hatte, eine Anzeige bei der Polizei zu erstatten. Dort erteilte man ihr einen derben Rüffel, nicht nur, weil sie die Abgängigkeit so spät zur behördlichen Kenntnis bringe, sondern auch wegen der mangelhaften Beaufsichtigung des Kindes, welches offenbar im Übermute über die Mauer geklettert und abgestürzt sei. Die jammernde Mutter widersprach dieser Annahme jedoch mit der Bemerkung, daß ihr Sohn nicht allein, sondern mit seinem Onkel, dem Malergehilfen Karl Feid ausgegangen sei, und daß er sicherlich nicht aus Übermut abgestürzt wäre. Der Kommissär erwiderte unwillig, daß eine andere Vermutung doch geradezu bei den Haaren herbeigezogen wäre. Trotzdem ließ die Mutter nicht locker. „Da steckt was dahinter," weinte sie unausgesetzt, „der Mantel von meinem Kinde ist ja auch verschwunden, und der Karl ist seither auch nicht mehr nach Haus gekommen . . ."

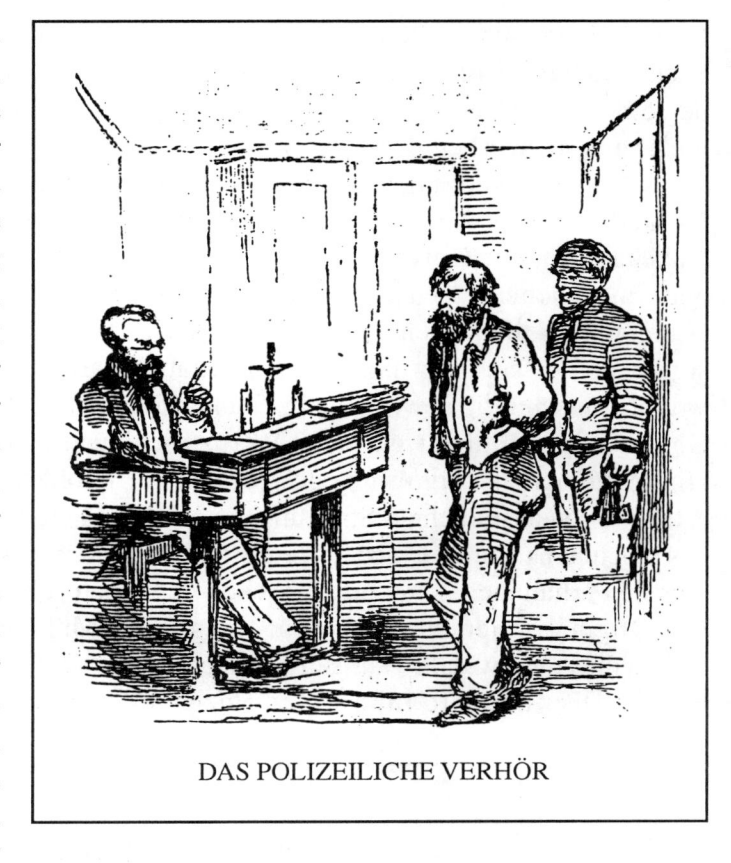

DAS POLIZEILICHE VERHÖR

Seitens der Polizeiorgane wurde dem Verschwinden des Mantels keine Bedeutung beigemessen. Im Stadtgraben trieben sich genug menschliche Hyänen herum, vor denen nicht einmal das Gut eines Toten sicher war. Daß Karl Feid aber nicht zurückgekehrt war, erklärte man sich folgendermaßen: Er sei wahrscheinlich Zeuge des Unfalles gewesen und wage es nunmehr nicht, unter die Augen der Mutter seines Neffen zu treten. Diese schüttelte den Kopf und meinte, der Karl sei ein Lump, da müsse etwas Besonderes vorliegen.

Infolgedessen mußte sich die Polizei mit Karl Feid näher beschäftigen. Dieser war im Jahre 1816, am 12. Jänner, in Wien geboren und seines Zeichens Zimmermaler. Sein Leumund lautete sehr ungünstig. In einer „Relation" lesen wir: „ hat sowohl während des Schulbesuches wegen Mangels an Fleiß als auch bey der Mahlerei wegen seiner Nachlässigkeit und Trägheit so schlechte Fortschritte gemacht, daß er hierdurch seinen Lebensunterhalt zu verdienen außer Stande war, und nach dem Ableben seiner Ältern von seiner nächsten Verwandten unterstützt und erhalten werden mußte."

Auch zur kritischen Zeit stand er postenlos da, und man vermochte bei näherer Betrachtung nicht zu begreifen, weshalb er den Knaben zu einem Abendspaziergange eingeladen hatte, zumal er ihn vorher niemals mitnahm. Am auffälligsten schien aber das Verschwinden des Zimmermalers. Wenn man sich dasselbe auch harmlos erklären konnte, so war nach allen den Umständen immer weniger ein Verdacht auszuschließen, daß Feid am Tode des Neffen irgendwie schuldig sei. Das Rätsel bildete bloß die Frage des Beweggrundes. Feid lebte mit den Verwandten des Kindes nicht in Feindschaft, er hatte also gar keine Veranlassung, einen Racheakt auszuüben. Daß er jedoch wegen eines Mantels einen Mord begangen haben sollte, dagegen sträubte sich der gesunde Menschenverstand.

Da traf ein anonymes Schreiben bei der Polizeibehörde ein, welches mit einem Male Licht in die Sache brachte. „Von Gewissensqualen gemartert, schreibe ich diesen Brief", schrieb der Verfasser desselben. „Die Gerüchte, welche in Wien über den Tod des Knaben im Stadtgraben kursieren, sind leider nur zu sehr begründet. So wenigstens ist es meine Überzeugung. Ich hatte leider ein Anbot eines Unbekannten angenommen. Sie wissen sicherlich, welche Verworfenen die Löwel- und Mölkerbastei des Abends bevölkern. Der Knabe fürchtete sich aber vor mir und lief zu jenem Unbekannten, mit dem er erschienen, zurück. Aus Angst, in eine unangenehme Situation zu geraten, entfernte ich mich rasch gegen die Burg. Ich hörte nur noch hinter mir heftig schimpfen, dann einen Schrei und endlich einen dumpfen Fall. Als ich von der Auffindung des Leichnams hörte, wußte ich sofort, daß es sich um diesen Knaben handle, an dessen Tode ich nun, ohne es, - bei Gott - zu wollen, mitschuldig geworden bin. Suchen Sie mich nicht, denn ich verlasse gleichzeitig die schöne Kaiserstadt, um mich weit in die Welt zu schlagen und das Schreckliche zu vergessen. Möge der Himmel Ihnen zur Ergreifung des gesuchten Unholdes helfen. . ."

Jetzt wurden ausgedehnte Streifungen nach Karl Feid veranstaltet. Fünf Tage nach der Auffindung des Leichnams wurde er wirklich ergriffen und dem Wiener städtischen Kriminalgerichte eingeliefert. Aus den erhaltenen Aktenbruchstücken desselben führen wir das Ergebnis der Untersuchung mit den Originalworten an: „Bey dem Hange zum Müßiggang und Trunke war diese Unterstützung (durch die Anverwandte) zur Befriedigung seiner selbst geschaffenen Bedürfnisse unzulänglich. Er bestahl daher im Jahre 1836 seinen einzigen Wohltäter um einen namhaften Betrag, und gelang es

---

Todesurtheil,

welches von dem

Criminal-Gerichte

der

kaiserl. königl. Haupt- und Residenzstadt Wien

über die mit

Carl F*

wegen Meuchelmordes und wegen Diebstahls als schwere Polizeyübertretung

abgeführte Untersuchung geschöpft, und in Folge der von den hohen und höchsten Justizbehörden herabgelangten Bestätigung

heute am 15. September 1842

mit dem Strange vollzogen worden ist.

Der Verbrecher am Hochgerichte.

Einige Worte zur Beherzigung und Warnung.

Wien, 1842.

Gedruckt bey Ferdinand Ullrich.

Was strömt des Volks zahlreiche Menge
Gen Spinnerinn am Kreuze heut?
Zum Hochgericht führt mit Gepränge
Den Sünder die Gerechtigkeit.

Dort muß er jetzt sein Leben enden
Weil sein Gewissen sich verschloß,
Und er mit rachbegier'gen Händen
Vorsätzlich Menschenblut vergoß.

Es reget sich der böse Willen
Im Herz des Menschen ungefähr,
Und wer ihn einmahl mag erfüllen
O den umgarnt er immer mehr.

Denn wer nicht schnell zu unterdrücken
Die Flamme sucht, wenn sie entsteht,
Der wird im Bösen vorwärts rücken
Bis daß er endlich untergeht.

O spiegelt euch jetzt an den Leiden
Die der Verbrecher sich gemacht,
Die ihn um seines Lebens Freuden
Und guter Menschen Lieb' gebracht.

Und fasset tief in eure Herzen
Auch seines Schmerzes Jammerbild,
Dann werden nie der Reue Schmerzen
In euren Herzen wüthen wild.

Dieß Beyspiel soll uns alle warnen,
Zu fliehn der kleinsten Sünde Hang,
Weil sie uns stärker wird umgarnen
Und dann nur führt zum Untergang.

Laßt unsre Herzen rein bewahren,
Entwaffnen jede böse Lust,
Dann werden wir auch nie erfahren
Der Reue Stachel in der Brust.

Seht, nie bereiten Bösewichte
Durch Laster sich im Leben Glück,
Und täuschen sie auch Weltgerichte,
So sieht sie doch des Schöpfers Blick.

Und wär' so klein auch ein Verbrechen
Als wie ein Sandkorn in dem Meer',
Einst wird's der mächt'ge Gott doch rächen
Und ihr müßt büßen doppelt schwer.

Nie soll uns Geiz und Habsucht blenden
Aus welchen oft Verbrechen fließt,
Die stets des Menschen Ruhe enden
Und machen, daß er Gott vergißt.

Nach Oben laßt uns bittend schauen,
Gott ist der Schirmer in Gefahr,
Und Alle, die auf ihn vertrauen
Beschirmt er immer wunderbar.

Der gute Vater ist's da oben,
Der Leiden schickt, und Leiden stillt,
Und der uns oft nur will erproben
Ob fest' Vertrauen in uns quillt.

Und nun eh' wir vom Richtplatz scheiden
Seht noch den armen Sünder an,
O spiegelt euch an seinen Leiden
Und nehmt euch ein Exempel d'ran.

Laßt nie vom Laster uns erregen
Fest drück' dieß Jammerbild sich ein,
Gott leite uns auf Tugendwegen,
Und wolle seiner gnädig seyn.

ihm, durch falsche, sogar mit einem Eide bestätigte, gerichtliche Aussage den Verdacht von sich abzuwenden, und bis zu seiner gegenwärtigen Verhaftung unentdeckt zu bleiben, während welcher Zeit durch die eingetretene Verjährung seine Strafbarkeit erloschen ist.

Im Jahre 1840 geriet er wegen eines zur Nachtzeit verübten Diebstahls als schwere Polizey-übertretung in Untersuchung und Strafe, welche jedoch seine Besserung nicht bewirkte, denn sowohl er die nötige Unterstützung fortan genoß, ließ er sich bey seinem Müßiggange und Hange zum Wohlleben, um Geld zu erhalten, dahin verleiten, einem bisher unentdeckt gebliebenen Manne einen Knaben zur Unzucht zuzuführen.

Zur Erreichung dieser schändlichen Absicht wählte er seinen eigenen, achtjährigen Neffen, lockte denselben an sich, führte ihn auf Umwegen am 14. Jänner d. J. (1842) Abends auf die Mölkerbastei, wo er ihn jenem Manne überließ.

Da jedoch der Knabe sich der ihm zugemuteten Unzucht hinzugeben weigerte, vielmehr dem in der Nähe wartenden Carl Feid zulief, ihm drohte, dieses Alles seinem Vater zu entdecken, und sich

URTEILSVERKÄUFERIN IM ALTEN WIEN, AUCH ALS „URTHLWEIB" BEZEICHNET

durch das Zureden des Carl Feid nicht beruhigen ließ, so faßte Letzterer den Entschluß, den Knaben, um die Entdeckung der Tat zu verhindern, um das Leben zu bringen, und in den Stadtgraben zu werfen.

Diesen Entschluß führte er auch auf der Stelle aus, indem er den Knaben, ohne daß dieser etwas solches ahnen konnte, ergriff, und über die 9 Klafter und 4 Schuh hohe Mauer in den Stadtgraben hinabstürzte.

Den zurückgebliebenen Mantel des Knaben eignete sich Carl Feid zu, veräußerte denselben am folgenden Tage und brachte das gelöste Geld in der nächsten Nacht im Wirtshause durch.

Den thätigen Bemühungen der Polizeybehörde gelang es schon am 19. Jänner darauf, rechtliche Inzichten dieses Verbrechens gegen den Carl Feid zu entdecken und sich seyner Person zu versichern. Vor dem Criminal-Gerichte legte Carl Feid ein mit den gerichtlieben Erhebungen vollkommen übereinstimmendes Geständnis ab.

Bey der vorschriftsmäßig veranlaßten Sektion des noch am 14. Jänner, Abends, im Stadtgraben aufgefundenen, und bald nach seiner Überbringung in das k. k. Krankenhaus (Allgemeine Krankenhaus) verstorbenen Knaben wurde von den Gerichtsärzten befunden, daß derselbe durch einen Sturz von bedeutender Höhe eine absolut tödliche Verletzung am Kopf durch zwey Knochenrisse auf der Schädelbasis mit Extravasat dieser Verletzung gestorben sey."

Der Prozeß, welcher mit einem Todesurteil endete, wurde Anfang September 1842 durch die endgültige Bestätigung des letzteren abgeschlossen.

Am 15. September 1842 führte man den sechsundzwanzigjährigen Karl Feid zur Richtstätte *(Spinnerin am Kreuz)* hinaus, wo seine Justifizierung stattfand. Die Hinrichtung wurde in ganz Wien mit Genugtuung begrüßt.

16
DIE VERBRECHEN DES STIEFSOHNES
1844

Der Fall, welchen wir in den folgenden Zeilen behandeln wollen, gehört nicht zu jenen Kriminalgeschichten, deren ganzer Inhalt ein endloses Martyrium ist, bis wir das verwaiste Kind irgendeine Verzweiflungstat an den Stiefeltern begehen sehen, sondern zeigt uns ein verkommenes Individuum

Die Kaserne in Mauer.

am Werke, für welches wir auch keine Sekunde lang Sympathie aufbringen können und dessen Unschädlichmachung seinerzeit im Publikum ungeteilte Befriedigung erweckte. Jakob Bittner - so hieß der traurige Held - wurde am 17. August 1812 in Wien geboren. Er besuchte, wie das bis auf den heutigen Tag erhaltene „Urthel" sagt, „in seiner Jugend durch mehrere Jahre die deutsche Schule, machte aber aus Mangel am Fleiße nur mittelmäßige Fortschritte, kam sohin zu einem Weber in die Lehre, von dem er nach einem dreiviertel Jahr wegen erhaltenen Züchtigung, die er für seine Unlust zur Arbeit wohl verdient haben mochte, austrat. Seine Eltern brachten ihn zu einem anderen Meister, bei dem er zwar fleißiger arbeitete, dagegen aber einen Gesellen desselben nicht unbedeutend bestahl und darüber in Kriminaluntersuchung und Strafe geriet. Als er letztere überstanden hatte, ließ er sich selbst zum k. k. Militär engagieren, kam zu den k. k. Feldjägern nach Italien, mit denen er im Frühjahre 1842 nach Mauer bei Wien in Garnison verlegt wurde. Nach seiner Konduiteliste und dem Strafextrakte erscheint er als ein schlechter Wirt, dem Trunke ergeben, wurde häufig wegen Disziplinarvergehen und öfters wegen Veruntreuung des Menagegeldes bestraft . . ."

In dem Orte Mauer begann er alsbald ein geheimes Liebesverhältnis mit einer Bauerstochter, welches er dazu benützte, um an dem geängstigten Mädchen Erpressungen zu begehen. Wenn ihn dasselbe nicht fortwährend mit Geld versorgte, welches er dann in anderer Gesellschaft durchbrachte, drohte er, die geheimen Beziehungen zu verraten. Das Verhältnis währte bis Anfang Juni, wo Bittner plötzlich um seine Beurlaubung bat. Was ihn dazu bewogen, ist aus dem vorhandenen Aktenmaterial nicht zu ersehen, doch läßt sich der Entschluß an der Hand einer Chronik und einiger militärgerichtlicher Aufzeichnungen erraten.

Im Frühjahr des Jahres 1842 stand nämlich der Infanterist Franz Baumer bei einem einsamen Pulverdepot auf Posten. Es war eine kalte, rauhe Nacht, denn es hatte eine Woche lang stark geregnet und gestürmt. Baumer war der Sohn eines wohlhabenden Bäckermeisters, diente erst kurze Zeit bei den Kaiserlichen und versah damals zum ersten Male Wachdienst. Er erfreute sich bei seinen Kameraden großer Beliebtheit, verfügte auch stets über Geldmittel und galt als intelligenter, strebsamer Mensch. Während Baumer in dem ihn umgebenden Moraste unaufhörlich auf- und niederschritt, bemerkte er mit einem Male eine Gestalt heranschleichen, die nach seiner Ansicht eine Soldatenmütze trug, so daß er sie zunächst herankommen ließ. Dann aber rief er vorschriftsmäßig sein: „Halt! Wer da!!?" Statt jeder Antwort schoß das Individuum aus einem Terzerol eine Kugel auf ihn ab, welche zwar nur seine Stirne streifte, trotzdem aber Bewußtlosigkeit herbeiführte. Franz Baumer stürzte nieder und wurde etwas später von der Ablösepatrouille in recht beklagenswertem Zustande getroffen. Er erzählte, was sich im Dunkel der Nacht abgespielt hatte und stellte fest, daß seine Geldbörse mit einem nicht unbedeutenden Inhalt verschwunden sei.

Das Ereignis wurde sofort in der kleinen Gemeinde bekannt, und es schlossen sich der Ortspolizei mehrere Einwohner an, um die etwaigen Spuren des Räubers zu verfolgen. Man fand tatsächlich deutliche Abdrücke zweier großer, genagelter Schuhe, welche zunächst auf die Hauptstraße, von hier über einige Felder zu einem Schuppen führten und sodann in eine Seitengasse, wo sich das einstöckige Gebäude des Vaters der Geliebten Bittners befand. Von hier konnte man sie noch eine Strecke weit wahrnehmen, verlor sie jedoch dann, da die übrigen Wege stark begangen waren. Die Fußstapfen führten auch an einem Teich vorbei, an dessen Ufer am nächsten Tage Schulkinder ein Terzerol fanden. Diese Waffe gehörte ebenfalls dem Vater der Geliebten Bittners, der sich ihr Verschwinden nicht erklären konnte.

Sofort nach dem Bekanntwerden des Mordanschlages wurde Alarm geblasen und die ganze Garnison, die ja nicht groß war, versammelt. Es fehlte niemand. Man war aber auf allen Seiten überzeugt, daß nur ein Kamerad Baumers der Täter gewesen sei. Der Wirtschaftsbesitzer, dessen Terzerol offenbar als Instrument gedient, hatte viele Verhöre zu bestehen, und eines Tages zog man seine ältere Tochter, die sich in selbstmörderischer Absicht in den Ortsteich gestürzt, gerade noch im letzten Augenblicke aus dem Wasser. Es hieß, das Mädchen habe sich die gegen ihren Vater gerichteten Beschuldigungen zu Herzen genommen. Solche waren aber gar nicht erhoben worden.

DORFSTRASSE IN MAUER

Unter den Frauen und Mädchen gab es aber viele, die Stimmung der Bauerstochter ganz anders erklärten. Sie wollten schon längst bemerkt haben, daß mit ihr eine Veränderung vorgegangen sei. Das Mädchen wurde nun streng beobachtet. Man kontrollierte jede seiner Bewegungen, und das mochte vielleicht einen triftigeren Grund zur Melancholie bilden. Wer der Geliebte sei, brachten die Gevatterinnen jedoch nicht heraus.

Einige Wochen nach dem Attentate erhielt der Jäger Jakob Bittner aus Wien den Besuch seines Stiefvaters. Er führte denselben in das Haus jenes Wirtschaftsbesitzers, und am nächsten Tage verkündete dieser in der Gemeinde, daß seine ältere Tochter nach Wien heirate. Wieder zerbrachen sich die guten Freundinnen den Kopf, wie man eine so rasche Verlobung verstehen solle. Hatte die Braut ihren Erwählten doch vorher erwiesenermaßen nicht gekannt. Darauf wurde bloß geantwortet, Bittner habe seine Mutter verloren, und nun hege sein Stiefvater die feste Absicht, ein Mädchen vom Lande zu heiraten. Derselbe habe sich an seinen Stiefsohn um Rat gewandt, und dieser hätte ihm das in Mauer wegen seiner Tugenden geschätzte Bauernmädchen empfohlen. Damit mußte man sich wohl oder übel begnügen.

Wir lassen nun aber das spätere Urteil weitererzählen: „... Am 8. Juni 1842 nahm er Urlaub, ging nach Wien zu seinem Stiefvater, der nach dem Tode seiner leiblichen Mutter sich mit der Katharina

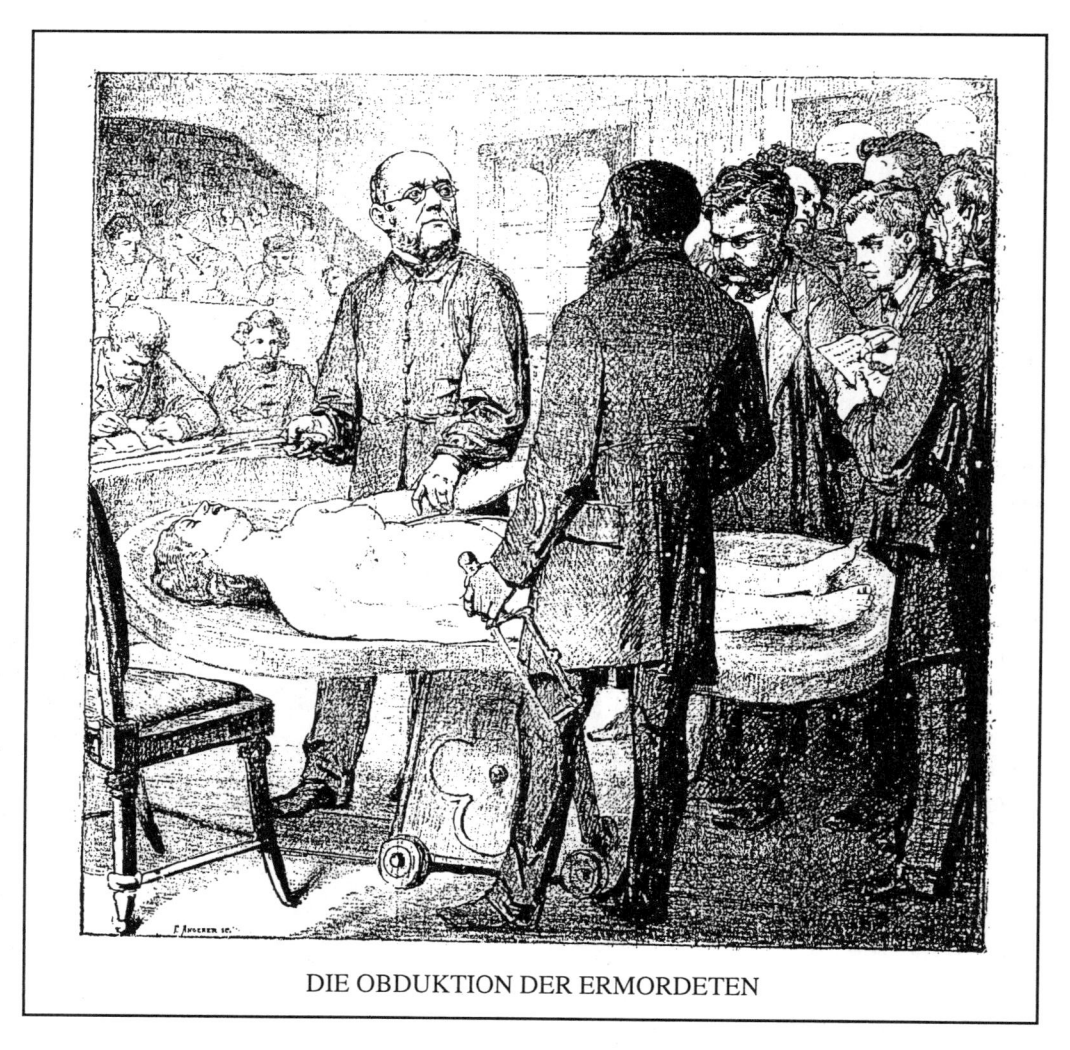

DIE OBDUKTION DER ERMORDETEN

B. verheiratet hatte, und ihn nun mit Kost, Kleidung und Unterstand versorgte ... (Anmerkung: Jakob Bittner hauste also mit seinem geistig beschränkten Stiefvater und der gewesenen Geliebten unter einem Dache und hob bald darauf ein frühgeborenes Kind seiner Stiefmutter aus der Taufe, wie eine Randnotiz uns kurz erzählt.) Weil er dem Trunke ergeben, bei der Arbeit träge war, entfernte ihn der Stiefvater vom Hause, und da er mit seinem Verdienst, den er bei anderen Arbeiten fand, nicht auslangte, und bereits Schulden kontrahiert hatte, rückte er am 23. April 1843 wieder zu seiner Compagnie ein, ließ sich aber am 16. Oktober 1843 neuerlich bis zur Einberufung beurlauben." Diesen Schritt tat Bittner jedenfalls deshalb, weil ihn die Kameraden wegen seiner unehrenhaften Aufführung mieden und weil es nicht selten vorkam, daß man ihn im Scherze mit dem Mordanschlage gegen Baumer in Beziehung brachte. Bittner brauste dann immer auf, was ihn natürlich noch mehr den Sticheleien aussetzte. Er fühlte endlich den Boden unter sich so heiß, daß er dem Militärdienste Valet sagte. Der Stiefvater nahm ihn über seine Bitten wieder auf, obwohl es seinerzeit nicht nur wegen der Faulheit Bittners, sondern auch um seiner Vertraulichkeit mit der Stiefmutter willen zu Mißhelligkeiten gekommen war.

Der Akt erzählt weiter: „Da sein Stiefvater inzwischen eine Schwester seines Weibes zu sich genommen, und nun für Bittner kein Platz war, schlief dieser in demselben Hause in einem Stalle, hielt sich aber bei Tage in der Wohnung des Stiefvaters auf . . ." Der Grund, warum Bittner nicht in der Wohnung der Stiefeltern schlief, scheint uns jedoch glaubwürdiger in einer publizistischen Schilderung des Lebens dieser merkwürdigen Familie angeführt. Bittner hatte nämlich Beziehungen zur Schwester seiner Stiefmutter angeknüpft, was die letztere unter keinen Umständen dulden wollte. Vielleicht aus Eifersucht? Vielleicht aber auch, weil sie ihre unschuldige Schwester vor der Berührung mit dem verbrecherischen Stiefsohne bewahren wollte.

„Er hieng dem Müßiggange und dem Trunke nach," fährt der Kriminalreferent fort, „lebte großenteils von kontrahierten Schulden, und da die Gattin seines Stiefvaters über diese Aufführung sich gegen die Hausleute ungünstig äußerte, faßte er einen Zorn gegen dieselbe, der so weit ging, daß er Samstag, den 13. Jänner 1844, Mittags, bei einem von ihm herbeigeführten Zanke die Holzhacke ergriff, ihr mit dem Hackenhaupte von rückwärts einen Streich gab, worüber selbe zusammensank, und ihr dann schnell hintereinander viele und kräftige Hiebe versetzte, bis er sie für todt hielt,

> **Todesurtheil,**
>
> welches von dem
>
> **Criminal-Gerichte**
>
> der
>
> **kaiserl. königl. Haupt- und Residenzstadt Wien**
>
> wider den
>
> **Jakob B********
>
> wegen Mordes und Diebstahls am 21. Februar 1844
>
> geschöpft, und über herabgelangte hohe und höchste Bestätigung
>
> **heute den 25. April 1844**
>
> vollzogen wurde.

sodann in der Küche zum Herde schleppte, das Vortuch, wo sie, wie er wußte, den Kastenschlüssel hatte, abriß und den Kasten aufsperrte um sich Wäsche zur Umkleidung zu nehmen. Während er damit beschäftigt war, hörte er, daß sich die Unglückliche noch bewege, daher derselben noch mehrere Streiche versetzte, bis sie sich nicht mehr rührte. Hierauf nahm er sich einige Wäsche aus dem Kasten, und da er bei dieser Gelegenheit Geld fand, nahm er auch dieses im Betrage von 40 fl. C.-M. zu sich, kleidete sich um, und verließ um halb zwei Uhr den Thatort, sperrte die Wohnung zu, warf den mitgenommenen Schlüssel weg und brachte einen großen Theil des Geldes in Wirthshäusern, mit Fiakern und im Theater durch, bis er am Morgen nach der That angehalten wurde.
Nach dem Obduktionsbefunde hatte die Getödtete einundzwanzig Wunden am Kopfe, wodurch der Schädel zertrümmert war, und es wurden nicht bloß diese Gesamtverletzungen, sondern vier von den Wunden, jede für sich allein für absolut tödlich erklärt. Bittner legte vor dem Criminalgerichte ein mit den Erhebungen durchaus übereinstimmendes Geständnis ab. . ."
Jakob Bittner wurde wegen Mordes und Diebstahls zum Tode verurteilt. Das vorerwähnte Urteil gelangte am 25. April 1844, also am Hinrichtungstage, zur Verteilung.
Wir müssen mit dem mangelhaften Apparate der damaligen Kriminalpolizei rechnen, sonst wäre es undenkbar, daß Bittner nicht auch des Mordanschlages in Mauer bezichtigt wurde. Erst nach seinem Tode begann man seinen Namen im engsten Zusammenhange mit jenem geheimnisvollen Vorfall allgemein zu nennen, sowie es auch erst dann plötzlich zutage kam, daß der Justifizierte der Geliebte seiner späteren Stiefmutter gewesen sei. War man einmal so weit, so schob man ihm noch viel mehr in die Schuhe, was freilich gänzlich haltlos war. Tatsächlich gab es noch vor Jahren alte Leute in Mauer, welche viel von ihm zu erzählen wußten.
Zweifellos gehört Jakob Bittner zu jenen fast krankhaft kriminellen Menschen, über welche Kriminalpsychologen und Zeitungsberichterstatter auch heute Ströme von Tinte vergießen.

⑰ GREGOR BILDSTEIN
1844

Auf dem Rauhenstein in Baden bei Wien befindet sich ein Wagenrad, welches eine interessante Inschrift trägt. Es wird da vermeldet, daß es von dem Wiener Wagnermeister Gregor Bildstein infolge einer Wette am 28. Juli 1828 in vier Stunden zwölf Minuten hergestellt worden sei. Dieses Schaustück hat wohl jeder Badener Kurgast und ein großer Teil der Wiener schon irgendwann einmal gesehen, ohne sich aber dabei besonders viel zu denken, zumal wenn der Betreffende in dem Handwerk nicht bewandert war. Trotzdem verdient es, näher besprochen zu werden, und zwar nicht bloß vom rein lokalhistorischen, sondern vom sportlichen und kriminalgeschichtlichen Standpunkte.

Was die auf seiner Rückseite verewigte Wette anbelangt, so hatte der erste damalige Wiener Wagnermeister mit Gregor Bildstein um 100 Gulden gewettet, daß man zur Herstellung eines Wagenrades, die Baumfällung eingerechnet, mindestens sechs Stunden benötige. Der Herausgeforderte widersprach, worauf der Wiener Meister einen Baum auf der Hauswiese kaufte, damit der Streit öffentlich ausgetragen werden könne. Aus der Hauptstadt fanden sich hierauf am festgesetzten Tage viele Sachverständige und Sportsleute ein, deren Zahl durch eine schaulustige Menge aus Baden und Weikersdorf noch bedeutend vermehrt wurde. Beim Vorgänger Sachers, namens Sattelberger, gab es im übrigen stets einen guten Tropfen, was das Spektakel sehr zu würzen versprach. Und Gregor Bildstein kam, fällte den Baum, richtete das Holz zu und vollendete das Rad in der oben angeführten kurzen Zeit. Der Wiener Wagnermeister drückte dem Manne hierauf die Hand, überreichte ihm die hundert Gulden und zog voll Hochachtung den Hut vor dem Sieger.

Wer war nun Gregor Bildstein? Auch er gehörte dem Wagnergewerbe an, besaß aber auch einen eigenartigen Sportruf. Seine Wiege hatte in Bregenz gestanden. Als junger Handwerker übersiedelte er nach Wien, richtiger in die kleine Gemeinde Zwischenbrücken (heute ein Teil der Brigittenau). Auch die Brigittenau ist ja als selbständiger Bezirk noch jung, man trennte sie erst im Jahre 1900 von der Leopoldstadt ab. Bekanntlich finden wir die zwischen dem Donaukanal und dem Hauptstrom gelegene Insel schon in Urkunden aus dem Anfang des 14. Jahrhunderts als „Werder (Inseln) enthalb der Tunaw" erwähnt. Das ganze Gebiet war ursprünglich eine von Wässerchen, Tümpeln und Strauchwerk oder auch Auwald durchzogene Gegend, welche durch die verschiedenen

DAS LUSTHAUS IM PRATER

Überschwemmungen so manche Veränderung erfuhr. Der nördliche Dritteil hieß Wolfsau, später Brigittenau und wies zur Zeit Josephs II. so dichtes Fasanengehölz auf, daß der Kaiser einen Teil roden ließ, um dem Augarten freien Ausblick zu verschaffen. Erst im 19. Jahrhundert wurde die Insel vom Süden her ausgebaut, hauptsächlich seit 1860, so daß dann, wie erwähnt, die endliche Lostrennung des nördlichen Drittels sich als nötig erwies. Zu den kleinen Siedlungen innerhalb des zum heutigen 20. Bezirk gehörenden Grundes zählte man nun auch das Dörfchen „Zwischen den Donaubrücken", auch jetzt noch kurz Zwischenbrücken genannt.

Dort ließ sich also Bildstein nieder, und da die winzige Gemeinde keinen Schmied besaß, den ein Wagner doch so notwendig braucht, so mußte er die im Holz fertigen Räder jedesmal bis auf den Tabor treiben. (Dieser Name stammt aus der Zeit der Hussitenkriege, wo man an der Nordseite des „Unteren Werd" - heute Leopoldstadt - Schanzen aufwarf.)

Das war nun freilich eine sehr unbequeme und ermüdende Arbeit, aber der muskelstarke Mann eignete sich dabei eine derartige Gewandtheit an, daß er sich im Radtreiben öffentlich produzieren konnte. Und dies tat er aus Freude am Kraftsport sehr häufig, seitdem es ihm gelungen war, den böhmischen Schmiedemeister Cecka vom Tabor nach Zwischenbrücken zu lotsen, so daß er nun seinen Ergänzungshandwerker in nächster Nähe hatte. Bildstein erwarb sich bald einen guten Namen. Er trieb ein Wagenrad unter Aufsicht vom Donauspitz oder Lusthaus im Prater nach Wolkersdorf, Klosterneuburg usw., natürlich ohne zu rasten und in einer bestimmten Zeit, was zu zahlreichen Wetten Anlaß gab. Die Bildstein-Plakate waren gute Reklameanzeigen für verschiedene Wirte, welche den Wagnermeister als Schlußnummer von Festlichkeiten einstellten. Zuerst kamen Preisstemmer, dann Hakelzieher, hierauf Faustschieber und endlich Gregor Bildstein, der an den Preisen und Wetten auch recht hübsch verdiente.

An solchen Wetten hatte nun der Schmied Cecka nach und nach fünfhundert Gulden an Gregor Bildstein verloren, was ihn sehr ärgerte. Er wollte sich deshalb durch einen Schwindel wieder in Besitz des Geldes setzen und verabredete mit dem Sohne des Zwischenbrückener Gastwirtes, daß der Bursche dem Wagnermeister ein Abführpulver in den Wein schütte. Dafür versprach er dem „Schanl", der seine in anderen Umständen befindliche Geliebte nicht heiraten durfte, dreihundert Gulden. Auch wollte er sein Trauzeuge sein, wenn der Streich gelinge. Schanl, der mit Hilfe dieses Judaslohnes gegen den Willen des Vaters vor den Altar zu treten hoffte, sagte zu. Und nun drang der Schmied in den Wagnermeister, daß er in folgende Revanchewette einwillige. Bildstein habe vom Lusthause ein Rad zum Sattelberger ins Helenental bei Baden zu treiben, und zwar mit einem schweren Wagnerhammer und einer pfundschweren Hacke im Gurt. Der Preis solle 1.000 Gulden betragen. Bildstein wollte lange nicht, da er wußte, daß Cecka diese Summe nicht mehr besitze und ruiniert wäre. Als ihm der Schmied aber Feigheit vorwarf, sagte er endlich zu. Der Lusthauswirt setzte die „Festivität" an und Bildstein stellte sich. Allein schon nach kurzer Zeit kam einer seiner Söhne, der auch von jenem Weine genossen hatte, bleich und verstört zurück. Er klagte über furchtbare Leibschmerzen und begann alsbald zu fiebern. Einige Stunden später folgte der Vater, der infolge heftiger Bauchkrämpfe die Wette hatte aufgeben müssen. Der Sohn starb nach einigen Tagen. Er hatte sich eine Lungenentzündung zugezogen. Bildstein wußte genau Bescheid, trat aber zunächst den Gerüchten entgegen. Als ihm aber der Schmied nach dem Begräbnis des Sohnes begegnete und frech ins Gesicht lächelte, obwohl Bildstein die tausend Gulden anstandslos bezahlt hatte, stach er ihn nieder und stellte sich dem Gericht. Er wurde zu lebenslangem schweren Kerker verurteilt und auf den Brünner Spielberg gebracht, wo er nach einem Jahre starb.

All dies erfuhr ich der Hauptsache nach vom Wiener Schriftsteller Franz Sommer, der mir auch zwei uralte, von seinem Vater ererbte Alt-Wiener Bildstein-Plakate zeigte. Sommer reizte dieser dramatische Stoff zu einem Volksstück, welches im Jahr 1920 einigemal erfolgreich im Wiener Komödienhaus aufgeführt wurde. Vorher war es ihm gelungen, eine mittlerweile verstorbene

DER SPIELBERG IN BRÜNN. DIE LETZTE LEBENSSTATION
DES GREGOR BILDSTEIN

Verwandte Bildsteins auszuforschen, welche ihm bestätigte, was schon sein Vater von anderen alten Leuten gehört hatte. Nach diesen Angaben soll der merkwürdige Sportsmann vier bis fünf Töchter und sechs bis sieben Söhne hinterlassen haben. Einer habe sich als Schmied in Gumpendorf damit produziert, daß er mittels eines Hammers einem gewöhnlichen Amboß ganze Musikstücke entlockte, nach Art der heutigen Musikklowns, doch soll er niemals eine Wette eingegangen sein. Ein anderer seiner Söhne sei als einer der ersten Opfer der achtundvierziger Revolution in Mariahilf gefallen, gerade als er aus Neugierde auf die Straße getreten war.

Das obenerwähnte Plakat aus dem Jahre 1843, welches Bildstein im Bilde zeigt, wie er, den Zylinderhut auf dem Kopfe, das Rad schiebt, hat folgenden Wortlaut:

„Außerordentliche Kraftproduktion! Gregor Bildstein, Wagnermeister am Tabor in der Au, 61 Jahre alt , erlaubt sich hiemit, einem hohen Adel und geehrten Publikum dieser Kaiserstadt ergebenst anzuzeigen, daß er die hohe Bewilligung erhalten habe, seine außerordentliche Kraftproduktion öffentlich zeigen zu dürfen.

Diese findet, da solche Montag den 1. Juli d. J. wegen ungünstiger Witterung unterbleiben mußte, Montag den 8. Juli d. J. und sollte auch da die Witterung ungünstig sein, Mittwoch den 10. Juni d. J. statt.

Dieselbe besteht darin, daß er am obbenannten Tage in der auffallend kurzen Zeit von Sonnenaufgang bis 1 Uhr 15 Minuten nachmittags ein vier Schuh sechs Zoll hohes Wagenrad ganz allein anfertigen, dasselbe dann anstreichen und mit der rechten Hand vom Arbeitsplatz zwei Posten weit, nämlich bis nach Wolkersdorf, vor sich hertreiben, ohne dasselbe mit der linken Hand zu berühren und ohne zu stürzen, sodann mit demselben Rade vor Sonnenuntergang wieder auf dem Arbeitsplatz anlangen wird. Da der Vorbenannte durch diese außerordentliche Produktion, welche er zum 3. Male zu wiederholen die Ehre hat, Beweise nicht nur von der Schnelligkeit und Geschicklichkeit seiner Profession, sondern auch von seiner bedeutenden physischen Kraft ablegen wird, so erlaubt er sich hiemit, einen hohen Adel und das geehrte Publikum zu dieser Produktion ergebenst einzuladen. Der Arbeitsplatz und Schauort ist am Spitz außer der großen Taborbrücke in dem schattenreichen Wirtshausgarten des Gastgebers und Hausinhabers Mathias Spann, welcher sich bestreben wird, den hohen Adel und das geehrte Publikum mit echten Getränken und gut zubereiteten Speisen bestens zu bedienen. Eintrittspreise: 1. Platz 20 Kreutzer, 2. Platz 10 Kreutzer, 3. Platz 6 Kreutzer Conventionsmünze.

⑱
DIE WAHRSAGERIN VOM BRÜNNL
1848

Ende der vierziger Jahre des vorigen Jahrhunderts lebte und wirkte, in der Alservorstadt beim „Brünnl", eine Kartenlegerin und Wahrsagerin, die weit und breit als die „alte Liesl" bekannt war. Sie erfreute sich einer überaus feinen Kundschaft und konnte den Wünschen der zahlreichen Damen, die täglich in Fiakern vorfuhren, kaum gerecht werden. Ihre Prophezeiungen wurden für unfehlbar gehalten, und wenn ein unglückliches weibliches Wesen irgendeines Rates bedurfte, so führte es der Weg sicherlich zur alten Liesl. Diese besaß alle möglichen Wunderkräuter, Mixturen, Zauberamuletts und Tränkchen, um treulose Männer von anderen Frauen fernzuhalten, kinderlose Eheweiber fruchtbar, unglücklich Verliebte hoffnungsfreudig zu machen und so weiter. Der Ruhm der alten Hexe wurde in den vornehmsten Zirkeln ungescheut verkündet, und es verging kein Tag, der ihr nicht neue Klienten brachte.

DIE GEGEND DES „BRÜNNL" IN DER WIENER ALSERVORSTADT

Da lebte eine junge, hübsche Frau in der Residenz, welches erst seit wenigen Wochen mit dem reichen Kaufmann Bernhard Kalopp verheiratet war. Therese Kalopp hatte über die berühmte Wahrsagerin manches gehört und wurde, aus bloßer Neugierde, vom Wunsch erfaßt, der Liesl einen Besuch abzustatten. Als sie diesen Entschluß aber ihrem Gatten, einem ernsten Manne, mitteilte, war er sehr ungehalten und verbot ihr, einen solchen Unsinn, der nur geeignet sei, abergläubischen Menschen den Kopf zu verdrehen, mitzumachen. Frau Kalopp war ein braves, folgsames Ding und gab den Plan wieder auf. Der energische Widerstand ihres Mannes kam ihr aber verdächtig vor, und wenn sie so allein vor sich hinträumte, da fiel ihr immer und immer wieder die Frau vom „Brünnl" ein.

Eines Tages - es war ein Freitag im März des Jahres 1847 - wurde Therese von einer Freundin besucht, welche ihr den Vorschlag machte, sie zu der alten Liesl zu begleiten. Das junge Weibchen erschrak förmlich und erwiderte verlegen, daß ihr Mann dagegen sei und jeden Augenblick zurückkehren könne. Die Freundin lachte sie aber aus und fügte hinzu, daß es mit der Heimkehr des Herrn Kalopp noch gute Weile habe. Der Kaufmann sei nämlich mit ihrem Bruder geschäftlich ausgegangen und werde, wie er verlauten ließ, kaum vor abends mit den Besorgungen fertig werden. Die junge Frau führte nun eine Reihe anderer Ausreden ins Feld, schließlich unterlag sie jedoch dem Drängen der Freundin und zwar hauptsächlich deshalb, weil die letztere ihr geheimnisvoll zuraunte: "Dein Mann hat dir den Besuch einfach deshalb verboten, weil er fürchtet, daß du gewisse Wahrheiten erfahren könntest!" Frau Kalopp hegte, wie wir gehört haben, seit längerer Zeit einen leisen Argwohn gegen ihren Gemahl und geriet nunmehr in eine solche Aufregung, daß sie bald darauf, tief verschleiert, mit ihrer Freundin in einem Fiaker saß, um zum „Brünnl" zu fahren.

Als die beiden Freundinnen in dem baufälligen Hause der Liesl angelangt waren, fanden sie soviel „Kunden" vor, daß es gar nicht abzusehen war, wann sie drankämen. Die junge Frau hatte mittlerweile ihren ganzen Mut verloren, wurde von Gewissensbissen geplagt und wollte eben wieder hinauseilen, als die Wahrsagerin aus ihrem Laboratorium trat und direkt auf sie zuging. Umsonst beteuerte die zitternde und zaghafte Frau der sich vor ihr verbeugenden Kartenaufschlägerin, daß es nur eine Freundin sei, welche Auskunft wünsche. Die alte Hexe tat, als wüßte sie bereits alle Verhältnisse ihres neuen Gastes und geleitete die beiden Frauen in ein Gemach, welches an die Zauberstube eines Alchimisten erinnerte. Das spärlich eindringende Tageslicht war durch rote Tapeten gedämpft, überall standen und lagen Fläschchen, Tiegel, Retorten und derlei Zeug herum.

Frau Kalopp war derart aufgeregt, daß sie diese merkwürdigen Dinge kaum bemerkte. Ihre Augen richteten sich bloß nach einem Spiele Karten, welches die Wahrsagerin unter allerhand Hokuspokus mischte, um endlich, nachdem Karten aufgebreitet waren, zu verkünden: "Sie sind verehelicht, Sie lieben Ihren Mann und werden von ihm wieder geliebt, das macht euch beide wohl sehr glücklich, doch das Glück verschwindet bald und merkwürdig. Gerade, was sonst die Ehe enger schließt, wird euch beide elend machen. Sie werden im Laufe des nächsten Jahres Mutter werden, und Ihr Kind ist der Räuber ihres und seines Glückes. Beide werdet ihr großen Schmerz erleben. Durch jenes Kind werden Sie die Liebe Ihres Mannes einbüßen!"

Die Alte hatte noch nicht geendet, als Frau Kalopp, erdrückt von der Last der auf sie einstürmenden Gedanken, ohnmächtig vom Sessel sank.

Ein Jahr war seitdem verstrichen. Frau Kalopp hatte wirklich einem Kinde das Leben geschenkt und in der Tat hatte sie die Liebe ihres Gatten eingebüßt. Schon als sie ihm das Geständnis ihrer Mutterschaft machte, zuckte er zusammen, seine Augen verfinsterten sich, und während sonst die Enthüllung dieses süßen Geheimnisses einen Freudenausbruch bewirkt, biß sich Herr Kalopp auf die Lippen und sprach seither mit seiner Frau immer weniger und weniger. Die Arme verfiel vor Gram täglich mehr und konnte sich das Erkalten der ehedem so stürmischen Liebe ihres Mannes nicht erklären. Sie wußte nicht, sollte sie der Wahrsagerin fluchen oder ihr dafür dankbar sein, daß sie auf das Entsetzliche, Schreckliche, Furchtbare vorbereitet war. Dann wieder machte sie sich im stillen Vorwürfe, daß sie ihren Mann hintergangen und sah sein Benehmen nur als eine gerechte Strafe des Himmels an. Am meisten kränkte sie aber, daß sie auch ihren Mann leiden sah, daß seine Ruhe, Laune, sein gutes Aussehen, seine Arbeitslust zusehends abnahm, daß ihn etwas Unbekanntes niederzudrücken schien. Nein, ihr Kind, ihr heißgeliebtes Kind konnte unmöglich die Ursache dieses Kummers sein, davon war sie allmählich überzeugt - bis am 20. April 1848 eine gräßliche Katastrophe eintrat, wie sie die Wiener Kriminalgeschichte nicht oft aufweist. Als nämlich an dem genannten Tage Frau Kalopp morgens an der Seite ihres drei Monate alten Kindes sinnend noch im Bette lag, betrat das Stubenmädchen das Zimmer und händigte ihr ein Schreiben aus. Die junge Frau nahm dasselbe ohne sonderliches Interesse entgegen, doch als sie das Siegel und die Schriftzüge sah, wurde sie von einem starken Zittern befallen, und ihre Hände rissen mit Blitzschnelle den Briefumschlag auf. Der Brief stammte von Herrn Kalopp. Sie überflog den Inhalt, im nächsten Momente lag das Schreiben auf dem Boden, die Frau erfaßte halb wahnsinnig das schlafende Kind, schleuderte es zur Erde, kniete darauf und würgte es so lange, bis es kein Lebenszeichen mehr von sich gab. Dann sprang sie zur Tür, riß dieselbe auf und kreischte: „Polizei! - Holet die Polizei - ich bin eine Kindesmörderin!"

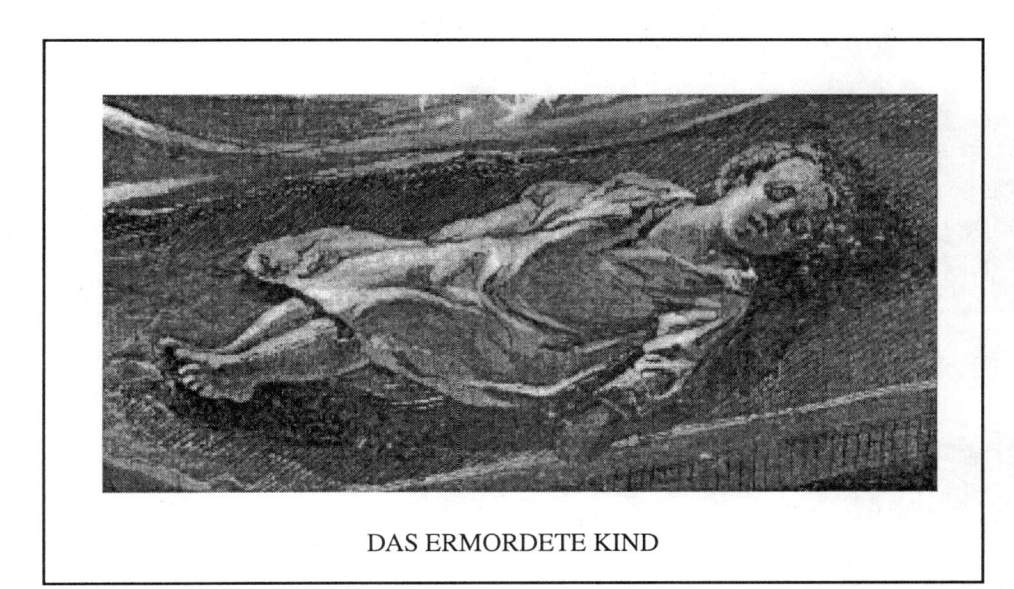

DAS ERMORDETE KIND

Während draußen Tausende um ihre Freiheit kämpften *(1848)*, saß die Mörderin beim Kriminalgerichte in dunkler Zelle. Dem die Untersuchung führenden Beamten legte sie wiederholt ohne Reue, wie gleichgültig, eine Bekenntnis ihrer Schuld ab. Sie habe im vollen Bewußtsein, wenn auch ohne Überlegung gehandelt. „Was sollte und konnte ich auch nach einer so furchtbaren Beschuldigung, nach einer so niederträchtigen Verleumdung erst lange überlegen?! Ein Mann, der von seiner Frau so geliebt wird, wie ich meinen Mann liebte, wagt es, ohne Beweise, in einem Briefe mit kurzen, nackten Worten, seiner Frau das Gräßlichste, wagt es, ihr eine begangene Untreue vorzuwerfen. Auf welche Gründe stützt er eine so niederträchtige Behauptung?" Der Untersuchungsrichter suchte das Weib zu beruhigen und versprach, den Mann zur Erbringung der Beweise zu zwingen.

„Das muß geschehen", jammerte jetzt die so verstockt gewesene Sünderin. „Ich habe nun alles verloren, die Liebe meines Mannes, mein Glück, mein Kind, meine Freiheit, meinen Ruf, aber meine Ehre will ich reingewaschen sehen!"

Am kommenden Tage saß Herr Kalopp vor dem Untersuchungsrichter. Dieser sprach ihm in beredten

Worten zu, endlich sein Schweigen zu brechen. „Ich will Ihnen Ihren Brief vorlesen" sagte er. „Ihre Botschaft, welche Ihr Glück zertrümmerte. Ein Mann von Ihrer Bildung muß Gründe haben, so etwas zu schreiben, und ich brauche Ihnen nicht erst zu sagen, daß das Kriminalgericht das Recht hat, diese Gründe kennenzulernen." Und als Kalopp noch immer schwieg, verlas der Rat langsam den Brief: „Madame! Ich habe lange mit mir gekämpft und bin endlich zu dem Entschlusse gekommen, Sie für immer zu verlassen. Ich mag mit einer Ehebrecherin nicht unter einem Dache wohnen und nicht der Welt gegenüber der Vater eines Bastards sein. Dies der feste Entschluß eines Bernhard Kalopp."

Da begann es verdächtig um die Lippen des Mannes zu zucken. Der Beamte klopfte ihm teilnahmsvoll auf die Schulter, dann brach der Kaufmann in ein tiefes Schluchzen aus. Nachdem er sich gefaßt, erzählte er, daß er eines Tages ein anonymes Schreiben erhalten habe, in welchem zu lesen war, seine Frau hätte vor ihrer Verheiratung ein intimes Verhältnis mit einem Mediziner unterhalten. Die zarten Beziehungen seien aber noch nicht gelöst. Die beiden Liebenden setzten vielmehr den Verkehr fort, und wenn er sich überzeugen wolle, ob diese Zeilen leeres Geschwätz oder Wahrheit seien, möge er den Fiaker Numero Soundsoviel fragen, der seine Frau mit einer zweiten Dame an einem bestimmten Tage in die Alservorstadt gefahren habe, wo der Mediziner wohne. Herr Kalopp ging, mächtig bewegt, sofort auf den Standplatz des Fiakers und bald hatte er sich überzeugt, daß der genannte Mediziner

DAS ALTE POLIZEIKOMMISSARIAT ROSSAU

wirklich dort wohne. Der Kutscher schilderte die beiden Damen so genau, daß er in der einen seine Gattin mit Bestimmtheit erkennen mußte. Er wollte nun nicht gleich mit Vorwürfen über seine Frau herfallen, sondern abwarten, ob sie das Gespräch nicht selbst einmal auf ihre Spazierfahrt zum Brünnl lenken werde. Da spielte sich in der ersten Nacht, als er sich schlaflos in seinem Bette herumwälzte, eine für ihn entsetzliche Szene ab. Seine Frau, welche häufig im Schlafe sprach, röchelte nämlich wie eine Kranke, und er verstand alsbald die Worte: „Ich hab unrecht getan ...Wenn es mein Mann erfährt ... Wenn ich schwanger werde ... Die Liebe ... !" - „Ich konnte nicht weiter zuhören," sagte Herr Kalopp dem gespannt lauschenden Rate, „ich stürzte in mein Bett zurück, und meine Frau erwachte. Ich konnte meiner Frau fortan kaum mehr ins Gesicht sehen. Ich wartete nur mehr auf den Eintritt des Ereignisses, und als sie mir nach einiger Zeit mit zagender, zitternder Stimme mitteilte, daß sie sich als Mutter fühle, wobei Totenblässe ihr Gesicht überzog, da hatte ich den Beweis ihrer Schuld sonnenklar vor Augen. Trotzdem wartete ich, um Skandal zu vermeiden, die Entbindung ab. Am Tage derselben fand ich nicht den Mut, abzubrechen. Später ergriff mich aber so sehr die Verzweiflung, daß von meiner Seite eine Mordtat geschehen wäre, wenn ich nicht den Brief geschrieben hätte."

Der Untersuchungsrichter schwieg eine Weile, als der Kaufmann geendet, dann sagte er sehr ernst: „Sie tun Ihrer Frau unrecht, Herr Kalopp. Schütteln Sie nicht ungläubig den Kopf, ich werde Ihnen den Beweis dafür liefern." Dann suchte er aus dem dicken Aktenbündel einige Bogen heraus und fügte hinzu: „Da, lesen Sie die mit Ihrer Frau aufgenommenen Protokolle, aus welchen Sie ersehen werden, was sie in der Alservorstadt gesucht hatte!"

Herr Kalopp griff in höchster Aufregung nach den Papieren und überflog dieselben, nach Atem ringend. Der Schweiß trat ihm auf die Stirne, als er in heller Verzweiflung ausrief: „Ja, um Gottes Christi willen, wer schrieb mir dann aber den anonymen Brief!" - „Ich glaube der Person auf der Spur zu sein", versetzte der Rat mit gerunzelten Brauen. „Hatten sie vor Ihrer Verehelichung kein Liebesverhältnis?" - „Allerdings, vier Jahre lang." - „Wie hieß das Mädchen, welches sie wegen der Heirat verabschiedeten?" - „Sie hieß Karoline Keller und -" - „Ist jetzt die intimste Freundin ihrer Frau -?" - „Jawohl... aber sie.." - „Sie ist die Schreiberin," vollendete der Rat, „und ich werde es Ihnen morgen beweisen."

Als Therese Kalopp unmittelbar darauf erfuhr, was ihren Mann zu dem Abschiedsbriefe veranlaßt, wies sie alle Versöhnungsversuche zurück.

„Ein Mann," sprach sie, „der seine Frau ungehört verdammt, der sie vorher nicht zur Verteidigung auffordert, der kann nicht geachtet, der verdient nicht geliebt, der verdient bloß gehaßt zu werden, und weiß Gott, ich hasse ihn heute ebensosehr, wie ich ihn einst geliebt. Er soll mir nie vor die Augen treten, ich sage mich von ihm los, wie ich mich von der ganzen Welt bereits losgesagt habe."

In diesem Augenblicke erschien ein Gerichtsdiener, bleich und aufgeregt, im Bureau. Er erzählte in abgerissenen Sätzen, was er gelegentlich der Übermittlung der Vorladung erlebte, die der Rat heimlich an das Fräulein Keller hatte ergehen lassen.

„Herr Rat", keuchte der Amtsdiener, „haben mich mit der Vorladung an das Fräulein fortgeschickt, und ich habe sie auch eigenhändig übergeben. Die Adressatin war darüber wohl erschrocken, aber das fiel mir weiter nicht auf, denn das bin ich ja schon gewohnt. Wie ich jedoch etwas später zum Haustore hinaustrete, erblicke ich eine Masse Menschen, und wie ich näher komme, sehe ich eine Frauensperson in einer großen Blutlache schwimmen. Ich warf nur einen Blick auf das Gesicht der Toten, und -" - „Es war Fräulein Keller - ?" fragte der Rat, sich rasch erhebend.

Der Amtsdiener nickte.

„Verdammt," brummte der Beamte, „sie hat sich der irdischen Gerechtigkeit entzogen."

„Die Niederträchtige, die an meinem Unglücke schuld war," schrie Frau Kalopp auf, „der Himmel wird mich rächen!" schloß sie schauerlich.

Therese Kalopp wurde einige Wochen später unter Berücksichtigung aller für sie sprechenden Umstände zu zehnjährigem Kerker verurteilt.

Die alte „Liesl" - die Kartenaufschlägerin vom Brünnl - hatte sich, schon als der Mord bekannt wurde, aus dem Staube gemacht und konnte trotz eifriger Nachsuche von der Polizei nicht mehr gefunden werden.

⑲
DER HOCHVERRÄTER LIBENYI
1853

Am 18. Februar 1853 verbreitete sich mittags eine Kunde, welche ganz Wien und bald darauf das gesamte Reich und die übrige Welt mit Entsetzen und Abscheu erfüllte. Es hieß, daß ein Hochverräter die Mörderhand gegen das geheiligte Haupt des jungen und doch schon so wahrhaft von seinen Völkern geliebten Kaisers Franz Joseph I. erhoben hätte. Anfangs gab es allenthalben nur Schmerz und Trauer über einen so unerhörten Frevel, die sich aber bald genug in Freude und Jubel auflösten, als die näheren Einzelheiten der Tat bekannt wurden. Sichere Nachricht erhielt man erst um vier Uhr nachmittags, als eine Extraausgabe der „Kaiserlichen Wiener-Zeitung" folgendes meldete:
„Ein schändliches Attentat ist soeben auf die Person Seiner k. k. Apostolischen Majestät verübt worden. Seine Majestät wurden heute um halb ein Uhr während eines Spazierganges auf der Bastei nächst dem Kärntnertore von einem Individuum meuchlerisch von rückwärts angefallen und mit einem Küchenmesser in der Gegend des Hinterhauptes verwundet. Die Wunde ist nach dem Ausspruch der Ärzte nicht gefährlich. Der Mörder wurde auf der Tat von dem Seine Majestät begleitenden Flügeladjutanten ergriffen. Für die glückliche Rettung wird heute, 6 Uhr, in der Stephanskirche ein Tedeum abgehalten."
Das ärztliche Bulletin war angefügt. Es lautete:
„Die Seiner k. k. Apostolischen Majestät heute meuchlerisch am Hinterhaupte zugefügte Stichwunde hat glücklicherweise keine Gefahr drohenden Teile betroffen. Die durch dieselbe zugleich bewirkte Erschütterung mit ihren Folgen ist in Abnahme begriffen. Das allgemeine Befinden ist beruhigend. Wien, den 18. Februar 1853. Nachmittags 2 Uhr.

Hofrat Seeburger,   Wattmann,
k. k. Leibarzt.   k. k. Leibchirurg.

DIE KÄRNTNERTOR-BASTEI, TATORT DES ATTENTATES,
NACH EINER ZEITGENÖSSISCHEN ANSICHT

Diese Extraausgabe wurde den Austrägern förmlich aus der Hand gerissen. In den Straßen, namentlich in den zur Stadt führenden, entstand lebensgefährliches Gedränge. Je mehr man über die Person des Attentäters und seine Motive hörte, desto stürmischer machten sich die gepreßten Herzen der Bevölkerung Luft. Die entschlossene Haltung, welche der erst dreiundzwanzigjährige Monarch im Augenblicke der Tat gezeigt, erregten Begeisterung, und jeder wollte dem geretteten Kaiser und dessen Familie in ungeheuchelter Freude seine Ergebenheit ausdrücken. So kam es, daß die Fahrt der Allerhöchsten Herrschaften in die Stephanskirche einem wahren Triumphzuge glich. Der gigantische Dom war zum Erdrücken voll, und rings um ihn kniete Alt und Jung auf der Straße nieder, um Gott für die Erhaltung des so kostbaren Lebens zu danken. Dem feierlichen Tedeum wohnten die gesamte Generalität, der ganze Klerus, das Offizierskorps, die Reichsräte, Minister

DAS ATTENTAT GEGEN KAISER FRANZ JOSEPH I. AM 18. FEBRUAR 1853

und sonstigen Zivilautoritäten, der Magistrat, Gemeinderat, der größte Teil des diplomatischen Korps sowie unzählige andere Würdenträger bei. Die Ovationen nahmen nach dem Gottesdienste zu, und abends gab es kein Haus in Wien, welches nicht unaufgefordert Fahnen ausgesteckt und die Fenster illuminiert hätte.

Um diese Zeit wußte man schon ziemlich genau, wie sich der empörende Vorfall abgespielt hatte. Der Monarch hatte mittags in Begleitung seines Flügeladjutanten, des Grafen O'Donell, einen Spaziergang auf die Bastei angetreten. Als sie in die Nähe des Kärntnertores kamen, bemerkte der Kaiser, daß im Stadtgraben Truppenübungen stattfanden. Dort stand eine sogenannte Interimskaserne, in welcher Reservisten bequartiert waren. Der Kaiser blickte einige Zeit interessiert hinab und setzte sich dann, mit seinem Adjutanten konversierend, wieder in Bewegung. In diesem Momente sprang ein kleiner, unbedeutender, kränklich aussehender Mensch mit langen Haaren und niedrigem ungarischen Hute auf ihn zu und führte einen weit ausholenden Hieb. Seine Majestät war einen Augenblick betroffen, faßte sich aber schnell und riß den Säbel aus der Scheide. Mittlerweile hatten sich schon Graf O'Donell und einige Zivilpersonen auf den Verbrecher gestürzt, um ihn festzuhalten. Dies war aber eine schwere Aufgabe, denn der Ergriffene stieß wie toll und rasend um sich. Ein kleines Mädchen holte eine Militärpatrouille herbei, welcher es endlich gelang, den Attentäter unschädlich zu machen. Während dieser aufregenden Szene stand Kaiser Franz Joseph gelassen da und beruhigte die Umstehenden, welche vor Erschütterung ganz fassungslos waren. Aufmerksam gemacht, daß er blute, legte er die Hand auf die Wunde, um das Blut zu stillen und ging dann sicheren Schrittes in das Palais des Erzherzogs Albrecht, wo man ihm zunächst einen Notverband anlegte. Seine erste Sorge galt der kaiserlichen Mutter, welche er schonend zu verständigen bat. Nach dem Eintreffen der Hofärzte begab er sich dann zu Fuß, das zusammengeströmte Volk mit gewohntem, freundlichem Lächeln begrüßend, in die Hofburg.

Gegen den Verbrecher, der sich Johann Libenyi nannte und trotzige, revolutionäre Reden im Munde führte, wurde sofort die ordentliche Untersuchungshaft verhängt, in seiner Wohnung, in der Leopoldstadt, Schmidtgasse Nr. 653, *(seit 1909 Aspernbrückengasse 3)* fand eine Hausdurchsuchung statt, bei welcher sehr viel belastendes Material gefunden wurde. Obwohl er frech behauptete, daß er allein und selbständig gehandelt habe, glaubte dies die Polizei nicht, welche vielmehr auf ein von Ungarn ausgehendes Komplott schloß. Sie befürchtete noch weitere Gewalttaten und sperrte daher alle Bahnhöfe und Linien ab. Niemand durfte in die Stadt, der sich nicht auf das genaueste ausweisen konnte. Die Fremden, namentlich die Reisenden aus Ungarn, wurden bis auf die Haut durchsucht. Man erhob, daß Libenyi schon zwei Jahre in Wien lebte und bei zehn Meistern beschäftigt gewesen sei. Man schilderte ihn überall als fleißig, aber äußerst verschlossen und verbittert. Von zu Hause ging er regelmäßig schon um sieben Uhr früh fort, um erst knapp vor der Torsperre heimzukehren.

DIE KÄRNTNERTORBASTEI MIT BLICK AUF DEN STADTGRABEN UND DIE ERWÄHNTE INTERIMSKASERNE

Seine Quartiergeber hatten niemals einen Freund oder Bekannten in seiner Gesellschaft gesehen, es sei denn einen Setzerlehrling, mit dem er sich in ungarischer Sprache unterhielt, die aber niemand verstand. Er wurde als düster und mürrisch geschildert, der nur dann aus sich herausging, ja sogar vor Begeisterung glühen konnte, wenn von Ungarn die Rede war. Kleider besaß er nur wenig. Auch über Geldmittel verfügte er nie, dagegen las er sehr viel. Seit vierzehn Tagen wollte sein Meister eine Veränderung an ihm wahrgenommen haben. Er entfernte sich nämlich öfters und schien irgend einem Plane nachzuhängen, denn er war sehr zerstreut.

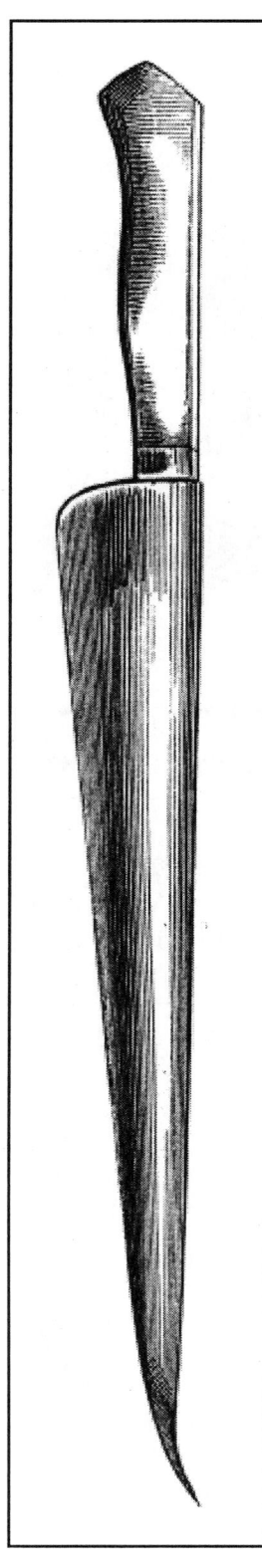

Die weitere Untersuchung ergab, daß Libenyi den Augenblick abgewartet hatte, wo sich zwei Polizeipatrouillen gekreuzt hatten, um erst dann auf den Kaiser loszustürzen.

Der Monarch ließ sich ständig Bericht über den Fortgang der Untersuchung erstatten, ohne sich in diese aber im geringsten einzumengen. Mit der von allen Völkern an ihm so verehrten ritterlich-hochherzigen Art ließ er der Gerechtigkeit freien Lauf, und niemand aus seiner Umgebung hörte ein Wort der Klage oder des Unmutes. Großes Interesse bekundete Franz Joseph für einen Mann, welcher dem Grafen O'Donell als erste Zivilperson beigesprungen war und den Attentäter mit eiserner Faust angefaßt hatte. Es war dies der gewesene Fleischhauermeister Josef Ettenreich. Kurze Zeit nach dem Geschehnisse verkündete denn die „Kaiserliche Wiener-Zeitung": „Seine Majestät der Kaiser hat dem Bürger und Hausbesitzer auf der Wieden, Herrn Josef Ettenreich, welcher zuerst seine kräftige Hand gegen den Meuchelmörder Johann Libenyi erhob, den Franz Joseph-Orden verliehen und denselben dem wackeren Manne gestern im Beisein der sämtlichen Mitglieder der k. k. Familie höchst eigenhändig übergeben. (Verlautbarung vom 21. Februar 1853.) Nachdem sich Herr Ettenreich beharrlich weigerte, noch ein anderes Geschenk zu wählen, indem er am Schmerzenslager des Monarchen versicherte, daß jeder Wiener Bürger an seiner Stelle nicht anders gehandelt haben würde als er selbst, erhielt er noch den ehrenvollen Auftrag, seine Gemahlin Ihrer Majestät der Kaiserin-Mutter vorzustellen."

Die Belohnung für den Grafen O'Donell wurde dagegen erst am 10. März mit nachstehenden Zeilen bekanntgemacht: „Seine k. k. Apostolische Majestät haben mit Allerhöchster Entschließung vom 6. d. M. Allerhöchst ihrem Flügeladjutanten, dem Obersten Maximilian Grafen O'Donell, in allergnädigster Anerkennung des Allerhöchstdemselben bei dem meuchlerischen Anfalle auf Allerhöchstihre Person am 18. Februar persönlich geleisteten Beistandes das Commandeurkreuz des Leopoldordens taxfrei verliehen."

Johann Libenyi wurde kriegsgerichtlich abgeurteilt. Am 26. Februar, einem Donnerstage, war die Untersuchung abgeschlossen, und es wurde dem Häftling das Todesurteil verlesen. Zu diesem Zwecke brachte man ihn in das Verhörzimmer des Polizeihauses. Fenster und Türen wurden, wie es das alte Militärstrafgesetzbuch vorschreibt, geöffnet, im Hofe schlugen die Tambours vor der Publikation den üblichen Ruf. Anfänglich war der Delinquent gefaßt, dann aber ging ein Zittern durch seinen geschwächten Körper und schließlich war seine Fassung weg. Am Samstag darauf kündigte man ihm früh an, daß seine Hinrichtung bevorstehe, er möge sich auf seine Todesstunde vorbereiten. Der ehemals so trotzig-freche Attentäter zeigte sich nun vollkommen zermürbt. Der Priester hatte kein schweres Spiel, um sein Herz zu erweichen. Libenyi bekundete die aufrichtigste Reue und verwünschte alle die Wühler, deren Irrlehren ihn auf die Bahn des Verbrechens gebracht hätten.

DER KAISER VERLÄSST MIT SEINEN RETTERN NACH DEM ATTENTAT DIE BASTEI

Bald darauf setzte sich der Zug vom Polizeihause am Salzgries in Bewegung *(damalige Polizeigefangenenhaus Salzgries-Sterngasse)*. Voran ritt der Exekutionskommandant, der Auditor und eine Eskadron Kavallerie. Dann folgte der Leiterwagen mit dem Delinquenten, der vom Geistlichen, dem Profosen und drei Mann Wache umgeben war. Das Gefährte selbst wurde durch eine berittene Polizeiabteilung bewacht. Den Schluß bildete wieder eine Eskadron Kavallerie.

Libenyi saß mit entblößtem Haupte, den Rücken gegen die Pferde, ganz gebrochen auf einer Bank, ihm gegenüber der Priester. Der Zug nahm seinen Weg durch das Fischertor über die Glacisstraßen bis zur Wienbrücke auf der Wieden und langte um acht Uhr bei der Linie an. Während des Weges betete Libenyi mit dem Geistlichen unausgesetzt und inbrünstig. Man konnte seine Worte deutlich vernehmen. Den Blick erhob er nur selten: Todesblässe bedeckte

ETTENREICH BÄNDIGT DEN ATTENTÄTER

dabei sein Gesicht. Die Physiognomie schien infolge der Aufregung völlig ausdruckslos.

Die Exekution währte ungefähr eine halbe Stunde, dann verkündete das Sterbeglöcklein von St. Stephan, daß die Untat gebüßt sei. Die Leiche blieb bis Sonnenuntergang am Galgen hängen. Um sechs Uhr abends wurde sie abgenommen und dreißig Schritte hinter dem Richtpflocke in einer mittlerweile vorgerichteten Grube verscharrt.

Unmittelbar nach der Justifizierung verteilte man eine Kundmachung, die auch überall an die Häuser geklebt wurde. Das Schriftstück lautete wörtlich:

DAS WIENER WOHNHAUS DES ATTENTÄTERS IM DERZEITIGEN ZUSTAND

Kundmachung.

Der 18. Februar 1853 wird in den Mauern der Kaiserstadt durch ein Verbrechen gekennzeichnet, welches unerhört in der Geschichte der Völker Oesterreichs, die Brust eines jeden rechtschaffenen Staatsbürgers mit Entsetzen, Abscheu und dem tiefsten Schmerze erfüllen muß.

Johann Libenyi, zu Csakvar, Stuhlweißenburger Comitates in Ungarn, am 8. Dezember 1831 geboren, somit kaum über 21 Jahre alt, katholischer Religion, unverheirathet, vom Gewerbe ein Schneider, und Sohn des Johann Libenyi, eines unbescholtenen Schneidermeisters, Haus- und Grundbesitzers in Csakvar, während der ganzen Zeit der ungarischen Revolution als Militärschneider in der Monturskommission zu Arad verwendet, und nach der Waffenstreckung bei Villagos vorwurfsfrei entlassen, trat schon im Jahre 1850 zu Pesth mit Arbeitern seines Gewerbes in Verkehr, welche mißvergnügt über die durch die siegreichen Waffen der rechtmäßigen Regierung niedergehaltene Umwälzung und unzufrieden mit den neuen politischen und administrativen Verhältnissen des Königreiches Ungarn, durch fortwährenden wechselseitigen Austausch ihrer schlechten Gesinnung,

DER WIENER „TANDELMARKT" WO LEBENYI DAS TATWERKZEUG GEKAUFT HATTE

einen vorerst nur flüchtigen Gedanken zur Befreiung ihres Vaterlandes von der kaiserlichen Oberherrschaft in dem Gemüte des Inquisiten erregten.

Bei diesen Zusammenkünften in den Werkstätten, Gasthäusern und Schlupfwinkeln wurden die mit dem neuen Stande der Dinge unzufriedenen Arbeiter, unverkennbar geleitet von der vorsichtigen und schlauen Einwirkung geheimer Wühler, allmählich zu der Vorstellung gebracht, daß nur in der Beseitigung des Allerhöchsten Staatsoberhauptes das Ziel ihrer Wünsche aufgesucht und gefunden werden könne.

Vorbereitet durch solche Anleitungen und Verhetzungen, begab sich Inquisit im Monate März 1851 nach Wien, suchte auch hier größtenteils nur die Bekanntschaft und den Umgang mit gleichgesinnten Menschen, besonders mit seinen Landsleuten und Gewerbsgenossen, mit welchen bei Gesprächen und Zusammenkünften über die vorgebliche Bedrückung des Landes durch die kaiserliche Regierung in derselben Weise wie zu Pesth verkehrt, und bei dem Lesen regierungsfeindlicher Schriften jedes Ereignis für ihre bösen Absichten ausgebeutet ward.

Man überbot sich dabei in den feindseligsten Aeußerungen und Ausfällen gegen Seine kaiserliche königliche Apostolische Majestät, und bald wurde zwischen den Teilnehmern dieser Arbeiterklubs die Hoffnung ausgesprochen, daß Allerhöchstdieselben, bei der damaligen Durchreise in Ungarn und Siebenbürgen der mörderischen Hand eines ihrer Gesinnungsgenossen unterliegen werden.

Nach der glücklichen Rückkehr des kaiserlichen Herrn, in diesen schändlichen Erwartungen getäuscht, ward der Haß und die Erbitterung des Johann Libenyi bei den fortgesetzten Winkelversammlungen nur noch tiefer aufgestachelt und der frühere Gedanke an die Ermordung Seiner Majestät bereits zum Vorsatze herangebildet, wobei der Verurteilte schon auf Gelegenheit, Art und Mittel sann, wie er sein entsetzliches Vorhaben mit dem sichersten Erfolge des Gelingens zur Ausführung bringen könnte.

Vor ungefähr zwei Monaten war es, als er sich in eine Verkaufsbude des hiesigen Tandelmarktes

DER ZUM TODE VERURTEILTE ATTENTÄTER WIRD ZUR HINRICHTUNG BEI DER SPINNERIN AM KREUZ GEBRACHT

begab und unter mehreren Küchenmessern verschiedener Größe dasjenige aussuchte und kaufte, welches ihm für die fluchwürdige Tat am tauglichsten schien: worauf er die mit einem starken, hölzernen Griffe versehene, zehn ein Viertel Zoll lange, sehr spitzige und am Griffe zwei Zoll breite Klinge bei einem bürgerlichen Schleifer in der Leopoldstadt, nicht nur an der Schneidseite, sondern auch am Rücken in der Länge von fünf Zoll aufwärts der Spitze scharf und dolchartig schleifen ließ, mit welcher furchtbaren Waffe versehen, die er verborgen unter seinem Ueberrocke trug, und bereits zur Kenntnis gelangt, daß Seine k. k. Apostolische Majestät gewöhnlich auf den Basteien der Stadt zur Mittagszeit einen Spaziergang zu machen pflegte, er durch mehrere Wochen an verschiedenen Stellen dieser Promenade Allerhöchstdemselben aufzulauern bemüht war.

Das wiederholte Libenyi, nach seinem eigenen Geständnisse, mit kurzer Unterbrechung durch zwölf Tage, ohne daß sein völlig entmenschtes Gemüth jemals vor dem gräßlichen Verbrechen zurückschauderte, bis der verhängnisvolle Tag, der 18. Februar 1853, zwischen 12 und 1 Uhr Mittags, Gelegenheit zur Erreichung seiner lange gehegten teuflischen Absicht ihm darbot.

Ohne sein gewöhnliches Mittagmahl genossen zu haben, verließ er um zwölf Uhr, nach verrichteter Arbeit, die Wohnung seines Meisters in der Leopoldstadt, verfolgte von dort den Weg zunächst in die Stadt, dann auf die Bastei, neben dem Rothenthurmthor, und so fort gegen das Kärnthnerthor, wo eben seine Majestät der Kaiser in Begleitung Allerhöchstihres Flügel-Adjutanten, Herrn Obersten Grafen O'Donell, im Begriffe des gewöhnlichen Spazierganges angekommen waren und ungefähr 60 Schritte vom Kärnthnerthor abwärts stehen blieben, um über die drei ein Viertel Schuh hohe Brustwehr der Bastei gelehnt, eine unterhalb derselben aufgestellte Abtheilung neu eingerückter Militär-Urlauber zu besehen.

In diesem Augenblicke näherte sich der kurz vorher von der entgegengesetzten Seite herangekommene und in einer Entfernung von acht Schritten dortselbst gestandene Johann Libenyi nach schnell aufgeknöpftem Oberrocke und dem unter demselben verborgenen Mordinstrumente, zuerst vorsichtig der Allerhöchsten Person des Monarchen, sprang dann, wahrhaft nach Tigerart, mit einem Satze, und das Mordwerkzeug in der rechten Hand schwingend, rücklings gegen Seine Majestät

JOHANN LIBENYI AM GALGEN

und versetzte Allerhöchstderselben, unter Anwendung aller ihm zu Gebote stehenden Kraft, mit der Spitze des Messers einen so gewaltigen Stoß auf das Hinterhaupt, daß die Klinge an der Spitze einen Zoll lang aufwärts schief gebogen ward.

Im Beginne, noch weitere Stöße gegen das geheiligte Haupt Seiner Majestät zu führen, die er nach gerichtlichem Selbstgeständnisse bis zur Vollendung der Unthat fortgesetzt haben würde, ward er glücklicher Weise durch den Obersten Grafen O'Donell rasch zu Boden gerissen, sodann von dem hiesigen Bürger Joseph Ettenreich und bald darauf durch die Dazwischenkunft anderer Personen vollends überwältigt und mittelst der herbeigerufenen Militärpatrouille zu Haft gebracht.

In Wuth entbrannt über den mißlungenen Meuchelmord, welchen die göttliche Hand der Vorsehung auf wunderbare Weise von dem theuren Leben Seiner k. k. Apostolischen Majestät sichtbar abgewendet hat, bediente sich Johann Libenyi noch auf dem Wege zum Gefängnisse bezeichnender Exclamationen für die freie Republik und Denjenigen, der sein Vaterland durch Aufruhr und Hochverrath in so tiefe Leiden gestürzt und dasselbe durch einen neuen revolutionären Aufruf aus sicherem Verstecke allen Greueln des Bürgerkrieges abermals zu überliefern bemüht ist.

Nachdem Johann Libenyi dieser fluchwürdigen Handlung mit allen zuvor angeführten Einzelheiten gerichtlich geständig, sowie auch durch viele und umfassende Zeugenaussagen, bei vollkommen sichergestelltem Tatbestande gesetzlich überwiesen ist, so ward er durch das competente kriegsgerichtliche Urtheil vom 23. d. M. auf Grund der Allerhöchsten Entschließung vom 26. Dezember 1851, der Proclamation über den Belagerungszustand der Reichshaupt- und Residenzstadt Wien vom 1. November 1848 und 27. Februar 1849 nach Bestimmung des 5. Kriegsartikels in Verbindung mit dem Artikel 61 des Militärstrafgesetzbuches, wegen des Verbrechens des Hochverrathes durch meuchlerischen Mordanfall gegen die Allerhöchste Person Seiner k. k. Apostolischen Majestät Franz Joseph des Ersten, zum Tode durch den Strang verurtheilt, welches Urtheil nach gerichtsherrlicher Bestätigung und vorschriftsmäßiger Kundmachung an Johann Libenyi auf dem hiezu bestimmten Richtplatze heute vollzogen worden ist.

Wien, am 26. Februar 1853.

Von der kriegsgerichtlichen
Sektion des k. k. Militär-Gouvernements."

Wien schwebte nämlich damals noch vom Jahre 1848 her der Belagerungszustand und waren infolgedessen die Militärgerichte berufen, auch über Zivilpersonen zu judizieren. Daher kommt es auch, daß die Quellen aus den fünfziger Jahren am spärlichsten fließen, und daß der Wiener Kriminalhistoriker bezüglich dieser Zeit arg in Verlegenheit ist.

Bald nach der Hinrichtung tauchte in der Bevölkerung der Gedanke auf, die Erinnerung an die wunderbare Errettung Seiner Majestät durch ein Denkmal für immerwährende Zeiten festzuhalten. Die Idee fand ihren mächtigsten Förderer in der Person eines Bruders des Kaisers, nämlich des Erzherzogs Ferdinand Max (gestorben als Kaiser von Mexiko 1867). Es wurde beschlossen, in der Nähe des Tatortes ein Gotteshaus zu errichten. Am 24. April 1856 wurde dann der Grundstein zur Propstei- und Pfarrkirche „Zum göttlichen Heiland", genannt Votivkirche, gelegt. Die Einweihung des Baues fand am 24. April 1879, also 23 Jahre später, anläßlich der silbernen Hochzeit des Kaiserpaares, statt. Nach der Absicht des Erzherzogs war die Votivkirche zugleich als eine Ruhmeshalle gedacht, wie es zum Beispiel die Westminsterabtei in London oder der neue Berliner Dom ist. So sollten die Gebeine Beethovens und Schuberts exhumiert und in diesem Gotteshause bestattet werden. Man begann mit dem Salm-Denkmale, welches im Jahre 1546 von Kaiser Ferdinand I. dem ruhmbedeckten Verteidiger Wiens gegen die Türken, Niklas Grafen Salm, gewidmet worden war, indem man es im Jahre 1878 in die Taufkapelle der Votivkirche versetzte, wo es sich noch heute befindet. Dieses Denkmal (wahrscheinlich ein Werk des Meisters Leopold Hering für die heute nicht mehr vorhandene Stiftskirche St. Dorothea) machte aber leider nicht nur den Anfang, sondern auch das Ende.

Die vorstehende Schilderung beruht auf dem vorhandenen Aktenmaterial sowie auf den zeitgenössischen publizistischen Darstellungen. Eine wesentlich andere Erklärung des Attentates las ich im Budapester „Neuen Politischen Volksblatt", welches kurz nach dem Umsturz eine lange Artikelreihe mit dem Titel „Franz Joseph I. und seine Zeit" aus der Feder des zweifellos sehr gut unterrichteten Journalisten Kemenyi veröffentlichte. Diesem Gewährsmanne nach war einige Jahre vorher eine gewisse Margit Libenyi nach Wien gekommen, um hier Verwandte zu besuchen. Der junge Kaiser sah das bildhübsche junge Mädchen zufällig und verliebte sich in dasselbe. Der Umstand, daß Margit virtuos Tschardasch tanzte, gab dem Leiter des Hofopernballetts Gelegenheit, sie in einem vom Erzherzog Max verfaßten Ballette auftreten zu lassen, worauf sie engagiert und als „Mizzi Langer" Mitglied dieses Hoftheaters wurde. Franz Joseph kaufte ihr eine Villa und überschüttete sie mit Liebesbeweisen, was von seiner Mutter, Erzherzogin Sophie, die selbst gern herrschen wollte, nicht ungern gesehen wurde. Später erhielt „Mizzi Langer" den Besuch ihres Bruders Johann, eines jungen, auf sie stolzen, etwas schwärmerisch veranlagten Burschen und wollte ihn in der ihr stets zur Verfügung stehenden Hofequipage spazieren führen. Der Junge, der über Margits Beziehungen zum Monarchen bisher nichts gewußt hatte, bestürmte nun die Schwester mit Fragen und geriet in furchtbarste Aufregung, als er die Wahrheit erfuhr. Das Resultat war der Angriff auf Franz Joseph. Selbstverständlich wollte die Behörde auch Margit Libenyi verhaften, um ihr den Prozeß zu machen, doch verbot dies der immer ritterliche Herrscher. Er brach bloß alle Beziehungen zu dem Mädchen ab, nachdem er es in materieller Hinsicht vollkommen sichergestellt hatte ... Diese Darstellung, die ich nicht nachprüfen konnte, würde das Attentat jedenfalls viel einfacher erklären, als die trotz langatmiger Kundmachungen eigentlich recht fadenscheinige und etwas unglaubwürdige amtliche Schilderung. Kemenyi hat den Liebesroman der schönen Margit mit unzähligen Details und genauester Namensnennung aller damals in Betracht kommenden Persönlichkeiten belegt. Wenn Johann Libenyi mit seinen zweiundzwanzig Jahren wirklich Ungarn von Wien aus neu revoltieren wollen hätte, so wäre er wohl im kritischen Momente heimgereist, nicht aber zum Attentäter geworden. Wäre es aber von vornherein nur seine Absicht gewesen, den Monarchen zu töten, so hätte er sich nicht erst zwei Jahre lang hier zwecklos aufgehalten.

Kaiser Franz Joseph wollte unter allen Umständen einem Gnadengesuch Libenyis entsprechen und die Todesstrafe für den Attentäter aussetzen. Er mußte sich jedoch der Staatsräson beugen und über dringende Empfehlung der Regierung das Todesurteil bestätigen. Der Kaiser setzte jedoch aus seiner Privatschatulle eine Rente für die Mutter des hingerichteten Attentäters aus, die ihr auf Lebenszeit ausbezahlt wurde.

DIE VOTIVKIRCHE IN WIEN, ERRICHTET FÜR DIE RETTUNG DES KAISERS BEI DEM ATTENTAT

⑳ RESPITZEL
1853

„Respitzel" ist ein Spitzname, der im vorkonstitutionellen Wien einen gewissen Klang, eine Art Popularität hatte. So wurde nämlich ein Haupttunichtgut von seinen Komplizen und dann auch von der Polizei genannt, obwohl der Ursprung dieses sonderbaren Wortes eigentlich die Sicherheitsbehörde selbst ein wenig lächerlich machte. Es ist ja bekannt, daß jeder gewerbsmäßige Verbrecher seinen Necknamen besitzt, weshalb die Kriminalbehörden seit altersher die „Gemeingefährlichen" nicht nur nach ihren bürgerlichen Namen, sondern auch nach den Spitznamen in Evidenz halten. Gewöhnlich weiß man nicht, woher eine solche Benennung stammt, man interessiert sich auch in der Regel nicht dafür. Bei dem Manne, dessen Schicksal wir hier schildern, steht der Ursprung aber fest, und er ist zu kurios, als daß wir ihn verschweigen sollten.

In den Reihen der alten Wiener Polizei diente nämlich ein braver, aber etwas beschränkter Herr, ein „Vertrauter", wie man seinerzeit die Detektivs *(Kriminalbeamte)* nannte, welcher Albin Respita hieß. Herr Respita war in den vierziger und fünfziger Jahren schon ziemlich „im Dienste ergraut", er versah jedoch seine Obliegenheiten mit dem Eifer eines frisch aufgenommenen Polizisten. Freilich konnte man ihn zu schwierigen Amtshandlungen nicht brauchen, die von ihm indessen geleistete Kleinarbeit war wegen ihrer gewissenhaften Durchführung nicht zu unterschätzen. Mit der Zeit nahm freilich das Augenlicht und auch das Gehör des wackeren Herrn Respita ab, er konnte nicht mehr so, wie er wollte, und dies spornte ihn nur noch mehr an. Die lieben Gauner hatten die Schwäche natürlich bald heraus und ließen keine Gelegenheit vorübergehen, um Herrn Respita in Verlegenheit zu bringen. Beispielsweise oblag ihm turnusmäßig die Überwachung der Arrestanteneskorte vom und zum Grundarrest. Die alten Kommissariate besaßen in der Regel keine eigenen Gefangenenhäuser, die Häftlinge wurden vielmehr allabendlich im kommunalen „Grundarrest" untergebracht, um morgens zur Behandlung wieder vorgeführt zu werden. Im Grundarreste gab es allerdings keinen Spaß. Dort spielte ein Rohrstab, vulgo „Haslinger", eine respektable Rolle. War man aber einmal auf der Straße, dann versuchte so mancher der Gefangenen sein Heil in der Flucht. Die „Begleiter", amtlich „Konvoyanten" betitelt, trugen selbstverständlich die volle Verantwortung, und so kam es, daß die Einbringung der Kommissariatshäftlinge für so manchen ängstlichen „Sicherheiter" stets eine Aufregung mit sich brachte. Der pflichteifrige Herr Respita, welcher, wie erwähnt, schon ein wenig schlechte Augen hatte und die Physiognomien nicht mehr so genau zu unterscheiden vermochte, half sich daher gewöhnlich mit einer oftmaligen Abzählung der „Köpfe". Ein gewisser Josef Fritz, der zu den häufigsten Gästen der Kommissariate gehörte und stets zu losen Streichen aufgelegt war, pflegte nun den armen Mann durch den Zuruf zu frotzeln: „Respita zähl'!" Dies wurde zunächst in Verbrecherkreisen so populär, daß man, so oft Herr Respita „Konvoyant" war, aus allen Ecken und Enden den gezischten Ruf hörte: „Respita zähl'!" Aus „Respita zähl'!" entstand dann „Respitzel", mit welchem Spitznamen man den Josef Fritz später nicht nur wegen der Urheberschaft belegte, sondern auch deshalb, weil er sich mit Herrn Respita einen weiteren Spaß erlaubt hatte, welcher heute freilich nicht mehr so komisch wirkt, weil er unzählige Male in Theaterstücken und Humoresken verwendet wurde, der aber als Originalfall noch heute Anerkennung finden dürfte.

Einmal sollte nämlich Josef Fritz wieder in seine Heimat, nach Ungarn, schubiert werden, was ihm durchaus nicht paßte, denn sein Vater war ein braver Mann, der sich seiner zu Tode schämte. Fritz trachtete daher, um jeden Preis die Freiheit zu erlangen. Die geistigen Kräfte des gerade im Dienste stehenden Herrn Respita kennend, verlangte er vor seiner Transferierung „ausgeführt", das heißt, in seinen gewesenen letzten Unterstand gebracht zu werden, wo er Verhältnisse zu regeln habe, die seine persönliche Anwesenheit notwendig machten. Die Bitte wurde gewährt und Herr Respita mit

K.K. MILITÄR-
POLIZEIWACHMANN

der Ausführung betraut. Josef Fritz ging ruhig neben dem Amtsorgane einher und sprach demütig mit demselben, so daß Respita beinahe an eine Besserung glaubte. Als sie bei der Türe der ehemaligen Wohnung angelangt waren, ersuchte Fritz den Begleiter, allein in die Wohnung gehen zu dürfen, denn - dies tuschelte er ihm vertrauensvoll ins Ohr - er unterhalte mit seiner Quartiergeberin zarte Beziehungen und könnte die Blamage nicht überleben, von einem Polizisten heimgebracht worden zu sein. Die Frau halte ihn für einen rechtschaffenen Menschen und würde vermutlich vom Schlage gerührt werden, wenn ein Vertrauter in die Wohnung käme. Herr Respita besaß ein weiches Herz. Er ging auf das Ansinnen Fritzens ein und hielt vor der Türe getreulich Wache. Es verrann aber Viertelstunde auf Viertelstunde, ohne daß Fritz wieder zum Vorscheine gekommen wäre. Respita wurde ungeduldig. Er meinte, daß sein Arrestant im Zimmer ein Schäferstündchen abhalte, während er, der allmächtige Vertraute, draußen gewissermaßen als Ehrenwache stehe, und klopfte daher mit der strengsten ihm zu Gebote stehenden Amtsmiene an die Wohnungstüre. Die Frau öffnete, Fritz war aber nicht mehr bei ihr. Er hatte längst durch das Parterrefenster, welches auf die Gasse mündete, die Flucht ergriffen, ohne daß die Quartiersgeberin wußte, was dies zu bedeuten habe.

Herr Respita war natürlich der Verzweiflung nahe und brütete Rache. Ein zweitesmal werde ihm dies nicht mehr passieren. Und siehe da, nach einiger Zeit wurde Fritz wieder eingefangen und sollte abermals auf den Schub gehen. Er war auch diesmal unverfroren genug, vom Kommissär eine Ausführung zu verlangen. Respita begann am ganzen Körper zu zittern, doch hütete er sich, zu widersprechen, damit ihm niemand sagen könne, er sei schon dienstuntauglich. Er sagte es aber dem Josef Fritz klipp und klar ins Gesicht, daß er ihm heute nicht mehr aufsitzen werde. Fritz bat ihn herzlich um Verzeihung, und als sie bei der von ihm als letzten Unterstand bezeichneten Wohnung ankamen, hielt der Strolch folgende Ansprache: „Herr Respita, ich weiß, Sie haben kein Vertrauen zu mir, ich werde Ihnen heute also nicht mehr die Bitte unterbreiten, mich allein hineinzulassen. Aber glauben Sie ja nicht, daß in mir schon alles Schamgefühl erloschen ist. Erlassen Sie es mir wenigstens, mit Ihnen zusammen der schönen Frau unter die Augen zu treten. Es ist einmal meine Schwäche, mit jeder Quartierfrau anzubandeln, ich bin auch hier wieder der Geliebter - also, gehen Sie allein hinein, ich warte einstweilen hier vor der Türe."

Die Worte waren so überzeugend gesprochen, daß Herr Respita an ihrer Wahrheit und Aufrichtigkeit nicht zweifeln konnte. Er tat, wie ihm geheißen. Als er mit den Effekten des Josef Fritz auf den Gang zurückkam, war dieser trotzdem wieder verschwunden ...

Und solcher Streiche erzählte man sich damals in Wien unzählige. Wenn Fritz auch viel sündigte, so eigentlich böse war man ihm in der Öffentlichkeit nicht, denn der Wiener zeigte immer ein Verständnis für Humor, selbst für den Verbrecherhumor.

Josef Fritz vulgo „Respitzel" endete jedoch nicht als Dieb und Betrüger im Kerker, sondern weit schlimmer, als Mörder draußen an der Spinnerin am Kreuz.

Uns liegt ein alter Akt des Wiener Landesgerichtes vor, aus welchem wir folgenden Tatbestand zitieren: „Am 6. Mai 1853, nachmittags zwischen 3 und 4 Uhr, hörten zwei Polizeidiener aus dem Gewölbe des bürgerlichen Uhrmachers Kasper Kaufmann am Spitalplatze in der Inneren Stadt Wien ein Geschrei dringen und fanden beim Eintritte in dasselbe diesen in seinem Blute auf dem Boden liegend und bemüht, einen Mann, der sich von ihm loszumachen strebte, am Fuße festzuhalten. Kaufmann hatte einen Stich in der Brust und einen Schnitt an der rechten Hand erhalten und

DAS EHEMALIGE WIENER „SIEBENBÜCHNERINNENKLOSTER" AM SALZGRIES UND STERNGASSE, VON 1784-1883 POLIZEIGEFANGENENHAUS UND „GRUNDARREST"

bezeichnete den beiden Polizeidienern den Mann, der sich bei ihm befand, als denjenigen, von welchem er die Wunden, aus denen er blutete, erhalten hatte. Dieser, obwohl auf frischer Tat betreten und mit Blut befleckt, wollte glauben machen, daß nicht er, sondern ein anderer Mann, der kurz vorher in das Gewölbe gekommen und schnell davon geeilt, es gewesen sei, welcher den Uhrmacher angegriffen und verwundet habe. Da die Unwahrheit dieser Angabe am Tage lag, so wurde er augenblicklich verhaftet, der Verwundete aber nach schleunigst verschafftem wundärztlichen Beistande in die Wohnung eines befreundeten Uhrmachers gebracht, wo er trotz der sorgfältigsten Behandlung am 21. Mai verschied. Er hatte jedoch vor seinem Tode noch umständlich und unter Bekräftigung mit dem Eide vor einer gerichtlichen Kommission auszusagen vermocht, daß der erwähnte Mann allein zu ihm in das Gewölbe getreten sei, eine Uhr zu kaufen verlangt, und als er (Kaufmann), der am Fenster saß, sich anschickte, eine solche herabzureichen, ihm unversehens mit einem Messer einen Stich in die rechte Brustseite beigebracht und bei seiner Gegenwehr ihn mit demselben Werkzeug auch an der rechten Hand verwundet habe, und daß allen Umständen nach es die Absicht des Angreifers gewesen sein müsse, ihn zu ermorden und zu berauben. Das Mordwerkzeug, ein gewöhnliches, scharf geschliffenes Tischmesser, das dem Täter beim letzten Handgemenge entfallen war, wurde im Gewölbe vorgefunden. Die gerichtliche Obduktion der Leiche des Kaufmanns zeigte, daß das Messer zwischen dem 6. und 7. Rippenknorpel und dem Brustbein selbst in schiefer Richtung bis in die Lunge und nebenbei bis in den Herzbeutel eingedrungen war, und der Befund der Gerichtsärzte sprach sich dahin aus, daß Kaufmann an dieser Wunde und an den durch dieselbe (ohne Dazwischenkommen anderer hievon unabhängiger Ursachen) herbeigeführten Folgen gestorben sei.
Der Verhaftete war Josef Fritz, am 15. Oktober 1824 geboren, der Sohn eines israelitischen Kleinhäuslers und Wirtes im Neutraer Komitate. Er hatte durch einige Zeit die Schule besucht und sich dann durch mehrere Jahre unter verschiedenen Namen - unstet und ohne bestimmten Erwerb herumgetrieben, wurde mehrmals wegen Betruges und Diebstahles abgestraft, ließ sich dann im Februar 1844 zum k. k. Linien-Infanterie-Regimente Kaiser Alexander assentieren, desertierte jedoch mehrmals, ging am 30. November 1848 zu den Insurgenten über, stellte sich am 13. Jänner 1849 wieder, desertierte nochmals und wurde am 20. Oktober 1849 als Realinvalide mit Abschied entlassen. Am 19. Dezember 1849 wurde er wegen seiner Gefährlichkeit für fremdes Eigentum und wegen seines Herumstreichens für immer aus Wien abgeschafft. Im Jahre 1850 kam er neuerlich wegen Diebstahls in Untersuchung und Haft und wurde im September 1851 wegen dieses Verbrechens zu achtzehnmonatiger schwerer Kerkerstrafe verurteilt. Nach seiner zu Ende März 1853 aus dem Strafhause zu Brünn erfolgten Entlassung und Verweisung in seine Heimat hatte er sich neuerdings im Anfange des Monates Mai 1853 in Wien eingeschlichen."
Über den Gang der letzten gerichtlichen Untersuchung erfahren wir weiters aus dem Akt: „Im Beginne der wider ihn eingeleiteten Untersuchung (Voruntersuchung) leugnete er, der Täter des mörderischen Anfalles auf Kasper Kaufmann gewesen zu sein, indem er die schon bei Gelegenheit seiner Arretierung gebrauchte Ausflucht wieder geltend machen wollte. In der Folge gestand er zwar sowohl dem Untersuchungsrichter als auch bei der Hauptverhandlung, daß er es gewesen, der den Stoß mit dem Messer auf Kaufmann geführt und daß damals auch nur er allein im Gewölbe des Uhrmachers gewesen sei, wollte aber noch immer nicht zugeben, daß er die Absicht gehabt habe, denselben um das Leben zu bringen und zu berauben. Unter seinen in dieser Beziehung öfter wechselnden Erklärungen ging seine Behauptung vornehmlich dahin, daß er nur beabsichtigt habe, sich in dem mit Uhren angefüllten Gewölbe des Kaufmann unbemerkt einiges anzueignen, daß er aber dann, da er sein Vorhaben vom Uhrmacher erkannt geglaubt und die Veranlassung seiner Verhaftung befürchtet habe, in der Verwirrung das Messer aus der Seitentasche gezogen und blindlings den Stoß auf denselben geführt habe, um ungehindert entkommen zu können.
Allein alle Angaben, wodurch der Beschuldigte den Verdacht der auf Mord gerichteten Absicht von

sich abzuwälzen bemüht war, fanden in den Ergebnissen der Voruntersuchung und der Hauptverhandlung ihre gründlichste Widerlegung.. ."

Diese Hauptverhandlung wurde am 25. August 1853 abgehalten. Josef Fritz, der einer übermächtigen Anklage gegenüberstand und von Berufsrichtern beurteilt wurde (Geschworenengerichte bestanden damals in Österreich noch nicht), bot seine Schlauheit, wie vorauszusehen war, umsonst auf. Die Tatumstände sprachen zu stark gegen ihn. Das Resultat der Verhandlung drückte sich demzufolge auch in dem Urteile aus: „Dem zu Folge hat das K. k. Landesgericht zu Wien am 25. August 1853 den Josef Fritz des Verbrechens des meuchlerischen Raubmordes und der Übertretung der verbotenen Rückkehr nach dem §§ 134, 135, I. und II. und 324 St.-G. schuldig erkannt und nach § 136 zur Todesstrafe durch den Strang verurtheilt."

„Respitzel" sank wortlos auf die Bank nieder. Auf die Frage, ob er ein Rechtsmittel ergreife, verneinte er resigniert, so daß dem Urteile der amtliche Vermerk beigesetzt wurde: „Gegen dieses Urtheil hat Fritz keine Nichtigkeitsbeschwerde erhoben."

Den damaligen Vorschriften gemäß, mußte das Todesurteil aber dem Monarchen unter allen Umständen zur allerhöchsten Schlußfassung vorgelegt werden. Der Kaiser fand keine Veranlassung, den Lauf der Justiz zu hemmen, was in dem Amtsvermerke festgelegt erscheint: „Ueber die sohin nach § 349 St.-P.- O. zur Allerhöchsten Schlußfassung vorgelegten Akten und über das von dem Verurteilten vorgelegte Gnadengesuch haben Seine K. K. Apostolische Majestät am 15. Oktober 1853 die Allerhöchste Entschließung zu erlassen geruht, daß den Behörden wider den wegen des Verbrechens des meuchlerischen Raubmordes zum Tode verurteilten Joseph Fritz das weitere Amt nach dem Gesetze zu handeln überlassen werde."

Am 8. November 1853 trat eine Gerichtskommission in die Zelle „Respitzels" und eröffnete ihm, daß sein Leben verwirkt sei. In zwei Tagen müsse er am Galgen sterben. Joseph Fritz zeigte bei diesem traurigen Akte große Fassung. Seine Ruhe war schon früher von den Gerichtsorganen bewundert worden. Nach einem kurzen Kampfe mit sich selbst sah man sogar ein Lächeln um seinen Mund spielen. „Ausgedudelt!" rief er seinen Mithäftlingen zu und bestellte sich ein reiches Essen, dem er mit großem Appetite zusprach. Es erschienen sodann zahlreiche Personen bei ihm, und zwar keineswegs Verbrecher, die ihn noch persönlich kennenlernen wollten, denn, wie erwähnt, „Respitzel" genoß einen Lokalruf. Mit allen diesen unterhielt er sich heiter und mit viel Witz.

DER EHEMALIGE SPITALSPLATZ, ZUVOR „SCHWEINEMARKT" UND HEUTIGE LOPKOWITZPLATZ, TATORT DES FALLES JOSEF FRITZ

Nur einen Augenblick wurde er ernst, als er Tinte und Feder begehrte und mit hebräischen Lettern in deutscher Sprache einige Abschiedsworte an seinen gramgebeugten Vater schrieb. Er bat in dem Briefe um Verzeihung, daß er seinen Angehörigen und der ganzen Judenschaft eine solche Schande angetan habe. Das Verbrechen selbst erwähnte er nicht, nur am Schlusse teilte er mit zitternder Hand mit, daß er die Anleitung zum Morde am Spielberge in Brünn durch einen Sträfling erhalten habe, der wegen eines fast unter denselben Umständen begangenen Raubes nur mit zwanzig Jahren schweren Kerkers bestraft worden sei. Dieser Verbrecher habe ihm auch den Kasper Kaufmann als taugliches Opfer bezeichnet, ja, er habe ihm sogar alle Verhältnisse des Uhrmachers bekanntgegeben. Am 10. November hielt um sieben Uhr morgens ein verschlossener Wagen vor dem Kriminalgebäude in der Alservorstadt *(bereits das heutige Landesgericht),* den alsbald der Delinquent mit dem Prediger der israelitischen Kultusgemeinde bestieg. Ulanen bildeten die Eskorte. Um acht Uhr morgens langte das Gefährt bei der Spinnerin am Kreuz an. Kürassiere und Infanterie bildeten hier ein Karree. Den Richtpflock umstand eine kleinere Menge als sonst, doch fielen die zahlreichen Frauenzimmer auf. Es hat sich zwar immer noch gezeigt, daß bei öffentlichen Hinrichtungen das weibliche Element in der Zuschauerzahl überwiegt, hier scheint die Neugierde des „schwachen Geschlechtes" aber besonders groß gewesen zu sein, da es im Akte ausdrücklich vermerkt erscheint.

„Respitzel", dessen Witzfunke erloschen war, stieg sehr traurig aus dem Wagen. Er, der die religiösen Ermahnungen in den letzten Stunden mit großer Empfänglichkeit angehört hatte, richtete nun selbst einige reumütige Worte an die Menge. Er sprach aus dem Karree heraus, indem er betonte, daß er die Gerechtigkeit seiner Strafe voll anerkenne und die Gnade des ewigen Richters mit Bußfertigkeit erwarte. Als man ihn zur Besteigung des Galgens aufforderte, schritt er frei die paar Stufen hinan und sprach den Wunsch aus, daß er der letzte sein möge, der als warnendes Beispiel auf diesem Platze gerichtet werde. Oben angelangt, rief er zum Erstaunen seines Predigers: „Möge das Verbrechen und die Missetat aus den Reihen der Menschheit verschwinden und nach Jahren zur Erinnerung an das erloschene Verbrechen sich eine Kapelle auf dem Platze erheben, wo jetzt das Schafott zur Bestrafung des Sünders steht!"

Zuletzt empfahl er sein Weib und seine hilflosen Kinder der Barmherzigkeit der Menschen, denn seine unschuldigen Kinder mögen nicht die Schmach ihres Vaters büßen müssen.

Bei diesen Worten erscholl Trommelwirbel, der Scharfrichter legte ihm die Schlinge um den Hals und einige Minuten später war der Gerechtigkeit Genüge getan. Der Leichnam wurde nach drei Stunden abgenommen und verscharrt. *(Wie üblich in unmittelbarer Nähe der Hinrichtungsstätte, das Gelände war ja noch weitgehendst unverbaut).*

Die vollzogene Hinrichtung meldet der Gerichtsakt mit den Worten: „Am 8. November 1853 ist dem Verurteilten eröffnet worden, daß die ausgesprochene Strafe wegen nicht eingetretener Begnadigung an ihm werde vollzogen werden, und dieser Vollzug hat nach Vorschrift des § 470 der St.-P.-O. am Morgen des zweiten Tages, das ist gestern, den 10. November, auf dem Richtplatze am Wiener Berge stattgefunden."

㉑
UNBESTELLBARES FRACHTGUT
1859

Als am 11. Oktober 1904 in der Wohnung des flüchtig gewordenen Ehepaares Heinrich und Franziska Klein in der Magdalenenstraße Nr. 78 die verweste und zerstückelte Leiche des beraubten Hausbesitzers Johann Sikora gefunden wurde, insbesondere aber, als die Erhebungen zutage förderten, daß Franziska Klein die Absicht hatte, den Leichnam in einer vorgerichteten Kiste als Frachtgut zu verschicken, da ging ein Sturm der Empörung durch das gutmütige Wiener Publikum und man sagte allenthalben, ein solcher Fall sei hier etwas Unerhörtes. Man führte auch von publizistischer Seite sofort eine französische Kriminalaffäre an, welche dem entmenschten Weibe offenbar zum Vorbilde gedient haben müsse. Dieser Kriminalfall hatte sich zwei Jahre zuvor in Paris zugetragen. Huissier Gouve war von einer gewissen Gabriele Bompard zu einem galanten Abenteuer in ihre Wohnung gelockt, dort mit Hilfe des Geliebten der Frau, namens Eyraud, in der Weise erwürgt worden, daß ihm die Bompard, als sich Huissier ahnungslos in einen Lehnstuhl gesetzt hatte, eine Schlinge um den Hals warf, die, vorher präpariert, über eine Rolle vom Plafond herabhing. Der Tote wurde dann ausgeraubt, zerstückelt und in einem Lederkoffer geborgen, den die Mörder von Paris nach Lyon sandten, um ihn dort zu übernehmen und auf einem freien Felde, weit vor der Stadt, wegzulegen. Hierauf ergriffen beide die Flucht nach Brasilien, wurden aber von französischen Detektivs verfolgt und in Kuba festgenommen. Die Verhaftung wurde durch ein Zerwürfnis des Paares ermöglicht. Eyraud büßte seine Tat auf dem Schafott, während die Bompard zu lebenslänglicher Zwangsarbeit verurteilt und nach achtzehnjähriger Haft begnadigt wurde.

Die beiden Affären hatten wirklich viel Ähnlichkeit und es ist nicht unmöglich, daß Franziska Klein, welche sich viel mit der Lektüre französischer Bücher beschäftigte, zu einem derartigen Verbrechen verleitet wurde, daß in Wien aber eine so grausame Handlungsweise bis dahin unbekannt war, muß bestritten werden. Die Wiener Kriminalgeschichte bleibt vielleicht, was die Zahl der sogenannten Kapitalverbrechen anbelangt, hinter der anderer Städte durch die Harmlosigkeit unserer Bevölkerung zurück, der Art nach haben sich aber bei uns im Laufe der Zeiten alle nur erdenklichen Scheußlichkeiten ereignet. Wenn wir das 19. Jahrhundert allein betrachten, so lernten wir bereits in dem Fall der „Greißlerin vom Hungelgrund" ein verworfenes Weib kennen, welches den blutigen Leichnam des ermordeten

TATORT DES KRIMINALFALLES SCHMIDT, DAS HAUS WOLLZEILE 1 – ROTENTURMSTRASSE 4

Gatten in einer Butte forttrug, wir werden später die Tat des Nußdorfer Weinhauers Alois Zatschka besprechen, welcher seine Frau um das Leben brachte, zerstückelte und im Klosterneuburger Walde vergrub, und noch andere solcher Fälle. *(Man vergleiche auch das Werk Edelbacher-Seyrl „TATORT WIEN").* Der raffinierteste von allen Missetätern ist aber der Buchhalter Johann Schmidt, welcher seinen Prinzipal bei hellichtem Tage, im Herzen der Stadt, erschlug, um durch eine unbegreifliche Kurzsichtigkeit der Sicherheitsbehörde dreiviertel Jahre ruhig im Besitze der Beute zu bleiben und erst in dem Momente von der rächenden Nemesis ereilt zu werden, wo er seine Mitschuldige zum Altare führen wollte. Ihm gelang die Zerstückelung der Leichenteile vollständig, so daß der Prozeß Schmidt weit eher als Vorläufer des Falles Klein bezeichnet werden kann, als die französische Affäre. Der Klein-Prozeß war nichts als eine genial und aufregend durchgeführte Jagd nach zwei wohlbekannten Verbrechern; der Fall Johann Schmidt bildet dagegen ein kriminalhistorisches Ereignis von internationaler Bedeutung, wenngleich er auch ein dunkles Kapitel in der Tätigkeit der Wiener Polizei. bedeutet.

Johann Schmidt war Buchhalter der im Jahre 1859 „In der Stadt, Ecke der Wollzeile" *(heute das Gebäude Wien I., Wollzeile 1 - Rotenturmstraße 4)* etablierten angesehenen Bijouteriewarenhandlung Hurtz. Das schon damals renommierte Geschäft gehörte dem Begründer Karl Hurtz. Am 15. März des genannten Jahres kam derselbe morgens nicht ins Gewölbe und ließ auch dem Personale keinerlei Nachricht über seinen Verbleib zugehen. Als er auch am folgenden Tage ausblieb, glaubte man, er habe seinen Bruder Josef in Leobersdorf besucht und erwartete ihn mit den nächsten Zügen. Da ihn auch diese nicht brachten, richtete man ein Anfragetelegramm an seinen Bruder. Statt einer Rückantwort traf Josef Hurtz, der Bruder, selbst ein, erkundigte sich sogleich im Verkaufslokale und in der Fabrik, fand aber nicht den geringsten Anhaltspunkt für das Verschwinden des Geschäftsinhabers.

Zufällig hatte die Firma um die kritische Zeit Zahlungen zu leisten und nun verbreitete sich, erst in Geschäftskreisen und dann auch im Publikum, das Gerücht, daß Karl Hurtz „durchgegangen" sei. Josef Hurtz tat alles, um dies böswilligen Gerüchte als Verleumdungen zu brandmarken. Er wies nach, daß sich sein Bruder die nötigen Gelder vor seinem Verschwinden verschafft hatte und fand auch im Geschäfte noch eine Summe von fünftausend Gulden vor. Trotzdem war er nicht imstande, die Gerüchte verstummen zu lassen. Als er auf die Polizeidirektion ging, um einerseits Schutz zu suchen, anderseits den Buchhalter Johann Schmidt als einen Menschen zu bezeichnen, der ihm nicht vertrauensvoll erschiene und der

POLIZEI-OBERDIREKTION, PLATZ AM PETER, BIS 1874

bestimmt über den Verbleib des Bruders Auskunft geben könne, begegnete er nur einem vielsagenden Achselzucken. Die Behörde schloß sich den Ansichten der Geschäftswelt an und neigte zur Vermutung, daß sich Karl Hurtz noch weiteren Verbindlichkeiten durch die Flucht entzogen habe. Was das gegen Schmidt geäußerte Mißtrauen anbelangt, so meinte der Kommissär höflich-kalt: „Sie haben halt seit jeher eine Antipathie gegen den Buchhalter, das haben wir bereits erhoben." Damit war die Amtshandlung aber nicht erledigt. Die Polizeidirektion tat noch ein Übriges: Sie erließ eine Kurrende gegen Karl Hurtz, welchen sie der Kontrahierung betrügerischer Schulden verdächtigte. Nun war der Kredit des Geschäftes natürlich von Grund auf erschüttert, Josef Hurtz führte zwar das Unternehmen weiter, er hatte jedoch mit größten Schwierigkeiten zu kämpfen. Von Zeit zu Zeit tauchte die Nachricht auf, man habe den abgängigen Karl Hurtz in Hamburg, Aachen oder Berlin gesehen, die Nachforschungen, welche sein Bruder rastlos betrieb, führten aber zu keinem greifbaren Resultat.

Josef Hurtz etablierte mittlerweile eine Art „Privatpolizei" im Hause, indem er den von ihm verdächtigten Johann Schmidt weiter im Geschäfte verwendete, um ihn insgeheim zu überwachen

DIE ENTDECKUNG DER LEICHE IM KOFFER

und durch Verwandte kontrollieren zu lassen. Der Buchhalter wich allen verfänglichen Fragen geschickt aus und geriet nicht in Verlegenheit, wenn ihn Josef Hurtz barsch anfuhr: „Was haben Sie mit meinem Bruder gemacht? Es fehlen weder Kleider noch Pretiosen, er ist mit dem verschwunden, was er am Leibe trug?!"

Ganz merkwürdig ist, daß der Schwager des Hurtz die goldene Taschenuhr des Vermißten bei Johann Schmidt sah und sich mit dessen Antwort begnügte, er habe sie „erhandelt".

Die Sache schlief langsam ein. Man betrachtete Karl Hurtz als verschollen und die Geschäftsfreunde schwiegen rücksichtsvoll.

Josef Hurtz beobachtete aber den Buchhalter weiter und bemerkte nur: „Den spare ich mir auf!"

Nach dreiviertel Jahren ereignete sich etwas, heute in, dieser Form ganz Undenkbares. Josef Hurtz befand sich auf einer Jagd, wo er mit einem Wiener Polizeikommissär zusammentraf. Dieser erzählte ihm so nebenbei, daß man in Galizien, wie er im Polizeianzeiger las, eine Leiche in einer als „Glaswaren" deklarierten unbestellbaren Kiste gefunden habe. Die Beschreibung der Effekten erinnere sehr an das von der Wiener Polizei ausgegebene Signalement des Karl Hurtz. Josef Hurtz, welcher jeder Spur sofort nachging, fuhr schleunigst nach Rzeszow, besichtigte die Kleidungsstücke und - agnoszierte sie als die seines vermißten Bruders.

Diese Nachricht wirkte wie ein Funke im Pulverfaß. Die Wiener Polizei beeilte sich nun, ihre Schlappe, soweit wie möglich, wieder gutzumachen.

Man schickte zwei Vertraute in das Hurtzsche Geschäft und nahm Johann Schmidt, welcher auf den vorwurfsvollen Blick des Josef Hurtz in sich zusammensank, fest. Die Polizei konstatierte hierauf, daß Karl Hurtz damals wohl Zahlungen hatte, aber keinesfalls in Verlegenheit war, denn es zeigte sich, daß er nicht nur die von seinem Bruder im Geschäfte gefundenen fünftausend Gulden besaß, sondern daß er, um die Gesamtverbindlichkeit von 14.000 Gulden leisten zu können, von der Kreditanstalt 6.000 Gulden behoben, ferner zu dem gleichen Zwecke Wechselforderungen im Betrage von achthundert Gulden eingetrieben und sich den Rest von befreundeter Seite verschafft hatte. Karl Hurtz kam nach diesen Geschäftsgängen erleichtert ins Geschäft und arbeitete mit Johann Schmidt gemeinsam. Wahrscheinlich gab es dann eine Auseinandersetzung, denn Johann Schmidt ließ sich öfters kleine Unregelmäßigkeiten zuschulden kommen, und in diesem Wortwechsel erschlug derselbe seinen Prinzipal mit einer schweren Eisenstange. Der Tod mußte auf den ersten Schlag eingetreten sein, denn die Obduktion ergab, daß die vier Linien starke Hirnschale und das Nasenbein zerschmettert war. Schmidt drehte dann die Gasflamme ab, nachdem er den Toten beraubt und die Beute in Sicherheit gebracht hatte, und verließ das Geschäft. Gegen sieben Uhr abends sah ihn der Schwager des Ermordeten, namens Schönwetter, beim Absperren des Gewölbes. Den Erhebungen nach kehrte Johann Schmidt aber bald ins Geschäft zurück, wo er offenbar die Zerstückelung der Leiche begann. Die Blutlache war inzwischen vom ersten ins zweite Zimmer geronnen. Er goß daher eine Farbe, Goldlack, welchen man im Geschäfte zu kaufen bekam, darüber. Hierauf ließ er sich von der Hausmeisterin ein Schaff Wasser bringen, aber nur bis zur Tür, was gewiß auffällig war, und trug es selbst ins Zimmer. Schon am frühen Morgen des nächsten Tages erschien er mit einer fremden Waschfrau, der er eine ungewöhnlich große Belohnung gab, und ließ den Boden reinigen. Als sich die Hausmeisterin, welcher diese Aufgabe sonst oblag, darüber aufhielt, speiste er sie mit den Worten ab, er sei schon seit längerer Zeit mit ihr unzufrieden ...

Die Tat hatte sich am 14. März 1859 ereignet. Die Verhandlung gegen Schmidt konnte infolge der geschilderten Umstände aber erst am 30. Mai 1860 beginnen. Es war ein Sensationsprozeß allererster Ranges, wie es in Wien vorher noch keinen gegeben hatte. Angeklagt erschienen Johann Schmidt wegen meuchlerischen Raubmordes und des Verbrechens der Veruntreuung, und seine Geliebte Maria Magdalena Bichl sowie deren Schwester Rosa wegen Teilnahme am Verbrechen des meuchlerischen Raubmordes. Als Vorsitzender des nach der damaligen Prozeßordnung kompetenten Fünf-Richter-Kollegiums fungierte Vizepräsident Schwarz; als Richter die Landesgerichtsräte

Wagner, Duscher, Frühwald und Kuntze. Als Ersatzmann war Landesgerichtsrat Panstengl bestimmt. Die Anklage vertrat Oberstaatsanwalt Keller. Für Johann Schmidt führte Dr. v. Wiedenfeld die Verteidigung, für die beiden weiblichen Angeklagten die Doktoren Vilas und Schlögelgruber.

Um acht Uhr morgens war der Gerichtssaal vollkommen gefüllt. Bei dieser Verhandlung wurden zum ersten Male Eintrittskarten ausgegeben. Mit Rücksicht auf den enormen Andrang des Publikums wurde noch ein zweiter Saal geöffnet. Um neun Uhr traf der Gerichtshof ein, worauf die Angeklagten vorgeführt wurden. Zuerst kam die Geliebte des Hauptbeschuldigten, dann dieser selbst, zuletzt Rosa Bichl. Johann Schmidt präsentierte sich als junger, kräftiger Mensch mit blonden Haaren, nicht bösartigen, aber harten Zügen. Besonders hervorstechend war seine große spitzige Nase und der finstere Blick aus seinen tiefliegenden Augen. Er zeigte sich in einfacher Kleidung und bewahrte während der ganzen Verhandlung steinerne Ruhe und Gefaßtheit. Seine Geliebte war eine kleine Person mit rötlichbraunen Haaren und angenehmen Gesichtszügen, aus deren Kleidung man aber ersah, daß sie einen liederlichen Lebenswandel zu führen gewohnt sei. Im Momente des Eintrittes vergoß sie einige Tränen.

Am gebrochensten erschien Rosa Bichl, welche den Eindruck der Unschuld machte und wiederholt von Übelkeit befallen wurde.

Die Generalien der Angeklagten lauten nach dem Akte. „Johann Schmidt, 21 Jahre alt, katholisch, ledig, Buchhalter, zu Pladowitz in Mähren geboren. Maria Magdalene Bichl, 23 Jahre alt, Handarbeiterin, katholisch, in Pottenstein geboren. Rosa Bichl, Handarbeiterin, 30 Jahre alt, in Möllersdorf geboren."

DAS WIENER LANDESGERICHT FÜR STRAFSACHEN UM 1850

Aus der Anklage zitieren wir folgendes:
„Am 21. Jänner 1860 wurde im Bahnhofe zu Rzeszow ein Koffer geöffnet, welcher mit „Oben IP Nr. 1 Porzellan und Goldwaren" bezeichnet und mit zwei starken Sperrschlössern verschlossen war, sich aber durch einen auffallend üblen Geruch verdächtig gemacht hatte. Derselbe war in Wien am 15. März 1859 am Nordbahnhofe aufgegeben und noch am selben Tage nach Prag, seinem Bestimmungsorte, expediert worden. Von hier wurde er auf schriftliches Verlangen und ohne den

Bahnhof verlassen zu haben, nach Lemberg geschickt, wohin er über Rzeszow gelangte, als unbestellbar jedoch wieder nach Rzeszow zurückgeschickt werden mußte.

In diesem Koffer fand sich bei der Eröffnung desselben eine mit einem „C. H. 20" gezeichneten Hemd bekleidete männliche Leiche, welche, obgleich die Gesichtszüge schon durch Fäulnis gelitten hatten, von den Zeugen Josef Hurtz und Schönwetter mit voller Bestimmtheit als die des seit 14. März vermißten Kaufmannes Karl Hurtz erkannt wurde. Als Erkennungszeichen diente der starke Körperbau, die Farbe der Haare, der in das Rötliche fallende Schnurrbart und Backenbart, die starke Hand und insbesondere ein plombierter Stockzahn. Ebenso wurden das Hemd und die Hemdknöpfe, und zwar ersteres von den Zeugen mit der Bemerkung wiedererkannt, daß unter den Hemden des Hurtz gerade das mit Nr. 20 vermißt werde.

Der ärztliche Befund der Leiche ergab, daß die an derselben wahrgenommene Zertrümmerung der Schädelknochen von einer heftigen, mit einem stumpfkantigen Werkzeuge, wahrscheinlich mit mehreren Schlägen, verübten mechanischen Gewalt herrühre, daß die Verletzungen dem lebenden Körper beigebracht wurden und absolut tödlich seien.

Der Koffer wurde von dem Taschner Großkopf und seinem Hausknechte Christamento bestimmt als derjenige erkannt, welchen Johann Schmidt, der Buchhalter des Hurtz, im März 1859 bei demselben kaufte und durch den Hausknecht zur Hintertür des Hurtzschen Gewölbes schaffen ließ. Die Zeit der Herbeischaffung des Koffers und die Versendung desselben fällt genau in die Zeit, wo Hurtz verschwand und es ergibt sich auf diese Weise ein klarer Zusammenhang zwischen der Ermordung des Hurtz und der Auffindung der Leiche.

SCHWURGERICHTSVERHANDLUNG IM NEUEN LANDESGERICHT

Da nach dem Verschwinden des Hurtz auch der Abgang einer Geldsumme von 7.077 fl. 59 kr. und dreier Wechsel bemerkt wurde, bei der Arretierung des Johann Schmidt und der Durchsuchung seiner Effekten überdies noch die Uhr und die Kette des Ermordeten sich vorfand, so liegt das Verbrechen des Raubmordes erwiesen vor, und ist Johann Schmidt desselben rechtlich beschuldigt. Durch eigenes Geständnis ist der Angeklagte überwiesen, die Spuren des verübten Mordes entfernt und beseitigt zu haben, indem er gleich nach der Tat die äußere Eingangstür in das Gewölbe verschloß, den Koffer herbeischaffte, einen Träger selbst herbeiholte und ihm den Koffer nebst einem Frachtbriefe zur Versendung übergab, ferner durch wiederholtes Aufwaschen die Blutspuren am Boden beseitigen ließ, sowie die blutbefleckten Kleider verbarg und vernichtete. Die Zeugenaussagen stimmen mit dem Bekenntnisse des Angeklagten in dieser Richtung genau überein. Nur in bezug auf den Mord selbst leugnet der Angeklagte und behauptet, ein fremder Mann, den er nach seiner Aussprache für einen Berliner hielt, und der ihm nur unter dem Vornamen Michael bekannt sei,

SKIZZE VOM PROZESS GEGEN JOHANN SCHMIDT

habe den Hurtz ohne sein, des Angeklagten, Einverständnis und Zutun im Gewölbe ermordet, und seine Beziehung zur Tat beschränke sich nur darauf, erst nachdem dieselbe vollbracht war, bei Beseitigung der Spuren behilflich gewesen zu sein und daraus Vorteil gezogen zu haben. (Anmerkung des Verfassers: Auch hierin zeigt sich eine auffallende Ähnlichkeit mit dem Falle Klein, indem die Hauptbeschuldigte Franziska Klein ebenfalls von einem unbekannten Fremden als Täter fabulierte, nur daß sie aus demselben einen Russen machte.) Er erzählt ferner, der Berliner sei am Morgen nach der Tat, während ein Weib eben mit dem Aufreiben des Bodens beschäftigt war, rückwärts bei der Tür hereingekommen, und der Angeklagte habe über dessen Aufforderung einen Träger vom Stephansplatze herbeigeholt, um den Koffer fortzuschaffen. Dann habe ihm der Berliner rückwärts in dem schmalen Gange die Brieftasche mit der Summe von 3.400 fl. übergeben, ihn gefragt, ob er zufrieden sei, worauf er mit Ja antwortete, und sich mit der Bemerkung entfernt, er müsse fortreisen, um die Leiche weiterzubringen.
Wohin dieselbe gekommen, und nach welcher Richtung der Koffer versendet wurde, weiß er nicht. Den Frachtbrief, welchen der Berliner geschrieben, habe er nicht gesehen, er wisse also auch nicht, was als Inhalt angegeben wurde. Er wisse ferner nicht, mit welcher Adresse und insbesondere mit welchem Abgangsorte der Frachtbrief oder der Koffer selbst bezeichnet war, und wie der Koffer nach Galizien gekommen sei. Den Frachtbrief ddo. Wien, den 15. März 1859, mit der Adresse: „Joachim Poppe, Hotelbesitzer Nr. 864 in Prag" und der Deklaration: „Porzellanwaren, ein vergoldeter Luster, eine Schachtel Delikatessen" kenne er nicht, ebensowenig das Schreiben vom 19. März 1859, in welchem die Bahndirektion in Prag ersucht wird, den Koffer per Lastzug an die Adresse Joachim Poppe zu Przemyslani in Galizien weiterzubefördern.
Diese ganze Erzählung erweist sich jedoch als vollkommen erdichtet. Es spricht dagegen zuerst der Umstand, daß Karl Hurtz, der ein sehr vorsichtiger Charakter, überdies stark, gewandt und ein geübter Turner war, einen Fremden, ohne ihn zu beobachten, nicht hinter sich geduldet haben würde.

Er konnte mithin nur das Opfer eines ihm plötzlich von rückwärts, ohne daß er sich dessen hätte versehen können, beigebrachten, jede Gegenwehr oder auch nur einen für die nahe Umgebung vernehmbaren Hilferuf vereitelnden Schlages geworden sein. Es spricht dagegen die Wahl der Zeit, des Ortes und des Mittels zur Verübung der Tat, die auf ein genaues Vertrautsein mit allen Verhältnissen, welche bei einem so kühnen Unternehmen wohl berücksichtigt werden mußten, wie auf eine nur dem mit diesen Verhältnissen Vertrauten dargebotene Gelegenheit hindeuten. Kein dem Hurtzschen Geschäfte Fremder, wie Schmidt den angeblichen Berliner schildert, konnte gewußt haben, daß Karl Hurtz am 14. März 1859 bedeutende Geldsummen einkassiert und am selben Tage noch bei sich hatte, um dieselben in gewohnter Weise in der Fabrikskasse in der Alservorstadt zu hinterlegen. Wohl aber mußte dies dem Angeklagten, welcher die Bücher zu führen hatte, und der damals das Vertrauen seines Vorgesetzten genoß, bekannt sein. Die gesprächsweisen Äußerungen des Angeklagten gegen den Pfaidler Wimmer und seinen Bruder Ambros Schmidt: er habe gesehen, daß Karl Hurtz, als er damals Kassa machte, 6.000 bis 8.000 fl. Barschaft im Portefeuille hätte, sprechen für die letztere Annahme.

Kein dem Hurtzschen Geschäfte Fremder konnte es gewagt haben, die Tat zu begehen, in dem Verkaufsgewölbe einer der gangbarsten Straßen Wiens, zur Zeit des belebtesten Verkehrs (abends 7 Uhr), bei unversperrter Eingangstür, wie dies nach des Angeklagten eigener Angabe der Fall ist. Wohl aber war es dem Angeklagten, und nur ihm, möglich, die entsprechenden Vorkehrungen zu treffen, um gegen jede Störung in der Ausübung seines Vorhabens gesichert zu sein. Kein Fremder konnte sich ferner mit dem geeigneten Werkzeuge (einem schweren eisernen Instrumente) unbemerkt versehen und zu dessen Gebrauche angeschickt haben, wohl aber war es dem Angeklagten, und nur ihm möglich, die hinter dem Sitze des Hurtz befindliche eiserne Sperrstange, den einzigen im Gewölbe vorhandenen Gegenstand der bezeichneten Art, in die Hand zu nehmen, da die Zeit zum Sperren des Gewölbes bereits herangekommen war.

Die Angaben, welche der Angeklagte über den angeblichen Berliner machte, daß derselbe nämlich am anderen Morgen in den Laden gekommen sei, stehen im offenbaren Widerspruche mit der Aussage der Zeugin Theresia Kant, welche das Ausreiben der Flecke besorgte, und der Hausmeisterin Josefa Resl. Erstere behauptet, der Angeklagte sei immer im Zimmer gewesen und nur einmal hinausgegangen, um einem hereingekommenen Träger ein beschriebenes Papier und einen Koffer zu übergeben. Sonst sei niemand dagewesen. Die Hausmeisterin behauptete, sie sei an jenem Morgen zum Kontor gekommen, wo ihr der Angeklagte in der Tür entgegengetreten sei. Wenn jemand in dem engen Gange zum Kontor gestanden wäre, hätte sie ihn sehen müssen. Es sei aber niemand dagewesen. Überdies blieben alle Nachforschungen nach dem Berliner fruchtlos. Es ergab sich weder im Gasthofe „Zur Stadt London", wo derselbe gewohnt haben soll, noch in den Gasthäusern „Zur Linde", „Zur Pfeife", im „Michaeler-Hause", wo der Angeklagte mit ihm zusammengekommen sein will, auch nur die entfernteste Spur eines Individuums, wie der Angeklagte jenen Berliner beschreibt.

Der Angeklagte hat ferner recht gut gewußt, was mit dem Koffer geschehen, ja, es läßt sich in dieser Angelegenheit, soweit dieselbe den gerichtlichen Nachforschungen erreichbar ist, kein fremder Einfluß erblicken. Im Gegenteile hat sich der Angeklagte durchaus selbsttätig bewiesen. So hat die Geliebte des Schmidt, Maria Magdalena Bichl, welche der Mitwissenschaft des Mordes sowie der Mitwirkung bei dem Verbergen und Vertilgen der blutbefleckten Kleider und der Teilnahme an der Verwendung des geraubten Geldes angeklagt und geständig ist, angegeben, Schmidt habe ihr einige Zeit nach der Ermordung des Hurtz auf ihr Befragen mitgeteilt, daß die Leiche nach Galizien transportiert worden sei. Ebenso sagt der Zeuge Friedrich Tuschhof endlich aus, Schmidt habe ihn zu bestimmen gesucht, einen Koffer, enthaltend Delikatessen und dergleichen, über die russische Grenze zu schmuggeln. Der Koffer, welcher jedoch nicht geöffnet werden dürfe, liege in Prag, sei via Lemberg bestimmt und könne in Lemberg oder Rzeszow in Empfang genommen werden.

Interessant ist es, wie der Zufall oder die göttliche Bestimmung dem Gerichtshofe erst in der letzten Woche diesen Zeugen Tuschhof, der einer der wichtigsten Belastungszeugen sein dürfte, zuführte. Tuschhof ist ein Preuße, der sich im Jahre 1859 in Wien aufhielt, um Agenten zu suchen. Er war auch an Hurtz empfohlen und von dem Ermordeten am 14. März auf vierzehn Tage später wiederbestellt worden. Als er nach einigen Tagen von dem Verschwinden des Herrn Hurtz hörte, ging er wieder in dessen Kontor, um sich näher zu erkundigen, wo ihn dann von Schmidt obiger Schmuggelantrag gemacht und zur näheren Beratung das Michaeler Bierhaus bestimmt wurde. Schmidt offerierte daselbst außer sämtlichen Reisespesen noch 200 fl., und als Tuschhof bemerkte, er sei in Galizien wenig bekannt, wurde sofort eine Karte von Galizien in der in der Nähe liegenden Landkartenhandlung Artaria gekauft, welche sich auch später bei den Effekten des Schmidt vorfand. Bei einem Rendezvous für abends in der „Schnecke", wo das Schmuggelgeschäft ganz geordnet werden sollte, fehlte Schmidt, und Tuschhof reiste ab, da ihm das Geschäft so nicht zusagte. Wie erstaunte er, als er vor einigen Monaten in einem Lokalblatte in Iserlohn von dem an Hurtz verübten Mord, dem Koffer in Rzeszow usw. las. Er schrieb sogleich an den Bruder des Ermordeten das, was er wußte, wurde dann amtlich eidlich vernommen und befindet sich jetzt hier, um dem Angeklagten gegenüber seine Aussage zu wiederholen.

DARSTELLUNG AUF EINER „MORITAT"

Die Schriftstücke, welche der Angeklagte nicht kennen will, sind nach dem Befunde zweier Sachverständiger unzweifelhaft von einer und derselben Hand, beide Schriftstücke aber höchstwahrscheinlich, ja beinahe gewiß, von der Hand des Schmidt geschrieben. Diese Übereinstimmung der Handschrift erhält durch die Übereinstimmung mit den Mitteilungen des Angeklagten gegenüber dem Zeugen Tuschhof noch mehreres Gewicht, und wenn der Angeklagte bestimmt ableugnet, jene Schriftstücke geschrieben zu haben, und sich auf die ganze Affäre mit Tuschhof nicht erinnern zu können vorgibt, so trägt dies nur dazu bei, den Verdacht gegen ihn zu erhöhen. Außerdem zeugen noch mehrere Umstände dafür, daß die Tat vom Angeklagten schon vorher überlegt war: So wurde die Frau, welche das Aufreiben besorgt, schon mehrere Tage vorher durch die Geliebte des Angeklagten bestellt, während das Aufwaschen gewöhnlich von der Hausmeisterin besorgt wurde, ebenso war der Koffer schon früher bestellt; hierzu kommt noch der Umstand, daß der Angeklagte am Morgen nach der Tat die blutbefleckten Kleider des Ermordeten, in Papier gewickelt und mit Spagat verbunden, durch die Theresia Kant in die Wohnung seiner Geliebten tragen ließ, was mit Grund auf ein vorheriges Einverständnis schließen läßt.

Das Vorleben des Angeklagten stellt demselben kein günstiges Zeugnis. Schon in seiner Lehrzeit beim Kaufmanne Josef Reichl in Sternberg ließ er sich mehrere kleinere Diebereien zuschulden kommen, und sein Prinzipal sah sich genötigt, ihn wegen seines leichtsinnigen Lebenswandels und seines lügenhaften, trotzigen, verstockten Benehmens noch vor Beendigung der Lehrzeit zu entlassen.

Aus seinem nächsten Dienst bei dem Kaufmanne Karl Breitehner in Ungarisch-Ostrau wurde der Angeklagte ebenfalls wegen Entwendung verschiedener Warenartikel schon nach zwei Monaten entlassen, und auch beim Kaufmanne Hurtz sind Unregelmäßigkeiten im Warenverkaufe erhoben und von dem Angeklagten eingestanden worden. Während seines Aufenthaltes in Wien hatte er - erst 19 Jahre alt - schon ein Liebesverhältnis mit Marie Hengel, welches dieselbe bald abbrach, als sie vernahm, daß Schmidt auch mit anderen Mädchen umging und überhaupt zu flott lebe. Seine Schwägerin Aloisia Schmidt sagte von dem Angeklagten, daß er so vielen Hang zum Großtun habe und sehr leichtsinnig sei, was derselbe auch dadurch bewies, daß er die 3.400 fl. (nach der Angabe des Hurtz 7.000 fl.) binnen wenigen Monaten in rücksichtslosem Übermut vergeudete. Seine persönliche Haltung bei dem Verhöre zeigt innere Unruhe und Beklommenheit; bei der Vorweisung des Frachtbriefes war er so ergriffen, daß er wankte und sich mit der Hand am Stuhl festhalten mußte."

Im weiteren beschuldigt ihn der Staatsanwalt der Veruntreuung von 150 fl., die er als Akontozahlung auf heimlich fortgetragene Waren im Werte von 324 fl. 50 kr. erhalten hatte. Ferner habe er von einem Kaufpreise 15 fl. für sich behalten.

Die Anklage gegen die beiden Schwestern Bichl gründet sich auf das vertraute Verhältnis derselben zu dem Hauptbeschuldigten sowie auf den schlechten Leumund der Mädchen. Außerdem hätten sie sich durch eine Reihe von Handlungen des Einverständnisses mit Johann Schmidt verdächtig gemacht. Endlich begingen sie auch eine Irreführung der Behörde gegenüber dem nachforschenden Polizeiwachmanne Anton Richter.

Nach Verlesung der Anklageschrift wird Johann Schmidt aufgerufen. Er bleibt bei seiner Verantwortung in der Voruntersuchung. Der unmittelbare Täter sei der „Berliner", welcher ihn um Briefmarken geschickt habe, um den Mord begehen zu können. Nach seiner Rückkunft stand der Berliner neben der Leiche und zwang ihn durch Versprechungen und Drohungen zum Schweigen. Eine Veruntreuung stellt er in Abrede. Über seine persönlichen Verhältnisse befragt, gibt er an, daß er 1838 geboren, drei Jahre Volksschule absolvierte. Schließlich sei er nach Wien gekommen, wo bereits mehrere seiner Brüder lebten. Bei Hurtz trat er 1855 ein. Er äußert sich über seinen gewesenen Prinzipal sehr vorteilhaft, ebenso habe ihn der Fabriksdirektor Schönwetter sehr gut behandelt. Nur Josef Hurtz habe ihn grundlos verfolgt. Den „Berliner" beschreibt er sehr genau, wenn er sich aber in Widersprüche verwickelt, sagt er kurz: „Das weiß ich nicht mehr." Auf die Frage, warum er nicht um Hilfe gerufen, das Vorgefallene angezeigt und überhaupt dasjenige getan habe, was in einem solchen Falle das Natürlichste gewesen wäre, antwortete er, er sei derart erschrocken gewesen, daß er dem Mörder willenlos gehorchte, auf dessen Befehl die Gassentüre schloß, Abwaschwasser herbeischaffte usw. Er bleibt dabei, daß der Berliner am nächsten Morgen mit einem Träger gekommen sei und diesem als Adresse für den Koffer den Jakoberhof angegeben habe Er selbst habe die blutigen Kleider in Papier gewickelt, versiegelt und seiner Geliebten mit der Weisung geschickt, das Paket erst zu öffnen, wenn er selber komme. Die fremde Waschfrau Kant erhielt 4 fl. sowie den Hut und die Stiefel des Ermordeten. Ihm folgte der Berliner 3.000 fl. nebst der Uhr und dem Siegelringe des Karl Hurtz aus. Die Kant hätte er nur bestellt, da die Hausbesorgerin schon lange „schlampig" gewesen sei. Er habe nichts von größeren Einkassierungen gewußt, auch das Märchen von der Flucht des Karl Hurtz habe er erst viel später verbreitet. Seiner Geliebten - so gesteht er endlich - hätte er wohl von der Ermordung erzählt, doch habe er die Mitteilung widerrufen, damit das Mädchen im unklaren bleibe. Die Beute verwendete er zu Darlehen an seine Verwandten und an Rosa Bichl; dann richtete er sich in Altlerchenfeld Nr. 221 glänzend ein. Die Polizei fand eine Menge Kleidungsstücke und Einrichtungsgegenstände, Armbänder, Ketten, Uhren, einen Brautkranz, einen zweischneidigen Dolch, auch eine Bibliothek usw. Johann Schmidt wird aber immer kleinlauter und sagt schließlich bei unbequemen Fragen die vielsagende Phrase. „Das kann mir ja nicht bewiesen werden."

Am nächsten Tage wurde die Geliebte Schmidts verhört. Sie gab an, in ihrem zwanzigsten. Lebensjahre wegen der Stiefmutter das Elternhaus verlassen zu haben. Den Schmidt habe sie im Josefstädter Theater kennengelernt. Er sei ihr Sitznachbar gewesen, wollte sie heimbegleiten, was sie abwies. Doch erlaubte sie ihm, sie zu besuchen. Bald habe sich ein intimes Verhältnis zwischen ihr und ihm entwickelt, zumal er angab, einen Monatsgehalt von 50 bis 60 fl. zu beziehen, sehr freigiebig war und ein sparsamer Mensch zu sein schien. Der Präsident fragt sie, ob ihr an den heimgeschickten Kleidungsstücken nichts aufgefallen sei, worauf Maria Bichl erwidert: „Der eine Rock war befleckt, aber ich meinte, das sei rote Tinte, weil ich nicht dachte, daß es Blut sein wird." - Präsident: „Haben Sie über diesen Umstand mit der Rosa gesprochen?" - Angeklagte: „Ich weiß es nicht." - Sie will sich überhaupt an sehr wenig erinnern, widerruft alle in der Voruntersuchung gemachten Zugeständnisse und begründet dieselben mit ihrem damaligen Bestreben, dem Johann zu helfen, da sie aber nun sehe, daß jetzt alles ihr zur Last gelegt werde, so ziehe sie die falschen Angaben zurück. Johann Schmidt habe einen Rock verbrannt, den zweiten zerschnitten und einen dritten auch verbrennen wollen, was sie aber nicht erlaubt habe. Sie trug ihn vielmehr zum Fleckputzer, worauf ihn dann Johann seinem Bruder schenkte. Von der Ermordung will sie nichts gewußt haben. „Ich stelle das durchaus in Abrede," ruft sie aus, „denn erstens, wenn ich gewußt hätte, daß er so etwas tun würde, so hätte ich das Verhältnis mit ihm abgebrochen, und zweitens wäre ich nicht mit meinem Leben für ihn gutgestanden, da ich gewußt habe, daß ich nur ein Leben habe." (Heiterkeit.) Auf die Bemerkung des Präsidenten: „Ich muß sie aufmerksam machen, daß Sie durch Ihre Haltung nur ihr Los verschlimmern," antwortet Maria Bichl: „Dafür kann ich nicht. Ich habe weder Vater noch Mutter, stehe ganz allein in der Welt und kann nicht dulden, daß man mir alle diese Dinge aufbürdet."

Die Gedanken des Raubmörders im Kerker.

DARSTELLUNG AUF EINER „MORITAT"

Rosa Bichl spricht leise und voll Reue. Sie habe sich gewundert, daß die Kant für das Aufwaschen 4 fl. erhielt, doch sagte Schmidt, sie sei ein armes Weib, wenigstens habe es ein gutes Werk getan. Von einem Berliner habe sie nie etwas gehört, doch habe sie ihrer Schwester gegenüber einmal unverhohlen geäußert, sie halte den Johann für den Mörder des Karl Hurtz.

Sodann begann das Verhör der Zeugen, welches seinen Höhepunkt beim Erscheinen des Agenten Tuschhof, eines großen, starken Mannes, erreicht, der genau so aussieht, wie Schmidt den Berliner beschrieb und einen so unverfälscht norddeutschen Akzent spricht, daß sich förmlich die Überzeugung aufdrängt, Schmidt sei durch das zufällige Auftauchen Tuschhofs auf den Gedanken gekommen, sich hinter der Figur eines „unbekannten

Berliners", zu verschanzen. Schmidt bestreitet alle Anwürfe des Zeugen, worauf der Präsident die Bemerkung fallen läßt: „Ihr Benehmen ist ein Akt der Verteidigung. Sie werden wissen, daß Sie eines Verbrechens angeklagt sind, auf das die Todesstrafe gesetzt ist!?" Johann Schmidt erwidert daraufhin mit fester Stimme: „Die fürchte ich nicht!"

Nun entwickelt sich eine dramatische Szene. Der Präsident erklärt in väterlichem Tone: „Es ist keine vorgefaßte Meinung, die ich ausspreche, ich bin in Fug und Recht, daß ich Ihnen dies mitteile. Es ist ganz begreiflich, daß in einem Falle dieser Art selbst ein schuldbeladenes Bewußtsein diesen Kampf kämpft, weil es eine Frage ist zwischen Tod und Leben. Der ganze Fall hat jedoch eine weitere Teilnahme gefunden, als die Grenzen des Gerichtshofes. Es muß sich neben dem richterlichen Urteil noch ein sittliches bilden, und zwar die Stimme des Gewissens, sie bleibt wach, so lange noch ein Gefühl für das Rechte, Gute, Böse lebendig ist. Ich kann mir nicht denken, daß ein Mensch, so lange noch ein Funken sittlichen Gefühles in ihm ist, die Stimme des Gewissens überhören und zum Schweigen bringen könnte. Ich kann mir den nicht denken, dem noch ein Rest sittlichen Wertes innewohnt und der sich hinwegsetzen könnte über die Meinung der Welt. Das vermag ich mir nicht zu denken. Nun frage ich Sie, Johann Schmidt, bleiben Sie dabei, daß Sie Ihre Hand nicht mit dem Blute des Karl Hurtz befleckt haben?"

Johann Schmidt (unter allgemeiner Spannung, sehr unbestimmt): „Mein Herz ist rein, der Berliner hat es getan!"

Aus dem Verhöre des Josef Hurtz, der zunächst vor Schluchzen nicht sprechen kann, erwähnen wir: „Ich hatte einen doppelten Schmerz, den über das Verschwinden meines Bruders und den über die Unmöglichkeit, die verleumderischen Gerüchte zu zerstreuen. Gegen den Schmidt faßte ich von dem Momente an Verdacht, als er die Kassenschlüssel schickte, ich bin dann ins Gewölbe gekommen, Schmidt ist aufgestanden, ich bin auf ihn zugetreten und habe ihn um den Verbleib meines Bruders gefragt. Er sank förmlich zusammen, veränderte die Gesichtsfarbe und konnte mir keine Antwort geben. Es war mir nun ganz klar, daß er an dem Verschwinden meines Bruders die Schuld trage. Das war auch die Veranlassung, warum ich ihn bei der Polizei anzeigte. Dort hat man mir zwar über mein wiederholtes Ersuchen versprochen, ihn überwachen zu lassen, das mußte ich aber selber besorgen. Ich behielt ihn bei mir, um ihn gleich bei der Hand zu haben, wenn etwas aufkäme, und ich habe auch alle Verwandten aufgefordert, es so einzurichten, daß Schmidt im Geschäfte bleibe."

Nach Beendigung der Zeugeneinvernahme wird noch ein polizeiliches Schreiben verlesen, demzufolge die beiden Schwestern Bichl vor der Verbindung mit Schmidt „ihr Erwerben in einem unsittlichen Lebenswandel gefunden hätten, an dessen Folgen sie öfters litten".

Das Beweisverfahren wurde mit der Verlesung eines heuchlerischen Schreibens geschlossen, welches Johann Schmidt nach Abschluß des Vorverfahrens abgefaßt hatte. Er sagt darin, „daß er sich seit dem Momente der Mitwissenschaft an dem Morde namenlos unglücklich fühle und seine Teilnahme an dem Verbrechen schon millionenmal bereut habe. Er fühlte sich schuldig, den guten Namen seiner Eltern und Geschwister gebrandmarkt zu haben. Er habe auch mit dem Gelde mehrere Wohltaten ausgeübt und sei der Meinung gewesen, daß sich der Himmel bereits mit ihm ausgesöhnt hätte, als plötzlich das Verbrechen entdeckt worden sei. Seine Reue gab ihm dann wieder jene Gemütsruhe, wie sie nur der Unschuldige haben könne. Am meisten bereue er aber, daß er den guten (!) Ruf seiner Geliebten und ihre Existenz vernichtet und sie in den Abgrund gerissen habe. Er liebe sie außerordentlich, sowie er auch ihrer innigsten Gegenliebe sicher sei. Werde er aus der Strafhaft entlassen sein, so wolle er es als seine heiligste Pflicht betrachten, die Geliebte durch Liebe für das jetzige Leiden zu entschädigen."

Die Verteidiger legten sich für ihre Klienten stark ins Zeug, aber mit geringem Erfolge. Das Urteil lautete: „Das k. k. Landesgericht in Wien hat kraft der ihm von Seiner k. k. Apostolischen Majestät verliehenen Amtsgewalt über die Anklage der löblichen Staatsanwaltschaft gegen Johann Schmidt wegen .... ferner gegen Maria Magdalena Bichl wegen.. ., endlich gegen Rosa Bichl wegen ... zu Recht erkannt: Johann ist des Verbrechens des vollbrachten Raubmordes, dann des Verbrechens der Veruntreuung schuldig und ist deshalb in lebenslangem schweren Kerker anzuhalten, er hat die Kosten des Strafverfahrens zu tragen, er hat ferner dem Josef Hurtz den Betrag von 7.227 fl. 59 kr., darunter 3.200 fl. zur ungeteilten Hand mit Maria Magdalena Bichl und den sonst noch im Zivilrechtswege erweislichen Schaden zu ersetzen; die vorhandene Uhr samt Pretiosen und Kleidungsstücken des Karl Hurtz sind an dessen Verlassenschaftsbehörde zu verabfolgen, und es sei dieser Verlassenschaftsbehörde der weiters noch im Zivilrechtswege zu erweisende Schaden zu vergüten. Von dem, dem Johann Schmidt angeschuldigten Verbrechen der Verleumdung sind Übertretung der Ehrenbeleidigung wird er losgesprochen und schuldlos erklärt.

Magdalena Bichl ist des Verbrechens der Teilnehmung am Raube schuldig und deshalb im schweren Kerker in der Dauer von vier Jahren anzuhalten ... Bezüglich der Teilnahme am meuchlerischen Raubmord wird sie wegen Unzulänglichkeit der Beweise freigesprochen und von der Anklage wegen Verbrechens der Vorschubleistung wird sie freigesprochen und schuldlos erklärt.

Rosa Bichl wird von der angeschuldeten Teilnahme am meuchlerischen Raubmorde, der Teilnehmung am Raube und der Vorschubleistung freigesprochen und schuldlos erklärt. Die Kosten des Strafverfahrens bezüglich der Person der Rosa Bichl sind vom Staate zu tragen."

Johann Schmidt blieb bei der Urteilsverkündigung ganz ruhig und legte sogar eine Miene frecher Gleichgültigkeit zur Schau. Seine Geliebte verhielt sich auch anscheinend teilnahmslos, doch sah man, wie sich ihre Augen mit Tränen füllten. Nur Rosa Bichl zeigte sich tiefergriffen. Als ihr der Präsident zuruft: „Sie sind frei, Sie können gehen!", versucht sie unter heftigem Schluchzen einige Dankesworte zu stammeln.

Johann Schmidt wurde zur Verbüßung seiner Strafe nach Karthaus *(Strafanstalt in Böhmen)* gebracht. Dort ließ er alsbald die Maske der Gleichgültigkeit fallen. Er schrieb Brief auf Brief an Josef Hurtz, und in den folgenden Jahren taucht immer wieder in den Wiener Tagesblättern die Spitzmarke auf: „Ein Brief des Raubmörders Johann Schmidt". In allen diesen Schreiben beschwört der Mörder den Bruder seines gewesenen Prinzipals, für ihn ein Wort der Verzeihung zu sprechen, damit er begnadigt werde. Dies gelang ihm indessen nicht.

Der Häftling Johann Schmidt wurde später nach Munkacs verlegt, wo er in seinem 36. Lebensjahre im Kerker starb.

㉒
DIE SCHENKE BEI DER LAMPELMAUTH
1860

Am 3. Juni 1860 fand man auf der von der Westbahnlinie zur Schmelz führenden Straße einen nur mit einem Hemde bekleideten, über und über mit Blut besudelten jungen Mann, welcher wohl noch atmete, aber bewußtlos war. Man brachte den Unglücklichen zum Polizeikommissariat Neubau, wo es den Bemühungen des Wundarztes gelang, die Lebensgeister des Schwerverletzten für einige Augenblicke wachzurufen. Er gab an, Gustav Ellerich zu heißen, 21 Jahre alt und Buchdruckergehilfe aus Leipzig zu sein. Dann verfiel er wieder in Ohnmacht und mußte schleunigst ins Krankenhaus geschafft werden. Unter der sorgsamen Pflege der Ärzte kam er hier nochmals zu sich und erzählte in abgebrochenen Sätzen, daß er am Vortage zu Schiffe von Eichstädt in Wien eingetroffen sei. Auf der Reise sei er mit einem Manne bekannt geworden, welcher sich für einen Fleischhauergehilfen ausgegeben habe und ihm mitteilte, daß er in Wien einen Bruder habe. Dieser sei schon 17 Jahre in der Kaiserstadt Kellner, kenne sich daher überall aus und würde ihnen sicherlich gern alle Sehenswürdigkeiten zeigen. Ellerich war davon sehr entzückt, denn er hatte in Wien niemanden, an den er sich hätte wenden können. Er schloß sich also dem Fleischhauer an und ging mit ihm, als das Schiff in Nußdorf anlegte, gemeinsam in ein Gasthaus nächst dem Landungsplatze. Dort tranken sie einige Seitel Wein, wanderten dann über die Felder und legten sich, als sie von der Müdigkeit übermannt wurden, ins Heu schlafen. Beim Erwachen vermißte er seinen Begleiter und sah gleichzeitig, daß er entkleidet sei. Von seinen lebensgefährlichen Verletzungen, die ihm drei bis vier Stunden vor der Auffindung beigebracht worden waren, wußte Ellerich nichts.

Bald darauf trat Agonie ein, aus welcher der Patient nicht mehr erwachte. Um halb sieben Uhr morgens war er aufgefunden worden, um siebeneinviertel Uhr abends hauchte er sein Leben aus. Als abhanden gekommen hatte er folgende Effekten bezeichnet: Ein Felleisen aus schwarzer Wichsleinwand mit rot gefüttertem Deckel, zwei Hemden, einen schwarzen Rock mit Samtkragen, eine dunkelgrüne Bluse, ein Paar lederne Schuhe, eine graue Hose, einen schwarzen Rock, eine graue Weste - die letztgenannten drei Kleidungsstücke vom Leibe weg. Die Weste habe eine tombackene Uhr, eine Geldbörse mit zwei Talern und ein bayrisches Guldenstück enthalten.

Über den Wert seiner Aussagen äußerten sich die Ärzte dahin, daß dieselben, soweit sie sich auf die Zeit vor der Verwundung bezogen, unter sich übereinstimmend und glaubwürdig wären. Die Angaben über das nach der Tat Vorgefallene seien aber wegen des mangelhaften Bewußtseins zusammenhanglos und vorsichtig zu beurteilen.

Die Untersuchung der Leiche ergab, daß dem Ellerich mittels eines schweren und stumpfen, aber mit schneidendem Rande versehenen Werkzeuges, zum Beispiel mit einem Beil oder Stein, mehrere absolut tödliche Kopfverletzungen beigebracht worden waren. Ferner zeigte der Leichnam Verletzungen im Gesicht, am Hals und am rechten Handgelenk, von einem schlecht schneidenden Messer herrührend. Diese letztgenannten Verwundungen seien vereinzelt als leicht zu bezeichnen, zusammengenommen stellten sie aber eine schwere Mißhandlung dar. Nach Art der Verletzungen war mit Sicherheit darauf zu schließen, daß dieselben auf meuchlerische Weise zugefügt wurden. Es lag mit Rücksicht auf die fehlenden Effekten demnach ein meuchlerischer Raubmord vor.

Die Polizei verlegte den Ausgangspunkt ihrer Recherchen naturgemäß nach Nußdorf, wo sie bald das Wirtshaus eruierte, in welches die beiden Männer eingekehrt waren. Sie erlangte gleichzeitig eine genaue Personsbeschreibung des Mörders. Gegen die Westbahnlinie sah die beiden Männer niemand gehen, dagegen meldeten sich einige Zeugen, welche erklärten, daß Ellerich mit seinem Reisebegleiter und noch einem Burschen in das Gasthaus Nr. 176 im Lichtental gewandert sei, wo die drei Personen einige Gläser Wein getrunken hätten.

Nach den erhaltenen Angaben schien der Mörder den minderen Gesellschaftsklassen anzugehören, und nahm die Sicherheitsbehörde an, daß er vielleicht aus Mangel an barem Gelde im Freien übernachten werde. Sie ordnete daher in derselben Nacht eine Streifung an der Lände von Nußdorf bis zur „Lampelmauth" an, die sich nicht nur auf den Uferrasen, sondern auch auf das Innere der zahlreichen dort befestigten Schiffe erstrecken sollte.

DIE „LAMPELMAUTH" IN DER ROSSAU

Zu unserer Schande muß erwähnt werden, daß sowohl der Donaustrom als auch der Donaukanal im 19. Jahrhundert einen viel regeren Verkehr aufwies, als dies gegenwärtig der Fall ist. Vor der Entstehung der Eisenbahnen und noch später, während ihrer allmählichen Entwicklung, war das reisende Publikum, soweit es nicht den Postwagen benützte, eben auf den Schiffsverkehr angewiesen. So kam es, daß in Nußdorf, dessen Geschichte bis ins 12. Jahrhundert zurückreicht, aus dem Grunde, weil dort die Fernfahrten von und nach Wien begannen, beziehungsweise endeten, Handel und Wandel ganz besonders blühten. Von Bayern und Oberösterreich schickte man die Lebensmittel, Obst und Vieh, nur per Schiff, und die zahlreichen Fähren verankerten sich dann bis in die Nähe der heutigen Augartenbrücke und noch tiefer hinab. Dort, wo nun der stolze Polizeipalast an der Elisabethpromenade emporragt, an der ehemaligen Roßauerlände, stand die „Lampelmauth". Hier wurden die nach Wien eingeführten Lämmer ausgeschifft und versteuert, daher der Name „Maut", hier stand bis in die neueste Zeit *(bis vor 1902)* ein uraltes Wirtshaus, wo die Schiffsleute einkehrten und auch übernachten konnten. Die Plätten und Fähren wurden daher über Nacht meist verlassen, und es war leicht möglich, daß jemand für ein paar Kreuzer unangefochten auf dem Wasser schlafe. Man hielt also Razzia, fand auch wirklich zahlreiche Individuen, welche bedenklich waren, man konnte sie aber mit der Bluttat nicht in Verbindung bringen. Unter den Stelliggemachten befand sich auch ein von Wien abgeschafftes Individuum, welchem die Anhaltung diesmal besonders unangenehm war. Der Betreffende bat den Kommissär, ein Auge zuzudrücken und ihm die Abschiebung das einemal zu erlassen, er wolle dafür verraten, wo man Näheres über den Mörder von der Westbahnlinie erfahren könnte. Der polizeiliche Referent ging auf diesen Handel ein und erfuhr aus dem Munde des Abgeschafften, daß sich am rechten Donaukanalufer zwischen der späteren Spittelauer- und Roßauerlände eine Schenke befinde, welche einen Hauptunterschlupf für Verbrecher bilde. Die Polizei kannte das Haus, besser gesagt, die Hütte zwar sehr gut (sie enthielt eine Kantine für die „Stroblerleute" und rückwärts die Wohnung des Wirtes), die Angaben des Konfidenten über deren innere Ausstattung waren aber geeignet, bei der Behörde Erstaunen zu erwecken.

Die „Stroblerleute" waren ungebildete, robuste Arbeiter, aber in ihrer Mehrzahl keine schlechten Menschen. Wenn ein mit Holz beladenes Schiff nach Wien kam, so übergab der Besitzer der Ware einem „Stroblermeister" das Geschäft der Löschung. Dieser nahm eine Anzahl Tagelöhner auf, welche gegen einen ziemlich guten Lohn das Holz auf das Ufer und die Lagerplätze verluden. Durch diese Arbeit bekamen die Leute natürlich Durst, für dessen Befriedigung nebst verschiedenen Wirtshäusern auch mehrere Kantinen sorgten.

Der „Vertraute", dem die Aufgabe zufiel, das Terrain auszukundschaften, schilderte seine Amtshandlung folgendermaßen: „Das Gasthaus war eine einstöckige, verwahrloste Holzbaracke, in welche man nur von der Wasserseite gelangte. Die Fenster waren so unrein, daß man von außen nicht hindurchzublicken vermochte. Statt einer Türe verschloß ein schäbiger roter Kattunvorhang den Eingang. Es gab nur einen einzigen kleinen Raum, in dem sich vier Tische und mehrere Bänke befanden. Der Schanktisch bestand aus einem wackeligen, mit Blech beschlagenen Schranke, auf dem die halbverdorrten, fliegenumschwärmten Eßwaren sowie die Gläser standen. Hinter demselben war noch eine Art Kleiderkasten sichtbar, dessen Bestimmung mir jedoch erst klar wurde, als jemand zu übernachten wünschte. Der Wirt hob nämlich in dieser Garderobe die „Wertsachen" der Schläfer auf, wenn dafür bezahlt wurde. Bei meinem Eintritt fand ich die Schenke stark besucht. Alle Tische waren besetzt, und noch immer kamen Leute, die sich da und dort ein Plätzchen zu verschaffen wußten. Das Lokal war von einer dicken, widerlichen, mit Rauch geschwängerten Luft erfüllt, die einem atemberaubend entgegenschlug. Ein Öllämpchen erleuchtete den Raum, verbreitete aber mehr Gestank als Licht. Ich sah mehrere echte „Stroblertypen" vor mir, welche sich in ihrer bekannt lauten Weise unterhielten. Andere der Gäste lümmelten an der Wand und in den Ecken und schliefen sich ihre Müdigkeit oder ihren Fuselrausch aus. Der Wirt kannte alle. Fast ein jeder hatte ihm irgendeine Heimlichkeit zuzustecken, um die sich die übrigen Besucher nicht kümmerten. Man achtete nicht einmal darauf, daß manche Ankömmlinge, nachdem sie den Wirt still begrüßt hatten, hinter dem großen Kasten verschwanden, ohne wieder zurückzukehren. Unser Konfident schien also die Wahrheit gesagt zu haben, wenn er behauptete. daß hinter diesem Kasten mehr als die Privatwohnung des Wirtes zu suchen sei. Ich machte wohl in einem anderen Stadtteil Dienst und hatte überdies mein Aussehen verändert, so daß ich nicht fürchten mußte, erkannt zu werden, trotzdem merkte ich jedoch, daß man mich mit scheelen Augen betrachte, weshalb ich lieber zahlte und ging. Mein Weg führte mich im Sturmschritte in die Polizeidirektion, wo ich Meldung erstattete und die ungesäumte Vornahme einer Durchsuchung des Häuschens beantragte. Nach einer Stunde war ich schon wieder in der Vorderstube. Allein diesmal nahm ich nicht Platz, sondern ich begab mich geheimnisvoll zum Wirte und raunte ihm mit allen Zeichen des Schreckens zu: „Lieber Herr, Sie müssen mir helfen!" Während er mich erstaunt fragte, was mir geschehen sei, zog ich ihn mit sanfter Gewalt ins Freie, indem ich lispelte „Kommen Sie nur einen Moment hinaus, ich kann hier nicht sprechen." Kaum waren wir aber draußen, fielen schon zwei meiner Kollegen über den Wirt her, hielten ihm den Mund zu, damit er nicht schreien könne und erfaßten seine Hände. Mit drei anderen Kollegen stürmte ich ins Lokal und sofort hinter den geheimnisvollen Kasten. Derselbe stand gerade nur so weit von der Wand ab, daß sich ein Mensch durchzwängen konnte. Er verdeckte einen schweren alten Vorhang, der wieder eine Glastüre verbarg. Ich schlug den Vorhang zur Seite, öffnete die Glastüre und gelangte unmittelbar darauf in einen ziemlich großen Raum, der aber ganz mit Menschen, Betten, Strohsäcken und Unrat

LEBEN AM „SCHANZL" IN UNMITTELBARER NÄHE DER LAMPELMAUTH

vollgeräumt war. Es war uns klar, daß hier ein Massenquartier schlimmster Sorte unterhalten werde, welches der Wirt und seine Frau mit unterschiedlichen Vagabunden teile, doch hatten wir keine Zeit, uns darüber sofort näher zu informieren. Wir wurden nämlich in einen Knäuel sich herumbalgender Menschen verwickelt. Mich umklammerte jemand von rückwärts wie mit eisernen Reifen, darin regnete es auf meinen Kopf Püffe und Stöße, so daß ich es - angesichts der Übermacht- für das Nützlichste erachtete, meinen Schädel mit Händen zu schützen. Ich hörte die Worte: „Spitzel! Hunde!" an mein Ohr schlagen und hielt mein letztes Stündchen für gekommen. Zum Glücke hatte sich aber einer meiner Kollegen, ein sehr kräftiger Mensch, Bewegungsfreiheit verschafft, und nun flohen bald alle die Verdächtigen. Aber wohin? Nicht etwa zur Vorderstube hinaus, sondern nach rückwärts, in ein Loch. Sie verschwanden, als hätte sie der Erdboden verschlungen. Wir erkannten bald, wohin. Rückwärts war nämlich eine Öffnung, welche zwischen die in dieser Gegend lagernden Holz- und Steinvorräte führte, wo man leicht entwischen konnte. Dies hatte unser Konfident nicht erwähnt, und wir selbst dachten an eine solche Möglichkeit nicht.

Nun mußten wir die meisten der verdächtigen Gesellen davonlaufen lassen, des Kerls, welcher mich angegriffen hatte, bemächtigte ich mich aber, und in meiner Aufregung schlug ich unbarmherzig auf ihn los. Schließlich begann er mich flehentlichst zu bitten, von ihm abzulassen, er werde mir sagen, wer der Mörder sei. Merkwürdigerweise wußte der noch junge Bursche ganz gut, warum die Polizei in die Schenke gekommen sei. Ich ließ ihm keine Zeit, sich die Sache nochmals zu überlegen, sondern drang so lange in ihn, bis ich genügende Anhaltspunkte hatte, um nach dem Mörder weiterzuforschen. Nach der Behauptung meines unfreiwilligen Gewährsmannes war der Täter ein vorbestraftes Individuum, welches in den Schenken an der Donau häufig zu verkehren pflegte, um bäuerliche Reisende zu beschwindeln oder zu bestehlen. Dies schien recht glaubwürdig zu sein. Wir setzten unsere ganzen Kräfte ein und am 13. Juni gelang es uns, den so lange Gesuchten zu verhaften. Es war ein alter Bekannter von uns: Kaspar Striegel, genannt „Stopperl" . . -

Am 2. und 3. November 1860 stand Kaspar Striegel unter der Anklage des meuchlerischen Raubmordes vor einem Fünfrichterkollegium des Wiener k. k. Landesgerichtes. Wir entnehmen aus der Anklageschrift, daß den Erhebungen zufolge der 26 Jahre alte Kaspar Striegel, seines Zeichens Tagelöhner, mit dem ermordeten Ellerich von Passau an die Landesgrenze nach Engelhartszell (*Oberösterreich*) gefahren sei, wo beide übernachtet hätten. Tags darauf fuhren die beiden neuen Freunde per Schiff nach Nußdorf. „Stopperl" sei soweit geständig, nur behaupte er, sich in Nußdorf von Ellerich getrennt zu haben. Er sei dann allein über die Hernalser Linie in die Alservorstadt, später auf die Wieden zu seiner Schwester gewandert, um dann auf einem Schiffe außerhalb der Lampelmaut zu übernachten, da er die Schwester nicht angetroffen hatte. Diese Angaben seien aber durch nunmehr ausgeforschte weitere Zeugen widerlegt, welche von Ellerich um den Weg nach Fünfhaus gefragt wurden und hörten, wie Striegel dem Ellerich vorschlug, lieber über die Schmelz zu gehen, da es dort schöner und auch näher sei. Striegel wurde in der Wohnung seiner Schwester verhaftet, wo man sämtliche Kleider des Ermordeten fand. Er erklärte, dieselben von einem Unbekannten gekauft zu haben. Seine eigenen Kleider wiesen ausgewaschene Blutflecke auf. Wie die Schwester angab, war Striegel mit ganz nassen Kleidern zu ihr gekommen, so daß er sein Gewand zum Trocknen aufhängen mußte. Der Beschuldigte war auch hier um eine Ausrede nicht verlegen. Er sagte, daß er auf einem Floße übernachtet hatte.

Der Leumund Striegels war sehr ungünstig. Als außereheliches Kind, war er nach dem Tode seiner Mutter mit zehn Jahren nach Wien gekommen, wo er zuerst bei seinem Schwager Lehrjunge war, um später bei einem Drechsler, einem Fleischhauer, im Arsenal und endlich in einigen Gasthäusern auszuhelfen. Im Jahre 1855 wurde er wegen Diebstahls abgestraft und hierauf in seine Heimat abgeschoben. Dort stahl er abermals, wurde auf frischer Tat ertappt und mit dreieinhalb Jahren Zuchthaus bestraft. Nach seiner Freilassung hielt er sich kurze Zeit bei einem Bruder in der Heimat auf, fuhr dann wieder nach Wien und trieb sich hier nur mehr in der schlechtesten Gesellschaft herum.

Kaspar Striegel, geboren in Mitterweitersbach in Bayern, machte auch einen sehr unsympathischen Eindruck. Mittelgroß, schwächlich, stumpfsinnig, schielte er, auf Widersprüchen ertappt, auf Richter und Publikum und reibt sich dabei verlegen seine großen, stark geröteten Hände. Der Präsident dringt in ihn, ein Geständnis abzulegen, da sein Alibi gänzlich mißlungen sei. Schließlich erzählt der Angeklagte, er sei, nachdem er auf dem Schiffe übernachtet hatte, gegen drei Uhr früh auf dem Glacis spazieren gegangen, habe dann die Stephanskirche aufgesucht, sei hierauf zum Glacis zurückgekehrt und habe dort von einem Unbekannten den Ranzen Ellerichs um 4 Gulden 90 Kreuzer gekauft.

Nach Schluß des Beweisverfahrens beantragte der Vertreter der Staatsbehörde, Staatsanwaltsubstitut Rzehaczek, die Schuldigsprechung und Verurteilung zu lebenslangem schweren Kerker. Der Verteidiger verlangte dagegen den Freispruch, weil für die Täterschaft Striegels nicht der mindeste Beweis erbracht sei. Der Gerichtshof verschloß sich aber diesen Erwägungen und verurteilte den Angeklagten zur Strafe des lebenslangen schweren Kerkers.

㉓
DIE SPINDELUHR ALS VERRÄTER
1861

Am 4. Februar des Jahres 1861 entstand im Hause Luftschützgasse Nr. 38 große Aufregung, die sich bald in der ganzen Vorstadt St. Ulrich verbreitete und von da den Weg durch die Residenz nahm. Ein anfangs nicht recht verständliches Attentat war verübt worden. Aus der Wohnung der Hausbesorgereheleute Christoph und Anna Tietz des bezeichneten Gebäudes drangen Rauchschwaden und die Leute erzählten einander aufgeregt, daß beide ermordet worden seien. Die Frau liege am Eingange der Wohnung und schwimme in Blut und - in Milch.

Es war einige Minuten nach sieben Uhr früh, als der Bandmacher Gangel und der Schuhmacher Bernardis, welche über dem Ehepaar wohnten, einen verdächtigen Lärm in der Portierloge hörten. Sie traten zunächst auf den Hausgang, da kam ihnen schon die uneheliche Tochter der Frau Tietz, namens Josefa Hedrich. mit offenem Haare und im tiefsten Negligé keuchend entgegen und schrie um Hilfe. Die Männer verstanden ihre abgebrochenen Sätze nicht und stürmten die Treppe hinunter. Der Erste war der Bandmacher, welchem ein betäubender Rauch ins Gesicht schlug, als er die Türe der Hausbesorgerwohnung aufgestoßen hatte. Zugleich vernahm er ein leises Stöhnen und die Seufzer: „O weh, o weh!" In der Meinung, daß es brenne, schrie Gangel im Vereine mit dem Schuster aus Leibeskräften „Feuer!".

DIE LUFTSCHÜTZGASSE, AB 1862 KIRCHENGASSE, IN UNMITTELBARER NÄHE DES TATORTES, NACH EINER ANSICHT UM 1860

Sofort war das Haus auf den Beinen. Alles drängte herbei, doch als man die Feuerwehr verständigen wollte, zeigte es sich, daß dies nicht notwendig sei. Rauch entstieg nämlich nur dem eisernen Ofen, dessen Röhre heruntergeschlagen war. Es brannte also nicht in der Wohnung, dafür machte man aber eine viel schrecklichere Entdeckung. Gleich bei der Türe lag nämlich Frau Tietz, rings um sie eine riesige Blutlache und - wie bereits erwähnt - ein großes Quantum verschütteter Milch. Ein in der letzteren schwimmendes Milchhäferl bewies, daß die Unglückliche, als sie mit der eingekauften Frühstücksmilch heimkehrte, von jemandem niedergeschlagen worden war. Die Milchfrau Reschereda eilte herbei und jammerte: „Mein Gott, vor drei Minuten habe ich mich noch mit der Tietzin unterhalten. Wie ist denn nur so etwas möglich?!" Die Hausleute begaben sich unterdessen, den Mann suchend, ins Zimmer, da sahen sie ihn auf dem Fußboden liegen. Auch er blutete aus mehreren Kopfwunden und gab nur mehr ganz schwache Lebenszeichen von sich. Neben ihm lag eine blutige Hacke sowie eine geöffnete Brieftasche. Ferner fand man unter zahllosen Blutspritzern einen ledernen, aufgeschlagenen Beutel. Sowohl die Brieftasche als auch der Beutel waren ihres Inhaltes beraubt.

Nun stand es außer Zweifel, daß hier ein Doppelraubmord vorgefallen war. Da beide Opfer noch lebten, wenngleich sie vollkommen bewußtlos waren, holte man aus der im Hause etablierten Offizin Labemittel, welche der herbeigeholte Bezirksarzt dem ächzenden Ehepaar einträufelte, bevor man dasselbe ins Spital schaffte.

Hierauf traf die polizeiliche Untersuchungskommission ein. Während sich einige ihrer Mitglieder mit einer genauen Durchsuchung der Wohnung befaßten, holten andere Auskünfte über die allseitigen Verhältnisse des ermordeten Ehepaares ein. Die Hausparteien und Nachbarn waren voll des Lobes über die Dahingeschiedenen, welche auch das Vertrauen des Hauseigentümers in solchem Grade besaßen, daß sie die Zinse von den Parteien einheben und tagelang aufbewahren durften. Es wurde festgestellt, daß Herr Tietz am 2. des Monats, also zwei Tage vorher, Wohnungszinse in der Höhe von 1.300 Gulden. einkassiert hatte. Man fand an Bargeld jedoch bloß 35 fl. und 40 fl. in Wertpapieren. Die Vermutung lag also nahe, daß der Täter es auf diesen hohen Geldbetrag abgesehen und auch mit Glück operiert hatte.

Die Polizeiorgane riefen die weinende „Pepi" herbei, wie man die Josefa Hedrich immer nur im Hause nannte und zogen sie der Visitation als Auskunftsperson bei. Das Mädchen erklärte unter anderem auch, daß die silberne Taschenuhr ihres Stiefvaters, eine alte sogenannte Spindeluhr fehle. Man vernahm Fräulein Hedrich natürlich sehr genau dabei, denn sie war ja die einzig Überlebende aus der Wohnung. Sie wußte nicht viel zu erzählen. In der Früh hörte sie ein Geräusch, welches sie für eine harmlose Zänkerei hielt, wie sich solche öfters ereigneten. Dann stand sie auf und begab sich in die Küche, fand dieselbe aber voll Rauch und sah, daß der Ofen Halb umgefallen sei. Überdies vernahm sie ein Jammern ihrer Mutter, weshalb sie, in der Meinung, der letzteren sei infolge des Rauches unwohl geworden, zunächst zu dem im Hause wohnhaften Bezirksarzt lief. Erst als sie wieder in die Wohnung zurückgeeilt war, gewahrte sie, daß ihre Mutter schwer verletzt sei, weshalb sie dann die Hilferufe ausstieß.

Der Kommission schien diese Aussage bedenklich. zumal Hausleute einwandten, daß Frau Tietz heute Waschtag hatte und die Pepi unmöglich so lange hatte schlafen lassen. Josefa Hedrich, welche etwas beschränkten Geistes war, beteuerte aber, daß ihre Mutter am Vorabend zu ihr gesagt habe „Morgen werden wir waschen, du brauchst aber nicht zeitlich aufzustehen, wir werden erst frühstücken!" Die anderen Zeugen schüttelten hiezu ungläubig den Kopf und flüsterten dem Kommissär ins Ohr, daß die Pepi einen Geliebten beim Militär habe, den sie ohne Geld nicht heiraten könne. Vielleicht sei das Liebespaar auf einen verbrecherischen Plan verfallen.

Als sich die Polizei aus dem Hause entfernte, nahm sie die schluchzende Pepi als Häftling mit sich und noch am selben Tage wurde folgende Kundmachung angeschlagen:

„Kundmachung

„Uhr, silberne, von alter Form, mit weißem Zifferblatte, schwarzen Ziffern, die Uhr von bedeutender Größe, daran eine Uhrkette, lang, von Bronzedraht, ist am 4. Februar d. J., morgens um 7 Uhr, im Hause Nr. 38 in St. Ulrich, wo an den Eheleuten Christoph und Anna Tietz aller Vermutung nach ein Mord verübt wurde, abhanden gekommen.
Jeder Verkäufer ist anzuhalten, und hievon der nächsten Polizeibehörde die Anzeige zu machen.

Wien, am 4. Februar 1861.
Von der k. k. Polizeidirektion."

Gleichfalls am Mordtage wurde der Geliebte der Pepi als der Privatdiener im Monturdepot des Invalidenhauses, Franz Mainz, ausgeforscht und verhaftet.
Außerdem wurden auch andere Spuren verfolgt. So fragte man sich telegraphisch bei einem in Verona liegenden Regimente an, ob der ebenfalls Hedrich heißende Pflegesohn des Ehepaares noch bei seinem Truppenkörper weile. Weiters suchte die Sicherheitsbehörde einen gewissen Brettschneider, der erst vor kurzem aus der Strafanstalt Stein entlassen worden und ein Freund des genannten Pflegesohnes war.
Christoph Tietz erlebte den nächsten Tag nicht mehr. Abends um halb zehn Uhr verschied er in tiefer Agonie. Die Frau lebte dagegen noch bis zum 18. Februar. Am 7. Februar wurde sie von einer gerichtlichen Kommission besucht, welche indessen unverrichteter Dinge abziehen mußte, da die auf Zimmer Nr. 79 bei Professor Dumreicher liegende Patientin sich als nicht vernehmungsfähig zeigte. Sie murmelte bloß auf die an sie gerichteten Fragen: „Ich weiß es nicht." Am 8. Februar glaubte man, sie am Leben halten zu können. Sie schien das Bewußtsein zu erlangen, fuhr oftmals schreckhaft auf und schrie: „O weh, o weh!" oder: „Mein Kopf Mein Kopf!" Am selben Tage trug man ihren Gatten auf den Währinger Friedhof hinaus. Der Obduktionsbefund ergab eine Reihe, die Knochen bloßlegender, breiter und tiefer Wunden, eine Zertrümmerung des Schädels an mehreren Stellen, vielfache Blutunterlaufungen und Hautabschürfungen. Das Mordinstrument wog 2 Pfund 31 Loth. Die Rückseite war von eingetrocknetem Blute stark gefärbt.
Das Haus Nr. 38 war seit dem 4. Februar ständig von Menschen umlagert, welche auch den Hofraum füllten. Man pflichtete der Polizei allgemein in der Anschauung bei, daß nur eine mit den Verhältnissen vertraute Person der Täter sei, welche den Moment abwartete, wo Frau Tietz um Milch ging, um dann ins Zimmer zu schleichen und mit der aus der Küche geholten Hacke des Ehepaares den Hausbesorger im Schlafe zu überfallen. Christoph Tietz pflegte immer auf der rechten Seite, gegen die Wand gekehrt, zu schlafen, daher wies

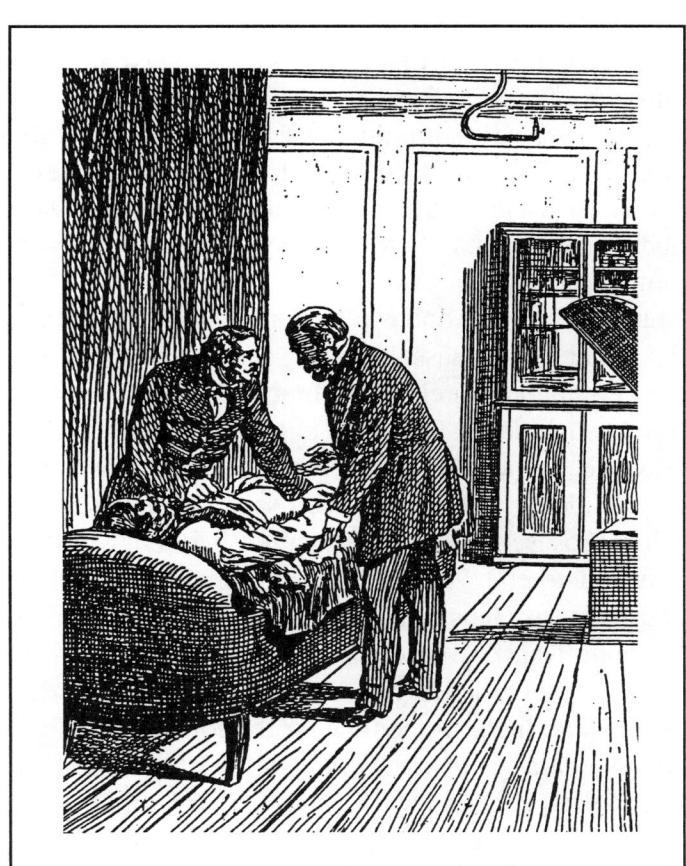

DIE ERSTE UNTERSUCHUNG DES VERLETZTEN IM ALLGEMEINEN KRANKENHAUS seine linke Hinterkopfseite die schweren Wunden auf, während sein Gesicht offenbar dadurch zerschlagen war, daß er sich nach dem ersten Schlag aufgesetzt und umgedreht hatte.

Trotzdem reichten die gegen die Pepi sprechenden Verdachtsgründe nicht aus, um sie länger in Haft zu behalten. Schon zum Begräbnis ihres Stiefvaters war sie frei und folgte dem Sarge, unaufhörlich jammernd. „Mein Gott, ich bin ja unschuldig an dieser Schande!" Ebenso haltlos erwiesen sich auch die Verdachtsgründe gegen die anderen angeführten Personen, die der Reihe nach wieder aus der Haft entlassen wurden.

Was die Größe der Beute anbelangt, so stellte sich heraus, daß vom Zinse nichts fehle. Man wußte nach einer Woche eigentlich nur, daß nur die silberne Taschenuhr geraubt worden sei. Brettschneider hatte sich selbst der Polizei gestellt und erhob Beschwerde gegen seine ungerechtfertigte Beschuldigung.

Am Begräbnistage des Christoph Tietz erhielt die polizeiliche Untersuchung unerwartet eine sichere Basis. Da kam nämlich ein junger Mann zu dem auf der Wieden Nr. 470 etablierten Uhrmacher Stelzer und wünschte eine silberne Sackuhr gegen eine Zylinderuhr zu vertauschen. Stelzer schöpfte Verdacht und wollte den Burschen verhaften lassen, derselbe floh jedoch und konnte nicht mehr eingeholt werden. Dieser Vorfall war um so aufschlußreicher, als die zurückgelassene Uhr mit voller Bestimmtheit als gewesenes Eigentum des Hausbesorgers Tietz agnosziert wurde.

Der damals am Polizeikommissariate Neubau diensttuende Kommissär Breitenfeld, der spätere erfolgreiche Leiter des Sicherheitsbureaus der Polizeidirektion, hatte aber nun eine genaue Personsbeschreibung erlangt und legte sich mit ganzer Kraft ins Zeug. Bald hatte er einen jungen Mann gefunden, welcher sich in der letzten Zeit durch größere Geldausgaben bemerkbar gemacht hatte und auf der Wieden, in der Nähe des Uhrmachers Stelzer, wohnte. Es war dies ein gewisser Adolf Müller, Sohn des gleichnamigen Spenglermeisters auf der Wieden Nr. 11.

Schon am nächsten Tage, am 9. Februar, erschien Breitenfeld in dessen Wohnung und erklärte den Burschen für verhaftet.

Der Kommissär nahm ihn scharf ins Gebet und führte ihn ins Spital zu Frau Tietz. Adolf Müller kannte die Frau, welche die auf ihre Erhaltung gesetzten Hoffnungen immer weniger zu erfüllen schien, sehr gut, und sagte bei ihrem Anblicke: „Das ist die Hausmeisterin Tietz." Sie erkannte ihn aber nicht, und am 18. März erlag sie ihren schweren Verletzungen, ohne eine brauchbare Aussage gemacht zu haben.

Mittlerweile war Adolf Müller dem Landesgerichte eingeliefert worden. Er hatte sogar ein Geständnis der Tat abgelegt, dasselbe aber später widerrufen.

Sein Leumund war ein schlechter. Während er nämlich als Schüler der protestantischen Hauptschule mit Ausnahme der Religion durchwegs Vorzugsklassen erlangt hatte, geriet er als Lehrjunge auf Abwege. Seinen ersten Lehrherrn, dem Handschuhmacher Leicht, unterschlug er im Jahre 1856 zwei Gulden, weshalb er nach sechs Monaten wieder seinem Vater zurückgeschickt wurde. Im Jahre 1857 setzte er seine Lehrzeit bei dem Meister Herlein fort, besuchte aber nur Wirtshäuser, entwendete eine Zehn-Gulden-Note und wurde dafür mit vierzehn Tagen Kerker bestraft. Dann kam er in das Haus Luftschützgasse Nr. 38 zum Handschuhmacher Härtler, wo er den Ziehsohn der Eheleute Tietz und deren Verhältnisse kennenlernte. Sein letzter Meister war der Handschuhmacher Bärtl auf der Wieden Nr. 327. Am 8. Februar verließ er abends auf Nimmerwiedersehen dessen Werkstätte. In der folgenden Nacht holte ihn die Polizei aus der Wohnung des Vaters.

Drei Monate später stand Adolf Müller, nachdem er sein 18. Lebensjahr erreicht hatte, vor Gericht. Der Prozeß begann am 15. Mai, um 10 Uhr. Den Vorsitz führte der Landesgerichts-Vizepräsident Schwarz, die Anklage vertrat Staatsanwalt Wögerer. Der wegen meuchlerischen Raubmordes angeklagte Lehrjunge präsentiert sich als ein bartloser, mittelgroßer, schlanker Mensch, welcher laut weinend vor das Fünfrichterkollegium tritt. Seine Augen sind vom Weinen gerötet, er bedeckt das Gesicht mit einem Taschentuch. Der Vorsitzende muß ihn ermahnen, daß er sich fasse.

Nach Verlesung der Anklage beginnt das Verhör. Müller gesteht, daß er an jenem Morgen bis drei Uhr früh im Kaffeehause Parsch gewesen sei und einen schwarzen Kaffee getrunken habe. Dann sei er bis zur Öffnung der Haustore herumgewandert. Als er sah, daß Frau Tietz das Haus verließ, um Milch zu holen, schlich er in die Wohnung. Der Angeklagte hält hier inne. Präsident: „Was haben Sie weiter getan?" Angeklagter: „Ich bin eini und hab' dem Hausmeister auf'n Kopf geschlagen." (Bricht in Schluchzen aus.) Auf eindringliches Befragen gibt er an, der Hausmeister sei aus dem Bette gesprungen und dann umgefallen. Wie viele Schläge er demselben versetzt habe, wisse er nicht. Er erinnere sich nur, daß er beim Ausholen mit der Hacke den Ofen getroffen habe. In diesem Moment kehrte Frau Tietz zurück. Er schlug sie sofort nieder. Dann sperrte er den Kasten auf, raubte eine Schachtel mit einem Geldbetrage von über hundert Gulden, ferner die Uhr, einige Lose, aus einem Einschreibebüchel zwei Zehnerbanknoten und verschiedene Kleinigkeiten, die auf dem Kasten lagen. Das Ganze habe eine Viertelstunde gedauert, dann sei er zum Meister gegangen. Präsident. „Hatten Sie Blutspuren an den Kleidern?" Angeklagter: „Nein". Präsident: „Wo haben sie die Hacke gefunden, und wozu haben Sie dieselbe mitgenommen?" Angeklagter: „Ich sah sie in der Küche liegen und nahm sie mit, um den Kasten aufzusprengen." Präsident: „Haben Sie gewußt, daß der Hausmeister in demselben Zimmer schlafe?" Angeklagter: „Nein, sonst wäre ich nicht hineingegangen."

DAS POLIZEIGEFANGENENHAUS IN DER STERNGASSE–SALZGRIES

Nun ermahnt ihn der Präsident, indem er ihn auf verschiedene Widersprüche aufmerksam macht, doch ein vollkommenes, rückhaltloses Geständnis abzulegen. Da sagt Adolf Müller unter Schluchzen, in der Nacht vom 30. zum 31. habe ihm geträumt, der Hausmeister Tietz besitze Geld und Juwelen, die er selbst vor Jahren einem Ermordeten abgenommen habe. „Ich habe nun den Gedanken nicht mehr aus dem Kopfe bringen können, ihn wieder zu töten und mir das Vermögen anzueignen." Am 31. Jänner habe er aus der Wohnung der Mutter ein Küchenmesser genommen und dasselbe schleifen lassen. Damit ging er in die Stadt, in den Mirakelkeller und trank fünf Seitel Wein. Als er nicht zahlen konnte, habe ihm der Kellner Rock, Schürze und das Messer abgenommen, das letztere aber über seine Bitten wieder zurückgegeben. Er habe den Hausmeister im Kabinette vermutet. Dieser sei aber mit den Worten in die Höhe gefahren: „Wer ist das?!" Nun wußte er sich nicht mehr zu helfen und schlug dem Manne statt einer Antwort mit dem Hackenrücken auf den Kopf. Die zurückkehrende Frau habe beim Anblick des Rauches ausgerufen: „Jesus, Maria und Josef!" und wollte in den Hof hinaus. In der Furcht, verraten zu werden, habe er von neuem die Hacke erfaßt und auch der Frau mit derselben Kopfhiebe versetzt. „Unterdessen fand ich den Schlüssel zum Kasten, sperrte ihn auf und nahm mir das Geld. Von der Beute bezahlte ich meinem Lehrherrn 35 Gulden an Lehrgeld, ebenso im Mirakelkeller die Schuld von 2 Gulden. 70 Kreuzer, und noch weitere Schulden."

Präsident: „Waren die Eheleute nach ihrer Meinung tot, als sie den Tatort verließen?" Angeklagter: „Sie lagen auf der Erde und haben geächzt."

Auf die nochmalige Mahnung des Präsidenten, die volle Wahrheit zu sagen, antwortet der Angeklagte, daß dies wahr sei, was er heute ausgesagt, dann sinkt er weinend auf seinen Sitz nieder.

Nach Anhörung der Zeugen und dem Schlusse des Beweisverfahrens beantragt der Staatsanwalt mit Rücksicht auf das jugendliche Alter des Angeklagten zwanzig Jahre schweren Kerker, verschärft mit einem Fasttage alle vierzehn Tage.

Der Verteidiger Dr. Mardenschläger erwidert, er wolle das Verbrechen nicht beschönigen, doch liege bezüglich des Christoph Tietz bloß gemeiner Mord, bezüglich der Frau aber nur Totschlag vor. Er hebt sodann alle Milderungsgründe hervor, welche eine weit geringere Bestrafung rechtfertigen.

Nach kurzer Beratung verkündete der Gerichtshof das Urteil: 18 Jahre schweren Kerker.

Adolf Müller behielt sich Bedenkzeit vor und berief sodann wegen zu hoher Strafe. Allein das Oberlandesgericht verwarf die Berufung. Der verurteilte Adolf Müller endete in der Strafanstalt Karthaus in Böhmen.

DER GEORGI-ZINS
1861

Das Haus Nr. 107 in Oberdöbling (*19. Wiener Gemeindebezirk*) gehörte dem Ehepaar Erdmann und Marie Pöst. Es war günstig gelegen, gegenüber dem Sacherschen Kasino und wurde von den Besitzern möglichst einträglich verwaltet. Die Zinse bewegten sich zwar in keiner besonderen Höhe, mußten aber sehr pünktlich entrichtet werden. Darauf sah Herr Erdmann Pöst genau. Wer längere Zeit Wohnpartei auf Nr. 107 bleiben wollte, tat außerdem gut, gewisse kleine Wünsche der Hausfrau zu erfüllen, welche zum Beispiel eines Tages verlangte, daß alle Bewohner gleiche Fensterpölster anschaffen müßten. An solche Tyranneien war man damals freilich sogar in der Inneren Stadt gewöhnt, um so mehr in den Vorstädten, wo der Hausherr ja noch weit gottähnlicher war. Streit gab es deswegen im Hause Nr. 107 nie, und wenn einmal eine Mietpartei eine gegenteilige Äußerung vertrat, so standen ihre Möbel so rasch in einem anderen Hause oder gar auf der Straße, daß der Friede bald wieder hergestellt schien.

Frau Marie Pöst war eine sehr fleißige Frau, sie stand schon zeitlich früh auf und ging so spät als möglich schlafen, denn sie verrichtete das Häusliche so ziemlich allein. Am 24. April 1861, zu Georgi, wo aller Hausbesitzer Herz höher schlug, da dieser Tag Zinstermin war, ging sie abends um 7 Uhr zur Milchmeierin Anna Schreiber, mit der sie so viel zu besprechen hatte, daß sie mit der eingekauften Milch erst gegen 8 Uhr heimkehrte. Nachdem sie das Häferl auf das Fensterbrett der Küche gestellt hatte, rief sie ihren Gatten, der bei ihrem Abschiede vergnügt aus dem Zimmer auf die Gasse blickte, zu sich, um ihm einige interessante Mitteilungen zu machen. Erdmann Pöst gab indessen keine Antwort. Als er auf einen nochmaligen Anruf wieder nicht erschien, begab sich die Frau zu ihm ins Zimmer.

Herr Pöst lehnte nicht mehr zum Fenster hinaus, er saß auch nicht wie gewöhnlich mit seiner meterlangen Pfeife beim Tische, sondern lag neben seinem Bette auf dem Fußboden und war anscheinend tief bewußtlos. Die erschrockene Gattin eilte zum Bäckermeister Karg, dessen Bruder sie in die Wohnung zurückbegleitete. Es sollte jedes unnötige Aufsehen vermieden werden.

Herr Karg stellte gleich bei seinem Eintritte die laienhafte Diagnose auf Hirnschlag, denn er bemerkte unter dem Kopfe des Hausbesitzers eine Blutlache. Frau Pöst hielt einen Schlaganfall für nicht ausgeschlossen, ihr Mann aß und trank gern und litt etwas am Herzen.

Als Herr Karg aber den Verunglückten anfaßte, um ihn näher zu untersuchen, erschrak er nicht wenig. Dessen Gliedmaßen fühlten sich nämlich merkwürdig kühl an und als der Bäcker das Haupt des Pöst ein wenig hob, da zeigte sich, daß der Schädel ganz zerschlagen sei. Die Blutlache war viel größer, als man zuerst wahrnahm, das Blut zeigte sich bereits teilweise gestockt, es mußte also jemand da gewesen sein, welcher gleich nach dem Fortgehen der Frau den Hausbesitzer ermordet hatte. Jetzt gab es natürlich kein Vertuschen mehr. Im Handumdrehen wußte ganz Döbling von dem Geschehen und als die polizeiliche Kommission vor dem Hause erschien, fand sie dasselbe bereits von hunderten Neugierigen umlagert.

Der Wundarzt stellte sechs Wunden vorne an der Kopf- und Gesichtshaut fest, ferner am Hinterkopfe gegen die Ohrmuschel neun Verletzungen, „in deren Bereich das Hinterhaupt nach dem Nacken hin grubig eingedrückt und zertrümmert war". Der Schädel erwies sich rückwärts in zwölf größere und kleinere Scherben zerschlagen, das Kleinhirn größtenteils zerquetscht. Der Täter hatte also mit einem stumpfen Werkzeug, vermutlich mit einer umgekehrten Hacke oder einem sehweren Hammer wiederholt mit erheblicher Gewalt zugeschlagen.

Merkwürdigerweise fand sich im Zimmer kein verspritztes Blut. Nur an der Klinke haftete welches, ferner entdeckte man im Hofe drei Blutstropfen in geringer Entfernung.

INNENHOF EINES ALTEN DÖBLINGER MIETWOHNHAUSES

Wer hatte den Mord begangen? Und warum war die Tat geschehen?
Diese beiden Kardinalfragen konnten von niemandem beantwortet werden. Nirgends zeigte sich die Spur eines Raubes, auch das Mordwerkzeug fehlte, aus dem man auf den Täter hätte schließen können.
Die „Vertrauten" *(Kriminalbeamte)* erhielten sonderbare Auskünfte. Viele Bewohner erzählten ihnen, daß das Ehepaar Pöst sehr häufig gestritten habe und lenkten mehr oder weniger versteckt den Argwohn gegen die Frau des Opfers. Diese wurde zur Polizei gebracht und hatte lange Verhöre zu bestehen. Sie beteuerte der Sicherheitsbehörde ihrer Schuldlosigkeit, behauptete, daß die Parteien ihr nur mißgünstig gesinnt seien und versicherte, daß sie Herrn Erdmann Pöst so aufrichtig geliebt habe, wie sie es am heiligen Altare geschworen. Dagegen lenkte sie den behördlichen Verdacht gegen einen früheren Mieter, namens Lapaczek, welcher „unglaublich dickkopfert" gewesen sei und ihre Anordnungen durchaus mißachtet habe, so daß man ihm habe „unbedingt kündigen müssen". Herr Lapaczek hege seit damals gegen ihren Mann und sie „einen Rachen"*(Rache)*, und niemand anderer sei ihrer Überzeugung nach der Mörder ...
Zwei Tage waren seit der Entdeckung des Verbrechens verflossen, und man wußte noch so wenig als am Anfange der Erhebungen, die Sicherheitsbehörde war daher froh, einen neuen Anhaltspunkt gewonnen zu haben und forschte eifrigst nach Lapaczek. Endlich war er gefunden. Bald darauf verbreiteten sich Gerüchte, derselbe habe die Tat bereits eingestanden. Allein es war wieder nichts. Das Polizeikommissariat Roßau, in dessen Sprengel Oberdöbling lag, arbeitete daher mit verdoppelter Energie weiter, wobei es von der Überzeugung ausging, daß nur eine Person vom Hause in Betracht gezogen werden könne.
Fast alle Parteien waren schon perlustriert, wie der polizeiliche Ausdruck für das Prüfen der ganzen Persönlichkeit lautet, als die Reihe an den dort etablierten Greisler Valentin Winhofer kam. Von

ihm war bloß bekannt, daß er ein „grober Kerl" sei, im übrigen wurde er jedoch recht gut beleumundet. Dem Kommissär kam er allerdings beim Verhör etwas befangen vor, weshalb er die Wohnung des Greislers revidieren ließ. An einem Kleidungsstücke fanden sich nun wirklich Blutspuren, allein Valentin Winhofer erklärte sie mit überlegenem Lächeln als von Nasenbluten herrührend. Die Kriminalisten suchten natürlich trotzdem weiter und stießen auf einen Gegenstand, bei dessen Anblick dem Greisler das Lachen verging: Unter dem Hausgeräte Winhofers fand sich nämlich - eine blutige Hacke.

Der Greisler faßte sich schnell und gab an „daß er einen räudigen Hund" erschlagen habe, der Roßauer Kommissär gab sich damit aber nicht zufrieden, wies nach, daß Winhofer gar keinen Hund besessen habe, also auch keinen räudigen, und trieb den Verdächtigen schließlich so in die Enge, daß sich an dessen Kehle das vielsagende, den inneren Kampf verratende Würgen und Schlucken zeigte. Noch ein wenig setzte ihm der Polizeibeamte zu, jetzt nur mehr gütig und wohlwollend, und Valentin Winhofer brach in ein Schluchzen aus. Als er sich etwas gesammelt hatte, sagte er: „Ich geb's zu, ich hab's' tan ..." Um die Motive befragt, erzählte er, daß das Ehepaar Pöst die Parteien in unerhörter Weise schikaniert habe. Am ärgsten hätten sie es mit dem Lapaczek und dessen Schwester getrieben, bis die beiden auszogen. Dann habe sich ihre Abneigung gegen ihn gekehrt. „Ich hab' doch mit meinem Geschäft net so ohne weiters ausziehen können", fuhr er fort. „In mein' Zorn hab' i mir denkt: Laßt sie auf'n Georgizins warten, daß s' auch was zum Ärgern haben. Zu Georgi, in der Fruah, hat mich die Pöstin aber so gift', daß mir schwarz vor die Augen worden is. Den Zins hab' i vormittags net' zahlt g'habt, wegen dem Streit, den mir g'habt ham, no, und -.im Abend geht sie vor mein' G'schäft vorüber und schreit mir eini-. „Sö werden mir ka zweitesmal 'n Zins schuldig bleiben!" Ich hab' nix drauf g'sagt, bin aber in d' Kuchel zu meiner Frau, die grad' gebügelt hat, und sag': „Waßt was Alte, gib her den Zins, i trag's dem Schuften auffi'". Dann hab' i mira klans Kohlenhackel g'numma und bin in Keller abi, weil i Essig braucht hab'. Ich hab' aus ein' Essigfassel den Spund außergeschlagen, hab' den Essig ins Geschäft tragen und bin zum Hausherrn auffi. In meiner Aufregung hab' i net amal g'merkt, daß i noch's Hackel in der Hand halt'. Erst oben hab' i's wahrg'nommen, dafür hab' i's a in der Kuchel oben derweil wegg'legt. Er ist beim Fenster g'sessen und hat außig'schaut. Wia i einikumm', fragt er mich, was ich da will. Na, was werd' i denn woll'n', gib i ihm zur Antwort. Den Zins will i Ihnen zahl'n, obwohl 's eigentlich guat wär', wann mer Ihnen recht lang' drauf warten lassen tät'. Drauf springt er in d'Höh' und brüllt mich an: „Was unterstehen Sie sich!? Da kann man sehen, was sich so ein vom Galing (Galgen) entlaufenes Gesindel für Vorrechte herausnimmt! „Wia i dös hör', da hab' i mich net mehr halten können. I bin auf ihn losg'stürzt und hab' ihm mit der rechten Faust einen Hieb auf d'Schläfen geben, daß er gleich a Kraxen g'macht hat, und wia er da vor meiner am Boden g'legen is, da bin i auf ihm umtrampelt, wo i ihm mit d' Füaß hintroffen hab', no, und weil's jetzt'n schon alles eins g'west is, bin i in d' Kuchel außi, hab' mir's Hackel g'holt und hab' ihm ganz tot schlagen. Dann bin i zum Hausbrunnen, hab' mir's G'sicht und 's Hackel g'waschen und bin hamgangen. Das Hackel hab' i wieder ins Kohlenfaß g'worfen, den Stiel in a Gebüsch. Am nächsten Tag hab' i 's Hackel eingraben,

DER „HAUSHERR"

DIE ALTE PFARRKIRCHE VON OBERDÖBLING

vom Haus, a Kind hat's aber g'funden, no, und da hab' i's wieder ins Kohlenfassel geschmissen..."

Am 8. Juli hatte sich Valentin Winhofer vor dem Landesgerichte wegen gemeinen Mordes zu verantworten. Der Staatsanwalt vermochte keine Anhaltspunkte für einen beab-sichtigten Raub ins Treffen zu führen. Winhofer hielt seine vor der Polizei gemachten Aussagen aufrecht. Die Witwe Maria Pöst und deren Tochter Wilhelmine Fasching erklärten als Zeugen, daß der Angeklagte ihrem Manne schon längst feindlich gesinnt gewesen sei. Nach einem Streit habe er ihnen einmal zum Fenster hineingerufen: „Eine solche Bagage is net mehr wert, als daß man's derschlagt!"

Der Staatsanwalt Dierkes hielt ihm vor, daß die Tätlichkeiten zwar durch einen Fausthieb eingeleitet worden sein können, warum sei aber Winhofer, wenn er den Zins habe zahlen wollen, nicht direkt zum Hausherrn, sondern erst in den Keller gegangen; und warum habe er nach der Rückkehr nicht die Hacke vor dem Betreten der fremden Wohnung in sein Geschäft zurückgetragen? Übrigens sei der tödliche Streich nach dem gerichtsärztlichen Gutachten mit der Hacke geführt worden. Mildernd sei nur das Geständnis, als erschwerend falle dagegen die besondere Grausamkeit ins Gewicht.

Der Verteidiger Windhofers, Dr. Granitsch, wies auf viele günstige Leumundszeugnisse seines Klienten hin und stellt denselben als einen bloß leicht erregbaren, aber nicht bösen Menschen hin, dem ein vorbedachter Mord kaum zuzumuten sei. Er bitte daher für ihn um Milde.

Um 6 Uhr abends wurde das Urteil verkündet: Valentin Winhofer sei des Verbrechens des gemeinen Mordes nach §§ 134, 135, 136 St.-G. schuldig und werde zum Tode verurteilt, welcher nach § 13 St.-G. mit dem Strange zu vollziehen wäre.

Der Angeklagte verhielt sich bei der Urteilsverkündigung ganz gleichgültig. Nur bei der Rechtsmittelbelehrung sagte er: „Ich glaube, die Strafe ist doch etwas zu hart!"

Dieser Meinung war auch der Kaiser, der ihm am Gnadenwege die Todesstrafe erließ.

㉕
DAS GEHEIMNIS DER SCHMIEDE
1861

Tief unten im Prater, beim sogenannten „Schwarzen Stock" in der Freudenau, das ist unweit der Ausmündung des Donaukanals in den Donaustrom, sahen Matrosen des dort verankerten Schiffes „Austria" am späten Nachmittage des 1. Dezember 1861 ein großes weißes Bündel heranschwimmen, auf welches sie sogleich Jagd machten. Als sie es endlich mit einen Haken aus dem Wasser gefischt hatten, entpuppte sich die Hülle als ein zerrissener weißer Frauenunterrock, der etwas Weiches in seinem Innern barg. Der Rock war mit Schürzenbändern zugeschnürt. Neugierig und dabei etwas zaghaft lösten die Matrosen die Schnüre und legten den Unterrock sowie eine Schürze auseinander, da kam ein menschlicher Rumpf zum Vorschein. Kopf und Gliedmaßen fehlten und am Reste des Körpers waren solche Veränderungen vorgenommen worden, daß man weder sein Alter noch sein Geschlecht bestimmen konnte.

Von Grausen erfaßt, eilten die Matrosen zum nahen Finanzposten, von wo sich ein Finanzaufseher sofort auf das Schiff begab, um den Fund in Augenschein zu nehmen. Nachdem er sich von der Richtigkeit der Meldung überzeugt hatte, schickte er einen Boten zum zuständigen Polizeikommissariate Leopoldstadt, *(in dieser Zeit in der heutigen Großen Sperlgasse 11),* wo die Anzeige erstattet wurde.

Mit Rücksicht auf die damaligen Verkehrsverhältnisse - man muß bedenken, daß die Freudenau vor der im Jahre 1868 erfolgten Gründung des Jokeyklubs und der damit verbundenen Schaffung eines Wiener Rennsports ein durch kein regelmäßiges Verkehrsmittel erreichbarer Ort war - stellte das Kommissariat gleich anfangs eine gemischte Kommission zusammen, welcher nebst dem diensthabenden Kommissär und Wundarzt landesgerichtliche Funktionäre, „Vertraute", Wachleute mit Fackeln und Laternen und das nötige Hilfspersonal angehörten.

Es war zehn Uhr abends, als die Herren mit mehreren Wagen bei der Rennbahn anlangten, dann aber gab es mit Pferden kein Weiterkommen mehr, man mußte aussteigen und eine dreiviertel Stunde lang über den infolge tagelanger Regengüsse aufgeweichten Boden zum Fundort waten. Zum Glück war die Nacht sternenhell, doch blies ein eiskalter Wind, so daß die Kommissionsmitglieder nicht wenig froren.

DAS BEZIRKS-POLIZEIKOMMISSARIAT LEOPOLDSTADT
ZUR ZEIT DES FALLES LEWISCH

Endlich war man bei dem Schiffe angekommen. Über einen schmalen Steg schwebten die Herren ängstlich, durch Matrosen gestützt, auf das Deck, wo das schaurige Bündel lag. Bei dem heulenden Sturm und der zitternden Fackelbeleuchtung gestaltete sich die Beschau ebenso schwierig wie gespenstisch. Daß eine Körperzerstückelung vorlag, war klar, denn das Wasser, das bekanntlich auch mit der Zeit arge Veränderungen an schwimmenden Leichen bewirkt und zum Beispiel durch Anschleudern der Leichen an Brücken sogar irreführende Verletzungen erzeugt, konnte aus dem Grunde nicht als Ursache der fehlenden Körperteile angesehen werden, weil der Rumpf nach der Meinung des Polizeiarztes kaum 24 Stunden in der Donau gelegen hatte. Auch der Wundarzt vermochte das Geschlecht des Leichnams nicht zu bestimmen, sondern erklärte, dies der gerichtlichen Leichenschau vorbehalten zu müssen. Man hat der Kommission später deshalb Vorwürfe gemacht, doch rehabilitierte sie der Obduktionsleiter Professor Rokitansky mit der Feststellung, daß man tatsächlich erst die Leichenöffnung abwarten mußte, „denn die an den Stellen der Brüste vorfindlichen kreisrunden Hautdefekte mochten ebenso auf einen weiblichen Leichnam hindeuten, als sie von dem Täter gemacht sein konnten, um einen männlichen Leichnam zu einem weiblichen zu maskieren".

Der Rumpf gehörte, wie die gerichtliche Obduktion später zeigte, einer Frauensperson in mittleren Jahren, an welcher ein Täter mit dem Messer Veränderungen vorgenommen hatte, um sie unkenntlich zu machen.

DIE SCHMIEDE AUF DER MÖLKER-BASTEI

Die Erhebungen der Polizei gestalteten sich anfangs sehr schwierig. Man hatte bloß eine Handhabe: die Liste der abgängigen weiblichen Personen. Dieser Evidenzhaltung wurde daher ein genaues Augenmerk zugewandt.

So kam es, daß ein Dr. Fischer am Montag, dem 2. Dezember, die Anzeige erstattete, sein Stubenmädchen Anna Gaugisch sei Sonntag fortgegangen, und seitdem nicht mehr zurückgekehrt. Früher wäre sie nie über Nacht ausgeblieben. Die Vermißte sei ein sehr stilles, ruhiges Mädchen, 37 Jahre alt, welches nur für sein uneheliches Kind lebe.

Man zirkulierte diese Anzeige und es ergab sich, daß das Stubenmädchen bereits als abgängig gemeldet war, und zwar von seinem Geliebten, dem 33 Jahre alten Kurschmied Raimund Lewisch. Derselbe benahm sich bei Erstattung der Anzeige sehr aufgeregt, erzählte, er sei Sonntags mit der Gaugisch beisammen gewesen und habe, als er ihr am Montag etwas Wichtiges mitteilen wollte, zu seinem Entsetzen erfahren, daß sie noch gar nicht heimgekommen sei. Der Mutter seiner zwei Kinder müsse daher ein ernster Unfall zugestoßen sein. Da Raimund Lewisch verschiedene widersprechende Angaben machte, nahm sich der Kommissär des Falles mit besonderem Eifer an und forschte den früheren Dienstplätzen der Gaugisch nach. Bei Dr. Fischer diente sie noch nicht lange, auch hatte dieser erklärt, sich um die Wäsche seiner Mägde nicht zu kümmern, so daß er unmöglich als Agnoszierungszeuge fungieren könne. Dagegen hoffte die Polizei, daß die frühere Dienstgeberin der Abgängigen, die Skontistensgattin Elisabeth Fobermann, imstande sein würde, zweckmäßige Auskünfte zu geben. Der Kommissär zeigte der letzteren den Frauenunterrock und die Schürze, worauf Frau Fobermann die Stücke mit voller Bestimmtheit als Eigentum der bei ihr bedienstet gewesenen Anna Gaugisch bezeichnete. Die eigene Schwester des Stubenmädchens war jedoch nicht in der Lage, die Wäsche zu agnoszieren. Ebenso versagte auch eine in der Josefstadt Nr. 131 wohnhafte Hebamme, bei welcher die Gaugisch vor acht Monaten eines Knaben entbunden worden war.

Immerhin hatte der Kommissär aber durch die bestimmte Aussage der Frau Fobermann einen Anlaß, Lewisch genauer unter die Lupe zu nehmen. Derselbe war auf der Mölkerbastei Nr. 85 beim Schmiedemeister Jakob Dehee bedienstet, der ein einstöckiges altes Haus nur mit seinen Gesellen bewohnte. Lewisch schlief allein in einem Raum im Erdgeschosse, welcher einen besonderen Eingang von der Straße aus besaß. Die anderen hatten oben ihre Schlafräume. Die Polizei eruierte, daß Anna Gaugisch Sonntag, den 1. Dezember, bis 9 Uhr abends in der Schmiede geweilt hatte und daß sie niemand fortgehen sah. Am nächsten Tage befanden sich alle Werkzeuge in großer Unordnung und als man Lewisch fragte, ob seine Geliebte bei ihm übernachtet habe, fuhr er erschrocken auf und sagte: „Ich bin ja doch mit ihr fortgegangen, dann habe ich mir auf der Landstraße die Pferde angesehen", wozu bemerkt sei, daß Herr Dehee der langjährige Kurschmied eines Fuhrwerksunternehmers im 3. Bezirk war. Raimund Lewisch wurde scharf verhört, wobei der Polizeibeamte an seinen Wangen frische Kratzwunden wahrnahm.

Die Indizien verdichteten sich bald derart gegen Lewisch, daß er bereits am Dienstag, den

Die Mordthat auf der Mölker Bastei.

3. Dezember, verhaftet wurde. Die in seinem Schlafraum vorgenommene Hausdurchsuchung förderte ein Strumpfband hervor. welches von Frau Dr. Fischer sofort als Eigentum der Gaugisch agnosziert wurde und zwar deshalb, weil sie es ihr selbst geschenkt hatte. Lewisch suchte den Fund harmlos zu erklären, da er ja gar nicht bestreite, daß Anna öfters bei ihm gewesen sei. Niederschmetternd gestaltete sich aber die weitere Durchsuchung des Raumes. Herr Dehee machte nämlich aufmerksam, daß unter dem Wohnzimmer des Lewisch ein Abzugkanal laufe, der möglicherweise weitere Anhaltspunkte bieten könnte.

Die Polizei machte sich natürlich gleich an die Arbeit und zog 17 Stücke menschlicher Eingeweideteile ans Tageslicht. Jetzt konnte Lewisch freilich nicht mehr bei seiner ursprünglichen Aussage bleiben. Er gab nun an, daß sich Anna Gaugisch vor seinen Augen durch einen Messerstich selbst entleibt habe. Um Unannehmlichkeiten vorzubeugen, habe er ihre Leiche noch in der Nacht zerstückelt. Die Eingeweide habe er in den Abzugkanal geworfen, mit dem eingenähten Rumpfe sei er bis zum Karlskettensteg *(spätere Stephanie-, heutige Salztorbrücke)* gegangen, wo er ihn in den Donaukanal geworfen hätte. Der Gedanke, die Leiche der Gaugisch zu zerstückeln, sei sehr naheliegend gewesen, da von seinem Zimmer aus eine Öffnung in den erwähnten Abzugkanal führe. Das Blut ließ er ebenfalls durch den Kanal abfließen, den Kopf seiner Geliebten habe er auf dem Amboß zerschmettert. Einige Körperteile sowie Kleider verbrannte er im Schmiedeofen.

Daß diese Verantwortung nicht stichhaltig sei, leuchtete jedermann ein. Alles sprach dafür, daß Raimund Lewisch das Mädchen, dessen er längst überdrüssig geworden, ermordet hatte. Das Paar besaß zwei uneheliche Kinder. Das jüngere befand sich in Hernals Nr. 345 bei einer Tante der Gaugisch, namens Anna Puderer, in Pflege, war erst drei bis vier Monate alt und wurde von seiner Mutter sehr geliebt. Sonntags kamen Lewisch und seine Geliebte nach Hernals, wo sie bald, wie schon so oft in der letzten Zeit, in Streit gerieten. Anna Gaugisch war - mit Recht - eifersüchtig. Dann entfernten sich beide von der Pflegemutter des Kindes, noch immer heftig streitend. Als das Mädchen nicht heimkam, schickte Frau Dr. Fischer zur Frau Puderer, um nachfragen zu lassen. Als diese erklärte, daß die Anna längst fortgegangen sei, und das Stubenmädchen bis anderen Tages nicht erschien, ging Dr. Fischer, wie berichtet, besorgt zur Polizei.

Der Sicherheitsbehörde glückte es rasch, die Rivalin der Gaugisch auszuforschen. Sie hieß Maria Sloma, war 29 Jahre alt, die gewesene Geliebte des sechs Monate vorher verstorbenen Schmiedemeisters Emanuel Götz, in Mariahilf, Große Stein-Gasse Nr. 284, hatte von diesem zwei Kinder und war daher auch zur Erbin des Geschäftes eingesetzt worden. Acht Tage vor dem Morde hatte Raimund Lewisch um ihre Hand angehalten, weshalb sich die Sloma auch öffentlich seine Braut nannte.

Waren die angeführten Tatsachen schon Schuldbeweise genug, so ergänzten die Arbeitskollegen des Lewisch dessen Charakterbild noch dahin, daß er wiederholt Katzen in die Werkstätte gebracht habe, um sie zu vivisezieren. Er habe den armen Tieren regelmäßig die Gedärme herausgenommen, um sich dann mit seinen Heldentaten zu brüsten.

Trotz dieser Belastungsmomente blieb Lewisch dem Untersuchungsrichter, Landesgerichtsrat Posch, gegenüber bei seiner Verantwortung. Er behauptete, nach dem Streit im Hause der Tante mit seiner Geliebten in Elterleins Kasino gegangen, aber schon um 7 Uhr mit ihr daheim gewesen zu sein.

Nach dem Verhör im Landesgericht jedoch schwang sich Lewisch aber, als er vom Gefangenhausaufseher in seine Zelle zurückgebracht werden sollte, über das Stiegengeländer und stürzte sich vom dritten in das zweite Stockwerk hinab, wo er mit schweren inneren Verletzungen liegen blieb. Er erlitt eine Gehirnerschütterung und Rückenmarkquetschung, verlor auch momentan die Sprache und wurde in das Inquisitenspital gebracht. Dort erlangte er wieder das Sprechvermögen und bat um die letzte Ölung. Als Motiv seines Selbstmordversuches gab er in: „Die große Schande für die Familie hat mich dazu veranlaßt." Dann stellten sich Delirien, heftiges Erbrechen, Lähmungserscheinungen und Blutharnen ein.

Ganz wider Erwarten gelang es den Ärzten, eine Besserung im Befinden des Mörders herbeizuführen. Er konnte neuerlich verhört werden, jedoch wieder ohne Erfolg. Er hielt an dem Selbstmord der Anna Gaugisch fest, den er nur verheimlichen haben wollte. Nur deshalb sei die Leiche von ihm zerstückelt worden.

Am 21. Jänner 1862 trat aber eine ernste Verschlimmerung in dem Befinden des Inquisiten ein. Er verlangte nach dem Hausseelsorger und gab seinem Wunsche Ausdruck, eine zweite Beichte abzulegen. Dann nahm er das letzte Abendmahl sowie die sonstigen Tröstungen der Religion andächtig entgegen und legte endlich unter Tränen ein umfassendes Geständnis ab. Er habe seine Geliebte tatsächlich erwürgt, und dies weniger aus persönlicher Abneigung als infolge der Gier nach Geld und aus Arbeitsscheu. Hätte er die Gaugisch geheiratet, würde ihn nur ein Leben in Mühe und Plage erwartet haben, da sie sich seiner Ansicht nach nicht sehr zur Wirtschaft eignete und hätte Weib und Kinder erhalten müssen. Durch die Ehe mit der neuen Braut hätte er dagegen ein sorgenloses, unabhängiges Leben führen können.

Am 22. Jänner erlag Raimund Lewisch seinen Verletzungen. Am nächsten Tage rollte ein Leichenwagen des Inquisitenspitales in das allgemeine Spital in der Währingergasse, wo der Leichnam des Schmiedegehilfen obduziert wurde. Sodann wurde der Mörder auf den Währinger Friedhof hinausgeschafft und an der „daselbst für verstorbene Verbrecher reservierten Stelle" beerdigt".

Über den „Mord auf der Mölkerbastei" wurde in zahlreichen gedruckten Liedflugblättern berichtet und auf Jahrmärkten und bei Volksfesten wurde von Bänkelsängern in blumiger und dramatischer Form die Geschichte der blutigen Tat in vielen Teilen der Monarchie verbreitet.

Das gemordete Stubenmädchen Anna Gaugisch.

(26)

DIE BLUTIGE HAND
1862

Liebes- oder Ehedramen pflegen den Kriminalbeamten im allgemeinen wenig Schwierigkeiten zu bereiten, denn man braucht gewöhnlich weder nach dem Täter, noch nach dem Beweggrund lange zu forschen. Manchmal ereignen sich aber Fälle, wo die Feststellung des Charakters einer Bluttat nicht recht gelingen will, wo man nicht mit der wünschenswerten Schnelligkeit zu erkennen vermag, ob ein solches Drama vorliegt, und dann lastet eine schwerere Verantwortung auf den behördlichen Funktionären, als dies bei Morden aus Gewinnsucht oder mit fremden Tätern in der Regel der Fall ist.

Ein solcher Fall ergab sich am 23. April 1862 in der damaligen Gemeinde und Vorstadt Hernals. Um halb fünf Uhr früh lief der Hausmeister Hecht des Hauses Nr. 253 der Petersgasse *(heute Weißgasse)* zur Polizei und zeigte an, daß „zwei umgebracht" worden seien, „der eine lebe aber noch". Die beiden Personen, um welche es sich handelte, waren der dreiundzwanzigjährige Tischlergehilfe Josef Straka und seine zwanzigjährige Geliebte Barbara Christof. Die Polizei fand das Paar in einem schrecklichen Zustande vor. Das Mädchen lag auf einem Strohsack und schwamm förmlich in seinem Blute, der Bursche war auf sein Bett hingestreckt, wies eine klaffende Halswunde auf und schien in den letzten Zügen zu liegen.

Rasch verständigte man die Sanitätsdiener der Gemeinde, welche alsbald mit ihrem zweirädrigen gedeckten Wägelchen herbeieilten und den Schwerverletzten ins Spital schafften.

Bei der Barbara Christof wäre jede Bemühung umsonst gewesen, denn der Polizeiarzt fand am Halse eine vier Zoll lange, anderthalb Zoll weit klaffende, mit scharfen Rändern versehene Wunde, welche in der linken Hälfte des Halses über der Mittellinie desselben begann und nahezu parallel mit dem Schlüsselbeine nach rückwärts und auswärts anderthalb Zoll vor dem Nackenmuskel endete. An der Basis der durchschnittenen Haut waren die ebenfalls durchschnittene Schilddrüsenhälfte und die getrennte Luftröhre bloßgelegt, sowie auch der linke Kopfnicker durchschnitten.

Diese entsetzlichen Wunden mußten ihr mit einem sehr scharfen Instrumente zugefügt worden sein und ein solches erblickte man im Bett des Straka. Dort lag nämlich ein blutiges Rasiermesser, mit welchem der Bursche wohl zuerst seine Geliebte, dann sich selbst verletzt hatte.

So nahm man nach dem ersten flüchtigen Augenschein und nach den ersten Auskünften an, der Augenschein sprach ganz für einen derartigen Hergang. Josef Straka und Barbara Christof waren seit vier Jahren ein Liebespaar, sie wurde in den letzten Wochen seiner überdrüssig. Er hatte immer ein leidenschaftliches Temperament und Hang zur Eifersucht gezeigt, sie war tot, er lebensgefährlich verletzt, beide auf die gleiche Weise und in demselben Raume, - das Liebesdrama schien sich also auf dem Präsentierteller zu offenbaren.

Der sich anschließende Lokalaugenschein machte jedoch eine nähere Betrachtung der Verhältnisse wünschenswert.

Man stand in einem zwölf Schuh langen Zimmer mit zwei Betten und einem auf dem Boden liegenden Strohsack. Die Wohnung gehörte der Wäscherin Barbara Worel, welche gemeinsam mit ihrer Schwester Josefa Worel hauste und überdies drei Aftermieter hatte: eine alte Frau und das Liebespaar Straka-Christof. Bei den hohen Zinsen und der herrschenden Teuerung konnte dieser Umstand weiter nicht auffallen. Die Worel schlief mit der alten Frau in einem der beiden Betten, das andere wurde von Straka benützt und auf dem Fußboden, beziehungsweise auf dem Strohsack übernachteten die beiden Mädchen.

Barbara Christof, eine große, gut genährte Person von besonderer Schönheit, hatte also neben der Josefa Worel geschlafen. Sie war nur mit dem Hemd bekleidet und schien Widerstand geleistet zu haben. Josefa Worel mußte daher wohl Auskünfte erteilen können. Das war aber nicht der Fall und daher merkwürdig, um so mehr, als das Gesicht der Worel Blutspuren aufwies, die sie damit erklärte, daß ihr plötzlich die Hand der Ermordeten ins Gesicht gefallen war. Wie die Tat vor sich gegangen, vermöge sie nicht zu sagen. Sie sei durch den Schlag erwacht und habe bemerkt, daß die Betty im Blut liege. Daher lief sie um den Hausbesorger. Einen Streit habe sie nicht vernommen. Die Frage, warum die Christof ihres Liebhabers überdrüssig geworden sei, zumal sie sich in anderen Umständen befand, beantwortete die Worel dahin, daß Straka sehr eifersüchtig und brutal gewesen wäre. Wenn er sich eingebildet habe, daß die Geliebte einen anderen Mann begünstige, schlug er dieselbe, was sie sich nicht mehr gefallen lassen wollte.

DAS ALTE HERNALS

Ob Josefa Worel wohl die Wahrheit spricht, daran zweifelten die Mitglieder der Kommission.
Im Hause wollte man wissen, daß dem Straka gar nicht so viel an der Erkaltung des Liebesverhältnisses gelegen gewesen sei, denn er habe der Christof einen Tag vorher in einem Lerchenfelder Gasthause vor allen Leuten eine Ohrfeige gegeben. „Das könnte ja aus Eifersucht geschehen sein?!" warf ein „Vertrauter" ein. „Aber nein", antwortete die betreffende Frau Gevatterin mit einem vielsagenden Augenzwinkern. Als man in sie drang, sich deutlicher auszudrücken, sagte sie unwillig „Mich geht die Sach' ja weiter nichts an. Die Pepi (Josefa Worel) wird das besser wissen."
Der Sinn dieser Rede grht aus anderen Erhebungen hervor. Die Parteien bildeten sich nämlich ein, daß die Worel sich bemüht habe, den Straka abwendig zu machen und in diesem Licht gewann die Tat natürlich andere Umrisse.
Man wandte sich nochmals an die Worel und hielt ihr direkt das Gerede vor. Sie errötete bis an die Haarwurzeln und fuhr zornig auf, dann stieß sie ein erzwungenes Lachen aus. „Was hält' denn ich mit dem Böhm' anfangen sollen?! Er versteht ja nicht einmal gescheit Deutsch!"
„Und wovon ist dann ihre linke Hand blutig?" fragte unvermutet ein Zivilwachmann.

Er hatte bisher schweigend zugehört und verblüffte mit seiner Frage nicht nur die Kommissionsmitglieder, sondern auch die übrigen Zuhörer. Die Worel hob ihre linke Hand rasch empor, blickte auf ihre Fingernägel und schrie dann markerschütternd auf. Sie begann zu wanken und mußte gestützt werden.

„Was ist Ihnen denn?! Was haben sie?!" bestürmte man sie. „Waschen Sie mir das Blut weg! Waschen Sie meine Hand!" stöhnte das Mädchen mit allen Zeichen des Schreckens. "Es ist ihr Blut! Waschen Sie mich!" jammerte sie unaufhörlich.

Die Polizeifunktionäre warfen einander vielsagende Blicke zu. Hier schien der Schlüssel zu einem Geheimnis zu stecken.

Noch bevor man eine Verfügung treffen konnte, richtete sich die Worel mit einem Male auf und rief aus: „Es ist ja zu dumm! Wie soll ich etwas von der Mordtat wissen, sie hat doch nicht bei mir geschlafen." „Nicht bei Ihnen?" fragte der Kommissär. „Ja, wo denn sonst? „Nun, bei ihm" „Wie? In seinem Bette?..." „Natürlich." „Wie kam sie dann auf den Strohsack, auf dem ihre Leiche jetzt liegt?" „Das weiß ich nicht!" tönte es klanglos zurück.

Der Kommissär machte eine ernste Miene und sagte feierlich: „Josefa Worel, es tut mir leid, ich muß Sie im Namen des Gesetzes verhaften." „Jesus Maria! Verhaften? Mich? Ja, warum denn mich verhaften? Ich habe doch nichts verbrochen." „Denken Sie an Ihre blutige Hand", bemerkte der Beamte finster, dann ging er, den Kopf voll Gedanken, aus dem Zimmer.

Wie der Fall jetzt aussah, hatte die Worel Hand an ihre Schlafgenossin gelegt, und vielleicht gar auch an den Tischlergehilfen, den sie der anderen nicht gönnte. Oder hatte Straka Selbstmord begangen, als er sah, daß seine Geliebte tot sei?

Straka war keine schlechte Partie. Er hatte sich überall Freunde erworben, wurde von seinem Meister und anderen Auskunftspersonen als liebenswürdig und gutmütig, wenn auch ein wenig aufbrausend geschildert. Er weilte erst ein Jahr in Wien und hatte die Christof aus Böhmen mitgebracht. Daß er die Geliebte so roh abschlachten konnte, mutete man ihm nicht zu. Eine solche Tat war weit eher von Seite der eifersüchtigen oder von Rache erfüllten Worel denkbar.

Der Kommissär begab sich eiligst ins Spital und erfuhr dort zu seiner Freude, daß Straka nicht so schwer verletzt sei, daß man an seinem Aufkommen zweifeln müsse, ja, es lasse sich hoffen, daß man ihn in einigen Tagen werde dem Inquisitenspitale des Landesgerichts einliefern können.

In Hernals arbeitete einstweilen die Fama emsig weiter. Die Überzeugung brach sich immer mehr Bahn, daß die beiden Worel im Einvernehmen die Entzweiung des Liebespaares betrieben hätten, was man den Frauen natürlich sehr übel nahm. Es bildeten sich Ansamm-

EINER DER INNENHÖFE
DES POLIZEIGEFANGENENHAUSES IN DER STERNGASSE

lungen vor dem Hause in der Petersgasse, und Frau Worel hätte es kaum wagen dürfen, allein Einkäufe zu besorgen.

Da kam ihr das Schicksal Strakas zu Hilfe. Er erholte sich rasch unter dem ärztlichen Beistand und gestand, die Tat aus Eifersucht ausgeführt zu haben. Die Christof sei seiner überdrüssig geworden und habe von der Worel wegziehen wollen. Dies habe er nicht ertragen können. Die Trennung sei ihm so in den Kopf gestiegen, daß er seine Geliebte und sich umzubringen beschloß. Noch am Morgen habe er sie umzustimmen versucht. Als sie mit „Nein" antwortete, habe er sein Rasiermesser geholt und dem Mädchen, als es das Haupt zur Seite neigte, in den Hals geschnitten.

Am 21. Juni 1862 stand Josef Straka vor seinen Richtern. Man mochte diesem sanft aussehenden Bürschchen fast nicht glauben, daß er eine so grausige Tat begangen hatte. Der Vorsitzende, Landesgerichtsrat Frühwald, fragte ihn ausdrücklich, ob niemand anderer mit im Spiele sei. Der Angeklagte verneinte dies entschieden und wurde durch Zeugen unterstützt, welche sich früher - auch dies ist sehr lehrreich - mit Rücksicht auf die Volksstimme mit ihren Behauptungen nicht hervorgewagt hatten. So erzählte nunmehr die Wirtin Theresia Dürr, in deren Gasthause Straka seine Geliebte geohrfeigt hatte, daß er am Ostersonntag mit dieser bei ihr gestritten und den folgenden Dienstag darauf ausgerufen habe: „Man hat mir mein Madel abwendig gemacht, das lasse ich mir nicht gefallen, ich oder sie müssen sterben." Die Zeugin suchte ihn vergeblich zu beruhigen. Auch die Hausfrau wußte Ähnliches zu berichten. Desgleichen eine in Wien lebende Schwester der Ermordeten, namens Franziska Christof.

Und wie erklärte sich die blutige Hand der Worel und deren widerspruchsvolle Angaben?

Beschämt räumte sie es in der Hauptverhandlung ein: „ ...die Christof hatte in der Tat auf dem Strohsack neben mir geschlafen, aber mit dem Geliebten, und da sie (die Zeugin) sich schämte, dies zugelassen zu haben, log sie lieber. Einen Streit habe sie wohl im Halbschlafe gehört, die Christof sagte: „Wenn du mir das Leben nimmst, werde ich dir's auch nehmen", doch wäre ihr das Weitere entgangen. Sie sei müde gewesen und fest eingeschlafen. Als ihr dann die Hand der Christof ins Gesicht fiel, habe sie nach dem Mädchen gegriffen, und sei dabei in die klaffende Wunde geraten. In der ersten Aufregung habe sie weiter daran nicht gedacht, als man sie indessen später daran erinnerte, wäre sie von einem furchtbaren Abscheu erfaßt worden.

Hier offenbarte sich die seltsame Psychologie eines Weibes: um nicht eingestehen zu müssen, daß sie ein Liebespaar neben sich geduldet, nahm Josefa Worel lieber den schwersten Verdacht auf sich.

Der Staatsanwalt Dr. Dierkes verlangte die Todesstrafe wegen vollbrachten meuchlerischen Mordes, während der Verteidiger Dr. Heller die Angabe der Josefa Worel, daß die Christof eine Gegendrohung ausgestoßen habe, aufgriff und daraus den Schluß zog, daß sich das Mädchen in wehrhaftem Zustande befunden habe. Es liege daher nicht Meuchel-, sondern bloß gemeiner Mord vor.

Nach halbstündiger Beratung entschied sich der Gerichtshof aber im Sinne der Anklage und verurteilte Josef Straka zum Tode durch den Strang.

㉗
DIE „HARMONIEMACHERIN" VOM SCHOTTENFELD
1862

Wer im alten Wien eine gute Harmonika kaufen wollte, ging zum Endel nach Schottenfeld. Dieser Instrumentenerzeuger wohnte in dem Hause Fuhrmannsgasse *(heute Seidengasse in Wien-Neubau)* Nr. 178 und arbeitete nur mit wenigen Gesellen, die aber um so gediegenere Waren lieferten.

Herr Endel hatte eine fesche, lebenslustige Frau, welche ihm durch lange Jahre zur vollsten Zufriedenheit die Wirtschaft führte. Da das Paar kinderlos war, nahm es einen Knaben in Pflege, der wie der eigene Sohn behandelt wurde. Sonntags luden sie gewöhnlich ein paar Freunde ein, und dann ging es unter fidelen Harmonikaklängen aufs Land hinaus, wo man sich beim Heurigen gütlich tat. Der Hausfrieden wurde aber gestört, als anfangs der sechziger Jahre ein gewisser Johann Natal bei Endel als Geschäftsdiener eintrat. Dieser war ein merkwürdiger Geselle, der in jeder Rocktasche einen Fünfkreuzerroman hatte und der Meisterin alsbald ganz den Kopf verdrehte. Die Familie war mit ihm dadurch bekannt geworden, daß seine Ziehmutter ebenfalls Endel hieß. Er war ein uneheliches Kind, arbeitete bis zum Jahre 1857 in verschiedenen Baumwollspinnereien, erlernte dann das Anstreicherhandwerk und suchte schließlich, da dieses Gewerbe im Winter keine Arbeit verschaffte, beim „Harmonikamacher" um Aufnahme als Hausknecht an.

Die bedenklichen Annäherungsversuche, welche Natal bei seiner um 18 Jahre älteren Meisterin machte, veranlaßten Herrn Endel, ihn zu kündigen. Infolge der damit verbundenen Aufregungen starb der Meister aber eines plötzlichen Todes und da der Hausknecht nun „in die Geschäftskenntnisse eingeweiht" war, verblieb er im Hause.

Er bewohnte das eine Zimmer der im ersten Stockwerk gelegenen Wohnung, die Meisterin und

HÄUSERGRUPPEN IN DER BURGGASSE, IN NÄHE DES GEGENSTÄNDLICHEN TATORTES, NACH EINER ANSICHT UM 1860

deren Pflegesohn das zweite. Beim Bier hatten die beiden schon zu Lebzeiten des Mannes Bruderschaft getrunken, nun verlangte Frau Endel, daß er sie heirate, damit die Leute keinen Grund hätten, über sie zu klatschen. Johann Natal hielt darauf wirklich um die Hand der damals 45 jährigen Witwe an, welche ihm 200 Gulden schenkte, damit er sich ein Anstreichergeschäft einrichten könne. Johann Natal war aber ein Mensch, der für eine regelmäßige Beschäftigung nicht taugte. Er hielt sich für etwas Besonderes und wollte unter die Erfinder gehen. Heute „erfand" er einen Fallschirm, morgen ein neues Gewehr, übermorgen beschäftigte er sich wieder mit etwas anderem, so daß die 200 Gulden sehr rasch verbraucht waren, ohne daß er ein Anstreichermeister geworden wäre. Daraus entwickelten sich bald Streitigkeiten zwischen ihm und seiner Braut. An dem guten Willen der letzteren fehlte es nicht; sie wollte sogar selbst arbeiten, um für die erste Zeit die Einnahmen zu erhöhen, so erbot sie sich auch, im Spital den Hebammenkurs zu machen, womit aber Johann Natal nicht einverstanden war.

In der ganzen Umgebung wurde es bald bekannt, daß die „Harmoniemacherin" mit ihrem Liebhaber fortwährend streite und daß sie nach einem anderen Mann angle.

Dem Johann Natal kam dieses Gerede bald zu Ohren und er geriet darüber in großen Zorn. In allerhand drolligen Verkleidungen suchte er seine Geliebte zu überraschen. Bald erschien er als Briefträger, bald als Bankdiener oder Geschäftsagent, wobei er sich falscher Bärte und vieler Theaterschminke bediente. Er ertappte die Meisterin jedoch nie bei einem Treuebruch, zumal sie ihn schon von weitem erkannte, wenn sie auch so tat, als hielte sie ihn für einen Fremden.

Mit der Zeit wurde er aber in seiner Eifersucht unangenehm.

So spannte er in der Wohnung Drähte und sagte, es sei alles hergerichtet, um das Haus in die Luft zu sprengen, wenn die Harmoniemacherin das Verhältnis zu ihm löse.

Die Parteien liefen zum Hausherrn und verlangten, daß er der Endel kündige, wenn sie ihren Liebhaber nicht bald zur Vernunft bringe. Anfangs Juli 1862 gab es in der Nacht eine furchtbare Aufregung. Johann Natal war spät heimgekommen, und bald vernahm die Nachbarin der Harmoniemacherin einen Streit in deren Wohnung. Natal rief mit einemmal feierlich und äußerst dramatisch aus: „Jetzt ist der Moment da!"

Da sprang die besagte Nachbarin mit einem gellenden Schrei aus dem Bette und jagte sämtliche Parteien durch den Schreckensruf aus dem Schlafe: „Der Natal sprengt das Haus in die Luft!"

Fünf Minuten später war eine merkwürdige Gesellschaft vor dem Hause versammelt: Männer, Weiber, Mädchen, Jünglinge und Kinder, durchwegs in Nachtgewändern. Man erwartete, ängstlich debattierend, die angekündigte Explosion.

Die Wache eilte herbei und begab sich unter allerhand Vorsichtsmaßregeln in die Endelsche Wohnung, wo Johann Natal ganz erstaunt fragte, was man denn von ihm wolle. Er habe mit seinem Ausrufe bloß gemeint, jetzt sei der Augenblick gekommen, wo er sich eine zweite Flasche Wein leiste.

Die Hausparteien waren indessen nicht mehr willens, diese Auskunft als Scherz aufzufassen. Man bestürmte den Hausbesitzer neuerlich, daß er der unbequemen Gesellschaft kündige, und diesmal hatten die Bitten Erfolg.

Marie Endel war darüber sehr betroffen, sah sie doch ihr vom Gatten ererbtes Geschäft ernstlich gefährdet und auch Johann Natal tat alles, um den Entschluß rückgängig zu machen. Er erzählte, daß er einen Treffer gemacht habe und nun ein sorgloses Leben führen könne. Er lade sämtliche Parteien und den Hausbesitzer zu einem großartigen Mahle ein, welches ausschließlich er bestreiten wolle. Im Hofe des Hauses sollte eine reiche Tafel gedeckt, Musikanten bestellt, die feinsten Speisen herbeigeholt werden, kurz, es sollte gefeiert werden und hoch hergehen.

Am 17. Juli fanden sich wirklich die Leute im Hofe zusammen, und es wurde lustig gegessen, getrunken und gesungen. Der Friede schien aufs neue besiegelt.

Man ging spät schlafen. Die Morgensonne stieg bereits auf, als die letzten Stimmen verklungen waren.

Die Ruhe sollte jedoch nicht lange dauern.

Um halb sechs Uhr früh wurde das Haus plötzlich durch zwei schreckliche Detonationen erschüttert. Jeder dachte natürlich sofort an Johann Natal und doch traute sich niemand nachzusehen, um nicht selbst „in die Luft zu gehen". Nur der Hausherr rüttelte an der Endelschen Tür und als man ihm nicht öffnete, stieg er durch das offene Fenster ein...

Er sah etwas Entsetzliches: Im Bette lag Frau Endel mit entblößter Brust, blutüberströmt, in konvulsivischen Zuckungen. Einige Schritte von ihr entfernt wälzte sich Johann Natal in einer riesigen Blutlache. Seine Rechte umkrampfte eine noch rauchende Pistole, sein Gesicht war furchtbar entstellt, man hätte ihn nicht erkannt, wenn man nicht gewußt haben würde, daß nur er der Verwundete sein könne. Zwischen beiden kniete der Pflegesohn unverletzt im Blute und betete ein Vaterunser nach dem anderen.

„Um Gottes willen, was haben Sie denn getan?" fragte der Hausherr den Mann. Natal schlug langsam die Augen auf und lallte: „Ich hab's aus Eifersucht 'tan!" Seine Hand wies dabei auf einen Zettel, der am Tisch lag und die Nachricht enthielt, daß Natal seine Geliebte mit ihrem Einverständnisse ermordet habe. Als der Hausherr die Worte entziffert hatte, fügte Natal noch hinzu: „Sie wollte es so, ich hab' nicht anders können."

Das Polizeikommissariat des Bezirkes wurde verständigt und entsandte eine Kommission. Deren Mitglieder trafen noch vor den Sanitätsdienern der Gemeinde ein, welche die Frau bereits tot fanden. Damals bestand noch nicht die wohltätige Einrichtung der Freiwilligen Rettungsgesellschaft, der Polizei stand weder ein Telegraph noch ein Telephon zur Verfügung, für den Spitaltransport waren bloß zweirädrige Karren zur Verfügung, deren Bedienungsmannschaft man erst aus den verschiedenen Gasthäusern holen mußte. Bis ein solches Rettungsfuhrwerk zur Stelle war, hatte ein Schwerverwundeter in der Regel seinen Geist ausgehaucht.

Das Publikum wußte indessen aus der Farbe der Überdachung des Karrens genau, ob auf der Tragbahre ein Toter oder Verwundeter liege. So verbreitete sich auch bald die Kunde im Bezirk, daß die „Harmoniemacherin vom Schottenfelde" nicht mehr unter den Lebenden weile.

Den Johann Natal brachte man noch lebend ins Spital. Er hatte sich eine Kugel unter das Kinn geschossen, die den Weg in die Mundhöhle nahm, um zwischen Auge und Nase wieder hervorzutreten. Er verfiel in tiefe Bewußtlosigkeit und man glaubte ihn schon verloren. Dennoch erholte er sich bis Ende Juli derart, daß der Gerichtsarzt Dr. Wirthinger an ihm eine Operation vornehmen konnte. Johann Natal ertrug die furchtbaren Schmerzen mit Ruhe und Entschlossenheit. Eine Narkose gab es damals noch nicht. Der Operateur entfernte ihm teilweise die Zunge, da dieselbe zerfetzt war, nahm ihm mehrere Zähne und Teile des durch die Kugel verschobenen Kiefers heraus und vernähte ihm das gräßliche Loch unter der Nase, durch welches die Kugel herausgetreten war.

HAFTRAUMOFEN, WIE ER UM 1860 IN DEN ÖSTERR. STRAFANSTALTEN IN VERWENDUNG STAND. ORIGINAL IM ÖSTERR. KRIMINALMUSEUM SCHLOSS SCHARNSTEIN

Johann Natal blieb bei vollem Bewußtsein und vermochte seine Wünsche nur schriftlich bekanntzugeben.

Wer den Mörder gesehen hatte, als er am Tage nach der Tat um 9 Uhr früh in das Inquisitenspital transportiert wurde und gehört hatte, wie der Patient, dem aus dem Munde Speichel und Blut floß, während das Gesicht eine einzige Blutkruste bildete, nach einem Priester verlangte, da er sterben wolle, der hätte es nie geglaubt, daß Johann Natal noch vor irdischen Richtern seine Verbrechen werde verantworten müssen.

Dies geschah dennoch am 1. Oktober 1862, wo er vor seinen Richtern stand. Der Angeklagte Natal präsentierte sich als kleines und als schwaches Männchen, mit dünner Stimme und ohne ein Körnchen Mutes. Er blieb auch jetzt dabei, daß er seine Geliebte nicht gegen ihren Willen umgebracht habe. Sie hatten vielmehr schon drei Tage vorher den 18. Juli als ihren Todestag bestimmt. Daher habe sich die Endel die Decke bis zum Kinn emporgeschoben und ganz ruhig verhalten, als er die Waffe ansetzte.

Ganz anders sagte aber der Pflegesohn aus, welcher berichtete, daß man nach diesem reichen Gelage beschlossen hatte, nächsten Tages erst um 10 Uhr vormittags aufzustehen. Allein um 5 Uhr früh habe Johann Natal, kurz nachdem er sich niedergelegt hatte, sein Bett verlassen und wäre ins Zimmer der Marie Endel getreten. Er (der Zeuge) sei durch einen Schrei seiner Pflegemutter erwacht und habe das Schlimmste geahnt, als er den Angeklagten geradewegs auf das Bett der Frau zugehen sah. Was weiter geschah, wisse er nicht mehr genau, da er sich in höchster Aufregung befand. Daß die Mutter jedoch abwehrend die Hände entgegengestreckt habe, könne er mit Bestimmtheit sagen. Die übrigen Zeugen deponierten, daß die Frau sich trotz ihrer Jahre keine Sorgen machte und schließlich auch der Zukunft ruhig entgegensehen konnte. In einen Mord hätte sie wohl nie eingewilligt.

Der Staatsanwalt verlangte denn auch die Verurteilung des Johann Natal wegen Meuchelmordes, da für ein Einverständnis des Liebespaares nichts spreche. Die Lage der Leiche widerlege am deutlichsten die Verantwortung des Angeklagten, dessen erstes Wort gewesen sei: „Ich hab's aus Eifersucht 'tan!" Johann Natal sei finanziell schlecht gestellt und sehr eifersüchtig gewesen und habe offenbar gefürchtet, seine Versorgung zu verlieren. Allerdings könne man manche Milderungsgründe für ihn ins Treffen führen, doch sei die gesetzliche Strafe unter allen Umständen der Tod.

Der Angeklagte zuckte bei diesen Worten zusammen, obwohl er sonst ruhig den Ausführungen des Staatsanwaltes gefolgt war.

Der Verteidiger Natals, Dr. Lamasch, plädierte für die Annahme eines gemeinen Mordes und bemühte sich, den Angeklagten als einen exaltierten Menschen hinzustellen.

Der Gerichtshof beriet eine Stunde, dann verkündete der Präsident, daß Johann Natal wegen vollbrachten Meuchelmordes zum Tode durch den Strang verurteilt werde.

Zitternd hörte der Angeklagte, der einen beklagenswerten Eindruck machte, das harte Urteil an. Der Vorsitzende fügte aber zum Troste noch hinzu, daß er die Akten nach dem Gesetze dem Kaiser zur weiteren Entscheidung vorlegen werde, worauf der Verteidiger die Berufung anmeldete.

Der Kaiser ließ wirklich Gnade walten. Johann Natal endete nicht am Richtpflocke.

(28)
EIN UNGESÜHNTER RAUBMORD
1862

Auf das Schuldkonto der Wiener Polizei gehört die Bluttat, welche sich Anfang Dezember des Jahres 1862 auf der Wieden, gerade gegenüber dem k.k.Polizeikommissariate und dem damals dort befindlichen k. k.Polizeiwachposten, ereignete. Zur Mittagszeit wurde der in der Favoritenstraße Nr. 4 etablierte Uhrmacher Franz Melichar von einem Soldaten angefallen, furchtbar verletzt und beraubt. Im kritischen Augenblicke trat der kleine Sohn des Uhrmachers in den Laden, um seinem Vater das Mittagessen zu bringen, da sah er, wie ein Artillerist „mit einem langen Messer" - es war die Seitenwaffe des Soldaten - zu einem Schlage ausholte, obwohl der Vater bereits mehrere Hiebe empfangen haben mußte, denn er wankte, und von seinem Kopfe strömte das Blut. Als der Attentäter des Kindes ansichtig wurde, versteckte er rasch das „Messer", gab dem Knaben einen derben Stoß und flüchtete.

Der Uhrmachersohn lief geistesgegenwärtig auf die Straße und schrie um Hilfe, worauf sich ein Dienstmann an die Verfolgung machte. Da der Soldat aber flinke Beine hatte und einen großen Vorsprung gewann, hielten die Passanten den Dienstmann für den Täter, ergriffen ihn und prügelten ihn tüchtig durch. Mittlerweile gelang es aber dem Täter, zu entkommen und man führte den Dienstmann zum Geschäft Melichars, wo sich schon eine große Menschenmenge angesammelt hatte.

Der Uhrmacher sah entsetzlich aus. Er hatte vier wuchtige Hiebe erhalten, wobei einer ihm den Schädel gespalten hatte. Die Waffe glitt sodann über die Stirne bis zum Kinn herab, so daß der Überfallene den Eindruck erweckte, als ob ihm der Kopf von der Schädeldecke bis zum Kinn durchhauen worden wäre. Dies war jedoch nicht der Fall, denn Franz Melichar lebte noch und konnte sogar sprechen.

Freilich hatte seine Aussage keinen forensischen Wert, denn er redete im Fieberdelirium. So sagte er dem herbeigeeilten Polizeioberkommissär, die Wunden seien ihm von zwei Zivilisten, jungen Leuten, die mittelmäßig gekleidet gewesen seien, beigebracht worden, obwohl sein Sohn den Mörder ja bei der Tat gesehen hatte und auch ein Dienstmädchen bestätigen konnte, daß ein Soldat unmittelbar vorher den Laden betreten hatte.

Daß das Verbrechen in gewinnsüchtiger Absicht geschehen war, ließ sich unschwer an der Unordnung im Geschäfte feststellen. Auch der Umfang des Schadens wurde bald ermittelt, worauf das Polizeikommissariat Wieden folgende Kundmachung erließ:

„Kundmachung.

Ein unbekannter Soldat hat an dem auf der Wieden Nr. 319 befindlichen Uhrmacher Franz Melichar am Mittwoch, um 1 1/4 Uhr mittags, einen Raubanfall mit schwerer Verletzung verübt und bei dieser Gelegenheit zirka acht bis zehn Stück in der Gewölbeauslage hängende goldene Zylinderuhren geraubt. Der Soldat, welcher gegen das Glacis durch die Alt-Wiedener Hauptstraße gegen die Karlskirche flüchtig wurde, ist 20 bis 25 Jahre alt, von mittlerer, untersetzter Statur, hat volles Gesicht und einen Anflug von Schnurrbart. Er trug einen weißen Waffenrock mit roten Aufschlägen, einen grauen Mantel mit gelben Knöpfen, blaue Hosen mit roten Streifen, Gamaschen, dann eine blaue Kappe mit gelber Schnur. Er hatte ein Haubajonett oder ein Faschinmesser bei sich, und steckten in den Aufschlägen seines Mantels Schriften (vermutlich Druckschriften). Von Privaten erfährt man noch, daß der Soldat, als er flüchtete, eine Strecke weit durch einen Dienstmann verfolgt wurde. Das Publikum hielt diesen Dienstmann für den Täter, hielt ihn fest. und auf diese Weise entkam der Soldat. Man sah ihn noch in der Richtung gegen den Trödelmarkt laufen, wo er sodann zwischen den Trödelmarkthütten verschwand.

Wien, 10. Dezember 1862."

Franz Melichar verfiel bald in tiefe Bewußtlosigkeit und wurde, von seinem jammernden zwölfjährigen Sohn begleitet, durch zwei Stadtträger auf einer herbeigeholten Bahre in das Wiedener Spital geschafft. Seine Verletzungen waren grauenerregend. So hatte ihm einer der Hiebe auch drei Vorderzähne ausgeschlagen.

Die militärischen Behörden wurden sofort benachrichtigt, worauf man die ganze Garnison in den Kasernen einer genauen Visitation unterzog.

Da einige Hausleute behaupteten, daß zu Melichar manchmal ein bestimmter Kanonier des zweiten Artillerieregiments gekommen sei, welches in der Rennwegkaserne bequartiert war, ließ der Kommandant, Oberstleutnant Gerster, die Mannschaft der Kaserne alarmieren. Es zeigte sich aber, daß der namhaft gemachte Kanonier zur ersten Batterie gehörte, welche in der Getreidemarktkaserne lag, worauf auch dort Alarm geblasen wurde. Hierbei kam hervor, daß der Verdächtige unmöglich der Täter sein könne.

Der Raubmörder auf der Wieden.
Gedicht von Joh. Ernst
Arie: Die Gedanken des Raubmörders.
Druck u. Verlag v. M. Moßbeck, Wien, Neubaugasse Nr. 55.

Ein Raubmord wurd vor kurzer Zeit
Allhier in Wien vollbracht,
Der bei der Menschheit allgemein
Ein großes Aufsehn macht:
Daher will ich die Schreckensthat
So gut ich kann erzähl'n,
Damit man sieht, wie mancher Mensch
Sich kann oft groß verfehl'n.

> Ein Uhrmacher saß im Gewölb
> Zu Mittagszeit vergnügt,
> Und hatte seinen Sohn nach Haus
> Um's Mittagsmal geschickt;
> Und wie der Sohn dann zurück kam
> So traf er einen Mann,
> Der als Soldat gekleidet war
> Bei seinem Vater an.
>
> Mit einem Messer hatte er
> Den Vater mit Bedacht,
> Von rückwärts an den Kopf und Hals
> Zwei Schnitte angebracht;
> Der Vater stürzte dann zusamm
> Was man leicht denken kann,
> Der Mörder raubte fünfzehn Uhr'n
> Entfloh damit sodann.
>
> Im Haus wurd eine Samlung dann
> Für ihn gemacht geschwind,
> Wo drei und vierzig Gulden rein
> Schnell eingegangen sind;
> Der Vater lag besinnungslos
> Konnt nicht mehr helfen sich,
> Und seine Kinder wie sein Weib
> Die weinten bitterlich.
>
> Der Vater kam in das Spital
> Jetzt ist er leider todt,
> Und seine Kinder wie sein Weib
> Sind jetzt in größter Noth;
> Ach unser Vater leb't nicht mehr
> Schrei'n seine Kinder jetzt,
> Der Mörder hat uns alle hier
> Ins Elend ganz gesetzt.
>
> Der Kaiser läßt jetzt täglich sich
> Abstatten den Bericht,
> Ob wirklich zum Soldatenstand
> Gehört der Bösewicht;
> Es wär Ihm lieb wenn kein Soldat
> Der Missethäter wär,
> Die Ehre wär gerettet dann
> Von Seinem Militär.

Über Befehl des Kaisers wurde die militärische Untersuchung mit der größten Strenge geführt. Alle Seitenwaffen wurden mit befeuchteten Leinenlappen geprüft, um Blutspuren zu konstatieren, allein die Mühe war vergeblich.

Der kleine Melichar stand täglich zahlreichen Soldaten gegenüber, um in einem derselben etwa den Täter wiederzuerkennen, doch vermochte er dies nicht.

Die Polizei neigte daher zur Ansicht, daß der Verbrecher eine Zivilperson gewesen sei, welche Soldatenuniform angelegt habe, damit man auf eine falsche Spur gerate.

Die Folge davon waren ausgedehnte Streifungen und Verhaftungen verdächtiger Zivilpersonen, die ebenfalls dem Sohn des Uhrmachers gegenübergestellt wurden. Bis zum 14. Dezember geschah dies mit dreißig Individuen. Der Knabe blieb aber immer dabei, daß die Mordwaffe ein „langes Messer" und kein Bajonett gewesen sei.

Franz Melichar lebte bis zum 15. Dezember, an welchem Tage er in den Armen der untröstlichen Gattin verschied, ohne klar zum Bewußtsein gekommen zu sein. Das Leichenbegängnis fand am

Favoritenstrasse. Wien IV/1.

17. Dezember unter starker Beteiligung der Wiener statt. Der unglückliche Uhrmacher wurde am Matzleinsdorfer Friedhof beerdigt.

Die Polizei verdoppelte und verdreifachte nun ihre Bemühungen, erließ neue Kundmachungen und setzte endlich auch eine Belohnung von 300 Gulden aus.

Immer und immer wieder las man in den Zeitungen, daß der Mörder Melichars nun endlich entdeckt worden sei, aber jedesmal stellte sich dann die Unschuld eines Verdächtigten heraus. Militär- und Zivilpersonen wurden selbst aus entfernten Gegenden, zum Beispiel aus Ungarn, unter riesigem Aufsehen nach Wien eskortiert, so daß die Zahl der Überprüften bald zweihundert Personen überstieg. Diese verzweifelten Anstrengungen der Sicherheitsbehörde ließ sie fast lächerlich erscheinen und es dauerte nicht lange, bis man bei den Volkssängern und der Gesellschaft böse Scherze darüber hören konnte.

Es braucht nicht erst erwähnt zu werden, daß man hinsichtlich der Täterschaft auch an die entlassenen Gesellen des ermordeten Uhrmachers dachte. Gegen Ende des Jahres schien es nun, als sollte man die richtige Spur gefunden haben.

In der Silvesternacht des Jahres hatte sich nämlich in einem herrschaftlichen Besitz, nahe bei Wien, eine aufregende Geschichte ereignet.

In dem prachtvollen Speisesaale des Fabrikanten Karl W. ging es damals hoch her. Der Tisch bog sich unter den feinsten Leckerbissen, der Champagner floß in Strömen, Musik ertönte, Gläser klirrten, Reden wurden gehalten und unter den zahlreichen geputzten Damen und Herren, welche erschienen waren, herrschte ausgelassenste Fröhlichkeit. Sollte doch heute die Verlobung der bildschönen Tochter des Fabrikanten mit einem jungen Manne gefeiert werden, welcher vorläufig den Posten eines Werkmeisters in dem Unternehmen bekleidete, aber große Tüchtigkeit an den Tag gelegt hatte und von dem praktisch denkenden Vater des Mädchens um so mehr als Schwiegersohn ausersehen war, als dieses ein oder gar beide Augen auf den bescheidenen, braven und sympathischen jungen Mann geworfen hatte.

Natürlich wurde der schmucke Werkmeister viel beneidet, am meisten von seinen Kollegen, den anderen Angestellten des Fabrikanten, welche gar nicht einsehen wollten, warum gerade auf ihn die Wahl gefallen sei. Sie hätten es für begreiflich gefunden, wenn der Fabriksherr, welcher übrigens seinerzeit auch als armer Handwerker begonnen hatte, einen Schwiegersohn aus der noblen Gesellschaft gewählt hätte, dem Werkmeister mochten sie aber das Glück nicht gönnen.

Dieser saß freudetrunken neben seiner Braut und dachte dabei auch an sein altes Mütterchen, welches zwar immer überzeugt war, daß „ihr Franzl" einmal noch ein reicher Mann sein werde, welches ihm jedoch auch mit der Zaghaftigkeit der Armen abgeraten hatte, sein Herz zu stark mit dem des Fabrikantentöchterchens zu verknüpfen, denn daraus könne ja doch kaum etwas Gutes erwachsen. Das Ende der Geschichte werde die Entlassung Franzls bilden, wenn der Vater des vielumschwärmten Fräuleins Therese dahinter käme, prophezeite die alte Mutter.

Franzl dachte nun an diesem Sylvesterabend im Lichte der Kerzen stolz daran, daß doch er recht behalten hatte. Und immer wieder wurde dem Brautpaar zugetrunken, welches für die dargebrachten Beweise der Herzlichkeit nicht genug danken konnte. Eben schlug die Kirchturmglocke Mitternacht, die Lichter sollten gelöscht werden und man wollte auf das junge Paar und das neue Jahr anstoßen, da trat ein Diener ein und bat den Bräutigam hinaus.

„Was gibt es denn?" fragte, unwillig über die Unterbrechung der Feier, der Fabrikant, worauf ihm der Diener mit ernster Miene etwas ins Ohr flüsterte.

„Ja, was will er denn? Was soll denn das heißen?" hörte man den Hausherrn ärgerlich ausrufen. Dann folgte er rasch seinem zukünftigen und auserwählten Schwiegersohn in die Halle.

Einige Herren der Gesellschaft gingen neugierig nach und durch die geöffnete Tür erblickte man Franzl im Gespräch mit einem Polizisten. Die Zeit verging, aber er kehrte nicht mehr an die Tafel zurück, sondern entfernte sich an der Seite des ungebetenen Gastes. Die Damen und Herren schlichen wortlos hinaus, hüllten sich in ihre Pelze und fuhren in die Residenz zurück, die Lichter in dem Schlößchen verlöschten allmählich und in einem prachtvollen himmelblauen Bette lag ein angekleidetes Mädchen, die Tochter des Hauses und hoffende Braut und schluchzte vor sich hin ...

Die Klärung der mysteriösen Angelegenheit brachte eine äußerst unangenehme Überraschung. Franzl hatte seine Taschenuhr auf den Teppich gestreut, wo sie ein Diener auflas und neugierig betrachtete. Es war einer jener Angestellten, welche den Werkmeister wegen seines Glückes zutiefst beneideten. Ohne besondere Absichten zu hegen, gewahrte er an dem Innenmantel der Uhr ein Zeichen, wie es nach einer polizeilichen Kundmachung auch die dem Uhrmacher Melichar geraubten Uhren aufwiesen. Nun schlich er hinaus und verständigte aus Bosheit die Ortspolizei. Diese konstatierte die Richtigkeit der sachlichen Merkmale und nahm die Verhaftung des Werkmeisters vor.

Franzl wurde nach Wien eskortiert und verhört. Er beteuerte seine Unschuld und erklärte, daß ihm die Uhr ein ehemaliger Schulkollege namens Hirsch besorgt habe. Dies besiegelte sein Schicksal. Hirsch war nämlich der gewesene Geselle des ermordeten Uhrmachers. Beide Freunde wurden in Haft genommen, ihre Namen wurden in den Kot gezerrt, und die Polizei frohlockte, denn nun hoffte man, die Mörder von der Wieden gefunden zu haben.

Die Unschuld der Beschuldigten kam jedoch wenig später an den Tag. Zuerst wurde Hirsch entlassen, dann auch Franzl.

Dieser war durch seinen Sturz aus dem siebenten Himmel in das Grau des Polizeigefangenenhauses wie um Jahre gealtert. Er eilte zu seiner greisen Mutter heim, die ihn stürmisch in die Arme schloß. Von ihr hörte er, daß der Fabrikant, um der Schande zu entgehen, eine Reise mit seiner Tochter gemacht habe. Er fand auch einen Brief desselben vor, welcher in kurzen Worten seine Entlassung enthielt. Therese hatte ihm dagegen weder ein Trost- noch ein Abschiedswort gesandt.

Franzl befand sich in einer schweren seelischen Krise. Er fühlte sich gänzlich unschuldig, war auch von Gericht und Polizei voll rehabilitiert worden und trotzdem sah er sich aus allen Himmeln gestürzt und wie ein Aussätziger gemieden.

Er hätte übrigens alles mit Geduld ertragen, das herzlose Benehmen seiner Braut nahm ihm jedoch jegliche Lebens- und Arbeitslust.

Es mußte zu einer Aussprache kommen, und er erlangte eine solche auch, als seine Braut, die Fabrikantenstochter, von der Reise zurückgekehrt war. Sie gab ihm ein Stelldichein auf einem Bahnhofe, um die Zusammenkunft möglichst unauffällig zu gestalten.

Franzl war schon viel früher in der Bahnhofshalle. Endlich kam Therese. Er stürzte ihr entgegen und umschlang sie. Ihr Haupt sank weinend an seine Brust.

„Resi" fragte Franzl bebend, „du glaubst doch an meiner Unschuld?"

„Die habe ich nie bezweifelt" flüsterte sie, allein es klang wie verhaltene Wehmut aus ihrer Antwort.

„Warum sandtest du mir dann kein Trosteswort? Schau', Resi, das schmerzte mich mehr als alles andere."

„Ich hoffte, dich mündlich beruhigen und meines Vertrauens versichern zu können, aber der Vater duldete es nicht mehr. Wir sind zu stark bloßgestellt, er sagte es müsse ohnehin aus sein mit uns zweien."

Franzl löste sich langsam aus ihren Armen. In seinem Herzen war etwas jäh entzweigerissen. „Du hast recht" stammelte er wie geistesabwesend, „wir wollen uns trennen, uns vergessen..."

Das Paar trennte sich mit kühlem Händedruck, als würden sich nur oberflächlich Bekannte verabschieden. Das Mädchen warf sich in einen Wagen, Franzl strebte langsam seiner Wohnung zu, eine Welt war in ihm zusammengebrochen.

Er wurde immer stiller und in sich gekehrter. Die Mutter mußte ihn versorgen und erhalten, denn er vermochte keinen Posten mehr anzutreten. Stundenlang saß er in einer Zimmerecke und betrachtete seine Taschenuhr, die ihn so unglücklich gemacht hatte.

Als ihm einige Wochen später die Mutter sagte: „Franzl, erschrick nicht, aber siegst es, für jeden kommt der Zahltag ... heut' is die Leich' von der Resel.." schaute Franz kaum auf, sondern brummte bloß: „Ich kann nichts dafür, ich hab' ihre Feder nicht gebrochen."

Ähnliche Sätze sprach er auch zu den Nachbarinnen, wenn sie ihn um sein Wohlbefinden fragten: „„Mir geht es ganz gut" gab er dann zur Antwort, „aber ich habe ein Herzleiden. Die Feder ist gebrochen..."

Bald mußte man den Franzl in die Irrenanstalt bringen. Dort spielte er immer mit seiner Uhr, ließ sich auch von Besuchern deren Chronometer zeigen und gab dieselben dann immer und immer mit der Bemerkung zurück: „Die Feder ist hin".

Der ehemals so hoffnungsfrohe junge Mann fand sein frühes Ende als stiller Narr.

Die Polizei hatte also wieder eine Niete gezogen. Der Name Melichar wurde zu einem Spottrufe, welcher manchem Wiener locker auf den Lippen saß, wenn er sein Mütchen an einem Polizisten kühlen wollte. Erst nach mehreren Dezennien vergaß man langsam den grausen Fall, der sich damals auf der Wieden zugetragen hatte. Der Fall blieb ungeklärt.

Hiezu wäre ganz allgemein zu bemerken, daß militärische Übeltäter erwiesenermaßen in keinem Lande leicht zu eruieren sind, obwohl den Militärbehörden ausgiebige Machtmittel zur Verfügung stehen. Der Grund liegt hauptsächlich darin, daß der Gang der Untersuchung infolge der nebeneinander arbeitenden zwei Behörden verzögert und verwirrt wird. Auch beeinträchtigt die Uniform den Wert und die Wirkung einer Personsbeschreibung, endlich ist das junge, leichtsinnige Soldatenvolk ein viel oberflächlicherer Beobachter als das Zivilpublikum, in dessen Mitte sich eine gesuchte Person aufhält. Wenn der Mörder des Franz Melichar also wirklich ein Artillerist gewesen ist, so kann man der Polizei eigentlich gar keinen Vorwurf machen, wenn sie ihn nicht ermittelte, da sie ja vollständig auf die Erhebungen in den Kasernen angewiesen war.

Nicht einmal die glückliche Flucht des Mörders darf der Polizei mit Rücksicht auf die damaligen personellen und lokalen Verhältnisse besonders zur Last gelegt werden. Im Jahre 1862 besaß Wien nur sehr geringe Polizeimannschaft, anderseits wies die Stadt noch so viele unverbaute Gebiete auf, daß es einem schnellfüßigen Verbrecher ein Leichtes war, das Weite zu suchen. Im Jahre 1862 verschmolzen „34 Gründe" in die heutigen Gemeindebezirke Drei bis Neun, das Häusermeer floß aber erst viel später allmählich zusammen. Besonders die Wieden hatte zahlreiche unverbaute Teile, was uns die Geschichte dieses Bezirkes erklärt.

Die alte Kärntnervorstadt, die schon Anno 1211 in dem Stiftsbriefe Leopold des Glorreichen für das „Heiligengeistspital Widem" genannt wird, bestand ehedem nur aus ein paar „Luken" (Reihen kleiner Häuser), die teilweise vor dem Kärntner Tore, beim ehemaligen Bürgerspitale, teilweise jenseits des Wienflusses am heutigen Obst- oder Naschmarkt lagen. Die Ansiedlungen vermehrten sich dann allerdings im Laufe der Jahre, wichen aber wieder sowohl der Kärntnertorbrücke, als dem im 14. Jahrhundert entstehenden Kolomansfriedhofe, so daß um die Mitte des 16. Jahrhunderts das ganze linksseitige Ufer "Glacis" wurde, dem ein breiter unverbauter Streifen auch auf dem rechtsseitigen Ufer gegenüberlag. Schwere Planken schieden damals den heutigen Bezirk Wieden von der inneren Stadt ab. Seit der Gründung des Paulanerklosters (1627) und der Errichtung der „Neuen Favorita" (1657), nach welcher die Favoritenstraße „Kaiserweg" hieß, mehrten sich die Ansiedlungen, aber namentlich gegen den Fluß gab es zahlreiche Wein- und Küchengärten, die erst im 18. und im 19. Jahrhundert nach und nach parzelliert wurden und so verschwanden.

In einem solchen Gelände konnte ein Flüchtling leicht entkommen.

Trotz alledem bleibt ein ungesühnter Raubmord stets ein Umstand, die nicht vergessen werden soll. Wenn die Fehlerquote der Wiener Polizei im Vergleiche zu der anderer Sicherheitsbehörden auch nicht groß ist, so erweckt immerhin der Gedanke, daß der Mörder des Franz Melichar vielleicht später zu Amt und Ansehen gelangte, selbst heute noch ein peinliches Gefühl.

㉙
DIE NETTEL VOM „GOLDENEN OCHSEN"
1863

Jedermann kannte im Prater die „Nettel vom Goldenen Ochsen". Sie hieß mit ihrem vollen Namen Anna Breiwitsch und war Köchin beim Gastwirt Rousseau. Dort schätzte man ihre Fähigkeiten so, daß ihr die Obsorge über die gesamte Wirtschaft übertragen war. Sie nahm eine ganz besondere Vertrauensstelle ein, der sie sich auch durchaus würdig erwies.

Anna Breiwitsch war nicht mehr jung, sie zählte im Jahr 1863 bereits 46 Jahre, zeigte jedoch viel Temperament, war alles weniger als spröde und fand in der Männerwelt auch großen Anwert, da sie mit einem sehr riegelsamen Aussehen den Besitz eines hübschen Sparpfennigs verband.

Einer ihrer Verehrer, namens Johann Bräutigam, ein damals 42 Jahre alter Tagelöhner, galt als der „Richtige", während die anderen, insbesondere ein Bäckergehilfe, „so nebenher" liefen.

Am 30. Juli 1863 wurden die Bewohner der Landstraße und Leopoldstadt in den frühen Morgenstunden durch die Nachricht alarmiert, daß im Prater ein Mord geschehen sei. Man habe beim „Goldenen Ochsen", zwischen dem ersten und zweiten Kaffeehaus, eine Frauensperson ermordet aufgefunden. Die Praterleute wußten um diese Zeit längst besser Bescheid, hatte sich der Mörder doch selbst gestellt. Die Tote war die „Nettel", der Täter Johann Bräutigam. Um halb sechs Uhr früh war er auf die im zweiten Kaffeehause stationierte k. k. Polizeiwache gekommen, hatte seinen Hut auf den Tisch geworfen, sich niedergesetzt und gesagt: „Jetzt hab' i die Nettel derstochen!" Während ein Teil der Wachmänner den ihnen wohlbekannten Taugenichts festhielt, liefen andere in das Wirtshaus. Man fand die unglückliche Nettel in ihrer Kammer am Boden liegend. Beim Eintritt des ersten Wachmannes rollte sie noch die Augen, die beiden nachher kommenden Amtsorgane sahen sie indessen bereits tot.

Als der erste Polizist auf die Wachstube zurückkam, von der aus er die Verständigung des Polizeikommissariats Leopoldstadt bewirken wollte, fragte ihn Bräutigam, der das Corpus delicti, sein Taschenmesser, schon abgegeben hatte, ob die Geliebte tot sei, ob er sie gut getroffen habe, wenn nicht, werde er ihr den Rest nach seiner Freilassung geben. Auf die Erwiderung, daß die Nettel bereits verschieden sei, folgte er den Wachleuten mit dem Ausrufe: „Pfüat di Gott, Prater, dich seh' ich nimmer!"

Das Kommissariat Leopoldstadt *(in dieser Zeit in der heutigen Großen Sperlgasse 11)* entsandte eine Kommission auf den Tatort. Als landesgerichtliche Funktionäre schlossen sich Landesgerichtsrat v. Pickher und Adjunkt Wittmann an.

Die Kommission stellte mehrere furchtbare Stichwunden fest. Die Sonde des Gerichtsarztes drang in eine Rückenwunde drei Zoll tief ein. Neben der Leiche lag ein blutbefleckter Münzschein zu zehn Kreuzern und acht Kupferkreuzer. Beiläufig dreißig Schritte von der Eingangstür entfernt sah man einen handbreiten Blutfleck sowie mehrere kleinere Blutflecke, so daß man annahm, die Kammer sei auch der Tatort gewesen.

Johann Bräutigam erzählte, daß er um 5 Uhr früh an das Fenster der Nettel gepocht habe, um sie wegen ihrer Untreue zur Rede zu stellen. Sie habe nun gleich ein paar Kreuzer genommen, damit sie ihn los werde, ihm sei es aber um anderes zu tun gewesen. Er habe ihr in derben Worten Vorwürfe gemacht, worauf sie ihm eine Ohrfeige versetzte. Darüber sei er derart in Zorn geraten, daß er sein Taschenmesser zog und sie in den Rücken stach. Die Klinge sei bis ans Heft in ihren Körper eingedrungen, trotzdem habe sie nicht gewankt, weshalb er zu einem zweiten Stiche ausholte. Jetzt gab ihm die Nettel noch eine Ohrfeige, da stach er sie in die Brust, und sie sank mit dem Gesicht blutüberströmt zu Boden. Als er merkte, was er in blinder Wut angerichtet, habe er sein Messer abgewischt und sich selbst der Polizei gestellt. Die vorsätzliche Mordabsicht leugnete er allerdings nunmehr in sehr bestimmter Form.

Die gerichtliche Obduktion der Leiche ergab, daß sich mitten auf dem Oberkörper, wo die Weichteile beginnen, eine zweieinhalb Zoll tiefe Verletzung und eine mehr als drei Zoll tiefe Wunde im Rücken befanden, die das Mark verletzten und absolut tödlich waren.

Der Leumund des Johann Bräutigams schien sehr schlecht. Er war der Sohn eines kaiserlichen Forstwärters. Seine Mutter bekleidete durch lange Jahre den Posten einer Beschließerin im Esterhazygarten. Johann machte dem Paar wenig Freude. Schon als Knabe wurde er wegen Diebstahls bestraft. Im Jahre 1848 rückte er zum Militär ein, wo er wiederholt Disziplinarstrafen erhielt. Außerdem wurde er wegen Betruges, Diebstahls und Veruntreuung sowie dreimal wegen Desertion bestraft. Er faßte über 250 Stockstreiche während seiner Dienstzeit aus, ferner oftmaliges Kurz- und Krummschließen, endlich mehrmaliges „Gassenlaufen durch 300 Mann". Vor seiner Einrückung hatte er das Barbiergewerbe erlernt, beim Militär beschäftigte er sich jedoch als Schneider.

Im Jahre 1852 trat die Anna Breiwitsch, welche früh die Eltern verloren hatte und als junges Mädchen aus Ronsberg in Mähren nach Wien gekommen war, bei seiner Mutter als Dienstmagd ein, wo sie durch zehn Jahre verblieb. Während dieser Zeit knüpfte Johann Bräutigam mit ihr ein Liebesverhältnis an, offenbar zu dem Zwecke, um Geldunterstützungen von dem sehr sparsamen Mädchen zu erlangen. Als seine Mutter starb, verlangte er von seiner Geliebten, ausgehalten zu werden, weshalb es bald zu Mißhelligkeiten kam. Nettel nahm beim „Goldenen Ochsen" Stellung und trachtete, den arbeitsscheuen Menschen entweder einem geordneten Lebenswandel zuzuführen, oder mit ihm zu brechen. Sie gab ihm wiederholt 30 und 40 Kreuzer. Kurze Zeit hatte sie wohl auch an eine eheliche Verbindung gedacht, angesichts der Unverbesserlichkeit Johanns erklärte sie ihm aber bald: „Du bist ein zu großer Lump." Da sie sich in letzter Zeit ganz von ihm lossagen wollte, um ihre volle Freiheit wiederzugewinnen, sann Bräutigam auf Rache. Er drohte ihr in Gegenwart der „Ochsenwirtin" mit den Worten: „Dein gehört das Messer und mein der Strick!"

Was wir bisher erzählten, ist zwar eine sehr traurige, aber alltägliche und kriminalistisch nicht interessante Geschichte, obwohl Johann Bräutigam in der am 29. Oktober 1863 unter dem Vorsitze des Landesgerichtsrates Englisch begonnenen Verhandlung trotz der Bemühungen seines Verteidigers Dr. Max Neuda, der für Totschlag plädierte, des Mordes schuldig erkannt und zum Tode durch den Strang verurteilt wurde, also in die Wiener Mördergalerie gehört. Hieran war wohl der Zynismus schuld, mit dem das kleine, schwache Männchen, dessen gutmütiges Gesicht einen kleinen dunklen Schnurr- und einen stark melierten Backenbart zeigte, die Einzelheiten der Tat schilderte.

Beachtenswert wird aber der Fall durch die unfreiwillige Komik der in den polizeilichen Erhebungsakten vorkommenden Auskunftspersonen. Wir glauben daher, auch die an der armen Nettel begangene Freveltat unter die „Wiener Pitaval-Geschichten" aufnehmen zu sollen.

Um die Nettel nämlich als eine Verfechterin der freien Liebe zu kennzeichnen, teilte die Polizei eine Amtshandlung aus früherer Zeit mit. Anna Breiwitsch stand damals im Verdacht, ein Kind beseitigt zu haben. Die Sicherheitsbehörde kannte ihren damaligen Aufenthalt nicht, stellte aber fest, daß sie zuletzt einige Tage bei einem ehemaligen Freund gewohnt habe. Dieser wurde auf das Kommissariat vorgeladen. Es war ein Schmiedgehilfe, der einen sehr biederen Eindruck machte. Befragt, wieso es komme, daß die Nettel gerade bei ihm die letzten Tage verbracht habe, erzählte er harmlos: „Wie i ahnungslos ham kumm, liegt die Nettel auf meinem Kanapee. I frag' s': „Ja, was is denn?" Sagt s'-. „Sie sagen, i hätt' a Kind umbracht!" - „Hast dös notwendig g'habt?" sag' i, „wannst sechse g'habt hast, hätt'st dös ane aa no derlitten". Der Kommissär unterbrach ihn hier durch die Frage: „Woher wußten Sie denn das?" - „Na, wenn ich s' mit ihr g'habt hab'!" Und erläuternd fügte er hinzu: „Si hat mi' gewissermaßen als Zeugen gewinnen wollen, daß' kinderfreundlich is!" - „Sie sind also der Vater der sechs Kinder?" vergewisserte sich der Polizeibeamte. Der Schmied winkte schmunzelnd mit den Worten ab: „Ja, dös waaß i net." -„Wußten Sie nicht," inquirierte der Kommissär weiter, „daß sie es auch mit einem Stellwagenkutscher halte?"- „Denkt hab' i mir's, Herr kaiserlicher Rat" klang es zurück, „denn wann i ins Gasthaus kumma bin, da ham s' immer so boshaft g'lacht und i hab' ihr aa g'sagt. „Schöne Sachen hört man von dir!" Sie hat aber allweil g'sagt: „Glaub' dös net, 's is net wahr! „Warum haben Sie s' denn nicht geheiratet?"

DAS ALTE K.K. POLIZEIKOMMISSARIAT LEOPOLDSTADT IN DER GROSSEN SPERLGASSE 11

erkundigte sich der Beamte. -„Mein Gott, heiraten. I Mir ham eh a paarmal z'samm' g'wohnt, dann san m'r aber immer wieder streitert wur'n. Na, vurig's Jahr hab' i a klans Erbteil nach mein' Vatern kriagt, da hätt' i's g'heirat', da hat aber sie net mög'n!" - „Warum?" - „Waaß i ?!? Sie hat g'sagt, daß s' lieber in Dienst bleibt!" - „Nun, wahrscheinlich, um ihre Freiheit zu behalten und Sie zu betrügen?" Darauf verzieht der Zeuge sein Gesicht zu einem vergnügten Lächeln und meint: „Wahrscheinlich!" Dann setzt er leicht hinzu: „A Hetz' is mit die Weiber!"

Dann trat der Stellwagenkutscher als Auskunftsperson auf. Man sah ihm den Einfaltspinsel schon auf weite Entfernung an.

„Sie sind es" ruft ihm der Kommissär entgegen, „dem die Anna gestanden haben soll, daß sie einer Frau fünfzig Gulden gegeben habe, damit sie aus ihrem Kinde einen Engel mache? Wie heißt jene Frau?!" - „Ja, wann i die wissert! Meiner Treu, Herr Kommissär, i bringert s' um!" - „Haben Sie denn die Breiwitsch so gern?" „Dös glaub' ih" - „Kennen Sie tatsächlich jene Frau nicht?" „Aber naan, wann i sag'!" beteuert der Kutscher, um nach einigen Sekunden hinzuzusetzen: „Vielleicht waaß der Schmied?!" - „Was?! Den kennen Sie?" fragte ihn der Beamte. - „I kenn' ihm net" antwortet der Kutscher ruhig, „aber i waaß, daß s' früher mit ihm 'gangen is." - „Soo -? Und Sie waren nicht eifersüchtig?" - „No - i hätt' s' ja g'heirat'." „Warum haben Sie sie denn nicht geheiratet?" - „Weil s' net mög'n hat. Wia i ihr sag': Hörst, Nettel, i heirat' di', maant s': „I kann jetztn net." „Warum?" frag' i. „Weil i grad' was Klans derwart'" „Von wem?" frag' i weiter. „Vom Rudolf", sagt s'. „Vom Rudolf?" „Ja, wer war denn dös? Der Schmied haaßt doch net Rudolf?!" „Ah, den kennst net", sagt' s' - „no alstern, jetzt bin i wieder da g'standen..." Als der Kommissär in diesem Momente in Lachen ausbrach, begann der Stellwagenkutscher zu weinen, und er rief, sich die Tränen wischend, aus: „Meine Herren, i hab' dös Madel riesig gern, weil s' a Person herstellt. Wann Sie s' kennen möchten, sie halt auf Ordnung, in der Kuchel spiegelt alles, und sie is nett und reinlich - grad nur in die Liebessachen is so schlampig".

Ein von der Verteidigung geführter alter Polizeifunktionär erzählte dies bei der Verhandlung und zeigte damit, wie der Gerichtssaal, der düsterste Ort der Tragik, zur Geburtsstätte der wirksamsten Komik werden kann, denn es gibt keine effektvollere als die Unfreiwillige eines Zeugen oder Angeklagten ...

㉚
DER VERHÄNGNISVOLLE BROMBEERSTRAUCH
1864

Am 7. Oktober 1864 fanden zwei Arbeiter im Dornbacher-Walde, *(im heutigen 17. Wiener Gemeindebezirk gelegen)* in der Nähe der sogenannten „Tafeleiche", 99 Schritte vom „Abhang" entfernt, unter Laubwerk verborgen, einen männlichen Leichnam. Derselbe lag auf dem Gesicht, hielt mit der rechten Hand den Stiel eines Messers, das in der Erde stak, fest umklammert, und in der anderen Hand hatte er eine runde Tuchkappe, an der ein ungarischer Hut mit Blut klebte. Die Kleidung des Verunglückten war ganz mit Blut besudelt und in Unordnung. Ein Oberrock fehlte, was bei der herrschenden kühlen Temperatur auffallen mußte.

Die Arbeiter erstatteten von ihrem grausigen Funde Anzeige, worauf sich eine behördliche Kommission an den Tatort begab. Man konstatierte an der Leiche eine große Stichwunde am Hals. Die Klinge des Mordinstruments war unterhalb des rechten Ohres bis zur Zungenwurzel eingedrungen und hatte die Schlagader verletzt.

Ein Polizeiagent fand in der Nähe einen Zettel mit dem Namen „Badatschek", den er aufhob, ohne ernstlich daran zu denken, daß er mit dem Raubmord - als solcher wurde die Tat qualifiziert - in Verbindung stehe.

Dieser Zettel sollte jedoch zur raschen Agnoszierung des Ermordeten führen.

Der Träger dieses Namens konnte bald ausgeforscht werden und er erklärte, daß er seine Adresse einem Landsmann, namens Josef Marton, gegeben habe. Zur Leiche gebracht, erkannte Badatschek tatsächlich in derselben den aus Ungarn vor sechs Wochen zugereisten Bindergesellen Josef Marton. Eigentümliche Umstände waren es gewesen, welche den jungen Mann zur Auswanderung getrieben hatten. In seinem Heimatort, wo der Vater Martons ebenfalls das Bindergewerbe betrieb, lebte eine Frau, welche galanten Abenteuern nicht ganz abgeneigt war. Unter den Begünstigten befand sich auch der hübsche Josef Marton. An einem Abend wurde nun der Gatte des Weibes von jemandem auf ein Feld gelockt und geradezu kannibalisch mißhandelt. Zuerst jagte ihm der Angreifer eine Ladung gehackten Bleis durch den Kopf. Glücklicherweise trat diese hinter dem Ohr eingeschossene Ladung bei der Nase wieder heraus, ohne lebenswichtige Teile verletzt zu haben. Der Mörder erklärte hierauf seinem Opfer, daß ein böser Zufall, bzw. ein Unfall vorliege und gestattete ihm, sich bis zu einem Teiche zu schleppen, wo man die Wunde reinigen werde. Kaum war der arme Ehemann aber an das Ufer gelangt, als ihn der andere kopfüber ins Wasser stürzte. Mit dem Aufgebot der letzten Kräfte arbeitete sich der Überfallene wieder an die Oberfläche und versuchte sich zu retten. In diesem Augenblicke zerschlug der Mordgeselle an seinem Kopfe das Gewehr und flüchtete.

Der Verdacht lenkte sich gegen Josef Marton, welcher auch verhaftet wurde. Er konnte jedoch ein perfektes Alibi nachweisen und wurde wieder freigelassen. Das Erlebnis vereitelte ihm aber um so mehr den weiteren Aufenthalt in seiner Heimatgemeinde, als er auch noch die ständigen Vorwürfe der Eltern anzuhören hatte.

Marton beschloß daher, gegen den Willen der Eltern, nach Wien zu gehen, was er auch alsbald in Begleitung eines Mannes namens Walder ausführte. Hier fand er bald bei dem Bindermeister Mohler in Obermeidling Arbeit, die Eltern vermißten ihn aber sehr und wandten sich an den ihnen bekannten Badatschek mit der Bitte, ihren Sohn auszuforschen und zur Rückkehr zu bewegen.

Badatschek unterzog sich diesem Liebesdienst, ermittelte den Aufenthalt des jungen Marton und berichtete ihm, wie sehr man sich nach ihm daheim sehne. Die erste Antwort lautete allerdings nicht ermunternd, wenn Badatschek auch die Hoffnung nicht aufgab. Er händigte dem jungen Trotzkopf einen Zettel mit seiner Adresse aus, und dieses Schriftstück wurde dann schließlich auch bei der Leiche gefunden.

Aus der Aussage Badatscheks ging außerdem hervor, daß Marton mit einer vollen Brieftasche sowie mit goldenen Ringen das Elternhaus verlassen hatte. Die Kleider des Ermordeten enthielten aber weder eine Brieftasche noch Bargeld. Ebenso staken auch keine Ringe an den Fingern Martons, der Täter hatte demnach offenbar alle Wertsachen an sich genommen.

Was lag näher, als daß jener Walder der Mörder sei, da ein Fremder bei einem jungen Bindergesellen kaum Wertsachen vermutet hätte, während Walder auf der „Walz" Gelegenheit genug hatte, den Besitz Martons kennenzulernen.

Die Polizei bot also sämtliche verfügbaren Kräfte auf, um Walders habhaft zu werden. Man eruierte ihn noch am selben Tage und glaubte, daß nunmehr der Täter in den Händen der rächenden Justiz sei. Dies war jedoch ein Irrtum. Schon das erste Verhör Walders war, wie sich der Staatsanwalt später ausdrückte, „seine glänzende Rechtfertigung".

Da verfiel ein findiger Polizeibeamter auf einen jungen Menschen, namens Johann Gibus, der eine merkwürdige Geschichte erzählte, als er wegen einiger Verletzungen im Spital Aufnahme gefunden hatte. Wir zitieren aus den späteren Prozeßakten:

„Es war am 6. Oktober 1864, zwischen 1 und 2 Uhr mittags, als ein Bursche mit ganz verstörtem Aussehen, ohne Kopfbedeckung, bei dem letzten Häuschen in Dornbach aus dem Walde kam, in den Garten dieses Häuschens trat und einen daselbst spielenden dreizehnjährigen Knaben bat, er möchte ihm eine Kopfbedeckung herausbringen, er würde ihm dafür eine Brieftasche schenken. Das ängstliche Wesen des Burschen flößte dem Knaben Furcht ein. Er eilte in das Haus und teilte seinem älteren Bruder, dem Hauer Schwarz, das Erlebnis mit.

Dieser kam heraus und war selbst betroffen von der sonderbaren Erscheinung. Der junge Mann war ganz durchnäßt, blutete am rechten Arme und sah ganz verstört und verwirrt aus. Schwarz fragte ihn, was geschehen sei und forderte ihn auf, einzutreten um sich zu erholen. Gibus – denn niemand anderer war der junge Mann – leistete dieser Einladung Folge, aß von einer dargereichten Suppe und erzählte, daß er sich von Hütteldorf nach Dornbach begeben, unterwegs aber im Walde von einem Unbekannten überfallen worden sei, der links aus dem Walde herausstürzte und ihm zurief: „Geld und Uhr her!" Darüber erschrocken, habe er davonlaufen wollen, aber der Fremde habe ihn verfolgt und ihm einen Stich in die rechte Schulter versetzt. Darauf sei er zusammengesunken und habe die Besinnung verloren. Und als er wieder zu sich gekommen, habe er sich am Bache die blutende Armwunde ausgewaschen und dann die Wohnung des Hauers Schwarz aufgesucht.

Dieser forderte nun Gibus auf, sich zu einem Doktor zu begeben und die Anzeige von dem Überfall zu machen. Gibus erwiderte jedoch darauf: „Ich werde es schon tun, es hat keine Eile." Dies fiel dem Hauer auf. Er schickte daher heimlich um einen Polizeiagenten, welcher Gibus in das Allgemeine Krankenhaus führte. Auch dem Kriminalpolizisten hatte er dieselbe Geschichte erzählt wie dem Hauer.

Am 8. Oktober wurde Gibus von seiner Mutter im Spital besucht, und auch dieser kam er ganz verwirrt vor. Besonders fiel ihr auf, daß er ihr verbot, seine Kleider vom Dienstorte zu holen."

Die Polizei griff die Anregung jenes Kriminalorgans auf und erkundigte sich um den Dienstort des Patienten. Die Antwort war überraschend genug: Johann Gibus war Bindergeselle und bei Mohler in Obermeidling bedienstet.

Sofort eilten Kriminalpolizisten mit der beim Ermordeten gefundenen Tuchkappe zu Mohler hinaus, und siehe da -!-. sie wurde als Eigentum des verletzten Johann Gibus erkannt. Damit war eigentlich schon der Schuldbeweis erbracht, allein Gibus bestritt hartnäckig seine Täterschaft.

Man erhob über ihn, daß er ein sehr dunkles Vorleben habe. Die Anklageschrift sagt: „Gibus, aus Hohenfurt in Böhmen gebürtig, ist der Sohn eines Kutschers, welcher gegenwärtig im Hütteldorfer Bräuhause bedienstet ist. Er trat nach einem sechsjährigen Schulunterrichte zu einem Bindermeister in die Lehre, wurde vor zwei Jahren freigesprochen und arbeitete seither bei drei verschiedenen

DER VERHÄNGNISVOLLE BROMBEERSTRAUCH | 215

Meistern und zuletzt bei Herrn Mohler in Obermeidling, wo auch Marton bedienstet war ... Es zeigte sich, daß er seinem eigenen Vater aus versperrtem Kasten acht Gulden gestohlen, daß er Schulden hatte, daß er schon in Weidlingau im Gasthause „Zum Rehbock" einem schlafenden Gaste die Uhr im Wert von zehn Gulden entwendet, daß er dem Nebengesellen Metler Kleider im Werte von dreißig Gulden, einem Lehrjungen eine Ziehharmonika im Werte von zehn Gulden und seinem Arbeitgeber Werkzeuge und dessen Sohne einen Lederschurz gestohlen ..."

Trotz aller dieser Belastungsmomente leugnete Gibus auch vor dem Untersuchungsrichter, und erst als ihm nach beendeter Untersuchung der Anklagebeschluß verkündet wurde, gestand er zögernd: „Ja, ich hab's getan."

Am 27. Oktober stand er unter der Anklage des meuchlerischen Raubmordes vor einem Fünfrichterkollegium, welchem Landesgerichtsrat Heyß präsidierte. Die Staatsbehörde vertrat Staatsanwaltsubstitut Bündsdorf und wegen Erkrankung desselben am nächsten Tage Substitut Schober. Als Verteidiger fungierte Doktor Priemann.

Als der Angeklagte, ein achtzehnjähriges Bürschchen, den Saal betrat und der Zuhörerschaft ansichtig wurde, erblaßte er und sank zitternd auf die Anklagebank hin. Das Verhör mit ihm nahm dann folgenden Verlauf:

Präs.: „Sie sind von ihren braven Eltern in Hütteldorf aufgezogen worden, ließen sich aber schon

früh Unredlichkeiten zuschulden kommen. Sie bestahlen ihre Nebengesellen, ja selbst den Vater und die Meister und werden als liederlicher Mensch geschildert. Bis zum 2. Oktober waren sie bei Mobler bedienstet?" Angekl.: „Ja." Präs.: „Und am Donnerstag, 6. Oktober, soll die Tat vorgefallen sein. Sie hatten Schulden?" Angekl.: „Ja." Präs.:„Wußten Sie, daß Marton Geld besitze?" Angekl.: „Ja, ich hatte gehört, daß er siebenundvierzig Gulden besitzt." Präs.: „Sie erhielten bei Ihrer Entlassung nur wenige Gulden von Ihrem Lohn. Bis wann kamen Sie damals aus?" Angekl.: „Bis

Mittwoch abends, da hab' ich nichts mehr gegessen." Präs.: „Sie waren ja Mittwoch abends noch bei der Hundshetze, (einer Abendunterhaltung), in einem Gasthause?" Angekl.: „Ja, ich war dort, hab' aber nichts gegessen." Präs.: „Alle Zeugen schildern den Marton als einen sehr sparsamen, ordentlichen Menschen, wie ist ihnen denn der Gedanke gekommen, ihn umzubringen?" Angekl. (weinend): „Ich weiß nicht, wie mir der Gedanke gekommen ist." Präs.: „Womit haben Sie dieses schreckliche Verbrechen verübt?" Angekl.: „Mit dem Binderschnitzer, den hab ich mir vom Metler ausgeborgt." Präs.: „Sie haben am Mittwoch das Messer sorgfältig geschliffen und abgezogen. Hatten Sie damals schon die Absicht zur Tat?" Angekl. (zögernd): „Ja, ich hatte schon die Absicht." Präs.: „Und in dieser Nacht schliefen Sie noch miteinander in der Werkstatt?" Angekl.: „Ja, jeder in seinem Bett." Präs.: „Was haben Sie ihm Donnerstag vorgespiegelt, daß er mit Ihnen fortgegangen ist?" Angekl.: „Ich habe ihm gesagt, wir werden Arbeit suchen gehen. Dann sind wir über Schönbrunn nach Dornbach." Präs.: „War er fröhlich?" Angekl.: „Wie gewöhnlich. In Dornbach haben wir bei einem Binder vorgesprochen. Die Tochter kam heraus und schenkte uns zehn Kreuzer." Präs.: „Dann seid ihr über den Gangsteig nach Hütteldorf?" Angekl.: „Ja, aber da hat er Brombeersträucher gesehen, er wollte essen, wir sind vom Wege ab in den Wald gegangen. Es war gegen 11 Uhr. Er ist bei einer Staude kniet, und ich hab's Messer aus der Taschen genommen und hab' ihm's hineingestoßen." Präs.: „Wohin?" Angekl.: „In den Hals. Er hat sich gleich umgedreht und hat mir's Messer aus der Hand gnomen, wie mir da geworden is, kann i gar net sagen." Präs.: „Sind Sie erschrocken, daß er sich umgedreht hat?" Angekl.: „Ja, mir is gleich der Mut vergangen." Präs.: „Haben Sie das Messer aus der Wunde herausgezogen?" Angekl.: „Ja, aber er hat's gleich packt." Präs.: „Ist das Blut aus der Wunde geströmt?" Angekl.: „Es is nur so gespritzt." Präs.: „Sie haben Ihr Messer, Ihr Pfeifenrohr und andere Gegenstände verloren, wieso kommt denn das?" Angekl.: „Ja, er hat sich umgedreht und mich beim Hals packt und an der Brust, i bin aber ausgerissen. Er ist mir nach und hat mir von rückwärts einen Stich versetzt. Dann is er zurück'blieben und ich hab' nur gehört, wie er „Ah -! Ah -i!" geröchelt hat, i bin aber davongelaufen."Präs.: „Sind Sie nicht mehr umgekehrt, um das Geld zu holen, auf welches Ihre Absicht ging?" Angekl.: „Nein, das muß ein anderer genommen haben." Präs.: „Warum haben Sie gerade den Marton als Opfer erwählt?" Angekl.: „Weil er ein Fremder war." Präs.: „Und da glaubten Sie, es werde sich niemand um ihn kümmern?" Angekl.: „Ja." Verteidiger: „Bereuen Sie ihre Tat?" Angekl.: „Ja." Verteidiger: „Würden Sie es gern ungeschehen machen?" Angekl. (mit weinerlicher Stimme): „Ja."

Am zweiten Verhandlungstag verlas der Präsident nach Anhörung der Zeugen ein Protokoll des 61 Jahre alten Vaters des Ermordeten, welcher in Magyar-Becsar lebte und angab, daß er durch den Verlust seines einzigen Sohnes um die Stütze seines Alters gekommen sei.

Der Staatsanwalt führte in seiner Anklage aus, daß man allerdings bei Gibus kein Geld gefunden hatte, doch könne er es irgendwo vergraben haben, wo es vielleicht mittlerweile ein dritter fand. Der Angeklagte dürfe nicht gehenkt werden, da er nicht einmal noch 18 Jahre zähle, doch beantrage er innerhalb des gesetzlichen Rahmens von 10 bis 20 Jahren für ihn eine schwere Kerkerstrafe in der Dauer von 18 Jahren.

Der Verteidiger appellierte an die Gnade des Gerichtshofes und führte eine Reihe mildernder Umstände ins Treffen.

Nach kurzer Beratung verkündete der Präsident das Urteil:

Johann Gibus sei des meuchlerischen Raubmordes und des Diebstahles schuldig und werde zum schweren Kerker in der Dauer von 18 Jahren verurteilt.

Auf den Angeklagten, der während der Untersuchungshaft immer Angst vor dem Galgen geäußert hatte, machte dieses Urteil einen sichtlich heiteren Eindruck. Er ließ sich fröhlich lächelnd abführen, und als er am Nachmittag den täglichen Spaziergang der Häftlinge mitmachte und eine mit Eis bedeckte Stelle im Hof erblickte, schliff er nach Art der Gassenjungen lustig dahin, bis man ihm dies untersagte.....

㉛
RAUBMORDVERSUCH AM TAGE EINES TODESURTEILES
1865

Am 22. April des Jahres 1865 wurde die Bevölkerung Wiens durch die Kunde von einer Bluttat im Freihause (vergleiche auch das Kapitel „Der Freihaus-Jud", 1830) in eine kolossale Aufregung versetzt, da gerade an diesem Tage ein Mörder zum Tode verurteilt worden war. Es ist dies in der Wiener Kriminalchronik das erste und bisher einzige Zusammentreffen zweier solcher Ereignisse. Die Polizei fand infolgedessen eine derartige, in damaliger Zeit sonst recht seltene Unterstützung durch das Publikum, daß sich der Missetäter bereits 24 Stunden später in sicherem Gewahrsam befand.

Am Vormittage war das Beweisverfahren im Prozesse gegen einen gewissen Johann Horak geschlossen worden, der sich wegen folgenden Tatbestandes vor einem Fünfrichterkollegium zu verantworten hatte:

In Mariahilf wohnte eine Frau namens Viktoria Schimansky, vor deren Tür am 15. März 1865 eine heftige Schußdetonation ertönte, der ein von einer Frauensperson ausgestoßener Schrei „Jesus Maria, ich sterbe!" folgte. Als die Hausparteien herbeieilten, lief ein Mann mit einem in der Hand geschwungenen Terzerol über die Treppe, ließ sich aber widerstandslos von einigen beherzten Männern auf der Gasse festnehmen.

Sein Opfer war die Magd der Frau Schimansky, namens Franziska Pellebaum. Man trug die Ächzende in die Wohnung der Dienstgeberin und ließ sie mit den heiligen Sterbesakramenten versehen. Dann wurde sie ins Allgemeine Krankenhaus geschafft, wo sie nach vier Tagen ihren Geist aufgab.

Das Mädchen unterhielt durch einige Zeit mit dem vorgenannten Johann Horak ein Liebesverhältnis, hatte es aber gelöst, da es zu keinem Ziele führte. Johann Horak hatte seinerzeit das Forstwesen erlernt und wurde Forstadjunkt bei verschiedenen hohen Herrschaften, zuletzt beim englischen und beim französischen Botschafter. Infolge seiner Trunksucht und seines aufbrausenden Temperaments verlor er jedoch alle Posten und ging dann durch volle zwei Jahre müßig umher. Er bettelte sich durch verschiedene Kronländer, indem er bei Förstern vorsprach und sich für einen momentan brotlos gewordenen Kollegen ausgab.

In Wien lernte er die Franziska Pellebaum kennen, der er von einer ihm in Aussicht gestellten neuen einflußreichen Stellung vorphantasierte, so daß sich die Unerfahrene ihm anvertraute. Sie erkannte freilich bald seine wahre Natur, konnte jedoch von dem hochgewachsenen, kräftigen und brutalen Mann nicht loskommen, da er sie durch fürchterliche Drohungen einzuschüchtern wußte. Er brachte sie durch seine Skandale wiederholt um ihre Dienstplätze, bis sie endlich bei ihrer Landsmännin Viktoria Schimansky unter der Bedingung Aufnahme fand, daß sie endgültig ihre Beziehung zu Horak löse.

Am 15. März hatte sie ihm nun ihren festen Entschluß mitgeteilt, daß sie nichts mehr von ihm wissen wolle. Johann Horak entfernte sich zwar, sandte ihr indessen etwas später ein Weib mit einem Brief, in welchem er sie bat, zur Milchfrau zu kommen, wo er sie um Verzeihung bitten werde. Das Mädchen lehnte ab. Da erschien er ein zweitesmal selbst an der Wohnungstür und verlangte mit wild blitzenden Augen, daß seine Geliebte mit ihm einen kleinen Spaziergang mache. Die Pellebaum wagte jetzt nicht mehr zu widersprechen und trat auf den Gang hinaus.

Zwei Minuten später krachte der tödliche Schuß und das Mädchen wälzte sich in seinem Blut.

Als Johann Horak im Polizeigefangenenhause saß, langte bei der Polizei eine Anzeige ein, in welcher der Häftling beschuldigt wurde, verschiedenen Mädchen, mit denen er als Forstadjunkt Liebesverhältnisse unterhalten hatte, nach dem Leben getrachtet zu haben. Er sollte den ihm unbequem gewordenen Liebchen Strychnin in Form von Bonbons zugeschickt haben, um sie aus der Welt zu schaffen. Bekanntlich besitzt fast jeder Forstmann beruflich dieses schreckliche Gift. Einige der Mädchen nahmen die Süßigkeiten und wurden krank, wobei sich starke Krämpfe einstellten, doch kam jede mit dem Leben davon. Eine Anzeige wagte keine zu erstatten, da man vor Johann Horak Furcht empfand und weil er die Krämpfe mit natürlichen Umständen in Verbindung brachte, welche geheimzuhalten die Betreffenden alle Ursache hatten. Die Wiener Polizei gab sich redliche Mühe, dem Mörder eine diesbezügliche Schuld nachzuweisen, allein die Zeuginnen, welche mittlerweile geheiratet hatten, versagten - was ja menschlich begreiflich erscheint - jegliche Aussage.

Als Angeklagter verteidigte er sich damit, daß ihn das abstoßende Benehmen und die Untreue der Pellebaum auf das höchste gereizt und gekränkt habe. Er gestand, daß er ihr schon früher mit dem Ohren- und Nasenabschneiden gedroht habe, dies sei aber nur im Scherze geschehen. Erst am 15. März, wo sie ihm endgültig den Abschied gab, sei der Mordgedanke in ihm gereift. Auf die Entgegnung des Vorsitzenden, daß man ihn schon mehrere Tage vorher mit einem Terzerol sah, erwiderte Horak, er hätte die Waffe bloß gekauft, um sie mit einem kleinen Gewinne weiterzuverkaufen. Auf die nochmalige Frage, ob er wirklich den Mordentschluß erst im letzten Momente gefaßt habe, bejahte der Angeklagte, worauf der Präsident nachfolgenden vom Angeklagten herrührenden Brief verlas:

„Lebe wohl, schöne Welt! Nun verlasse ich alles, was mir noch Schönes und Gutes zu Gebote stand. Die Untreue meiner Geliebten hat mich dazu gezwungen ... Lebet wohl, all ihr guten Freunde, und wenn Ihr mich in der Zeitung lesen werdet, so gedenket meiner in Liebe! Ich grüße Euch alle, besonders den Rudolf ... Der Sturm muß auch die falsche Seele mit in die andere Welt reißen, denn ihre Hinterlist war zu groß. Doch eben darum ist auch meine Rache groß. Ich habe sie volle drei Jahre geliebt, und sie ist Mutter meines Kindes; doch jetzt ist alles vorüber. Freund, wenn Dir noch zu raten ist, so meide die Mädchen wie die giftigen Schlangen. Traue nicht ihren Eiden, denn Du wirst schändlich betrogen ... Nun schlägt bald die Stunde, die mich vom Elend befreit. Leb wohl, Fanny, ruhe sanft im Grabe! Dein Name wird in meinem Munde sein, wenn die Kugel mein Herz zerschmettert ... Wohlan, bald schlägt die Stunde, und an Mut fehlt's dem Jäger nicht!"

Der Vorsitzende knüpfte die Bemerkung daran: „Man erkennt daraus, daß sie schon lange den Vorsatz hegten, das Mädel umzubringen, was auch aus ihren früheren Drohungen hervorgeht. Sie werden auch sonst als ein Mensch von der heftigsten Gemütsart geschildert." Angeklagter: "Hoher Gerichtshof! Ich kann nichts für meine jähzornige Natur!"

Nach den Zeugenverhören bemühte sich der Verteidiger Dr. Pichel die vom Staatsanwalt-Substituten Schober vertretene Anklage zu entkräften: Die Tat sei weder hinterlistig noch tückisch geschehen. Horak habe sich ja selbst den Tod geben wollen, nicht Haß, sondern schrankenlose Liebe, nicht Bosheit, sondern aufs äußerste aufgestachelte Eifersucht habe dem Angeklagten die Waffe in die Hand gedrückt. Er beantrage daher ein mildes Urteil und die Berücksichtigung einer Bitte, die Johann Horak selber stellen wolle. Dieser trat hierauf vor den Richtertisch und sagte „Ich bin von tiefer Reue über meine Tat erfaßt und bitte (er beginnt zu weinen) um ein mildes Urteil!"

Der Gerichtshof zeigte sich aber unerbittlich und verurteilte Johann Horak wegen vollbrachten Meuchelmordes zum Tode durch den Strang ...

Während sich dieses Drama im Gerichtssaale abspielte, wurde die im Freihause etablierte Trödlerin Wilhelmine Obrist das Opfer eines meuchlerischen Überfalls. Die Genannte besaß dort einen Laden, der die Form eines nach rechts verschobenen Vierecks hatte und durch eine Glastüre verschlossen war. Rechts befand sich ein Auslagekasten mit einer großen Menge Pretiosen, an der Wand stand ein Pult mit einer Gold- und Silberwaage. Diesem gegenüber waren zwei Glaskästen mit Schmucksachen, Eßbestecken und dergleichen Gegenständen aufgestellt. Auch im Hintergrunde befand sich ein Glaskasten, daneben ein Kanapee, ein Tischchen und ein Kasten. Das Gewölbe war 15 Meter lang und 8 Meter breit.

Am kritischen Morgen hatten sich Anstreicher bei Frau Obrist eingefunden, die sich um neun Uhr entfernten, um zu frühstücken. Gleich darauf bemerkte die Krämplerin Weichard einen unbekannten Mann, welcher die in der Tür lehnende Trödlerin ansprach, um nach einigen Worten in den Laden eingelassen zu werden. Wenige Minuten später erschien ein weiblicher Kunde, der ins Geschäft

Ein Vers!
Raubmord, Entleibung, Crida, kein Geld, aufgefundene Leichname, schnelles Fahren, täglich zwei Dutzend Gerichts-Verhandlungen, schlechte Geschäfte, überhandnehmendes Bettelunwesen und ähnlicher Graus!

IRONISCHE BETRACHTUNG DER KRIMINALITÄT IM WIEN DES JAHRES 1865
AUS DER SATIRISCHEN ZEITSCHRIFT „KIKERIKI" VOM 11. MAI 1865

blickte, aber unschlüssig draußen blieb, da er dasselbe leer sah. Frau Weichard trat daher hinzu und führte die Frau ins Geschäft.

Zuerst glaubte auch Frau Weichard, daß der Laden leer sei, bald entdeckte sie aber die Wilhelmine Obrist im Hintergrunde an einem Kasten kauernd, mit bluttriefendem Kopfe, vollständig bewußtlos. Man brachte sie in die Wohnung, wo die Kommission des Polizeikommissariates Wieden eine Quetschung der Weichteile rechts an der Stirne, den Bruch des Stirnknochens und den Bruch sowie den Eindruck des Schädelknochens am Hinterhaupte mit teilweiser Verletzung der Hirnhaut und endlich in der Mitte der Stirne eine durch die Haut bis an die Knochen dringende Wunde feststellte. Die Bedauernswerte hatte außerdem eine schwere Gehirnerschütterung erlitten, es war jede der erhaltenen Verletzungen lebensgefährlich.

Das Mordwerkzeug, eine Hacke, wurde am Tatorte gefunden.

Der Gatte der Trödlerin, Gottlieb Obrist, konstatierte den Abgang von Pretiosen im Werte von 3.183 fl. 50 kr. Nach der ganzen Sachlage hatte der Verbrecher die Absicht, an Frau Obrist einen Raubmord zu begehen, was ihm allerdings nicht gelang, da die Verletzte am Leben erhalten wurde, doch war ein dauerndes Siechtum ihr Los.

Die Wiener Polizei schickte hunderte Kundmachungen hinaus. Auf Grund einer solchen gelang schon am nächsten Tage die Verhaftung des Verbrechers.

Am 23. April kam nämlich ein Mann in das dem N. Spitzer gehörige Gasthaus „Zum Adler" in Fischamend und bestellte ein reichliches Essen. Der Gast protzte mit seinem Reichtum und zeigte wertvolle Pretiosen umher. Dies erweckte den Argwohn des Ortspolizeikommissärs Koß, zumal derselbe bereits im Besitze der Wiener Kurrende war. Er verhielt den Fremden zur Ausweisleistung und lieferte ihn trotz Leugnen dem k. k. Bezirksgerichte Schwechat ein. Auch dort bestritt der Verdächtige die Täterschaft, bat aber dann, in die Enge getrieben, wegen heftiger Kopfschmerzen um eine Frist bis zum nächsten Tage. Am 24. April wies er ein schriftliches Geständnis vor, in welchem er aber die Tötungsabsicht bestritt. Nun wurde er dem Wiener k. k. Landesgerichte eingeliefert, wo er behauptete, daß er die Hacke für seine Schwester Seemann gekauft habe.

DER 5. HOF IM ALTEN FREIHAUS

Der Verhaftete war mit dem am 24. Jänner 1830 geborenen Josef Bieringer identisch. Zum Zuckerbäckerhandwerk bestimmt, hatte er die Lehrzeit wiederholt unterbrochen, half dann seinem Schwager, dem Schneider Wischratek, aus und wurde endlich Taschenspieler, als welcher er sich in Österreich und Ungarn herumtrieb und fünfmal in Strafe geriet. Er war erst im Jänner desselben Jahres aus der Strafhaft entlassen worden.

Bieringer wälzte die Hauptschuld an seinem verfehlten Leben auf die Schwester Seemann, die ihn schon früh durch Romane verdorben und vom Schulbesuche abgehalten habe. Auch um das väterliche Erbteil habe sie ihn gebracht.

Was die Bluttat im Freihause anbelange, so sei er wiederholt zum Gewölbe der Obrist gekommen, wobei er bemerkte, daß dieselbe meist allein sei. Da ihm die Schwester, obwohl sie an seinem Unglück schuld war, nichts mehr gab, faßte er den Entschluß, die Trödlerin zu berauben. Am 22. April borgte er sich von seinem Schwager eine Reisetasche und einen Hut aus und sagte, er müsse zu seinem Verteidiger Dr. Singer gehen. In die Reisetasche steckte er die Hacke. Dann wanderte er längs der Wien auf die Wieden. Im polytechnischen Institute setzte er auf der Treppe die Hacke instand, umwickelte sie mit Wachstuch und Papier, damit die Hiebe nicht zu wirksam seien. Vor dem Geschäfte wartete er sodann das Fortgehen der Anstreicher ab und verlangte von Frau Obrist ein Medaillon aus der Auslage. Als die Trödlerin danach langte, versetzte er ihr von rückwärts einen Schlag auf den Hinterkopf, daß das Blut nach allen Seiten spritzte, dann schleppte er sein Opfer nach rückwärts und schlug so lange zu, bis es kein Lebenszeichen mehr gab.

GASTHAUS „NORDBAHN"
IN DER WIENER PRATERSTRASSE,
HEUTE EIN ELEGANTES HOTEL

In der Mariahilferstraße verkaufte er unmittelbar nachher aus dem Raube einen Siegelring um 15 fl., wofür er sich neue Stifletten anschaffte. Hierauf fuhr er mit einem Einspänner in den Leopoldstädter Gasthof „Zur Nordbahn", wo er sich wusch.

Der Prozeß Bieringer fand am 14. August 1865 statt. Den Vorsitz führte Landesgerichtsrat Frühwald, die Anklage, lautend auf versuchten meuchlerischen Raubmord und vollbrachten Raub, vertrat Staatsanwalt Dr. v. Dierkes.

Das Gerichtsgebäude war schon in den frühen Morgenstunden von einer Menschenmenge umlagert und im Autiditorium sah man hochgestellte Militärs, Bürger und Geistliche, denn Frau Obrist war in den weitesten Kreisen bekannt.

Der Angeklagte präsentierte sich als ein kleiner, beleibter Mann, leichenblaß und anfangs voll Angst.

Über das Vorleben gab der Präsident bekannt, daß Bieringer wirklich ein Legat von 700 fl. erhalten hätte sollen, da er aber verschuldet war, so mußten seine Rechte gerichtlich verkauft werden. Seine Schwester, namens Seemann, beschrieb ihn auch im Gerichtssaale als einen leichtsinnigen Schuldenmacher, von dem sie sich längst losgesagt habe. Die Strafanstaltsdirektion Garsten, wo sich Bieringer zuletzt befunden hatte, nennt ihn einen verschmitzten, rachsüchtigen Charakter. Es wird auch konstatiert, daß Bieringer einmal gegen einen ihn verfolgenden Gendarmen eine mit Pfosten geladene Pistole abgeschossen habe.

Der Angeklagte wurde im Sinne der Anklage für schuldig befunden und zu lebenslänglichem schweren Kerker verurteilt.

Er hörte das Urteil mit eisiger Ruhe und trotziger Haltung an. Auf die Frage, ob er die Strafe annehme, erwiderte er: „Gegen das Strafausmaß berufe ich nicht, aber ich protestiere gegen die Qualifikation meiner Tat als versuchten meuchlerischen Raubmord, denn ich hatte nicht im Sinne, die Frau Obrist zu töten".

GASTHAUS „ZUM GOLDENEN ADLER" IN FISCHAMEND

32

KATHARINA PETRSILKA
1867

Es gab eine Zeit in Wien, wo viele Personen, welche Petrsilka hießen, um Namensänderung ansuchten und ihre Bitte damit motivierten, daß sie verhindern wollten, für Verwandte jenes Frauenzimmers gehalten zu werden, welches am Pfingstmontag des Jahres 1867 mit wahrhaft teuflischer Grausamkeit ein junges, blühendes Menschenleben vernichten half. Katharina Petrsilka war es, welche durch ihre scheußliche Tat den Reichsrat beeinflußte, die damals gerade in Abschaffung begriffene Todesstrafe doch beizubehalten ...

In dem Eckhaus Liniengasse 14 und Haydngasse Nr. 1 in Gumpendorf (damalige Vorstadt Mariahilf, *heute der 6. Wiener Gemeindebezirk)*), wohnte der Druckwarenappreteur Lorenz Wimmer. Er besaß einen von der Haydngasse zugänglichen Laden und daran stoßend ein Arbeits-, ein Wohn- und ein Schlafzimmer nebst Küche. In dem dreifenstrigen Gassenzimmer stand ein Sekretär und eine Kommode, welche das Bargeld, beziehungsweise die sonstigen Effekten der Familie Wimmer bargen. Lorenz Wimmer hatte eine Witwe geheiratet, welche aus erster Ehe eine Tochter namens Elise Kolb mitbrachte. Dieses Mädchen, welchem man in der Umgebung alle Tugenden nachrühmte, war im Jahre 1867 neunzehn Jahre alt. Außerdem besaß das Ehepaar zwei Kinder: Julie Wimmer, acht Jahre, und August Wimmer, sieben Jahre alt. Die Pfingstfeiertage des erwähnten Jahres zeichneten sich durch ein selten schönes Wetter aus. Die Wiener strömten insbesondere am 10. Juni, dem Pfingstmontag, zu Tausenden in die freie Natur. So hatte auch Lorenz Wimmer mit seinem Freund und Nachbarn, dem Fabrikanten Slawik, einen Ausflug unternommen, während seine übrige Familie zu Hause blieb. Die zwei kleinen Kinder spielten im Hof, Mutter und Tochter beschäftigten sich mit Näharbeiten.

DER TATORT, WIEN 6., HAYDNGASSE 1, ECKE LINIENGASSE 14 IN HEUTIGER ANSICHT

Als in den ersten Nachmittagsstunden die Kirchenglocken zu läuten begannen, äußerte Frau Wimmer den Wunsch, ein wenig ins Gotteshaus zu gehen. Liserl, wie ihre Tochter allgemein genannt wurde, blieb daheim und versprach, auf die Kleinen achtzugeben.

Frau Wimmer kehrte zwischen vier und halb fünf nach Hause zurück und fand sowohl die Ladentür als auch die in den Hausflur mündende Küchentüre versperrt, was ihr auffiel. Sie pochte an die Wohnungstüre, doch es öffnete ihr niemand. Die Frau bemerkte nun auch, daß die Vorhänge des Arbeitszimmers herabgelassen waren, was sonst nicht der Fall war. Trotzdem vermutete sie nichts Böses und begab sich in die nahe Tabaktrafik der Frau Charlotte Werner, deren Tochter eine Freundin Liserls war. Als sie ihr Kind auch dort nicht traf, besuchte sie Frau Slawik, wo sie die Rückkehr des Mädchens abwarten wollte.

Als über dreiviertel Stunden vergangen waren, ohne daß Lisi heimgekommen wäre, fragte die jetzt schon ernstlich besorgte Mutter ihre beiden kleinen Kinder, ob sie die große Schwester nirgends gesehen hätten. August erzählte, daß die Liserl noch um vier Uhr aus dem Fenster des mit Appreteurtischen ausgefüllten Arbeitszimmers geschaut und mit zwei bekannten Mädchen gesprochen hätte, welche sie vergeblich zu einem Spaziergang aufgefordert hätten. Nun ließ Frau Wimmer den Knaben durch das Fenster einsteigen und Nachschau halten.

Der geschickte Gustl sprang mit einem Satz ins Zimmer, kam aber bleich und mit kalten Schweißtropfen auf der Stirn schnell wieder zum Vorschein. Er begann furchtbar zu schluchzen und brachte nur schwer die Worte heraus: „Die Liesel ist tot, man hat sie umgebracht!"

Frau Wimmer stieß einen markerschütternden Schrei des Entsetzens aus, Leute liefen herbei, man warf sich gegen die Türe, erbrach sie und drang in das Arbeitszimmer ein, wo Lieserl mit fast abgetrenntem Kopf, vollständig verblutet, auf dem Boden lag. Halb wahnsinnig stürzte sich Frau Wimmer über die Leiche ihres unglücklichen Kindes, die kleinen Geschwister schrien, die Hausleute riefen Nachbarn herbei, und bald entstand in der Umgebung des Hauses ein furchtbares Gedränge. Man stieß Flüche gegen den versuchten Mörder aus, welcher eine derart verwegene, grauenerweckende, abscheuliche und unmenschliche Tat vollbracht hatte.

Das Polizeikommissariat Mariahilf erhielt um halb sieben Uhr nachmittags die Meldung von der

ELISE KOLB

Entdeckung der Bluttat, worauf sich sofort eine Kommission in das Haus der Eheleute Wimmer begab.

Wir zitieren nun aus der späteren Anklageschrift: „In dem vier Klafter langen und zweieinhalb Klafter breiten Gassenladen, wo die Mordtat geschehen war, fand man vor dem Zuschneidetisch gegen die Tiefe des Zimmers einen mit einem Teppich bedeckten Tisch. Vor diesem Tisch lag die Leiche auf der Bauch- und Brustfläche mit auseinandergestreckten Beinen und über die Brust gekreuzten Armen. Die Füße beiläufig fünf Schritte von der Türe entfernt, der Kopf in der Richtung gegen die Gassenzimmer. Rings um die Leiche herum ergoß sich eine große Lache gestockten Blutes; in dieser, beim Kopfe der Ermordeten, lag ein braunes Portemonnaie, enthaltend vier Gulden in Banknoten, neun Zehnerln und Kleingeld; ein aus dem Kleide der Ermordeten ausgerissener Sack wurde neben der Leiche gefunden; in der Blutlache lag ferner ein Stück von den Rautenohrgehängen, die die Ermordete trug.

In dem an den Gassenladen anstoßenden Gassenzimmer zeigten sich auf dem am Kasten liegenden grünen Tuch Blutspuren, darauf lag eine Holzhacke, mit welcher die oberste Lade aufgebrochen worden war; in dieser Lade eine blutbefleckte Geldkassette und der Schlüssel dazu; neben dem Kasten fand man verstreut zwei Coupons und eine Guldennote. Im Eingang rechts stand ein Sekretär. Auch dieser war geöffnet und mit Blut befleckt. Nicht minder die in dem Sekretär stehende Geldkassette, während eine zweite, mit Messing beschlagene Kassette, in welcher sich Papiere und Obligationen befanden, keine Blutspuren aufwies; insbesondere ist zu bemerken, daß gerade an dem Sekretär, in welchem sich das Geld befand, die unteren Laden mit Blut übergossen waren, als ob das Blut mit den Händen herabgewischt worden wäre. Auch an den Fenstervorhängen der Gassenladentüre bemerkte man Blutspuren, die davon herrühren mußten, daß der Täter nach der Tat die Vorhänge vorgezogen hatte.

DER MORD AN ELISE KOLB

Noch am 11. abends wurde die Leiche der ermordeten Elise Kolb in die Leichenkammer gebracht und am 12. Juni die gerichtsärztliche Obduktion vorgenommen. Die Ärzte konstatierten an der Leiche eine im ganzen siebzehneinhalb Zentimeter lange, weit klaffende, in die Halswirbelsäule, und zwar zwischen den Querdornfortsätzen der zweiten und dritten Halswirbel in den Kanal der Hartrückenmarksscheidewand eindringende Schnittwunde. Nächst dieser Wunde und am Gesichte und am Unterkiefer rechts fand sich eine Ritze, am linken Auge, unter der Augenhöhlenwand ein schmaler, angeschwollener Hautstreifen, an den Fingern zahlreiche Hautabschürfungen. An der großen Halswunde, als einer absolut tödlichen, ist die Ermordete infolge eines zur allgemeinen Blutleere gediehenen Blutverlustes gestorben. Diese Wunde ist mittels eines größeren, gut schneidenden Messers hervorgebracht worden. Wie die doppelten Winkel der Halswunde an deren hinteren Ende zeigen, wie ferner das Eindringen des Mordinstrumentes zwischen den rechtsseitigen Querdornfortsätzen des zweiten und dritten und denen des dritten und vierten Halswirbels lehrt, sind mindestens zwei ausgiebige Schnitte geführt worden, ja das Vorhandensein eines dritten Einschnittes in den Muskeln auf den Querdornfortsätzen der bezeichneten Halswirbel weist sogar auf einen dritten Schnitt hin. Nach der beträchtlichen Tiefe der Wunde zu schließen, müssen die Schnitte mit Kraft und Entschlossenheit geführt worden sein. Da die an den Rändern der Halswunde vorgefundenen Ausläufer sämtliche die Richtung nach links haben, haben, so ist es wahrscheinlich, daß die Ermordete von hinten gefaßt und fixiert und die Wunde hierauf mit der linken Hand nach vorn beigebracht wurde.

Die kleineren Verletzungen sind Hautabschürfungen, mag die Ermordete bei ihren auf Entschlüpfen und Gegenwehr gerichteten Bewegungen erlitten haben. Auch läßt der Umstand, daß ihre Sommerstiefletten, insbesondere an den Sohlen, mit einer Blutkruste versehen waren, darauf schließen, daß sie in der Blutlache herumgetreten ist. Daß die Kleidungsstücke, das Gesicht und die Hände über und über mit Blut beschmutzt waren, ist selbstverständlich . . ."

Früher als beabsichtigt, kehrte Herr Wimmer aus Perchtoldsdorf, wohin er mit seinem Freunde einen Ausflug gemacht hatte, nach Gumpendorf zurück, denn bis in diesen ziemlich weit entfernten Ort war die Kunde von dem frechen Raubmord in wenigen Stunden gedrungen. Der Buchhalter

Wimmers namens Rudolf Entres, hatte der behördlichen Kommission bekanntgegeben, daß vor den Feiertagen bedeutende Summen aus Prag eingegangen seien, es stand also außer Zweifel, daß der Beweggrund nur in gemeiner Habgier bestanden hatte.

Der Appreteur konstatierte denn auch folgenden Abgang an Geld: 8 Staatsnoten zu 50 fl., ein Paket mit 10 Stück Fünf-Guldennoten, weitere derlei Noten und neue Münzscheine, im ganzen nach einer oberflächlichen Berechnung 1.100 bis 1.300 fl.

Die Polizeidirektion entfaltete mit Rücksicht auf die allgemeine Empörung der Wiener alle Mittel. Sie betraute den Oberkommissär Breitenfeld mit der Oberleitung der Amtshandlung, erließ Kundmachungen, Telegramme und Kurrenden, sandte Boten an die nächsten und entferntesten Behörden, veranstaltete Hausdurchsuchungen bei übel beleumundeten Personen, veranstaltete Nachforschungen in Schränken und in verrufenen Lokalen, invigilierte auf die verschiedensten gefährlichen Subjekte, jedoch zwei Tage ohne jedes positive Resultat. Am 13. Juni wurde in Zobels Bierhalle in Fünfhaus ein defekt gekleideter Mann verhaftet, weil er mit einer Zehnguldennote zahlte, welche überdies verdächtige, rotbraune Flecken aufwies. Bei der Leibesvisitation fand man noch 600 fl., von denen einige Noten ebenfalls jene Flecke zeigten. Unter großer Eskorte wurde der Mann zur Polizeidirektion gebracht, das Geld rührte aber, wie sich dort herausstellte, von einer mit der Mordtat nicht im Zusammenhang stehenden Veruntreuung her.

Endlich, am 15. Juni, brachten die Blätter die Sensationsnachricht, daß die Täter von der Haydngasse verhaftet seien. Es waren dies Katharina Petrsilka - das Dienstmädchen des Fabrikanten Slawik - und dessen Liebhaber, der Schustergehilfe Adalbert Troll.

Die Entlarvung dieses sauberen Brautpaares war auf folgende Erhebungen der Polizei zurückzuführen, die, bereits verzweifelt, eine Belohnung von 500 fl. ausgesetzt hatte.

Vor allem hatte ein Geschäftsfreund Wimmers namens Wiener, von dem die Geldeingänge der letzten Tage stammten, ausgesagt, daß die von ihm geschickten Fünfzigguldennoten das Kennzeichen „Serie B 11" trügen, was sehr bald eine wichtige Rolle spielen sollte. Ferner machte Lorenz Wimmer dem Oberkommissär, welcher alle Personen perlustrierte, die von dem Geldbesitze des Appreteurs Kenntnis hatten, die Mitteilung, daß das Dienstmädchen der Webermeisterin Slawik Samstag vor Pfingsten über Auftrag der Dienstgeberin zu ihm Geld wechseln gekommen sei und sich dabei höchst zudringlich benommen habe. Sie hätte nicht in der Werkstätte gewartet, sondern ging ihm ins Zimmer nach und betrachtete neugierig den Sekretär, aus dem er die Banknoten nahm. Die weiteren Recherchen ergaben dann, daß die Petrsilka am 10. Juni äußerst mürrisch war, daß sie um die kritische Zeit mit Troll vom Haus wegging, daß sie plötzlich schöne Kleider kaufte, mit Fünf- und Zehnguldennoten zahlte u. a. m. Ja, eine Dienstmagd wollte sogar bemerkt haben, daß die Kathi ein blutiges Handgelenk hatte, als sie sich mit ihrem Geliebten entfernte.

Auf diese Belastungsmomente hin beschloß Breitenfeld, die Petrsilka zum Kommissariat Mariahilf bringen zu lassen, um dort ein Verhör mit ihr vorzunehmen. Die Magd ahnte dies, denn unmittelbar zuvor hatten „Vertraute" (Zivilwachmänner) festgestellt, daß sie die beiden kleinen Kinder Wimmers zur fraglichen Zeit auf den Dachboden geführt und dort zurückgelassen hatte, um sie erst nach geraumer Weile - offenbar nach geschehener Tat - wiederherunterzuholen. Dies war eine wichtige Entdeckung, und die Petrsilka lief unmittelbar darauf zitternd zur Greislerin Magdalena Wieser in die Liniengasse, händigte ihr zwei Fünfguldennoten zur Aufbewahrung aus, dann schickte sie das Dienstmädchen Katharina Gauditsch in die Webgasse 43, wo es einem näher bezeichneten, aber nicht mit dem Namen genannten Mann mitteilen sollte, daß er „das Geld aufheben möge, denn es dürften Vertraute kommen".

Katharina Petrsilka hatte richtig vermutet. Sie wurde auf die Polizei gebracht und gefragt, woher sie die Mittel zu dem plötzlichen Aufwand nehme. „Ich habe vor Allerheiligen einen Haupttreffer gemacht", antwortete die Verdächtige. „Vor Allerheiligen?!" fragte der Oberkommissär, „Sie geben ja erst in den letzten Tagen so viel Geld aus? Was für ein Los besaßen Sie denn?!" „Ich habe einen Terno gewonnen!" - „Einen Terno -?! Gut, das werden wir gleich untersuchen!" Da erblaßte das Mädchen und rief in großer Bestürzung: „Um Gotteswillen, was wollen sie von mir? Ich habe die Lisi nicht umgebracht!" - „Damit haben Sie sich verraten!" rief der Polizeibeamte aus, „ich verhafte

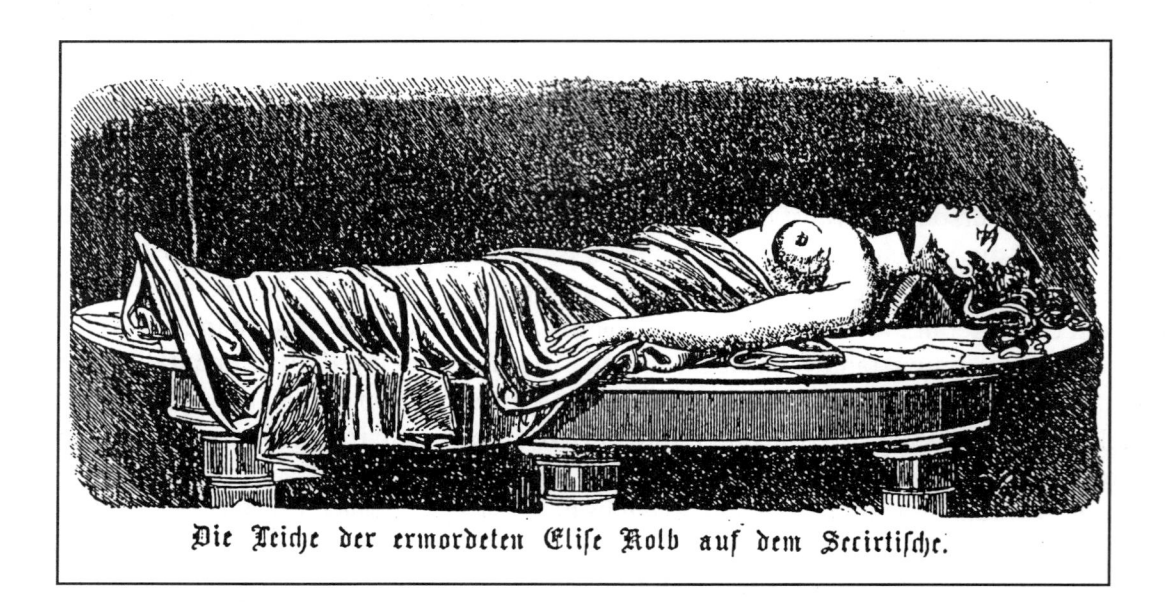

Die Leiche der ermordeten Elise Kolb auf dem Secirtische.

Sie im Namen des Gesetzes".

Noch in derselben Stunde wurde der Geliebte Adalbert Troll in seiner Wohnung festgenommen. Er war, als jenes Mädchen mit der Post von seiner Geliebten erschienen war, nicht daheim gewesen, weshalb die Gauditsch den Auftrag seiner Quartiergeberin, Katharina Hornung, ausrichtete. Bald darauf kehrte er nach Hause zurück, lächelte, als ihm die Hornung die Botschaft bestellte und sagte: „Ich werde ihnen (den Vertrauten) das Geld vorzählen!" Einige Minuten später klopften die Zivilwachmänner Ignaz Kopp und Michael Kurka an seine Türe. Er zitterte und schien verlegen, lächelte aber und trommelte, scheinbar vergnügt pfeifend, an die Fensterscheiben, während die Polizeiorgane seine Effekten durchstöberten. Sie fanden 114 Stück Staatsnoten zu 5 fl., darunter viele mit Blut beschmutzt, 8 Stück Staatsnoten zu 50 fl., darunter 5 Stück von der Serie B. 11, ebenfalls blutig, mehrere Pretiosen und ein Tranchiermesser.

Trotz dieser Beweise erklärte Troll, daß er mit der Mordtat in keiner Weise in Verbindung zu bringen sei. Das Geld habe er von seiner Geliebten als Mitgift erhalten. Er blieb dabei, selbst als sich der Goldarbeiter Josef Pfann in Fünfhaus meldete und angab, daß die Petrsilka und Troll am Pfingstmontag zwischen 6 und 7 Uhr abends in seinen Laden gekommen seien, um einen Ring mit einer emaillierten Photographie, zwei Eheringe und einen Siegelring mit einem Karneolstein,

ALBERT TROLL UND KATHARINA PETRSILKA

zusammen um 31 fl. zu kaufen, wobei sie ihm erzählten, daß sie bald heiraten werden.
Dieser Hausdurchsuchung folgte eine nochmalige in der Haydngasse, wobei man unterhalb des Schlauches, der zum Abort der Slawik führte, ein Rasiermesser mit breiter Klinge und am Dachboden, in der Slawikschen Abteilung, eine Krinoline, einen braunen, zerrissenen Rock mit deutlichen Blutspuren und einen frisch gewaschenen weißen Rock als corpora delicti beschlagnahmte.
Am 16. Juni verhaftete die Polizei weiters die Mutter der Petrsilka, namens Elisabeth Petrsilka, weil hervorgekommen war, daß dieselbe am 11. Juni von ihrer Tochter 25 fl. zum Geschenk erhalten und blutige Kleidungsstücke derselben gewaschen hatte.
Über die Person der Verhafteten wurde ermittelt: Katharina Petrsilka, geboren am 6 Juni 1841 zu Welking in Mähren, war das älteste Kind eines dortigen Schneidermeisters. Sie ging nur selten zur Schule, wurde auch sonst vernachlässigt und erlernte weder Schreiben noch Lesen. 1856 starb der Vater, 1858 kam sie nach Wien, wo sie sich als Dienstmädchen fortbrachte. Zwei Jahre später folgte ihr die Mutter, welche für verschiedene Familien Wäsche und Hausarbeiten besorgte. 1864 lernte sie den Troll kennen, der sie gewöhnlich Sonntag und Montag in der Liniengasse erwartete, aber auch in die Wohnung der Slawiks kam, wenn diese nicht zu Hause weilten.
Albert (Adalbert) Troll wurde am 10. April 1841 als der Sohn eines Eisen- und Glaswarenhändlers

in Buches in Böhmen geboren, besuchte die Schule, erlernte das Schuhmacherhandwerk, ging als Geselle auf die Wanderschaft und erwarb sich überall das Zeugnis eines geschickten und fleißigen Arbeiters. Während seine Geliebte bereits wegen Diebstahls vorbestraft war, erschien er zur Zeit seiner Verhaftung gänzlich unbescholten. 1864 traf er in Wien ein und arbeitete hier bei sechs verschiedenen Meistern, zuletzt vom 6. Jänner 1866 bis zum 3. Juni 1867 beim Meister Stephan Jwokowic. Am 3. Juni trat er auf eigenes Ansuchen aus der Arbeit, da er sich „in kurzer Zeit selbständig mache". Er trug sich stets sehr elegant, so daß ihn die Arbeitskollegen immer spöttisch einen „Kavalier" nannten.

Er blieb bei der Polizei und auch im Landesgericht dabei, daß er unschuldig sei. Am 11. Juni habe die Kathi allerdings ein Kleid, einen Rock und eine Schürze zum Waschen in seine Wohnung gebracht, daß aber Blutflecken darin gewesen seien, habe er nicht bemerkt, er glaube es auch nicht. Als man ihm die Aussage seiner Geliebten vorhielt, die wir in den nachstehenden Zeilen veröffentlichen, sagte er: „Alles ist unwahr, alles ist Lüge, die Kathi sucht mich nur hineinzubringen. Ich habe sie nie recht gewollt, denn sie ist falsch. Sie drang in mich, sie zu heiraten, und jetzt sagt sie gegen mich aus, weil sie haben will, daß ich auch gestraft werde, so werde ich unschuldig gestraft, ich leide es, aber wenn es eine Gerechtigkeit gibt, so muß ich freigesprochen werden."

Die Katharina Petrsilka legte dagegen, wie bereits erwähnt, ein Geständnis ab, aus dem hervorging, daß die beiden im Mai 1867 ernstlich an ihre Heirat dachten. Troll wollte vorher durchaus ein Geschäft gründen und drohte, daß er sich ein reiches Mädchen nehmen werde. Da erzählte ihm die Kathi vom Reichtum des Wimmer, den man leicht bestehlen könne. Troll erwiderte, man könne einmal, wenn nur die große Tochter zu Hause sei, diese ermorden und das Geld rauben, die Braut war damit zufrieden, und nun lauerten beide auf eine passende Gelegenheit. Auf Trolls Wunsch kaufte die Petrsilka ein Rasiermesser und verbarg es in ihrem Koffer.

Am 10. Juni teilte sie dem Geliebten mit, daß der Tag gekommen sei, an welchem man den Plan leicht verwirklichen könne. Sie führte die kleinen Kinder des Wimmerschen Ehepaares auf den Dachboden, ließ sie dort warten, lief dann schnell zum Haustore, vor welchem Adalbert Troll stand und rief ihn ins Haus. Er sagte: „Nun, so gehen wir!" nahm das Rasiermesser in Empfang und schlich durch die Küchentüre in die Wohnung, während die Petrsilka durch den Laden von der Gasse aus bei der armen Lieserl eintrat. Diese saß beim Tisch und arbeitete an einer Stickerei. Sie sprach freundlich wie immer einige Worte mit der Magd, als die letztere plötzlich auf sie zusprang und ihr beide Hände festhielt. In demselben Augenblick packte sie Troll mit der linken Hand und schnitt ihr den Hals bis auf die Wirbelsäule durch. Elise Kolb sank vom Sessel, das Mörderpaar verschloß aber die Türen und ließ die Vorhänge herunter. Dann versuchten beide im Nebenzimmer mit einer Hacke die Kommode aufzusprengen, und da ihnen dies nicht gelang, ging Troll über den Rat seiner Geliebten auf die Röchelnde zu, riß ihr die Kleidertasche herunter und suchte in derselben nach dem Kommodenschlüssel. Er war nicht darin, doch hatte die Petrsilka mittlerweile in der Stube den Schlüssel zum Sekretär gefunden, worauf Troll alles Geld an sich nahm. Die blutigen Hände wusch er sich in einem Kübel, trocknete sie an dem Unterrock der Geliebten ab und befahl ihr, das Messer und den Schlüssel zur Küchentür in den Abort zu werfen. Dann erwartete er die Geliebte frech vor dem Hause, welche ihre blutigen Kleider auf den Dachboden trug und dort versteckte, um hierauf die Kinder der Eheleute Wimmer wieder hinunterzuführen und sich in der Küche ihrer Dienstherrschaft andere Kleider zu nehmen. Nun begab sich das Brautpaar in die Wohnung des Bräutigams, wo der Raub versteckt wurde, von hier zum Goldarbeiter Pfann und endlich in das Draxelmeiersche Gasthaus in Fünfhaus. Abends um halb zehn kehrte die Petrsilka zurück, zitterte am ganzen Körper, als sie der vielen Polizeiorgane ansichtig wurde, und mußte sich niederlegen, da sie von Frost geschüttelt wurde. Am nächsten Tage trug sie die blutigen Kleider zu ihrer Mutter, schenkte der letzteren 25 fl. und bat sie, das angeblich von der Nase herrührende Blut wegzuwaschen. Woher das Geld stamme, sagte sie der Mutter nicht. Sie sehe ein, schloß sie ihr Geständnis, daß sie die Hauptschuld an dem Verbrechen trage und agnoszierte die bei Troll beschlagnahmten Banknoten als die geraubten.

Am 1. August 1867 standen Adalbert Troll, Katharina Petrsilka und deren Mutter Elisabeth Petrsilka vor Gericht. Die Mutter der Magd war wegen Teilnahme am Raubmorde angeklagt. Den Vorsitz führte Landesgerichtsrat Weißmayr, die Anklage vertrat Staatsanwaltsubstitut von Dierkes, als Verteidiger fungierten Dr. Mauthner (für Katharina Petrsilka), Dr. Edmund Markbreiter (für Adalbert Troll) und Dr. Lewinger (für Elisabeth Petrsilka).

Der Eintritt in den Saal war nur gegen Karten gestattet. Vor dem Landesgerichtsgebäude standen hunderte Männer und Frauen und warteten das Resultat ab. Eine Buchdruckerei hatte Bilder der Angeklagten hergestellt und verkaufte sie vor dem Gerichtshause in unzähligen Exemplaren.

Oeffentliche Schlußverhandlung vor dem k. k. Landesgerichte Wien am 1. August 1867.

Der Gerichtssaal.
1 Vorsitzender; 2, 3, 4, 5 Richter; 6 Staatsanwalt; 7, 8 und 9 Vertheidiger; 10 und 11 die Angeklagten.

Nro. 2.

Erscheint 1–3mal monatlich.

Preis 3 Kreuzer.

Illustrirtes Extrablatt.

Wien, 1. August 1867.

Expedition: Schulerstraße Nr. 13.

Troll, Petersilka und deren Mutter vor Gericht.

Unter den mancherlei grauenhaften Verbrechen der jüngsten Zeitperiode, welche in Wien begangen wurden, hat wohl sobald keines die Residenz in solchen Allarm versetzt, als der am 10. Juni 1867 bekannt gewordene **Raubmord in Gumpendorf**.

Die barbarische Art und Weise der Hinschlachtung eines lieben und braven Mädchens, während deren zärtliche Mutter für die Ihrigen in der Kirche betete, die niederträchtigste Habsucht, der dasselbe zum Opfer fiel, haben eine solche Spannung erzeugt, daß der heutige Tag, wo die beiden Thäter vor dem Gerichtshofe stehen, allseitig Befriedigung gewährt.

So eben hat der Staatsanwalt seine Anklage beendet und wir beeilen uns den Bewohnern Wiens die derselben entnommenen, bisher gerichtlich erhobenen Thatsachen (welche eine Menge der früher gebrachten Zeitungs-Notizen berichtigen) der Reihenfolge nach schleunigst mitzutheilen.

ZEITGENÖSSISCHER PRESSEBERICHT ZUM PROZESS TROLL-PETRSILKA

Adalbert Troll ruft durch sein geckenhaftes Äußere (er hatte sich unmittelbar vor der Verhandlung neue Stiefletten gekauft) und durch die Frechheit, mit der er das Publikum mustert, großen Unwillen hervor, die Petrsilka wankt dagegen laut jammernd in den Saal, fällt auf die Knie, umklammert die Füße des Justizsoldaten und schreit immerfort: „Um Gottes willen!" Man drückt sie auf die Anklagebank nieder. Als sie dort die Augen aufschlägt und ihre Mutter bemerkt, schreit sie: „Mutter, Mutter, du bist unschuldig, verzeih' mir!" Hierauf stürzt sie ihrer Mutter, die bisher stumpfsinnig dagesessen hat, vor die Füße. Elisabeth Petrsilka erhebt sich, faltet die Hände und beginnt zu beten. Troll, welcher kurz vorher zu seinem Verteidiger die Worte gesprochen hatte: „Sie werden sehen, wer recht hat, wer die Wahrheit spricht, ich oder die Kathi; es wird sich bei der Verhandlung manches ändern!" wird durch diese Szene ein wenig ergriffen. Er verfolgt die Bewegungen seiner Geliebten scharf, wendet sich aber dann mit fröhlichem Lächeln ab, welches er während der folgenden Verhandlung beibehält. Nur schwer vermag der Präsident die Angeklagte Katharina Petrsilka zu beruhigen, welche auch heute ein reumütiges Geständnis ablegt.

Aus dem Verhör wollen wir besonders hervorheben:

Präs.: „In wem ist der Wunsch, das Geld zu besitzen, zuerst rege geworden?"

Katharina: „Troll hat es gesagt."

Präs.: „Was hat er gesagt?"

Katharina: „Wenn wir nur so viel hätten! Ich sage darauf, der liebe Gott beschert uns vielleicht auch einmal so viel, da hat er mich aufgefordert, etwas zu tun."

Präs.: „Was denn zu tun?"

Katharina: „Der Lisi den Hals abzuschneiden".

Präs.: „Wann und wo hat er das erstemal davon gesprochen?"

Katharina: „Das kann ich nicht mehr sagen, aber auf der Gasse ist es geschehen, wie wir so auf und ab gegangen sind."

Bei der Erörterung des Mordtages schildert Katharina Petrsilka, wie sie die Wimmerschen Kinder auf den Boden gelockt habe, um dann Troll zu rufen. Präs.: „Was hat er geantwortet?"

Katharina schweigt. Präs.: „Was hat Troll geantwortet?"

Katharina verhüllt ihr Gesicht mit beiden Händen. Präs.: „Entlasten sie ihr Gewissen. Was hat er gesagt?" Katharina: „Er hat gesagt: „Jetzt gehen wir!" Ich habe plötzlich den Mut verloren, er hat mir aber zugeredet und so habe ich eingewilligt."

Präs.: „Wo trafen Sie die Lisi?" Katharina: „Sie ist im Arbeitszimmer gesessen auf einem Sessel beim Tische, mit dem Ge Küchentür zu."

Präs.: „Hat sie den Troll hereinkommen gesehen?" Katharina: „Ja, sie hat ihn gesehen."

Präs.: „Wunderte sie sich nicht über sein Kommen?" Katharina: „Nein, sie hat ihn ja öfters gesehen. Troll sprang hinter ihren Stuhl und packte sie, daß sie sich nicht wehren konnte."

Präs.: „Und dann?" Katharina (ruhig): „Er hat sie von rückwärts geschnitten."

Präs.: „In welcher Weise? Katharina: „Das weiß ich nicht mehr, denn ich habe es nicht sehen können."

Präs.: „Sie räumten doch früher ein, daß Sie die Lisi gehalten haben? Katharina: „Ich habe es nicht sehen können, es hat mir zu wehe getan, ich habe ihr auch nur die Hände ein bißchen gehalten".

Troll bestreitet dies alles und erklärt seine Geliebte für eine abgefeimte Lügnerin. Er tritt äußerst siegesgewiß auf. Der Präsident hält ihm vor: „Es heißt, Sie wären bald nach dem Mord in eine Tabaktrafik in der Haydngasse gekommen und hätten dort gesagt, sie möchten aus dem Menschen Riemen schneiden der eine solche Tat begangen habe, aber der sei gewiß schon über alle Berge. Ist das wahr?" Darauf antwortet Troll: „Ja, das habe ich gesagt, aber am Dienstag nach Pfingsten".

Zu dramatischen Szenen kommt es bei der Konfrontierung, denn es war bekannt geworden, daß dieser Verhandlungstag nach dem Plan des Brautpaares hätte dessen Hochzeitstag werden sollen. Katharina Petrsilka fährt wie eine Furie auf Troll los und wirft ihm ihre Beschuldigungen mit einer bei ihr nicht erwarteten Leidenschaftlichkeit vor. Als ihr der Präsident zuruft: „Sagen Sie ihm, wie der Mord vollbracht wurde, sagen Sie ihm, wer dabei war!" fixiert sie ihn mit Blicken einer Tigerin und sagt laut, scharf und fest: „Ich und er" Präs.: „Wer hat dem Mädchen den Hals abgeschnitten?" Katharina: „Er!" Troll: „Das ist eine infame Lüge". Katharina: „Ich sage die Wahrheit". Troll: „Nein, ich". Katharina: „Ich habe die Hände gehalten, du hast geschnitten, nachher sind wir beide ins Zimmer und haben das Geld genommen." Troll (verächtlich lächelnd): „Das ist großartig, niederträchtig gelogen!"

Der Staatsanwalt plädierte bei Troll auf lebenslangen Kerker, da er nicht gestehe, bei der Petrsilka auf Tod durch den Strang. Nach einstündiger Beratung verkündete der Präsident nachstehendes Urteil: „Albert Troll und Katharina Petrsilka sind des vollbrachten Verbrechens des meuchlerischen Raubmordes schuldig und es soll Katharina Petrsilka mit dem Tode durch den Strang und Albert Troll mit schwerem Kerker auf lebenslang bestraft werden. Elisabeth Petrsilka (die Mutter) wird von der Anklage freigesprochen und für schuldlos erkannt."

Katharina konnte sich kaum aufrecht halten, sie bat ihre Mutter um Verzeihung, weinte heftig und erklärte sich mit dem Urteil zufrieden. Troll hatte sich unmittelbar vorher wütend gezeigt und ausgerufen: „Wenn ich auf lebenslänglich verurteilt werde, dann geht's nicht gut ab, das sollst du mir büßen!" Als er das Urteil aber vernahm, sprach er nichts, blickte nur sehr bleich vor sich hin und sagte endlich: „Ich berufe." Die Petrsilka rief dagegen ihrer Mutter zum Abschied zu: „Mutter, mich werden Sie nicht mehr sehen, ich habe es verdient, ich muß mich mit Gott versöhnen, versöhnen Sie mich mit der Welt!"

Troll schrie ihr mit geballter Faust zu: „Das merk' dir!"

Katharina Petrsilka wurde zu lebenslangem Kerker begnadigt und nach Neudorf transportiert. Troll kam in die Strafanstalt Klausen. Er verhöhnte das Publikum auf dem Bahnhof und stieg lustig in den Zug, als ob es auf die Hochzeitsreise ginge.

DER FALL CHORINSKI - EBERGENYI
1867

Bei der Kabinettsdienerswitwe Elise Hartmann in München wohnte seit Anfang Oktober 1867 eine Dame, welche sich als Mathilde Baronin v. Ledske gemeldet hatte, sehr einfach lebte und mit niemand verkehrte, außer mit einem Studenten namens Albert Mikulitsch. Am 20. November 1867 wurde sie aber von einer Dame aus Wien besucht, die im Gasthof „Zu den vier Jahreszeiten" abgestiegen war, vormittags zweimal erschien und am folgenden Tage nachmittags wieder vorsprach, um die Baronin zu einem Spaziergang einzuladen. Die beiden Frauen kehrten bald zurück, worauf Frau von Ledske die Tochter ihrer Quartiergeberin, Fanni, um leihweise Überlassung eines Opernglases bat, da sie mit ihrem Gast abends der Vorstellung des „Aktientheaters" beiwohnen wolle. Um halb sieben Uhr rief die Fremde nach Frau Hartmann und bestellte durch sie einen Wagen, ließ der letzteren aber keinen Blick in das Zimmer der Baronin tun. Die Witwe war schon nach fünf Minuten wieder zur Stelle, da es ihr gelungen war, einen in der Nähe des Hauses stehenden Kutscher zu mieten, sie fand das Zimmer der Baronin aber versperrt und dachte sich, daß ihre Mieterin, des Wartens müde, mit dem Gast bereits zu Fuß ins Theater gegangen sei. Als Frau von Ledske gegen ihre Gewohnheit über Nacht ausblieb, so erklärte sich Frau Hartmann diesen Umstand damit, daß dieselbe wohl im Hotel bei der Freundin geschlafen habe. Am 22. November wurde die Witwe aber schon besorgt, als die Baronin auch weiter fernblieb. Frau Hartmann begab sich daher in das Hotel, um nachzufragen, und dort erfuhr sie zu ihrem großen Erstaunen, daß die Fremde schon am 21. November allein abgereist sei.

Ziemlich ratlos ging die Witwe heim und machte ihrem Nachbarn, dem Studenten Struve, von diesen Vorgängen Mitteilung. Struve erzählte, daß er die beiden Frauen lustig über Reiseerlebnisse plaudern gehört habe, riet indessen, das Zimmer der Baronin vielleicht doch in Augenschein zu nehmen.

Frau Hartmann drang in Begleitung ihrer Tochter durch eine nicht benützte Seitentür ein und fand - die Leiche der Frau von Ledske. Dieselbe lag auf dem Fußboden, wohin sie hinter einem Tische geglitten war, der Kopf ruhte noch auf dem Sofa. Aus dem Munde war ein Blutstrom gequollen. Die Leiche war längst erkaltet. Der Tod mußte also schon vor längerer Zeit eingetreten sein. Der Tisch trug die Reste einer reichhaltigen Teemahlzeit. Die Teekanne fehlte aber merkwürdigerweise und der Tee selbst war in einen Wasserkrug gegossen worden. Allerdings war der Schlüssel zur Stubentür und auch zur Kommode verschwunden.

Daß hier ein Verbrechen geschehen sei, stand außer Zweifel und Frau Hartmann eilte sofort zur Polizei. Diese stellte fest, daß Baronin von Ledske durch Zyankali gestorben sei, und zwar offenbar durch Mörderhand. Die Gerichtsärzte Professor Dr. Martin und Dr. Riedinger bestätigten diese Annahme etwas später auf Grund des Obduktionsbefundes. An einen Selbstmord glaubte niemand. Die Verblichene war eine lebenslustige Frau, welche nie Selbstmordabsicht geäußert und mit dem Studenten Mikulitsch im besten Einvernehmen gelebt hatte. Auch zahlreiche sachliche Momente schlossen eine Selbstentleibung aus. So war z. B. die Kerze nicht herabgebrannt, sondern ausgelöscht, der schlagendste Beweis für ein Verbrechen war auch das Fehlen der Schlüssel. Was das Motiv anlangt, konnte man einen Raubmord allerdings nicht vermuten, denn von den zahlreichen Schmuckstücken und vom Bargeld fehlte nichts als ein goldener Siegelring. Dagegen hatte der Täter offensichtlich zahlreiche Briefe mitgenommen.

Der Fall bedeutete eine ungeheure Sensation. Der Münchner Polizeidirektor von Buchtorff nahm daher die Leitung der Amtshandlung persönlich in die Hand.

Als Täter konnte schwerlich jemand anderer in Betracht kommen, als die unbekannte Dame aus

MATHILDE GRÄFIN CHORINSKI

Wien und die Polizei begann so ihre Erhebungen im Gasthofe. Dort erfuhren die behördlichen Organe, daß die Gesuchte, welche sich als "Maria Baronin Vay" gemeldet hatte, nicht allein, sondern in Begleitung eines jungen Mannes am 20. November früh um dreiviertel sechs Uhr angekommen war. Beide waren durch ihre besondere Eleganz aufgefallen. Das Paar bezog getrennte Zimmer, ging dagegen bei Tage zusammen aus, speiste gemeinschaftlich und besuchte auch gemeinsam das Theater. Der Herr reiste dann am nächsten Tage ab, während die Dame in München blieb. Am 21. November schlief sie sehr lange, brannte sich eine Zigarre an, ging gegen Mittag aus, um gegen 3 Uhr zurückzukehren und ein Fläschchen Muscat Lunel sowie eine Flasche Rotwein zu bestellen. Sie genoß von den Getränken jedoch nichts, sondern goß dieselben in zwei kleine Kristallflaschen, die sie aus ihrem Koffer hervorholte, und ließ die letzteren von dem Lohndiener Deininger gut zupfropfen. Sie entfernte sich hierauf mit dem Bemerken, daß sie noch zwei Tage hier bleiben wolle, um sich die Stadt anzusehen. Das Personal war daher einigermaßen erstaunt, als die Dame um 7 Uhr sehr erhitzt in den Gasthof zurückkehrte, ihre Rechnung begehrte und in großer Aufregung mitteilte, daß sie sofort nach Paris verreisen müsse, da sie eine Depesche von ihrem Gemahl erhalten habe. Ein Telegramm war aber im Hotel nicht eingelangt. Man entsprach natürlich dem Wunsche der Dame, welche ganz besonders reiche Trinkgelder gab und derart verwirrt war, daß sie einen Kellner zweimal beschenkte und ihm auch noch ein drittes Mal ein Trinkgeld reichen wollte.

Die Durchsuchung des Nachlasses der ermordeten Baronin von Ledske förderte Dokumente zutage, aus denen hervorging, daß sie keine Baronin, sondern die geschiedene Gattin des Grafen Gustav Chorinski, Freiherrn von Ledske war. Ihr richtiger Name lautete demnach: Mathilde Gräfin Chorinski,

Freifrau von Ledske. Graf Gustav Chorinski war der Sohn des k. k. Statthalters von Niederösterreich. Der Münchner Polizeidirektor telegraphierte nach Feststellung dieser Daten an den letzteren und teilte ihm das plötzliche Ableben seiner Schwiegertochter mit, ohne dabei zu erwähnen, daß dieselbe eines gewaltsamen Todes gestorben sei. Am 25. November früh traf Graf Chorinski senior beim Münchener Polizeidirektor ein und bat um die Bekanntgabe der näheren Umstände des Ablebens, worauf Herr von Burchtorff dem Grafen seine Begleitung in das Hotel „Bayerischer Hof" anbot. Dem Statthalter war dies zwar nicht angenehm, der Polizeidirektor ließ sich diese Artigkeit indessen nicht nehmen, weil er gute andere Gründe hiezu zu besitzen glaubte. Der Graf schlug einen Umweg vor, um sich, wie er sagte, am Promenadeplatz die Monumente zu besehen. Allerdings ging er achtlos an denselben vorüber. Dies fiel dem Polizeidirektor auf. Außerdem stießen sie auf dem Platz auf einen eleganten jungen Mann, welcher sich als Sohn des Grafen entpuppte und äußerst betroffen schien, als er erfuhr, wer Herr von Burchtorff sei. Dem Polizeidirektor entging es ferner nicht, daß Graf Chorinski junior scheu die ihnen entgegenkommenden Gendarmen ansah und sich hartnäckig weigerte, die Leiche seiner Frau oder gar nur deren Wohnung in Augenschein zu nehmen. Dagegen ließ er Äußerungen fallen, aus denen zu ersehen war, daß er die Verstorbene glühend haßte. Herr von Burchtorff beschloß, telegraphische Daten einzuholen und bestellte Vater und Sohn, die er heimlich bewachen ließ, abends nochmals in sein Bureau. Graf Gustav Chorinski ging um die angegebene Zeit sehr aufgeregt vor der Polizeidirektion auf und ab und wollte nicht eintreten. Mittlerweile hatte Herr von Burchtorff in Erfahrung gebracht, daß der junge Graf kein einwandfreier Charakter sei, daß er heimlich im Wege der österreichischen Gesandtschaft über seine Gattin Erkundigungen eingezogen hatte und ähnliches mehr. Herr von Burchtorff setzte sich auf Grund dieser Kenntnisse mit dem Untersuchungsrichter ins Einvernehmen und verschaffte sich einen gerichtlichen Haftbefehl gegen den Grafen. Damit ausgerüstet, erklärte er den Kavalier nach kurzem

Verhör für verhaftet. Bei der Leibesvisitation fand man einen Rosenkranz, mehrere Gebetsabschriften und vier Photographien von ein und derselben Dame. Man zeigte die Bilder der Frau Hartmann sowie dem Hotelpersonal und die Vermutung fand ihre Bestätigung, daß dies das Konterfei der angeblichen Baronin Vay sei, welche nach menschlicher Berechnung den Tod der Gräfin Chorinski verschuldet hatte.

Die Verdächtige hieß aber, wie sich nun herausstellte, nicht Baronin Vay, sondern Julie Malvine Gabriele Ebergenyi von Telekes und wohnte in Wien, Krugerstraße 13.

Das Resultat der Münchener Erhebungen wurde telegraphisch der Wiener Polizeidirektion übermittelt, worauf sich am Abend des 26. November der Polizeikommissär Breitenfeld in die bezeichnete Wohnung der adeligen Stiftsdame begab, um ihr anzukündigen, daß er Befehl habe, sie unter dem dringenden Verdachte des Giftmordes zu verhaften. Sie war völlig fassungslos, rang nach Worten und brachte nur mühselig hervor: „Mich wollen sie wegführen? Mich, die Stiftsdame Ebergenyi". Als ihr der Kommissär in bestimmter Form den Zweck seines Besuches wiederholte, schrie sie: „Ich bin unschuldig, wahrhaftig, ich bin unschuldig!" Dabei begann sie aber zu zittern, wurde bleich und machte den Eindruck einer von Fieber geschüttelten Person. Sodann stürzte sie in einen Lehnstuhl und weinte. Nach einigen Minuten hatte sie jedoch ihre Fassung wieder erlangt, erhob sich und bat, die Nachtkleider gegen andere Gewänder vertauschen zu dürfen, was ihr auch erlaubt wurde. Sie wurde sodann in einem Wagen in das Polizeigefängnis gebracht, wo sie bereits der Untersuchungsrichter Dr. Fischer erwartete. Ihre Schwester Agathe, welche Zeugin der Verhaftung gewesen, war gleich nach Ungarn zu ihren Angehörigen abgereist.

In Gegenwart des Untersuchungsrichters und des Kommissärs machte die Ebergenyi zunächst folgendes Geständnis: „Ich habe bei einem Photographen unbemerkt Zyankali genommen und dieses der Gräfin Mathilde Chorinski, während wir auf unser beiderseitiges Wohl tranken, in den Tee gestreut". Hier trat der Polizeidirektor von Wien, Hofrat von Strobach, ein und wohnte dem weiteren Verhöre bei, während welchem sie hinzufügte, „Ich bin in München unter dem Namen einer Baronin Vay im Hotel „Zu den vier Jahreszeiten" abgestiegen und habe mich der Gräfin als eine Durchreisende vorgestellt, welche sich von ihrer (der Gräfin) Liebenswürdigkeit persönlich überzeugen wolle. Wir verabredeten einen gemeinsamen Theaterbesuch. Ich brachte den Nachmittag bei ihr zu. Als ich mich entfernte, lag sie schon zwischen Kanapee und Tisch. Ich weiß nicht, ob das Gift plötzlich wirkte oder ob die Gräfin in diesem Augenblick schon tot war".

Und nun ging eine kriminalpsychologisch hochinteressante Wandlung in dem Häftling vor. Als man sich anschickte, die Einzelheiten festzustellen und zu Papier zu bringen, hielt die Ebergenyi plötzlich inne, wurde auffallend kühl und sagte: „Ich sage

GUSTAV GRAF CHORINSKI

es aufrichtig, ich war es nicht, aber schreiben Sie nur, daß ich es war. Ich stürze mich lieber in das Unglück, bevor ich denjenigen verrate, welcher die Idee zur Tat hatte. Es war jemand aus München, aber wie gesagt, ich gehe lieber ins Landesgericht, bevor ich ihn nenne. In München bin ich allerdings gewesen, das gestehe ich zu."

Und wie die Ebergenyi nun aus einer reuigen Sünderin ganz unvermittelt zu einer entschlossenen Lügnerin geworden, bereitete sie noch bei diesem ersten Verhöre ihren späteren Prozeßstandpunkt vor. Sie wollte glauben machen, daß die Gräfin aus Gram über die Zwistigkeiten mit dem geschiedenen Gemahl Selbstmord begangen und es „auf sie (die Ebergenyi) abgesehen hatte, um sie ins Unglück zu stürzen". „Ich sah sie," log die Verhaftete, „wie sie eine Schale zum Wandkasten trug, dann fiel sie mir weinend um den Hals, lehnte sich etwas an das Kanapee und stürzte leblos zu Boden. Auf das hin bin ich schnell fort und fuhr nach Wien. Anfangs dachte ich an eine Komödie, dann aber..." Die Inquisitin machte hier eine kleine Pause und beendete ihre Erzählung mit den Worten: „Es war mein Fehler, daß ich sagte, ich käme von ihrem Mann, den ich recht lieb habe. Deshalb wollte sie mich vernichten, denn sie erklärte mir selbst vorher, daß sie allen fluche, welche Sympathie für ihren Gatten hegten."

Die Kriminalbeamten drangen vergeblich weiter in die Stiftsdame, welche immer nur ausrief: „Es wird sich alles lösen . . ."

Die Verhaftung des den höchsten Ständen entrissenen Paares leitete einen Doppelprozeß ein, welcher eine der sensationellsten Affären der internationalen Kriminalgeschichte zum Gegenstand hatte. Raummangels halber müssen wir uns leider versagen, die Entwicklungsphasen dieses Dramas, welches uns einen entsetzlichen Abgrund von Unmoral, Roheit und Niederträchtigkeit eröffnet, chronologisch zu schildern. Es dauerte lange, bis der Wiener und der Münchener Untersuchungsrichter alle Fäden dieses teuflischen Intrigenspieles fanden, beide Beamten haben aber im Vereine mit den Sicherheitsbehörden in die geheimsten Seelenfalten der beiden adeligen Verbrecher geleuchtet und deren gemeine Gesinnung ans Tageslicht gebracht. In den nachstehenden Zeilen sei das Schlußbild wiedergegeben, wie es sich vor Beginn der beiden Prozesse den Gerichten darbot.

Gustav Graf Chorinski entstammte einem alten mährischen Geschlecht und war im Jahre 1832 geboren. Mit siebzehn Jahren trat er in die Armee ein, kam nach Linz in Garnison und lernte dort im Sommer 1858 seine spätere Frau, die Schauspielerin Mathilde Ruef kennen, in die er sich unsterblich verliebte. Mathilde Ruef war die Tochter eines gräflich Hardingschen Privatsekretärs und erfreute sich eines tadellosen Leumunds. Sie zählte damals fünfundzwanzig Jahre, galt als hübsch und talentiert und war wirklich eine bezaubernde Bühnenerscheinung. Graf Chorinski bestürmte sie vergeblich mit seinen Liebesanträgen, und als er ihr

JULIE VON EBERGENYI

endlich seine Hand anbot, wies sie ihn im Hinblicke auf ihren beiderseitigen Standesunterschied zurück. Der junge Offizier, welcher ein sehr einnehmendes Wesen besaß, aber ungemein leichtsinnig und verschuldet war, gab trotzdem seine Bewerbungen nicht auf und wußte schließlich ihren ehrlichen Widerstand im Mai 1858 zu besiegen. Das Paar verlobte sich, und nach einigen Wochen wurde die Schauspielerin die Geliebte des Grafen, dessen Geldnot stets wuchs, obwohl die Braut Darlehen und Aushilfen in reichem Maße gewährte. Im Februar 1859 mußte Graf Chorinski den Dienst quittieren, worauf auch Mathilde Ruef der Bühnenlaufbahn Valet sagte und sich mit ihrem Bräutigam in Glasenbach bei Salzburg niederließ. Dagegen protestierte aber der Vater des Grafen, welcher es veranlaßte, daß die Polizei das Paar trennte. Mathilde Ruef ging nach Bayern, der junge Graf nach Wien. Der Statthalter wußte es sodann durchzusetzen, daß sein Sohn abermals in die österreichische Armee Aufnahme fand. Schon am 20. April 1859 sehen wir den Grafen Chorinski junior in den Listen eines in Italien liegenden Regiments wieder. Von seiner Braut ließ er aber nicht. Er bestellte sie vielmehr heimlich nach Verona, wo sie ein totes Mädchen zur Welt brachte. Der Graf zeigte im Feldzuge solche Tapferkeit, daß er zum Oberleutnant befördert wurde. Nach dem Friedensschlusse zu Villafranca ließ er die Braut in Augsburg zum katholischen Glauben übertreten, um seine Eltern gefügig zu machen, allein die Heiratserlaubnis wurde auch jetzt versagt, worauf er in die neuerrichtete päpstliche Armee eintrat. Am 1. März erhielt er seine Ernennung zum Hauptmann beim zweiten Jägerbataillon in Ancona und am 12. Juli endlich die sehnsüchtigst erwartete Bewilligung zur Heirat. Er teilte dies seiner Braut in liebeglühender Form mit und führte sie am 17. Juli in Foligno (Kirchenstaat) zum Traualtar. Seine Eltern söhnten sich mit beiden aus, und das Glück der Liebenden schien begründet. Nach der Schlacht bei Castelfidardo, welche das Ende des Kirchenstaates bedeutete, verlor der Graf aber seine Offiziersstelle und mußte mit seiner Gattin nach Heidelberg auswandern. Nun ging es mit dem ehelichen Frieden bald zu Ende. Es kam zu heftigen Auftritten, ja zu Tätlichkeiten, und im November 1861 wird der gemeinsame Haushalt aufgehoben. Graf Chorinski fährt nach Brünn, um seinen Vater, der damals mährischer Statthalter war, zu bitten, daß er ihm den nochmaligen Eintritt in die österreichische Armee ermögliche, doch gelingt es diesmal nicht mehr. Zunächst wechselt der junge Graf noch viele Briefe mit seiner Frau, in denen er Liebe heuchelt, die Briefe werden aber immer seltener und kühler und schließlich sucht er ihre Einwilligung zur Scheidung zu erlangen. Infolge ihres Widerstrebens verwandelt sich seine Lieblosigkeit in flammenden Haß. Er läßt sie ohne alle Mittel, nennt sie sein Unglück, zwingt sie, ihren Schmuck zu veräußern und gibt ihr schließlich den Rat, entweder Selbstmord zu begehen oder eine Dirne zu werden. In dieser furchtbaren Situation flieht die Gräfin in das Haus ihrer Schwiegereltern, wo sie wie ein eigenes Kind liebevoll aufgenommen wird. Man verehrte die Frau sogar, als man ihre seltenen Geistes- und Herzensgaben kennengelernt hatte. Graf Chorinski junior wurde dagegen von den Eltern verstoßen. Vor dem schleswig-holsteinischen Krieg 1864 fand er dennoch wieder Aufnahme in die k. k. Armee, nachdem ein Verwandter Kaution gestellt und wurde dann 1866 bei Königgrätz verwundet. Als Rekonvaleszent kehrte er nach Wien zurück – sein Vater war unterdessen wieder in der Kaiserstadt – und verlangte nun die Entfernung der verhaßten Gattin aus dem Vaterhause.

Mathilde hatte mittlerweile zu dem bereits erwähnten Studenten Albert Mikulitsch eine zarte Neigung gefaßt und entschloß sich, obwohl ihre Schwiegereltern damit nicht einverstanden waren, zur Übersiedlung. Sie begab sich nach Augsburg, dann nach Ulm, endlich nach München, wo sie 1866 einen Knaben gebar. Die Liebe, welche die gräflich Chorinskische Familie für die ehemalige Schauspielerin empfand, geht aus dem finanziellen Arrangement hervor. Der Schwiegervater sandte ihr nämlich monatlich 50 bis 80 Gulden nach Bayern, außerdem genoß sie die Zinsen einer vom Gatten hinterlegten Kaution von 12.000 Gulden.

Der Grund, warum Graf Chorinski junior so sehr gegen seine Gattin erkaltet war, lag in den Beziehungen, die er zu einer adeligen Stiftsdame namens Ebergenyi angeknüpft hatte.

Damen-Modebericht.

Toilette für adelige Damen, welche Etwas angestellt haben und bei der Gerichtsverhandlung einen wehmüthigen Eindruck hervorrufen wollen.

Hohes schwarzes Kleid mit melancholischem Aufputz, knappes Mieder behufs wogenden Busens. Einige die Schleppe verschönernde schwärmerische Quasten können nicht schaden und gelten gewissermaßen als Achtung vor dem Gerichtshofe; der Leib ohne Aermel, um durch schön geformte Arme, auf welche man sich schmerzgebeugt stützt, die Theilnahme des Publikums zu erwecken. Einige schüchterne Schmachtlocken schaden ebensowenig als schwarzer Schmuck, welcher schon durch seine Farbe den Verhältnissen Rechnung trägt. Durch entsprechende Verwerthung von Reißpulver erzeugt man schließlich die zum Totaleffekt in hohem Grade erforderliche Blässe.

KARIKATUR AUS DER SATIRISCHEN ZEITSCHRIFT „KIKEREKI" VOM 9 JULI 1868

Julie Malvine Gabriele Ebergenyi von Telekes war am 9. Februar 1842 auf dem väterlichen Gute Szecheny im Komitate Eisenburg geboren. Viktor Ebergenyi von Telekes ließ seine Kinder standesgemäß erziehen, Julie zeigte aber wenig Talent und leistete nur im Leichtsinn und in der Gefallsucht Hervorragendes. Als 1867 ihre Mutter starb und der Vater ein Mädchen aus bürgerlichem Stand ehelichen wollte, nahm Julie dies zum Vorwand und verließ das Elternhaus. Sie begab sich nach Wien in das Haus der Baronin Skaletz, ihrer Taufpatin, wo sie es jedoch nicht lange aushielt. Bald sehen wir sie eine eigene luxuriös eingerichtete Wohnung beziehen und ein liederliches Leben beginnen. Sie wechselte ihre Geliebten wie die Handschuhe, und da hiedurch ihr Wert sehr sank, trachtete sie, einen verlockenden Titel zu ergattern. Sie wurde beim freiwilligen adeligen Damenstift Maria-Schul zu Brünn um Aufnahme als Ehrenstiftsdame bittlich und erlangte diesen Titel für eine Taxe von 50 Dukaten, die ein reicher Liebhaber für sie erlegte. In einem Familienzirkel lernte sie dann den Grafen Chorinski kennen, mit dem sie bald intim verkehrte, der aber derart für sie in Liebe entbrannte, daß er sie allein besitzen wollte. Er bot ihr seine Hand an, in welche ihr Vater mit großer Freude einschlug. Viktor von Ebergenyi versprach, alles nur Erdenkliche zu tun, um seiner Tochter eine reiche Aussteuer zu geben, nur ein einziges Hindernis war vorhanden: die katholisch geschiedene Gattin des Grafen, welche, solange sie lebte, ein unbedingtes Hindernis für eine neue Heirat des Grafen bildete. Ihr Tod schien dem Grafen und seiner neuen Braut aber auch schon wegen Freiwerdung der Kaution von 12.000 Gulden höchst wünschenswert. Die beiden machten daher allerlei Versuche, die Gräfin aus dem Leben zu schaffen. Der Graf schickte ihr mit Zyankali vergiftete Bonbons, die aber bei den Leuten, denen die Gräfin die Sendung geschenkt hatte, gar keine Wirkung erzielten, weil sich das Kali mit dem Zucker verband und die Blausäure dadurch frei wurde. Dann warben sie einen ehemaligen Deutschmeister, namens Rainpacher, der ihnen vielfach bei Verwirklichung ihrer schwarzen Pläne behilflich war. Schließlich schien ihnen jedoch die Einweihung einer dritten Person zu gefährlich, die Ebergenyi verschaffte sich daher von einem Freunde neuerlich Zyankali und fuhr dann nach München ...

Um das Verhältnis des Grafen zu seiner rechtmäßigen Gattin und zu seiner Geliebten zu charakterisieren, wollen wir Tagebuchblätter der unglücklichen ehemaligen Schauspielerin veröffentlichen, welche zeigen, wie rein und edel sie ihren nichtswürdigen Mann liebte.

Ihr Tagebuch beginnt mit den Worten: „Meine Liebe ist mein Hort, und in diesem Horte will ich sterben." Nach ihrer Vermählung schreibt die Gräfin: „Gott segne meinen Mann und lasse mich nie vergessen, wie edel er an mir gehandelt hat! Amen." Nach seiner Abreise schreibt sie: „Heute früh fuhr mein Mann fort; es ist nun so tot und öde; als der Zug an meinen Fenstern vorüberfuhr, stand gerade noch ein Stern am Himmel, möge er ihm Glück bedeuten." An Gustavs Geburtstage lesen wir: „Gott erhöre mein Gebet und gebe meinem Manne Glück, daß er bald eintreten könne (in die Armee); ich werde zwar sehr traurig sein und weiß nicht, wie ich ohne ihn leben soll. Das Leben hat für mich wirklich viel Trübes: Gott gebe mir diesen braven Mann, denn ich liebe ihn und weiß, er liebt auch mich, doch sind wir getrennt; möge ihn Gott segnen, ihm beistehen, damit er wieder froh sein kann, dann werde auch ich wieder zufriedener sein. Gebe der Allgütige, daß Gustavs

Die wahnsinnige Ebergenyi in Neudorf.

Liebe nie erkalte, ich würde sonst lieber den Tod wünschen; ich lebe so nur halb, und fern von ihm leben zu müssen - oh, ich habe mir das nie gedacht; Gott segne sein Leben, mein Glück, meinen Gustav ! Bleibe mein, Gustav, behalte mir deine Liebe, ich lebe mit dir! Gute Nacht an deinem Geburtstage, glückauf; oh, nur einen Moment bei dir, was wäre ich froh!"

Dies schreibt die Gräfin zu einer Zeit, wo der Graf bereits für die Ebergenyi in Liebe entbrannt ist. Bald treffen jene Briefe ein, welche ihr die Augen geöffnet hätten. Die Gräfin will aber ihre Hoffnung und gute Meinung über Gustav nicht aufgeben. Sie tröstet sich mit folgenden Worten: „Ich ahnte, was er mir schreiben wollte; es bleibt mir also nichts übrig, als in ein Kloster zu gehen, damit er wieder frei werde und eine reiche Partie machen könne; es ist zu hart, zu viel auf einmal für mich; mein Gott, sei mir barmherzig! Oh, du mein armer Gustav." Einige Tage später: „Heute kam ein Brief von Gusti, der mir sehr wehe tat, aber ich sage ihm das nicht, denn er muß sehr unglücklich sein, weil er so schreiben konnte. Ich will alles, alles dulden, denn ihn treibt nur die Verzweiflung zu so bitteren Worten." Die ganze Entrüstung der armen Frau erhellt aber aus den folgenden Ergüssen, nachdem ihr der Graf den Antrag gestellt, ihre Reize zu verwerten: „Als ich zur Abreise bereit war, kam ein Brief meines Mannes; zitternd öffne ich ihn; oh Gustav, das habe ich nicht verdient. Du schreibst zu grausam; welcher böse Dämon hat dich solche Worte finden lassen? Du bist es nicht mehr; es ist ein anderer, der schrieb; so mich zu kränken! Herr, Gott, mein Gott, ich habe genug gelebt. Adieu, mein liebes Zimmerchen; ich küsse die Stelle, wo sein liebes Haupt gelegen; oh, wie war ich glücklich hier."

Während der Graf seine Gattin so beleidigen konnte, schrieb er der Ebergenyi Briefe wie den folgenden: „Wien, am 2. August 1867. Mein mehr als abgöttisch angebetetes, schönstes, einziges Weiberl! Meine kleine, allerliebste, erhabenste Jützi! Du mein Abgott! Meine Gottheit! Mein alles in allem! Ich muß Dich bald heiraten, Du mußt mir alles ermöglichen, wir müssen bald vor der Welt verehelicht sein. Mein Glück kann ich nur in der Vereinigung, in der Ehe mit Dir finden, ach, Deine Versicherungen machen mich so namenlos selig. Ich schwöre es Dir bei meiner Ehre, bei Gott und der heiligen Maria als Edelmann und Offizier, ich muß und werde Dich heiraten, um auch der Welt zu zeigen, wie abgöttisch ich Dich liebe. Gott hat Dich mir als Schutzengel gesendet. Mehr als selig macht mich Dein Brief, mit Tränen danke ich Dir kniefällig dafür, Du bist so namenlos

Die Ebergenyi im Irrenhause.

Der Ehrenrock des Soldaten.

schön und reizend, ich schwöre Dir bei Gott, daß ich mit der rasendsten Liebe für ewig bin nur Dein Dich mehr als abgöttisch anbetendes Mannerl. Dein ewig treuester Gustav."
Geradezu empörend sind die Briefe, welche er seiner Geliebten nachsendet, die ausgezogen ist, um die Gräfin in München heimtückisch zu ermorden. Er hatte sie auf den Bahnhof begleitet und verfaßte abends nachstehenden Brief: „Meine Götterjützi! Mein Abgott! Mein Alles! In Tränen gebadet sitze ich vor Deinem lieben Bilde und ringe die Hände vor Sehnsucht nach Dir, mein Abgott. Möge Dir doch alles, alles gelingen und du baldigst wieder für immer in meinen Armen liegen! Das letztere wünsche ich wohl am sehnlichsten, denn was ich leide sund empfinde, weiß nur Gott allein ...Es ist so kalt, so stürmisch, oh, welche Angst erfaßt mich um Dich, Du bist viel zu leicht angezogen, Du mein Abgott, mein alles, mein Weibi. Ich kann nur beten für Dich, kann Deine Zeilen kaum mehr erwarten. Du stürzest Dich in keine Gefahr, darauf habe ich Deinen Schwur. Oh wärst Du nur schon bei mir! Ich kann Deinen Brief nicht mehr erwarten, ich liege heute in Deinem Betterl und weine, weine, weine..."
Am nächsten Morgen schreibt er ihr einen Brief, dem wir die Stellen entnehmen: „Ich war jede Viertelstunde wach, sah auf die Uhr um 5 1/4 wo Du in München ankamst, und hätte mir bald vor Wut eine Ohrfeige gegeben, weil ich vergaß, Dir kleines bayerisches Geld mitzugeben...."
Dagegen nennt er seine dem Tode geweihte Frau immer nur das „Komödiantenaas". Auch Julie, die sich mit einem Empfehlungsschreiben einer gewissen Agnes Mariot als Marie Berger bei der Gräfin vorgestellt hatte, schreibt ihm aus München nach ihrer Ankunft: „Ich habe das Empfehlungsschreiben an das Aas abgegeben, das Aas ist, wie Du wissen wirst, krank."
Mit tiefem Abscheu wenden wir uns von diesen beiden nichtswürdigen Menschen ab, welche beide, der Graf in München, die Ebergenyi in Wien, zu einer zwanzigjährigen Freiheitsstrafe verurteilt wurden. Der Münchner Prozeß begann am 22. Juni 1868 vor dem dortigen Schwurgerichte. Der Graf wurde zu zwanzigjährigem Zuchthause und nachheriger Landesverweisung verurteilt; Julie

von Ebergenyi hatte schon am 22. April 1868 vor einem Strafsenate des Wiener Landesgerichtes gestanden, welcher über sie am 25. April das Urteil fällte: „Julie Ebergenyi von Telekes ist des vollbrachten Verbrechens des Meuchelmordes schuldig und wird deshalb zur schweren Kerkerstrafe in der Dauer von zwanzig Jahren verurteilt. Da nach dem Gesetze vom 15. November 1867 die Eisenstrafe entfällt, wird die Supplierung derselben auf eine Woche Einzelhaft nach Schluß jeden Strafjahres erkannt. Gleichzeitig wird der Verlust des Adels für das Geltungsgebiet des österreichischen Strafgesetzes ausgesprochen."

Die Angeklagte hatte während der Untersuchung durch geschmuggelte Briefe Verbindung mit ihrem Geliebten gesucht und getrachtet, Zeugen zu beeinflussen, doch wurden diese Bestrebungen vereitelt, worauf sie sich in gefährliche Waffen gegen die Angeklagte verwandelten. Auch die Verhandlung war reich an Aufregungen.

Julie wurde in die Weiberstrafanstalt nach Neudorf gebracht, der Graf auf die Festung Rosenburg in Oberfranken ... Er liebte um diese Zeit seine „Götterjützi" nicht mehr. Ihr Mißgeschick hatte auch diesmal sein leicht entzündliches Herz erstickt. Graf Chorinski haßte schon während des Prozesses die Ebergenyi ebenso tödlich, wie früher seine ermordete Gattin ...

Er und Julie verfielen dann allmählich in Wahnsinn und endeten so elend, wie sie es verdient hatten.

Am 4. Mai 1872 wurde die Ebergenyi aufgrund ihres labilen seelischen Zustandes von der Strafanstalt an die niederösterreichische Landesirrenanstalt am „Brünnlfeld" in Wien Alsergrund übergeben und dort in Pflege genommen. Am 8. April 1873 stirbt sie dort in geistiger Umnachtung - ein Opfer der damals in Wien grassierenden Cholera.

Kurze Zeit zuvor hatte auch Gustav Chorinsky den Tod gefunden - auch er beendete sein Leben in der Nacht des Wahnsinnes.

㉞
DIE LETZTE ÖFFENTLICHE HINRICHTUNG IN WIEN
1868

Der folgende Kriminalfall bildet in doppelter Hinsicht einen Markstein in der Wiener Kriminalchronik. Man zog hier nämlich zum erstenmal die Presse zur Mitarbeit heran, ein Beginnen, welches nicht nur den Erfolg herbeiführte, sondern auch in der Gerichtsverhandlung ausdrücklich, gewissermaßen prinzipiell, vom Vorsitzenden gebilligt und begrüßt wurde. Heute wissen es freilich sämtliche Polizeibehörden, daß ohne die zu Millionen Menschen sprechenden Zeitungen die Ergreifung eines Täters kaum mehr möglich ist. Es war aber nicht immer so. Früher hielt man die Türen der Sicherheitsbehörde hermetisch gegen Journalberichterstatter verschlossen und derjenige Beamte, welcher in den Verdacht kam, an die Blätter Mitteilungen über den Stand der Erhebungen gemacht zu haben, wurde ganz gehörig zur Rechenschaft gezogen. Die Folge davon war, daß sich die Presse, um ihrer wichtigen Aufgabe gerecht zu werden, an Personen wenden mußte, welche gar nicht oder nur mangelhaft unterrichtet oder kompetent waren und dadurch wurde der Polizei wiederholt ganz ohne böse Absicht entgegengearbeitet.

Zweitens sollte dieser Kriminalfall zu der höchsterfreulichen Erkenntnis führen, daß öffentliche Hinrichtungen etwas Demoralisierendes, Volksverderbliches an sich haben, so daß in Zukunft Justifizierungen nur mehr hinter geschlossenen Gefängnismauern vorgenommen wurden ...

In der Adamsgasse Nr. 9 „Unter den Weißgärbern" (3. Wiener Gemeindebezirk, Landstraße) wohnte seit drei Jahren der 64 Jahre alte Maschinentischler Ferdinand Henke mit seiner 38jährigen Gattin Marie. Das Paar war seit zehn Jahren verheiratet, besaß keine Kinder und hatte ein Zimmer, ein Kabinett und eine Küche. Ferdinand Henke stand seit 26 Jahren im Dienste einer am Schüttel befindlichen Dampfmühle und erfreute sich, gleich seiner Frau, eines tadellosen Leumunds. Die Eheleute lebten äußerst sparsam und zurückgezogen. Da der Lohn des Mannes zu gering war, hielten sie Untermieter. Das Kabinett war an den Schneidergehilfen Franz Swoboda und dessen Geliebte Josefa Kopriwa vermietet. Außerdem ließen sie bei sich im Zimmer einen Bettgeher schlafen. Ferdinand Henke pflegte um dreiviertel sieben Uhr morgens in die Arbeit zu gehen und um 7 Uhr abends heimzukommen. Die Frau erhob sich etwas früher, bereitete das Frühstück und legte sich dann gewöhnlich noch ein wenig nieder.

Am 8. Jänner hatte Frau Henke einen Bettgeher aufgenommen, welcher in ihrer Abwesenheit erschienen war und zuerst mit der Josefa Kopriwa sprach. Er erzählte, daß er ein aus Ungarn zugereister Goldschlägergeselle, aber ohne Ausweise sei, da man von den ungarischen Behörden schwer solche erlange. Obwohl Frau Henke als sehr vorsichtig galt, stets Kästen und Schränke versperrte und die Schlüssel zur Nachtzeit unter ihrem Kopfkissen verbarg, schloß sie nach ihrer Rückkunft den Mietvertrag mit dem Fremden, der sich „Edmund Reinbold" nannte, ab. Sie gebrauchte nur noch die Vorsicht, daß sie auf die spätere Nachtragung irgendeines Personaldokuments bestand. Am nächsten Tage brachte der neue Mieter ein Zeugnis, in welchem ein Fabrikant in Raab, namens Karl Perkmann, bestätigte, daß Edmund Reinbold bei ihm vom Oktober 1863 bis Dezember 1867 als Goldschlägergehilfe gearbeitet habe. Der Bettgeher sprach deutsch mit ungarischem Akzent und so dachte Frau Henke, daß sie seinen Angaben Glauben schenken dürfe.

Am 10. Jänner früh vernahm die Kopriwa, daß der Bettgeher, nachdem sich Ferdinand Henke entfernt hatte, wiederholt auf den Abort gehe und die Türen zuschlage. Er war bloß mit Stifletten und Rock bekleidet, die Hose hatte er im Zimmer gelassen. Als sie die Kabinettür öffnete, begrüßte er sie sehr freundlich, was bisher nicht seine Gewohnheit war und wusch sich in der Küche die Hände. Um einviertel neun Uhr verließ er endlich die Wohnung. Josefa Kopriwa hatte bis dahin ihr schreiendes Kind beruhigt und trat nun bei Frau Henke ein, um dieselbe zu fragen, ob sie Fleisch brauche. Da sie keine Antwort erhielt, begab sie sich an das Bett der Frau. Da bemerkte sie, daß deren Kopf ganz blutig sei, auch ein Auge war blau unterlaufen. Die Kopriwa erhob ein großes Geschrei und stürzte mit dem Rufe: „Die Henke is erschlagen worden!" auf den Gang hinaus. Während die Nachbarn und sonstigen Hausbewohner aus den Wohnungen liefen, eilte sie in die Dampfmühle am Schüttel, wo sie Ferdinand Henke die schreckliche Nachricht überbrachte.

Vom Polizeikommissariate Landstraße fand sich alsbald eine Kommission, bestehend aus dem Polizeirate Löffler, dem Polizeikommissär Dermoutz und dem Gerichtsarzte Dr. Jakob Fronz, ein. Etwas später erschien noch der Polizeibezirksarzt von Landstraße, Dr. Pfeifer.

Man fand die Leiche angekleidet im Bette. Die Hände hatte sie gekreuzt, die Beine hingen herab, das linke über das rechte geschlagen. Sie machte die Miene einer friedlich Schlafenden, das rechte Auge zeigte sich aber ganz blau. Nase, Mund und Hände waren blutig; ebenso troff das wohlgescheitelte Haar von Blut. Der Kopf wies gräßliche Wunden auf. Man spürte durch die Wunden die Zertrümmerung des Schädels. Unter dem Bette lag das Mordinstrument: ein zwei Fuß langer, drei Pfund schwerer Hobel. Im Beisein der landesgerichtlichen Kommission, die sich aus dem Landesgerichtsrat Posch, dem Staatsanwalt Dr. v. Dierkes und einem Schriftführer zusammensetzte, wurde an der Hand der Angaben des Mannes festgestellt, daß sich die Tat als Raubmord darstelle, denn es fehlten: 40 Gulden an Bargeld, in Banknoten zu 5 Gulden, eine silberne Zylinderspringuhr kleiner Form mit zisieliertem Deckel und einem Goldreifen sowie goldenen Ziffern und einige minderwertige Schmucksachen, welche sämtlich in einer versperrten Kastenschublade gelegen hatten. Aus dem Besitz des Mörders fand man einige hinterlassene Gegenstände - einen kleinen Uhrschlüssel, einige vorgestern gekaufte Zeitungen und zwei Papierstücke, auf denen er sich geübt hatte, die Namen „Edmund Reinbold" und „Karl Müller", sowie das Wort „Zeugnis" und insbesondere den Buchstaben „Z" zu schreiben.

Schon auf Grund dieser Papiere erkannte man, daß er sich falsch gemeldet habe und daß das vorgewiesene Zeugnis ein fingiert war. Man forschte auch sehr bald einen wirklichen Edmund Reinbold aus, welcher im Jahre 1863 in der Mohrengasse Bettgeher gewesen war, aber als ein sehr ruhiger, anständiger Mensch geschildert wurde.

Die Polizei wußte also ganz genau, daß nur der neue Bettgeher als Täter in Betracht komme. Aber die Frage war: „Wer war es?!" und „Wohin hatte er sich geflüchtet?"

Man bot einen großen Apparat auf. 300 Zivilwachmänner (Vorgänger der heutigen Kriminalbeamten, später „Polizeiagenten") wurden in den Dienst gestellt, welche die genaue Personenbeschreibung des Verdächtigen, aber auch einen wichtigen anderen Umstand erhoben, nämlich den, daß er sich am Vortage bei Frau Henke einen Hobel, eine Pfanne und einen Hammer mit dem Bemerken ausgeliehen habe, er müsse bei seiner Geliebten in der Leopoldstadt einen Sessel reparieren. Auch das Mordinstrument bestand in einem Hobel. Es lag also die Vermutung nahe, daß der Täter ein Tischler sei.

Polizeirat Löffler trat nun an die Presse mit der Bitte heran, die genaue Personenbeschreibung des Mörders zu veröffentlichen und das Publikum aufzufordern, daß sich jene Person bei der Behörde melde, bei welcher der Geliebte des Dienstmädchens in den letzten Tagen eine Sesselreparatur ausgeführt habe.

Nach einiger fruchtloser Arbeit meldete sich eine Nachbarin der Henke und deponierte, daß sie den neuen Bettgeher am Tage vor dem Mord mit einer Leimpfanne aus der Wohnung der ersteren kommen sah. Sie fragte ihn ganz von ungefähr, wohin er gehe, worauf er antwortete, er müsse in der Wohnung des Dienstgebers seiner Geliebten eine Tischlerreparatur vornehmen. Diese Angabe war an sich nichts Neues, sie enthielt aber einen Nebenumstand, der sehr bemerkenswert schien. Die Zeugin erwähnte nämlich, daß der angebliche Reinbold damals weiße, tambourierte Handschuhe trug. Bei einem in die Arbeit gehenden Tischler mußte ein derartiger Toilettegegenstand immerhin als etwas Seltenes gelten. Wieder ließ der Polizeirat die Presse ins Horn stoßen. Besonderes Gewicht wurde auf die weißen, tambourierten Handschuhe gelegt.

Die „Konstitutionelle Vorstadtzeitung" (heutige „Volkszeitung") brachte große Artikel darüber, und tatsächlich erschien am nächsten Tage einer ihrer Leser, der im 2. Bezirk, Miesbachgasse wohnhafte Geschäftsagent Karl Moller, am Kommissariat Leopoldstadt und zeigte an, daß der Geliebte seines Dienstmädchens am kritischen Tage in seiner Wohnung einige Sessel repariert habe. Er (Moller) habe beim Eintritt des Mannes an dessen Händen die geschilderten, auffälligen Handschuhe bemerkt. Der Kommissär ließ das Mädchen sofort holen, denn er war überzeugt, daß man nun auf der richtigen Spur sei. Die 18jährige Karoline Gritsch war ein treuherziges, blauäugiges Ding, welches den Namen seines Geliebten ohne Arg bekannt gab: Georg Ratkay. Er sei Tischlergehilfe, habe auf der Landstraße ein Kabinett gemietet und wäre ein sehr braver Mann. Sie nannte auch die Adresse: Landstraße Hauptstraße Nr. 83, beim Tischlermeister Franz Hynek.

Der Leopoldstädter Kommissär ließ das Mädchen ungesäumt auf das zuständige Kommissariat Landstraße überstellen, wo sich mittlerweile, ebenfalls auf Grund der Zeitungsberichte, der im 3. Bezirk, Erdbergerstraße Nr. 8 wohnhafte Schustermeister Emmerich Argauer mit der Angabe gemeldet hatte, daß beim Tischler Hynek ein Mann, namens „Schorsch", gewohnt habe, auf welchen die Personsbeschreibung des Mörders genau paßte. Zu spät habe der Anzeiger die Blätter gelesen, sonst würde er sich früher gemeldet haben.

Der Referent des Falles, Kommissär Friedrich Heide, der nachmalige, wegen seiner Tüchtigkeit und Korrektheit angesehene, aber durch seine eiserne Strenge gefürchtete Bezirksleiter der Inneren Stadt, warf sich sofort in einen Wagen

DAS HAUS ADAMGASSE 9 IN WIEN LANDSTRASSE IN HEUTIGER ANSICHT und fuhr zu dem bezeichneten Tischlermeister. Auf Grund der Angaben, welche dieser und dessen Frau Theresia machten, konstatierte der Beamte, daß Georg Ratkay, Tischlergehilfe, 23 Jahre alt, in Török-Balint bei Teteny in Ungarn geboren, nach der Tat zu Hynek geeilt war, wo er um Unterkunft bat. Man möge ihn erst gar nicht polizeilich anmelden, denn er habe „auswärts" Arbeit gefunden und werde in zwei Tagen von Wien abreisen. Er verschwieg auch seinen Namen und berief sich bloß auf seine, dem Tischlermeister bekannte Geliebte. Dann kaufte er sich eine lange Pfeife um 17 kr., wechselte die Wäsche, zog eine Hose über die an, welche er bereits trug, bestellte ein gutes Essen, lud das Ehepaar Hynek dazu ein und zeigte mehrere Guldenstücke. Vormittags lernte er den Argauer kennen, da Frau Hynek für diesen arbeitete. Nachmittags ließ er einen Gugelhupf backen, bestellte den Argauer schriftlich zu einer Partie Tarock und spielte dann bis dreiviertel zehn Uhr Karten. Er zahlte Bier und war sehr lustig. In der Nacht schlief er jedoch äußerst unruhig, stöhnte und ächzte, war morgens in Schweiß gebadet und klagte über schwere Träume. Am anderen Nachmittage schickte er den Hynek zu seiner Geliebten, schenkte ihm 20 kr. für den Weg und ließ sie zum Gugelhupf einladen. Als man gemütlich beisammen saß, ließ er sich die „Vorstadtzeitung" bringen, studierte die Berichte über den Mord und sagte: „Der Mörder ist ein gemeiner Feigling. Wenn s' ihm nur recht bald derwischen täten". Auf die Bemerkung der Geliebten: „Mit dem Mörder könnte man was verdienen", antwortete er: „Ja, mir wär's schon recht, da gäb's ein Stück Geld zu gewinnen." Mehr sprach er darüber nicht. Um dreiviertel zehn Uhr abends begleitete er das Mädchen heim, kam aber so schnell zurück, daß er gefahren sein mußte. In der Nacht schlief er noch unruhiger. In der Früh klagte er, er habe geträumt, daß er in die Donau gefallen sei. Bis halb zehn lag er sodann im Bette, ließ sich wieder die „Vorstadtzeitung" bringen, las aufmerksam die Nachrichten über die Raubmordaffäre und rief plötzlich aus: „Ich muß fort." Er schnürte sein Bündel und eilte gegen die Marxer Linie. Dort begegnete ihm Argauer, dem sein Benehmen sehr verdächtig vorkam. Argauer las etwas später die Zeitung und war überzeugt, daß Ratkay der Mörder sei, weshalb er zur Polizei ging.

Polizeirat Löffler kombinierte, daß sich Ratkay mit Rücksicht auf die eingeschlagene Richtung nach Ungarn in seine Heimat begeben habe. An dieser über die Vorstadt Simmering führenden Straße lag aber auch Klein-Neusiedl bei Schwadorf - das Heimatsdorf seiner Geliebten. Ob Ratkay nicht bei deren Eltern Halt gemacht habe?! fragte sich Löffler. Noch mitternachts entsendete er den Kommissär Heide mit einer Agnoszierungsperson und einem Zivilwachmann nach Klein-Neusiedl. Gegen 3 Uhr morgens kam die polizeiliche Kommission daselbst an, holte den Ortsvorsteher und begab sich sodann in dessen Begleitung zum Hause des Matthias Gritsch. Lange pochten die Sicherheitsorgane an, bevor Ratkay, welcher fest geschlafen hatte, aufstand und öffnete. Als er den Kommissär in Uniform sah, begann er, totenbleich, zu zittern und war keines Wortes mächtig.

„Sind Sie Georg Ratkay?" fragte Heide.

„Ja, der bin ich".

„So folgen Sie mir!"

Statt einer Antwort griff nun Ratkay hastig nach einem auf dem Tisch stehenden Krug, den ihm der Beamte aber rasch wegnahm. „Ich bin durstig", brummte Ratkay mürrisch. „Gut," antwortete der Kommissär, „dann werde ich Ihnen Wasser geben lassen."

Zwei Minuten später war der Mörder mit Tüchern gebunden und mußte den Weg nach Wien antreten...

Der Prozeß begann am 9. März 1868. Georg Ratkay stand vor einem Fünfrichterkollegium unter dem Vorsitze des Landesgerichtsrates Weißmeier. Die Anklage vertrat Substitut Derleth, als Verteidiger fungierte Dr. Lewinger.

Hervorhebenswert ist aus der Anklage folgender Passus: „Daß die Entdeckung so rasch erfolgen konnte, ist vor allem der Tätigkeit aller beteiligten Organe zuzuschreiben. Der Polizeikommissär (Heide) der Vorstadt Landstraße setzte sich mit der Tagespresse, insbesondere aber mit der „Konst.

Vorstadt-Zeitung" in Verbindung, welches Blatt seinen ausgebreiteten Leserkreis zum großen Teile aus den arbeitenden Klassen bildet. So ist es gelungen, durch die Veröffentlichung aller auf den Mord bezüglichen Angaben das Publikum zur Mitwirkung bei der Eruierung des Täters anzuregen."

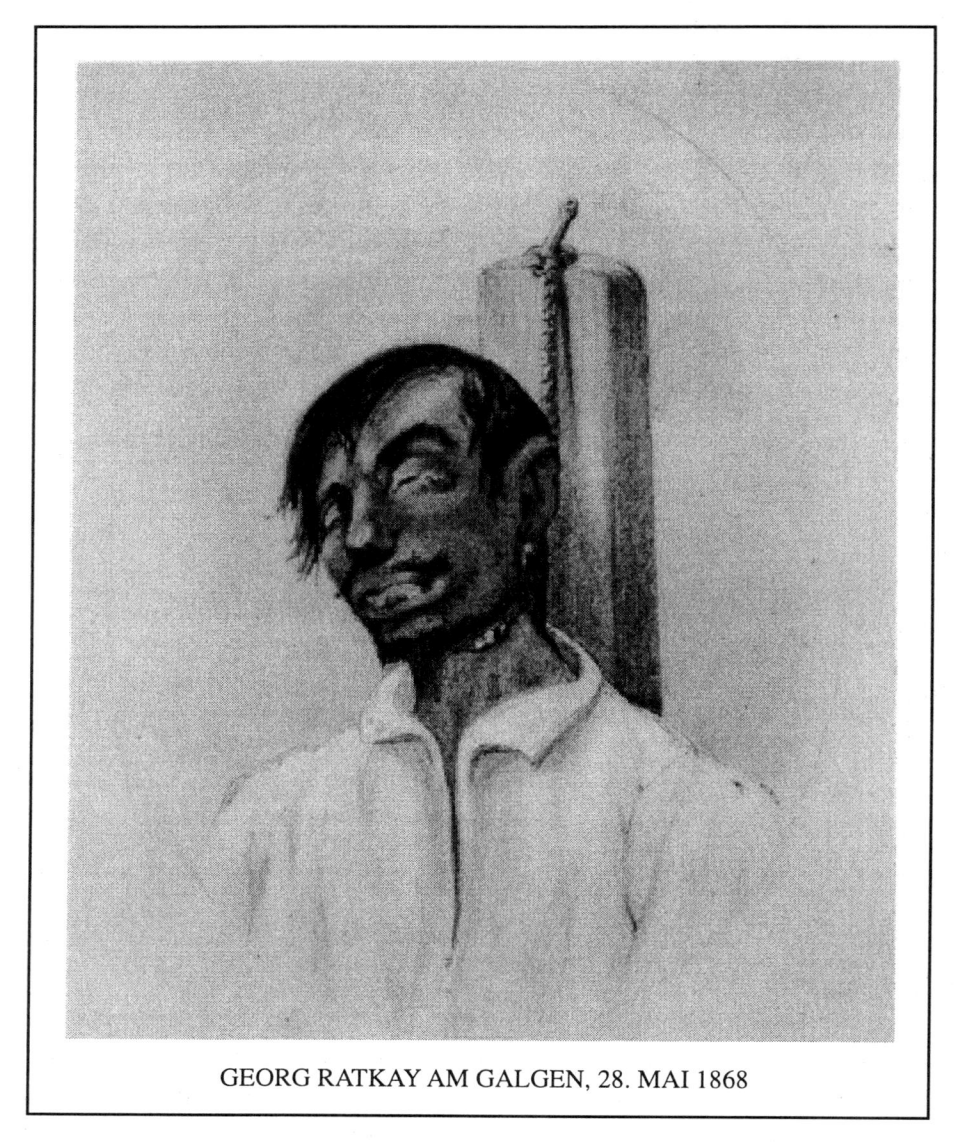

GEORG RATKAY AM GALGEN, 28. MAI 1868

Der Angeklagte, der geständig war, erhielt auch, vom Militär einen schlechten Leumund. Er hatte beim 69. Infanterieregimente gedient (Jellacic) und war vom Militärgerichte 1865 wegen Diebstahls mit 20 Stockstreichen, 1866 mit 100 Stockstreichen, 1867 mit 70 Stockstreichen bestraft worden. Vor seiner Dienstzeit war er wegen Diebstahls vom Zivilgerichte zu drei und sechs Monaten Kerkers verurteilt worden. Nach seiner Beurlaubung wurde er vom Bezirksgericht Innere Stadt mit acht Tagen Arrest wegen Diebstahls bestraft.

Über das Mordmotiv befragt, sagt er: „Mir war das Geld ausgegangen. Ich weiß nicht, was mir durch den Kopf gegangen ist, daß ich die Schlafende nicht bestohlen, sondern ermordet habe." Präs. (streng): „Weil Sie das Menschenleben nicht achten, ein Mensch von roher Gesinnung sind, das ist der Erklärungsgrund. Haben Sie sich denn nicht gefürchtet, daß Sie bei der Tat überrascht werden?" Ratkay: „Es war ja niemand da." Präs.: „Doch, die Kopriwa." Ratkay: „Die hat mit ihrem Kind zu tun gehabt." Präs.:„Und wenn sie doch gekommen wäre, was hätten Sie dann gemacht?" Ratkay schweigt. Präs.: „Dann würde wohl ein zweites Opfer gefallen sein!?" Ratkay: „Aber nein, auf keinen Fall."

Die Geliebte Ratkays gab an, daß
und meinte, das müsse ein
wegen ein paar Gulden jemanden
„Ja, wenn ich den kennen tät', ich
arretieren."

Das Urteil lautete: „Georg Ratkay
mordes, Gewohnheitsdiebstahles
schuldig und wird zum Tode durch
Frage des Präsidenten, ob er das
schwieg der Angeklagte, weshalb
Verhandlung mit dem Satz schloß:
wenn sie sich die 24stündige
Das Todesurteil mußte vorschrifts-
tigung vorgelegt werden.
Ratkay disziplinarisch bestraft,
Stück Eisenblech aufgelesen, an
schärft und versteckt hatte. Bei der
vor. Später versuchte er die Mauer
war schon weit gediehen, wurde
verraten, weil derselbe über eine
Beschimpfung des Christusbildes
Am 27. Mai langte der Akt von der
Erledigung wurde dem Verurteil-
hatte nachstehenden Wortlaut:
„Seine k. k. Apostolische Majestät
Entschließung vom 20. Mai l. J.
gerichtlich bestätigten Erkennt-

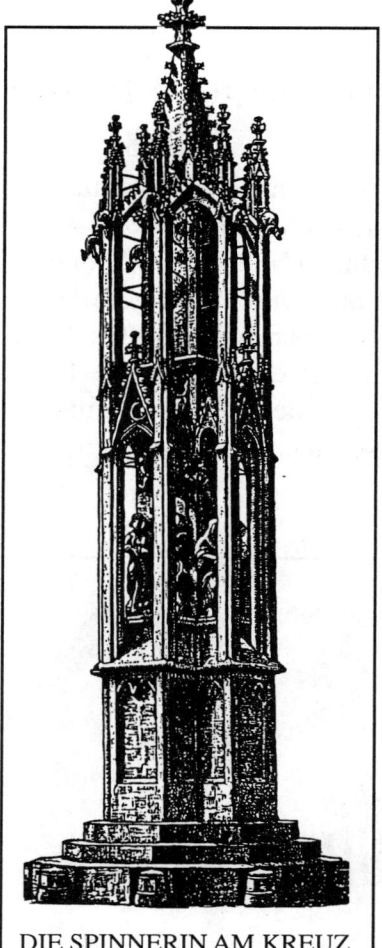

DIE SPINNERIN AM KREUZ

er, als sie vom Morde sprach
schlechter Kerl sein, da er
umbrachte, geantwortet habe:
möcht' ihn gleich selber

ist des meuchlerischen Raub-
und der Falschmeldung
den Strang verurteilt." Auf die
Urteil verstanden habe,
der Vorsitzende die
„Es wird am besten sein,
Bedenkzeit vorbehalten. . ."
gemäß dem Kaiser zur Bestä-
Inzwischen wurde Georg
weil er beim Spaziergange ein
einer Suppenschüssel ge-
Arrestvisitation fand man es
zu durchbrechen. Die Arbeit
aber von einem Mithäftling
durch Ratkay begangene
empört war.
Kabinettskanzlei ein. Die
ten am 28. Mai verlesen. Sie

haben mittelst Allerhöchster
über die vorgelegten oberst-
nisse des Landesgerichtes und
Oberlandesgerichtes in Wien, wodurch Georg Ratkay wegen Verbrechens des meuchlerischen
Raubmordes zum Tode durch den Strang verurteilt wurde, dem k. k. Obersten Gerichtshofe zu
überlassen geruht, gegen diesen Verurteilten sein oberstrichterliches Amt nach dem Gesetze zu
handhaben. . ." Nun folgte, daß die Todesstrafe zu vollziehen sei.

Georg Ratkay hing an den Lippen des Präsidenten, und als er von der „Handhabung des Gesetzes"
hörte, trat ihm der Angstschweiß auf die Stirne. Er begann zu zittern, blickte zerknirscht zur Seite
und verhielt sich still, bis die Worte fielen: „Tode durch den Strang".

Hier fuhr er erschrocken zusammen. Der Präsident sprach einige tröstende Worte, ebenso der
Seelsorger, dann wurde Ratkay abgeführt. Er warf den Rock weg, um sich Luft zu schaffen, stöhnte
auf und wurde in der Zelle ohnmächtig.

Unmittelbar darauf wurde der Magistrat mit einer Note aufgefordert, den „...kommunalen Grund
bei der Spinnerin am Kreuz für den zweitfolgenden Tag in Stand zu setzen."

Tausende Menschen eskortierten am Hinrichtungstag den „Schinderkarren". Es wurde gejohlt,
getrunken und geschrien, so daß der traurige Akt, welcher am 28. Mai 1868 vor sich ging, zu
schändlichen, skandalösen Szenen Anlaß bot. Die Presse und das bessere Publikum verlangte
energisch die Abstellung derartiger Schauspiele und so wurde verordnet, daß Justifizierungen
künftighin nicht öffentlich, sondern in einem bestimmten Hof des Landesgerichtes, nur vor wenigen
Zeugen, zu vollziehen seien.

*Die Hinrichtung Georg Ratkays sollte die letzte öffentliche Hinrichtung in Wien sein, ein Stück
mittelalterlicher Justiz war somit endgültig zu Ende gegangen.*

㉟ EIN BEDENKLICHER SELBSTMORD
1868

Seit August 1867 hatte die Näherin Johanna Schmoger mit ihrem Geliebten, dem Schneidergehilfen Franz Porterle, im Hause Theresiengasse *(heute Adambergergasse)* Nr. 4, im Bezirk Leopoldstadt, eine aus Zimmer, Küche und Kabinett bestehende Wohnung inne. Das Paar wollte um die Ostern des Jahres 1868 heiraten und trachtete durch fleißige Arbeit vorher ein entsprechendes Sümmchen zu sparen. Obwohl die Schmoger über einen großen Kundenkreis verfügte, hielt sie doch die Wirtschaft in Ordnung, sorgte für ihre elf Monate alte Tochter mit großer Liebe und verstand es, dem Bräutigam, welcher Arbeiter der Sieglschen Maschinenfabrik in Währing war, ein angenehmes Heim zu bereiten. Um das Einkommen zu vergrößern, hielten sie noch einen gewissen Hubert Gabler als Bettgeher.

DER TATORT,
WIEN - LEOPOLDSTADT, ADAMBERGERSTRASSE 4

Am 19. Februar 1868 kam eine Freundin der Schmoger, namens Katharina Ausweger, in deren Wohnung, um ein bestelltes Kleid abzuholen. Sie fand die Türe unversperrt, traf aber niemand an, außer dem Säugling, welcher mit erbsengroßen Schweißtropfen auf der Stirne im Bette lag und furchtbar schrie. Die Ausweger hielt Umschau, trat auch ans Fenster und blickte eine Weile auf die Gasse hinab, da sie der Meinung war, die Freundin müsse jeden Augenblick zurückkehren. Zufällig schaute sie auch in einen, durch die Türe, eine Seitenmauer und eine Chiffonniere gebildeten Winkel, da wurde sie der Mutter des Kindes ansichtig. Dieselbe stand dortselbst, als hätte sie sich verstecken wollen, weshalb die Ausweger lachend auf sie zusprang, ihre Hand erfaßte und ausrief: „Oh, oh, ich hab' sie schon gesehen!" Die Schmoger gab jedoch keine Antwort, und die Hand fühlte sich steif und kalt an.

Ein entsetzlicher Schrei ertönte jetzt durch das Haus. Man hörte ihn im ganzen Hause. Die Ausweger war ohnmächtig niedergesunken und so fanden sie die Magd Antonia Horlaczek, die Hebamme Theresia Baruch, die Hausmeisterin Anna Hrusa und der Fleischergehilfe Eichelmann vor. Alle diese Personen waren auf den Hilferuf herbeigeeilt. Eichelmann erfaßte als erster die Situation und schritt zur Schmoger, die sich allem Anscheine nach erhängt hatte. Man sah eine Rebschnur, die von einem Haken an der Wand zum Kopfe der Näherin führte, deren Gesicht durch ein Handtuch verdeckt war. Sie lehnte mit eingebogenen Knien in dem Winkel, die Haare hingen ihr über das Gesicht, die rechte Hand steckte in der bis zur Hälfte aufgeknöpften Joppe, die Kleider waren teilweise zerrissen. Eichelmann schnitt den Körper ab, man trug ihn ins Bett und machte Wiederbelebungsversuche, die jedoch erfolglos blieben. Nun schickte man auf die Polizei.

Um halb fünf Uhr erschien vom Polizeikommissariate Leopoldstadt der Kanzleibeamte Fritsch, welcher, wie viele seiner damaligen Kollegen, in Ermangelung einer genügenden Anzahl rechtskundiger Beamte, den Journaldienst versah. In seiner Begleitung befand sich der Wundarzt Hießmannseder. Dieser stellte die charakteristischen Strangulierungsfurchen am Hals der Toten fest und schloß sich der Ansicht der Hausleute an, welche von einem Selbstmord überzeugt schienen, obzwar sie nicht in der Lage waren, ein Motiv hiefür ins Treffen zu führen. Nur der „Kommissär" Fritsch äußerte bescheidene Bedenken gegen diese Annahme, denn der Knoten der Rebschnur war rückwärts angebracht und enthielt außerdem ein Büschel Haare.

Dies waren allerdings auffallende Momente, denn Selbstmörder pflegen den Kopf in eine offene, vorne geknotete Schlinge zu legen, auch war die Schmoger nicht von irgendeinem erhöhten Punkte heruntergesprungen, was den Verlust des Haarbüschels einigermaßen erklärlich gemacht haben würde. Doktor Hießmannseder beharrte dessenungeachtet auf seinem Standpunkt und schloß sich nur widerwillig dem Antrage auf Vornahme einer gerichtlichen Obduktion an. Mittlerweile war um Porterle geschickt worden, welcher sich völlig fassungslos gebärdete und erklärte, daß er mit der Verblichenen in tiefstem Frieden gelebt hätte, so daß also gar kein Grund für einen Selbstmord vorhanden gewesen sei.

Die Kommission suchte daher nach etwaigen schriftlichen Aufzeichnungen, wobei Porterle feststellte, daß ihm eine silberne Uhr im Werte von 15 Gulden, ein blauer Winterrock, 24 Gulden wert, ein seidenes Sacktuch, einen Gulden wert, ein schwarzer Rock und eine ebensolche Hose, sowie eine graue Winterhose, zusammen 25 Gulden wert, fehlte.

Auf Grund der Angaben der Ausweger kombinierte man nun folgendermaßen: Die Schmoger hatte sich auf einige Zeit vom Hause entfernt und die Türe nicht versperrt. Als sie zurückkam, war ein Dieb dagewesen, welcher die erwähnten Effekten forttrug. Aus Kränkung und aus Schamgefühl sei sie in Verzweiflung geraten und habe sich aufgeknöpft.

Diese Darstellung wurde der Presse mitgeteilt.

Die Journalisten machten sich jedoch über die naive Auffassung der Polizei lustig. Sie wiesen darauf hin, daß weder der Geliebte, noch die Hausleute, eine stichhaltige Erklärung für einen Selbstmord anzugeben imstande seien, und daß ein solcher mit Rücksicht auf die guten Verhältnisse des Paares auch nicht glaubwürdig sei. Niemand habe von der Schmoger jemals eine Äußerung vernommen, aus welcher zu entnehmen gewesen wäre, daß sie krank oder lebensüberdrüssig sei. Sie stand unmittelbar vor ihrer Verheiratung und war sicherlich voll Lebenslust. Es sei daher aus psychologischen wie aus sachlichen Gründen die Annahme eines Verbrechens weit mehr berechtigt. Das Ergebnis der gerichtlichen Leichenöffnung rechtfertigte diese Vermutungen der Presse. Die Ärzte konstatierten nämlich, daß Johanna Schmoger erdrosselt und nachträglich, um die Tat zu verschleiern, aufgehängt worden sei. Überdies fanden sie an der Leiche nicht weniger als sechsundvierzig Verletzungen. Nun war natürlich die Polizei gefordert.

Am 20. war Porterle auf dem Kommissariate erschienen und hatte angegeben, daß er noch weitere Abgänge bemerkt habe: Er vermisse eine Schachtel, welche Ringe im Werte von 12 Gulden, zwei weiße und zwei schwarze Beinknöpfe, sowie ein dem Bettgeher gehöriges Gilet, 5 Gulden wert, enthielt. Seine Braut sei stets vorsichtig gewesen und habe niemals die Wohnung verlassen, ohne die Türe zu versperren.

Dazu kam, daß eine gewisse Katharina Brigg erzählte, sie hätte am Vormittag des 19. Februar einen jungen Mann bei der Schmoger gesehen. Porterle meinte, dies könne nur der frühere Verehrer seiner Braut, der in der Josefstadt wohnhafte Schuhmacher Johann Kalousek gewesen sein, da sie derselbe noch ab und zu besuche. Am 20. Februar verhörte man Kalousek, welcher ganz ruhig erklärte, daß er seine ehemalige Geliebte seit einem Jahre gar nicht gesehen habe. Da er keinen schlechten Eindruck machte und man damals noch nicht das Resultat der Obduktion kannte, nahm man eine etwas oberflächliche Hausdurchsuchung bei ihm vor, die nichts Verdächtiges zutage förderte.

Am 22. Februar machte indessen die Quartiergeberin des Kalousek, namens Haudek, beim Ordnen des Bettes einen merkwürdigen Fund. Unter dem Strohsacke lag nämlich eine Schachtel mit einer silbernen Ankeruhr, mit zwei Versatzscheinen von Privatleihanstalten und in diese eingewickelt zwei weiße und zwei schwarze Beinknöpfe, außerdem eine Lorgnette und eine dem Gesellen und Schlafgenossen Franz Wrzal gehörige Börse, 50 Kreuzer wert. Wrzal stellte Kalousek zur Rede und fragte ihn, woher er die Uhr besitze. Als Kalousek antwortete, er habe sie in Fünfhaus von einem Unbekannten erstanden, fragte ihn der andere mit den Worten aus: „So?! Warum versteckst du sie dann im Bett?" Die Antwort lautete sonderbarerweise: „Sie hat eh' nur vier Gulden kost', nimm dir s', i mag's net." Wrzal schlug die Schenkung jedoch aus. „Du hast deinen Freund bestohlen," rief er dem Schuster zu, „sie hat sich wegen deiner aufgehängt, du machst deiner Mutter Schande."
Frau Haudek entschloß sich erst am 23. Februar dazu, der Behörde von ihrer Wahrnehmung Meldung zu erstatten. Die Folge davon war, daß nachts Polizeiorgane in das Logis Kalouseks drangen und

ihn aus dem Schlafe weckten. Er blieb auch jetzt ruhig, behauptete wieder, die Schmoger seit einem Jahre nicht gesehen zu haben und dem Verbrechen ferne zu stehen. Man wies ihm aber die Täterschaft binnen acht Tagen klipp und klar nach, und am 18. März 1868 stand Kalousek schon vor einem Strafsenat, welchem der Landesgerichtsrat Boschan präsidierte. Der Staatsanwaltsubstitut Motloch führte in der Anklage aus, daß Kalousek seinerzeit von der Schmoger den Laufpaß erhalten habe, als er keine Miene machte, sie zu heiraten. Er leugnete anfangs auch im Landesgerichte alles glatt ab, sogar, daß die Rebschnur von der Haudek stamme, obwohl darüber kein Zweifel obwalten konnte. Erst am 3. März bat er, in die Enge getrieben, abgeführt zu werden, da er am nächsten Tage sprechen wolle. Am 4. März habe er ausgesagt, er sei wirklich bei der Schmoger gewesen, da ihn diese bestellt habe, um ihm einen Heiratsantrag zu machen. Auf seine Entgegnung, daß er kein Geld besitze, habe sie ihm die in seinem Bette vorgefundenen Wertsachen behufs Verpfändung gegeben, was ihn derart in Verwirrung brachte, daß er in einer momentanen Sinnesverwirrung auf sie zusprang und sie erwürgte. Dann habe er auch noch andere Effekten an sich genommen, weil es ja schon alle eins gewesen sei.

Bei dieser ungeschickten Verantwortung blieb der Angeklagte auch während der Hauptverhandlung. Auf die Frage, wie lange die Ermordung gedauert habe, antwortet er: "Nur vier Minuten." Auf die weitere Frage, ob sich die Unglückliche gewehrt habe, sagt Kalousek: "Nein, sie hat nur einen Munkezer gemacht." Der Präsident hält ihm aber vor, daß nicht nur an der Leiche zahlreiche Verletzungen gefunden worden seien, sondern daß ja auch der Angeklagte fünf Wunden, darunter eine starke Bißwunde, erlitten habe, was auf einen heftigen Kampf schließen lasse. Es sei auch nicht anzunehmen, daß ein Mensch wegen eines Heiratsantrages derart in Zorn geraten könne.

Das Urteil lautet auf Tod durch den Strang und wurde vom Angeklagten mit auffälliger Ruhe entgegengenommen. Justifiziert wurde Kalousek jedoch nicht, denn der Kaiser ließ Gnade walten, und der Verurteilte wurde sodann zu lebenslänglichem schweren, verschärftem Kerker begnadigt.

36
IN DER BAUHÜTTE
1869

Vor einem Strafsenate, welchem der Landesgerichtsrat Weißmaier präsidierte, hatte sich am 6. Juli des Jahres 1869 ein sechzehnjähriges Bürschchen mit hübschem, gerötetem Gesicht und intelligenten Zügen zu verantworten. Es war dies der in Kaplitz (Böhmen) geborene, bereits wegen Diebstahls und Veruntreuung vorbestrafte Maurerlehrling Fritz Richter. Die Anklage legte ihm folgenden Tatbestand zur Last: „Am Sonntag, den 23. Mai 1869, fanden sich die Taglöhnerin Katharina Deutschmann und der Maurer Georg Friedrich am Henkeschen Bauplatz um fünf Uhr morgens ein. Im Hofraum dieses Platzes, der sich in der Keplergasse vor der Favoritenlinie befindet, steht eine hölzerne Bauhütte, in welcher der Maurer Josef Pichotta, zugleich Bauwächter, übernachtete. Die beiden genannten Zeugen fanden die Hütte von außen verschlossen, und es fiel ihnen auf, daß Pichotta nicht auf dem Bauplatze zu sehen war, da sie mit ihm verabredet hatten, frühmorgens Kalk abzulöschen. Sie blickten nun in die Hütte und sahen Pichotta auf seinem Bette liegen. Auf seinem Rücken war ein Blutfleck zu sehen; den Kopf vermochten sie nicht wahrzunehmen. Sie riefen sofort den Hausmeister des gegenüberliegenden Hauses, Anton Kohacek, herbei, welcher nun veranlaßte, daß die Türe aufgesprengt wurde. Man fand Pichotta tot auf dem Gesicht liegend, mit zerschmettertem Schädel, vor.

Unter dem Bett befand sich eine Blutlache; die Hütte selbst war vielfach mit Blutstropfen besprengt. Neben dem Bett lag eine Gerüsthacke, welche an ihrem eisernen Teil ebenfalls reichliche Blutspuren zeigte. Diese Hacke hatte ein Gewicht von drei Pfund zehn Lot. Neben der Hacke befand sich auf der Erde noch ein Gerüstschlegel, dessen eiserner Teil ebenfalls mit Blut befleckt war. Außerdem aber stand neben beiden ein eiserner Steinschlegel im Gewichte von sechs Pfund acht Lot, der sehr stark mit Blut verunreinigt war.

Der gerichtsärztliche Befund konstatierte nicht weniger als elf größtenteils schwere Wunden am Kopfe, die eine absolut tödliche Verletzung darstellen, welche den Tod mit Notwendigkeit herbeiführen mußte. Ebenso mußte Pichotta zur Zeit der ersten Verletzung noch gelebt haben, und der Überfall ein meuchlerischer gewesen sein, da alle Anzeichen einer Gegenwehr fehlten und nach der ersten Verletzung die Bewußtlosigkeit eintrat. Die Verletzungen wurden wahrscheinlich mit zwei verschiedenen Instrumenten beigebracht, und erscheinen der oberwähnte Steinschlegel sowie die Gerüsthacke hiezu ihrer Form und Schwere nach vollkommen geeignet. Die Absicht des Täters mußte bei der bedeutenden Kraft, die aufgewendet wurde, auf Tötung gerichtet sein. Eine Barschaft wurde in der Hütte nicht gefunden. Da Pichotta sparsam war und daher einiges Geld umsomehr bei ihm vermutet werden konnte, als er abends zuvor im Besitze von Geld gewesen war, so lag der Verdacht eines Raubmordes nahe, der mit Rücksicht auf den Zustand, in welchem die Leiche vom Polizei-Wundarzte F. Polluder vorgefunden wurde, kurz vor der Entdeckung bei einbrechender Morgendämmerung stattgefunden haben mußte.

Es mußte der Täter jedenfalls eine mit den Verhältnissen Pichottas vertraute Person sein, denn Pichotta pflegte sich abends stets in seine Hütte einzusperren, und es mußte daher von ihm der Eintritt in die Hütte dem Mörder freiwillig gestattet worden sein. Der dem Bauplatz gegenüber, Keplergasse 24, wohnhafte Maschinenarbeiter Karl Kollmer erinnerte sich, als man ihm von dem Morde erzählte, daß er ungefähr um vier Uhr morgens einen Burschen in der Richtung von der Bauhütte her kommen und über die Planke des Bauplatzes auf die Gasse habe steigen sehen, der sich nach einigem Besinnen, welche Richtung er einschlagen sollte, der Stadt zugewendet hatte. Er machte sich sofort auf, den Burschen aufzufinden und fand ihn auch in der Branntweinschänke des Robert Riegelmann auf der Favoritenstraße. Dort hatte derselbe sich eine halbe Stunde früher eingefunden und, mit einer Zeitung in der Hand, in der Nähe der Tür Platz genommen. Kollmer überzeugte sich von der Identität der Person und ging dann auf die Straße, um ein Entweichen des Burschen zu hindern. Dieser hatte auffallend gezittert, als er sah, daß er aufmerksam betrachtet werde und wollte sich entfernen.

Da er Kollmer auf der Straße sah, kehrte er wieder in die Schenke zurück, setzte sich nieder und ging nach kurzer Zeit abermals fort. Als er auf der Gasse Kollmer mit einem Polizeimann erblickte, ergriff er die Flucht, wurde jedoch eingeholt und verhaftet. Der Bursche war Franz Richter. Er hatte seine Kinderjahre bei seiner Mutter verbracht, besuchte die Schule, kam dann zu einem Stockmacher in die Lehre, hierauf zu einem Drechsler, später zu einem Schuhmacher, endlich zu einem Kupferschmied. Am 21. März 1869 wurde er Maurerlehrling und kam auf den Henkeschen Bauplatz, von wo er jedoch seit 15. Mai ausblieb. Hier lernte er Pichotta kennen und trat mit ihm in ein freundschaftliches Verhältnis. Er hatte öfters bei Pichotta geschlafen und es steigerte sich mit Rücksicht darauf der Verdacht gegen ihn. In der letzten Zeit will er sich bestimmungslos herumgetrieben, die Nächte in Branntwein- und Kaffeeschänken zugebracht haben.

Anfänglich leugnete er und wollte sogar ein Alibi nachweisen, was freilich vergeblich blieb. Man fand bei ihm sieben Gulden, angeblich alles Ersparnis, doch spricht die Aussage seiner Tante Josefa Henke gegen diese Angabe, ebenso der Umstand, daß er am 22. Mai abends der Poliersgattin Hedwig Wagner Rock und Hose ihres Mannes in einer Weise entlocken wollte, welche sie für ihr Leben fürchten ließ. Ebenso fand man bei ihm den Heimatschein Pichottas und eine neue Brieftasche, die wahrscheinlich Eigentum Pichottas war, da er sich kurz zuvor geäußert hatte, er wolle eine Brieftasche kaufen. Außerdem fand man bei Richter das Taschenmesser Pichottas, welches noch am Tage zuvor in dessen Besitz gesehen worden war, obgleich Richter es schon seit 15. Mai mit sich genommen haben wollte. Auch fanden sich an der Kleidung Richters Blutflecken. Erdrückt von so vielen Beweisen seiner Schuld gestand der Angeklagte endlich, in die Hütte eingedrungen zu sein, um sich der Barschaft Pichottas zu bemächtigen. Er habe Pichotta mit dem Steinschlegel auf den Kopf geschlagen, um ihn zu töten und mit dem Schlegel und der Hacke noch mehrere Hiebe nach ihm geführt, dann die Hose Pichottas durchsucht, Geld, Brieftasche, Heimatschein und Taschenmesser mit sich genommen und sich dann entfernt.

Demnach erscheint Franz Richter des meuchlerischen Raubmordes an Franz Pichotta rechtlich beschuldigt."

Der Angeklagte antwortete beim Verhör sehr leise und zaghaft. Er gab an, sein Vater sei gestorben, die Mutter lebe in Prag, wo sie einen gewissen Wenzel Nezas geheiratet habe.

Der Präsident stellt fest, daß Richter am Tage vor dem Morde bei Frau Wagner gewaltsam eindringen wollte, um dann, als dieser Plan fehlschlug, den Versuch zu machen, Rock und Weste herauszulocken.

BEZIRKSINSPEKTOR DER NEUEN K.K. SICHERHEITSWACHE, 1869

Beim Weggehen habe er der Frau einen derartig drohenden Blick zugeworfen, daß dieselbe überzeugt war, es handle sich um einen Anschlag auf ihr Leben. Richter war um die fragliche Zeit ohne Arbeit, da man ihn wegen einer Veruntreuung entlassen hatte. Was den Fall aus kriminalistischer Hinsicht interessant macht, sind zwei Umstände.

Erstens die Frage, wie Richter in die Bauhütte gelangte. Man hatte gleich vom Anbeginn an eine mit den Verhältnissen vertraute Person gedacht, aber auch als fix angenommen, daß Pichotta den Mörder wissentlich eingelassen habe, denn der Getötete sei sehr vorsichtig gewesen und habe stets die Türe sorgsam versperrt.

Hören wir nun, wie Richter diese Frage beantwortete.

Präs.: „Wie sind Sie in die Hütte gekommen?"

Angekl.: „Die Türe war innen mit einem Strickel am Nagel zu, ich hab' die Finger hineingesteckt und das Strickel weggezogen."

Präs.: „War die Öffnung, welche die Tür ließ, so groß?"

Angekl.: „Ja ..."

Erinnert das nicht lebhaft an das berühmte Ei des Kolumbus?

Das zweite Rätsel bildete die Frage nach dem Motiv. Polizei und Untersuchungsrichter ergingen sich in den verschiedensten Hypothesen. Und wie klärte Richter den Entschluß zur Tat selbst auf?

Präs.: „Ist Pichotta nicht wach geworden, als Sie eintraten?" Angekl.: „Nein."

Präs.: „Er ist im Bette gelegen?" Angekl.: „Ja."

Präs.: „Warum haben Sie nun nicht Ihren ursprünglichen auf Diebstahl gerichteten Plan ausgeführt? Er hat ruhig geschlafen, da hätten Sie doch alles mitnehmen können?" Angekl. (schweigt). Präs.: „Nun, warum haben Sie nicht das Geld genommen?" Angekl. (leise): „Es ist mir etwas anderes eingefallen." Präs.: „Was ist Ihnen eingefallen?"

Angekl. (leise, mit nervösem Gesichtszucken): „Daß ich ihn erschlagen werde."

Präs.: „Wieso ist Ihnen das eingefallen? Es war ja gar kein Grund vorhanden, Sie hätten ihm bequem alles nehmen können." Angekl. (schweigt, zuckt heftig im Gesicht).

Präs.: „So antworten sie doch, warum?" Angekl. (zögernd): „Weil ich gedacht, wenn er munter wird..." Präs.: „Daß Sie dann für einen Dieb würden gehalten werden...?" Angekl.: „Ja."

Franz Richter brachte also lieber einen Menschen meuchlings um, als daß er sich hätte von diesem in flagranti beim Diebstahl erwischen lassen. Dieses falsche Ehrgefühl findet man sehr häufig bei Individuen ohne moralischen Halt, und man sollte sich derlei Kriminalfälle genau merken, da sie in der Praxis so manches scheinbar unüberbrückbares Hindernis zu beseitigen imstande sind. Sehr charakteristisch war auch die Antwort Richters auf die Frage, wie viel Geld er sich von seiner Tat erhofft habe: "Vier bis fünf Gulden." lautete die Antwort.

Angesichts solcher Verkommenheit hatte der Verteidiger des Angeklagten, Dr. Theumann, einen schweren Stand. Der Staatsanwalt beantragte mit Rücksicht auf die Jugend Richters eine schwere Kerkerstrafe in der Dauer von 20 Jahren. Unmittelbar vorher hatte sich eine ergreifende Szene abgespielt. Über Antrag des Verteidigers wurde nämlich die Mutter des Angeklagten vorgerufen, die eigens nach Wien gefahren war, um Auskünfte über die mangelhafte Erziehung ihres Kindes zu geben. Unter Tränen hatte sie um ihre Vernehmung gebeten. Als sie aber ihres Sohnes ansichtig wurde, erklärte sie weinend, daß sie sich doch lieber der Aussage enthalten wolle.

Das Urteil lautete auf 18 Jahre schweren Kerkers, verschärft mit einem Fasttage am 23. Tage jedes Monats.

㊲ EIN „JOSEPHINER" ALS GIFTMÖRDER
1869

Zu den Prozessen von bleibendem Werte gehört unbestritten das Strafverfahren gegen die Familie Schochet, welches im Jahre 1870 buchstäblich in der ganzen gebildeten Welt das größte Aufsehen erregte und ein lehrreiches Beispiel dafür bietet, daß ein verbrecherischer Arzt nur unter besonders günstigen Umständen und bloß mit dem Aufwand aller forensischen Hilfsmittel überführt werden kann.

Der Prozeß hatte den Tod des Privatiers Simon Hecht zur Grundlage, welcher am 2. November 1869 ein Zimmer in dem seit dem 17. Jahrhundert bestehenden Wiener Kurhause „Bründlbad" mietete, um durch das kohlensäurehaltige Wasser des „Bründls" (von welchem sich ehedem der Name „Bründlfeld" für das ganze, heute zum 9. Bezirk gehörige Terrain ableitete) Heilung zu finden. Hecht war ein lebenslustiger, heiterer Mensch, litt aber an einer geheimen Krankheit, von der er sich trotz seines Reichtums bisher nicht hatte befreien können. Am 5. November sah das Stubenmädchen Theresia Riedl um halb ein Uhr im Zimmer des Patienten nach, ob derselbe etwas benötige, doch lag Hecht anscheinend in tiefem Schlafe und hörte die Frage nicht. Da dem Mädchen die Gesichtsblässe des Kranken ein wenig auffiel, dachte es, daß demselben unwohl sei, wiederholte daher den Besuch und die Anfrage und rief endlich den Badediener Hüttmann herbei, welchem die kurmäßige Überwachung Hechts von der Anstaltsdirektion anvertraut war. Dieser trat an das Bett heran, nahm den Schläfer, -um ihn zu ermuntern - beim Arme und sagte gleich darauf: „Der is ja schon tot."

Nun wurde der Hausarzt Dr. Karl Linhard verständigt, welcher feststellte, daß Simon Hecht zwischen zwölf und ein Uhr mittags, also kurz vorher gestorben sei. Er brachte das Ableben mit dem Leiden des Patienten in Verbindung und setzte das zuständige Polizeikommissariat von dem plötzlichen Todesfall in Kenntnis. Der behördlichen Kommission, welche sich nur auf die üblichen Fragen an die Umgebung beschränkte, konnte er freilich keinen Behandlungsschein ausfolgen, da er ja mit Rücksicht auf die wenigen Tage, die Hecht in der Anstalt verbracht hatte, kein sicheres Urteil besaß. Und so beantragte der Polizeiarzt die gewöhnliche sanitätspolizeiliche Obduktion "zur Feststellung der Todesursache". Die Leichenöffnung fand nach einigen Tagen im Allgemeinen Krankenhaus statt und führte zu dem überraschenden Resultat, daß Simon Hecht keines natürlichen Todes gestorben sei, sondern an Blutzersetzung durch Zyankalium. Gleichwohl wurde die sanitätspolizeiliche Obduktion nicht abgebrochen und in eine gerichtliche übergeleitet, denn die Polizei nahm Selbstmord an und erhob gegen eine normale Beerdigung keine Einwendung.

Die Kassierin des Bründlbades, Antonia Poklup, ließ es jedoch dabei nicht bewenden. Sie erzählte überall herum, daß Hecht gewiß keinen Selbstmord begangen habe, dazu sei er viel zu lebenslustig gewesen. Er habe wiederholt mit ihr geschäkert, bestellte sich noch für seinen Todestag einen Schneider und einen Schuster und könne nur durch fremde Hand aus dem Leben geschieden sein. Sie nannte sogar den mutmaßlichen Mörder. Freilich kannte sie seinen Namen nicht, aber ein „Josephiner" wäre es, der den Simon Hecht täglich besuchte und sein bester Freund zu sein schien, sich aber von dem Augenblicke an nicht mehr in der Anstalt zeigte, wo der Patient verschieden war. Man riet dem Mädchen, derartige Gerüchte nicht zu verbreiten, handle es sich doch um einen Zögling der weltberühmten „K. k. Josephsakademie" in der Währingerstraße, in der ehedem die österreichischen Militärärzte herangebildet wurden. Die Poklup ließ sich aber von ihrer Ansicht nicht abbringen und schlug solchen Lärm, daß die „Neue Freie Presse" am 9. November eine diesbezügliche Notiz brachte.

Diese Zeitungsnachricht bewirkte, daß sich noch am selben Tage der 23-jährige Josephsakademiker Moritz Schochet im Landesgerichte beim diensthabenden Untersuchungsrichter mit der Bitte um

DAS ALTE BRÜNNLBAD
IN DER LAZARETTGASSE IN WIEN ALSERGRUND

Einleitung einer strafrechtlichen Untersuchung gegen sich meldete. Er habe die Notiz gelesen und bestehe auf der strafrechtlichen Beurteilung des Falles, denn mit dem „Josephiner" könne nur er gemeint sein. Er wäre tatsächlich mit Hecht sehr gut bekannt gewesen, da er mit demselben im „Café Herculanum" wiederholt Hasard gespielt habe, doch sei er am 5. November nicht im Bründlbad gewesen und könne daher auch nicht als Täter in Betracht kommen. Der Untersuchungsrichter sprach nun längere Zeit mit Schochet und gewann dabei die Überzeugung, daß der Josephiner nicht aufrichtig sei, weshalb er ihn in Haft nahm.

Am nächsten Tage enthielten die Wiener Blätter natürlich spaltenlange Berichte, durch welche die Polizei auf das allerunangenehmste überrascht wurde. Mindestens ein Dutzend Zivilwachmänner wurden aufgeboten, deren Erhebungen die Angaben der Kassierin nur vollinhaltlich bestätigten. Man konstatierte, daß Moritz Schochet am 2., 3., 4. und auch am 5. November, und zwar an dem letztgenannten Tage gegen 12 Uhr mittags bei Simon Hecht gewesen sei, mit dem er sich ins Zimmer eingeschlossen hatte. Der Badediener Johann Hassak sagte das mit vollster Bestimmtheit aus und legte auch einen Eid darüber ab, als der Josephiner bei Gericht leugnete. Der Schneider und der Schuster wurden eruiert, ebenso die Zeugen Karl Better und Baruch Pineles, welche am kritischen 5. November mit Hecht wegen des Kaffeehauses verhandelten, dessen Ankauf der letztere mit 10.000 Gulden sofort beangaben wollte. Sie bemerkten dabei, daß Hecht über einen Barbesitz von 10.000 bis 14.000 Gulden verfüge. Better und Pineles sagten weiters aus, daß sie auch acht Kassenanweisungen der Eskomptebank zu je 500 Gulden beim Verstorbenen gesehen hätten und wußten sogar deren Nummern anzugeben: 2077-2084.

Die Auskünfte über Moritz Schochet lauteten höchst ungünstig. Er wurde als leichtsinniger Schuldenmacher und Kurpfuscher geschildert und war schon mehrmals mit der Ausstoßung aus der Akademie bedroht worden. Kollegen behaupteten, daß er sich bei ihnen vorher um die Wirkung von Atrophien erkundigt habe. Der Drogist Ferdinand Petscher meldete der Polizei, daß Moritz Schochet in den ersten Novembertagen durchaus Zyankali „zur Kleiderreinigung" von ihm kaufen wollte. Als dieser Versuch fruchtlos war, ging er in die Apotheke des mit seinem Vater befreundeten Lossasinski, wo er drei Quentchen des Giftes zum gleichen Zwecke erhielt. Den angeblich damit geputzten Rock vermochte er indessen nicht vorzuweisen, denn er habe ihn einem Hausierer verkauft. Unter den Effekten Moritz Schochets fanden sich sieben Gramm gelben Blutlaugensalzes, aus welchem man Zyankalium herstellt, was er mit seinen harmlosen chemischen Versuchen in Zusammenhang brachte. Niederdrückend wurde das Beweismaterial, und zwar auch gegen die Eltern Moritz Schochets, namens Abraham und Golde Schochet, als man feststellte, daß der Vater des Josephiners im Vereine mit einem gewissen Schidloff jene fehlenden acht Kassenscheine am 5., 6., 7. und 8. November 1869 in den Wiener Bankhäusern Dellefant und A. Zinner verkaufte. Ferner hatte Moritz Schochet 1.000 Gulden väterlicher Schulden gezahlt, im Josephinum mit der bevorstehenden Erlangung eines großen Geldbesitzes geprahlt, die Nächte durchschwärmt, andere freigehalten usw. Einem seiner Gläubiger, dem Geldverleiher Josef Burger, hatte er versprochen, daß er „zu Allerheiligen", also im November, alles zahlen werde, da 3.000 Gulden in der Anglo-österreichischen Bank für ihn erlägen. Endlich fand man bei Golde Schochet - der Mutter - 950 Gulden im Kleidsaum eingenäht.

Die Eltern des Studenten erklärten nun freilich, daß sie Ersparnisse besäßen, von welchen übrigens der Sohn Moritz den Großteil verbraucht habe, weshalb es immer zu Streitigkeiten zwischen Vater und Sohn gekommen sei, die Erhebungen ergaben indessen, daß die Familie Schochet ehemals zwar wohlhabend war, aber recht arm vor einiger Zeit von Lemberg nach Wien übersiedelt war.

Der alte Abraham Schochet war übrigens eine nicht minder interessante Persönlichkeit. Er war Agent der Lemberger k. k. Polizeidirektion gewesen und hatte sich dort einen Namen erworben, der ihn in ganz Galizien zu einer angesehenen, gefürchteten und mächtigen Amtsperson gemacht hatte. Seine Schlauheit war sprichwörtlich. Es gab keinen schwierigen Fall, zu dessen Lösung Gerichte und Sicherheitsbehörden den alten Schochet nicht herbeiriefen. Die Polizeidirektion schrieb in die Leumundsnote, daß oft die bloße Nennung seines Namens genügt habe, um einen hartnäckigen Verbrecher mürbe zu machen. Schochet ließ sich jedoch in Spekulationen ein, die seine Pensionierung bewirkten, und nach derselben geriet er wiederholt mit dem Gericht wegen Wuchers in Konflikt. Als ihm der Boden endlich zu heiß wurde, verkaufte er sein Haus und fuhr mit seinen Angehörigen nach Wien, um fortan hier zu leben. Die Familie wohnte zuerst in der Oberen Donaustraße 35, im 2. Bezirk, später in der Währingerstraße, wo auch die Hausdurchsuchung und die Verhaftung stattfand. Raummangelshalber können wir die an Spannungen reichen Phasen der Voruntersuchung hier nicht ausführlicher beleuchten, sondern gehen auf die Verhandlung über, welche für Gerichts- und Polizeiorgane, aber auch für Advokaten und das übrige Publikum einen fesselnden und äußerst lehrreichen Verlauf nahm.

Angeklagt waren Moritz Schochet wegen meuchlerischen Raubmordes, sein Vater wegen Teilnahme an diesem Verbrechen und am Raube, sowie wegen Betruges durch Bewerbung um ein falsches Zeugnis vor Gericht (er wollte nämlich den Apotheker Lossasinski bewegen, den Giftverkauf an seinen Sohn zu bestreiten), die Mutter wegen Teilnahme am Morde und am Raube. Den Vorsitz führte der damals berühmteste Landesgerichtsrat Schwarz, die Anklage vertrat der Staatsanwalt Schmiedel. Als Verteidiger fungierten die Zierden der Kanzlei Dr. Singer (für Moritz Schochet) und Dr. Edmund Markbreiter für dessen Eltern.

Der angeklagte Josephiner präsentierte sich als ein rotbackiger, blühender junger Mann mit blondem Vollbart und militärischer Haltung. Aus der Akademie war er bereits ausgeschlossen, er trug daher einen ihm vom Verteidiger zur Verfügung gestellten, gut passenden neuen Salonrock, dessen vorteilhafte Wirkung ein Paar tadelloser weißer Handschuhe sowie eine weiß-schwarz gestreifte Hose vervollständigten.

Das Verhör, in welchem sich Moritz Schochlet als im vierten Jahre der medizinischen Studien stehend bezeichnete, ließ denselben als einen Verbrecher mit glänzenden geistigen Eigenschaften erscheinen,. der vielleicht nicht auf die schiefe Bahn geraten wäre, wenn er über ein größeres Taschengeld verfügt hätte und der sicherlich durch seine Begabung berufen war, der Mitwelt dereinst von bedeutendem Nutzen zu sein. Auf den Vorhalt des Präsidenten, daß er sowohl von der Anstalt als auch von den Kameraden als ein leichtsinniger, anmaßender Schuldenmacher bezeichnet werde, antwortete der Angeklagte sehr geschickt: „Meine Jugend hat mich zu manchem leichtsinnigen Streiche verleitet (mit erhobener Stimme), doch meine Lieben und Getreuen verstanden es, meinen Leichtsinn stets für sich auszubeuten. Ich selbst hatte von meinem Schuldenmachen keine Vorteile." Er räumte sodann ein, daß er seinem Kaffeehausbekannten Simon Hecht, der an einem Brustübel, an einem Augenleiden und an Syphilis laborierte, das Bründlbad angeraten habe, da demselben die Gräfenberger Kur nichts nützte und daß er ihn am 2., 3. und 5. November dort aufsuchte.

Präs.: „Sie geben also heute zu, am 5. November vorigen Jahres, am Tage der traurigen Katastrophe, den später tot aufgefundenen Hecht in seiner Wohnung besucht zu haben?"

Angekl.: „Ja, das ist ganz richtig. Das erstemal erschien ich damals zwischen 8 und 9 Uhr. Die Tür war noch versperrt. Hecht stieg aus dem Bette und öffnete mir. Er erzählte mir, daß er erst um 7 Uhr früh nach durchzechter Nacht heimgekehrt sei, begann hierauf ein höchst sentimentales Gespräch, in dessen Verlauf er Lebensüberdruß äußerte."

Präs.: „Haben Sie sich bemüht, ihn von diesen Gedanken abzubringen?"

Angekl.: „Daran erinnere ich mich nicht. Ich kam dann über seinen ausdrücklichen Wunsch zwischen 11 und 12 Uhr wieder. Er war bereits angekleidet, hatte soeben seinen Schneider und Schuster empfangen, bestellte seinen Platz an der Table d'hôte ab und erging sich abermals in Selbstmordreden. Er glaubte, an Syphilis universalis zu leiden, dabei wies er mir ein Fläschchen mit Aqua phagedaenica vor und blickte mich eigentümlich wehmütig an. Ich riet ihm, sich in keine Kurpfuscherei einzulassen und versprach ihm, daß ich ihn noch am selben Tage wieder aufsuchen werde. Nun empfahl sich Hecht von mir. Bevor ich mich aber entfernte, rief er mich zurück, händigte mir ein graues, versiegeltes Paket ein, welches unter seinem Kopfpolster gelegen war und sagte: „Da hast du, du darfst es aber erst um 4 Uhr nachmittags öffnen." Ich ging nun in die Akademie, dann, zwischen 12 und 2 Uhr, in die Wohnung meiner Eltern. Aus Neugierde öffnete ich das Paket schon vor 12 Uhr mittags und fand darin sieben Stück Kassenscheine und ein Los zu 500 Gulden. Den Umschlag zerriß ich. Als ich mit dem entnommenen Gelde in die elterliche Wohnung kam, waren nur meine Mutter und das Stubenmädchen anwesend. Da meine Mutter weder lesen noch schreiben kann, so hätte sie von der Sache nichts verstanden. Ich legte daher die Wertpapiere ohneweiters in den Kasten. Erst als mein Vater nach Hause kam, gab ich ihm die Wertpapiere mit dem Ersuchen, meine Schulden zu bezahlen.

Präs.: „Wie erklären Sie nun, daß Sie sich fortan um Ihren Wohltäter Simon Hecht so gar nicht kümmerten?" Angekl.: „Am Freitag erwartete ich ihn bei mir. Samstag mußte ich wegen Übernahme von Patienten zu Hause bleiben, und Sonntag hatte ich Hausarrest. Das ist das ganze große Geheimnis."

Präs.: „Oh nein, ich konstatiere, daß Sie erst am Montag den Hausarrest antraten." Angekl.: „Dann blieb ich wahrscheinlich aus einem anderen Grunde daheim. Den Tod des Hecht erfuhr ich erst aus den Zeitungen."

Auf die Einwendung, daß Hecht von allen Seiten als ein überaus lebensfroher Mensch geschildert werde, gibt Moritz Schochet zur Antwort: „Das sind Angelegenheiten, die mir fremd sind. Ich kann nur über mir bekannte Dinge aussagen. Zu mir hat Hecht die bestimmte Äußerung getan, daß er das Leben satt habe."

Das Josephinum in Wien.

Präs.: „Nach dem ärztlichen Gutachten und der chemischen Analyse, welche an einzelnen Bestandteilen der Leiche vorgenommen wurde, ergibt sich, daß Simon Hecht an einer Blausäurevergiftung in Form von Zyankali gestorben sei. Dieser Schluß gründet sich auf die Rötung der Magenschleimhaut, auf die Färbung des Blutes und auf den wahrnehmbaren Geruch nach bitterem Mandelöl. Die Gerichtsärzte und Chemiker geben noch an, daß das dem Hecht verabreichte Präparat ein ausgezeichnetes gewesen sein muß, da es den momentanen Tod herbeigeführt habe".
Nach Verlesung des Gutachtens lädt er sodann den Angeklagten ein, sich zu äußern, und nun hält Moritz Schochet folgende brillante Verteidigungsrede:
„In der Praxis kennt man fünf Fälle der Vergiftung, welche den Selbstmord nicht ausschließen, und es kann derselbe ebensosehr durch den ökonomischen, wie durch den medizinischen Gebrauch herbeigeführt werden, indem anerkanntermaßen auch Liköre, wie Marasquino, Mandeln, selbst Mehlspeisen einen gewissen Gehalt von Zyankali in sich haben. Auch die Behandlung einiger Krankheitsfälle veranlaßt den Genuß solcher Arzneien, welche in ihrer Bindung mit der Magensäure ein Alkaloide erzeugen. Das Gutachten der Ärzte ist ein lückenhaftes, weil in demselben die Quantität des in der Leiche gefundenen Giftes nicht angegeben wird. Am 8. November, als die erste Obduktion der Leiche vorgenommen wurde, hatten Dr. Nusser und Dr. Scheuthaner (die städtischen Ärzte) eine Gemütsstörung und den aus derselben abgeleiteten Selbstmord diagnostiziert; auch Dr. Linhardt sprach sich ursprünglich für den Selbstmord aus. Dieselben Gründe, welche die Herren aber damals bewogen, den Selbstmord anzunehmen, bestimmten sie nach meiner erfolgten Verhaftung, die Schlußfolgerung zu ziehen, Hecht sei durch Verabreichung von Zyankali getötet worden, und zwar weil keine Störung, keine Abnormalität im Gehirn nachweisbar sei. Vom wissenschaftlichen

Standpunkte ist es durchaus nicht notwendig, daß sich mikroskopische Mängel zeigen, es genügt für den Pathologen, zu konstatieren, daß Leber und Lunge gestört waren. Simon Hecht hatte tatsächlich diese Störungen. Er teilte sie mir selber mit, und wenn behauptet wird, er hätte vor zwanzig anderen Zeugen ähnliche Äußerungen nicht gemacht, so mag das wohl darin gelegen sein, daß er nicht geneigt war, jedem sein Herz auszuschütten und seine wahre Lage zu schildern. Jemand, der die Absicht hat, sich zu töten, wird seinen Entschluß doch nicht allen seinen Bekannten vorher verkünden. Insolange durch das gerichtsärztliche Gutachten nicht erwiesen werden kann, welche Quantität Zyankali im Körper der Leiche vorgefunden wurde, muß ich auch gleich bestreiten, daß der Tod des Hecht durch Vergiftung mit Zyankali herbeigeführt worden sei. Zyankali kommt auch als pathologisches Moment bei Leberkrankheiten in unmeßbar geringen Quantitäten vor. Es gibt zyankalihältige Speisen, und auch durch die Fäulnis des Kadavers kann in einer unmeßbaren Quantität Zyankali erzeugt worden sein. Es kann auch auf technischem Wege, auf trockenem sowohl wie feuchtem, in der Leiche das Zyankali geschaffen worden sein, und ich wiederhole: Insolange es nicht sichergestellt ist, welche Quantität Zyankali in der Leiche vorgefunden wurde, insolange läßt sich auch nicht annehmen, daß Hecht an einer Vergiftung mit Zyankali gestorben sei. Allerdings haben die Gerichtsärzte später angegeben, es müsse demselben eine „bedeutende" Dosis Zyankali verabreicht worden sein, aber diese ihre Behauptung gründet sich lediglich auf den Umstand, daß die Herren später erfahren haben, ich hätte beim Apotheker Lossasinski ein Quantum des Giftes gekauft. Der Herr Staatsanwalt hat behauptet, Hecht hätte bis zu meiner Entfernung aus dem Zimmer und nicht länger gelebt: woher weiß er denn das so genau? Hat er dafür vielleicht einen stichhaltigen Beweis erbracht?"

Präs. (unterbrechend): „Das gehört nicht hierher, übrigens werden Sie im Verlaufe der Verhandlung Zeugen hören, welche diesen Umstand vollkommen klarstellen".

Angekl. (fortfahrend): „Die Herren Sachverständigen führten heute als Folge der Vergiftung die Rötung der Magenschleimhaut an. Ich bestreite, daß dies eine maßgebende Folge sein kann, und daß die Rötung nicht auch durch andere Umstände herbeigeführt werden konnte. Ich muß daher die Abhörung anderer Sachverständigen beantragen".

Verteidiger Dr. Singer: „Ich unterstütze die Bitte des Angeklagten und der Herr Präsident wird die Güte haben, zu konstatieren, daß der Mageninhalt der Leiche der Untersuchungskommission nicht übergeben werden konnte, weil er bereits ausgeschüttet war. Nach den vorliegenden Gutachten fehlt tatsächlich jede Basis für die Bestimmung der Quantität des Giftes, welches dem Simon Hecht verabreicht worden sein soll. Nach § 85 der Strafprozeßordnung bin ich wohl berechtigt, das Ersuchen zu stellen: Der hohe Gerichtshof wolle zur Ergänzung der Sachverständigengutachten zwei neue Sachverständige zur Schlußverhandlung vorladen, damit sichergestellt werde: erstens, in welcher Weise beim Zyankali Verflüchtigungen vorkommen; zweitens, welchen Einfluß das Zyankali auf die Rötung des Magens nimmt; drittens, welche Erscheinungen der Blausäure auf den Organismus selbst zurückzuführen sind; viertens, welches Quantum hinreicht, um zu töten: also, die Präzisierung des Minimalquantums.

Dieser Antrag wurde vom Staatsanwalt bekämpft und vom Gerichtshof nach einem glänzenden Rededuell der beiden Prozeßgegner verworfen.

Das weitere, mit Moritz Schochet abgehaltene Verhör gipfelt in folgendem Dialoge:

Präs.: „Auf dem Nachtkästchen des Hecht fand man einen kleinen silbernen Löffel, den dieser stets bei sich zu tragen pflegte und auch allein benützte. Der Löffel lag nun so, daß ihn Hecht kaum zuletzt im Gebrauche haben konnte. Es schien vielmehr, als ob ihn eine fremde Person so hingelegt hätte. Die Chemiker stellten überdies an dem Löffel Spuren einer ätzenden, alkalisch reagierenden Flüssigkeit fest. Das mag vielleicht an und für sich ein kleinlicher Umstand sein, wenn man aber bedenkt, daß dem Hecht keine Medizinen verschrieben waren, so gewinnt das Gutachten der Chemiker eine wichtige Bedeutung. Was sagen Sie dazu?"

Angekl.: „Ich weiß nur, daß der Löffel dort war. Ich weiß jedoch nicht, ob Hecht medizinierte, ich kann daher auch nicht sagen, woher die alkalische Reaktion stammte. Ich kann dies ebenso wenig sagen, wie die Professoren, welche den Löffel untersuchten. Soviel getraue ich mich aber zu behaupten: Hätte die Reaktion von Zyankali hergerührt, dann wäre dies gewiß leicht nachzuweisen gewesen.

Präs.: „Sagten Sie nicht selbst, daß die Blausäure sehr leicht verflüchtige und daß nur das Kali zurückbleibe, welches dann natürlich alkalisch reagiert? Übrigens ist der Hauptgrund der, daß Simon Hecht im Besitze von Kassenscheinen und einer großen Barschaft war, die nach seinem Tode fehlte und daß die Kassenscheine in Ihrem Besitze gefunden wurden. Ein Selbstmord ist geradezu ausgeschlossen: Sie haben die diesbezüglichen Gründe bereits gehört. Nun kommt noch ein neuer Verdachtsgrund hinzu: Ein fremder Täter hätte gewiß die ganze Barschaft geraubt, er hätte sämtliche Pretiosen und sicherlich auch die goldene Busennadel, die ihm am nächsten lag, genommen, und nicht einige Banknoten, Goldmünzen und Schmucksachen zurückgelassen, den Löffel neben das Medizinfläschchen postiert, kurz, eine Situation geschaffen, die auf Selbstmord hindeuten sollte. Dies alles deutet auf besondere Schlauheit hin, mit welcher der Mord begangen wurde, und gerade diese Momente sprechen laut und deutlich gegen den, der zu seiner Verteidigung behauptet, Hecht sei ein Selbstmörder gewesen".

Angekl.: „Die Erscheinungen, die bei ihm gefunden wurden, können ja auch ganz gut von einer Apoplexie herrühren." (Bewegung im Saal)

Hierauf wurde Abraham Schochet vorgerufen, der, wie der Präsident feststellt, nach seiner Pensionierung fünfmal wegen Betruges und Wuchers in strafrechtlicher Untersuchung stand. Charakteristisch für das Verhältnis zwischen Vater und Sohn waren einige Briefe, die verlesen wurden, und in denen Abraham Schochet zum Beispiel schreibt: „Du Lump, jedes Wort von Dir ist Lüge. Du kommst noch ins Kriminal. Du unverschämter Gauner, hast mir wieder mit falschen Versprechungen 717 Gulden herausgelockt. Du Schuft, das muß ein Ende nehmen." Oder: „Was willst du, schlechter Kerl, schon wieder von mir? Ich soll Dir schon wieder Geld geben? Du Mörder, Du Räuber, wirst Du endlich einmal aufhören? Ich werde Dich noch ermorden, wenn Du nicht Ruhe gibst."

Abraham Schochet bestreitet jedes Verschulden, sucht aber auch seinen Sohn zu entlasten. Golde Schochet, die im polnisch-jüdischen Jargon spricht, stellt sich auf einen absolut verneinenden Standpunkt. Meistens antwortet sie mit dem Satz: „Ich weiß nichts." Der Präsident macht ihr daher den Vorhalt: „Golde Schochet, wollen Sie nicht lieber die Wahrheit sprechen? Durch ihre Methode, alles zu bestreiten, selbst das von den Mitangeklagten Zugegebene, schaden Sie sich nur." Angekl.: „Ich habe meinem Manne geglaubt, was er gesagt hat. Ich weiß nichts, den Hecht habe ich nie gekannt, nie gesehen ..."

Präs.: „Und doch erzählten uns mehrere ihrer gewesenen Zellengenossinnen, daß Sie wiederholt von Simon Hecht in der Haft gesprochen hätten, als ob sie ihn wohl gekannt haben würden." Angekl.: „Hoher Herr, das ist nicht wahr. Wer das sagt, muß mir in die Augen sehen!". (das heißt: muß mit mir konfrontiert werden)

Nach Schluß des Beweisverfahrens beantragt der Staatsanwalt für Moritz Schochet lebenslangen schweren Kerker, für Abraham Schochet zehn bis zwanzig Jahre, falls er der tätigen Beihilfe für schuldig befunden werden sollte, drei Jahre aber, wenn er nur wegen entfernter Mitschuld schuldig gesprochen werden sollte. Für Golde Schochet verlangt er zwei Jahre schweren Kerkers. Der Verteidiger vertrat in einer meisterhaften Rede den Standpunkt, daß es gar nicht erwiesen sei, ob Simon Hecht überhaupt an einer Zyankalivergiftung verstarb. Stünde dies aber fest, müßte der Staatsanwalt erst beweisen, daß eine fremde Hand dabei im Spiele war. Sein Klient erscheine, wenn man ihn hinsichtlich der Täterschaft ins Auge fasse, sicher nicht schwerer belastet, als jeder andere Bekannte des Verstorbenen. Er bittet um einen Freispruch und endet unter lautem Beifall des Publikums: „Sollten Sie ihn aber trotzdem des Mordes schuldig erklären, dann schicken sie diesen Jüngling wenigstens nicht für immer in den Kerker. Sie werden dem jugendlichen Angeklagten die Hoffnung übrig lassen, daß er den Rest seines geschändeten Lebens der Sühne und Besserung weihe."

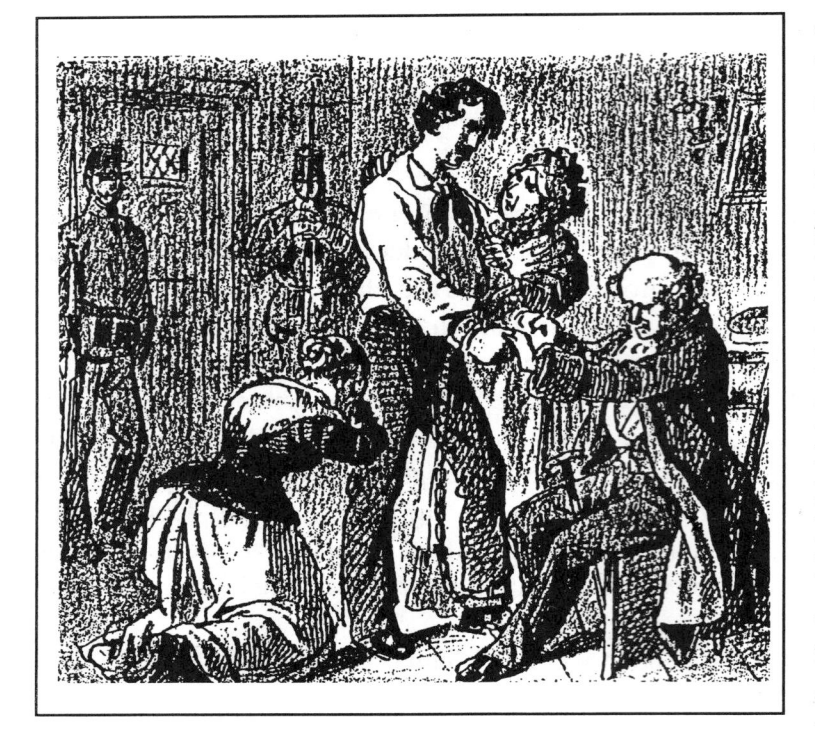

Der Gerichtshof verurteilte Moritz Schochet wegen meuchlerischen Raubmordes zu schwerem, durch, Fasten verschärften Kerker in der Dauer von 18 Jahren, während er die Eltern von der Mitschuld an diesem Verbrechen freisprach. Dagegen wurde Abraham Schochet wegen Teilnahme am Raub mit drei und die Golde Schochet wegen desselben Delikts mit einem Jahre schweren verschärften Kerkers bestraft.

Moritz Schochet überstand die Strafe, wurde Zahntechniker, heiratete ein braves Mädchen und ging später nach Amerika, wo er mit 67 Jahren starb. Er hinterließ zwei Söhne, von denen der eine Rechtsanwalt, der andere Beamter wurde. Der österreichische Ministerpräsident Graf Badeni bewilligte die Namensänderung der Familie.

㊳
EIN VERTIERTES WEIB
1869

Weibliche Gewalttäterinnen aus Gewinnsucht sind in der Kriminalistik im allgemeinen etwas Selteneres; besonders allein operierende. Die Wiener Kriminalgeschichte weist im 19. Jahrhundert einen einzigen Fall auf, dessen Heldin ohne Helfershelfer zu einem derartigen Verbrechen schritt, doch wiegt diese entsetzliche Tat wahrlich ein Dutzend ähnlicher Delikte auf.

Maria Stupka, damals 36 Jahre alt, zu Beneschau in Böhmen geboren, katholisch, ledig, ihres Zeichens Wäscherin, bereits einmal wegen Diebstahls mit acht Tagen Kerkers vorbestraft, mußte sich am 21. März 1870 vor dem Wiener Landesgericht verantworten, weil sie selbständig und allein einen Raubmord begangen hatte, und zwar an einem unschuldigen Dienstmädchen, welches sie in geradezu tierischer Weise ins bessere Jenseits beförderte.

Der Tatbestand war folgender:

Die Stupka, ein mürrisches, jähzorniges, unsympathisches Weib, bewohnte im 2. Bezirke, Zirkusgasse 16, ein Zimmer und ein Kabinett zu ebener Erde. Sie war keine begeisterte Freundin der Arbeit, legte oft tagelang die Hände müßig in den Schoß und geriet dadurch wiederholt in Geldverlegenheiten. So geschah es auch im November des Jahres 1869, wo sie den letzten Vierteljahreszins für ihre Wohnung in Raten zahlen mußte, und zwar am 14. November 23 Gulden und am 24. November 14 Gulden. Dazu hatte sie aber noch viele andere Schulden, wurde von kleinen Gläubigern häufig gemahnt und war daher gezwungen, wie der Hausbesorger Josef Aff später erzählte, verschiedene Effekten um 35 Gulden zu verpfänden.

Um den Zins leichter zahlen zu können, pflegte die Stupka das Kabinett an postenlose Dienstmädchen zu vermieten. So wohnte um die Mitte des November die Landsmännin Katharina Blaschek, ein ordentliches, gutmütiges Dienstmädchen, bei ihr und trachtete, einen guten Dienstplatz zu finden. Dies gelang ihr am 23. November, wo sie beim Trafikanten Kaiser in der Novaragasse in Wien Leopoldstadt einstand. Ihren mit Effekten reich gefüllten Koffer ließ sie aber vorläufig bei der Stupka zurück. Dem Mädchen gefiel es recht wohl in dem neuen Posten und als zwei Tage hernach, am 25. November, die gewesene Quartiergeberin erschien, um ihm einen viel besseren Platz anzubieten, lehnte Katharina Blaschek mit Dank ab. Maria Stupka ließ aber nicht locker und schilderte das Haus, welches sie meine, im schönsten Lichte; die Blaschek möge doch nicht so schwerfällig sein und sich selber schaden, die neue Dienstgeberin wäre ja förmlich entzückt und warte mit einem Dienstmann in ihrer (der Stupka) Wohnung, damit gleich der Koffer mitgenommen werde. Endlich ließ sich das Mädchen bereden und begleitete die gewesene Quartiergeberin heim.

Zu ihrem Erstaunen war aber kein Fremder dort zu sehen. Noch ehe sie Aufklärung verlangen konnte, sperrte die Stupka die Türe ab und sagte: „Da hast es jetzt, weilst so lange, herumziehst. Jetzt is sie schon fort." Die Blaschek meinte harmlos: „Mir liegt ja nix dran, ich bin ganz zufrieden........" „Nein," antwortete die Stupka, „für einen Narren kann man eine so feine Frau net halten. Du gehst jetzt gleich zu ihr hin, den Koffer laßt derweil bei mir." Dann drängte sie das

Mädchen zur Tür, als wenn sie ihre schleunige Entfernung wünschte. Katharina Blaschek leistete Widerstand, indem sie entgegnete, daß sie sich vorerst neue Strümpfe aus ihrem Koffer nehmen wolle. Dies ließ die Stupka geschehen, doch als sich das Mädchen ahnungslos bückte, versetzte ihm die Wäscherin einen derartigen Schlag auf den Hinterkopf, daß es zu Boden stürzte. Entsetzt starrte die Blaschek auf die Angreiferin, welche nun unzählige Male mit voller Kraft zuschlug, sodann ein großes Messer ergriff und ihr viele Stiche in den Kopf und in den Nacken beibrachte. Katharina Blaschek wollte um Hilfe schreien, da stieß ihr die Stapka mit solcher Gewalt die Faust in den Mund, daß die Vorderzähne brachen. Trotzdem entschlüpften der Bedauernswerten in ihrer Todesangst unterdrückte Schmerzenslaute. Um auch das zu verhindern, nahm die Stupka ein Tuch und versuchte der Magd die Zunge herauszureißen.

Endlich wurde das Opfer dieser weiblichen Bestie ohnmächtig. Nun raubte die Stupka dessen Geldtäschchen mit dem Inhalte von fünf Gulden.

Wir folgten bisher der Darstellung des Dienstmädchens, welches diesen Sachverhalt kurz vor seinem Tode im Spital angab. Die Angaben verdienten vollkommene Glaubwürdigkeit, denn der Hausbesorger erklärte, daß er weder einen Zank, noch einen Lärm gehört habe. Erst um sechs Uhr sei es ihm vorgekommen, als ob jemand stöhnte und ächzte, weshalb er im Vereine mit seinem Neffen die Wohnung der Stupka erbrach, aus welcher die Laute drangen. Katharina Blaschek, lag beim Eintritte der beiden Männer blutend bei ihrem Koffer. Auf dem Sessel sah man ein blutbeflecktes Messer, am Tische das Geldtäschchen, dagegen war die Stupka unauffindbar. Josef Aff machte sich auf die Suche, und als er sie nirgends in der Wohnung entdeckte, schaute er im Aborte nach, da kauerte die Frau in einem Winkel, wie ein gehetztes Wild. Neben ihr lag eine blutige Hacke. Sie ließ sich widerstandslos festnehmen.

Katharina Blaschek wurde in das Allgemeine Krankenhaus transportiert, wo sie nach sechs qualvollen Wochen ihren schweren Verwundungen erlag.

Die Gerichtsärzte stellten bei ihr dreißig Verletzungen fest, die mit Messer und Hacke zugefügt worden waren, insbesondere den Bruch des rechten Stirnknochens, den Verlust der Schneidezähne im Oberkiefer, den Bruch des rechten Mittelfingers, vielfache Hautritze, Blutunterlaufungen, Hautabschürfungen, vorzüglich im Gesicht. Am Kopfe zählte man siebzehn, am Halse fünf, am Nacken zwei und an beiden Händen sechs Wunden. Von den Kopfwunden erwiesen sich sieben als schwer und in Gemeinschaft als lebensgefährlich.

Bei der Schlußverhandlung sah man als corpora delicti die blutigen Mordwerkzeuge und den schwarzen Koffer, erstere auf dem Gerichtstische, letzteren auf zwei Sesseln liegen.

Maria Stupka gestand, gegen die Blaschek mit der Hacke losgegangen zu sein, bestritt aber den Gebrauch des Messers. Sie habe von dem Mädchen geliehene sieben Gulden zurückgefordert (was unrichtig war, da die Angeklagte der Ermordeten im Gegenteile noch zwei Gulden schuldete), da wies sie die Blaschek angeblich in brüsker Form ab. Um nun zu ihrem Gelde zu kommen, habe sie den Koffer des Mädchens erbrochen. Darüber wäre die Kathi in Zorn geraten, habe gedroht, sie werde es ihrem Vater schreiben und auch den Landsleuten der Angeklagten von deren Vorstrafen Mitteilung machen. Ein Wort gab das andere und als die Blaschek plötzlich mit Tätlichkeiten begann, habe sie, die Angeklagte, in blinder Wut eine Hacke ergriffen und auf ihre Gegnerin zugeschlagen. Als sie dann sah, was sie im Jähzorn angerichtet, habe sie sich in den Abort verkrochen.

Der Staatsanwalt hatte natürlich die Anklage auf meuchlerischen Raubmord erhoben und ließ sich durch das Verhör der Angeklagten von seinem Standpunkt nicht abbringen. Er berief sich auf das Gutachten der Ärzte und die Angaben der Blaschek, welche in direktem Widerspruch zu der Verantwortung der Stupka stünden. Es sei derselben allem Anscheine nach nur um die Erlangung von 22 Gulden gewesen, welche sich das Dienstmädchen mühsam erspart hatte. Dies bilde nicht den Tatbestand des Totschlages, sondern den des meuchlerischen Raubmordes, weshalb er die Verurteilung zum Tode durch den Strang beantrage.

Das Zuchthaus in Neudorf.

K.K. WEIBERSTRAFANSTALT WIENER NEUDORF

Diese Anschauung bekämpfte der Verteidiger Doktor Stall damit, daß er auf verschiedene unklare Punkte der Anklage hinwies und betonte, der Staatsanwalt habe das Motiv und den Endzweck nicht mit der nötigen Klarheit festgestellt. Die Möglichkeit eines vorausgegangenen Streites könne man nicht von der Hand weisen.

Der Vorsitzende, Landesgerichtsrat Pickher, ließ nach Beendigung der Plädoyers eine Pause eintreten und teilte mit, daß er das Urteil mittags publizieren werde. Dies erfolgte vor einem dichtgedrängten Auditorium.

Der Gerichtshof fand die Angeklagte des meuchlerischen Raubmordes schuldig und verurteilte sie dem Gesetze gemäß zum Tode durch den Strang, doch werde das Urteil vorschriftsgemäß dem Obergerichte vorgelegt werden.

In der Begründung sagte der Vorsitzende, daß das Motiv zwar nicht völlig aufgeklärt worden sei, allein objektiv und subjektiv stünde der Tatbestand fest, und dies genüge dem Gericht. Ob die Triebfeder zur Tat mit der letzteren in Einklang zu bringen sei oder nicht, konnte den Gerichtshof nicht beirren.

Maria Stupka hörte die Ausführungen ruhig an und verriet ihre Nervosität nur durch ein auffälliges Gesichtszucken. Befragt, ob sie mit dem Urteile zufrieden sei, antwortete sie, daß sie nichts verstehe und das Weitere ihrem Verteidiger überlasse.

Dr. Stall meldete sofort die Nichtigkeitsbeschwerde an und motivierte sie mit den mangelhaften Sachverständigen-Gutachten sowie mit den Unterlassungen des Untersuchungsrichters.

Der Strafakt ging bis zum Obersten Gerichtshof hinauf, welcher das Todesurteil bestätigte. Der Kaiser ließ jedoch Gnade walten, und Maria Stupka, deren Tat ungeteilte Empörung in Wien hervorgerufen hatte, wurde zur Verbüßung von 20 Jahren schweren Kerkers in eine Strafanstalt geschickt. *(K.k. Weiberstrafanstalt Wiener Neudorf)*

(39)
DIE VERSCHWUNDENEN WOHNUNGSSCHLÜSSEL
1870

Eigentümliche Wandlungen nahm das Strafverfahren gegen einen jungen Menschen, der in dem furchtbaren Verdachte stand, eine 64jährige Matrone, die in der Neubaugasse Nr. 68 wohnhaft gewesene Theresia Thümmel, am 12. Februar des Jahres 1870 aus Habgier ermordet zu haben.

Das Opfer hieß ursprünglich Theresia Exl, war ein Bauernmädchen aus Siegharting in Oberösterreich gewesen und kam in ihrem zwanzigsten Lebensjahre nach Wien wo sie den Goldschläger Thümmel geheiratet hatte, welcher ein Haus besaß und in guten Verhältnissen lebte. Durch verschienene, mißliche Verhältnisse ging er aber zugrunde und starb bald darauf. Die Witwe erhielt von der Gemeinde eine Pfründe und vergrößerte ihr Einkommen durch Aufnahme von Untermietern. Sie bewohnte im ersten Stockwerk des linksseitigen Hoftraktes ein Zimmer samt Küche und lebte mit ihrem Sohn, dem Zeugschmied Eduard Exl, und zuletzt mit dem Tapezierergehilfen Max Beyer sowie mit dem Vergoldergehilfen Franz Schaffer im gemeinsamen Haushalte.

Die drei jungen Männer gingen täglich zeitlich früh zur Arbeit und kehrten erst spät heim.

Am 12. Februar kam Exl einige Minuten nach sieben Uhr abends nach Hause und fand die Wohnungstür sonderbarerweise verschlossen. Als ihm die Mutter nach mehrmaligem Klopfen nicht öffnete, zog er seinen eigenen Schlüssel hervor und sperrte auf. Er trat in die Küche und bemerkte, daß die Verbindungstüre zwischen Küche und Zimmer offenstehe, er sah aber noch weiters, daß die beiden oberen Laden des im Zimmer befindlichen Schubladekastens herausgezogen waren, was ihm bei der Ordnungsliebe der Mutter auffiel. Nun ging er in das Zimmer und stieß dabei mit dem Fuße gegen einen Körper: Frau Thümmel lag hier bewußtlos auf dem Boden, neben ihr eine Holzhacke, deren Platz sonst immer in der Küche hinter zwei übereieinandergestellten Koffern war.

Exl lief zum Hausbesorger Franz Hirschbold, der sich mit seiner Frau sofort auf die Beine machte und nun betrachteten sich diese drei Personen die Greisin näher. Schon bei oberflächlicher Besichtigung sah man, daß sie einen Hieb auf den Hinterkopf erhalten hatte. Der Fußboden zeigte eine große Blutlache. Man schickte um den Arzt Dr. Josef Wagner, welcher die Frau ins Bett tragen ließ, um sie besser untersuchen zu können. Er fand eine zwei Zoll lange, den Knochen bloßlegende Wunde am Hinterhaupte und konstatierte ferner, daß der Ärmsten zwei Rippen gebrochen worden seien. Jede Hilfe erwies sich als erfolglos: Frau Thümmel hatte bereits ihr Leben ausgehaucht. Vom Polizeikommissariate Neubau erschienen alsbald der Leiter, Polizeirat Fürnkranz und der damalige Kommissär Stejskal, welcher später Polizeipräsident von Wien werden sollte. In ihrer Begleitung befand sich der Polizeiarzt Dr. Kapsamer.

Auf Wunsch der Kommission kontrollierte der Sohn der Verstorbenen deren Effekten. Es zeigte sich, daß beide offenstehenden Laden vollständig durchwühlt worden waren, die Wäschestücke hingen heraus oder waren teilweise zur Erde gefallen, hier hatte offensichtlich eine fremde Hand gewütet. Aus der oberen Lade fehlten vier dem Exl gehörige Ringe im Werte von 28 fl. 10 kr., eine Geldbörse mit etwa 30 kr., zwei Versatzscheine, der eine auf eine goldene Nadel lautend (6 fl. wert, Darlehen 2 fl.), der andere auf eine silberne Schlangenkette. Aus der zweiten Lade vermißte Exl nur eine Geldbörse mit beiläufig zwanzig Kreuzern; die Wertpapiere waren unberührt geblieben.

Bei der Frage nach der Person des mutmaßlichen Täters ergab sich ein Umstand, der eine sehr wichtige Rolle spielen sollte - es fehlte der Wohnungsschlüssel. Dieser steckte gewöhnlich außen an der Eingangstüre. Die gegenüber wohnhafte Partei, eine Frau Fanny Alex, bestätigte, daß sie den Schlüssel noch zwischen fünf und sechs Uhr abends an der Tür stecken gesehen hatte.

Wohin war der Schlüssel gekommen?

Es fehlte aber nicht bloß der Schlüssel der Ermordeten, sondern auch Wohnungsschlüssel der Frau Alex, welche ihn, wenn sie fortging, der Frau Thümmel immer zur Aufbewahrung übergeben hatte, da die alte Frau tagsüber meist zu Hause blieb.

Als Frau Alex heute einen Einkauf zu besorgen hatte, legte sie ihren Schlüssel gewohntermaßen auf das Fensterbrett der Thümmelschen Küche und rief der Greisin zu: „Ich leg' da meinen Schlüssel her, falls jemand Bekannter kommt." Diese antwortete vom Zimmer aus: „Ja, ja."

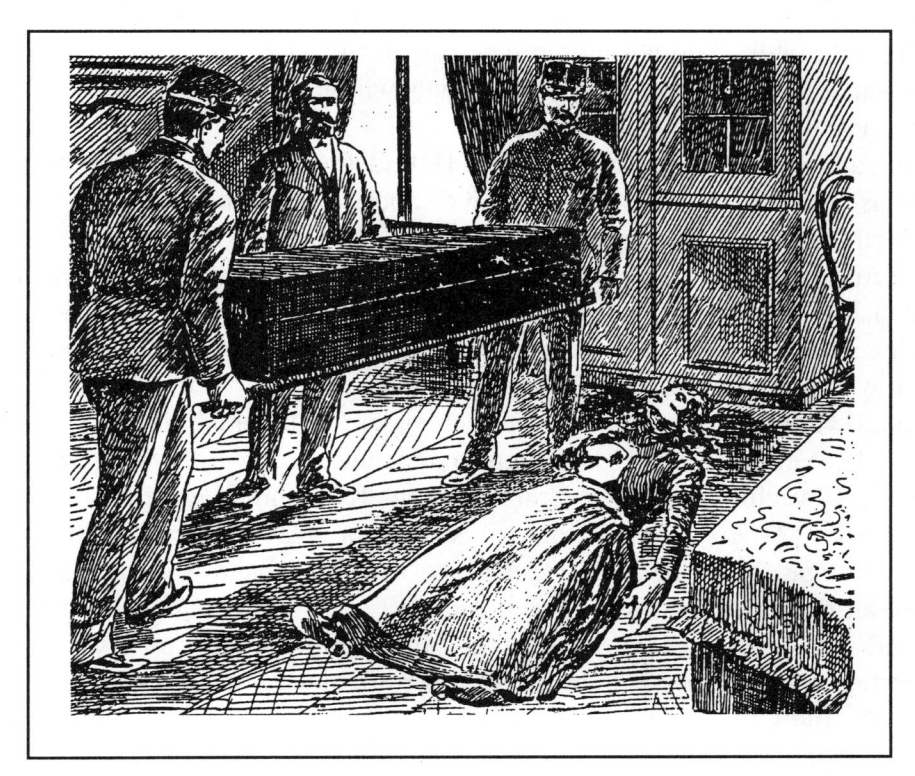

Am 14. Februar wurde unter Leitung des Professors Hofrates Dr. Rokitansky die gerichtliche Öffnung der Leiche vorgenommen und folgendes konstatiert: „Auf dem Schädel eine den Knochen entblößende scharfrandige Wunde, am Brustende des Schlüsselbeines eine dunkelbraune, vertrocknete Hautabschürfung nebst mehreren Sugillationen, endlich einwärts von der linken Brustwarze eine Vertiefung, die mehr als ein Hühnerei faßte. Die innere Besichtigung ergab, daß die Schädeldecke in der Umgebung der Wunde, ferner an der Schläfengegend sugilliert sei, das Scheitelbein erwies sich als verletzt; das Herz war durch eine zwanzig Linien lange, klaffende Wunde zerrissen; ebenso war die linke Lunge aufgerissen, die erste Rippe aus dem Gelenke gezerrt, die zweite zweimal, die dritte und vierte Rippe je einmal gebrochen: der Täter hatte die alte Frau also wahrlich mit brutaler Roheit behandelt."

Nach dem Gutachten der Ärzte hatte Frau Thümmel zuerst die Kopfwunde erhalten, und zwar mit einem schweren, scharfen Werkzeug, zum Beispiel einer Hacke. Dann erlitt die Verletzte mindestens zwei wuchtige Fußtritte auf die Brust.

Der Mensch, welcher diesen Raubmord begangen hatte, konnte nur eine mit den Verhältnissen vertraute Person sein, denn Theresia Thümmel war keine wohlhabende Frau und ein Fremder hätte bei dieser Pfründnerin kaum etwas Wertvolles zu finden gehofft. Ferner hatte die Ermordete einen Hund - diesen hatte aber niemand im Hause bellen gehört. Ein Fremder hätte auch die Hacke kaum entdeckt und sich vermutlich ein eigenes Werkzeug mitgebracht. Endlich sprach für die Annahme eines zum engeren Bekanntenkreise gehörigen Täters auch das Verschwinden der beiden Wohnungsschlüssel, insbesondere desjenigen der Fanny Alex, da sich der Mörder wahrscheinlich dachte, er könne auch dort Beute machen.

Die Bettgeher kehrten nach der Reihe heim und wurden natürlich auch verhört. Da rief Franz Schaffer aus: „Dös hat niemand anderer tan als der Ewald."

Wer aber war dieser Ewald?

Schaffer meinte damit den Maschinisten Ewald Lindner, der im Vorjahr Bettgeher der Frau Thümmel gewesen, aber wegen eines Streites ausgezogen war. Man entdeckte hinterher den Abgang zweier Spindeluhren und erstattete gegen ihn die Diebstahlsanzeige. Bei der darüber stattgehabten Strafverhandlung wurde Lindner zwar seinerzeit freigesprochen, doch hielten ihn sowohl Frau Alex als auch Exl jetzt für fähig, diesen Raubmord begangen zu haben. Die Folge dieses Verdachtes und der Aussagen war, daß Ewald Lindner festgenommen wurde. Man ging davon aus, daß er die Tat in erster Linie aus Rachsucht vollbracht habe.

Ewald Lindner saß jedoch nur bis 16. Februar in Haft, denn er konnte ein lückenloses Alibi für die Tatzeit nachweisen: um halb sieben Uhr weilte er noch in der Arbeit und um sieben Uhr war er schon bei sich zu Hause in Neu-Fünfhaus.

Da die Polizei überzeugt war, daß nur die vier Personen, Frau Alex, Exl, Beyer und Schaffer, in Betracht kämen, wurden sie alle verhalten, ihr Alibi nachzuweisen.

Der Fanny Alex sowie dem Exl und Beyer gelang dies leicht, Schaffer dagegen vermochte nicht nachzuweisen, wo er um die kritische Zeit gewesen war.

Er schien deshalb verdächtig, es kamen aber noch andere Momente hinzu. So zum Beispiel seine widerspruchsvolle Verantwortung. Bei dem ersten, durch den Polizeikommissär Stejskal in Gegenwart der Zivilwachmänner Peter Graf und Franz Kretschmar vorgenommenen Verhör sagte Schaffer, er habe am 12. Februar um halb vier Uhr nachmittags seine Großmutter Rosalia Schaffer aus der Siebensterngasse auf die Mariahilferstraße zur Pferdebahn begleitet, dann sei er in eine Kaffeeschänke an der Ecke der Burg- und Neugasse *(verm. Neubaugasse)* gegangen, wo er sich längere Zeit aufhielt. Als er heimkehrte, wäre der Mord schon entdeckt gewesen. Die Zeit von halb fünf bis einviertel acht Uhr abends habe er also im Kaffeehause zugebracht. Der Kommissär ließ den Burschen „ausführen", worauf Schaffer die Polizeiorgane in das Lokal der Kaffeeschänkerin Anna Beyerl brachte. Die Genannte gab an, daß Schaffer um dreiviertel fünf Uhr bei ihr erschien, zwei Gläser Kaffee und zwei Gläser Rum trank, worauf er sich gerade um die Zeit, wo die Straßenlaternen angezündet wurden, entfernte. Die Polizei erhob, daß die Laternen am kritischen Tage um einviertel sechs Uhr abends angezündet wurden. Infolgedessen war Schaffer damals nicht mehr im Kaffeehaus, er kehrte aber erst um viertel sieben Uhr, also nahezu zwei Stunden später, in die Wohnung der Thümmel zurück.

Auf diesen Widerspruch aufmerksam gemacht, erklärte Schaffer, er habe sich auf dem Heimwege verspätet, weil er einen ehemaligen Schulkollegen traf und bis zum „Großen Zeisig" begleitete. Dort habe er sich verabschiedet. Wie dieser Schulkamerad heiße, wisse er nicht. Sein Vorname laute „Josef" und der Betreffende sei bei einem Tischler in Arbeit. Nach weiterem Befragen sagte Schaffer aus, er habe mit jenem Burschen die dritte und vierte Klasse der Kommunalschule im Lichtenthal besucht.

Der Kommissär nahm sich nun die Mühe, die Liste der damaligen Schüler zu überprüfen und vernahm auf Grund der Liste sämtliche ehemaligen Kameraden Schaffers. Nur zwei wurden weggelassen: ein gewisser Umprecht, der am fraglichen Tage krank im Garnisonsspital lag und ein sicherer Josef Schmied, welcher unbekannten Aufenthaltes, aber nicht Tischler, sondern Schuhmacherlehrling war. Von allen diesen Personen vermochten sich bloß drei an Schaffer zu erinnern und sämtliche bestritten, am kritischen Tage in Gesellschaft desselben gewesen zu sein.

Zum Überfluß teilte die Zentralanstalt für Meteorologie der Polizei mit, daß am 12. Februar zwischen fünf und acht Uhr eine Kälte von 6 Graden herrschte, so daß es recht unwahrscheinlich klang, wenn Schaffer behauptete, er sei in seinem leichten Sommergewande gemütlich in den Straßen herumgegangen. Anderseits bot aber der Schuhmachergehilfe Josef Krimmel einen Eid darüber an, daß er am 12. Februar den Schaffer zwischen viertel und halb sechs Uhr abends durch den Hof des Hauses Nr. 68 in der Neubaugasse gegen die Wohnung der Thümmel gehen und nach einer Viertelstunde wiederkommen gesehen hatte.

Außerdem ließ Schaffer am 13. Februar im Gespräch verlauten, er sei am Vortag im Verlaufe des Nachmittags in der Wohnung der Thümmel gewesen, wo er sich jedoch sehr gelangweilt habe. Dieses außergerichtliche Geständnis erhielt durch die Aussage des Josef Krimmel und der Zeugin Josefa Schimper rechtlichen Wert. Schließlich erinnerte sich Exl, daß Schaffer einige Wochen vorher, als Frau Alex einen Ball besuchte und ihre Wohnungsschlüssel bei der Thümmel deponierte, zu ihm gesagt habe: „Du, ich werde mir den Schlüssel nehmen und das Geld aus dem Kasten holen." Die Polizei übergab auf Grund dieser Erhebungen Schaffer dem Landesgericht und bezeichnete ihn wegen folgender Umstände als des Raubmordes dringend verdächtig: 1: beschuldigte er als der erste den Linder der Täterschaft; 2: war er bestrebt, den Verdacht von sich abzulenken; 3: konnte er von jenem Kaffeehause, welches er sonst nie besuchte, das Fortgehen der Frau Alex beobachten; 4: sah er erwiesenermaßen wirklich immerfort auf die Straße; 5: nahm er gegen seine Gewohnheit ein großes Quantum Rum zu sich; 6: war er tags zuvor aus der Arbeit entlassen worden; 7: schien er stark verschuldet, hatte alle Effekten versetzt; 8: galt er seit seinem Aufenthalte in Wien als ein leichtsinniger Mensch.

Die Verhandlung begann am 12. Mai des Jahres 1870. Den Vorsitz führte der Landesgerichtsrat Weißmayer, die Anklage vertrat der Staatsanwalt-Substitut Kindinger, als Verteidiger fungierte Dr. Singer. Franz Schaffer, ein großer, kräftiger Bursche, gab an, daß er am 7. November 1852 in Großwardein geboren und als kleiner Knabe mit seinen Eltern nach Retz in Niederösterreich übersiedelt sei. Nach mehreren Jahren zog die Familie nach Wien-Lichtenthal. Der Präsident verlas eine Leumundsnote, in welcher stand, daß Schaffer kein guter Arbeiter sei, oft den Posten wechselte, wenig verdiente, dafür aber viel zechte. Als ihm der Vater weitere Unterstützungen versagte, mußte er seine Kleider versetzen, so daß ihm zuletzt nur mehr der eine graue Sommeranzug übrig blieb, den er heute trage.

Der Angeklagte beharrte in auffallend ruhiger Weise dabei, daß er um die kritische Zeit mit jenem ehemaligen Schulkameraden spazieren gegangen war. Auf den Vorhalt, daß damals 6 Grad Kälte in Wien geherrscht hätten, antwortet Schaffer: „Mir war nicht kalt." Auf den weiteren Einwand, daß man jenen Schulkameraden nicht finden konnte, erklärte der Angeklagte gefaßt: „Dann war derjenige halt im Schulkatalog nicht eingetragen." Der Vorsitzende erwiderte ihm hierauf: „Das ist schon die letzte Ausflucht. Schulkataloge sind nicht so ungenau, daß einzelne Schüler gar nicht eingetragen wären. Die ganze Berufung auf diesen ehemaligen Schulkameraden macht den Eindruck, daß sie direkt erlogen ist."

FRANZ RITTER VON STEYSKAL, VON 1892 - 1897 POLIZEIPRÄSIDENT VON WIEN, FÜHRTE IM JAHRE 1870 ALS JUNGER KONZEPTSBEAMTER DIE POLIZEILICHEN ERMITTLUNGEN IM MORDFALL THÜMMEL

Der Staatsanwalt führte 22 Zeugen für die Schuld des Angeklagten, welche sämtlich gegen ihn aussagten. Schaffer antwortete jedoch immer nur: „Das ist nicht wahr!"
Am zweiten Tage traten dagegen wichtige Entlastungszeugen auf, so daß der Gerichtshof schwankend wurde. Das Urteil wurde schon nach kurzer Beratung verkündet und enthielt einen Freispruch, welcher im Auditorium manchen Bravoruf auslöste. Der Präsident motivierte das Urteil folgendermaßen: Schaffer habe sich zwar nichts weniger als vom Verdachte des meuchlerischen Raubmordes gereinigt, doch sei die im Gesetze vorgeschriebene Zahl der Verdachtsmomente nicht erwiesen. Der Gerichtshof habe wohl die Anwesenheit Schaffers am Tatorte und die falsche Verantwortung desselben als erwiesen angenommen, konnte jedoch trotzdem nicht die Überzeugung gewinnen, daß der Angeklagte der Täter sei.
Da der Staatsanwalt die Berufung ergriff, wurde Franz Schaffer vorläufig in Haft behalten. Zu einem zweiten Prozesse kam es aber nicht und so gehört die Ermordung der unglücklichen Frau Thümmel zu den ungelösten Fällen in der so umfangreichen Wiener Kriminalchronik.

㊵ EIN UNGEKLÄRTER FALL
1870

Der 47-jährige in Arntostowitz in Böhmen geborene Schneidergeselle Josef Kolar lebte seit 1843 in Wien und war seit 1850 beim Meister Gunkl beschäftigt. Im Jahre 1854 heiratete er die um einiges ältere Marie Malek, mit der er zuletzt Am Heumarkt Nr. 7 im Parterre zwei Zimmer und eine Küche bewohnte.

Am 26. März 1870 erhielt die Polizei gegen zehn Uhr abends die Verständigung, daß die 63-jährige Marie Kolar, die Gattin des Schneidergesellen, einem Raubmord zum Opfer gefallen sei. Der Polizeiaktuar Komornik begab sich mit einem Arzt zum Tatort und fand die Leiche auf dem Fußboden, mit Bettzeug zugedeckt, zwischen den Betten der beiden Aftermieter Josef Reiter und Robert Perl. Um ihren Hals waren zwei Tücher geschlungen, welche der Beamte aufschnitt, da er den Knopf nicht zu lösen vermochte. Vor der Toten stand der Gatte und rang jammernd die Hände. Er verfluchte die Raubmörder, welche ihm sein Weib genommen hätten und rief dem Bettgeher Reiter, welcher den Abgang von Effekten im Werte von 104 fl. konstatierte, zu: „Aber das ist ja das Wenigste. Die Kleider werden Sie schon ersetzt bekommen, wenn nur die Frau noch leben tät'!"

Der Aktuar nahm den Lokalaugenschein vor und stellte fest. daß die Frau in dem den Aftermietern gehörigen sogenannten „Heumarktzimmer" lag, dessen vergitterte Fenster durch die herabgelassenen Jalousien verdunkelt waren. Eines der Fenster mündete auf den Hausgang. Die Wohnung zeigte wohl Unordnung, doch schien es nicht, als ob hier Einbrecher oder Raubmörder gehaust hätten. Auch der jammernde Ehemann machte keinen ehrlichen Eindruck, in seinen Augen glänzte keine Träne; er hatte, als er gegen sieben Uhr abends angeblich heimgekommen war und die Wohnung finster und versperrt fand, keinen Schlosser geholt, obwohl seine Frau nie ohne seine Erlaubnis das Haus verlassen durfte, sondern ging in den Stadtpark spazieren und kehrte erst um dreiviertel zehn Uhr abends zugleich mit dem Schneidergesellen Josef Neumann und seinem Bettgeher heim, worauf er die Frau zunächst im Keller suchte. Nach erfolgter Entdeckung rief er nicht etwa um Polizei, sondern schickte um mehrere Ärzte, vor deren Eintreffen er Wiederbelebungsversuche durch andere Personen mit den Worten abwehrte: „Net anrühren, bevor die Kommission da ist." Auffallend war auch, daß aus den in beiden Zimmern durchwühlten Läden und Kästen bloß Kleider und Wäsche der beiden Aftermieter im Gesamtwerte von 170 Gulden fehlten, während das Ehepaar keinen Verlust zu beklagen hatte. Über Kolar erzählte man, daß es wegen seines Jähzornes oft zu Mißhelligkeiten zwischen ihm und seiner Frau gekommen sei. Der Polizeibeamte sah auf dem Tische ein halbverzehrtes Mittagmahl und so gewann er die Überzeugung fest, daß hier ein Raubmord nur fingiert wurde, um die Wahrheit zu verschleiern. Und diese wäre: daß Frau Kolar das Opfer eines von ihrem Gatten begangenen Totschlages geworden sei. Er erklärte den Schneider daher für verhaftet und nahm ihn auf das Kommissariat mit. Bezeichnend für die seelische Verfassung des Kolar war, daß er dem vorerwähnten Neumann zum Abschied zurief: „Leb' wohl, wenn wir uns nicht mehr wiedersehen!"

Die etwas später erschienene landesgerichtliche Kommission stellte an der Leiche folgende Verletzungen fest: "„Sugillationen des Zellgewebes und der Muskeln am Halse, der Schleimhaut und des Zellgewebes an der hinteren Kehlkopfwand, des Schlundknopfes, der Zunge und teilweise auch der inneren Fläche der weichen Schädeldecken; weiter zwei winzige Risschen auf der Haut des Nackens, am Vorderteile des Halses eine doppelte mattweiße Strangulationsmarke, an der Stirne kleine Hautabschürfungen, insbesondere aber einen senkrechten Bruch des Schildknorpels mit Suffusion der Kehlkopfschleimhaut..." Das gerichtsärztliche Gutachten lautete ferner dahin, daß Marie Kolar mit namhafter Kraft gedrosselt worden war, und daß die Verletzungen und Sugillationen durch Anfassen und Anschlagen entstanden seien.

Endlich gaben die Gerichtsärzte ihrer Meinung dahin Ausdruck, daß die von dem Polizeiaktuar abgeschnittenen Tücher erst nach erfolgtem Tode um den Hals geschlungen worden seien.
Dieser Umstand bildete ein neues Belastungsmoment gegen den Gatten, der übrigens im Laufe der Untersuchung noch mehr belastet wurde.

DER TATORT, DAS HAUS WIEN 3., HEUMARKT 7, IM ZUSTAND 1999

Infolgedessen hatte er sich am 21. Juni vor einem vom Vizepräsidenten Schwarz geleiteten Strafsenat des Wiener Landesgerichtes über Anklage des Staatsanwaltsubstituten Wittmann wegen Totschlag und Diebstahl zu verantworten, indem angenommen wurde, daß er den Raubmord nur fingiert habe, um den Verdacht von sich abzulenken. In der Anklage stand: „Wird erwogen, daß nach vielen Zeugnissen Marie Kolar die Eingangstüre der Wohnung sehr fleißig zugesperrt und die Vorsicht beobachtet hat, durch das Küchenfenster vorerst zu spähen, wer Einlaß begehre, daß niemand Fremder im Hause wahrgenommen wurde, daß abends bei Auffindung der Leiche nach dem Zeugnisse des Doktor Radda die Totenstarre eingetreten, somit die Gewißheit vorhanden war, daß der Tod der Marie Kolar vor einer längeren Reihe von Stunden eingetreten sein mußte, und daß Josef Kolar zugibt, in der Zeit von 12 1/4 bis 12 1/2 Uhr mittags in der Wohnung anwesend gewesen zu sein, so muß man wohl zu dem Schlusse gelangen, Kolar habe sich in der günstigsten Lage befunden, die Tat zu verüben. Ein fremder Täter hätte sich nicht die Zeit genommen, durch nachträgliches Umlegen der Halsschlinge einen Mord durch Erwürgen zu fingieren. Dieses Interesse waltet nur bei Kolar ob. Es ist auffällig, daß von den Effekten des Kolar und seines Freundes Neumann nichts abging, und es ist konstatiert, daß es zwischen den Eheleuten Kolar wegen des nicht gehörig angerichteten Essens öfter Streit gab, und daß Marie in dieser Richtung stets Furcht vor ihrem Manne an den Tag legte, den sie als guten, aber jähzornigen Menschen schilderte." Der Staatsanwalt wies hierauf auf das halbverzehrte Mittagessen und die übrigen bereits besprochenen Verdachtsmomente hin und verlangte die Verurteilung des Angeklagten.
Josef Kolar, ein schwächliches, blasses Männchen von krankhaftem Aussehen, bisher unbescholten, verantwortete sich sehr ruhig und besonnen. Er erklärt sich in längerem Verhör für unschuldig. Die Tat könne nur ein Fremder begangen haben, wie solche sehr oft an seine Türe klopften, da sie seine Wohnung für die Portiersloge hielten.
Der Polizeiaktuar unterstützte die Anklage durch verschiedene neuerhobene Verdachtsmomente,

während der Zeuge Neumann den Freund zu entlasten trachtete. Kolar sei überhaupt nicht als erster heimgekommen, sondern er, und zwar um 1/2 9 Uhr. Er wollte nämlich Kolar besuchen, konnte aber nicht in die versperrte Wohnung und entfernte sich daher, um gegen 3/4 10 Uhr wiederzukommen. Da traf er mit Kolar zusammen. Sie hätten die Frau zuerst in der Wohnung gesucht, jedoch nicht gefunden, da sie ja zwischen den Betten auf der Erde lag. Nun seien sie in den Keller gegangen, und als sie die Vermißte auch dort nicht trafen, wären sie in die Wohnung zurückgekehrt und hätten genauer nachgesehen. Es sei eine Verleumdung, wenn man sage, daß Kolar den Schmerz geheuchelt habe. Derselbe hätte vielmehr geweint.

Eine Mietpartei namens Lammer sagte aus, daß sie um beiläufig ein Uhr mittags einen taubstummen Bettler im Hause bemerkt habe, und eine gewisse Barbara Besamek erklärte, sie hätte diesen Mann ebenfalls gesehen. Der Greißler Josef Lehner behauptete, die beiden Gatten hätten sehr einträchtig gelebt. Dies bestätigten die Bettgeher Josef Reiter und Robert Perl. Der letztere, welcher Beamter des „Phönix" war, fügte hinzu, daß es ernste Zerwürfnisse zwischen den beiden wohl nicht gegeben habe, doch sei ihm das von Kolar angesichts der Leiche gegebene Versprechen aufgefallen, den 68 fl. betragenden Schaden baldigst ersetzen zu wollen. Auf die Frage des Präsidenten, ob ein Fremder den Zimmerschlüssel leicht finden konnte, mußte Perl mit „Nein" antworten, anderseits erklärte er auf Wunsch des Verteidigers, nicht zu wissen, ob am Mordtage einer oder mehrere Schlüssel auf dem Fensterbrette lagen.

Die dem Angeklagten von der Heimatgemeinde und der Wiener Polizei ausgestellten Leumundsnoten lauteten nicht ungünstig.

Nach geschlossenem Beweisverfahren erhob sich der Staatsanwalt zu seinem Plädoyer und überraschte mit der Erklärung, daß er die Anklage wegen Diebstahls zurückziehe.

Äußerst schwungvoll sprach der Verteidiger Doktor Singer. Er sagte: „Nicht ein einziger Beweis besteht in diesem Falle zu Recht. Kolar ist keine Persönlichkeit, von der man sich eines Totschlages versehen könnte. Der Verdachtsgrund der Anwesenheit am Tatorte trifft nicht zu, denn darin, daß sich Kolar wie gewöhnlich zum Mittagessen in seine Wohnung verfügte, liegt doch nichts Auffälliges. Ja, es ist nicht einmal bewiesen, daß er sich gerade um die kritische Zeit daheim befand. Ganz und gar blieb die Staatsbehörde aber den Beweis schuldig, wieso man in den Erkundigungen Kolars bei den Hausgenossen um den Verbleib der Gattin das Bestreben erblicken könne, den behördlichen Nachforschungen vorzubeugen. Wenn Kolar auch zuweilen mit seiner Frau Streit hatte, so waren das nur vorübergehende Zerwürfnisse, wie sie in jeder Familie vorkommen. Daraus schon zu schließen, ein Mann von dem belobten Vorleben des Angeklagten sei eines Mordes fähig, spricht dafür, daß Kolar nicht der Täter sei. Hier liegt ein klarer Raubmord vor, die Polizei hat ihn aber verkannt, die Staatsanwaltschaft ebenfalls versagt, und so ließ man den wirklichen Täter entwischen, um einen Unschuldigen anzuklagen!"

Nach der Rede erschollen Bravorufe im Auditorium, die der Präsident scharf rügte. Der Gerichtshof verschloß sich den Ausführungen des Verteidigers trotzdem nicht und sprach den Angeklagten nach kurzer Beratung frei. Der Staatsanwalt legte zwar Berufung ein, so daß Kolar in Haft behalten wurde, allein die Berufung wurde schon am 24. Juni zurückgezogen. Josef Kolar durfte nunmehr das graue Haus ungehindert und als freier Mann verlassen.

Der Fall selbst erscheint durch dieses Resultat aber unaufgeklärt und wird es wohl ewig bleiben. Niemand vermag zu sagen, ob Marie Kolar einem wirklichen oder einem fingierten Raubmord zum Opfer fiel.

41
EIN GRAUSIGER FUND
1870

Der Hauer Alois Zaschka besaß in den sechziger Jahren des vorigen Jahrhunderts in der durch ihren Weinbau schon im 12. Jahrhundert berühmten, ehemals selbständigen Gemeinde Nußdorf eine schöne, schuldenfreie Wirtschaft, verschleuderte aber durch Spiel und Trunksucht derart sein Vermögen, daß er am 14. Mai 1865 gezwungen war, zwecks Erlangung einer Mitgift zu heiraten. Er

führte eine um sieben Jahre ältere Witwe, Juliana Adelmann, geborene Hofstetter, zum Traualtar und hoffte, mit ihren Ersparnissen frei schalten und walten zu können. Man hatte die Frau vorher vergeblich vor ihm gewarnt, sie antwortete aber immer nur überlegen lächelnd: „Ich werd' mir ihn schon zurechtrichten." Sie versuchte dies auch, führte ein strenges Hausregiment ein und trachtete Ordnung in die verlotterte und zerrüttete Wirtschaft zu bringen. Ihr Lohn war jedoch nur Haß und Wut, welche sich alsbald in argen Mißhandlungen kundtaten. Schließlich mußte die Unglückliche die Hilfe der Behörde in Anspruch nehmen und Alois Zaschka wurde wegen Überschreitung des Züchtigungsrechtes vom Bezirksgericht Klosterneuburg mit Arrest bestraft. Die Verurteilung machte das Zusammenleben vollends unmöglich, weshalb es Frau Zaschka vorzog, die Scheidungsklage einzureichen. Alois Zaschka geriet darüber in förmliche Raserei, denn nun sollte er seiner Gattin auf Grund eines Vertrages 3.000 Gulden zurückzahlen, um welchen Betrag er ihr am 22. Juni 1868 die Gesamtwirtschaft verkauft hatte. In dem Kontrakt waren die beiden Gatten auch übereingekommen, daß der überlebende Teil den anderen zu beerben habe.

Der Hauer machte alle Anstrengungen, die Frau zu einer Zurückziehung der Klage zu bewegen, und je unversöhnlicher sie war, desto mehr trank er, wobei mehrere Eisenbahnarbeiter, die bei ihm Unterstand genommen hatten, seine Zechkumpane bildeten. Sein intimster Freund war ein gewisser Johann Redl. Alois Zaschka hielt seinen Weinkeller aber auch für andere offen. Die resolute Frau wollte nun ihr Vermögen nicht noch in der letzten Zeit verprassen lassen und kündigte daher sämtlichen Freunden des Mannes. Dieser erhob dagegen lebhaften Widerspruch und ließ sich auch durch die angedrohte Arretierung nicht von seiner Haltung abbringen.

Die Streitszenen in der Wirtschaft der Zaschka boten dem ganzen Dorfe ununterbrochen Gesprächsstoff. Um die Scheidung zu beschleunigen, begab sich Frau Zaschka am 9. August 1870 zu ihrem Wiener Rechtsfreund. Vorher, es war zwischen 9 und 10 Uhr vormittags, nahm sie ein Frühstück zu sich, nämlich einen Rostbraten, den ihr die im Hause wohnhafte Tischlermeistersgattin Elisabeth Hanke geholt hatte.

Seit dieser Stunde war Frau Zaschka abgängig, und es konnte auch niemand sagen, ob sie tatsächlich nach Wien gefahren sei.

Am 11. August entfernte sich Alois Zaschka mit seinem Freund Johann Redl aus dem Hause. Sie gingen gemeinsam bis Klosterneuburg, wo der Hauer zurückblieb, während Redl nach Gmünd zu seiner Familie weiterreiste. Zaschka schrieb von Klosterneuburg aus seiner Mutter, daß er lebensüberdrüssig sei und sich in die Donau stürzen wolle. Diesen Plan führte er indessen nicht aus. Er kehrte vielmehr am 14. August ganz verstört und verwildert nach Nußdorf zurück, wo er seine Selbstmordgedanken fortspann.

Auf die Frage, wo seine Gattin sei, gab er zur Antwort, daß sie nicht mehr komme, da sie im „Krapfenwaldl" am Kahlengebirge eine Unterkunft gefunden habe. Sein Trübsinn erregte aber um so größeres Aufsehen und Ärgernis, als er ihn durch Alkohol betäuben wollte und unausgesetzt Exzesse beging.

Die Schwester der Verschwundenen, Theresia Scheinast, suchte die erstere im „Krapfenwaldl" und eilte, als ihre Bemühungen vergeblich waren, auf das Polizeikommissariat Döbling, wo sie die Abgängigkeitsanzeige mit dem Bemerken erstattete, daß der Schwager ihrer Schwester „...was angetan" haben müsse. Der Oberkommissär Berka pflog Erhebungen und als der Fall bedenklich zu sein schien, lud er den Alois Zaschka zur Polizei vor.

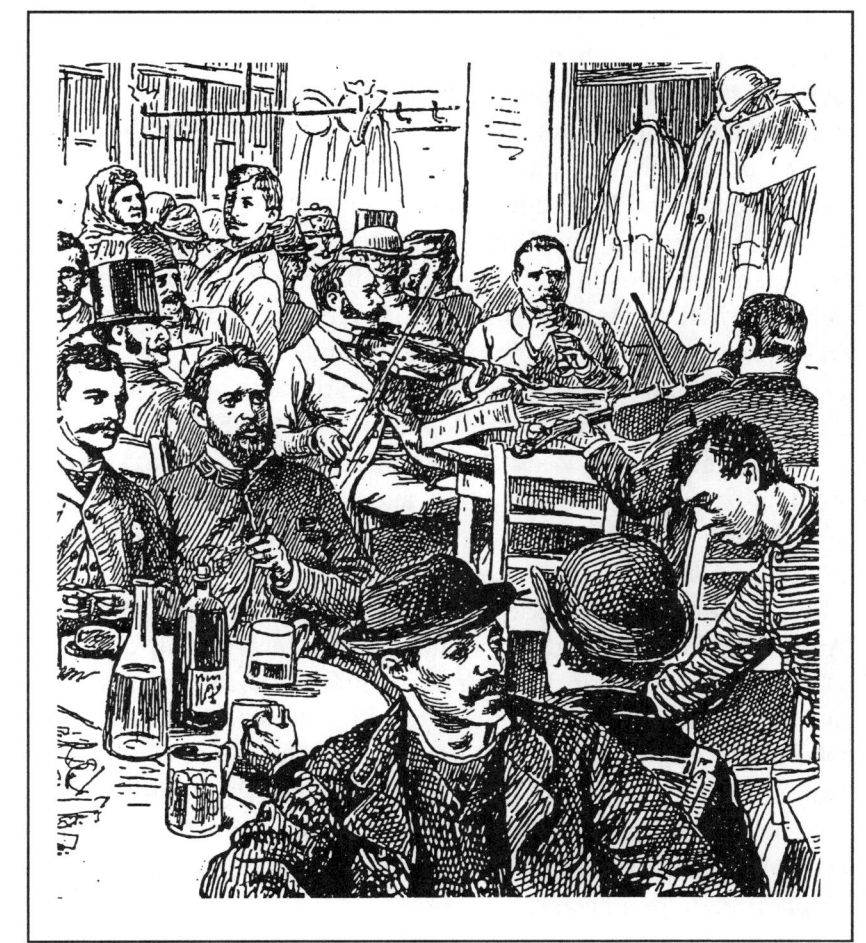

Der Hauer leistete jedoch der Ladung keine Folge, und dies war um so auffälliger, als er bisher keine Abgängigkeitsanzeige über seine Frau erstattet hatte. Der Polizeibeamte entsandte daher am 20. August einen Wachmann in das Haus Zaschkas, damit derselbe vorgeführt werde. Als das Wachorgan die Wohnung betrat, versuchte sich der Hauer zu erschießen, doch entwand ihm der Polizist die Waffe. Nun riß Zaschka aus und wollte über die Hofmauer flüchten. Allein auch das wurde vereitelt. Endlich auf das Kommissariat eskortiert, simulierte Zaschka Irrsinn und machte ein Verhör auf solche Art unmöglich. Die Polizei lieferte ihn daraufhin, ohne noch zu wissen, was eigentlich mit Juliana Zaschka geschehen sei, dem Landesgericht ein, welches die psychiatrische

Untersuchung anordnete. Dieselbe war am 30. August beendigt und hatte das Resultat, daß Alois Zaschka bloß simuliere.

Inzwischen waren sehr wichtige Dinge vorgefallen.

Am 15. August war Redl in Gmünd verhaftet worden, und zwar auf Grund der Anzeige eines der Zechgenossen, welcher der Gattin Redls geschrieben hatte, daß dieser bei Zaschka einen großen Diebstahl verübt habe. Redl besaß wirklich viele wertvolle Gegenstände und so bekam sein Weib Angst und ließ ihn nicht ein. Die Gmünder Sicherheitsbehörde hörte davon und verhielt Redl zur Ausweisleistung. Er behauptete, die Effekten von Alois Zaschka zum Geschenk erhalten zu haben. Da man aber von Wien aus antwortete, daß Juliana Zaschka vermißt und Alois Zaschka verdächtigt werde, an dem Verschwinden irgendwie schuldtragend zu sein, wurde auch Redl verhaftet und dem Wiener Landesgericht eingeliefert.

Selbstverständlich arbeitete ganz Nußdorf an der Aufklärung des mysteriösen Falles mit, und so entschloß sich der Hauer Anton Fritz zu einer Anzeige, die er sonst sicherlich nicht erstattet haben würde. Er begab sich nämlich zum Bezirksgericht Klosterneuburg und erzählte dort, daß seine Söhne schon am 10. August und dann auch am 25. August im „Wolfsgraben", am Abhang des Leopoldberges, blutige Buttenbestandteile gefunden hätten. Sie brachten die Stücke heim und reinigten sie arglos in der Meinung, daß sie von Wilddieben stammten, welche darunter ihre Beute versteckt hätten. Da aber ein Buttenteil die Anfangsbuchstaben „A. Z." (Alois Zaschka) aufweise, so erstatte er lieber Anzeige von dem Fund.

Der Oberkommissär ordnete sofort eine Streifung an, zumal man in Nußdorf nur mehr davon sprach, daß Zaschka seine Frau ermordet habe. Unzählige Kinder und Erwachsene begleiteten die behördlichen Organe in den Wald und beteiligten sich an der Suche. Und man erzielte bald einen Erfolg. Zunächst fand man verschiedene andere Buttenbestandteile sowie Kotzenstücke, dann aber eine zerstückelte, ganz verfaulte Leiche. Zuerst den Kopf mit aufgelösten Haaren, dann den Rumpf und in dessen Nähe die einzelnen Extremitäten.

Man schaffte alles nach Klosterneuburg, wo am 30. eine gerichtliche Beschau vorgenommen wurde. Aus der Beschaffenheit des Leibes wurde festgestellt, daß es sich um die Leiche eines Weibes, wahrscheinlich um die der vermißten Juliana Zaschka handle. Die behördliche Kommission bestand aus Funktionären des Bezirksgerichtes Klosterneuburg, dem Wiener Untersuchungsrichter, Oberlandesgerichtssekretär Wurzbach und aus dem Polizeioberkommissär Berka.

Nunmehr wurden die Überreste in das Wiener Allgemeine Krankenhaus transportiert, wo die am 1. September vorgenommene gerichtliche Obduktion Gewißheit darüber brachte, daß man es wirklich mit dem Leichnam der Juliana Zaschka zu tun habe. Nach dem Obduktionsbefund war die Frau an Kopfverletzungen gestorben, worauf die Zerstückelung bewerkstelligt wurde. Als Ermordungstag wurde der 9. August angenommen, da sie an diesem Tage zuletzt gesehen worden war, während man am nächsten Tage schon blutige Buttenbestandteile fand.

Vor der Leichenöffnung führte man den Alois Zaschka zu den sterblichen Überresten seiner Frau, ohne jedoch in dem Trunkenbold eine Bewegung zu erzielen. Er blieb vollständig ruhig und erklärte, er wisse von nichts. Die Abgängigkeit der Gattin sei ihm nicht aufgefallen, da sie ihn oft auf mehrere Tage verließ.

Am 10. September gab er dann an, daß Redl ohne sein (Zaschkas) Wissen die Frau im Keller ermordet habe. Redl hätte ihm die Tat selbst gestanden. Er wäre ihr nachgeschlichen, hätte sie erschlagen, zerstückelt und die Teile in zwei Butten gesteckt. Darüber sei er (Zaschka) derart erschrocken gewesen, daß er fortan nichts anderes getan habe als gesoffen, um seinen Gram zu betäuben. Am folgenden Tag habe ihm dann Redl erzählt, daß er die „Leich' forttragen und in den Graben geschmissen" hätte.

Diese Angaben wurden dem Mithäftling Redl vorgehalten, welcher darüber in großen Zorn geriet und den Zaschka als den alleinigen Mörder bezeichnete. Aus den vormals so guten Freunden wurden plötzlich die erbittertsten Feinde. Zaschka mußte infolgedessen in seinem Geständnisse ebenfalls weitergehen und räumte am 21. September ein, daß er den Leichnam gemeinsam mit Redl aus dem Hause getragen hatte. Zunächst hätten sie ihn im Weinberg begraben, sie waren aber besorgt, daß der Käufer des Weinberges die Tote finden könne. Deshalb gruben sie die Körperteile wieder aus und schafften sie in zweimaligem Transport in den „Wolfsgraben". Die Tat habe er mit Redl nicht verabredet, und sei er bei derselben gewiß nicht anwesend gewesen.

Das genaue Gegenteil erzählte er aber einem Zellengenossen, dem er von dem Vertrage Mitteilung machte, und gestand, daß er seine Frau in den Keller gelockt habe, wo sie Redl erschlagen habe. Er habe sie zerstückeln geholfen. Als er die „Kanaille" tot gesehen habe, wäre er derart wütend geworden, daß er sie noch mehr hätte „tranchieren" wollen.

Anderen zwei Zellengenossen gegenüber rühmte er sich, wie gut er sich verstellt habe, ferner sagte er ihnen, daß er den Redl für die Mithilfe reich beschenkt und auch einen Wechsel desselben akzeptiert habe.

Redl wälzte jede aktive Schuld auf Zaschka, den er am 9. August „...ganz blutig" angetroffen hatte. Zaschka rief ihm sogleich zu, daß er „die Alte erschlagen" habe, worüber er (Redl) entsetzt gewesen sei. Sein Freund führte ihn jedoch in die Küche, gab ihm Wein und bedrohte ihn am Leben, wenn er ihm nicht die zwei vorbereiteten Butten wegtragen helfe. Infolge der Angst und des Weingenusses habe er eingewilligt und begleitete den Zaschka am kommenden Tage in den Weinberg.

Die gemeinsame Wegschaffung der Leiche erschien allerdings durch Zeugen erwiesen, welche den beiden Männern auf dem Wege begegnet waren.

Die Verhandlung gegen das saubere Freundespaar begann am 2. Jänner 1871 vor einem Strafsenat unter dem Vorsitze des Landesgerichtsrates Pickher, dem die Räte Kubasta und Gernerth, der Sekretär Lorenz und der Adjunkt Managhetta als Votanten zur Seite standen. Als Ankläger trat Substitut Stöger auf, als Verteidiger erschienen die Doktoren Eirich und Berg.

Zaschka, ein vierzigjähriger, kräftiger Mann, in Nußdorf geboren, präsentierte sich als der Typus eines versoffenen Weinhauers. Der Zweitangeklagte war 37 Jahre alt, aus Hohenau (Böhmen) gebürtig, in Gmünd wohnhaft und sah sehr angegriffen aus, woran hauptsächlich ein Brustleiden die Schuld trug.

Das Einzelverhör der beiden brachte nichts Neues, interessant gestaltete sich dagegen die Gegenüberstellung. Zaschka, vom Präsidenten hiezu aufgefordert, schleuderte dem Redl wiederholt die schwere Beschuldigung ins Gesicht, worauf Redl mit Pathos ausrief: „Kaiserlicher Herr Hofrat, ich kann nichts anderes sagen, als daß er die Frau Zaschka umgebracht hat."

Zaschka (erregt): „Haben sie mich nicht auch bestohlen?" Redl (pathetisch): "Zaschka, vergessen sie nicht: wir haben einen Gott." Zaschka (geringschätzig): „Sie?! Einen Gott?! Wenn sie einen Gott hätten, würden sie meine arme Frau nicht erschlagen haben."

Präs. (scharf): „Wer hat es also getan?" Zaschka: „Der Redl". Redl: „Der Zaschka! Da kann er sagen, was er will".

Von den Zeugen, welche die Resultate der Untersuchung bestätigten, heben wir die Aussage der Frau Scheinast hervor, die angab, daß ihre ermordete Schwester in der letzten Zeit stets von Todesahnungen geplagt war und sagte, die beiden würden ihr noch einmal was antun, wenn sie in den Keller gehe.

Dann traten verschiedene ehemalige Mithäftlinge auf, denen Zaschka mit großem Zynismus alle möglichen Details erzählt hatte, wobei er sich als Hauptschuldigen bezeichnet und angegeben hatte es habe sich ihm hauptsächlich um die 3.000 Gulden gehandelt. „Hier im Spital", fuhr er fort, „hat man mir die Stückeln zeigt, ich hab' s' glei erkannt und hätt' die Bestie noch mehr zerreißen können. Im strengsten Fall kann i sechs Jahr' kriegen. Wissen S', i hab's so g'macht wie der Graf Jaroschinski, der in die dreißiger Jahr' g'henkt worden is. I hab' g'fressen, g'soffen und.... genug grad' a so wie der Jaroschinski.."

Weg zum Leopoldsberge.
(Nach der Natur gezeichnet von J. J. Kirchner.)

Diese Zeugenaussagen bezeichnete Zaschka nunmehr als Lüge und Erfindung, ebenso die Behauptung seines Bruders, welcher ihm vorhält: „Du hast mir ja auch nach ihrem Verschwinden gesagt, daß du nicht mehr als sechs, sieben Jahre kriegen kannst."

Der Staatsanwalt führte aus, daß er den Redl für den gedungenen Mörder halte, der jetzt nur aus Angst vor dem Galgen leugne. Da das Gesetz zur Verhängung der Todesstrafe aber das Geständnis fordere oder die Überweisung durch Tatzeugen, so könne er bloß lebenslänglichen schweren Kerker beantragen. Anders stehe es mit Zaschka, welcher die Urheberschaft, Entwerfung des Mordplanes und die Bestellung Redls zum Morde teils gerichtlich, teils außergerichtlich gestanden habe. Er verlange daher hinsichtlich dieses Angeklagten die volle Strenge des Gesetzes und beantrage die Verhängung der Todesstrafe.

Nach den Reden der Verteidiger verkündete der Präsident nach längerer Beratung vor einem vielköpfigen Auditorium das Urteil: Beide Angeklagte seien des Meuchelmordes schuldig, und werde Zaschka als der Urheber mit 20 Jahren, Redl als der unmittelbare Täter mit 18 Jahren schweren Kerkers bestraft. Zaschka werde außerdem als erbunfähig erklärt.

Die Angeklagten behielten sich die Bedenkzeit offen, ergriffen jedoch kein Rechtsmittel ...

Alois Zaschka ertrug die Kerkerstrafe sehr schwer. Im Jahre 1876 langte bei dem in der Feldgasse in Grinzing wohnhaften Schwager des Mörders folgender Brief des Häftlings ein:

„Vielgeliebte Schwester und Schwager!

Nach langem Kampfe mit meinem Gewissen nehme ich mir die Freiheit, Euch mit wenigen Zeilen zu belästigen. Ich weiß, daß ich Euch durch den Mord meines Weibes eine unendliche Schande gemacht habe, allein nehmet es nicht so, sondern haltet mich für einen Unglücklichen, den Gott sinken ließ, und der seinem Schicksale, welches ihm bestimmt war, nicht entgehen konnte. Wieviel tausend schlaflose Nächte und entsetzliche Träume habe ich während meiner Haftzeit hier verbracht, wie viel reumütige Tränen vergossen, und was wollte ich alles tun, wenn ich das Geschehene ungeschehen machen könnte. Glaubet mir, ich bin einer der Unglücklichsten, die es geben kann, ich bitte Euch daher, erleichtert mir mein schweres Los durch Verzeihung, damit ich die wenigen Tage, die mir Gott zur Buße hier auferlegt hat, noch leichter verleben kann und schreibt mir wenigstens von Zeit zu Zeit einige Zeilen des Trostes, insbesondere aber, ob meine Mutter noch lebt, wie es Euch allen geht und was dort vorgeht, denn der Hoffnung darf ich mich nicht hingeben, daß ich jemals die Freiheit erlangen werde, denn zwanzig Jahre Strafzeit durchzumachen ist eine Unmöglichkeit, was ihr selbst begreifen werdet. Bisher hat mir mein Doktor von Zeit zu Zeit geschrieben, Ihr wisset, daß sich derselbe ein jedes Schreiben gut bezahlen ließ und wenn ich heute oder morgen meine Augen schließe, gehen diese Auslagen auch für Euch verloren, daher mir ein Schreiben von Freundeshand allein Trost im Unglücke ist. Ich ersuche und bitte Dich, lieber Schwager, nimm Dich um den Prozeß rücksichtlich meiner Besitzung an, damit nicht alles in fremde Hände kommt, denn der Prozeß ist kaum zu verlieren. Ich schließe mein Schreiben in der Hoffnung, daß Ihr mir vergeben und bald schreiben werdet, grüße und küsse meine alte Mutter so auch Euch beide, und verbleibe im Unglücke Euer leidender Bruder und Schwager

Alois Zaschka."

Dem Brief war das „Vidi" der Strafanstaltsdirektion mit dem Beisatze angefügt, daß der Häftling bereits in der dritten Klasse der Gemeinschaftshaft sich befinde und als solcher das Recht habe, allmonatlich ein Schreiben unbedenklichen Inhalts abzusenden, beziehungsweise von Verwandten oder Freunden zu empfangen.

Alois Zaschka wußte nicht, daß seine Schwester mittlerweile gestorben und sein Besitztum um 19.000 fl. zugunsten der Verwandten seiner Frau versteigert worden war. Die Feilbietung war unter dem Schätzungswerte erfolgt, weil die Leute sich scheuten, ein solches Unglücksgut zu erwerben.

㊷
EIN LEBENDER LEICHNAM
1870

Im Walde zwischen Neuwaldegg und Hütteldorf, unweit der „Knödelhütte" nächst dem Kordonschen Wirtshause, suchte der zweiundsiebzigjährige Ziegeldecker Johann Huber am 6. Oktober 1870 nach dürrem Holz. Beim sogenannten "Sonnleitgraben" glitt er plötzlich auf einer Blutlache aus und stürzte einige Meter tief über den Hang hinab. Der Greis erhob sich mühsam und versuchte wieder hinaufzukriechen, da erblickte er einen jungen Menschen, der ohne Rock, Hut und Stiefel im Gebüsch lag und ganz mit Blut bedeckt war.

Johann Huber hob den Kopf des Jünglings ein wenig und nahm wahr, daß derselbe schwer verletzt sei. Der Bewußtlose hatte ein ganz blaues, verschwollenes Gesicht, lebte aber noch, denn er tat einen röchelnden Atemzug bei der Berührung.

Angsterfüllt klomm der Alte über den Hang hinauf und traf den Tagelöhner Mandl, dem er sein schauderhaftes Erlebnis mitteilte. Mandl sagte, daß im Steinbruch soeben eine behördliche Kommission versammelt sei, worauf sich Huber dahin begab. Der dort anwesende Bürgermeister von Ottakring beauftragte sofort den Gemeindediener Franz Weingartner, den Ziegeldecker an den Fundort zu begleiten. Die drei Männer trugen den Verletzten auf den Gehweg und transportierten ihn auf einem Wagen zur Knödelhütte.

Jetzt erst zeigte sich, wie furchtbar der Unbekannte zugerichtet war. Sein Schädel wies schreckliche Verletzungen auf, das Entsetzlichste aber war, daß der auch sonst stark verwundete Körper über und über mit Insekten besät erschien. Aus allen Höhlen und Öffnungen krochen die Würmer und namentlich in den Wunden befanden sich förmliche Brutstätten von Maden und Würmern. Man sah, daß die Maden bis unter die Schädeldecke gewandert waren.

Da nützte kein Waschen und Laben: der Unglückliche gab kein Zeichen des Bewußtseins mehr.

DIE LEGENDÄRE KNÖDELHÜTTE IN HÜTTELDORF

Kommissär Taudinger vom Ottakringer Polizeikommissariat ließ den Patienten ins Allgemeine Krankenhaus bringen und bemühte sich, seine Identität festzustellen, denn Dokumente hatte der Unglückliche nicht bei sich. Der Verletzte schien den besseren Ständen anzugehören. Er hatte zarte, gepflegte Hände und ein sehr intelligentes Aussehen, soweit man dies angesichts des üblen Zustandes, in dem er sich befand, beurteilen konnte.

Daß er überfallen und bis auf das Hemd beraubt worden war, stand außer Zweifel. Es mußte auch ein erbitterter Kampf zwischen ihm und seinem Angreifer stattgefunden haben, denn die Fingernägel an beiden Händen waren gebrochen, die Haut an vielen Stellen zerkratzt und abgeschürft.

Wer war der junge Mann? Und wer der Täter?

Die Polizei nahm die Presse zu Hilfe, doch meldete sich bis 8. Oktober kein Agnoszierungszeuge. Erst an diesem Tage erschien die im 2. Bezirke, Lilienbrunngasse Nr. 18 wohnhafte Wundarztenswitwe Aloisia Brzezina im Spital und bat, den verletzten Jüngling sehen zu dürfen, da sie befürchte, es könnte ihr Sohn, der zwanzigjährige, in Kremsier geborene absolvierte Handelsakademiker August Brzezina sein. Man führte die Frau an das Krankenlager, wo sie unmittelbar darauf ohnmächtig zusammenbrach.

Man wußte also jetzt, wer der Überfallene sei.

Eine Kaufmannsgattin hatte die Zeitungsberichte gelesen und der Wundarztenswitwe, deren Sohn sich vor ein paar Tagen entfernt hatte, um einen Posten anzutreten, nahegelegt, den mit dem Tode ringenden Verwundeten von der Knödelhütte zu besuchen, denn die Beschreibung dürfte auf ihn passen.

Die bedauernswerte Mutter stellte, als sie sich erholt hatte, fest, daß folgendes geraubt worden sei: Ein Herbstüberrock aus grünweißem Stoffe, ein schwarzer Gehrock, ein Jägerhut mit braunschwarzem Bande, ein Paar Stiefletten aus Kalbsleder, zwei auf den Namen August Brzezina lautende Spargesellschaftsbücher aus Kremsier mit einem Guthaben von 200 Gulden, sämtliche Zeugnisse und Dokumente und endlich ein Barbetrag von 25 Gulden.

Frau Brzezina teilte dann weiters folgendes mit: Vor einiger Zeit hatte die „Konstitutionelle Vorstadt-Zeitung" (spätere „Volkszeitung") ein Inserat gebracht, welches lautete: „Es wird ein Wirtschaftsschreiber für ein Landgut mit 500 Gulden Kaution gegen Sicherstellung sofort aufgenommen. Offerten mit genauem Nationale unter E. K. 500 an die Expedition." August Brzezina bot noch am selben Tage schriftlich seine Dienste an und wurde schon für den nächsten Tag von einem Unbekannten in das Gasthaus „Zum graden Michel" in der Teinfaltstraße bestellt. Als Erkennungszeichen sollte der vor sich hingelegte Brief dienen.

Im erwähnten Gasthaus traf er einen etwa 26-jährigen Mann, groß, stark, mit dunklem

KARIKATUR AUS DER SATIRISCHEN ZEITSCHRIFT „KIKERIKI" VOM 17.10.1870 ZUR BEFRAGUNG DES STERBENDEN BRZEZINA DURCH DIE POLIZEILICHE KOMMISSION

Schnurrbart und sehr anständig gekleidet, der angab, er sei Dienstvermittler und suche für den Grafen Nadasdy einen Wirtschaftsschreiber. Als Vermittlungshonorar begehrte er 25 Gulden. Das Gut sei gleich hinter Ottakring gelegen und gewähre einen sehr angenehmen Aufenthalt. Die beiden Männer vereinbarten einen Tag, an welchem die Vorstellung beim Grafen stattfinden solle. Der Vermittler forderte den Handelsakademiker auf, die Kaution gleich mitzubringen. Brzezina nahm nun die genannten Losbücher mit, die der andere aber als wertlos bezeichnete. Der junge Mann kehrte zu seiner Mutter zurück und unternahm Schritte, sein väterliches Erbteil flüssig zu machen. Mittlerweile erhielt er am 30. September wieder einen Brief des Agenten, in welchem eine Zusammenkunft für den 1. Oktober vorgeschlagen wurde. Brzezina möge nebst der Kaution das Honorar von 25 Gulden, sämtliche Dokumente und Zeugnisse sowie alle diesbezüglich erhaltenen Briefe mitbringen. Die letzteren seien notwendig, damit sich der Schreiber vor dem Grafen wegen der von ihm nicht verschuldeten Verzögerung rechtfertigen könne.

August Brzezina ging am 1. Oktober zum Rendezvous und ließ fortan nichts mehr von sich hören. Noch am selben Tag wurde er offenbar von jenem Unbekannten im Wald überfallen, denn der im Allgemeinen Krankenhaus diensttuende Arzt Dr. Naus, welcher die Wunden des Verletzten reinigte, erklärte, daß die Maden von der blauen Fleischfliege stammten und nach ihrer Entwicklung mindestens sechs Tage in den Wunden gelegen haben müßten.

Am 9. Oktober fand sich auf dem Tatorte eine aus dem Landesgerichtsrate Lanser, dem Staatsanwaltsubstituten Zeillner und einem Schriftführer bestehende Kommission ein, welche den Lokalaugenschein vornahm.

Am 12. Oktober wurde der „lebende Leichnam", wie man den Unglücklichen in Wien nannte, gerichtsärztlich untersucht, wobei acht Wunden, zwei an der Stirn, fünf am Hinterkopf, eine am rechten Ohr, dann Brüche am Kehlkopf, ausgedehnte Quetschungen und Blutunterlaufungen der Weichteile im Gesicht und am Hals, zahlreiche Hautabschürfungen an Händen und Vorderarmen sowie eine schwere Gehirnerschütterung konstatiert wurden. Die Verletzungen seien mit einem stumpfen Gegenstand in unleugbarer Tötungsabsicht zugefügt worden und als lebensgefährlich zu bezeichnen. Aus der Beschaffenheit der Wunden sei zu schließen, daß August Brzezina gleichzeitig gewürgt und auf den Hinterkopf geschlagen wurde.

Am 13. Oktober starb der Handelsakademiker um 2 Uhr nachmittags, ohne das Bewußtsein erlangt zu haben. Nur ein einziges mal hatte er die Augen aufgeschlagen, doch sah man, daß ihm jede Orientierung fehle.

Am 9. Oktober hatte die Polizeidirektion eine Belohnung von 200 Gulden zur Ergreifung des Täters ausgesetzt, allein bis zum 19. Dezember konnte man keine sichere Spur finden. Dann setzte die polizeiliche Tätigkeit freilich mit Geschick und Glück ein.

Vorher hatten am 26. Oktober die Holzklauber Franz Regner und Wenzel Schmid, 250 Schritte vom Graben entfernt, unter Laub versteckt den blutbefleckten Überrock Brzezinas, eine Hacke mit einem nicht ganz dazu passenden Stiele, ein Schulzeugnis des Ermordeten und eine Gummischnur gefunden. Kommissär Taudinger stellte fest, daß der Fundort der Platz sei, wo August Brzezina ermordet wurde. Man fand dort auch einige blonde Haare Brzezinas. Die Taschen des Überziehers enthielten die beiden Losbüchel, auf welche der Täter verzichtet hatte, um sich nicht zu verraten. Es waren Einschreibebücher zweier Kremsierer Losgesellschaften, das eine lautend auf Franz Brzezina der "Gesellschaft von der Schießstätte" mit einem Inhalt von 112 Gulden 25 Kreuzer, das andere der "Gesellschaft im Kaffeehause der Witwe Wrbik" mit einem Inhalt von 108 Gulden.

Der Tod von August Brzezina mußte geahndet werden.

Die Art und Weise, wie dies vor sich ging, war ein Meisterstück des Oberkommissärs Appel vom „Zentral-Sicherbeitsbureau", der mit der Lösung des Falles betraut war.

Vor allem trachtete sich Appel, obwohl es damals noch keine polizeiliche Handschriftensammlung gab und auch sonst auf derartige Erkennungsmittel kein besonderer Wert gelegt wurde, in den

Besitz des Inseratenkonzeptes zu setzen. Die „Vorstadt-Zeitung" folgte dasselbe gern aus, und dem Polizeibeamten schien es, als ob die Schrift der eines früher von ihm behandelten Inseratenschwindlers namens Karl Kraus ähnelte. Der Betreffende hatte zwei Jahre vorher eine Gouvernante mit Namen Stengelmann betrogen, war aber derzeit unbekannten Aufenthalts.

Am 18. November erhielt Appel ein anonymes Schreiben von Frauenhand, worin mitgeteilt wurde, daß die Briefschreiberin den Mörder Brzezinas kenne und auch nennen wolle, doch wage sie nicht, ihren Namen preiszugeben, da sie der Mörder mit dem Tode bedroht habe, wenn sie ihn verrate. Der Oberkommissär möge ihr an das „Tagblatt", unter der Chiffre „J. M." eine Nachricht senden. Appel ging sofort darauf ein, doch erhielt er keine Antwort. Die ungenannt sein wollende Dame schrieb erst wieder am 19. Dezember, bot neuerlich ihre Hilfe an und ließ diesmal auch den Namen des von ihr Verdächtigten entschlüpfen: Johann Zohner.

DAS WOHNHAUS DES ERMORDETEN IN WIEN 2., LILIENBRUNNGASSE 18 IN HEUTIGER ANSICHT

Johann Zohner war polizeilich nicht gemeldet. Es wurde erhoben, daß er bis Oktober mit Weib und Kind in Ottakring, Seilergasse Nr. 5 gewohnt hatte, um sich nach Verkauf sämtlicher Möbel in die Heimat abzumelden. Die Familie fuhr dann nach Mährisch-Neustadt, wo die Frau am 8. Dezember starb. Johann Zohner verließ hierauf mit unbekanntem Ziel die Stadt.

Die Untersuchung geriet hier wieder ins Stocken.

Appel fahndete dessenungeachtet nach verschiedenen Richtungen weiter. Er interessierte sich für die in der letzten Zeit verhafteten Inseratenschwindler und stieß dadurch auch auf einen Häftling namens Adolf Böhm, der am 3. November, also einen Monat nach dem Mord, in Margareten dingfest gemacht und dem Landesgericht eingeliefert worden war, wo er am 5. Jänner zu mehrmonatigem Kerker verurteilt wurde. Der Beamte beschloß, diesen Böhm zu verhören und zu fragen, ob er vielleicht jenen Johann Zohner kenne.

Gesagt, getan! - Wie erstaunt war aber Appel, als man ihm im Landesgericht sagte, daß der angebliche Adolf Böhm bei seiner Einlieferung in das Gerichtsgebäude erklärt habe, er heiße richtig - Johann Zohner.

Der Vielgesuchte war glücklich gefunden, und es war dem Oberkommissär nunmehr darum zu tun, die Person der Briefschreiberin zu finden. Er ließ sich zu diesem Zweck den Mann vorführen, befragte ihn um Dinge, die sich auf den eben verhandelten Straffall bezogen und meinte dann so von ungefähr, ob er etwa weibliche Bekannte in Ottakring habe. Nach einigem Besinnen sagte Zohner: „Ach, ich weiß ja ohnehin, wo Sie hinauswollen. Gewiß hat sie wieder was angestellt und will sich auf mich berufen. Ich weiß gar nicht, wie das Weibsbild eigentlich heißt. Einmal nennt sie sich Richter, dann wieder Trost, Megyeri oder auch Beichl. Sie wechselt oft ihre Namen. Ich sage ihnen aber, daß ich mit ihr gar nichts zu tun habe. Nur Privatschriften habe ich ihr aus Gefälligkeit verfaßt."

Appel begab sich in sein Bureau und ließ nachschlagen, wer bei Zohner gewohnt habe. Man hob

die Meldezettel der Volkssängerin Marie Schack (Tochter des Altwiener Volkssängers Kampf) aus, ferner einer Magd Amalia Nestrowitz, nunmehr bei einem Obersten bedienstet, und - merkwürdigerweise auch einer Katharina Beichl. Leider lag eine Neumeldung über sie nicht ein, was begreiflich war, denn gegen sie lief eine Kurrende wegen Diebstahls. Höchstwahrscheinlich hielt sie sich also unter einem falschen Namen in Wien auf.
Der Faden der Untersuchung war nun neuerdings gerissen.
Appel hatte jedoch Glück. Durch Zufall hörte er, daß die Beichl im Polizeigefangenenhaus in der Sterngasse inhaftiert sei. Ein Kommissariat hatte sie eingeliefert, da sie am 13. Jänner bei einem Einbruch in flagranti ertappt worden war, aber vergessen, die Kurrende zu widerrufen, beziehungsweise das Zentral-Sicherheitsbureau zu verständigen.
Der Oberkommissär eilte in das Polizeigefangenenhaus, wo sich die Beichl als Schreiberin beider Briefe bekannte und angab, daß sie den Zohner im vergangenen August kennen gelernt habe. Dieser stellte ihr den Antrag, sie möge mit ihm gemeinsam auf Betrug ausgehen. Unter dem Namen Kraus sei ihm schon Derartiges gelungen. Sie erkannte seine Handschrift sofort und bezeichnete auch die von ihm verwendete Siegelmarke: "„Wehles Zuckerfabrik in Wels" als aus seinem Besitze stammend. Ende September sei er nun an sie mit der Aufforderung herangetreten, ihm bei einem „Hauptschlage" behilflich zu sein. Er beabsichtige nämlich, einen jungen Mann auf den Galitzynberg zu locken und dort zu berauben. Dabei zeigte er ihr eine Hacke. Sie solle ein Stück Eisen mitnehmen. Die Beichl war damit einverstanden gewesen und beide gingen am 1. Oktober in die Teinfaltstraße, wo Zohner den Brzezina aus dem Gasthaus „Zum graden Michel" herausholte. Die Beichl bekam aber Angst und folgte den beiden nicht, die sich über das Glacis gegen die Alservorstadt entfernten. Abends traf sie mit Zohner zusammen. und machte sich auf Vorwürfe gefaßt. Er schalt sie indessen nicht, sondern meinte, er habe sich die Geschichte auch im letzten Augenblicke überlegt und den jungen Mann „draußen stehen lassen". Bald darauf fuhr die Beichl nach Steiermark und verübte dort Gaunereien. Im November kehrte sie nach Wien zurück und las von dem Mord bei der Knödelhütte. Nun fühlte sie Gewissensbisse und schrieb die anonymen Briefe.
Appel wies nun weitere nach, daß die Siegelmarke aus der Lithographischen Anstalt Czermin stammte, in welcher Johann Zohner ehedem bedienstet war. Auch die Hacke wurde als sein Eigentum festgestellt, was die Amalia Nestrowitz angeben konnte, da sie einmal mit diesem Instrument Holz zerkleinert hatte. Maria Schack erkannte wohl nicht die Hacke, aber deren Stiel.
Am 25. April 1871 begann der fünftägige Prozeß Zohner - Beichl. Den Vorsitz führte Landesgerichtsrat Schwarz, als Volanten fungierten die Räte Gernerth, Rohlitschek, Czejka und Lorenz. Für Zohner trat Doktor Singer, für die Beichl Dr. Markbreiter als Verteidiger auf.
„Johann Zohner ist 40 Jahre alt, zu Kaarle in Böhmen geboren, Sohn eines Lehrers. Er hat die Unterrealschule zu Mährisch-Neustadtl besucht, ließ sich mit 16 Jahren zum Linien-Infanterieregiment Nr. 28 assentieren, wo er 15 Jahre, bis 1862 diente. 1859 wurde er wegen Betruges degradiert und mit 14-tägigem Arrest und Eisen bestraft. Nach Erlangung des Abschiedes war er zwei Jahre lang bei seinem Vater als Schreiber tätig. 1864 kam er als Schreiber auf den Wirtschaftshof des Erzherzogs Albrecht, ließ sich jedoch wieder Betrügereien zuschulden kommen und wurde entlassen. Das Bezirksgericht Wiener-Neustadt bestrafte ihn bald darauf mit sieben Tagen strengem Arrest. Hierauf schlägt er sich in Steiermark herum und kommt 1868 nach Wien. Hier findet er beim Siegelfabrikanten Czermin Anstellung, später wird er Aushilfsschreiber der Gemeinde Mauer. 1868 wirft er sich auf den Inseratenschwindel. Er rückt ins „Tagblatt" Annoncen unter dem Namen Karl Kraus ein und wird mit zwei Monaten schweren Kerker bestraft. Am 18. Juli wurde er aus der Strafhaft entlassen, am 15. Dezember steht er abermals unter Anklage, weil er im Vereine mit seiner Geliebten Katharina Beichl das Dienstmädchen Anna Baburek betrog.
Vorher hatten die beiden aber schon das Verbrechen an Brzezina ausgeheckt...."
Über die Beichl sagt die Anklage:

Meine Vorsichts-Maßregeln gegen Raubanfälle,

[...w]enn ich heutzutag' eine Landpartie in die Umgebung von Wien unternehme.

KARIKATUR AUS DEM „KIKERIKI" VOM 17. OKTOBER 1870

„Katharina Beichl machte in frühester Jugend in Pest die Bekanntschaft des Stabswachtmeisters Eduard Richter, dessen Namen sie annahm, als sie ein uneheliches Kind von ihm geboren hatte (1860). Unter „Richter" wurde sie Kammerjungfer bei den Gräfinnen Szapary und Zichy, endlich bei der Baronin Orczy. 1869 lernte sie in Wien den Gardewachtmeister Anton Trost kennen. Sie hatte Ersparnisse und verausgabte mit dem Geliebten bis 1870 alles, was sie besaß. Dann wurde sie Verbrecherin. Die Polizei griff sie aber erst heuer auf, da sie immer unter anderem Namen in der Welt herumzog."

Johann Zohner erklärt sich für nichtschuldig. Die Beichl sieht er nur ein einzigesmal an, und zwar mit einem wütenden Blick. Er erzählt, daß er im Winter 1870 mit Weib und vier Kindern bitterste Not gelitten habe. Er konnte keinen Posten finden, während die Frau trotz fleißiger Arbeit täglich nicht mehr als 30 oder 40 Kreuzer verdiente. Davon mußten sechs Personen leben. Dies habe ihn zum Betrüger gemacht. Als er freigelassen wurde, sei die Gattin tot gewesen und drei der Kinder folgten ihr bald nach. Das vierte befinde sich bei seiner Schwiegermutter in Wiener Neustadt.

Der Präsident benützt die weiche Stimmung des Angeklagten zu der plötzlichen Frage, ob er nun gestehen wolle. Zohner leugnet jedoch weiter und sagt, er wisse dies alles aus der Zeitung. Die Beichl habe sich wahrscheinlich nur die ausgesetzte Belohnung verdienen wollen. Alle Vorhalte nützen nichts, der Angeklagte verharrt auf seinem Standpunkte.

Anders die Beichl. Sie sagt ihm alles ins Gesicht und beschönigt nichts. Nach Erörterung ihres Vorlebens, welches ein wahres Vagabundenleben genannt zu werden verdient, sagt der Präsident zur Angeklagten: „Nun haben sie auch noch einen Menschen auf dem Gewissen."

„Ich hab' ja nicht geglaubt, daß er es ausführen wird" antwortet sie darauf mit gesenktem Blick.

Der Staatsanwalt beantragte für Zohner wegen „meuchlerischen Raubmordes, ferner wegen teils vollbrachten, teils versuchten Betruges" lebenslangen Kerker. Das Urteil fiel indessen milder aus. Johann Zohner wurde nämlich zwar in vollem Umfange für schuldig befunden, aber nur zu 20 Jahren schweren Kerkers verurteilt, verschärft jeden Monat durch einen Fasttag, jedes Quartal durch einmalige Dunkelhaft. In den Entscheidungsgründen führte das Gericht aus, daß die Verhängung eines lebenslänglichen Kerkers bei dem Alter des Angeklagten nicht in den Intentionen des Gesetzgebers gelegen wäre.

Katharina Beichl wurde nach dem höheren Strafsatze (Schaden über 300 Gulden) zu zwei Jahren schweren Kerkers verurteilt.

WEIBLICHE GEFANGENE IM POLIZEIGEFANGENENHAUS IN DER STERNGASSE

43

IM LIEBESWAHNSINN
1871

Man macht der modernen Psychiatrie vielfach den Vorwurf, daß sie der Justiz allzuhäufig in den Arm falle. Dies mag ja vom Standpunkte der Aufrechterhaltung der öffentlichen Ruhe und Ordnung begründet sein, zumal die Irrenärzte gegenwärtig noch stark im Dunkeln tappen. Anderseits lehrt aber das Studium der alten Kriminalprozesse, daß die Ignorierung pathologischer Zustände am deutlichsten das römische Sprichwort zu Ehren bringt: „Summum jus summa injuria", das heißt: „Zur höchsten Ungerechtigkeit wird das Recht, wenn es auf die Spitze getrieben wird".

Der hochaufgeschossene Jüngling mit breiter, hoher Stirne, scharf geschnittenen Gesichtszügen, dunkelblonden Haaren, Schnurrbartanflug und mäßigem Backenbarte, welcher am 18. Februar 1871 an der Seite eines k. k. Justizsoldaten vor einem unter dem Vorsitze des Landesgerichtsrates Schwarz tagenden Strafsenat in eleganter Kleidung und strammer Haltung hintrat, hatte das Wiener Publikum einen Monat vorher allerdings durch eine furchtbare Bluttat empört; daß dieser Angeklagte aber ein geistig abnormales Individuum war, darüber kann heute kein Zweifel obwalten. Sein Schicksal wäre auch sicherlich ein anderes gewesen, wenn er seine Tat ein halbes Jahrhundert später zur Ausführung gebracht hätte.

Die hochfahrende Art, wie er sich niederließ, würde heute allein schon den Gedanken an eine Geisteskrankheit erwecken, welche jugendliche Personen im Alter von 17 bis 27 Jahren befällt und „Erotomanie", zu deutsch: „Liebeswahnsinn" heißt. Wenn sich das Leiden auch nicht immer in Tobsuchtsanfällen äußert, ja vielmehr in den verschiedensten Abstufungen vorkommt, so gibt doch eine erhöhte Erregbarkeit, gereizte Stimmung, ein unbezwinglicher Tätigkeitsdrang, vor allem aber die phantastische Selbstüberschätzung, mit welcher der Patient rücksichtslos die Durchsetzung seiner sexuellen Pläne erstrebt, Zeugnis von seinem Vorhandensein.

DER TATORT DES FALLES SAMEK, DAS HAUS WIEN 2., TABORSTRASSE 43 IN HEUTIGER SICHT (1999)

Alle diese Merkmale waren bei unserem Angeklagten scharf ausgeprägt, über den der Staatsanwalt folgende Anklageschrift verlesen ließ:

„Emanuel Samek lernte vor zwei Jahren die 16-jährige Katharina Springer, Tochter der Trödlersleute Rudolf und Johanna Springer, kennen und entbrannte zu ihr in leidenschaftlicher Liebe. Im Herbste desselben Jahres zeigte er der Mutter an, daß er ihre Tochter zu ehelichen beabsichtige. Ungeachtet er von der Mutter eine ausweichende Antwort erhielt und ersucht wurde, seine Neigung ihrer Tochter nicht zu verraten, begann er brieflich und mündlich seine Bewerbungen um deren Zuneigung. Das Mädchen empfand keineswegs Gegenliebe und nur auf Zureden ihrer Mutter und wegen des anfänglich anständigen Benehmens ließ sie sich die zudringlichen Werbungen gefallen.

Bald erfaßte sie unbezwingliche Abneigung und sie verreiste deshalb im Sommer 1870 auf einige Wochen von Wien, um Samek auszuweichen. Nach ihrer Rückkunft setzte Samek, ungeachtet er kein Entgegenkommen fand und die Eltern der Springer kein Mittel unversucht ließen, ihn fernzuhalten, seine Besuche im Hause Springer und seine Bewerbungen fort, bis ihm schließlich Ende August 1870 wegen seines brutalen Benehmens gegen Katharina Springer der Zutritt ins Haus verboten wurde.

Trotzdem belästigte Samek sowohl das Mädchen, als auch die Eltern, lauerte dem ersteren auf und verfolgte Katharina Springer bei ihren Gängen auf höchst zudringliche Weise.

Am 22. August 1870 versetzte Samek der Katharina Springer einen Schlag ins Gesicht, weil sie sich weigerte, sich als seine Verlobte in den öffentlichen Blättern ankündigen zu lassen. Am 20. Oktober spuckte er der Katharina Springer in das Gesicht, als sie eben von einem Kunden ihres Vaters aus dessen Gewölbe nach ihrer Wohnung begleitet wurde und veröffentlichte den Vorfall im „Tagblatt".

Am 28. Dezember schrieb er der „Kathi" und drückte ihr in diesem Schreiben seine Verachtung aus.

Am 14. Jänner d. J. erschien Samek in der Früh um halb neun Uhr am Gange vor der im 2. Stockwerke befindlichen Wohnung, der Eheleute Springer, 2. Bezirk, Taborstraße Nr. 43, und begehrte fruchtlos die Kathi zu sprechen. Um dreiviertel neun Uhr erschien er im Gewölbe und erklärte der Mutter, daß er seinen Dienst bei Frau Adele (photographisches Atelier) gekündigt habe, daß er verreise und wünsche, Kathi vorher noch zu sprechen. Johanna Springer suchte ihm dies vergeblich auszureden. Endlich erschien er am selben Tage um elf Uhr vormittags in der im selben Hause befindlichen Schneiderwerkstätte des Rudolf Springer und forderte abermals, seine Abreise vorschützend, dringend eine Unterredung mit Kathi unter vier Augen.

Während der Vater den Samek zu bewegen suchte, von dem zwecklosen Vorhaben abzustehen, bewog die Mutter, um der Szene ein Ende zu machen, die Kathi, aus der Wohnung in die Werkstätte zu kommen.

Katharina Springer gab ihrer Entrüstung über die Zudringlichkeit Sameks Ausdruck, erklärte, mit ihm allein nicht sprechen zu wollen, da sie kein Geheimnis habe, und blieb trotz der wiederholten Bitten Sameks bei ihrer abweisenden Haltung, indem sie bemerkte, daß sie geschiedene Leute seien.

Während dieses eine Stunde währenden Gespräches stand das Mädchen an einer Nähmaschine. Zu beiden Seiten von ihr saßen die dort beschäftigten Schneidergehilfen und auf einem links vom Eingange befindlichen Tafelbette der Vater. Die Mutter befand sich mit der Magd beim Ofen nächst dem Eingange. Samek stand in der Mitte des Lokals an einem Zuschneidetische.

Plötzlich ging Samek um den Tisch, spannte im Sack den Hahn einer doppelläufigen Hinterladepistole, die er im rechten Sacke des Rockes versteckt hielt, zog während des Vortretens, von allen Anwesenden unbemerkt, die Pistole heraus und feuerte aus derselben nach dem Kopfe der kaum einige Schritte von ihm entfernt stehenden Katharina Springer einen Schuß ab. Diese fiel sofort tödlich getroffen zu Boden.

Rudolf Springer und der Schneider Kolluschek stürzten sich auf Samek, der die Pistole in der Hand hielt, fielen ihm in den Arm, und während sie ihm solche zu entwinden suchten, entlud sich ein zweiter Schuß gegen den Plafond, und wurde das daselbst abgeprallte, plattgedrückte Projektil gefunden.

Die Hilfe des herbeigeholten Dr. Wilhelm Mayer war umsonst; nach wenigen Minuten hatte Katharina Springer ihr Leben ausgehaucht.

Nach dem gerichtsärztlichen Gutachten hat Katharina Springer, wie die in der Haut eingesprengten Pulverkörner zeigten, eine aus großer Nähe beigefügte Schußverletzung in die linke Schläfengegend und dadurch eine Durchlöcherung der linken Stirnbein-Schuppenhälfte am Keilbeinwinkel mit bedeutendem Blutaustritt unter die harte Hirnhaut erlitten und ist infolge dieser Verletzung gestorben. Die dem Samek abgenommene Pistole, nach dem System Lefaucheux, hat zwei drei Zoll lange Läufe und mißt mit dem Schafte sieben Zoll und wurde, wie Samek gesteht, am Tage vor der Tat in der Waffenhandlung Krebs in der Wollzeile gekauft.

Nach allem wurde der Mord auf eine Art und unter Umständen verübt, welche Vorsicht und Verteidigung unmöglich machten, also tückischerweise: er ist demnach ein Meuchelmord.

Samek, zu Nadas in Ungarn geboren, 23 Jahre alt, ist der Sohn armer, ungarischer Israeliten, kam 1866, nachdem er in Preßburg die Ober-Realschule absolviert hatte, nach Wien, frequentierte die Malerschule der hiesigen Akademie der bildenden Künste, trat am 21. Februar 1869 als Einjährig-Freiwilliger in das k. k. Linien-Infanterie-Regiment Nr. 72, avancierte zum Vizekorporal und wurde am 31. Dezember in die Reserve desselben Regimentes versetzt. Nach seinem Austritte aus dem aktiven Militärdienste trat er Anfang April 1870 in die Dienste der Hofphotographin Adele. Anfangs versah er den Dienst eines Retuscheurs, später den eines Buchhalters.

DAS RENOMMIERTE GASTHAUS „ZUR REBLAUS" IN DER OBER AUGARTENSTRASSE, WO SAMEK DEN MORD AN KATHERINA SPRINGER VORBEREITET HATTE, IN HEUTIGER ANSICHT (1999)

Samek gesteht, die Katharina Springer getötet zu haben, treu seinem Vorsatze, entweder vereint mit ihr glücklich zu werden oder, wenn dies nicht möglich, sie und sich zu töten, ohne jedoch bis zum Tage der Tat über die Art der Ausführung seines Vorhabens sich klar gewesen zu sein.

Er gesteht, die bezeichnete Waffe gewählt zu haben, weil sie ihm zur Ausführung der am 13. November beschlossenen Tat am geeignetsten erschien, da sie zwei sichere Schüsse gebe, und ein Revolver schon deshalb unpraktisch gewesen wäre, weil er nach seiner Ansicht zu viel Raum einnimmt, daher die Verübung eines tückischen Anfalles erschwert. Er gesteht, am 13. Jänner die Patronen, deren er 50 Stücke kaufte, probiert und die Pistole am 14. Jänner früh in einem dem „Bayerischen Hofe" gegenüberliegenden Kaffeehause geladen zu haben. Er gesteht die Tat, doch behauptet er, der entscheidende Entschluß sei ihm erst in dem Augenblicke gekommen, als ihn die Katharina nicht etwa durch bloße Abweisung auf das äußerste brachte und ihn verhöhnte.

Als er Katharina Springer zu Boden fallen sah, habe er sich selbst mit dem zweiten Schusse töten wollen, sei jedoch daran gehindert worden.

Die Absicht Sameks, die Katharina Springer zu töten, geht aber auch aus früher von ihm gemachten Äußerungen unzweifelhaft hervor, denn zur Mutter der Ermordeten sagte er: Nur er und kein anderer dürfe die Kathi besitzen, wenn sie einen anderen nähme und ihm untreu würde, werde er sie umbringen. Zum Vater der Getöteten äußerte er Wochen vor der Tat: „Ihre Tochter hat mir einen Verweis gegeben. Sie wird nie einen Mann bekommen."

Erwiesen ist endlich, daß Samek sechs Wochen vor der Tat der Katharina Springer zurief: „Ich lasse dir noch zwei Jahre Zeit und werde dich, wenn du dich auch dann noch meinem Willen nicht fügst, erschießen." Zu einem Fräulein Katharina Fehl endlich sagte einstmals Samek: „Ich muß die Kathi bestrafen." Und als jene entgegnete. „Sie haben sie ja ohnehin geohrfeigt und ihr ins Gesicht gespuckt", antwortete Samek: „Das ist nicht genug. Wenn sie sich in zwei Jahren nicht ändert, erschieße ich sie."

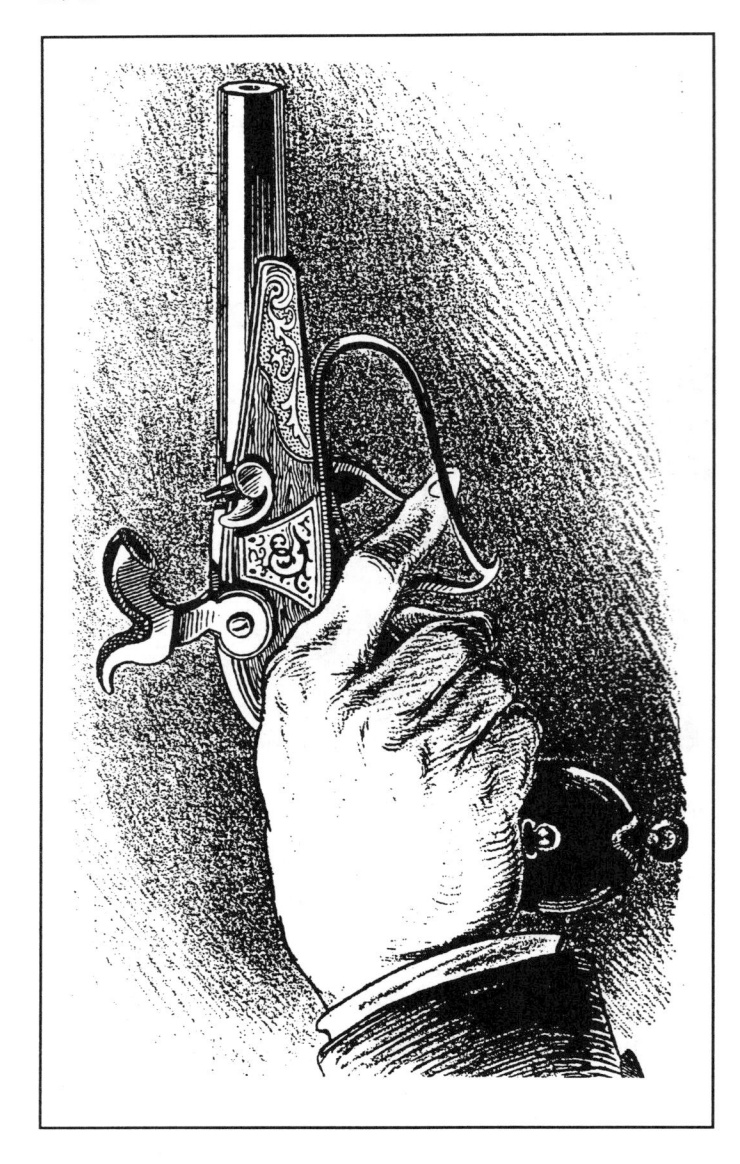

Samek erscheint sonach rechtlich des Verbrechens des Meuchelmordes beschuldigt und bezüglich des Besitzes der Pistole der Übertretung des Waffenpatentes."

Der Angeklagte, welcher bei seinem Eintritt in den Gerichtssaal das Auditorium mit einem strengen, selbstbewußten Blick gemessen hatte, um dann eine ganz gleichgültige Miene zur Schau zu tragen, verantwortet sich mit großer Ruhe. Aus seinen Zügen spricht unbeugsame Herrschsucht und Verachtung aller Faktoren, die sich seinen Ansichten widersetzt haben oder gegenwärtig noch widersetzen. So fällt er dem Präsidenten, der das Verhör mit ihm beginnen will, mit der Bemerkung ins Wort: „Ich glaube, es wäre besser, wenn zuerst die Vernehmung der Zeugen erfolgen würde." Auf die Entgegnung des Vorsitzenden, daß dieser Vorgang ein ungesetzlicher wäre, erwiderte er gleichgültig: „Ist mir auch recht."

Erst über wiederholte Aufforderung des Präsidenten erzählt er unwillig. „Ich bin durch Verwandte in das Haus der Springer gekommen und habe meine Besuche über Einladung der Frau Johanna Springer wiederholt. Ich war damals Einjähriger und habe mich um die Kathi gar nicht gekümmert, weil ich glaubte, sie sei mit ihrem Cousin verlobt. Ich fand aber, als ich nach längerem Ausbleiben wieder einmal kam, daß ich dem Mädchen nicht gleichgültig sei. Als ich ihr meine Liebe gestand, wies sie mich zwar ab, ihre Mutter teilte mir jedoch mit, daß sie mich dennoch liebe."

Auf den Vorhalt des Präsidenten, daß die Zeugen behaupten, das Mädchen habe nicht nur keine Gegenliebe empfunden, sondern auch keine Gelegenheit versäumt, ihm die Abneigung zu zeigen, hat Samek nur ein spöttisches Lächeln.

Die Tat am 14. Jänner gibt er mit höchstem Gleichmute zu, nur sagt er, daß er die zweite Kugel für sich vorbereitet hatte.

Präs.: „Es heißt, sie hätten reichlich Gelegenheit gehabt, sich zu töten, wenn es ihr Ernst gewesen wäre?"

Angekl.: „Ich konnte den zweiten Hahn im Sacke nicht spannen, und später hatte ich nicht mehr die Zeit dazu. Auch kannte ich nicht die Wirkung der Pistole und es war mir daher interessant, die Kathi stürzen zu sehen."

Der Vorsitzende verliest sodann den Obduktionsbefund und knüpft die Konstatierung daran: „Im Laufe der Untersuchung haben sie an diesem ärztlichen Befunde ausgestellt, daß man daraus nicht ersehen könne, ob ihr unglückliches Opfer seine Unschuld bewahrt habe."

Angekl.: „Das tut mir leid."

Präs.: „Ich unterlasse es, zu dieser ihrer Äußerung irgendeine Bemerkung zu machen."

Nach Schluß des Beweisverfahrens beantragte der Staatsanwalt den Schuldspruch wegen Meuchelmordes und Verurteilung zum Tode durch den Strang. Der Verteidiger Dr. Edmund Singer bat unter sichtlicher Erregung in sehr ergreifender Weise um Umwandlung der Todes- in eine Freiheitsstrafe, wenn Samek nicht, wie er es nach seinem seelischen Zustande verdiente, freigesprochen werden sollte. Der Anwalt wies auf die abnormale geistige Veranlagung seines Klienten hin, welcher Anschauung der Gerichtshof indessen nicht beipflichtete. Das Urteil lautete auf Tod durch den Strang.

Auf die Frage des Präsidenten: „Haben sie gegen das Urteil etwas einzuwenden?" antwortet der Angeklagte ganz ruhig: „Ich habe gegen die Todesstrafe gar nichts einzuwenden und überlasse es vollständig meiner Familie, ob sie dagegen berufen will oder nicht."

Das Todesurteil erweckte in Wien trotz des nicht sehr sympathischen Wesens des Angeklagten Widerspruch. Am 24. Februar begab sich die Mutter Sameks zum Kaiser in Audienz. Schluchzend warf sie sich dem Monarchen zu Füßen und bat um Gnade. Der Kaiser spendete der Frau tröstende Worte und versprach ihr, das Urteil nach Möglichkeit abzuändern. Dies konnte um so leichter geschehen, als auch die Mutter der getöteten Katharina Springer unter dem Drucke der Öffentlichkeit ein Gnadengesuch für Samek einbrachte. Diesem blieb daher die Schande erspart, für sein Verbrechen den Galgen besteigen zu müssen.

㊹
DER BRIEF DER GELIEBTEN
1871

Der Einspännereigentümer Kaminski hatte in seinem Hause, Hernals, Josephigasse 44 (heute Beheimgasse), einen Pferdestall, welchen ein dort wohnhafter Bäcker mitbenutzte. Dieser begab sich am 12. März 1871 abends, um nachzusehen, zu seinem Pferde und fand alles in Ordnung. Als er aber um 6 Uhr morgens wieder erschien, stieß er mit dem Fuß an einen Körper: es war der blutige Leichnam einer Frau.

Da der Kopf derselben gräßliche Verletzungen aufwies und die Leiche ganz nahe bei den Pferden lag, so war der Bäcker der Meinung, daß die Unbekannte durch einen Hufschlag ihr Leben eingebüßt habe.

Hausleute waren rasch zur Stelle, die in der Toten eine im 1. Stockwerke wohnhafte Witwe namens Marie Naderer erkannten. Sie erzielte als Wäscherin einen guten Verdienst und hatte gemeinsam mit ihrem Geliebten, dem Feuerburschen Josef Hofstätter, durch Fleiß und Sparsamkeit schon ein hübsches Sümmchen erspart. Man sprach von 350 Gulden, schönen Pretiosen und einer wertvollen Ausstattung.

Kommissär Taudinger vom Polizeikommissariate Ottakring fragte daher mit Recht, was die Frau im Stall zu suchen hatte.

Darauf wußten die Wohnparteien freilich auch gleich Bescheid. Frau Naderer hielt es nämlich mit der Treue nicht allzu genau und erfreute einen bei Kaminski angestellten Stallburschen namens Leopold auffallend mit ihrer Gunst. Man sah sie noch am 11. März, also einen Tag zuvor, in seiner Gesellschaft. Der Bursche, welcher erst seit vier Monaten im Hause bedienstet war, und zwar laut Heimatscheines und Zeugnisses unter dem Namen Leopold Skala, wurde von Frau Naderer alsbald in die Wohnung gerufen, wo er ihr bei der Arbeit helfen mußte. Hofstätter, mit dem die Witwe schon durch sechs Jahre im gemeinsamen Haushalt lebte, war damit begreiflicherweise nicht einverstanden und suchte ihr den „schmutzigen Stallpagen" auszureden. Marie Naderer verstand es jedoch, den Feuerburschen zu beschwichtigen, und so kam Skala zu jeder Tageszeit ungehindert zu ihr. Am Abend vorher saß er, während die Wäscherin bügelte, beim Fenster ihrer Wohnung und las die Zeitung. Als Hofstätter heimkehrte, empfahl sich der Rivale und ging in ein nahegelegenes Gasthaus.

Frau Naderer war damit gar nicht zufrieden, denn der alte Geliebte vermochte sie nicht mehr zu unterhalten. Sie stand daher bald auf, holte den Stallpagen vom Wirtshause ab und arrangierte eine Kartenpartie zu dritt. Um neun Uhr erhob sich Skala jedoch von neuem und entfernte sich, nachdem ihm die Naderer insgeheim den Wohnungsschlüssel zugesteckt hatte.

Bis zehn Uhr abends sah ihn niemand mehr, also war er nach Torsperre ins Haus zurückgekehrt, und als ihn jetzt der Kommissär vernehmen wollte, zeigte es sich, daß Leopold Skala überhaupt verschwunden war.

Der Grund seines Verschwindens war bald festgestellt.

Die behördlichen Organe fanden nämlich, daß die Kopfverletzungen der Leiche mit einem scharfrandigen Instrument zugefügt waren, und bei weiterem Nachsuchen entdeckte man unter Heu versteckt eine blutige Hacke.

Marie Naderer war also keinem Unfall zum Opfer gefallen, sondern ermordet worden.

Auch über das Motiv war man sich bald im klaren: zwei Kästen waren erbrochen und durchwühlt worden. Der Liebhaber Nr. 2 hatte demnach zweifellos einen Raubmord verübt.

Rätselhaft blieb nur der Umstand, warum die Witwe in den Stall gegangen war. Die Wohnungstür stand offen, die Betten unberührt, Skala mußte sie also vor dem Schlafengehen abgeholt haben.

Eine Erklärung lag allerdings darin, daß Skala seine Absicht ungehindert im Stall ausführen konnte, da man dort nichts hörte und keine Überraschung zu fürchten hatte.

Das Kommissariat Ottakring unter der Leitung des Polizeirates Roth trachtete nunmehr, des flüchtigen Leopold Skala habhaft zu werden. Man telegraphierte in seine Heimat und stellte überall, wo er zu verkehren pflegte, Erhebungen an. Da meldete zur großen Überraschung ein Zivilwachmann, daß Skala seit zwei Tagen krank im Wiedener Spital liege und unmöglich der Täter sein könne.

Und doch war seine Aussage sehr wertvoll. Er erzählte nämlich, daß ihm am 30. November 1870 von seinem damaligen Arbeitskollegen, dem Lohnkutscher Leopold Schweinhammer, die Dokumente gestohlen worden seien. Beide waren damals bei der Lohnkutscherswitwe Sauer im 7. Bezirke als Stallburschen in Stellung. Skala hatte die Anzeige beim Polizeikommissariate Neubau erstattet. Trotzdem war es durch ein Versehen dem Schweinhammer möglich, in Hernals unbehelligt als „Leopold Skala" zu leben.

Hofstätter erhielt erst durch die Zeitung von dem Mord Kenntnis. Er hatte die Witwe infolge der ihn beleidigenden Kartenpartie verlassen. Nun eilte er herbei und gab der behördlichen Kommission, die einen neuerlichen Augenschein vornahm, an, daß folgendes geraubt worden sei: 70 Gulden Bargeld, eine goldene Uhr und einige Gewänder. Ein Sparkassenbuch mit 271 Gulden, eine Perlenschnur, Ringe, Ohrgehänge und anderer Schmuck wurden in den Kästen vorgefunden.

DAS HAUS BEHEIMGASSE 44 IN WIEN-HERNALS IN HEUTIGEM ZUSTAND

Oberkommissär Appel vom Zentral-Sicherheitsbureau nahm die Suche nach Schweinhammer in die Hand. Es gelang ihm festzustellen, daß derselbe die Tat seit langer Zeit geplant hatte. Schweinhammer genoß bei den Kutschern, die ihn „Murl" nannten, einen schlechten Leumund. Aus den Gesprächen der Naderer mit Hofstätter hatte er offenbar entnommen, daß das Paar Ersparnisse besitze.

Oberkommissär Appel konstatierte übrigens nach Zuziehung eines Bruders der Naderer, daß mehr an Wertsachen fehle. Gleichzeitig drängte sich in ihm der Argwohn auf, daß auch „Schweinhammer" ein falscher Name sei. Es wurden daher große Streifungen veranstaltet, bei denen ungezählte Individuen unter dem Verdacht der Täterschaft festgenommen wurden.

Nach acht Tagen emsiger Suche gelang es endlich, eine richtige Spur zu finden. Das Polizeikommissariat Innere Stadt kundschaftete nämlich jenen Einspänner aus, mit dem der Mörder in der kritischen Nacht gefahren war. Schweinhammer hatte den Wagen beim Kaffeehaus „Walhalla" in der Währingerstraße wo er bis in die späte Nacht zechte, aufgenommen. Er ließ sich zu einer Kaffeeschänke in der Leopoldstadt fahren. Dort mußte der Kutscher bis drei Uhr früh warten. Dann händigte ihm Schweinhammer drei Gulden mit dem Bemerken ein, daß er ihn nicht mehr brauche, da er mit der Nordbahn wegfahre.

Das bedeutete natürlich einen wichtigen Schritt vorwärts.

Weit wichtiger war aber eine andere Entdeckung, welche Organe des Zentral-Sicherheitsbureaus machten. Sie eruierten, daß der Täter durch neun Monate bei einem Bäcker in Lainz gearbeitet hatte. Dieser Bäcker war leider nicht zu finden, allein andere Auskunftspersonen sagten aus daß Schweinhammer wahrscheinlich mit dem aus Feldberg gebürtigen Matthias Hauer identisch sei, denn so hatte ihn seine Geliebte damals in einem Briefe genannt.

Die Polizei ersah aus den Fahndungsblättern, daß ein Matthias Hauer von seiner Heimatbehörde wegen Betruges verfolgt werde und hatte so eine triftige Erklärung für die Benützung der falschen Namen.

Die gerichtliche Obduktion ergab, daß Marie Naderer 13 Hiebe erhalten hatte, davon einige mit der Schneide, die meisten aber mit dem Rücken des Instrumentes, so daß die Knochenstücke ins Gehirn drangen.

Die Wiener Polizei arbeitete rastlos weiter. Sie erfuhr, daß Skala-Schweinhammer-Hauer tatsächlich mit der Nordbahn weggefahren sei und sich derzeit in Voitelsbrunn, einem Dorfe zwischen Nikolsburg und Feldsberg in Südmähren, aufhalte. Am 17. März machten sich Oberkommissär Appel und Kommissär Taudinger auf die Reise nach Lundenburg, wo jene Geliebte derzeit wohnen sollte. Die beiden Sicherheitsorgane trafen das Mädchen an und hörten von ihm, daß Hauer bei seinen Eltern in Voitelsbrunn weile. Er hatte sich von Wien direkt heimbegeben wo er dem Vater Kleider und Wäschestücke schenkte und angab, er wolle sich in Brünn assentieren lassen. Der Vater Hauers, welcher Gemeindebote in Voitelsbrunn war, erhob vergeblich dagegen Einspruch. Der Sohn reiste am 16. März nach Brünn, wurde aber sogleich beurlaubt, weshalb er wieder nach Voitelsbrunn zurückkehrte.

Die Wiener Kommissäre waren überzeugt, daß Hauer der Täter sei und in der Meinung, daß man ihn bei den Kaiserlichen umsoweniger finden werde, als man ja seinen wahren Namen nicht kenne, Zuflucht zum Militär genommen habe. Sie teilten ihre Verdachtsmomente dem Ortsvorstande mit und schritten dann zur Verhaftung.

Hauer erschrak nicht wenig, als die Kommissäre mit zwei handfesten Zivilwachleuten ins Zimmer traten. Er machte daher auch nicht viele Umstände und gestand den Mord ein. Er habe die Naderer, gegen welche er von allem Anfange an ein Attentat plante, in den Stall gelockt und mit der Hacke erschlagen. Hierauf machte er sich in zynischer Weise über das verliebte Frauenzimmer lustig und bedauerte, daß sich der günstige Moment so spät ergeben habe.

Da er keine eigenen Kleider besaß, mußte man ihm die geraubten Kleider am Leibe lassen. Er hatte bis auf 39 Gulden die ganze Beute verlumpt.

Von ihrem Erfolge ganz durchdrungen, telegraphierten die beiden Kriminalbeamten an den Wiener Polizeidirektor: „Geschäft glücklich beendet. Geständig. Kommen mit nächstem Zuge."

In Nikolsburg mußte übernachtet werden, dann ging es im Schnellzug erster Klasse nach Wien. Nach kurzem Aufenthalt im Polizeigefangenenhaus wurde der Raubmörder Matthias Hauer endlich dem Wiener Landesgericht übergeben.

45
DER ERSTE MÖRDER VOR DEN GESCHWORENEN
1873

Der Gaudenzdorfer Brunnenmacher Johann Pollak verließ am 23. Dezember 1873 in Begleitung seiner Pflegetochter Maria Sikora die in der Miesbachgasse Nr. 27 *(Meidling, seit 1894 Vivenotgasse)* gelegene, ebenerdige, aus einem Zimmer bestehende Hofwohnung und begab sich zwischen viertel und halb sieben Uhr früh in die Arbeit. (Gaudenzdorf nannte man jenen westlichen Teil von Meidling, der im Jahre 1812 dadurch entstand, daß der Klosterneuburger Prälat Gaudentius Dunkler Grundbesitz abtrat, um den Bau von Zinshäusern zu ermöglichen.) Die Frau Pollaks namens Katharina, blieb allein zurück und holte um halb sieben bei der Milchfrau Maria Chlum das Frühstück. Dann sprach sie noch mit der Hausbesorgerin Theresia Balk sowie mit einer im selben Hause wohnhaften Frau Justine Severa und kehrte wieder heim.

Um halb neun Uhr kam die Milchfrau zu ihr, da sie ihr etwas mitzuteilen hatte, da lag Katharina Pollak mitten im Zimmer ihrer Wohnung auf dem Fußboden und war von einer großen Blutlache umgeben. Die Besucherin war zuerst der Meinung, daß die Frau von Blutbrechen befallen worden sei, als sie aber neben dem Körper eine blutige Hacke und ein Messer erblickte, erkannte sie, daß es sich um einen Mord handle und lief rasch zur Hausmeisterin. Man holte den Wachmann Matzek, der die Meldung von der geschehenen Bluttat dem Polizeikommissariate Meidling erstattete, von wo sich sofort der Leiter, Oberkommissär Gärm, der Kommissär Lipka und der Polizeibezirksarzt Dr. Ellbogen einfanden. Später erschienen noch der Chef des Detektivkorps, Oberinspektor Stehling und der Oberkommissär Appel vom Sicherheitsbureau sowie eine landesgerichtliche Kommission, bestehend aus dem Landesgerichtsrate Karajan und dem Staatsanwaltssubstituten Dr. v. Pelser. Katharina Pollak war einem Raubmörder zum Opfer gefallen, denn es fehlten 473 Gulden in Banknoten, 1 Gulden 20 Kreuzer in Silbergeld, zwei silberne Uhren und drei silberne Ketten.

Die Ermordete hatte vier Verletzungen am Kopfe, drei im Gesicht, fünf am Hals und eine am rechten Schlüsselbein. Die Wunde am Hals war tödlich. Nach dem Gutachten der Sachverständigen hatte Katharina Pollak die ersten mit der Hacke geführten Hiebe auf den Kopf von rückwärts, und zwar in gebückter Stellung erhalten, worauf ihr der Täter mit einem Messer Stiche in den Halsschnitt versetzte. Da niemand im Haus einen auffälligen Lärm gehört hatte und Spuren von Gegenwehr fehlten, so war es zweifellos, daß der Mord in tückischer Weise verübt worden war.

DAS HAUS VIVIENOTGASSE IN WIEN MEIDLING IN HEUTIGEM ZUSTAND

Der Verdacht der Täterschaft lenkte sich alsbald gegen einen bei Pollak seit vier Wochen beschäftigt gewesenen Arbeiter Franz Skaryd. Die Hausmeisterin hatte ihn tags zuvor heimlich in die Pollaksche Wohnung gehen gesehen, und als die Polizeiagenten Böhm und Amon im Unterstand Skaryds, welcher in Ottakring, Rittergasse 9 *(heute Deinhardsteingasse)* wohnte, nachforschten, erfuhren sie von seinen Quartiergebern Martin und Maria Berka, daß er am kritischen Morgen wie gewöhnlich um 6 Uhr fortging, sich aber seinen Brunnenmacherkittel geben ließ und erklärte, aus der Arbeit bei Pollak treten zu wollen. Auch hatte

Der Raubmord in Gaudenzdorf.

er verlauten lassen, daß er bei seinem Meister 400 Gulden an Ersparnissen bemerkt habe. Er kam zwischen neun und halb zehn Uhr tatsächlich wieder nach Hause, und zwar ohne den Kittel. Das gravierendste Moment gegen ihn bildete aber gerade dieses Kleidungsstück, denn man fand es zwischen den Betten des Ehepaares Pollak, ganz mit Blut besudelt, vor.

Auf Grund der geschilderten Verdachtsmomente verfügten sich die Polizeiagenten Böhm und Amon noch am selben Tage ein zweitesmal zum Ehepaare Berka, wo sich gerade folgendes abgespielt hatte: Skaryd war, wie erwähnt, gegen halb zehn Uhr vormittags heimgekommen und hatte Hose und Hemd gewechselt. Berka fragte ihn, ob er seinen fälligen Arbeitslohn erhalten habe, was Skaryd bejahte. Gleichzeitig bezahlte letzterer auch eine Zinsschuld. Gegen halb zwei Uhr mittags klopfte er dem Berka vertraulich auf die Schulter und winkte ihn hinaus. Dann ersuchte er seinen Quartiergeber, einer etwa nach ihm fragenden Person die Auskunft zu erteilen, daß er (Skaryd) schon am Vortage Wien verlassen habe. Hiefür sei er gern bereit, etwas zu zahlen. Berka wies das Geld zurück, da ihn die nachfragende Polizei stutzig gemacht hatte und ging wieder an die Arbeit. Die Neugierde ließ ihm aber keine Ruhe, er begab sich in die Stube, in welcher sich Skaryd aufhielt und fragte ihn: „Was haben Sie denn angestellt?" Die Antwort lautete: „Ich habe es schon getan, jetzt kann ich nichts mehr machen." In diesem Augenblick öffneten die beiden Polizeiorgane die Tür und verlangten nach Skaryd. Berka sagte, „Hier sitzt er", worauf der schwer Verdächtige bleich wie Kreide wurde, zwei Fünfzigguldennoten aus der Hosentasche zog und wegwarf.

Nun bedurfte es kaum mehr eines Schuldbeweises. Die Polizisten fesselten dem Brunnenmacher die Hände und brachten ihn ins Amt, wo Skaryd jedoch starr leugnete. Er sei heute überhaupt nicht in der Pollakschen Wohnung gewesen, und dabei blieb er, obwohl ihm ein Zeuge, namens Anton Senka, gegenübergestellt wurde, der ihn um halb acht Uhr morgens von der Pollakschen Wohnung weg nach Ottakring eilen gesehen hatte.

Sehr wichtig schien die Aussage des Ottakringer Gastwirts Georg Pickl zu sein, welcher angab, daß er den Skaryd vormittags in der Haberlgasse von der Schmelz herkommen sah. Oberkommissär Appel vermutete, daß der Mörder den größten Teil der Beute auf dem dortigen Exerzierplatz vergraben habe und ließ auf dem weiten Felde nachsuchen. Man schaufelte überall die Erde auf, wo man glaubte, daß sie frisch zugeschüttet sei, erzielte jedoch kein Resultat. Daß die Annahme des tüchtigen Kriminalbeamten richtig war, bewies indessen der Zufall.

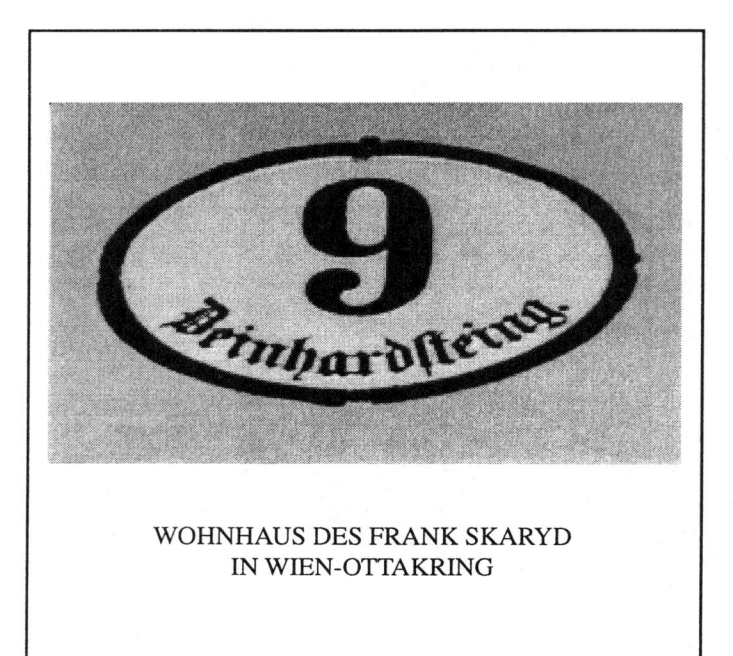

WOHNHAUS DES FRANK SKARYD IN WIEN-OTTAKRING

Am 15. Jänner 1874 wurde nämlich der dreizehnjährige Johann Link von seinem Vater zur Westbahn geschickt. Er nahm den Weg über die Schmelz. In einem kleinen Graben, nahe einer Planke, auf welcher ein Kreuz eingeschnitten war, sah er einen glänzenden Gegenstand liegen, den er als eine Uhr erkannte. Er fand an dieser Stelle noch zwei Uhren samt Ketten. Der Knabe brachte den Fund seinem Vater, welcher denselben auf das Kommissariat Ottakring trug. Dort vermutete man, daß die Wertsachen aus dem Eigentum des Ehepaares Pollak stammten, rief den überlebenden Gatten und stellte fest, daß es sich wirklich um einen Teil der Beute aus dem Raubmord handle. Der Fundort lag genau in der Richtung, von welcher der Zeuge Pickel den Skaryd herkommen gesehen hatte. Es stellte sich ferner heraus, daß das Kreuz von dem Polizeiagenten Wernthal gemacht worden war, welcher an jenem Platze damals Grabungen vorgenommen hatte. Die Uhren kamen aber erst zum Vorschein, als starke Regengüsse das Erdreich weggeschwemmt hatten ...

Franz Skaryd stand am 26. Februar als erster Mörder vor Geschworenen. Er war dreiundzwanzig Jahre alt, gelernter Weber, später Soldat und Brunnenarbeiter. Sein Aussehen war unsympathisch: ein Mann mittlerer Größe mit roten, stark gefetteten Haaren, wulstigen Lippen, blaugrauen, kleinen Augen und ausgesprochen slavischen Typus, bestritt er jede Schuld durch die lakonische, immer wiederholte Bemerkung: „To nejni pravda!" ("Das ist nicht wahr.")

Den Vorsitz führte Landesgerichtsrat Schwaiger, die Anklage vertrat Staatsanwaltssubstitut Dr. v. Pelser. Als Verteidiger fungierte Dr. Lenoch, als Dolmetsch Herr Selny.

Die Anklage sagt unter anderem: „Skaryd, welcher vordem Schulden hatte, Kleider versetzt und einen Revolver, der ihm zur Reparatur übergeben worden war, verkauft hatte, hat am 23. Dezember vormittags, also unmittelbar, nachdem der Raubmord geschehen war, sich um 6 Gulden 60 Kreuzer ein Paar Stiefel gekauft, Kleider ausgelöst, zwei Banknoten zu 10 Gulden erlegt, um den verkauften Revolver wieder zu erhalten, dem Martin Berka rückständiges Bettgeld per 2 Gulden 70 Kreuzer gezahlt und hatte bei seiner noch am Nachmittage des 23. Dezember erfolgten Verhaftung 131 Gulden 70 Kreuzer bei sich, über deren Erwerb er Angaben machte, die sich als unwahr herausstellten ... Die Quartiergeber des Angeklagten erzählen, Skaryd habe sich nach seiner Zurückkunft umgekleidet und insbesondere sein blaugestreiftes Hemd mit einem anderen vertauscht. Die Zeugin Thekla Riha bestätigt, daß Skaryd zwischen zehn und elf Uhr vormittags mit diesem Hemde unter dem Arme auf den Abort ging, und dasselbe Hemd wurde später im Kanal des Hauses Nr. 9 in der Rittergasse gefunden. Wie. an dem Arbeitskittel, so waren auch an dem blaugestreiften Hemd, an einem bei Skaryd zu Zeit der Verhaftung vorgefundenen Sacktuche und endlich an der gelben Hose, welche er des Morgens trug, und die er später wechselte, Blutflecken bemerkbar.

Skaryd behauptete während der Untersuchung, er habe 300 Gulden an Ersparnissen besessen, über die Schmelz sei er nie gegangen, das blutige Hemd habe er nur in den Abort geworfen, weil kein Kragen daran gewesen, das Blut an den Kleidern rühre von einer bei der Arbeit erlittenen Verletzung her, die Bemerkung zu Berka habe er nur gemacht, weil er fürchtete, daß der Eigentümer des Revolvers nachfragen könnte, und schließlich sei er bei der Verhaftung weder erblaßt, noch habe er versucht, zwei Fünfziggulldennoten wegzuwerfen.

Die Zeugen sagten in der Verhandlung aber sämtlich aus, daß er niemals Geld besessen habe; aus

Den Raubmörder Franz Skaryd vor den Geschwornen.

Des Raubmörders Skaryd „Mußestunden".

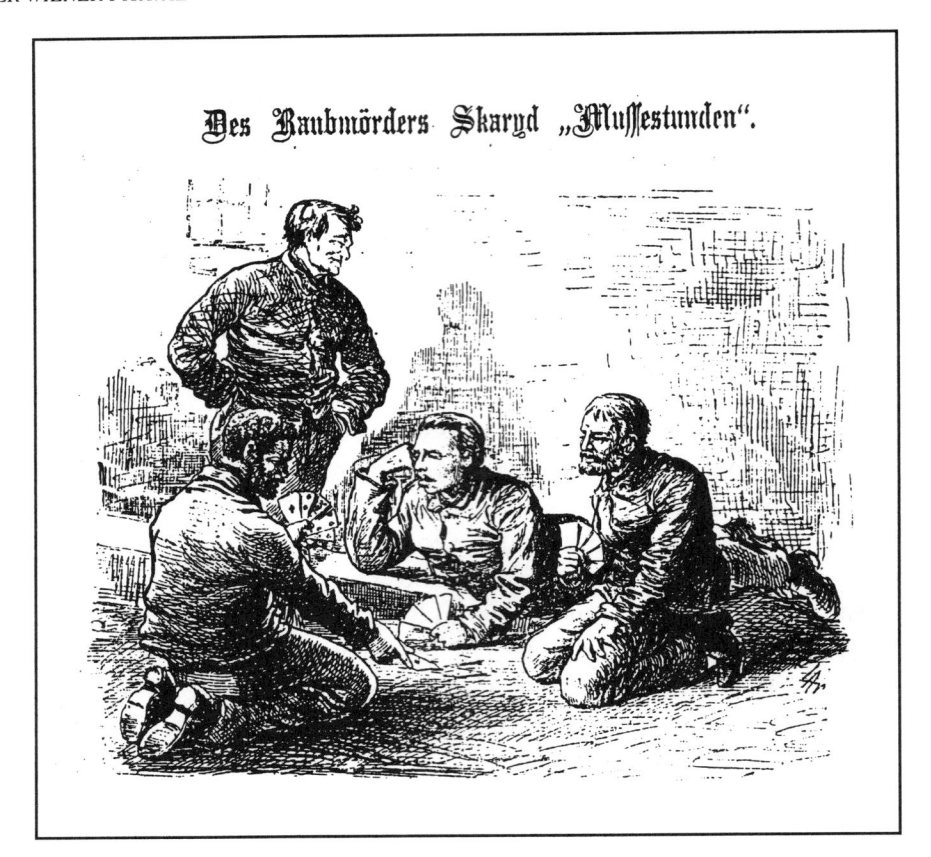

der Aussage seiner Geliebten Studnitza ging sogar hervor, daß sie ihn stets mit Geld unterstützen mußte.

Zuletzt wurden zwei Sträflinge vorgeführt, welche Zellengenossen des Angeklagten gewesen waren. Skaryd erschrickt sichtlich, als er ihre Namen hört. Der erste der beiden, Johann Krejci, vierundzwanzig Jahre alt, erzählt: „Anfangs sprach Skaryd nichts, später sagte er, er werde das Gericht zum Narren halten bis zur Verhandlung, dann werde er die anderen zwei auch hineinreißen. 200 Gulden habe er vergraben, und zwar auf dem Schmelzer Exerzierplatz." Der zweite Sträfling, Johann Lehner, deponierte, daß ihm Skaryd gestand, „...er habe den Mord begangen, um zu seiner Geliebten heimreisen zu können, die er wegen Untreue ebenfalls umbringen müsse." Auf das Leugnen Skaryds ruft Lehner unter großer Bewegung aus: „Er sagte: Wenn ich nur vierundzwanzig Stunden frei werde, so muß sie hin sein!" Bezüglich der Ausführung des Mordes an der Pollak habe Skaryd geäußert: „Ah was, zu dem alten Weib habe ich keine Hacke gebraucht. Da hat's schon das Messer getan, sie war gleich weg!"

Nun wird Krejci nochmals vorgerufen, welcher auch hörte, wie der Angeklagte bezüglich der Studnitza bemerkte: „Wenn ich nur einen Tag loskomme, ist das Mädel tot!"

Die Geschworenen sprachen Franz Skaryd einstimmig schuldig, worauf derselbe zum Tode durch den Strang verurteilt wurde. Der Kaiser begnadigte den Mörder aber in Anbetracht seines Alters, worauf der Oberste Gerichtshof eine zwanzigjährige, schwere, verschärfte Kerkerstrafe über ihn verhängte. Skaryd dankte vielmals und wurde in die Strafanstalt Karthaus in Böhmen überstellt.

DAS ENDE EINER GEFALLENEN
1874

Von den Nachbarn gemieden und verachtet, wohnte im Haus Nr. 44 der Martinstraße in Währing ein einundfünfzigjähriges Weib namens Katharina Krohn. Sie nähte bei Tag Handschuhe, welche sie in die Roßau ablieferte, wenn es aber dämmerte, da wanderte sie zu den Liniengräben und machte hier Männerbekanntschaften. Ihr Geliebter, der „Stadtkourier" Valentin Odahal, wußte davon und zog aus dem Schandgewerbe Nutzen. Die Krohn wurde auch in der aus Zimmer und Küche bestehenden Wohnung von Männern besucht und für verschiedene Damen schlug sie „Karten auf." Man nannte sie daher überall nur die „Kartenaufschlägerin". Sie war von mittelgroßer Statur, auffallend mager und beinahe ganz zahnlos. Früher hatte sie in Döbling logiert, wo sie zehn Jahre vorher Witwe geworden war. Mit Odahal lebte sie seit drei Jahren zusammen. Derselbe war ein gelernter Schuhmacher, erlangte jedoch die Lizenz als Stadtträger und hatte den Standplatz beim „Strampfertheater" (Tuchlauben 12). Odahal kam am 20. Jänner 1874, kurz nach sechs Uhr abends heim und fand die Wohnung versperrt. Da er schon in einem Gasthause gegessen hatte, blieb er geduldig im Flur stehen und erwartete hier die Rückkehr der Geliebten. Als ihm dies jedoch zu lange dauerte, bat er eine Nachbarin um deren Wohnungsschlüssel, da er wußte, daß dieser auch zu seinem Türschloß passe. Kaum war er aber eingetreten, schrie er, seine Konkubine sei ermordet und beraubt worden. Katharina Krohn lag leblos, nur mit Hemd und einem Rock angetan, auf einem Sofa. Im Zimmer herrschte große Unordnung und es zeigte sich, daß Verschiedenes fehlte.

Von der nahen Sicherheitswachstube fand sich rasch ein Inspektor mit dem Polizeibezirksarzt Dr. Braun ein, den der Kommissär I (der Name des Beamten bestand nur aus einem Buchstaben) vom Polizeikommissariate Roßau folgte. Es wurde festgestellt, daß die Krohn erdrosselt worden sei, und zwar mit brutaler Kraft, was die Nägeleindrücke und die tiefen Strangulierungsfurchen am Hals bewiesen. So war es auch erklärlich, daß niemand ein verdächtiges Geräusch oder einen Hilferuf gehört hatte. Allem Anscheine nach war der Täter ein „Herrenbesuch" gewesen.

Odahal gab an, daß Katharina Krohn stets drei Stück „Silberrente" zu 100 Gulden, in ein Säckchen eingenäht, auf ihrer Brust getragen habe. Diese Wertpapiere waren nicht vorhanden und offenbar geraubt worden. Dagegen hatte der Mörder zwei Koffer mit Bargeld, Pretiosen und einer goldenen Uhr unberührt gelassen.

Im Verein mit den Organen des Zentralsicherheitsbureaus, von welchem dessen Vorstand, Polizeirat Pokorny und Oberkommissär Breitenfeld erschienen waren, wurde jedoch konstatiert, daß die Wertpapiere nicht geraubt worden seien. Man fand sie noch abends in der Wohnung sorgfältig versteckt. Die ganze Beute bestand bloß in einem lila gestreiften Bettüberzug, einem Polster mit gelbem Überzug und weißen Flecken, einem groben Leintuche, einem blauen, kurzhaarigen Winterrock mit Samtkragen, mehreren Frauenröcken, einem Umhängetuch und einer Untertuchent. Der Wert dieser Effekten betrug 14 Gulden. Wegen dieser kleinen Summe wurde ein Menschenleben vernichtet.

Die Tat geschah nach den Erhebungen zwischen fünf und sechs Uhr abends. Der Mörder ließ die in die Küche führende Zimmertür offen, versperrte dagegen die äußere Wohnungstür und nahm den Schlüssel mit. Derselbe konnte trotz eifrigen Suchens nicht gefunden werden. Auch die Durchsuchung des Hauskanals ergab kein positives Resultat.

Polizeiagenten machten Zeugen ausfindig, welche angaben, daß um die kritische Zeit ein kleiner, untersetzter Mann die Treppe hinaufgegangen und mit einem von oben kommenden anderen Manne einige Worte gewechselt hatte. Er fragte den letzteren: „Kommen Sie von der Kartenaufschlägerin?" Was der andere mit einem barschen „Nein" beantwortet hatte.

Man machte fieberhafte Anstrengungen, dieses Mannes behufs Vernehmung habhaft zu werden, erließ eine bezügliche Kundmachung und forderte den Unbekannten auch durch die Presse auf, sich im Interesse der Justizpflege zu melden. Doch ohne Erfolg. Auch die veranstalteten ausgedehnten Streifungen ergaben nicht das gewünschte Resultat.

Leider zu spät erfuhr die Sicherheitsbehörde, daß der Täter oder ein Komplize desselben einige Beutestücke noch am selben Tage zu veräußern trachtete. Die betreffenden Geschäftsleute hatten sich aber zu wenig für die lokalen Vorgänge interessiert und erstatteten erst einige Tage später die polizeiliche Anzeige.

STIEGENHAUS IN WIEN 18., MARTINSTRASSE 44.

Dies besagt eine Kundmachung vom 28. Jänner, welche lautete:

„300 Gulden Belohnung werden derjenigen Person zugesichert, welche der Behörde solche Mitteilungen macht, die die Zustandebringung des Täters des an der Handschuhnäherin Katharina Krohn, Währing, Martinstraße 44, am 20. d. M. verübten Raubmordes zur direkten Folge haben. Ein unbekannter Mann hat am 21. Jänner 1874, abends acht Uhr, bei einer Trödlerin in der Veronikagasse zu Hernals Effekten, welche aus der Wohnung der ermordeten Handschuhnäherin Katharina Krohn geraubt wurden, verkauft und dagegen die nachbeschriebene Taschenuhr eingetauscht. Der Unbekannte ist neunundzwanzig bis dreißig Jahre alt, klein, zirka fünf Schuh groß, untersetzt und kräftig gebaut, hat ein breites, volles Gesicht, etwas brünette, doch mehr blasse Gesichtsfarbe, schwachen, schwarzen Schnurrbart, mutmaßliche schwarze Augen, dunkle, glatte Haare und war mit einem schwarzen oder dunkelblauen Winterrock von dickem, wenig aufgeworfenem Stoffe bekleidet, trug einen niederen, dunklen, runden Filzhut mit schmaler Krempe. Seine Stimme ist grob und tief, die Sprache die der Bewohner der Wiener Vororte. Er schien dem Arbeiterstande anzugehören. Die umgetauschte Uhr ist eine einfache silberne Spindeluhr, mit glattem Gehäuse, weißem Zifferblatte, römischen Ziffern, zwei Zeigern. Das Aufziehloch befindet sich im rückwärtigen Deckel. Die Uhr befand sich in einem zweiten Gehäuse von schwarz und rot geflammtem Kautschuk, mit Silberreif und ohne Glas. An der Uhr befand sich eine kurze, gelbe Pakfongkette, wie aus vier Gliedern geflochten, mit einem Haken und einem Anhängsel in der Form eines Petschaftes mit weißem, ungraviertem Stein. Weiter befand sich an der Uhr, mit einem dünnen Spagate befestigt, ein gewöhnlicher Messinguhrschlüssel in Ringform. Am 22. d. M., vormittags viertel zehn Uhr, hat ein Unbekannter den Versuch gemacht, eine Uhr, deren Beschreibung genau mit der oberwähnten übereinstimmt, bei einem Uhrmacher in Ottakring zu verkaufen. Dieser Unbekannte wird so wie der vom Käufer der Ketten beschrieben, nur soll er einen bis zu den Knien reichenden Lodenrock von dunkelbrauner oder dunkelgrauer Farbe, rückwärts ohne Naht, mit Seitentaschen, und schwere Stiefel, bis an die Knie reichend, getragen haben. Es wird die Vermutung ausgesprochen, daß der Unbekannte ein Fuhrknecht sein dürfte. Von den geraubten Effekten sind noch abgängig .... Es wird jedermann vor dem Ankaufe dieser Effekten gewarnt, und jeder, der bezüglich der erwähnten Person oder der Effekten Auskünfte zu erteilen in der Lage ist, aufgefordert, sich im hierortigen Zentralsicherheitsbureau zu diesem Behufe einzufinden. Von der k. k. Polizeidirektion".

Es braucht nicht besonders angeführt zu werden, daß verschiedene Individuen unter dem Verdacht der Täterschaft verhaftet wurden, doch mußten dieselben wieder Mangels an Schuldbeweisen entlassen werden. Zu diesen Personen gehörte auch Odahal, der Lebensgefährte und Zuhälter der Ermordeten, welcher in der letzten Zeit öfters mit der Krohn gestritten hatte, weil er wegen eines Fußübels sein Geschäft nicht ausübte und sehr viel zu Hause blieb, wo er seiner Geliebten begreiflicherweise im Weg war. Sie hielt ihm daher mit einer gewissen Berechtigung vor, daß er nicht nur selber nichts verdiene, sondern auch noch sie auch noch durch seine Anwesenheit am Verdienen behindere.

Die Kriminalisten dachten also, daß Odahal die Krohn im Zorn erwürgt und dann einen Raubmord fingiert habe.

Odahal konnte jedoch ein Alibi nachweisen.

Katharina Krohn wurde nach der gerichtlichen Leichenbeschau in der Kapelle des Allgemeinen Krankenhauses eingesegnet und auf dem Währinger Allgemeinen Friedhof zu Grabe getragen. Ihr Tod blieb bis heute ungesühnt, der Fall mußte den ungeklärten Fällen der Wiener Kriminalgeschichte zugeordnet werden.

㊼
MIT HAMMER, AMBOSS UND SCHEIDEWASSER
1874

Das Jahr 1874 war ein richtiges Blutjahr. Es verging kaum eine Woche, in der nicht irgendein Verbrechen gegen die körperliche Sicherheit verübt worden wäre. Neben Doppelselbstmorden ereigneten sich zahlreiche meuchlerische Überfälle sowie eine Reihe bestialisch ausgeführter Raubmorde, so daß die Zeitungen eine besondere Rubrik „Mordchronik" eröffneten.

Das wohl scheußlichste Verbrechen dieses Jahres sei aber in nachstehenden Zeilen geschildert: Im sogenannten „Hirschenhaus" in Mariahilf, *(Mariahilferstraße 45)* einem von der Windmühlgasse in die Mariahilferstraße führenden Durchhause, besaß der Gold- und Silberarbeiter Anton Lencig eine aus Zimmer, Vorzimmer und Werkstätte bestehende, im zweiten Stockwerke gelegene Wohnung. Am 26. Jänner 1874 machte er ungefähr um sieben Uhr Feierabend und begab sich mit seiner Frau in den Bezirk Landstraße, wo deren Mutter krank darniederlag. Die Wohnung ließ er in der Obhut seiner Dienstmagd Viktoria Moldaschl zurück. Gegen elf Uhr nachts kehrte Anton Lencig allein heim, da seine Frau bei ihrer Mutter geblieben war. Er staunte, die Wohnungstür weit geöffnet zu finden. Der Schreck lähmte ihn aber beinahe, als er Licht gemacht und einen Blick in die Küche getan hatte, wo alles förmlich im Blute schwamm. Er sah eine Menge blutiger Wäschestücke auf dem Fußboden, in der Mitte eine riesige Blutlache und in derselben den leblosen Körper der Moldaschl, auf deren Kopf ein schwerer Amboßpflock lag, diesen ganz verdeckend. Instinktiv eilte Lencig in die Werkstätte und bemerkte, daß er ausgeplündert worden sei. Nun lief er eiligst zum Polizeikommissariat.

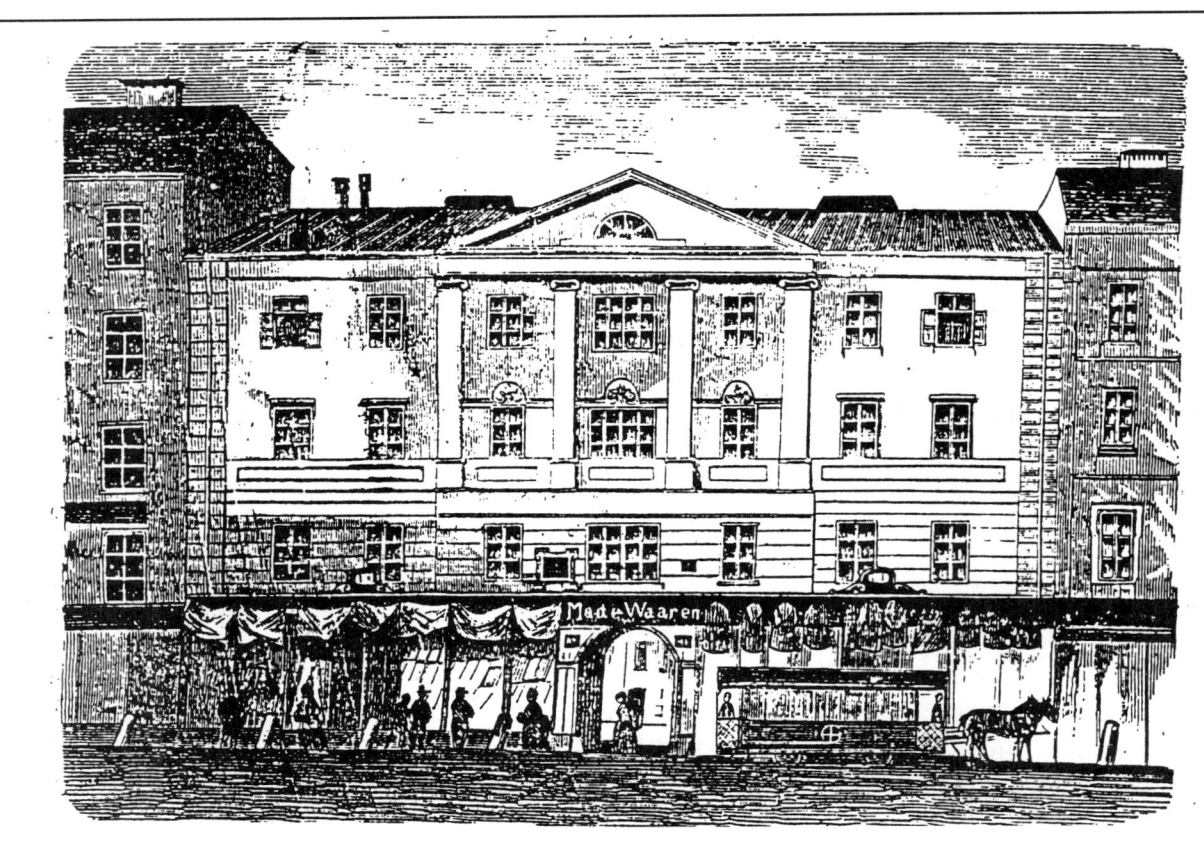

DAS HAUS „ZUM GOLDENEN HIRSCHEN" - IM VOLKSMUND ALS „HIRSCHENHAUS" BEZEICHNET, WIEN 6., MARIAHILFERSTRASSE 45, GEBURTHAUS FERDINAND RAIMUNDS UND SCHAUPLATZ DES KRIMINALFALLES MOLDASCHL IN ZEITGENÖSSISCHER ANSICHT

Von dort begleiteten ihn sofort der Leiter, Polizeirat Petin, der Oberkommissär Gebhard, der Adjunkt Cserner und der Bezirksarzt Dr. Steinbach auf den Tatort. Daselbst erkannte man, daß der Mörder sein Opfer mit kannibalischer Grausamkeit behandelt hatte. Der Kopf der Unglücklichen war ein unkenntlicher Klumpen. Der Täter hatte das Mädchen mit einem Hammer erschlagen, dann hatte er ihm Scheidewasser über das Gesicht gegossen und schließlich schleuderte er seinem Opfer noch einen schweren Holzpflock mit einem daran befindlichen Amboß auf den Kopf.

Wie die Verhältnisse lagen, mußte der Verbrecher ein Bekannter der Magd sein, denn er hatte sie überfallen, als sie sich über einen im Vorzimmer stehenden Koffer bückte, und zwar mit zwei Hämmern, die er sich aus der anstoßenden Küche holte. Um jedoch in die Küche zu gelangen, mußte er das Vorzimmer passieren, was die Moldaschel zu Hilferufen veranlaßt hätte, wenn er ein Fremder gewesen wäre. Die Hämmer lagen auf dem Ambosse. Der eine wog etwa zwei, der andere über fünf Pfund. Zuerst hatte der Täter dem Mädchen, während es noch in gebückter Stellung war, einen Schlag auf die linke Schläfe versetzt, so daß es nach rückwärts sank. Hierauf übergoß er ihr Gesicht mit der ätzenden Flüssigkeit, welche er in einem Fläschchen aus einem zwischen Koffer und Küchentüre stehenden Glasschrank genommen hatte. Für diese Annahme sprachen die Tatsachen, daß sich die seitliche Verletzung oberhalb der linken Schläfe befand, welche Verletzung der Mörder seinem Opfer nur in dem Moment beibringen konnte, als er gegen dasselbe von der Küche in das Vorzimmer trat. Die Moldaschl stand nämlich mit der linken Schulter am Küchenausgang. Weiters war der innere Kofferdeckel mit Blut und Scheidewasser befleckt. Als das Mädchen auf dem Boden lag, versetzte ihm der Mörder weitere Hiebe, welche dann den Tod herbeigeführt hatten. Nun schleppte er, wie die Blutspuren bewiesen, den Leichnam in die Küche und schleuderte den schweren Amboßpflock auf deren Kopf.

Erst jetzt begab er sich in die Werkstätte und raubte verschiedene Pretiosen, die Herr Lencig zwecks Reparatur übernommen hatte, insgesamt im Werte von über 100 Gulden.

Am Tatort hatte der Verbrecher nur seine blutigen Handschuhe zurückgelassen.

Oberkommissär Appel vom Zentralsicherheitsbureau ließ bei sämtlichen Trödlern, Hausierern, Inkassogeschäftsinhabern und Goldarbeitern Umfrage halten und trachtete unterdessen, den Bekanntenkreis der Moldaschel zu perlustrieren. Er brachte in Erfahrung, daß sie einen Verehrer hatte.

Am 29. Jänner wurde als siebzigste der Mordtat verdächtigte Person ein Mann namens Franz Hanzel, seines Berufes ein Fleischhauer, in einer Neubauer Kaffeeschänke verhaftet, weil er Verletzungen an der linken Hand zeigte und auch eine genaue Kenntnis der Verhältnisse im „Hirschenhause" aufwies. Zum Überflusse fand man in seiner Wohnung einen Fetzen, auf welchem Brandflecke bemerkbar waren. Hanzel konnte jedoch sein Alibi nachweisen. Auch seine Ortskenntnis erklärte sich harmlos daraus, daß er in dem genannten Hause Geschäftsdiener gewesen war. Die Wiener, welche über den glücklichen Fang bereits freudige Genugtuung empfunden hatten, sahen sich wieder enttäuscht.

HAUSZEICHEN DES „HIRSCHENHAUSES" IN DERZEITIGEM ZUSTAND (1999)

Am 28. Jänner erhielt Herr Lencig einen anonymen Brief, in welchem der Schreiber mitteilte, er sei der Mörder der Moldaschl und bereue die Tat, welche er leider nicht mehr ungeschehen machen könne. Freilich sei die Moldaschl auch an ihrem Tode mitschuldig, denn sie habe ihm plötzlich ihre Liebe gekündigt, um einen anderen heiraten zu können. Bei ihrer letzten Zusammenkunft in einem Gasthause habe sie ihm verboten, ihr je wieder einen Besuch zu machen. Lencig übergab den Brief der Polizei, welche ihn für fingiert hielt, obwohl man sich der Annahme nicht vollends zu verschließen vermochte, daß bei der Bluttat vielleicht doch auch persönliche Rache mitgespielt habe, da der Mörder sonst nicht so grausam vorgegangen wäre.

Der anonyme Brief blieb übrigens nicht vereinzelt. In den nächsten Wochen trafen noch mehrere Briefe des „Mörders" ein. Der Überbringer war immer der siebzehnjährige Lehrling Lencigs, Josef Fischer, welcher jedesmal behauptete, daß ihm ein Dienstmann (Stadtträger) das Schreiben eingehändigt habe. Herr Lencig trug alle diese Briefe auf die Polizei, wo man den Lehrling zu

Der Mord im Hirschenhause am 26. Jänner 1874.

Ein Bild Josef Fischers aus den 70er Jahren

JOSEF FISCHER, MUTMASSLICHER MÖRDER DER VIKTORIA MOLDASCHL (1874) IN EINER ANSICHT AUS DEM JAHRE 1918, ALS DAS STUBENMÄDCHEN MIZZI DRDA ERMORDETE WURDE

beobachten begann, da er sehr viel über den Mord zu erzählen wußte und angab, er habe den Geliebten der Moldaschel wiederholt bei und mit ihr gesehen. Er legte seit der Entdeckung der Bluttat überhaupt ein ganz merkwürdiges Benehmen an den Tag. Oberkommissär Appel sah sich daher veranlaßt, den Lehrjungen als der Täterschaft verdächtig oder wenigstens als mitschuldsverdächtig in Haft zu nehmen. Er ließ ihn aber nach vierundzwanzig Stunden wieder frei, da die Verdachtsgründe doch zu vage waren.

Polizeiagenten behielten den phantasiereichen Knaben trotzdem weiterhin im Auge. In den anonymen Briefen war oft davon die Rede, daß die Magd gottesfürchtig, den Namen des Heilandes auf den Lippen, gestorben sei, und daß man sich keine Mühe geben solle, den Mörder zu suchen, denn man werde ihn nicht fangen. Er habe alles „zu fein eingefädelt".

Am 16. März erstattete der Lehrjunge, dessen Vater ein angesehener Bürger von Mariahilf war, am dortigen Kommissariate die Anzeige, daß ihn ein Dienstmann, welcher wieder einen Brief des „Mörders" überbrachte, auf der Stiege mit einem Stocke auf den Kopf geschlagen habe, weil er (Fischer) den Namen des Auftraggebers wissen wollte. Auch habe der Dienstmann versucht, ihm eine Säure in das Gesicht zu schütten.

Die polizeilichen Erhebungen ergaben, daß die Anzeige fingiert war. Um so schärfer beobachtete man den Lehrjungen, von welchem man annahm, daß er sich demnächst durch irgendetwas verraten werde. Sein Verhalten war in der Tat höchst auffallend.

Am 21. März wurde Fischer im Einvernehmen mit dem Landesgerichte neuerlich vom Sicherheitsbureau verhaftet, ein Umstand der natürlich größtes Aufsehen hervorrief.

Aber auch diesmal wurde er nach einiger Zeit als schuldlos entlassen. Der Untersuchungsrichter Oberlandesgerichtsrat Posch hatte ihn nämlich zu dem Geständnis gebracht, daß er aus Wichtigtuerei die anonymen Briefe geschrieben habe. Die Aufregung, welche der Raubmord im „Hirschenhause" verursacht hatte, legte sich, als man durch neue Mordtaten aufgeschreckt wurde. Die arme Magd schlummerte ja längst unter der Erde, die Nachrichten über die weiteren polizeilichen Recherchen wurden daher immer spärlicher und bald gehörte der Fall nur mehr der Erinnerung an, die heute fast vollständig verblaßt ist.

Erst im Jahre 1918 gelang es mir dennoch mit ziemlicher Sicherheit, die Täterschaft Fischer's nachzuweisen, als er einen neuen Mädchenmord begangen hatte *(Ubald Tartaruga, d.i. Reg. Rat Dr. Edmund Ehrenfreund der k.k. Polizeidirektion Wien).*

48

VON STUFE ZU STUFE
1874

Die in einem Durchhaus in der Leopoldstadt, Weintraubengasse 3 und Zirkusgasse 16, hart neben dem Carltheater wohnhafte Preßhefe-Erzeugersgattin Theresia Bondy hatte am 30. März 1874 durch die Dienstvermittlerin Franziska Faigl ein hübsches blondes Mädchen in den Dienst genommen, welches seine Zeugnisse am nächsten Tage von seiner Schwester in Hernals holen zu wollen versprach. Die Magd nannte sich Viktoria Heidl.

Am 1. April kam Moritz Bondy, der Gatte der Frau, gegen mittag nach Hause und hörte seine fünf Kinder - er war vor kurzer Zeit Vater von Zwillingen geworden - schon im Treppenhause weinen. Er öffnete mit seinem eigenen Wohnungsschlüssel die Eingangstüre und verspürte dabei geringen Widerstand. Als er denselben beseitigt hatte, erblickte er sein Weib mit furchtbaren Kopfverletzungen auf dem Fußboden der Küche liegend.

Auf seine entsetzten Rufe hin eilten die Hausbewohner zusammen und verständigten das Polizeikommissariat Leopoldstadt von der entdeckten Bluttat. Die aus dem Bezirkleiter Prucha, Oberkommissär Prosig, Oberinspektor Stehling, den Kommissären Völker und Komornik, dem Bezirksinspektor Sabatzka und dem Bezirksarzte Dr. Hopfgarten bestehende polizeiliche Kommission stellte fest, daß die Schädeldecke der Theresia Bondy mittels einer neben der Leiche liegenden Hacke zertrümmert worden sei und daß sich die Tat als Raubmord qualifiziere, denn es fehlten Wäsche- und Kleidungsstücke im Werte von 79 Gulden 80 Kreuzer.

Die genauere Besichtigung der Leiche ergab an der linken Seite des Gesichtes vier untereinandergelagerte Wunden vom Auge bis zum Mund, am Kopfe jedoch hinter der linken Ohrmuschel eine und von da ab gegen das Hinterhaupt zu noch weitere zwei Wunden, sowie mehrere Hautabschürfungen am rechten Oberarm und endlich eine Schnittwunde auf dem linken Handrücken. Der Lage dieser Wunden entsprechend wurden die Gesichtsknochen, insbesondere der Nasenknochen und die Kieferknochen in zahlreiche größere und kleinere Scherben zertrümmert, mehrere Zähne im Ober- und Unterkiefer herausgeschlagen, der Augapfel insbesondere zerquetscht und ausgestoßen, ebenso die Schädelknochen des Hinterhauptes nach mehreren Richtungen zersprengt.

Das Mordwerkzeug, eine gewöhnliche Küchenhacke, war mit großer Entschlossenheit und namhafter Gewalt gehandhabt worden.

Als Täterin kam nur die angebliche Viktoria Heidl, das neuaufgenommene Dienstmädchen, in Betracht, welches ein Zeuge übrigens um die kritische Zeit mit halb gelöstem Haar und sehr aufgeregt aus dem Haus eilen gesehen hatte. Mit Rücksicht auf die Angabe der Verdächtigen, daß sie eine Schwester in Hernals habe, wurden dort umfassende Ermittlungen durchgeführt. Man fand aber nur eine Frau Viktoria Heindl (nicht Heidl), welche zu der Mörderin in gar keiner Beziehung stand.

Der Name konnte mit ziemlicher Sicherheit als fingiert angesehen werden und so vermutete man in der Täterin eine bereits vorbestrafte Person, welche wahrscheinlich der Klasse der „Diebischen Einmieterinnen", beziehungsweise „Dienstdiebinnen", angehöre.

Die folgenden Tage brachten viele falsche Verdächtigungen, indem man in jeder der unter dem Verdachte des Raubmordes verhafteten Frauensperson die angebliche „Viktoria Heidl" zu erkennen glaubte, woran allerdings die beunruhigte Bevölkerung durch suggestive Fehlagnoszierungen die Haupt-schuld trug. Die Ermordung der Theresia Bondy hatte nicht nur unter der zahlreichen Judenschaft der Leopoldstadt, welche damals gerade das Osterfest feierte, Aufsehen und Empörung hervorgerufen, sondern auch bei der ganzen übrigen Bevölkerung.

Von allen Seiten flossen dem zum Witwer gewordenen Gatten, einem recht armen Arbeiter, Spenden zu, welche die Höhe von mehreren tausend Gulden erreichten.

Am 5. April erhielt das Sicherheitsbureau endlich einen Hinweis, der sehr wichtig schien und auch tatsächlich zum Ziele führen sollte.

Es meldete sich nämlich der sächsische Tischlergehilfe Albin Zimmermann mit der Angabe, er sei am 28. März laufenden Jahres von Lundenburg nach Wien gefahren und habe hiebei die Bekanntschaft einer Frauensperson gemacht, auf welche die über die gesuchte Mörderin verlautbarte Personsbeschreibung genau passe. Das Mädchen habe sich Hedwig Ruß genannt und ganz ohne Scheu eingestanden, daß es aus der Filiale des Wiener landesgerichtlichen Gefangenenhauses in Walachisch-Meseritsch komme, wo es eine Kerkerstrafe verbüßt hatte. Später wurde aus der Reisebekanntschaft ein Paar, man verkehrte mitsammen, sah sich aber nicht mehr wieder. Soweit die Angabe des Tischlergesellen gegenüber der Polizei.

Die sofort eingeleiteten Recherchen brachten zutage, daß die in Karlstein, Bezirk Dobersberg in Niederösterreich, geborene 20-jährige Hedwig Ruß wirklich am 27. März aus der Strafhaft entlassen worden war und eine mehrmals vorbestrafte Dienstdiebin sei.

Die Polizeiagenten Rupp und Liebenberger wurden nun sofort nach Karlstein geschickt, da man annahm, daß die Mörderin nach der Tat in die Heimat geflüchtet sei. Als sie in das Haus ihrer Eltern traten, kam ihnen Hedwig Ruß selbst entgegen. Sie war wirklich heimgekehrt, wollte aber eben wieder abreisen, denn sie hatte, wie sich bei der Leibesvisitation zeigte, einen anonymen Warnungsbrief des Inhaltes bekommen: „Fliehe schleunigst, denn die Polizei verfolgt dich."

Die beiden Detektivs fragten sie: „Heißen Sie Hedwig Ruß?" Die Angesprochene ahnte nichts Böses und antwortete lächelnd: „Jawohl, die bin ich." Als die Polizeiorgane aber rasch hinzufügten: „Fälschlich Viktoria Heidl?" verlor das Mädchen alle Fassung. Man sprach die Verhaftung aus, welche Hedwig Ruß mit gesenktem Blicke und ganz gebrochen zur Kenntnis nahm. Leugnen hätte übrigens nichts genützt, denn man fand den größten Teil der Beute aus dem Mord in der Wiener Leopoldstadt in ihrem Besitze.

Die Detektivs requirierten nun einen Wagen, den sie mit der Inquisitin bestiegen, um einen mehr als sechsstündigen Weg bis Göpfritz zurückzulegen. Von hier telegraphierten sie an den Wiener Polizeipräsidenten Ritter von Marx, daß ihnen die Festnahme gelungen sei. Sodann fuhren sie in einem Separat-Kupee der Franz Josefs-Bahn nach Wien.

Im Sicherheitsbureau gestand Hedwig Ruß die Tat ein, stellte sie jedoch als das Produkt einer Reihe von unglücklichen Zufällen hin. Sie sei mit der Absicht nach Wien gekommen, hier einen Dienstplatz zu suchen, wo sie Gelegenheit hätte etwas stehlen zu können, da sie nach ausgestandener Strafe völlig mittellos gewesen sei. Da ihr die Wohnung der Theresia Bondy zusagte, nahm sie den Platz auf und entwendete am folgenden Tag Wäsche aus dem Kasten. hiebei wurde sie von dem fünfjährigen Sohn der Dienstgeberin überrascht, welcher drohte, daß er es der Mutter sagen werde. Sie beruhigte den Knaben mit dem Versprechen, sie werde ihm vom Markte Süßigkeiten mitbringen. Bald darauf trat jedoch Frau Bondy unvermutet ein, und nun habe sie in ihrer Verwirrung gegen die Dienstgeberin die Hacke erhoben. Nach der Tat eilte sie mit den gestohlenen Kleidern zu dem Trödler Czernahorz, wo sie einiges zu Geld machte, dann fuhr sie mit der Nordbahn nach Karlstein, da sie sich dort sicher wähnte. Erst der anonyme Brief, dessen Schreiber sie nicht kenne, habe sie ängstlich gemacht, allerdings dachte sie nicht, daß es sich um den Mord in Wien handeln würde.

Interessant war das Vorleben der Mörderin. Sie stammte von achtbaren Eltern, welche ihren zehn Kindern eine ländliche, aber gute Erziehung angedeihen ließen. Von den drei Söhnen wurde der eine Doktor der Medizin, der zweite Pastor, der dritte Kaufmann. Die sechs Schwestern der Hedwig Ruß betätigten sich in der Wirtschaft, drei von ihnen brachten Viktualien periodisch auf den Wiener Markt. Sie selbst war vor fünf Jahren nach Wien gekommen und bei einer Schauspielerin als Stubenmädchen in Dienst getreten. Die erstere unterhielt Beziehungen zu einem Bankbeamten,

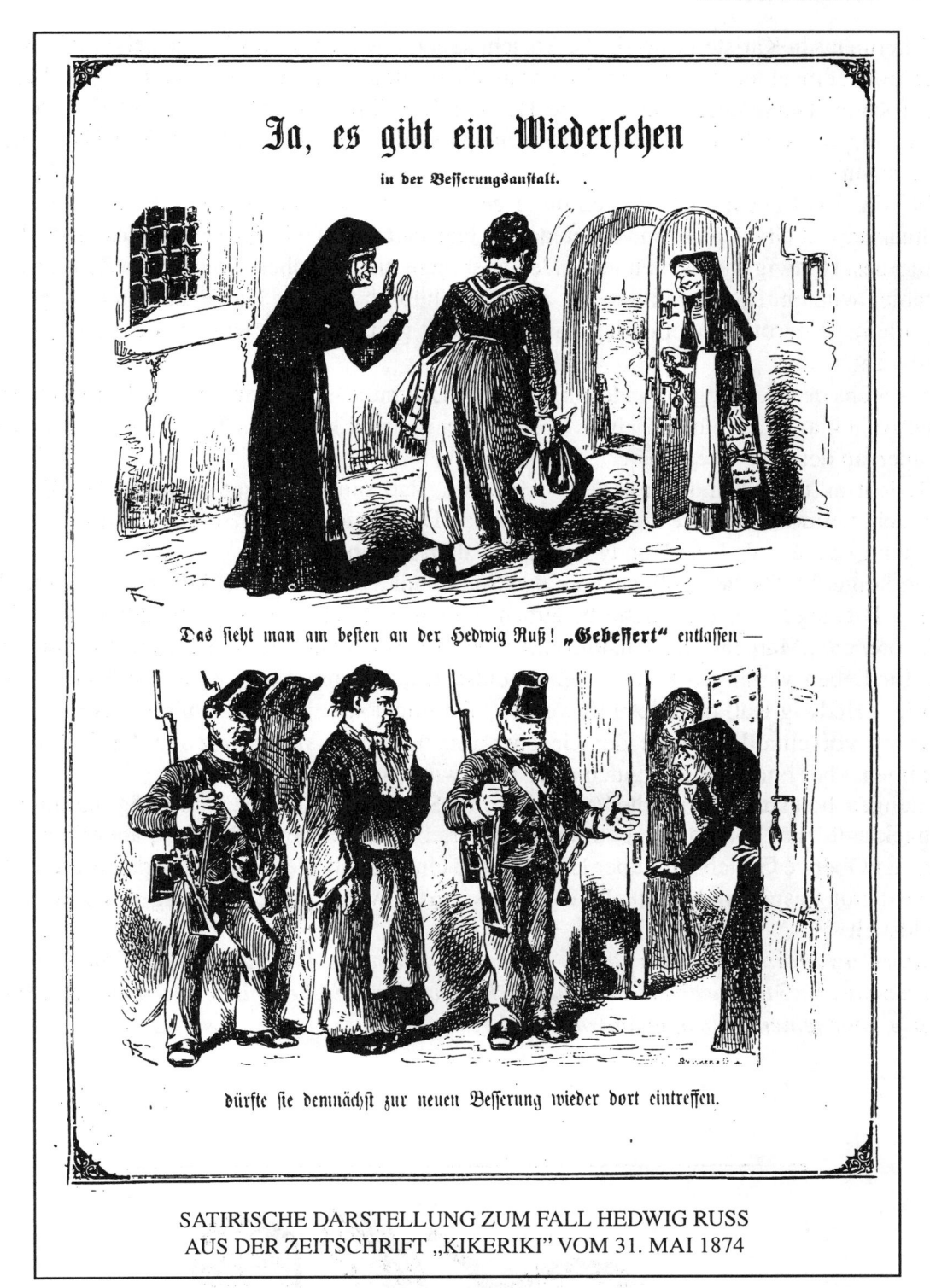

Ja, es gibt ein Wiedersehen
in der Besserungsanstalt.

Das sieht man am besten an der Hedwig Ruß! „Gebessert" entlassen —

dürfte sie demnächst zur neuen Besserung wieder dort eintreffen.

SATIRISCHE DARSTELLUNG ZUM FALL HEDWIG RUSS
AUS DER ZEITSCHRIFT „KIKERIKI" VOM 31. MAI 1874

dessen Diener Charles Müller das Zöfchen seines Herrn - um den Preis eines, diesem entwendeten Schmuckes - zu Fall brachte. In dem gegen Müller verhandelten Prozesse stand Hedwig Ruß zum erstenmal vor Gericht, und zwar als Zeugin. Bald darauf bestahl sie aber selber ihre Dienstgeberin und wurde deshalb am 5. November 1872 zu einem zweimonatigen, durch Fasten verschärften, Kerker verurteilt. Nach kaum einmonatiger Freiheit beging sie einen neuerlichen Dienstdiebstahl und erhielt am 26. März 1873 eine Abstrafung mit einjährigem, verschärftem schweren Kerker, die sie, wie bekannt, in Walachisch-Meseritsch verbüßte. Nach Entlassung aus der Haft begab sie sich in ihr Elternhaus in Karlstein, wo sie die Absicht äußerte, wieder nach Wien zu gehen. Mit Rücksicht auf die dort gemachten schlimmen Erfahrungen sträubte sich aber der Vater gegen diesen Plan seiner Tochter. Dessenungeachtet setzte Hedwig Ruß ihren Willen durch. Auf der Fahrt in die Residenz machte sie dann die für sie so verhängnisvolle Bekanntschaft mit dem Tischlergehilfen Zimmermann ...

Am 23. Mai 1874 begann der Prozeß unter dem Vorsitz des Landesgerichtsrates Schwaiger. Die vom Staatsanwalt Graf Lamezan vertretene Anklage lautete auf das Verbrechen des meuchlerischen Raubmordes. Hedwig Ruß ist nett gekleidet, aber nicht die Schönheit, von der die Zeitungen so viel zu erzählen wußten. Die Angeklagte hat allerdings hübsche blonde Haare und blaue Augen, die sie trotzig im Saale herumschweifen läßt. Sie ist der Tat geständig, nur leugnet sie die vorher gefaßte Mordabsicht.

In dem seitens der Heimatgemeinde eingelangten Leumundsschreiben teilt der Bürgermeister mit, daß die Angeklagte das jüngste ihrer Geschwister sei und schon als Kind ein rohes und keckes Benehmen an den Tag gelegt habe.

Der Gerichtsarzt Dr. Kundrath äußert sich dahin, daß sämtliche Verletzungen der Ermordeten beigebracht wurden, als diese noch am Leben war. Die Gesichtsverletzungen seien wahrscheinlich die letzten gewesen, als Frau Bondy bereits auf dem Boden lag.

Der Verteidiger Dr. Jaques stellt sich auf den Standpunkt, daß die beim Diebstahl ertappte Hedwig Ruß ihre Dienstgeberin bloß habe betäuben wollen und schließt mit folgendem Appell an die Geschworenen: „Man darf den Ausführungen des Staatsanwaltes darin nicht recht geben, daß man Leben für Leben verlangen könne. Der Grundsatz: „Aug' um Aug', Zahn um Zahn'" ist längst verworfen. Hedwig Ruß muß bestraft werden, aber nicht strenger und schärfer, als sie es verdient hat. Durch vorschnelle Urteile der Geschworenengerichte sind wir zwar der Kabinettsjustiz entkommen, aber nur, um eine Lynchjustiz zu gewinnen..."

Dessenungeachtet sprachen sie die Volksrichter im Sinne der Anklage einstimmig schuldig, worauf die Angeklagte zum Tode durch den Strang verurteilt wurde. Der Kaiser ließ aber Gnade walten, worauf der Oberste Gerichtshof über Hedwig Ruß eine 20-jährige schwere Kerkerstrafe verhängte, verschärft mit Fasten und Dunkelhaft jeweils am 1. April, dem Jahrestag des Mordes in der Leopoldstadt.

Der Tatort des Mordes an Rosa Bondy in der Leopoldstadt, das Durchhaus Zirkusgasse 16 und Weintraubengasse 3 mußte einem Neubau weichen, an dieser Stelle befindet sich heute das Hochhaus „Galaxie" mit seinen Nebengebäuden.

㊾
DER SCHWARZE HANDSCHUH
1874

Noch war das Urteil gegen den Mörder Skaryd, die Ermordung der Dienstmagd Moldaschl und die Tat der Hedwig Ruß in frischer Erinnerung, da wurden die Wiener durch einen neuen Raubmord aufgeschreckt. Wieder war es ein Dienstmädchen, welches wegen des Geldbesitzes seiner Dienstgeber das Leben lassen mußte.

In Hernals, Frauengasse Nr. 7, bewohnte der Fleischhauer Blasius Schuster mit seiner jungen Frau und dem Dienstmädchen Wilhelmine Langhammer im ersten Stockwerke ein kleines Zimmer samt Küche. Schuster besaß bei der Schottenfelder Pfarrkirche in der Zieglergasse einen Fleischstand, den er alltäglich früh in Gesellschaft der Gattin und der Magd aufstellte. Später holte die Magd das für den Mittagstisch bestimmte Fleisch und begab sich damit wieder nach Hause, um zu kochen.

So geschah es auch am Pfingstmontag, dem 25. Mai 1874.

Als das Ehepaar gegen Mittag in die Frauengasse kam, wurde ihnen trotz heftigen Pochens nicht geöffnet, weshalb Schuster, beunruhigt, einen Schlosser herbeirufen ließ, welcher die Eingangstür aufsperrte. Wilhelmine Langhammer lag in einer bis in das Zimmer geronnenen, bereits gestockten Blutlache auf dem Boden der Küche, an ihrer Seite eine blutige Hacke, mit der ihr jemand die Schädeldecke zertrümmert hatte. Der Tod mußte schon vor längerer Zeit eingetreten sein. Wie im Falle Moldaschl *(siehe Kapitel 47)* hatte der Täter einen schwarzen, abgetragenen Männerhandschuh zurückgelassen.

Das Polizeikommissariat Ottakring sowie das in der alten Polizeidirektion am Peter *(1., Petersplatz 7)* untergebrachte Zentral-Sicherheitsbureau entsandte Kommissionen, welche folgendes feststellten:

Die Langhammer war noch um 9 Uhr gesehen worden, als sie vom Bezirk Neubau zurückkehrte und wie gewöhnlich von einer

PFARRKIRCHE SCHOTTENFELD

Milchfrau den „Jausen-kaffee" holte. Eine Partei im gegenüberliegenden Haus hatte bemerkt, daß in der Frühe die Rollvorhänge beider Zimmerfenster herabgelassen wurden, doch dachte sie, daß Frau Schuster in die Wochen gekommen sei. Man hatte nämlich die Person, welche die Vorhänge herabließ, nicht zu erkennen vermocht, da sie sich mit einem vorgehaltenen Betteinsatz den Fenstern näherte. Diese Person konnte nur der Mörder sein, welcher im übrigen die Verhältnisse des Ehepaares Schuster genau kennen mußte und offenbar gewartet hatte, bis die Wohnung verlassen war. Das Mordwerkzeug war Eigentum Schusters und für alle Fälle wahrscheinlich vorbereitet worden. Entweder hatte nun der Täter, der Geld aus einem Trumeaukasten raubte, von vornherein die Absicht gehegt, die Dienstmagd zu töten, oder er wurde bei seiner Einbruchsarbeit gestört und trachtete, sich die Zeugin aus dem Wege zu räumen. Das Mädchen erhielt zehn Hackenhiebe auf den Kopf, von denen zwei die Schädeldecke zertrümmerten. Aus einer am Halse des Opfers gefundenen Fingerdruckspur ging hervor, daß sich die Langhammer verzweifelt gewehrt hatte, wenn sie auch dann bald den Tod gefunden hatte. Der furchtbarste Hieb reichte von der linken Schläfe bis zum Nacken.

Wilhelmine Langhammer war 19 Jahre alt gewesen, in Schwadenbach in Böhmen geboren und die Tochter eines in Himberg lebenden Müllergesellen. Sie stand seit 21. Februar 1873 im Dienste Schusters und erfreute sich allgemeiner Beliebtheit. Erhobenermaßen besaß sie keinen Liebhaber, sondern nur eine noch sehr „junge Bekanntschaft". Der Betreffende konnte ein lückenloses Alibi nachweisen und kam für den Fall weiters nicht in Betracht. Die Unglückliche wurde am 28. Mai, also an ihrem Namenstage, unter reger Teilnahme zu Grabe getragen.

Seitens der Polizeidirektion wurde zwei Tage nach dem Mord folgende Kundmachung erlassen:

„500 Gulden Belohnung! Am 25. d. M., vormittags zwischen 8 und 11 Uhr, wurde die Dienstmagd Langhammer in der Wohnung ihres Dienstgebers Blasius Schuster, Fleisch-hauermeisters, Hernals, Frauengasse Nr. 7, ermordet. Nach den bisherigen Erhebungen wurden 200 fl. in Silberscheidemünzen zu 10 und 20 kr., in einem groben Leinwandsäckchen, geraubt, nachdem von dem Täter ein Kasten gewaltsam erbrochen worden war. Es wird derjenigen Person, welche die Verhaftung des Mörders veranlaßt oder der Behörde solche Mitteilungen macht, die unmittelbar zur Eruierung und Verhaftung des Täters führen, eine Belohnung von 500 fl. zugesichert, auch wird Jedermann ersucht, der Zweckdienliches mitzuteilen in der Lage ist, sich im Central-Sicherheits-Bureau einzufinden.Über die Person des Mörders als auch über die Umstände, unter welchen die Schreckenstat begangen wurde. An die mit der Aufhellung des Verbrechens betrauten Organe langten hunderte Anzeigen, teils mit, teils ohne Unterschrift ein. Mancher Spaßvogel oder Bösewicht suchte die Polizei irrezuführen, die mit fieberhafter Anstrengung und mit Aufbietung aller Kräfte arbeitete. Es wurden eine Menge „Verdächtige" festgenommen und mehr als einmal brachten die Blätter die Sensationsnachricht: „Der Mörder der Langhammer eingebracht" - um sie am folgenden Tage kleinlaut zu widerrufen. Der vom Mörder verlorene schwarze Handschuh spielte dabei eine ganz bedeutende Rolle und regte unzählige Kombinationen und Mystifikationen an. Leider konnte die Sicherheitsbehörde damit nichts anfangen. Nach einiger Zeit mußte man sich mit dem Gedanken abfinden, daß der Mord an Wilhelmine Langhammer von der Hernalser Frauengasse wohl für immer ungesühnt bleiben würde.

DIE ERMORDETE WILHELMINE LANGHAMMER

Der Raubmord in Hernals mußte zu den ungeklärten Fällen der Wiener Kriminalgeschichte gereiht werden.

Allerdings stand rund dreißig Jahre später, im April des Jahres 1906, der Mord in der Frauengasse wieder im Mittelpunkt des Interesses. Ein Mann namens Wenzel Rytina hatte seine von ihm geschiedene, in Wien lebende Frau angezeigt, sie hätte im Jahre 1874 gemeinsam mit ihrem damaligen Geliebten den Mord an Wilhelmine Langhammer begangen.

Eine Behauptung, die auch von der in Eger lebenden Schwester des Beschuldigten wiederholt wurde. Trotz intensiver kriminalistischer Kleinarbeit und umfangreichen neuerlichen Ermittlungen konnte mit den Methoden des Jahres 1906 allerdings kein schlüssiger Beweis für die Schuld der Frau gefunden werden und der Mordakt Langhammer wanderte - nun aber endgültig, im polizeilichen Aktenlager zu den ungeklärten Fällen.

IRONISCHE BETRACHTUNG DER SICHERHEITSZUSTÄNDE IM WIEN
DES JAHRES 1874
AUS DER SATIRISCHEN ZEITSCHRIFT „KIKERIKI" VOM 4. JUNI 1874

㊿
EINE NÄCHTLICHE SZENE
1874

In der Nacht vom 7. zum 8. August 1874 spielte sich am Wiener Donaukanal, in der Nähe des Gebäudes der Donau-Dampfschiffahrtsgesellschaft, eine geheimnisvolle Szene ab. Der in der Leopoldstadt, Untere Donaustraße, wohnhafte Laternenanzünder Johann Schubert erstattete nämlich am Polizeikommissariat Landstraße die Anzeige, er habe in der Morgendämmerung gesehen, wie ein Mann unweit des Materialdepots obgenannter Gesellschaft eine Frauensperson, die mehrere Male gellend um Hilfe rief, ins Wasser gestoßen hatte. Das Kommissariat Landstraße setzte sich mit dem Kommissariate Leopoldstadt ins Einvernehmen und eruierte, daß man den Vorfall auch vom anderen Flußufer aus beobachtet habe. So hörte das im Roberthof bedienstete Stubenmädchen Anna Liebert um die kritische Zeit ebenfalls Hilferufe, die so laut waren, daß die Magd aus dem Schlaf geweckt wurde. Sie lief ans Fenster und sah, wie ein Mann mit einer Frau herumraufte.

Nachdem sie ihre Schlafgenossin, die Köchin Amalia Holisek, geweckt hatte, blickten beide neugierig hinaus. Da sahen sie aber auch schon, wie die Frauensperson über die Böschung ins Wasser hinunterkollerte und wie der Mann, ohne etwas zu ihrer Rettung zu unternehmen, bis zur Brücke ging, um sich dann gegen die Pragerstraße *(nach 1919 Teil der Radetzkystraße)* zu entfernen.
An jener Stelle fand man am anderen Tag einen schwarzen, geschlossenen Seidenhut, mit Faillebändern und einer schadhaften, schwarzen Straußenfeder geputzt, einen schwarzen Sonnenschirm, einen drapefarbenen Trikothandschuh und einen Chignon.
Zwei Tage später meldete sich eine Frauensperson, welche angab, daß sie ein Mädchen mit einem blondhaarigen Manne abends von der Aspernbrücke zur Weißgärber Überfuhr gehen gesehen hatte. Die Polizei setzte die Erhebungen fort und fand noch einige Zeugen, welche das Paar bemerkt hatten, die aber nur ergänzen konnten, daß der Unbekannte eine Mütze mit rotem Streifen getragen habe. Nach ihrer Ansicht sei er ein Kondukteur der Tramway- oder Stellwagengesellschaft gewesen. Hier brachen die Spuren ab, und niemand vermochte mit Bestimmtheit zu sagen, ob die Frauensperson

ins Wasser gestoßen worden sei oder in der Aufregung einen Selbstmord begangen hatte, den der auf alle Fälle herzlose Begleiter nicht verhinderte.

Am 17. September 1874 wurde in Mannswörth von Schiffsleuten ein weiblicher Leichnam aus der Donau gefischt. Der Amtsarzt gab sein Gutachten dahin ab, daß der Körper seit ungefähr fünf Wochen im Wasser gelegen haben müsse. Es war schwer, das Alter der Leiche zu bestimmen, denn das Gesicht derselben war stark aufgedunsen und unkenntlich. Als die Beschreibung der Kleider aber nach Wien, wie es üblich war, bekanntgegeben wurde, vermutete der Referent, daß man hier den Körper jener Frauensperson gefunden habe, die am 7. August an der Weißgärberlände in Wien verunglückt sei. Es wurden daher zwei Organe des Detektivinstituts *(Kriminalbeamte)* nach Mannswörth geschickt. Die Ertrunkene, welche von der Kommission auf ungefähr 20 Jahre geschätzt worden war, trug ein lichtviolettes Kleid mit schwarzseidener Leibbinde und Brünell-Stiefletten. Um den Hals hatte sie ein Skapulier gebunden, welches aus zwei auf Leinwand gedruckten Heiligenbildern bestand.

Bezirksinspektor Sabatzka gab sich alle Mühe, die Agnoszierung der Leiche herbeizuführen, aber es war umsonst. Sämtliche Personen, welche sich meldeten, erklärten, daß sie die vorgezeigten Effekten nicht zu erkennen vermögen.

Sabatzka verzweifelte schon, als ihm schließlich doch der Zufall zu Hilfe kam. Das Stubenmädchen Marie Hlawatschek des in der Inneren Stadt, am Fleischmarkte, gelegenen Gasthofes „Zum weißen Wolfen" traf nämlich bald darauf einen Landsmann, bei dem sie sich über eine gemeinsame Landsmännin namens Marie Wilimofsky bitter beklagte, der sie kürzlich durch mehrere Wochen mitleidigen Unterstand gewährt habe und welche jetzt gar nichts mehr von sich hören lasse. Die Wilimofsky war im Juli aus ihrer Heimat Wolframitz in Mähren nach Wien gekommen und wohnte im genannten Gasthofe, beziehungsweise in dem Zimmer der Hlawatschek durch einige Wochen, bis sie sich eines Tages mit dem Bemerken entfernte, sie werde einen Kondukteur mit 150 Gulden Monatsgehalt heiraten. Der Landsmann sprach nun die Vermutung aus, ob nicht die Vermißte am Ende gar mit jener Frauensperson identisch sei, welche im August von einem Kondukteur in den Donaukanal gestoßen worden sei. Marie Hlawatschek, welche keine Zeitungen las und von jenem mysteriösen Vorfall noch nichts gehört hatte, erschrak heftig und begab sich sofort in das Zentral-Sicherheitsbureau, wo der stets aktionsbereite Sabatzka die weitere Verfolgung dieser Spur mit großer Energie aufnahm, noch dazu die Anzeigerin die Effekten und Kleider der angeschwemmten Leiche mit Bestimmtheit als Eigentum der Wilimofsky agnoszierte. Insbesondere erkannte die Hlawatschek das Skapulier. Mit Rücksicht auf die Angabe der Wilimofsky, daß sie einen Kondukteur heirate, befragte der Bezirksinspektor zunächst den Portier des Gasthauses „Zum weißen Wolfen", ob er nicht etwa den Mann gesehen habe. Der Zeuge erinnerte sich, daß am Tage der Übersiedlung tatsächlich ein Kondukteur in einem Komfortabel das Mädchen erwartet habe. Dieses sei mit dem Unbekannten weggefahren,

DAS HAUS WIEN 3., DIANAGASSE 8
IM HEUTIGEN ZUSTAND

**JOSEF ZIMMER
MÖRDER DER MARIE WILIMOFSKY**

während ein Dienstmann die Effekten nach einer anderen Richtung fortgetragen habe. Wie der Kondukteur aber aussah, daran vermochte sich der Portier nicht zu erinnern, da er ja der Szene keinen Wert beigelegt hatte. Dagegen war es nicht schwer jenen Dienstmann sicherzustellen. Er erzählte, daß er die Sachen des Mädchens zu einer Frau Marie Fried in die Dianagasse Nr. 8 *(Landstraße)* geschafft hatte. Detektive begaben sich sofort nach dem bezeichneten Hause, wo sie erfuhren, daß die Wilimofsky damals mit einem Kondukteur, der sich polizeilich als Josef Wagner meldete, einzog. Dies war am 3. August. Am 6. August mußte Frau Fried verreisen und ließ die Wohnung in der Obhut ihres Sohnes. Als sie zurückkehrte, war Wagner mit seiner Geliebten schon weg. Wie der Sohn der Fried angab, war Wagner am 7. August vormittags heimgekommen und erklärte, seine Braut habe dringend in ihre Heimat reisen müssen, er ziehe daher aus, da ihm das Logis nunmehr zu groß und zu teuer sei.

Die Effekten des Paares blieben aber noch mehrere Tage in der Wohnung, bis wieder ein Dienstmann erschien und sie abholte.

Jetzt galt es, die Spur des Wagner, welcher nun dringend verdächtig schien, seine Geliebte beseitigt zu haben, weiter zu verfolgen. Die Polizei erhob, daß er sich am 8. August bei einem ebenfalls in der Dianagasse wohnhaften Schneider einen Rock habe machen lassen. Er mußte also an diesem Tage mit Geld versehen gewesen sein. Bei diesem Schneider hatte er sich unter dem Namen Sedill eingeführt.

Durch unermüdliches Fragen und Suchen wurde auch der zweite Dienstmann ausgeforscht.

Derselbe erklärte, daß er die Effekten, bestehend aus einem Bündel Bettzeug und einen Koffer, nach Fünfhaus in die Stadiongasse, *(heute Robert-Hamerling-Gasse)* getragen habe, wo ihn Wagner-Sedill unter einem bestimmten Haustore erwartete und beauftragte, die Sachen bei einem Trödler zu verkaufen. Dies wurde ausgeführt und der Dienstmann erhielt einen reichen Lohn und konnte sich wieder entfernen.

Nun galt es, den Trödler zu finden und zu befragen. Der Dienstmann erinnerte sich noch genau an das Geschäft. Sabatzka war es selber, der das erste Verhör mit dem Trödler durchführte und jetzt endlich die freudige Erwartung hatte, die Lösung der Kriminalaffäre nahen zu sehen. Der Geschäftsmann sagte nämlich, daß er den Kondukteur vom Sehen gut kennen würde. Derselbe gehe oft vorüber und habe auch zu Ostern des laufenden Jahres bei ihm Gegenstände veräußert. Seiner Ansicht nach müsse der Gesuchte in unmittelbarer Nähe wohnen.

Sabatzka ließ nun in dem Hause, in dessen Flur Wagner-Sedill den Dienstmann erwartet hatte, und in den angrenzenden Gebäuden genaue Recherchen pflegen und erhielt endlich im Hause Nr. 5 in der Stadiongasse *(Robert-Hamerling-Gasse)* die entscheidende Auskunft. Dort wohnte ein Mädchen, welches angab, daß es eine Landsmännin des Kondukteurs sei, der weder Wagner noch Sedill, sondern Josef Zimmer heiße und sein dort innegehabtes Logis vor zwei Monaten verlassen habe. Josef Zimmer war polizeilich bisher nicht gemeldet, Sabatzka dachte sich daher, ob der Verbrecher nicht etwa wegen eines anderen Grundes inhaftiert sei und revidierte die Listen der in den Strafhäusern lebenden Individuen. Tatsächlich fand er ihn auch im Wiener Landesgerichte, wohin ihn das Polizeikommissariat Ottakring wegen verschiedener an Dienstmädchen ausgeführter Heiratsschwindeleien eingeliefert hatte.

Jetzt lag der Fall ziemlich klar. Die Wilimofsky, welche allenthalben als sparsames Mädchen galt, besaß ein Vermögen von 600 Gulden, so daß man fast mit Sicherheit annehmen konnte, daß es Zimmer auf das Geld abgesehen hatte.

Sein Leumund war höchst ungünstig. Mit 12 Jahren kam er als Schmiedelehrling nach Wien. Er unterschlug seinem Meister 15 Gulden, die er für gelieferte Waren einkassiert hatte, entwich aus der Lehre und trieb sich in schlechter Gesellschaft herum. Mit 15 Lebensjahren erhielt er seine erste Gerichtsstrafe: zwei Monate Arrest wegen Diebstahls und Veruntreuung. Als er mit 20 Jahren zum Infanterie-Regimente Nr. 54 einrückte - er stammte aus Wolframitz in Mähren - war er schon sechsmal abgestraft, und zwar bis zu zwei Jahren schweren Kerkers. Von den sechs Jahren, die er beim Militär diente, verbrachte er zwei Jahre in Strafhäusern. Aus dem Militärverbande entlassen, wurde er Bedienter, Magazineur, Bremser bei der Eisenbahn, Omnibuskondukteur, Bankdiener, Dienstmann usw.

Nach diesen Feststellungen erstattete der Gastwirt Losek in Simmering überdies gegen den Häftling die Anzeige wegen Einbruches.

Am 4., 5. und 6. März 1875 hatte sich „Josef Zimmer, 33 Jahre alt, fälschlich Eduard Waidhofer und Wagner, Witwer, früher Packer bei der priv. österr. Staatseisenbahn, zuletzt beschäftigungslos" vor dem Schwurgericht unter Vorsitz des Landesgerichtsrates Derleth gegen die vom Staatsanwalt Baron Seeau wegen der Verbrechen des meuchlerischen Raubmordes, Diebstahles und Betruges erhobene Anklage zu verantworten. Der Vertreter der Staatsbehörde betont, daß die unglückliche Wilimofsky vor ihrem Tode geäußert habe: „Ich habe mein Glück gemacht, besser als wenn ich einen Terno gewonnen hätte. Ich heirate einen Kondukteur mit 150 Gulden und freier Wohnung." Der Angeklagte erklärte sich gleich am Beginn seines Verhöres als nichtschuldig. Er habe weder einen Mord begangen, noch einen Betrug verübt. „Jede hat mir gleich das Geld gegeben. Ich habe ihnen Lustbarkeiten verschafft, und jede hat mir alles aus Liebe gegeben. Natürlich fragt jede: „Werden S' mich heiraten?" Man sagt dann ja, aber das doch kein Evangelium. Was den Mord betrifft, bin ich so rein, wie die Sonne am Firmament!"

Im weiteren Verlauf des Verfahrens wird Zimmer stets frecher, so daß er wiederholt vom Vorsitzenden ermahnt werden muß.

Die Geschworenen sprachen ihn endlich mit zehn Stimmen des meuchlerischen Raubmordes schuldig, worauf er zum Tode durch den Strang verurteilt wurde.

Zimmer hielt sich die Bedenkzeit offen und meldete dann die Nichtigkeitsbeschwerde an. Dieselbe wurde zwar vom Obersten Gerichtshofe verworfen, allein der Kaiser ließ auch diesem Verbrecher gegenüber Gnade walten, so daß er sein Ende nicht am Galgen fand.

DIE K.K. POLIZEIDIREKTION WIEN
DAS AM SCHOTTENRING 11 LIEGENDE BAUWERK WURDE FÜR DIE WELTAUSSTELLUNG 1873 ALS „HOTEL AUSTRIA" ERBAUT. NACH ENDE DER AUSSTELLUNG ERWARB DAS ÄRAR DAS HOTEL UND ES WURDE IN DER FOLGE ALS NEUER SITZ DER WIENER POLIZEIDIREKTION ADAPTIERT, ALS WELCHER ES SEIT 1874 VERWENDET WURDE. IN DEM GEBÄUDE FANDEN URSPRÜNGLICH ALLE POLIZEILICHEN ZENTRALSTELLEN WIENS MIT AUSNAHME DES GEFANGENENHAUSES UND DER SICHERHEITSWACHE AUFNAHME.
DAS HAUS WURDE DURCH EINEN BOMBENANGRIFF IM JAHRE 1945 FAST VÖLLIG ZERSTÖRT, DIE RUINE IN DEN FOLGENDEN JAHREN ABGETRAGEN. HEUTE BEFINDET SICH AN DIESER STELLE WIEDER EIN HOTELGEBÄUDE.

EIN PAAR STUNDEN
1874

Achtzig Prozent aller Verbrecher betreten die schiefe Bahn um des Geldes willen. Böte ihnen das Leben das, was sie zur Stillung ihrer verschiedenen Begierden brauchen, würden sie fremdes Gut und fremde Gesundheit sicherlich schonen. Viele Menschen mühen sich jahrelang ab, auf reellem Wege das Universalmittel „Geld" zu erlangen, gelingt ihnen das nicht, so wird bei einem Teil von ihnen der Hoffnungskoeffizient immer kleiner, bis sie im Hafen der Resignation landen, bei einem anderen, zum Glück geringeren Teile, setzt sich die noch vorhandene gesunde Energie aber in eine psychopathische Willenskraft um, und sie werfen sich blindlings auf das Gebiet des Verbrechens, in dem sie die endliche Erfüllung ihrer Wünsche zu erreichen trachten. Der rücksichtslose Kampf um den „schnöden Mammon" zermürbt oft Personen, die nicht von Geburt aus mit „Moral insanity" behaftet sind, er zerstört in ihnen jeden moralischen Halt, und bei manchen geht dies so weit, daß sie sich entschließen, schwerste Blutschuld auf sich zu laden, wenn sie nur „ein paar Stunden" frei und ungehindert genießen können.

Der folgende Kriminalfall verdient nur von diesem kriminal-psychologischen Standpunkte besondere Beachtung.

Die 53jährige Wirtschafterin Viktoria Eglatz besaß in Währing, Eduardgasse Nr. 8, eine kleine Wohnung, bestehend aus Kabinett und Küche, die sie weitervermietete, da sie ohnehin selten zu Hause schlief. Sie war nämlich Wirtschafterin des Briefträgers Schartner und brachte die Nächte meist in dessen in der Kreuzgasse gelegenen Wohnung zu.

Seit fünf Wochen hatte sie ein Liebespaar in Aftermiete, den 22-jährigen, vazierenden, aus Lobau in Böhmen stammenden Tischlergehilfen Wilhelm Kunz und dessen 24-jährige Geliebte Theresia Hellerer. Das aus Langenlois gebürtige Mädchen war Wäscherin und gab dem arbeitsscheuen Burschen täglich 25 Kreuzer Taschengeld.

DAS HAUS WIEN 18., EDUARDGASSE 8 IN HEUTIGEM ZUSTAND

Am 15. Dezember 1874 kam sie um beiläufig zehn Uhr vormittags ganz erschöpft auf das in der Währinger Hauptstraße gelegene Polizeikommissariat und erzählte in abgebrochenen Sätzen, daß „im Hause Eduardsgasse Nr. 8 etwas geschehen" sei, sie habe ihre Quartierfrau im Blute schwimmend gefunden.

Der Bezirksleiter, Polizeioberkommissär Mischitz begab sich mit dem Kommissär Tauscher und dem Konzeptspraktikanten Adami sofort in das bezeichnete Haus, wo sie folgendes feststellten:

Die Hellerer war, wie gewohnt, zeitlich früh in die Arbeit gegangen, während ihr Geliebter daheim blieb. Da aber schlechtes Wetter herrschte, so kehrte sie zurück, um ihre Halbschuhe gegen andere zu vertauschen. Es wurde ihr erst nach längerem Pochen geöffnet, und zwar von Wilhelm Kunz. Sie bemerkte hiebei, daß Kunz fremde Kleider trage und erkundigte sich um deren Herkunft. Der Tischlergehilfe, welcher nur schlecht deutsch sprach, antwortete in tschechischem Dialekte: „Die

Eglatz hat mir's g'lieh'n, sie gehörens im Schartner. Brauch' i heut' schöne Kleide, weil geh' ich auf Besuch zu mein' Bruder, und üb'rhaupt will i a amal was von' Leben. Um fünfe muß i wieder z'ruck sein, i hab' i kan' Zeit nit. Trag' i jetzt Schlüsseln zum Schartner."

Damit stieß er seine Geliebte aus der Wohnung und versperrte dieselbe. Das Mädchen begleitete ihn bis zur nächsten Gasse entfernte, in Wahrheit aber kehrte die Hellerer um, da ihr die Sache verdächtig vorkam und sie die Eglatz fragen wollte, ob der Briefträger Schartner davon wisse, daß Kunz seine Kleider tragege. Sie betrat das Kabinett, da Frau Eglatz in der Küche nicht zu sehen war, da bot sich ihr ein grauenerweckender Anblick dar. Der Fußboden und die Wand waren mit Blut bespritzt, vor dem Bett lag ein scharfes Beil, welches die Eglatz zum Holzverkleinern zu benützen pflegte, und im Bette lag die Wirtschafterin, von der man aber bloß die Fußspitzen sah. Das Mädchen hob zaghaft die Decke und eine Tuchent empor und fand ihre Quartierfrau vollständig angekleidet mit einem um den Hals gewundenen Strick und stark blutenden Wunden auf Kopf und Brust vor. Zitternd warf sie die Tür ins Schloß und lief auf das Polizeikommissariat.

Die Blutspuren bewiesen, daß Frau Eglatz nicht im Bett ermordet worden sei, auch war ihr der Strick wahrscheinlich erst nach Ausführung der Beilhiebe um den Hals gewickelt worden.

EIN WIENER „COMFORTABLE", WIE JENER, IN WELCHEM DER RAUBMÖRDER WILHELM KUNZ FESTGENOMMEN WURDE

Die Nachschau in der Wohnung Schartners ergab, daß derselbe beraubt worden sei, doch war er leider dienstlich von Wien abwesend und man konnte nicht genau konstatieren, was eigentlich fehle. Daß als Täter nur Wilhelm Kunz in Betracht käme, darüber gab es keinen Zweifel. Die Polizei unter der Leitung des Polizeirates Pokorny vom Zentral-Sicherheitsbureau und des Oberinspektors Stehling bot daher den ganzen Apparat auf, um des Flüchtlings habhaft zu werden. Detektives eruierten einen Dienstmann, welcher von Kunz beauftragt worden war, einen Einspänner zu besorgen. Der Dienstmann holte das „Linienzeug Nr. 783", welches aber noch nicht auf den Standplatz zurückgekehrt war. Der Polizeirat versprach den anderen Einspännern eine reiche Belohnung, wenn sie sich auf die Jagd nach dem genannten Fahrzeug machen wollten. Die Kutscher waren damit gern einverstanden und fuhren in Währing und Hernals kreuz und quer herum, bis es endlich um drei Uhr nachmittags dem Einspänner Nr. 215 gelang, seinen gesuchten Kollegen durch zwei Wachleute anhalten zu lassen.

In dem Wagen saß - Wilhelm Kunz. Aber nicht allein, sondern mit zwei Frauenzimmern. Hinter diesem Wagen fuhr ein zweiter mit ein paar Männern.

Die Gesellschaft wurde auf das Polizeikommissariat Ottakring gebracht, wo der Tischlergehilfe ganz ruhig den Mord eingestand. Er sagte es gerade heraus, daß er sich ein paar vergnügte Stunden habe machen wollen. Hiezu lud er nicht seine Geliebte ein, die für ihn arbeitete und ihn ernährte, sondern fremde Personen.

Kunz schildert den Hergang der Bluttat in nachstehender Weise: Er lag noch im Bette, als sich Frau

DER IN DEN JAHREN 1872 - 1874 ERRICHTETE GROSSE SCHWURGERICHTSSAAL DES WIENER LANDESGERICHTES, IN WELCHEM IM JÄNNER 1875 AUCH DER PROZESS GEGEN WILHELM KUNZ STATTFAND, NACH EINER ZEITGENÖSSISCHEN ANSICHT

Eglatz bückte, um ein unter dasselbe gerolltes Vierkreuzer-Stück hervorzuholen. Die Hacke, mit der sie gerade hantiert hatte, lehnte sie an das Kopfende des Bettes und Kunz ergriff das Instrument, was die Eglatz hörte. Sie drehte sich daher um und fragte: „Was tun S' denn mit der Hacken, Wilhelm?" Die Antwort war ein furchtbarer Beilhieb, der das Weib niederstreckte. Der Hieb war scharf, ein zweiter folgte mit der stampfen Seite. Viktoria Eglatz griff sich an die Stirne und umklammerte im Fallen die Bettstätte, wo man am Leintuch tatsächlich ihre blutigen Fingerabdrücke fand. Da sie noch zuckte, nahm Kunz einen Wäschestrick und wand ihn seinem Opfer mit solcher Kraft um den Hals, daß er tief ins Fleisch schnitt. Er stemmte dabei einen Fuß gegen die Brust der Frau. Sodann nahm er der Ermordeten die Ohrringe und Ringe vom Körper und trug den Leichnam in das Bett. Mit Seelenruhe kleidete er sich an, steckte einiges Bargeld der Eglatz, sowie den Schlüssel zur Wohnung Schartners ein und ging in die Kreuzgasse, um den Briefträger zu bestehlen.

Der Vororte-Dienstmann Nr. 93 mußte ihm nach geschehener Tat den vorgenannten Einspänner holen, mit welchem Kunz zu einem Hutmacher fuhr, wo er sich einen neuen Zylinder kaufte. Nachdem ihn ein Friseur elegant frisiert hatte, fuhr er nach Margareten, in die Nikolsdorfergasse Nr. 23, zu seinem gewesenen Meister Georg Hofeneder, erzählte, er habe einen Terno in der kleinen Lotterie gemacht, zahlte einige Maß Wein, teilte Geschenke aus, die vom Raubmorde herrührten, und lud dann den Tischlermeister, dessen Frau und das Dienstmädchen, sowie einen Hausmeister von der Leopoldstadt zu einer Heurigenfahrt ein. Selbstverständlich spielte Kunz dabei den Gönner. Im ersten Komfortabel saß er mit der Tischlermeisterin und deren Dienstmädchen, im zweiten der Gatte der ersteren, der Hausbesorger und ein Tischlergehilfe.

Schartner kehrte erst nach zwei Tagen zurück, und nun erkannte man, daß der Mörder das Sparkassenbuch desselben zwar in der Wohnung gelassen, aber einen darin befindlichen Barbetrag von 30 Gulden an sich genommen hatte. Außerdem hatte er dem Schartner Kleider im Werte von 118 Gulden geraubt.

Das blutige Hemd verbrannte er in der Wohnung des Briefträgers. Der Eglatz raubte er drei Ohrgehänge, zwei Eheringe, eine goldene Uhr und 13 Gulden Bargeld, ferner eine goldene Vorstecknadel, sowie einen Ring mit rotem Steine. Die Ohrgehänge versetzte er bei dem Winkelpfandleiher Karl Kernthaler in der Martinstraße Nr. 45, dem gegenüber er sich Czecin nannte, um acht Gulden, doch mußte er die Uhr Schartners, sowie eine Brosche zulegen.

Das Sparkassenbuch gehörte der Eglatz, welche dasselbe ohne Wissen des Schartner in dessen Wohnung getragen hatte. Hievon machte sie damals ihrem Sohn, einem Glasermeister in Fünfhaus und ihrer Schwester mit dem Bemerken Mitteilung: „Du, es könnte einmal mit mir schnell aus sein, so sag' ich dir, ich habe mein Sparkassenbuch bei meinem Alten oben in Fetzen eingewickelt."

Die Schwurgerichtsverhandlung wurde am 11. Jänner 1875 unter dem Vorsitz des Vizepräsidenten Schwaiger durchgeführt. Mit einem finsteren, trotzigen Blicke trat der Angeklagte ein und legte während des ganzen Prozesses ein abstoßend-reueloses, zynisches Verhalten zur Schau. Er erzählte, daß er es schon lange auf die Ersparnisse der Eglatz abgesehen hatte. Am 15. Dezember sei er ungewöhnlich früh, nämlich um sechs Uhr, aufgestanden und in eine Branntweinschänke gegangen, wo er ein Quantum von anderthalb Seitel Schnaps zu sich nahm, um sich Mut zu machen. Dann sei er heimgekehrt und habe sich, während seine Geliebte das Haus verließ, wieder ins Bett gelegt. Als bald darauf die Eglatz an sein Bett trat, habe er einen Streit provoziert und die Frau mit der Hacke niedergeschlagen. Da sie wieder das Bewußtsein erlangte, erdrosselte er sie mit der Wäscheleine. Staatsanwalt Karajan hatte ein leichtes Spiel, seine Anklage bei den Geschworenen durchzubringen. Kunz antwortete dem Vorsitzenden zum Beispiel auf die Frage, ob er nach der Tat Reue empfunden habe, mit einem bestimmten „Nein!"

Er wurde einstimmig schuldig gesprochen und zum Tode durch den Strang verurteilt, durch kaiserliche Gnade aber vor dem Galgen bewahrt.

㊾ DER RAUBMORD AUF DER TÜRKENSCHANZE
1875

Auf der Türkenschanze stand in den siebziger Jahren ein einsames Gasthaus, welches den Titel: „Zum König Sobieski" führte. Man gelangte vom Allgemeinen Währinger Friedhof auf einen schmalen, für Fuhrwerke nur schwer passierbarem Hohlweg dahin. Es trug die Orientierungsnummer 373, war ebenerdig und bestand aus einem Schank- und einem Extrazimmer, an welches sich die Küche, ein geräumiges Wohnzimmer sowie ein Stübchen für einen Dienstboten reihten. Das Gebäude war von einem Vorgarten umgeben und machte einen recht freundlichen Eindruck, hatte aber wegen seiner isolierten Lage bloß die Maurer und Steinmetze der Umgebung zu Stammgästen. An schönen Sonn- und Feiertagen kamen freilich auch Ausflügler hin, um sich an einem frischen Trunke zu laben.

Im Fasching des Jahres 1874 nahm das neuvermählte Ehepaar Josef und Aloisia Schieder das Wirtshaus in Pacht, um es ganz neu herzurichten. Der Mann. welcher vorher Markör im neunten Bezirke gewesen, zählte damals 49, die Gattin 55 Jahre.

Sie lebten sehr bescheiden und hielten bloß eine Dienstperson, das Stubenmädchen Rosina Populorum.

Am Morgen des 14. April 1875 erschollen aus dem Gasthofe gellende Hilferufe. Das Stubenmädchen rannte im nächsten Moment entsetzt ins Freie und schrie, seine Herrenleute seien über Nacht ermordet worden. Die Kunde von der Bluttat verbreitete sich rasch im Bezirk und über die ganze Stadt. Das alarmierte Polizeikommmissariat Währing entsandte sofort eine Kommission unter Führung des

DAS GASTHAUS „ZUM KÖNIG SOBIESKI" AUF DER „TÜRKENSCHANZE"

Bezirksleiters Mischitz. Vom Zentral-Sicherheitsbureau erschienen bald darauf Oberinspektor Stehling sowie Oberkommissär Breitenfeld, denen sich zahlreiche Detektives anschlossen.

Als die polizeilichen Funktionäre das elegante Wohnzimmer betraten, bot sich ihnen ein schauerlicher Anblick. Herr und Frau Schieder, die Wirtsleute, lagen in einer ungeheuren Blutlache nebeneinander: er rechts, sie links. Der Hals des Wirtes war von einem Ohr bis zum anderen durchschnitten, so daß die Speise- und Luftröhre bloßgelegt erschienen. Die Leiche der Frau wies zahlreiche Stiche auf. An allen Möbeln und Einrichtungsgegenständen klebte Blut. Auch die Hände der Ermordeten zeigten Verletzungen, woraus man schloß, daß ein heißer Kampf stattgefunden hatte. Aus der in der Wohnung herrschenden großen Unordnung ergab sich auf den ersten Blick, daß die Tat als Raubmord zu qualifizieren sei.

Zunächst wurde das Stubenmädchen verhört. Rosina Populorum erzählte, daß am Vortag um vier Uhr nachmittags zwei Männer als Gäste eingekehrt waren, welche sehr viel Bier und Wein tranken und auch mit dem Wirt Karten spielten. Abends betrug ihre Zeche schon acht Gulden. Sie waren übermütig, gaben allerhand Abenteuer aus ihrer Militärzeit zum besten und produzierten sich als Kartenkünstler und Taschenspieler. Insbesondere zeigten sie auch Kunststücke, wie sie Kosaken und Bauernfänger anzuwenden pflegen. Sie vergnügten sich ferner auf der neuerrichteten Kegelbahn und dachten nicht ans Fortgehen. Frau Schieder habe daher um elf Uhr nachts ihren Mann gebeten, Schluß zu machen, worauf der Wirt aber unter Vorwürfen antwortete: „Warum denn? So gute Gäste kommen nicht alle Tage." Sie sei darauf schlafen gegangen. Gegen ein Uhr nachts habe sie ein Geräusch gehört, dasselbe aber nicht beachtet. Dann sei sie wieder eingeschlafen. Um sechs Uhr früh sei sie, wie immer, aufgestanden und in die Schankstube gegangen. Da sie dort niemanden angetroffen, habe sie sich in das Schlafzimmer der Herrenleute begeben und zu ihrem Schrecken entdeckt, was in der Nacht geschehen war.

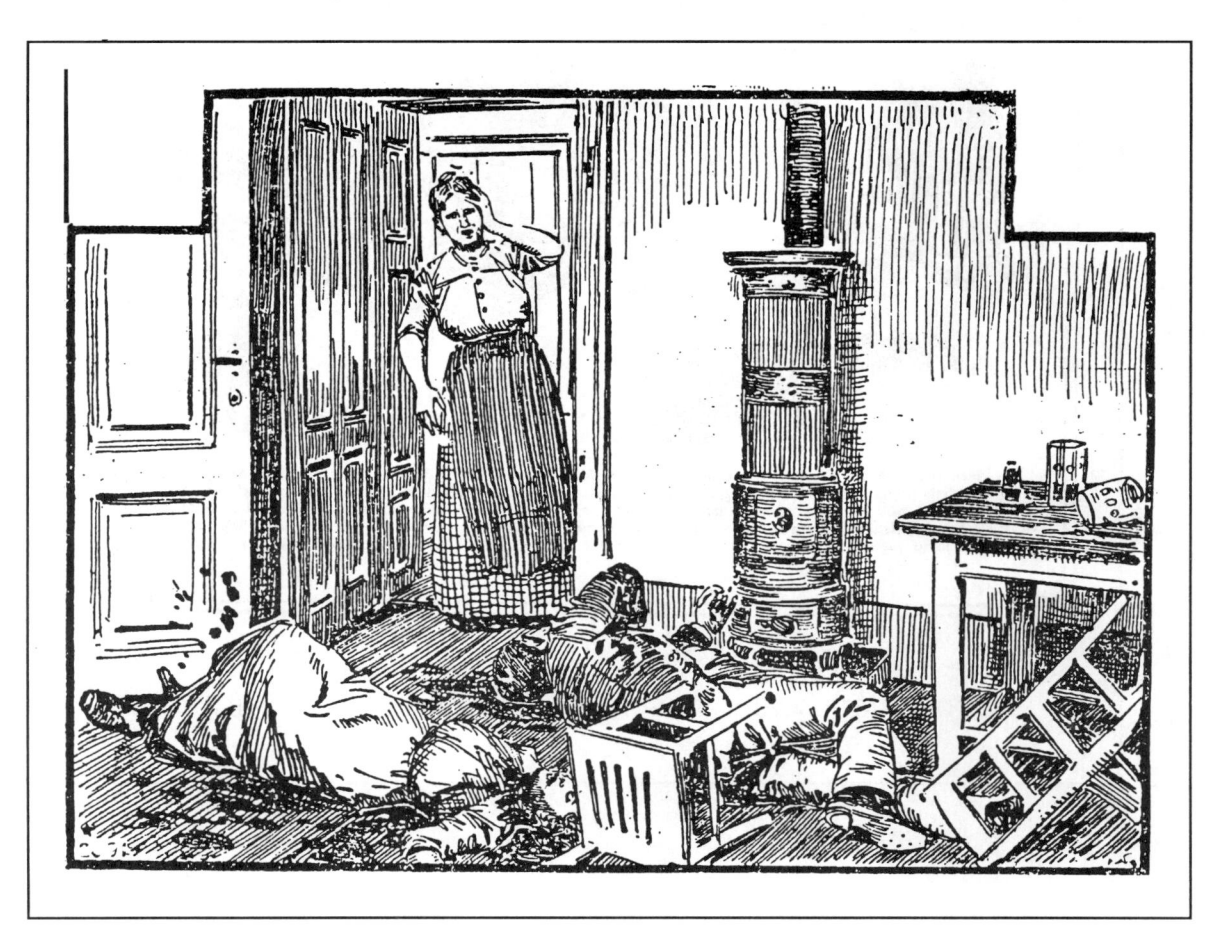

Einfache Anweisung,
um jeden Verbrecher alsbald zu erwischen.

Man merke sich den Platz, wo der Schurke den **Silberlöffel** verlor, lasse den **Juden**, bei welchem er den **Kaput** verkaufte, links stehen, wende sich zum **weggeworfenen Kassel** und suche die verstreuten **Briefe**; hat man diese gefunden, so wird man auch bald bei der ausgegrabenen **Taschenuhr** sein, eile zu den hingeschleuderten alten **Stiefletten**, verfolge die Spur der gestohlenen **Juchtenstiefel**, und wenn man einmal die ihm nutzlos gewesenen **Versatzscheine** sieht, müßte es mit dem Teufel zugehen, wenn der Verbrecher nicht unweit des ihm aus Versehen entfallenen **Sechserls** zu finden wäre.

KARIKATUR ZUM MORD AUF DER TÜRKENSCHANZE
AUS DER SATIRISCHEN ZEITSCHRIFT „KIKERIKI" VOM 22. APRIL 1875

Mittlerweile hatten Beamte und Detektives erhoben, daß die Blutspuren in die umliegenden Weingärten führten, wo man auch allerhand Gegenstände fand, die Eigentum des Ehepaares gewesen und von den Tätern als für sie offenbar wertlos weggeworfen worden waren. So las man eine leere Kassette auf, die Schriften und Dokumente, einen Schlüsselbund und Ähnliches enthielt. Weiter vorwärts, im Sieveringer Tale, lag eine zweite geraubte Kassette, ein Dutzend Eßbestecke, ein Paar blutgetränkte Schuhe, ein abgetragener Hut, blutige Lederflecke und verschiedene Leinwandstücke. Hier hatten die Mörder nämlich zum Teile Toilette gemacht.

Als die landesgerichtliche Kommission, bestehend aus dem Landesgerichtsrat Krumpholz, Staatsanwalt Dr. Karajan und dem Schriftführer Doktor Mauthner zur Aufnahme des gerichtlichen Lokalaugenscheines eintraf, galt es bereits als sicher, daß die beiden geschilderten Gäste das Verbrechen verübt hatten. Man hatte sie um drei Uhr morgens gegen das Gebirge wandern gesehen, wenigstens behauptete dies ein Laternenanzünder mit Sicherheit. Nach dessen Aussage wäre noch ein dritter Mann in ihrer Begleitung gewesen, dem er die Rolle eines Aufpassers zumaß.

Aus den Verletzungen der Frau ging hervor, daß dieselbe (vielleicht als sie ihrem Manne beistehen wollte) zuerst gewürgt, dann an die Wand gedrückt und schließlich wiederholt in Hals und Brust gestochen worden war.

Die Täter waren aller Wahrscheinlichkeit nach ins Wohnzimmer eingeschlichen, was auch verständlich machte, daß die sonst sehr wachsamen Hunde nicht angeschlagen hatten. Nach Überwältigung der beiden Opfer machten sie sich sofort auf die Suche nach Beute. Sie nahmen alles mit, was ihnen nur halbwegs wertvoll dünkte. Kein Kasten, keine Lade blieb verschont. Als geraubt stellte die Behörde fest: Ein Paar hohe Aufzugsstifletten aus Juchtenleder, mehrere weiße Männerschürzen, einen schwarzen, steifen Hut, einen kleinen Geldbetrag in Scheidemünze, 20 bis 25 Stück Virginierzigarren, eine silberne Herrenuhr mit doppeltem Gehäuse, Gliederkette und einem Zweiguldenstück als Anhänger, ferner einen Rock.

ROSINA POPULORUM, DAS AUS OBERÖSTERREICH STAMMENDE DIENSTMÄDCHEN, WICHTIGSTE ZEUGIN UND SCHLIESSLICH AUCH SELBST TATVERDÄCHTIG IM MORD VON DER „TÜRKENSCHANZE"

Die Beute an Wertsachen war so auffallend klein, daß sich alsbald das Gerücht verbreitete, Frau Schieder hätte am Tage vor ihrem Tode einen Terno gemacht. Das Ehepaar besaß vielmehr wirklich fast kein Bargeld. Seine Ersparnisse waren bei der Instandsetzung des Wirtshauses zum größten Teile aufgebraucht worden, ohne durch das Geschäft wieder hereingebracht werden zu können. Herr Schieder, dem überdies der Verkehr mit den meist tschechischen Tagelöhnern nicht behagte, trug sich daher schon seit längerer Zeit mit dem Plan, das Gasthaus zu verkaufen. Gerade am Tag der Mordtat hatte er dies wieder so recht empfunden. Einen Tag vorher waren nämlich in der Nähe seines Hauses Sprengungen vorgenommen worden. Durch Unvorsichtigkeit der Arbeiter flog ein großer Stein in den Vorgarten. Herr Schieder beschwerte sich deswegen bei der Leitung des

Steinbruches, was dem Schuldtragenden eine scharfe Rüge zutrug. Dies hatte zur Folge, daß die betreffenden Tagelöhner Drohungen gegen den Wirt ausstießen. Herr Schieder, darüber beunruhigt, suchte beim zuständigen Wachzimmer Schutz, worauf der Rayonsposten den Auftrag erhielt, jede Stunde nachzuschauen. Der Wachmann gab nun zu Protokoll, daß er dem Befehle pünktlich nachgekommen sei und auch noch um zwölf Uhr nachts die beiden Gäste im eifrigen Spiele mit dem Wirte gesehen habe. Um ein Uhr sei alles finster gewesen, weshalb er sich entfernt habe.

Die Sicherheitsbehörde war der Ansicht, daß die Täter intelligentere Menschen seien. Dies zeigte sich auch an einigen Buchstaben, die sie im Gespräch mit Kreide auf die Tischplatte geschrieben hatten. Man hielt sie für abgestrafte Kellner oder Marköre.

Es wurden ausgedehnte Streifungen veranstaltet und alle polizeilich bekannten Falschspieler zum Amte bestellt, aber ohne positives Resultat. Daß die Mörder Wien indessen nicht verlassen hatten, war zweifellos. Am nächsten Morgen wollte man sie im Augarten bemerkt haben. Beide trugen Schürzen des ermordeten Gastwirtes; der eine außerdem die hohen Juchtenstiefel. Die Wahrnehmung entsprach den Tatsachen, denn bald darauf verpfändete ein Mann beim Inkassogeschäftsinhaber J. Wertheimer, 2. Bezirk, Große Pfarrgasse 23, die geraubte Uhr samt Kette und Anhänger. Leider las der Geschäftsmann erst hinterher die Zeitung, und als er mit dem schauerlichen Gute zur Polizei eilte, war es schon zu spät.

Ähnliches Glück hatte der zweite Verbrecher. Er bot den erbeuteten Rock einem Trödler in der Judengasse zum Kauf an. Zum Provenienznachweise verhalten, lief er, was ihn die Beine tragen konnten, davon und wurde nicht mehr eingeholt.

Auch er entkam also.

Auf Grund dieser Meldungen und des Umstandes, daß man weiters in einer Grube hinter der Mauer des Währinger Friedhofes mehrere weggeworfene Löffel aus dem Schiederschen Besitz fand, stand fest, daß die Flüchtlinge nach dem Raubmorde zuerst in die Weinberge nach Sievering gelaufen waren, um sich dort der blutigen Kleider zu entledigen und sodann längs der Mauer des Währinger Friedhofes in die Leopoldstadt, wo sie den Trödler aufsuchten.

DAS SEIT VIELEN JAHREN LEERSTEHENDE ALTE GASTHAUS „ZUM KÖNIG SOBIESKI", DER TATORT DES JAHRES 1875, ANSICHT VOR DEM ABBRUCH IM JAHRE 1908

Alle weiteren Wahrnehmungen blieben dagegen unbestätigt. Man behauptete, die Verbrecher in Süßenbrunn und anderen Gemeinden der Umgebung Wiens gesehen zu haben. Die Wiener Polizei, welche eine Ergreiferprämie im Betrage von 400 Gulden ausgesetzt hatte, entsandte zwar überallhin ihre Organe, jedoch umsonst. Man vermochte der Flüchtigen nicht habhaft zu werden. Einige Tage nach dem Mord fand das Begräbnis des unglücklichen Paares statt, dem eine große Menschenmenge das letzte Geleit gab. Die Opfer waren in zwei einfachen, braungestrichenen Särgen gebettet, so daß man teilweise ihre gräßlichen Verletzungen sehen konnte. Niemand hatte aber auch nur einen Kranz oder eine Blume gebracht ... In der Folge wurden noch viele Vermutungen laut, die Behörde arbeitete unverdrossen weiter, trotzdem blieben die Schuldigen bis heute unentdeckt, das Verbrechen ungesühnt. Es sei nur noch erwähnt, daß man den Verdacht schließlich auch gegen das Stubenmädchen lenkte, welches man der Mitwissenschaft an dem schrecklichen Verbrechen bezichtigte. Zum Glücke gelang es Rosina Populorum, ihre vollkommene Unschuld an der schändlichen Tat nachzuweisen.

Der Schauplatz des Doppelmordes, das Gasthaus „Zum König Sobieski" blieb noch - unbewohnt leerstehend und von dichtem Gebüsch überwuchert - im Park der späteren Universitätssternwarte erhalten. Erst im Jahre 1911 bereitete die Spitzhacke dem ebenerdigen Gebäude ein Ende

53
ENRICO VON FRANCESCONI
1876

In der Wiener Postdirektion herrschte am 18. Oktober 1876 eine ungeheure Aufregung, die sich von Stunde zu Stunde steigerte. Einer der ältesten, verläßlichsten Geldbriefträger, der seit dreißig Jahren im Dienste stehende Johann Guga war von einem Dienstgang noch nicht zurückgekehrt, hatte sich noch nicht vorschriftsmäßig gemeldet. Obzwar der bei allen Kaufleuten wohlbekannte und gern gesehene Mann mitunter Gelder bis zu 100.000 Gulden auszutragen hatte, so konnte man sich doch bei dem Umstand, daß ihm diesmal wieder Geldbriefe und Postanweisungen in der Höhe von beiläufig 14.000 Gulden zur Bestellung an die Adressaten übergeben worden waren, des quälenden Gedankens nicht erwehren, daß er einer momentanen Versuchung erlegen und durchgegangen sein könne. Begreiflicherweise wollte man diesen bösen, kränkenden Verdacht aber nicht so ohneweiters öffentlich aussprechen und wartete immer wieder eine Stunde zu, bevor man sich entschloß, die Polizei zu verständigen. Endlich blieb doch nichts anderes übrig, und der Postkommissär Effenberger fuhr zur Polizeidirektion. Man vermied es dabei noch immer, eine förmliche Strafanzeige zu erstatten, sondern meldete lediglich das rätselhafte Ausbleiben Gugas. Die Polizei ließ sich, um die Tätigkeit des Briefträgers zu kontrollieren, den „Laufzettel" des Abgängigen aushändigen und sandte rasch Polizeiagenten an alle jene Personen, welche Gelder durch Guga zu empfangen hatten. Vier Geschäftsleute waren bereits absolviert. Alle erklärten, ihre Beträge ordnungsgemäß erhalten zu haben. Nun begaben sich die mit den Erhebungen betrauten Detektivs zur nächsten Adresse, einen gewissen Herrn Alfonso Mendoza, Graben Nr. 31 (Aziendahof). Dieser wohnte im vierten Stockwerke bei einer Baronin Maier und war der Empfänger eines in Wiener-Neustadt aufgegebenen, mit 158 Gulden bewerteten Geldbriefes.

Es war 4 1/4 Uhr nachmittags, als die amtlichen Organe atemlos im Aziendahofe, an der bezeichneten Türe anlangten. Auf ihr Pochen öffnete ihnen ein böhmisches Dienstmädchen, welches die Frage, ob der Geldbriefträger schon hier gewesen sei, im bejahenden Sinne beantwortete. Auf die Frage, ob daselbst ein Herr Mendoza wohne, erklärte die Magd: „Ja, er ist unser Zimmerherr", wobei sie auf ein rechts gelegenes Kabinett deutete, an welches das Schlafzimmer des Herrn grenze. Die Polizeiagenten gingen zur Türe des Untermieters und klopften an, doch meldete sich niemand. Ob der Herr zu Hause sei, wußte das Mädchen nicht. Die Agenten wollten aber unbedingt mit Herrn Mendoza sprechen, auch wenn derselbe vielleicht ein Schläfchen halte, und probierten die Türe zu öffnen. Sie zeigte sich versperrt. Die Polizisten verlangten den Schlüssel, der sich indessen merkwürdigerweise nicht vorfand. Nun stießen die Polizisten einfach die Türe mit Gewalt ein. Kaum hatten sie einen Blick in das Zimmer gemacht, erschraken sie, denn sie hatten nicht Herrn Mendoza, sondern den vermißten Geldbriefträger gefunden. Der Ärmste lag in einer großen, schon fast gestockten Blutlache - tot. Die Gurgel war ihm vollständig durchschnitten

DER „AZIENDAHOF" AM GRABEN IN EINEM ZEITGENÖSSISCHEN LICHTBILD

DAS ZIMMER IM AZIENDAHOF WO GUGA ERMORDET WURDE.

worden. Seine schwarzlederne Tasche fand sich neben ihm. Sie war zwar versperrt, aber an der Seite aufgeschnitten, und eine Anzahl von Kuverts und Postanweisungen lagen zerfetzt im Umkreis. Die amtlichen Organe waren sich natürlich sofort darüber im klaren, daß hier ein Mord, und zwar ein Raubmord geschehen war. Sie sprangen in einen Wagen und rasten zur Polizeidirektion, *(Schottenring 11)* von wo in kürzester Zeit der diensthabende Polizeikommissär des Stadtkommissariates, Rodelberger, der Vorstand des Sicherheitsbureaus, Polizeirat Pokorny, der Leiter des Detektivkorps, kaiserlicher Rat Stehling, der Kommissär Leser und der sehr tüchtige Agenteninspektor Wildner eintrafen.

Der Lokalaugenschein wurde mit gleicher Genauigkeit wie auch Beschleunigung aufgenommen und folgendes festgestellt: Der Aftermieter, auf den der furchtbare Verdacht der Täterschaft nahezu ausschließlich fiel, hatte sich am 6. Oktober bei der Baronin einlogiert und eingetragen als „Alfonso Mendoza, 26 Jahre alt, Kaufmann aus Neapel". Gesprächsweise hatte er erklärt, daß er hier Seideneinkäufe machen wolle. Man zweifelte nun aber, daß er den richtigen Namen genannt hatte, denn die Auskunftspersonen behaupteten, der Fremde scheine gar kein Italiener zu sein, da er fließend deutsch spreche und fast keinen fremden Akzent merken lasse. Eine Woche vorher hatte er seine Effekten gepackt und einem Stadtträger übergeben. Es waren zwei kleine Koffer, eine Blechbüchse, ein Revolver und ein Regenschirm. Es konnte kaum einem Zweifel unterliegen, daß der Mord wohlvorbereitet war und daß der Verbrecher bloß zu dem Zweck die Wohnung gemietet hatte, um mit Hilfe eines fingierten Geldbriefes einen Geldbriefträger in sein Zimmer zu locken und zu ermorden. Hiezu eignete sich das Logis im Aziendahof ausgezeichnet. Es lag so, daß die Eigentümerin der Wohnung von den Vorgängen im Zimmer des Aftermieters nichts wahrnehmen konnte.

Auf dem Tisch fand man den an Mendoza adressierten Brief. Er wurde geöffnet und enthielt, wie man erwartet hatte, kein Geld, sondern einige zusammengefaltete Papierblätter. Neben der Leiche lag ein scharfes Dolchmesser mit langer Klinge, welches trotz der Blutflecken neu funkelte. Ferner las man vom Boden eine kurze blutige Schnur sowie die ausgebrannte Hülse einer Revolverpatrone auf. Im ersten Zimmer - der Flüchtige bewohnte nämlich zwei Räume - hing ein Filzhut an der Wand, welcher die Geschäftsetikette trug: „Nagel in Klagenfurt". Die Kommission erhob noch, daß man im Haus von dem Attentate gar nichts wahrgenommen hatte, und daß der angebliche Mendoza oder Mendoja (der Meldezettel war undeutlich

Der Geldbriefträger Johann Guga.

DER RAUBMÖRDER ENRICO VON FRANCESCONI

geschrieben) auch keine Aufmerksamkeit erregt hatte, als er sich nach der Tat, die Türe hinter sich versperrend und beide Schlüssel mitnehmend, entfernte. Die Kunde von der grauenvollen Mordtat verbreitete sich mit solcher Schnelligkeit in der Residenz, daß schon am Abend, obwohl noch keine Zeitungsmeldungen darüber erschienen waren, eine immer größer werdende Menschenmenge auf den Graben strömte.

Bald war es notwendig, durch berittene Wache den Aziendahof vor dem ungestümen Andrang der Menschenmenge zu schützen und gar erst am nächsten Morgen, als die Zeitungen die Einzelheiten brachten, wobei darauf hingewiesen wurde, daß die Polizei eine Prämie von 500 Gulden für wichtige Hinweise ausgesetzt habe.

Diese Anteilnahme des Publikums hatte jedoch, was wohl nicht erst betont zu werden braucht, auch ihr Gutes. Nach verhältnismäßig kurzer Zeit meldete sich nämlich eine Dame, welche angab, daß ihr in der amtlichen Publikation die Beschreibung des von dem Mörder zurückgelassenen Hutes deshalb aufgefallen sei, weil sie vor einigen Tagen in Wien einen ihr von früher bekannten Herrn aus Klagenfurt getroffen habe, auf den die Personsbeschreibung genau passe. Dieser Herr sei ein italienischer Adeliger und heiße Enrico (Heinrich) von Francesconi. Fast gleichzeitig meldete sich der Kellner Anton Paulan und sagte aus, daß er vor einigen Tagen auch einem Herrn aus Klagenfurt begegnet sei, der eine Kleidung getragen habe, welche ganz genau mit der im Signalement geschilderten übereinstimme. Der Herr hätte auf der Lippe ein Geschwür gehabt. Die Polizei stellte fest, daß der angebliche Mendoza ebenfalls ein kleines Geschwür an der Oberlippe aufgewiesen habe. Nun besaß man doch wenigstens schon bessere Anhaltspunkte und die Öffentlichkeit wurde mit den bisher erhobenen Details bekanntgemacht. In Wien selbst gelang es, zu erfahren, daß Francesconi am 28. September im Gasthofe „Zum goldenen Kamm" auf der Wieden abgestiegen war. Die Schriftzüge auf diesem Meldezettel glichen vollkommen denen des „Alfonso Mendoza". Auch das im Mordzimmer aufgefundene mit „E. F." gezeichnete Taschentuch lieferte den Beweis, daß der gesuchte Mendoza mit Francesconi identisch sei. Ferner wurde der Dienstmann eruiert, welcher die Effekten des Mendoza fortgeschafft hatte. Mittlerweile hatte man eine Photographie Francesconis erhalten und es erkannte der Dienstmann in den Zügen mit Bestimmtheit seinen Auftraggeber wieder. Aus den Büchern der Südbahngesellschaft ermittelte man hierauf, daß das zur Bahn geschaffte Gepäck nach Klagenfurt aufgegeben worden war. Die Polizeidirektion entsandte nun den Oberkommissär Breitenfeld nach der Hauptstadt Kärntens, wo der Flüchtling jedoch nicht mehr angetroffen wurde, da er schon wieder weitergereist war. Die Klagenfurter Polizei vermochte aber wenigstens festzustellen, daß Francesconi dort seine Geliebte Karoline Jarnigg besucht hatte. Man telegraphierte nun an alle Bahnstationen bis Trient und wies das Zugpersonal an, genau die Reisenden zu beobachten. Die Maßregel hatte Erfolg. In dem nach Franzensfeste fahrenden Zug Nr. 402 vermutete man den Flüchtling mit großer Sicherheit. Das Begleitpersonal glaubte den Gesuchten gefunden zu haben. Um 3 Uhr 20 Minuten rollte der Train in Franzensfeste ein. Der verdächtigte Passagier versuchte allerdings hier auf der dem Bahnhof entgegengesetzten Seite auszusteigen. Das sprach noch mehr gegen ihn. Sofort war der Konducteur zur Stelle und leuchtete dem Manne mit der Laterne ins Gesicht. Dieser stieg nun auf der anderen Seite aus. Dort wartete seiner indes bereits der

Gendarmeriepostenkommandant, welcher ihn ohne viel Überlegen verhaftete. Der Angehaltene gab sich äußerst erstaunt und meinte in aller Ruhe, daß ein Irrtum vorliegen müsse. Der Gendarm ließ sich trotzdem nicht beirren und lieferte ihn dem Bezirksgericht in Sterzing ein. Am nächsten Tage traf Breitenfeld hier im Gerichtsgebäude ein und ließ sich den Häftling mit Bewilligung des Gerichtsvorstehers vorführen. Das Verhör dauerte von mittag bis 9 Uhr abends. Der Verdächtige leugnete anfangs standhaft, dann aber sank er mit den Worten in die Knie: „O Gott, o meine Mutter, was hab' ich getan?"

Verwirrte Gedanken einer alten Briefträgerswittib.

Schau, schau, schau! Wann mein Mann den Francesconi um'bracht hätt', thät'n mich gewisse Damen viel mehr bedauern!

KARIKATUR AUS DER SATIRISCHEN ZEITSCHRIFT „KIKERIKI" VOM 30. NOVEMBER 1876

Francesconi vor seinen Richtern.

Ein Tränenstrom bezeugte, daß man keinen Fehlgriff getan hatte. Francesconi gestand nun das Verbrechen unumwunden zu. Er erklärte, seine Untat bitter zu bereuen und wurde völlig gebrochen von den Gendarmen wieder in seine Zelle gebracht. Kurze Zeit darauf brachte man ihn unter strenger Bewachung nach Klagenfurt und von dort weiter nach Wien. Am 24. Oktober schlossen sich hinter ihm die Tore des Wiener Landesgerichtes, welches er nicht mehr lebend verlassen sollte.
Die österreichischen Recherchen - von den italienischen Behörden sehr gefördert - über sein Vorleben, ergaben folgendes Bild:
Enrico Edler von Francesconi, 26 Jahre alt, war der Sohn eines italienischen, im Jahre 1859 in Genua verstorbenen Obersten. Er wurde in Cueno, Provinz Piemont, geboren und war nach Padua heimatzuständig. Nach dem Tode seines Vaters hatte er 20.000 Gulden geerbt, die er aber, sowie er in den Besitz der Summe gelangt war, teils auf der Börse verspielte, teils in liederlicher Gesellschaft durchbracht hatte. Er besuchte in Parma ein Lyzeum, in Venedig eine Handelsschule und fand dann in einem Geschäftshaus, bei den Gebrüdern Rossi, eine Anstellung. Infolge einer Untreue wurde er dort jedoch entlassen und übersiedelte nach Klagenfurt, wo er italienischer Korrespondent in dem Geschäftshaus Mühlwasser wurde. Auch hier war man mit ihm unzufrieden und so sah er sich bald darauf angewiesen, durch Lektionen in italienischer Sprache sein Leben zu fristen. Hiebei lernte er ein sehr schönes siebzehnjähriges Mädchen, die vorerwähnte Karoline Jarnigg, kennen, die er verführte. Einige Zeit vor dem Mord hatte das bedauernswerte Geschöpf ein Mädchen geboren.
Nun wurde sie auch verhaftet, da sich Francesconi nach dem Mord unangemeldet bei ihr aufgehalten hatte und auch dort seine Effekten mit dem größten Teile des geraubten Geldes aufbewahrt hatte. Die Schuldlosigkeit des Mädchens und dessen Mutter stellte sich aber in kurzer Zeit heraus, so daß ihre Freilassung bald erfolgte. Um fortzufahren: Der leichtsinnige junge Mensch kam nach Wien mit dem festen Entschluß, sich durch Ermordung eines Briefträgers Geld zu verschaffen. Er gab

Stimmungswechsel.

Vor den Fotografen-Handlungen kann man jetzt am besten die Veränderlichkeit gewisser Heulmeier studieren; während sie nämlich den sauberen Raubmörder mit'n „hübschen G'sichtel", dem man so was gar nit ansähet, bereits lebhaft zu bedauern anfangen, schaut sich um den ermordeten armen Briefträger Niema aus dieser Gruppe mehr um.

ZEITGENÖSSISCHE KARIKATUR AUS DEM „KIKERIKI"

dies später bei der Verhandlung selbst zu. In Wien bewegte er sich meist in Gesellschaft leichtfertiger Mädchen und führte einen überaus lockeren Lebenswandel.

Die Obduktion des ermordeten Briefträgers ergab, daß Francesconi die Tat in der Weise ausgeführt hatte, daß er dem ahnungslosen Guga zuerst eine Kugel in den Kopf schoß. Hierauf warf er den alten Mann mit einer Schnur (der gefundenen) zu Boden, um ihn zu erdrosseln. Durch die Gewalt zerriß die Schnur aber und um das Leiden des Opfers abzukürzen, schnitt der Mörder seinem Opfer die Kehle mit einem einzigen Schnitte bis zum Wirbel durch.

Am 16. November 1876 begann der Prozeß gegen Francesconi. Den Vorsitz führte Vizepräsident Schwaiger, die Anklage vertrat Staatsanwalt Graf Lamezan, die Verteidigung lag in den

Der Reinertrag ist für die Wittwe des ermordeten Briefträgers bestimmt.

Händen des Dr. Singer. Der Andrang in den Schwurgerichtssaal war ein enormer, der Einlaß wurde aber nur gegen vorher gelöste Karten gestattet. Hauptsächlich waren es Damen der Aristokratie und des Theaters, welche den Zuhörerraum füllten, als der Angeklagte punkt neun Uhr in den Saal gebracht wurde. Zitternd wankte Francesconi zwischen zwei Justizwachleuten herein. Sein Kopf lag wie geknickt auf der linken Schulter. Nach Verlesung der umfangreichen Anklageschrift erklärt sich der Mörder auf eine diesbezügliche Frage des Vorsitzenden mit leiser Stimme für schuldig. Er wagt es nicht, die Mordwaffen anzusehen und bricht nach seinem Verhör förmlich auf die Bank nieder. Aus dem Zeugenverhör heben wir die Aussage des Briefträgers Andreas Schmidt hervor, welcher überzeugt war, daß es Francesconi schon früher auf ihn abgesehen hatte. Die Rouleaux seien bei seinem Erscheinen herabgelassen gewesen und es habe eine solche Finsternis geherrscht, daß der Zeuge unwillkürlich zurückgetreten sei. Mendoza-Francesconi hatte ihn unaufhörlich fixiert und dabei die eine Hand in der Hosentasche gehalten. Präsident: „Ist ihnen der Blick Mendozas wirklich aufgefallen?" - Zeuge: „Ja, er hat die Augen so eigentümlich verdreht, daß ich glaubte, er leide an einer Krankheit. Präsident (zum Angeklagten): „Hatten Sie damals den Revolver in der Hosentasche?" Angeklagter (leise): „Nein" Präsident: „Sie sind aber mit der Hand in der Hosentasche auf den Zeugen losgegangen." Angeklagter: „Das ist so meine Gewohnheit." Präsident: „Sie geben ja zu, daß Sie schon einmal die Absicht hatten, eine solche Tat auszuführen?" - Der Angeklagte schweigt. - Präsident: „Bestreiten Sie das heute?" Angeklagter (leise): „Der Revolver lag auf dem Tisch". Präsident: „In der Untersuchung haben Sie es ja eingestanden?" - Angeklagter: „Ich hatte damals zu wenig Mut." - Präsident. „Vielleicht nur deshalb, weil sie der Zeuge nicht aus den Augen ließ?" - Angeklagter: „Möglich."

Auf Befragen des Staatsanwaltes sagt Francesconi, daß der unglückliche Guga in dem Moment, wo er auf ihn schoß, mit dem Gesicht abgewendet gestanden und auf den Schuß gänzlich unvorbereitet gewesen sei.

Präsident: „War Guga nicht in der Lage, den Schuß durch irgendeine Bewegung abzuwehren?" - Angeklagter: „Das weiß ich nicht, denn ich habe selbst nicht hingesehen" - Präsident: „Aber geben sie zu, daß sie den Augenblick benützten, wo er ihnen den Rücken kehrte?" - Angeklagter: „Ja".

Hierauf wurde das Beweisverfahren geschlossen, und es begannen die Plädoyers. Nachdem der Präsident ein kurzes Resümee gehalten, zogen sich die Geschworenen zur Beratung zurück, um schon nach zehn Minuten wiederzukommen. Das Verdikt lautete: „Die Schuldfrage auf meuchlerischen Raubmord wurde einstimmig bejaht, die Zusatzfrage auf besondere Tücke mit elf gegen eine Stimme bejaht. Für die Richter aus dem Volke war offenbar der Gedanke ausschlaggebend, daß die Triebfeder zu dem Verbrechen nichts anderes war, als gemeine Habgier, das Bestreben, sich ohne Arbeit in den Besitz einer großen Geldsumme zu setzen, um das gewohnte Lotterleben fortführen zu können. Die Tat war mit kalter Berechnung vollbracht worden und nach derselben benahm sich der junge Mensch noch obendrein als ein gewöhnlicher Feigling. Die Strafe laute demgemäß auf Tod durch den Strang...."

Der Verteidiger bat den Gerichtshof, einen Gnadenantrag zu stellen. Er sagte in seiner Rede: „Aber auch von einer anderen Seite betrachtet, wird man zugeben müssen, daß in Enrico von Francesconi nicht jeder edlere Trieb, nicht jede Regung des besseren Gefühls erloschen ist. In ebendemselben Momente, in welchem er der Habe, die ihn gelockt, sich bereits bemächtigt hat, denkt er weniger daran, die Beute seines Raubes in Sicherheit zu bringen; ihm ist es am wichtigsten, dem Weibe seines Herzens sich zu nähern und sein armes schuldloses Kind zu sehen." Bei diesen Worten begann Francesconi heftig zu schluchzen.

Der Staatsanwalt sprach sich aber unmittelbar darauf gegen eine Begnadigung aus, indem er ausführte: „Die Reue des Verurteilten hat ihre Wurzeln darin, daß er fühlt, er ist dem Gesetze verfallen. Man hat Ihnen das Bild seiner greisen Mutter vor Augen geführt. Warum hat der Mörder aber nicht damals an seine Mutter gedacht, als er den Entschluß faßte, zu morden? Auch seine Flucht ist kein

Urtheil

und

Darstellung der That.

Heinrich **Francesconi**, zu Cuneo in Piemont, Königreich Italien geboren, 26 Jahre alt, katholisch, ledig, Handelsagent, wurde mit Urtheil des k. k. Landesgerichtes in Wien vom 16. November 1876, Zahl 43882, auf Grund des Wahrspruches der Geschwornen schuldig erkannt des Verbrechens des meuchlerischen Raubmordes nach §§. 134, 135 Absatz 1 und 2 Str. G. und nach §§. 136, 13 Str. G. verurtheilt zur Strafe des Todes durch den Strang und diese Strafe wegen nicht eingetretener Begnadigung am heutigen Tage an ihm vollzogen.

Heinrich Francesconi hat am Mittwoch den 18. October 1876 Morgens zwischen 8 und 9 Uhr in seiner unter dem Namen „Alfonso Mendoza" innegehabten Wohnung am Graben Nr. 31 im 4. Stocke gegen den mit der Zustellung von Geldbriefen und Werthsendungen betrauten und zum Zwecke der Zustellung eines angeblichen Geldbriefes unter obiger Adresse dort erschienenen Briefträger der k. k. Post, Johann Guga, während derselbe mit dem Gesichte von ihm abgewendet nach anderer Richtung sah, einen Schuß aus einem Revolver aus ganz kurzer Entfernung auf dessen Kopf abgefeuert; nachdem Guga zu Boden gestürzt war und nach kurzer Zeit zu stöhnen begann, eine seidene Schnur um dessen Hals geschlungen und diese, um dem Stöhnen ein Ende zu machen, mittelst einer laufenden Schlinge derart zusammengezogen, daß diese Schnur abriß; sohin sich über den Körper Guga's beugend, dessen Hals mit einem scharfen, spitzigen Dolchmesser vollständig bis zur Wirbelsäule durchschnitten, in Folge welcher Verletzungen der Tod des Johann Guga unverzüglich eintrat und sich dann der im Besitze des Johann Guga befindlichen Werthsendungen in einem Gesammtbetrage von mehr als 13000 fl. bemächtiget.

K. K. Landesgericht in Strafsachen.

Wien am 16. December 1876.

Druck der k. k. Hof- und Staatsdruckerei.

TODESURTEIL FRANCESCONIS

mildernder Umstand. Der Mörder flieht sonst wohl, gepeinigt von seinem Gewissen, durch die Felder, durch die Auen, Francesconi aber war sorglos wie ein Vergnügungsreisender. Ein Zeuge hat uns gesagt, daß der Angeklagte noch am Tage vor der Tat den Besuch eines Mädchens hatte. Er war also imstande, an dem Orte, wo er sein Verbrechen verüben wollte, der wohlfeilen Liebe zu pflegen ... Meine Herren, den Flecken des Mordes werden Sie ihm nicht nehmen, wenn sie ihm auch das Leben schenken. Befreien Sie ihn daher, so schaurig es klingt, von dem lebenslangen Kerker. Er selbst kann sich ja nichts anderes ersehnen, als ein Leben zu beenden, das für ihn eine Reihe von fortgesetzten Vorwürfen enthalten müßte."

Der Präsident erklärte die Verhandlung nun für geschlossen und ordnete sofort eine Sitzung der Berufsrichter an, die das Ergebnis hatte, daß der Gerichtshof von der Stellung eines Gnadenantrages Abstand nahm.

Es bemühten sich trotzdem viele Personen, die Begnadigung des jugendlichen Mörders zu erwirken. Seine gramgebeugte greise Mutter bat die Kronprinzessin von Italien um Intervention. Die Prinzessin hielt die Sache aber für aussichtslos. Auch die Geliebte Francesconis reiste von Klagenfurt nach Wien, um dem Kaiser zu Füßen zu fallen, doch kam sie nicht zur Audienz. Es wurde ihr vielmehr bedeutet, daß der Kaiser das Gnadengesuch zur Prüfung zu übernehmen und ihr als Unterstützung 200 Gulden aus den Allerhöchsten Privatmitteln anzuweisen geruht habe. Der Monarch fand jedoch keine Veranlassung, das Räderwerk der Justiz zu beeinflussen und am 14. Dezember 1876 langte das Todesurteil mit der landesherrlichen Bestätigung am Wiener Landesgericht ein. Am 15. Dezember wurde dem Francesconi bekanntgemacht, daß das Urteil rechtskräftig geworden sei und daß er am nächsten Morgen um acht Uhr hingerichtet werde. Der Verurteilte hörte diese Verkündigung mit ergebener Ruhe an. Er wurde in die sogenannte Armesünderzelle gebracht, wo er unter der ständigen Bewachung von vier Justizwachleuten verblieb. Er freute sich sehr, als ihn der Seelsorger, Pfarrer Koblitschek, um zehn Uhr nachts besuchte, um mit ihm die letzten Stunden zu verbringen. Beide beteten mit großer Inbrunst. Gegen Mitternacht händigte er dem Beichtvater Briefe an seine Mutter und seinige Geliebte ein und begab sich auf das Drängen des Geistlichen zu seinem Bett, um ein wenig der Ruhe zu pflegen. Er warf den Rock ab, schlug die Decke zurück und legte sich hin. Durch beiläufig eine Stunde lag er so, von Fieber geschüttelt da, die Augen starr nach oben gerichtet, dann sprang er aber auf und setzte sich wieder zum Tisch. Er meinte, daß er die Stille nicht aushalte. Auf dem Tisch stand ein Kruzifix, daneben befand sich ein Gebetbuch. Francesconi nahm das letztere und las eifrig darin. Um zwei Uhr morgens suchte er aus den Photographien die Bilder seiner Mutter und Geliebten hervor und bedeckte beide unter Schluchzen mit unzähligen Küssen. Der Pfarrer entfernte sich dann und ließ den Verurteilten, der den Kopf in seine Hände vergraben hatte und bitterlich weinte, allein. Um fünf Uhr früh erschien Pfarrer Koblitschek wieder, um dem Mörder die Tröstungen der Religion zu spenden. Francesconi machte nach Empfang derselben Toilette, bedankte sich beim Kerkermeister für die humane Behandlung und sagte, als die Uhr acht schlug: „Ich bin bereit!"

Francesconi war der erste Delinquent, der nicht öffentlich hingerichtet wurde. Bisher waren die Justifizierungen bei der „Spinnerin am Kreuz" unter allerhand unwürdigen Volksbelustigungen vollzogen worden. Die letzte hatte übrigens schon acht Jahren zuvor, nämlich am 29. Mai 1868, an Georg Ratkay stattgefunden.

In dem kleinen, dreieckigen Spitalshof des Landesgerichtes, in welchen der Delinquent nach wenigen Schritten gelangte, hatte Scharfrichter Willenbacher einen sieben Fuß hohen Pflock errichtet, hinter welchem ein dreistufiger Schemel stand. Den Galgen umgaben beiläufig achzig Mann Justizwache. Neben dem Scharfrichter standen drei junge Gehilfen. Eine Minute nach acht Uhr wurde das kleine Türchen, welches in den Hof führt, geöffnet, und Francesconi trat, schwarzgekleidet, barhaupt, das Kruzifix in der Hand, heraus. Der Gefängnisverwalter, der Geistliche und zwei Diener geleiteten ihn. Der Pfarrer trug einen schwarzen Habit, die richterlichen Funktionäre hatten volle Uniform

DIE HINRICHTUNG FRANCESCONIS IM „GALGENHOF"
DES WIENER LANDESGERICHTES
AM 16. DEZEMBER 1876 DURCH DEN WIENER SCHARFRICHTER WILLENBACHER

angelegt. Als der Landesgerichtsrat Görl den Delinquenten dem Scharfrichter übergeben hatte, ging der Pfarrer auf Francesconi zu, um demselben einige Worte des Trostes zu sagen. Der Mörder umarmte hierauf den Geistlichen und küßte ihn. Dann wendete er sich unter allgemeiner Rührung an seinen Ankläger, den Staatsanwalt, und sprach: „Verzeihen Sie mir, Herr kaiserlicher Rat!" Graf Lamezan, der seine Bewegung kaum unterdrücken konnte, antwortete: „Ich habe ihnen geraten, sich mit Gott zu versöhnen. Das haben sie getan, nun werden sie auch einen gnädigen Richter finden….." „Ja," gab Francesconi zurück, „ich habe mich mit Gott versöhnt. „Nach diesen Worten fiel er auch dem Staatsanwalt um den Hals. Sehr gefaßt, lehnte er es ab, sich vom Scharfrichter entkleiden zu lassen. Er sagte, dies selbst besorgen zu wollen; legte das Kruzifix einen Moment auf den Schemel, zog Rock, Weste, Kragen und Krawatte aus und ließ sich dann binden, nachdem er das Kruzifix wieder aufgenommen hatte. Unter dem Galgen stehend, flüsterte er: „Ich will nur noch einige Worte zu den Versammelten reden". Der Scharfrichter schnitt ihm aber das Wort mit der Bemerkung ab: „Ich muß leider meines Amtes walten." Dabei legte er ihm den Strick um den Hals. „Nur ein paar Worte", bat Francesconi mit tränenumflorter Stimme und flehenden Augen. Der Scharfrichter duldete es aber nicht und ergriff ihn. Als er in die Höhe gezogen wurde, rief er jammervoll: „Mutter, Mutter, meine Mutter . . ." Mehr vermochte er nicht zu sagen, das weitere erstarb in seinen letzten Zuckungen. Der Todeskampf währte nicht lange. Bald trat der Pfarrer tiefbewegt an den Richtpflock und sprach: „Francesconi hat sein Verbrechen gesühnt, er ist reumütig und gottergeben gestorben, deshalb lassen sie uns ein Vaterunser für den Unglücklichen beten." Die Wache präsentierte, die Totenglocke ertönte, und alle Anwesenden stimmten entblößtem Hauptes in das Gebet des Geistlichen ein.

Nach einer Stunde wurde die Leiche abgenommen und zur gerichtlichen Obduktion gebracht. Abends um zehn Uhr legte man sie in einen einfachen Holzsarg, den der Verein des heiligen Joseph von Arimathea auf den neuerrichteten Zentralfriedhof schaffte. An einer entlegenen Stelle senkte man den Mörder in die Erde.

㊴ DIE GIFTMISCHERIN THERESE SIMMERE
1877

Am 1. Juli 1877, einem Sonntag, gab es auf der Wieden große Aufregung. Man hatte im Hause Technikerstraße 9 ein geheimnisvolles Verbrechen entdeckt. Der Tatbestand stellte sich dermaßen dar: In einem der Stockwerke wohnten einander die Familien Kamerling und Detoma gegenüber. Die letztere war auf Sommerfrische in Baden bei Wien und hatte das Dienstmädchen Margarete Knoll allein in Wien zurückgelassen. Um halb ein Uhr mittags kam die bei Kamerling bedienstete Marie Wendl ins Zimmer ihrer Herrschaft und erklärte ganz aufgeregt, daß der Margarete in der Nachbarwohnung etwas passiert sein müsse, denn sie melde sich trotz wiederholten Anrufes nicht; die Türe stehe aber offen und schlage in der Zugluft hin und her. Sie befürchte, daß eingebrochen worden sei. Um elf Uhr habe sie die Knoll noch beim Hausbrunnen gesehen.

Man verständigte daraufhin beunruhigt die Hausbesorgerin, die mit ihrem Sohn Andreas herbeikam und nun gingen alle diese Personen in die fremde Wohnung, deren Tür wirklich offenstand.

Als sie ins erste Zimmer traten, prallten sie entsetzt zurück: da lag die Margarete auf den Fußboden hingestreckt, das Gesicht dunkelrot gefärbt und aufgedunsen, die Augen offen, aber starr und aus den Höhlen tretend. Sie war tief bewußtlos. Man schlug nun natürlich Lärm, die Nachbarn eilten von allen Seiten herbei, auch ein Arzt wurde geholt, doch gelang es diesem nicht, die Magd rasch wieder zum Leben zurückzurufen. Es blieb ihm daher nichts anderes übrig, als sie ins Wiedener Spital transportieren zu lassen.

Was in der Wohnung vorgefallen war, ließ eine offenstehende, eiserne Kasse ahnen. Verschiedene darin befindliche Pretiosen-Etuis waren anscheinend ihres Inhaltes beraubt worden, denn sie zeigten, daß ein Unberufener mit ihnen hantiert hatte.

TEILANSICHT DES HAUSES WIEN 4., TECHNIKERSTRASSE 9 DEM TATORT DES FALLES SIMMERE. DAS DIREKT NEBEN DER KARLSKIRCHE GELEGENE EHEMALIGE KLOSTER WAR AB DER JOSEPHINISCHEN ZEIT WOHNHAUS UND BEHERBERGTE AUCH DIE BERÜHMTE GEWEHRFABRIK FRÜHWIRTH. DAS HISTORISCHE OBJEKT WURDE ERST IN DER 2. REPUBLIK GESCHLEIFT.

Die erschienenen polizeilichen Funktionäre hatten einen ungemein schweren Stand. Kein Mensch vermochte ihnen eine sachdienliche Auskunft zu geben. Man hatte keinen Fremden im Hause bemerkt, die Margarete Knoll war ein sehr anständiges Mädchen, welches keinen Liebhaber hatte und überhaupt niemanden einließ. Hilferufe hatte auch keine der im Hause wohnenden Parteien vernommen. Die Patientin lag in tiefer Ohnmacht und konnte auch im Spital nicht erweckt und dadurch natürlich auch nicht befragt werden.

Es blieb also nichts anderes übrig, als die Ankunft der aus Baden herbeigerufenen Familie Detoma abzuwarten, von der man sich nähere Anhaltspunkte zu erlangen hoffte.

Frau Detoma stellte nach ihrer Ankunft in Wien bald fest, was geraubt worden sei, vom Täter hatte auch sie natürlich keine Ahnung oder auch nur Vermutung. Oberhalb der Kasse befand sich ein Pult; dieses hatte die Kasseschlüssel enthalten und war erbrochen worden. Es fehlten 1.000 Gulden in Banknoten, Ordenszeichen und Schmucksachen im Werte von 225 Gulden sowie ein auf den Namen „Giulietta" lautendes Sparkassenbuch mit einer Gesamteinlage von 506 Gulden. Später wurde noch das Fehlen einer Weckeruhr im Werte von fünf Gulden konstatiert, die im ersten Zimmer auf einem Kasten gestanden hätte.

Die Bewußtlosigkeit der Margarete Knoll währte bis anderen Tages um die Mittagszeit. Die Ärmste hatte eine schwere Nervenerschütterung erlitten und gelangte erst allmählich so weit zu Bewußtsein und zum Gebrauch ihrer Sinne, daß man sie einvernehmen konnte. Was sie sodann erzählte, erschien den einvernehmenden Polizeiorganen allerdings fast unglaublich.

Die Patientin phantasierte von einer „Französin", die öfters bei ihren Dienstgebern gewesen wäre. Gestern sei ihr diese Frau bei der Karlskirche begegnet und habe ihr mitgeteilt, daß sie nachmittags nach Baden zur Familie Detoma fahren würde. Sie solle eine Torte mitbringen, wolle aber dem Dienstmädchen auch einmal einen guten Tag bereiten. Damit lud sie die geistig etwas beschränkte Magd ein, sie zum Zuckerbäckerladen der Amalia Ronsperger in der Wiedner Hauptstraße zu begleiten. Dort kaufte die „Französin" - nach der Darstellung der Margarete Knoll - einen Kuchen um 80 Kreuzer und eine Flasche Himbeersaft und sagte: „Die werden wir oben bequem in der Wohnung verzehren." Das Mädchen war natürlich einverstanden und begab sich mit der Frau heim. Unterwegs blieb die „Französin" stehen und erklärte, sie müsse eine kleine Veränderung ihres Aussehens vornehmen, denn sie wolle nicht, daß man sie im Hause erkenne. Dann trat sie unter die Einfahrt eines Hauses in der Paniglgasse, nahm den Hut ab, band sich statt dessen ein Taschentuch um die Stirne, als ob sie Kopfschmerzen hätte, zog ein Umhängetuch über den Kopf und wickelte endlich aus einem mitgeführten braunen Packpapier einen schwarzgetupften leichten Piquerock, den sie über ihr Kleid stülpte.

Nun war sie vollkommen unkenntlich, doch genügte ihr das nicht. Sie hieß vielmehr das Stubenmädchen vorausgehen und die Türe offen zu lassen, damit sie ohne läuten zu müssen unbemerkt von den anderen Hausparteien in die Wohnung gelangen könne.

Alles ging nach Wunsch. Die Knoll freute sich schon auf den Kuchen und den Himbeersaft und holte bereitwilligst Teller und Eßbesteck. Als sie wieder ins Zimmer kam, hatte die „Französin" die Maskerade wieder abgelegt, ihr Haar beim

Theresia Simmer.

Spiegel geordnet und benahm sich sehr ungezwungen. In zwei Gläsern befand sich bereits der Himbeersaft, als die Magd mit einem Krug Wasser erschien, um den sie weiters geschickt worden war. Die fremde Dame bot ihr nun einen erfrischenden Trunk an und reichte ihr selbst eines der Gläser. Margarete Knoll ließ sich jetzt nicht lange bitten und tat einen herzhaften Zug. Kaum hatte sie aber das Glas zur Hälfte geleert, wurde ihr entsetzlich übel, sie wankte hinaus und sah nur noch in einem Spiegel, daß ihr die Augen fast aus den Höhlen getreten waren, dann stürzte sie bewußtlos zusammen.

Diese Erzählung klang so mysteriös, daß die Polizeiorgane der Meinung sein mußten, die Patientin befinde sich immer noch im Delirium.

Jetzt wurde natürlich sofort zur Familie Detoma geschickt, wo man die Auskunft erhielt, daß das Mädchen vielleicht eine gewisse Therese Simmere meine, die in Döbling wohne. Die Betreffende sei indessen eine wohlhabende, anständige Dame, der man Derartiges unmöglich zumuten könne. Trotzdem wurden unverzüglich Organe nach Döbling geschickt, welche das Haus der gerade abwesenden Gesuchten bis zu deren Heimkunft überwachten. Nach zwei Stunden erschien Frau Simmere und gab sich sehr entrüstet. Die Polizisten wußten sich keinen anderen Rat, als die Frau in einen Wagen zu setzen und ins Wiedener Krankenhaus zu fahren. Dort wurde sie von der Knoll in einer jeden Zweifel ausschließenden Weise agnosziert. Allerdings leugnete die Beschuldigte auf das entschiedenste. Man hatte jedoch nunmehr einen Vorwand zu einer Hausdurchsuchung gefunden und brachte Frau Simmere rasch wieder nach Döbling. Die Durchsuchung ergab ein ganz unerwartetes Resultat. Man fand neben mehr als hundert verschiedenen Rezepten eine Unzahl von Flaschen, die alle möglichen Essenzen enthielten; ferner eine Apothekerwaage. Hinter einem Holzrahmen steckten zwei gefälschte Atropinrezepte, was von größtem Wert war, da diese aus der Belladonna (Tollkirsche) bereitete Gift bekanntlich eine charakteristische Wirkung auf die Augen ausübt. Es wurden aber noch ganz andere, entscheidende Dinge entdeckt:

Tuben mit Opiumtinktur, einer Mischung mit den giftigen Körnern der Herbstzeitlose, und überdies ganze Bündel von Dietrichen und zugefeilten Schlüsseln und im Ofen versteckt eine sogenannte „Fuhre", das ist ein Diebssack, wie ihn Taschendiebe zu verwenden pflegen. Dieser Sack war mit „M. S." gemärkt. (Der Gatte der Simmere hieß Marcell mit dem Vornamen.)

Jetzt war die Polizei natürlich darüber im klaren, was sie von der „Französin" zu halten habe und nahm sie sofort in Haft.

Die Untersuchung währte fünf Monate. Man brachte ganz Seltsames ans Tageslicht. Erst allmählich gelang es, so weit Licht in die Angelegenheit zu bringen, daß man einen Überblick über den

Lebenswandel der Beschuldigten gewann. Die damals 34-jährige Person war die Tochter der in Döbling, Schloßgasse 24, *(heute Oberleitengasse)* wohnhaften Eheleute Johann und Henriette Schulz, geborene Simmonet. Die Eltern hatten im Jahre 1857 ihre Ersparnisse eingebüßt und waren ganz arm, als Therese im Jahre 1860 den Kammerdiener Marcell Simmere (einen Franzosen) heiratete. Die Ehe war jedoch nicht glücklich. Marcell trank so viel, daß man ihn fast nie nüchtern sah. Gewöhnlich war sein Gesicht verschwollen und zerkratzt und es hieß, daß ihn seine Gattin streng halte. Der Mann beklagte sich aber nie, vielleicht, weil er einsah, daß er unverbesserlich sei. Er konnte sich bei keiner Herrschaft halten, wurde Lohndiener, Fremdenführer, Agent und Hausknecht. Man wunderte sich daher gewaltig, als er im Jahre 1873 plötzlich sehr vornehm tat. Das Ehepaar Simmere war offensichtlich zu Geld gekommen.

Man munkelte allerlei und es wurde vermutet, daß die Frau für eine Heiratsvermittlung eine große Belohnung erhalten hatte. Daß diese in der Tat nicht weniger als 22.375 Gulden betrug, wußte man freilich nicht. Simmere verstand es, dieses Vermögen durch geschickte Geltendmachung gewisser erlangter Kenntnisse zu erwerben. Da es sich um sehr hohe Persönlichkeiten handelte, wollte man Skandale vermeiden, und zog es vor, keine Erpressungsanzeige zu erstatten, sondern diese exorbitante „Vermittlungsgebühr" zu bezahlen.

Der Erfolg machte die skrupellose Frau kühn. Sie befaßte sich nunmehr professionsmäßig mit Heiratsvermittlungen und erwarb in verschiedenen kapitalkräftigen Kreisen ein wirklich unverdientes Ansehen. So beauftragte sie - dies alles kam erst jetzt zur Kenntnis der Behörden - der im Hotel „Lamm" in der Praterstraße wohnhafte Graf Pompejus Coronini-Cronberg im Jahre 1874 mit der Suche nach einer passenden Braut. Die Frau hatte ihm soviel von ihren vornehmen Verbindungen erzählt, daß der in Geschäftsangelegenheiten gänzlich unversierte Graf sich nicht scheute, der Vermittlerin eine Anzahl Blankowechsel zu unterschreiben, die sie angeblich dazu benötige, um hochgestellten Personen begreiflich zu machen, daß er es ernst meine. Ein einziger dieser Wechsel

DAS HAUS FERDINANDGASSE 8 IN DÖBLING, HEUTE DOLLINERGASSE

lautete auf nicht weniger als 100.000 Franken. Ferner ließ sie sich eine ungeheure Summe als Provision schriftlich versprechen.

Die Sache zog sich aber bis zum Jahre 1877 hin, ohne daß der Graf durch die Vermittlerin eine Braut gefunden hätte. Die Simmere hielt ihn immer wieder hin, bis er endlich die Geduld verlor. Er verlangte seine Wechsel zurück und als die diesbezüglichen Aufforderungen nichts nützten, fuhr er am 23. Jänner 1877 selbst nach Döbling. Dort wurde er sehr liebenswürdig empfangen. Frau Simmere wartete dem noblen Besucher mit einem Glas Likör auf, welches der Graf mit einem Schluck hinunterstürzte. Unmittelbar darauf verspürte er aber ein Befinden, welches ihm beinahe das Bewußtsein raubte, eine unerklärliche Schwere in den Beinen und lähmende Müdigkeit. Die Frau war scheinbar sehr bestürzt und bat ihn, doch zu bleiben, bis das Unwohlsein vorüber wäre. Der Graf nahm jedoch alle seine Kräfte zusammen, wankte zu seinem Wagen und fuhr heim. Auf der Stiege des Hotels stürzte er ohnmächtig nieder und mußte zu Bett gebracht werden. Der herbeigerufene Arzt erklärte, daß Vergiftungserscheinungen vorlägen. Da sich der Patient aber in wenigen Tagen erholte, maß er der Sache kein weiteres Gewicht bei.

Einige Tage später wurde er von der Simmere durch einen Advokaten auf Bezahlung einer Wechselforderung im Betrage von 100.000 Franken geklagt. Eine Woche später klagte sie zwei weitere Akzepte auf 10.000, beziehungsweise 40.000 Gulden ein und bestritt in entschiedener Weise, daß sie jemals vom Grafen als Heiratsvermittlerin aufgenommen worden sei. Der Geklagte habe vielmehr mit ihr ein jahrelanges Verhältnis unterhalten, und sie habe ihm die 100.000 Franken, weil es ihm wirtschaftlich schlecht gegangen sei, geborgt. Die beiden Wechsel auf 10.000 und 40.000 Gulden habe sie aber von ihm als Belohnung dafür erhalten, daß sie ihrem Gatten das gewährte Darlehen verschwieg. Bei der Hausdurchsuchung fanden sich noch andere Wechsel auf den Grafen, die sie zweifellos ebenfalls früher oder später eingeklagt hätte.

Im Jahre 1875 wohnte das Ehepaar Simmere in der Neugasse 20 in Döbling *(die heutige Hardtgasse)*. Am 11. Mai brach um zwei Uhr früh auf dem Dachboden und zugleich in einer versperrten Küche des Paares Feuer aus. Man konnte die Ursache nicht ermitteln. Alle Nachbarn erklärten damals, daß der Brand gelegt worden sei, und es kam auch zu einer gerichtlichen Untersuchung. Herr Simmere hatte sich einige Monate vorher auf 6.000 Gulden versichern lassen, und seine Gattin stellte einen Schadenersatzanspruch auf 4.000 Gulden, indem sie behauptete, daß just auf dem Dachboden und in der Küche sehr wertvolle Kleider von ihr gelegen seien. Man hielt ihr bei Gericht vor, daß sie unmittelbar vor dem Brand verschiedene Bündel mit Kleidern aus dem Hause geschafft habe. Sie sagte aber trotzig, hierüber sei sie niemandem Rechenschaft schuldig. Die Nachbarn wagten nicht viel auszusagen, denn die Simmere drohte jedem mit Ehrenbeleidigungsklagen. So wurde die Untersuchung eingestellt. Gleichwohl weigerte sich die Versicherungsgesellschaft, die ganze verlangte Summe zu bezahlen. Auffallenderweise reduzierte die Frau ihre Ansprüche hierauf auf 600 Gulden, die sie auch tatsächlich erhielt.

Bald nach diesem Brand wurde das Dienstmädchen der Simmere, namens Magdalena Haselroithner, als irrsinnig erklärt und ins Spital gebracht. Als die strafrechtliche Untersuchung gegen die Simmere in vollem Gange war, erschien auch die Haselroithner vor dem Untersuchungsrichter und behauptete, damals infolge einer Machination der Genannten geisteskrank geworden zu sein. Das Mädchen, welches allseits für sehr ehrlich und arbeitsam, wenn auch für kein Geisteskind galt, teilte der Behörde mit, daß es infolge eines von der Dienstgeberin persönlich verabreichten Kaffees in seinem geistigen Befinden gestört worden sei. Sie suchte dies auch zu erklären. Die Simmere besaß nämlich vor Ausbruch des Feuers ein Paar Hühner ausländischer Rasse, die beim Brand angeblich umgekommen sein sollten. Als die Tiere später wieder zum Vorschein kamen, habe sie (die Haselroithner) ihre Dienstgeberin darüber befragt, was derselben mit Rücksicht auf die Straferhebungen sehr unangenehm war. Die Haselroithner sagte nun, sie sei überzeugt, daß Frau Simmere ihr deshalb einen vergifteten Kaffee gab, um sie als Zeugin unschädlich zu machen. Wirklich

Die Giftmischerin.

Präsident. ...... und haben Sie noch einen Wunsch?
Die Giftmischerin. Ja wohl! Daß ich nämlich dem hohen Gerichtshof, dem Herrn Staatsanwalt und allen Geschworenen nur ein einziges Mal mit meinem Liqueur aufwarten dürft'.

KARIKATUR AUS DEM "KIKERIKI" VOM 24. MÄRZ 1878

deponierten die behandelnden Ärzte, daß das Mädchen damals keinerlei Symptome eigentlichen Irrsinns gezeigt habe, sondern nur einen gewissen Grad von Schwachsinn, der sich namentlich in einem geschwächten Erinnerungsvermögen äußerte.

Bezüglich des auf Margarete Knoll verübten Attentats erhob die Behörde, daß der bei der Hausdurchsuchung gefundene Gesamtbetrag von 1.100 Gulden zweifellos aus dem Raub bei der Familie Detoma stamme, denn dem Ehepaare Simmere war es damals finanziell schlecht gegangen, wovon zahlreiche Versatzzettel Zeugnis gaben. Ferner brachte die Simmere an jenem Samstage ein Sparkassenbuch in die Wohnung ihrer Eltern, von dem sie behauptete, daß sie es in Weidlingau gefunden habe. Sie bat ihren Vater, es am nächsten Tage einzulösen. Die Tochter gab sich zu diesem Zweck mit ihren Eltern ein Stelldichein in der Bellevuestraße. Herr Schulz beauftragte sodann den Dienstmann Jungwirth mit der Behebung und erklärte, ihn im Gasthaus Höller erwarten zu wollen. Allein er erwartete den Dienstmann dort nicht, sondern begab sich vorsichtshalber in eine Seitengasse, während die Therese Simmere und ihr Sohn Marcell dem Dienstmann heimlich folgten, um zu sehen, ob er angehalten werde. In diesem Falle hätten sie den Vater gewarnt. Als der Bote unbehelligt blieb, fanden sich alle Personen zusammen, und die Simmere schenkte ihrem Vater als Belohnung unter einem Haustor 100 Gulden. Das übrige Geld nahm sie mit sich. Durch den Dienstmann wurde konstatiert, daß das Buch auf den Namen „Giulietta" gelautet hatte, also aus dem Besitze der Familie Detoma stammte. Die Folge davon war, daß nicht nur Therese Simmere, sondern auch ihr 66-jähriger Vater und die 56-jährige Mutter, letztere wegen Teilnahme am Raube, angeklagt wurden.

Am 18. März 1878 begann der Prozeß. Der Schwurgerichtssaal war von einem den höchsten Kreisen angehörigen Publikum gefüllt. Man erzählte sich wahre Schauderdinge von der Hauptangeklagten. Sie stand auch als Kurpfuscherin und die Zauberei liebende Wahrsagerin bei vielen Leuten in hohem Ansehen.

Die Anklage vertrat Graf Lamezan. Er wußte allerdings der redegewandten Verbrecherin durch Scharfsinn und Schlagfertigkeit beizukommen. Dies war jedoch nichts Leichtes, denn die Simmere verstand es meisterhaft, viele ihrer Taten zu verschleiern. Nur eine kleine Szene aus der Verhandlung sei hier festgehalten. Die Angeklagte wollte nämlich das Sparkassenbuch auf dem Schillerplatz gefunden haben, nachdem sie die Margarete Knoll als verrückt hingestellt hatte. Als sie der Staatsanwalt in die Enge treibt, meint sie, daß jedenfalls ein unbekannter Mensch der Verlustträger sei, den sie damals dort gesehen habe. Staatsanwalt: „Wie sah denn dieser Mensch aus?" - Angeklagte: „Er war dunkel gekleidet, trug ein großes Bündel, das er auf der Straße ausgebreitet hatte. Bei dieser Gelegenheit verlor er offenbar das Büchel, welches in ein Tuch eingehüllt war". Staatsanwalt.: „Eine Frau, die, wie sie, mit hunderttausend Gulden nur so herumwirft, klaubt, um wienerisch zu reden, schwerlich einen Fetzen auf und schaut ihn weiter gar nicht an, bis sie nach Hause kommt." - Angeklagte.: „Es war ja kein Fetzen." - Staatsanwalt: „Das, was Sie zugestehen, ist ja allein schon Fundverheimlichung. Ich bitte, mir nun folgendes zu erklären. Gelegentlich der Hausdurchsuchung wurden bei ihnen Sperrwerkzeuge, Dietriche, Beißzangen und Hauptschlüssel gefunden. - Angeklagte: „Das war nicht in meinem Besitz". Staatsanwalt: „Aber in ihrer Wohnung, konnte folglich nur ihnen, ihrem Gatten oder ihrem Vater gehört haben. Man fand weiter im Kachelofen ihrer Wohnung versteckt einen Diebssack, eine „Fuhre", wie es die Taschendiebe nennen, gemärkt mit den Buchstaben M. S.". - Die Angeklagte ist einen Moment verlegen, gleich darauf ruft sie aber: „Das ist ja der Sack, in welchem der Graf Pompejus das Geld davongetragen hat, welches ich ihm geliehen habe." - Staatsanwalt: „Also in diesem Sacke hat der Graf das Geld fortgetragen? Wie kam der Sack aber wieder in ihr Haus zurück? Wie kamen die Uhrketten, Brasseletten und das Verdienstkreuz des Herrn Detoma in den Sack?"

Daraufhin beginnt die Simmere eine Gespenstergeschichte zu erzählen, berichtet, sie habe dunkle Schatten gesehen, die mit dem Sack an den Wänden herumgeschlichen seien. Schließlich behauptet sie in geheimnisvoller Weise, der Graf sei ein Zauberer. Es gab Damen im Schwurgerichtssaal, die ihr das glaubten, der Staatsanwalt zerstörte diese Stimmung aber mit dem einzigen Satz: „Glauben sie, daß das Gespenst auch die Weckeruhr des Herrn Detoma in Ihre Wohnung brachte?"

Das Plädoyer des Staatsanwaltes war scharf und wuchtig. Er sagte: „. . . Nicht morden wollte die Angeklagte, denn so eine Mordtat, die fällt auf, da forschen die Gerichte nach dem Täter, aber ein Mensch, der geisteskrank wird, ist eine Null, um die sich niemand kümmert. Sie wollte also nicht den Leib töten, sondern die Seele ersticken, den Geist morden. Die Opfer der Therese Simmere sterben nicht, sie verlieren nur den Verstand."

Der Eindruck der Rede war tief. Die Geschworenen sprachen die Angeklagte schuldig, und sie wurde zu fünfzehn Jahren schweren Kerkers verurteilt. Die Eltern wurden freigesprochen. Man hatte im Publikum einen Ausbruch der Leidenschaft bei diesem teuflischen Weibe erwartet. Die Verbrecherin knickte aber in sich zusammen und ließ sich lautlos abführen. Sie wurde in die Weiberstrafanstalt nach Neudorf *(Wiener-Neudorf)* gebracht. Ihrer unmündigen Kinder nahmen sich - wie das damals üblich war - mildtätige Bürger an.

DER MÄDCHENMÖRDER HUGO SCHENK
1884

Zu Anfangs der Achtzigerjahre des vorigen Jahrhunderts hatte die Wiener Polizei schwere Probleme zu bewältigen. Die internationale Anarchie hatte Wien, das friedliche, gemütliche Wien, zu ihrer Hauptwirkungsstätte ausersehen, und es wurden nach der Reihe Untaten verübt, die man zuerst gar nicht in ihrem richtigen Lichte erfaßte. So kam es, daß alles in Bewegung gesetzt werden mußte, um das schreckliche Übel mit der Wurzel auszurotten. *(Die Stadt Wien hätte, wenn es nach dem Willen der internationalen Verschwörer gegangen wäre, zur „Welthauptstadt der Anarchie" werden sollen. Das Mittel zur Durchsetzung dieses Zieles war die sogenannte „Propaganda der Tat". Dies bedeutete, daß schwere Bluttaten - wie die Ermordung der Familie Eisert - begangen wurden und man am Umweg über die Kriminalberichterstattung seine politischen Vorstellungen an die Öffentlichkeit brachte).* Die Sicherheitspolizei hielt ihr Augenmerk vorrangig auf die anarchistischen Fanatiker gerichtet und so kam es, daß die übrigen Verbrecher gewissermaßen ein leichteres Spiel

Hugo Schenk.

hatten. Auf anscheinend unverfängliche Anzeigen wurde weniger Gewicht gelegt als es sonst üblich war und wenn jemand irgendwo einfach als abgängig angezeigt wurde, so hatte der Referent meist keine Zeit, sich näher um die Gründe zu kümmern, falls die Parteien nicht gleich besondere Umstände anzuführen imstande waren. Wir müssen dies vorausschicken, um es bei der Rührigkeit unserer Behörden begreiflich zu machen, daß eine Reihe von Mädchen spurlos verschwinden konnte, ohne daß man sich über die Zusammengehörigkeit der Fälle klar geworden wäre. Als dann plötzlich der Gedanke im Bureau eines Polizeikommissärs aufblitzte, daß eine Gruppe von Abgängigkeitsanzeigen auf einen sehr bedenklichen und eben gemeinsamen Hintergrund hinwiesen, wurden die Recherchen mit größtem Eifer aufgenommen und führten verhältnismäßig rasch zu einer ebenso befriedigenden, - nämlich vom Standpunkte der Kriminalistik befriedigenden, - als entsetzlichen Klärung. Drei gewissenlose, heimtückische Menschen hatten, wie sich nunmehr herausstellte, durch geraume Zeit Verbrechen auf Verbrechen gehäuft, um erst dann unschädlich gemacht zu werden, als ihnen schon eine Anzahl junger und hoffnungsfroher Personen zum Opfer gefallen war. Wir müssen es uns leider Raummangels halber versagen, die Phasen der polizeilichen Tätigkeit chronologisch darzustellen, sondern bringen dies Bild dieses weltbewegenden Kriminalfalles so, wie es sich nach dem Abschluß der Erhebungen fix und fertig präsentierte.

Die Täter, um die es sich handelte, waren: Hugo Schenk in Czech in Mähren geboren, dorthin zuständig, 35 Jahre alt, katholisch, verheiratet, beschäftigungslos, zweimal wegen Verbrechens des Betruges bestraft; weiters Karl Schlossarek, in Eisenbrod in Böhmen geboren, nach Mährisch-

Carl Schlossarek.

Weißkirchen zuständig, 26 Jahre alt, katholisch, verheiratet, Schlossergehilfe, derzeit beschäftigungslos, wegen Übertretung und Verbrechen des Diebstahls vorbestraft: und schließlich Karl Schenk, in Jablunkau geboren, noch Teschen zuständig, 33 Jahre alt, katholisch, verheiratet, Kanzleidiener der Kaiserin-Elisabeth-Westbahn, unbeanstandet, Bruder des Erstgenannten.

Hugo Schenk war der Sohn eines ehrenwerten, im Jahre 1859 in Teschen verstorbenen Justizbeamten, genoß eine anfangs sorgsame Erziehung und wurde zum Universitätsstudium bestimmt. Er brachte es aber nur bis zur vierten Gymnasialklasse, trat dann im Jahre 1863 in die militärtechnische Artillerieschule in Olmütz ein und wurde im Jahre 1866 zum Korporal ausgemustert. Er bewährte sich jedoch nicht, kam später zum 71. Infanterieregiment und wurde endlich als Reservefeldwebel beurlaubt. Die Dinge, die er sich beim Militär zuschulden kommen ließ, zeigten, daß er ein sittlich gänzlich minderwertiges Subjekt war. Er war kaum 21 Jahre alt, als ihn das Olmützer Kreisgericht am 5. Dezember 1870 wegen einer Anzahl schwerer Betrügereien zu fünfjährigen, schwerem Kerker verurteilte. In der Haft führte er sich allerdings so gut auf, daß er schon nach zwei Jahren begnadigt und aus der Strafanstalt Murau entlassen wurde. Nun schlug er sich als Agent, Reisender, Händler, zuletzt als Hadernsammler umher, bis er im Frühjahr 1881 nach Wien übersiedelte. Hier ging es ihm, da er eine geordnete, seinen Kenntnissen entsprechende Tätigkeit verschmähte, alsbald so schlecht, daß er den Entschluß faßte, sich wieder auf ungesetzliche Art Geld zu verschaffen. Obwohl er verheiratet war, rückte er in das „Neue Wiener Tagblatt" eine Annonce ein, in welcher er sich heiratslustigen Damen als Beamter mit 1.800 fl. Jahresgehalt anpries. Unter den Frauenspersonen, die auf seine Offerte reagierten, befand sich eine gewisse Therese Berger, mit der er dringende Verhandlungen anknüpfte. Das Mädchen vertraute dem Mann, welcher ihm eine baldige Ehe in Aussieht stellte, so sehr, daß es ihm die gesamten Ersparnisse anvertraute. Darauf hatte Hugo Schenk natürlich nur gewartet. Kaum besaß er das Geld, so ergriff er auch schon die Flucht. Die Berger erstattete aber die Anzeige und die Polizei verhaftete den sauberen Heiratskandidaten. Am 30. September 1881 hatte er sich vor dem hiesigen Schwurgericht wegen Verbrechens des Betruges zu verantworten und wurde zu schwerem Kerker in der Dauer von zwei Jahren verurteilt. Seine Strafe hatte er in der Strafanstalt Stein an der Donau zu verbüßen. Dort machte er die Bekanntschaft eines gewissen Karl Schlossarek, welcher wegen Diebstahls mit achtzehn Monaten Kerkers bestraft worden war. Die beiden Männer schlossen bald ein inniges Freundschaftsbündnis und verabredeten, sich nach ihrer Freilassung zu treffen, um gemeinsam Verbrechen zu begehen. Ihre Pläne bewegten sich zwischen Raubüberfällen und Mord. Da Schlossarek früher, nämlich schon am 13. November 1882, entlassen wurde, während Hugo Schenk bis zum 12. März 1883 einsitzen mußte, gab ihm Schenk eine Empfehlung an seinen Bruder Karl Schenk nach Wien mit, was zur Folge hatte, daß der Bahndiener, - welcher das vollste Vertrauen seiner Vorgesetzten genoß - ein intimer Freund des „Steinbruders" wurde. Der enge Verkehr der beiden zeigte sich insbesondere in dem Umstand, daß sie den aus Stein in Wien eintreffenden, freigewordenen Hugo Schenk gemeinsam am Bahnhof erwarteten. Dieser wollte seine wiedergewonnene Freiheit durch ein rauschendes Fest gefeiert sehen und lud seinen Bruder und seinen Freund zu einem großen Schmause ein, dessen Kosten er dadurch tragen konnte, daß er von seiner mit ihm nicht lebenden Frau 300 fl. erhalten hatte. Bei dieser erhebenden Festlichkeit wurde der projektierten „Geschäfte" nicht vergessen. Man vereinbarte, durch Zeitungsannoncen Männer anzulocken, welche unter der Vorspiegelung, man könne ihnen gegen Kaution gute Posten verschaffen, geneigt wären, ihre Ersparnisse auszufolgen. Auch Karl Schenk wäre damit einverstanden gewesen, wenn sein Bruder nicht erklärt hätte, daß die Opfer an einsame Orte gelockt und umgebracht werden müßten, damit sie nicht, wie die Therese Berger, imstande seien, Strafanzeige zu erstatten. Nochmals wollte er nicht wegen Betruges sitzen. Wie furchtbar ernst es Hugo Schenk tatsächlich meinte, geht daraus hervor, daß er Messer, Revolver und andere Waffen anschaffte und sich auch in den Besitz von Zyankali, Blausäure und Chloralhydrat zu setzen wußte. Seine in der Schule erworbenen Kenntnisse der Chemie benützte er dazu, um allerhand „Getränke" zu bereiten, welche den Zweck hatten, die Opfer unschädlich zu machen. Aus Zyankali stellte er eine Mischung her, welches er das „Betäubungsmittel Bändiger" nannte. Karl Schenk gab sich endlich nur zur Rolle des Boten und Aufpassers her und beteiligte sich auch in der Folge hauptsächlich bloß in dieser untergeordneten Weise.

Wenn wir die Verbrechen, welche das Trio verübte, näher untersuchen, so sehen wir, daß Schlossarek der eigentlich Rohling und Gewalttäter war, während dem intelligenten, hübschen und sympathischen Hugo Schenk die natürlich weitaus verwerflichere und abscheulichere Aufgabe zufiel, die Opfer durch wochenlangen Verkehr in ein felsenfestes Vertrauen zu wiegen. Wir besprechen nun die einzelnen Untaten:

Der Müllergehilfe Franz Podpera war am 28. März 1883 nach Wien gekommen, um sich einen Posten als Verkäufer in einer Mehlhandlung zu suchen. Da man ihm das „Neue Wiener Tagblatt" als geeignetstes Insertionsorgan anpries, so rückte er am 30. März und am 1. April eine Annonce daselbst ein. Er bot zu seinem Verhängnis eine Kaution, wie damals üblich, an. Schenk und Schlossarek, welche die Zeitungen emsig lasen, bemerkten die Ankündigung natürlich gleich, und es erschien bereits am 2. April der letztere bei Podpera, erzählte demselben, er sei Maschinist in einer Dampfmühle in Sternberg und von seinem Chef beauftragt, einen geschickten Verkäufer zu engagieren. Die Bedingungen seien geradezu glänzende, denn, der Lohn betrage bei freier Wohnung, Beleuchtung und Beheizung monatlich 50 Gulden. Es wären aber 500 Gulden Kaution zu erlegen. Podpera fragte nun, ob man auch ein Sparkassenbuch als Kaution deponieren könne, worauf der unangenehm berührte aber geistesgegenwärtige Schlossarek antwortete, daß er diesbezüglich erst telegraphisch anfragen müsse. Er werde Podpera schon nachmittags Bescheid geben können. Bei der folgenden, zweiten Zusammenkunft erklärte Schlossarek, daß die auch in Form eines Sparkassenbuches geleistet werden könne, und Podpera solle das Buch sofort postlagernd nach Sternberg dirigieren, damit die Firma sehe, daß er zahlungsfähig sei. Podpera willigte ein und Schlossarek bot sich ihm als Reisebegleiter an, da er wieder einrücken müsse. Mittlerweile hatten die beiden Spießgesellen folgenden Plan ersonnen: Sie beabsichtigten, Podpera in einen Wald zu locken, dort zu erschießen, seiner Barschaft zu berauben und obendrein die Kaution am Postamt zu beheben. Hugo Schenk rüstete, wie die Anklageschrift ausführt, den Schlossarek mit einen Revolver und zwei Flaschen Schnaps aus, deren eine mit dem Betäubungsmittel versetzt war. Er wollte bloß die Reserve bilden, die Betäubung und Ermordung wäre Sache seines Komplizen. Am 3. April 1883 bestiegen Podpera und Schlossarek zeitlich früh ein Kupee dritter Klasse der Nordbahn. Hugo Schenk war ihnen unauffällig nachgegangen und nahm in einem anderen Abteil Platz. In Rohatec angelangt, erinnerte sich Schlossarek plötzlich, daß er in der Nähe ein dringendes Geschäft zu erledigen hätte, und wußte seinen, nichts Böses ahnenden, Begleiter zu bewegen, mit ihm gemeinsam auszusteigen. Sodann führte er den Müllergehilfen in dem ausgekundschafteten Wratzower Walde kreuz und quer herum, indem

DAS ATTENTAT AUF DEN MÜLLERGEHILFEN FRANZ PODPERA

er sagte, man könne den Weg nach Bisenz auf diese Weise stark abkürzen. So gelangten die beiden an eine einsame Stelle. Plötzlich fühlte Podpera ein kaltes Eisen im Nacken. Er dreht sich blitzschnell um und sieht, daß der „Maschinist" heimlich einen Revolver an seinen Nacken gesetzt habe. Nun wußte er, wieviel es geschlagen habe. Er stürzt sich auf Schlossarek und es beginnt ein verzweifeltes Ringen, währenddessen sich die Waffe entlädt, und beide Kämpfer verletzt. Schlossarek erkennt, daß ihm der Landbursche an Kräften weit überlegen sei und ergreift rechtzeitig die Flucht. Er besteigt mit Hugo Schenk ehemöglichst einen Wiener Zug und kehrt unverrichteter Dinge wieder in die Residenz zurück.

Man sollte meinen, daß die Unholde durch den Fehlschlag nun ein wenig abgeschreckt gewesen wären, dies war jedoch keineswegs der Fall; sie unternahmen vielmehr noch im selben Monat ein ganz ähnliches Verbrechen.

Am 18. April 1883 knüpfte Schlossarek, auf eine ganz ähnliche Zeitungsannonce hin, mit dem Kutscher Franz Bauer eine Bekanntschaft an. Er gibt sich für einen Agenten eines Wiener Wäschegeschäftsinhabers aus, der in Weidlingau eine Villa besitze und erbietet sich, den Mann nach Weidlingau zu begleiten. Zur Beschleunigung der Anstellung möge Bauer seine Ersparnisse gleich mitnehmen. Hugo Schenk fährt wieder in einem anderen Kupee mit. Die beiden Komplizen haben sich tags vorher schon eine einsame Stelle im Walde von Weidlingau ausgewählt und Schlossarek führt ein Fläschchen des „Bändigers" mit, dessen Wirkung Hugo Schenk an seinem eigenen Körper vorerst ausprobierte. Für den äußersten Fall trägt er ein Quantum Blausäure in der Tasche. Wirklich geht ihnen Bauer in die Falle. Er läßt sich überlisten, trinkt von dem Betäubungsmittel und stürzt sofort bewußtlos zusammen. Hugo Schenk eilt aus dem Hinterhalte herbei und die beiden Spießgesellen berauben das Opfer, indem sie ihm 170 Gulden abnehmen. Die Gauner sind längst wieder in Wien, als Bauer erwacht und sich mühsam fortschleppt, um gegen die ihm dem wahren Namen nach unbekannten Räuber die Strafanzeige zu erstatten.

Merkwürdigerweise werden Schlossarek und Schenk nach dieser Tat aber verunsichert. Sie beschließen, lieber Frauenspersonen in ihre Netze zu locken. Erstens diese sind leichtgläubiger, nehmen sie an, zweitens körperlich schwächer und drittens würden sie eher eine Anzeige scheuen, wenn eine Liebesgeschichte mitspielt. Die Berger betrachten sie diesbezüglich für eine Ausnahme. Es ist ihnen wohlbekannt, daß namentlich Mädchen der dienenden Klasse, wenn sie heiratslustig sind, einem Ehekandidaten blindes Vertrauen entgegenbringen und Hugo Schenk weiß sehr gut, daß ihn sein Äußeres und seine Bildung befähigt, Dienstboten gegenüber leicht den Ingenieur oder Beamten zu spielen. Im übrigen wollen sie ganz gleich vorgehen, nämlich vorerst einen geeigneten Platz auszukundschaften, das Mädchen hinlocken, durch narkotische Mittel betäuben, berauben und töten, um den Leichnam dann mit Steinen beschwert ins Wasser zu senken. Damit decken sie ihren Rückzug, denn ein so

DER RAUB IM WEIDLINGAUER WALD

behandelter Körper kommt in der Regel erst sehr spät ans Tageslicht. Und nun beginnt die schreckliche Jagd nach vermögenden Mädchen, die einer gewissen Josephine Timal zuerst das Leben kosten sollte.

DIE ERMORDUNG DER JOSEPHINE TIMAL

Zu diesem Fall wollen wir hier den Wortlaut der Anklage wiedergeben: „Im Mai 1883 machte Hugo Schenk die Bekanntschaft des Stubenmädchens Josephine Timal, die in der Türkenstraße zu Wien wohnte und versprach ihr die Ehe. Er bewog sie, ihren Dienst zu kündigen und ihre Effekten in die Wohnung des Karl Schenk zu bringen. Hugo Schenk hatte sich davon überzeugt, daß Josephine Timal zirka 500 Gulden besaß. Er und Schlossarek, der seinen Diener spielte, bewogen die Timal zu einer Fahrt nach Mährisch-Weißkirchen. Sie hatten ihren Tod beschlossen und in der Nähe von Zerotin einen Wassertümpel, das „Gevatterloch" ausgekundschaftet, welches ihr Grab werden sollte. Am 21. Mai fuhren sie nach Weißkirchen und gingen von da zu Fuß nach dem eine Stunde entfernten

Zerotin, angeblich, um Geld einzukassieren. Auf dem Rückweg kamen sie am Gevatterloch vorüber. Hugo Schenk gab seiner Geliebten Wein zu trinken, den er aus Wien mitgenommen und mit einer narkotischen Substanz, wahrscheinlich Chloralhydrat, vergiftet hatte. Sie fing zu taumeln an und verlor das Bewußtsein. Schlossarek band ihr mit Hilfe eines Strickes, den er bei sich führte, einen Stein um den Leib, und dann stürzten er und Hugo Schenk die Unglückliche in den Tümpel, aus welchem sie später als Leiche geborgen worden ist. Die Mörder fuhren zurück nach Wien, dort veräußerte Hugo Schenk das Sparkassenbuch der Timal, welches er nebst einer Uhr schon vorher in Verwahrung genommen hatte, und beide teilten die Beute".

Katharina Timal, die Tante der Josephine Timal, welche sich in Budweis aufhielt, hatte von dem Verhältnisse zwischen ihrer Nichte und Hugo Schenk Kenntnis erhalten. Schenk fürchtete, daß Katharina Timal sich über das plötzliche Verschwinden seiner Braut wundern und nachforschen würde. Er hatte überdies erfahren, daß Katharina Timal wohlhabend sein solle, deshalb wurde von ihm und Schlossarek beschlossen, sie ebenfalls umzubringen. Einem Brief, den Josephine Timal an ihre Tante geschrieben hatte, um ihre Verheiratung mit Hugo Schenk anzuzeigen, fügte dieser die

DIE ERMORDUNG DER KATHARINA TIMAL

Mitteilung bei, er habe in der Nähe von Pöchlarn ein kleines Gut geerbt. Sie möchte doch die Leitung des Hauswesens dort übernehmen. Katharina kam infolgedessen nach Wien, Hugo Schenk erwartete sie am Franz Josefs-Bahnhof und geleitete sie in das Hotel Fuchs in Fünfhaus, wo sie übernachtete. Er hatte sich vergewissert, daß sie ihren Handkoffer und ein Sparkassenbuch bei sich trug. Noch denselben Abend verabredeten Hugo Schenk, Schlossarek und Karl Schenk den Mord. Die beiden letzteren fuhren am anderen Morgen, den 13. Juli 1883, mit dem Frühzug nach Pöchlarn voraus, Hugo Schenk und Katharina Timal folgten mit dem Abendzug, sie wurden von Schlossarek und Karl Schenk an der Bahn empfangen und alle vier gingen in der Nacht nach dem Gute, von dem Hugo Schenk geschrieben hatte. Unterwegs gab Hugo Schenk das verabredete Zeichen, Schlossarek und Karl Schenk warfen die Timal zu Boden, hielten sie fest, und Hugo Schenk durchschnitt ihr mit seinem Taschenmesser die Kehle bis an die Wirbelsäule. Der Leichnam wurde mit einem Steine beschwert in die Donau versenkt, aber etliche Tage darauf an das Ufer getrieben und aufgefunden. *(Bis zum Jahre 1921 befand sich am Auffindungsort der Leiche, am rechten Donauufer bei Krummnußbaum, ein Bildstock zum Gedenken an die Ermordete).* Die Mörder begaben sich mit dem Handkoffer ihres Opfers, aus welchem sie das Sparkassenbuch sich angeeignet hatten, nach Pöchlarn und nahmen den nächsten Zug nach Wien. Dort wurde der auf 1.200 Gulden lautende Betrag des Sparkassenbuches behoben und nach Abzug von 100 Gulden, die Karl Schenk erhielt, von Hugo Schenk und Schlossarek geteilt.

Während der Zeit, in welcher die Mörder die beiden Timal aus der Welt schafften, verfolgten sie aber noch einen anderen Plan. Sie beabsichtigten nämlich, einen armen Landbriefträger umzubringen und der Wertsendungen zu berauben. Zu diesem Zweck bestellten sie für Bewohner von Artstetten Pretiosen und Gold. Die Pakete gingen von Wien auch richtig gegen Nachnahme ab. Schlossarek und Hugo Schenk lauerten nun dem Postboten auf der Landstraße auf. Sie führten ihr bewährtes Betäubungsmittel in der Tasche mit. Zum Glück für den Briefträger schloß sich aber demselben ein handfester Bauernbursche an, so daß die Räuber, welche durch das Abenteuer mit Podpera schon gewitzigt waren, von der Ausführung des Verbrechens lieber Abstand nahmen. Dennoch wollten sie nicht ganz unverrichteter Dinge heimfahren, schlichen sich in das Posthaus zu Artstetten ein und untersuchten, ob sie die Wertsachen nicht durch einen Einbruch erlangen könnten. Allein auch dieses Unternehmen erschien ihnen zu gewagt und sie kehrten mißmutig nach Wien zurück.

Mittlerweile war den Mördern das bei der Katharina Timal erbeutete Geld beinahe ausgegangen. Hugo Schenk brannte förmlich nach einem neuen Raubmord und als Schlossarek etwas zögerte, so beschloß Schenk, die nächste Tat allein auszuführen. Er machte sich, wieder durch die Zeitung, mit der Köchin des Barons Buschmann, namens Therese Ketterl, bekannt und wußte ihre Liebe bald zu erringen. Die Herrschaft war gerade verreist, das Mädchen daher frei, da beredete er es zu einer herrlichen Landpartie auf die Kribalz bei Lilienfeld. Er wußte der Ketterl weiszumachen, daß es doch gefährlich sei, das ihr anvertraute Gut der Herrschaft ganz im Stich zu lassen, ein kleiner Hund war auch da, den sie zu betreuen hatte – kurz, das Mädchen nahm auf die Landpartie, dem Rate des noblen Geliebten folgend, am 4. August 1883 Kleider, Wäsche, Schmucksachen, Wertpapiere, Sparkassenbücher - ja sogar das Hunderl mit. Das letztere führte sie in einem Koffer mit sich. Die Nacht zum 5. August verbrachte das nunmehrige Liebespaar gemeinsam im Gasthof „Zur Kaiserin von Österreich" in St. Pölten, um am 5. August früh nach Lilienfeld weiterzufahren. Von dort marschierten sie zu Fuß über die Klosterebene auf die Reisalpe. Hugo Schenk bewog das Mädchen, den gewöhnlichen Touristenweg zu verlassen und durch die einsame „Sternleiten", eine finstere Gebirgsschlucht, zu wandern. Von da kehrte die Bedauernswerte nicht mehr zurück. Ihr Leichnam war zur Zeit des Prozesses noch nicht zum Vorschein gekommen, denn dichter, meterhoher Schnee bedeckte den Ort des Verbrechens. Hugo Schenk machte über die Tat aber nachstehende Angaben: „Ich lockte die Ketterl in den Wald, um sie umzubringen. Wir ließen uns daselbst nieder

DIE ERMORDUNG DER THERESE KETTERL

und sprachen der mitgebrachten kalten Küche und dem Weine zu. Da entfiel mir der Mut, Gewalt zu brauchen, und ich suchte durch List zu meinem Ziele zu kommen. Ich gab der Ketterl einen ungeladenen Revolver in die Hand und veranlaßte sie, denselben an ihren Kopf zu halten und zum Scherz abzudrücken. Die Ketterl tat es und sah, daß es ungefährlich war. Nun entfernte ich mich und lud die Waffe, ohne daß sie es bemerkte. Dann fing ich das Spiel von neuem an und wußte die Ketterl zu bewegen, daß sie den Revolver nochmals an die Schläfe setzte und abdrückte. Der Schuß ging los und das Mädchen stürzte tot zu Boden.

Interessant ist der Zusatz, den die Anklageschrift hiezu macht. Sie sagt: „Wenn die Anklage diese Darstellung Schenks für wahr halten wollte, so würde die Tat doch ein Meuchelmord, und zwar ein besonders tückischer Meuchelmord sein. Die Anklage nimmt aber an, daß Schenk selbst die Ketterl meuchlings erschossen hat, denn ein Mann wie er wird schwerlich den Mut verloren haben, und überdies hat er seine Erzählung widerrufen und angegeben, ein unbekannter Mann namens Karl oder Richard Wagner habe den Mord begangen."

Die Beute, die Hugo Schenk diesmal jedenfalls allein machte, war stattlich genug. Für die Wertpapiere erlöste er durch Verkauf 1.200 bis 1.400 Gulden, die Spareinlagen betrugen 364 Gulden., außerdem nahm er die teuren Pretiosen, eine Uhr, eine goldene Kette und einige Armbänder an sich, allerdings, um sie seiner Geliebten, Emilie Höchsmann zu schenken. Über dieses letztere Verhältnis wird später die Rede sein.

Im Oktober 1883 lernte Hugo Schenk auf dem uns schon bekannten Weg durch die Presse zwei Mädchen kennen, die Josephine Eder und die Rosa Ferenczy. Die Eder wurde rasch seine Geliebte und sein willenloses Werkzeug. Sie verließ auf sein Betreiben das Haus des Fräuleins v. Malfatti, wo sie als Stubenmädchen angenehm diente, nachdem sie ihrer Dienstgeberin Pretiosen im Werte von 300 Gulden gestohlen hatte. Hugo Schenk, der sich ihr nämlich als Ingenieur ausgegeben hatte, welcher zur Errichtung einer Fabrik dringend Geld brauche, war der Anstifter der Tat. Er werde sie dafür sofort heiraten. Wenn die Eder von ihm nicht ermordet wurde, so hatte dies nach der Anklage nur darin den Grund, weil er das Mädchen ganz in seiner Gewalt hatte und die Absicht hegte, dasselbe "noch zu weiteren Diebstählen zu gebrauchen".

DIE GELIEBTE JOSEPHINE EDER

Hören wir, was die Anklageschrift aber von dem Verhältnisse zu dem zweiten Opfer, der Rosa Ferenczy, zu berichten weiß: „Hugo Schenk hatte nicht bloß mit der Josephine Eder, sondern gleichzeitig auch mit Rosa Ferenczy eine Liebschaft angeknüpft, sie an verschiedenen Orten untergebracht und auch ihr die Ehe versprochen. Er hatte es aber nicht auf ihre Person, sondern auf ihr in der Sparkasse eingelegtes Geld abgesehen. Sie hatte das Sparkassenbuch verloren, es mußte folglich amortisiert werden. Hugo Schenk setzte den Umgang mit dem Mädchen, dessen er bereits überdrüssig geworden war, fort, bis sie die Amortisationsurkunde in Händen hatte. Dann reiste er mit ihr und Schlossarek nach Preßburg, denn dort sollte nach seinen Vorspiegelungen die Hochzeit stattfinden. Am 29. Dezember 1883 gingen alle drei nach Wolfsthal, wo Hugo Schenk angeblich ein Geschäft erledigen wollte. Es war stockfinster, als sie von Wolfsthal nach Preßburg zurückkehrten. An einer recht einsamen Stelle in der Nähe der Donau wurde die keines Überfalles gewärtige Rosa Ferenczy von ihren Begleitern mit einer Hacke erschlagen und die Leiche in den Fluß geworfen. Es ist nie gelungen, den Leichnam aufzufinden. Hugo Schenk behauptet, Schlossarek habe den tödlichen Streich allein geführt. Schlossarek sagt, daß Hugo Schenk der am Boden liegenden Ferenczy mehrere Schläge mit der Hacke versetzt habe. Die Mörder erhoben in Wien bei der Sparkasse 384 Gulden 24 Kreuzer und nahmen die Effekten des Mädchens an sich. Karl Schenk hat zwar nicht mitgewirkt, aber Kenntnis gehabt von der Sache und einen Koffer voll Kleider usw. vom geraubten Gute erhalten". Angesichts dieser schauerlichen Handlungen lohnt es sich, die Beziehungen Hugo Schenks zu einem achtbaren Mädchen, der vorerwähnten Emilie Höchsmann, zu erörtern, die er wirklich geliebt zu haben scheint. Er lernte sie Ende April 1883 im Haus ihres Schwagers, des Stenographen Vinzenz Zwierzina, in Wien kennen und wollte sie, wie er erklärte, heiraten. Der Schwager des Mädchens wußte zwar nicht, daß Schenk ein abgestraftes Individuum sei, doch kam ihm derselbe sehr verdächtig vor und er verbot dem Mädchen jeden weiteren Verkehr mit dem Mann, falls sie in seinem Hause bleiben wolle. Da die Höchsmann nun „unsterblich" in den angeblichen Ingenieur verliebt war und

Carl Schenk.

absolut von demselben nicht lassen mochte, ging sie lieber aus dem Hause und logierte sich bei ihrer an den Beamten Vogt verheirateten Schwester auf dem Rennweg ein. Hugo Schenk überschüttete das Mädchen fortan mit Briefen, in denen er es seiner unwandelbaren Liebe versicherte. Am 1. Mai bewog er sie zu einem Spaziergang nach Schönbrunn. Bei dieser Gelegenheit bestürmte er sie, die Seine zu werden, und als sie ablehnte, falls er sie nicht vorher eheliche, eilte er unter ein Haustor und kehrte bald darauf mit zwei Flaschen zurück. „Siehst du," sagte er ihr, - besser ausgedrückt, log er ihr vor,- „das ist Gift. Wenn du mich nicht liebst, wirst du sehen, daß ich vor deinen Augen sterbe." Emilie erschrak heftig und bat ihn von seinem Vorhaben abzusehen. Es könne nicht sein, er möge sich aber deswegen kein Leid antun. Nun wiederholte er: „Wenn du mich nicht erhörst, so trinke ich." Trotzdem blieb das Mädchen fest und Hugo Schenk steckte seine Flaschen ruhig wieder ein. Er hatte aber ein anderes Mittel ersonnen, um das Mädchen umzustimmen. Er schrieb ihr nach einigen „Tagen einen Brief, der mit „Dr. Josef Schenk" unterschrieben war. Darin teilte ihr der Arzt mit, daß sein inniggeliebter Bruder den Versuch gemacht habe, sich durch Einatmen giftiger Gase das Leben zu nehmen. Gleichzeitig empfing das Mädchen von Hugo Schenk einen Brief, in welchem

ihr der Galan mitteilte, daß es ihm endlich gelungen sei, eine schöne Anstellung zu erlangen. Er zeigte ihr bald darauf ein (natürlich gefälschtes) Dekret der Arlbergbahn, welches seine Ernennung zum Ingenieur enthielt. Der Schwindler fügte bei, er habe 1.200 Gulden Kaution erlegen müssen, dafür sei aber der Posten auch ungemein einträglich. Emilie Höchsmann brachte dem Mann nun keinen Argwohn mehr entgegen und übersiedelte mit ihm gemeinsam nach Melk. Begreiflicherweise suchte sie aber fortan die Hochzeit zu beschleunigen, während der katholisch verheiratete Mörder, welcher mit bestem Willen nicht in der Lage gewesen wäre, sein Eheversprechen einzulösen, immer neue Ausflüchte ersann. Er teilte seiner Geliebten unter dem strengsten Siegel der Verschwiegenheit mit, daß er gar nicht Hugo Schenk heiße, sondern der aus Rußland wegen politischer Umtriebe flüchtige Fürst Wielopolski sei. Er könne vorläufig unter seinem wahren Namen nicht auftreten, sonst würde er sofort verhaftet werden, trete er aber als „Hugo Schenk" mit ihr zum Traualtar, so wäre die Ehe ungültig. Das Mädchen glaubte ihm das Geflunker und geduldete sich. Nach einiger Zeit log er ihr vor, daß er einen steinreichen Onkel in Cincinatti in Amerika hätte und bat sie, demselben einen Brief zu schreiben, in welchem sie ihm die vollzogene Trauung mit seinem Neffen mitteilen und um 5.000 Dollar bitten möge. Der Onkel könne dies leicht verschmerzen, denn er nenne große Ländereien und ein Barvermögen von sieben Millionen sein eigen. Hugo Schenk trug den Brief, welcher die Adresse trug: „Marquis Wielopolski, Grundbesitzer in Cincinatti" selbst zur Post und „rekommandierte" ihn. Etwas später verständigte er die Geliebte freudestrahlend, daß das Schreiben Erfolg gehabt habe. Das Geld sei ihm bei einem Bankhaus in London angewiesen worden und er werde sich ungesäumt hinbegeben, um es zu beheben. Die Reisespesen streckte ihm die Höchsmann im Betrage von 200 Gulden sehr gern vor. Er verreiste auch wirklich, aber nicht, um nach London zu fahren, sondern um die arme Josefine Timal zu ermorden. Auf der Reise nach Weißkirchen gab er einen Brief in Prerau an die Geliebte auf und einen weiteren aus Weißkirchen. Sonst blieb die Höchsmann ohne Nachricht. Plötzlich erschien er jedoch selber wieder und erzählte, er sei in London gewesen. Leider habe er sich jedoch nicht als Fürst Wielopolski legitimieren können, weshalb er nicht in den Besitz des Geldes gekommen sei. Ihm sei aber aus anderer Quelle welches zugeflossen und er gebe ihr daher die 200 Gulden mit bestem Danke zurück. Er fügte sogar noch ein namhaftes Geldgeschenk bei. Einige Tage darauf trat er in Gesellschaft der Geliebten eine Reise an, von der sie am 18. Juli nach Wien zurückkehrten. Sie erzählten allen Bekannten, daß sie in Zürich geheiratet hätten. Hugo Schenk gab ein Hochzeitsdiner, welches ihm 70 Gulden kostete und aus dem letzten Raub gedeckt wurde. Das Paar übersiedelte sodann zu Herrn Vogt, dem Schwager der Höchsmann. Da Schenk vor jeder Mordtat Geld brauchte, die Beute aber sehr schnell vergeudete, so borgte er sich im August von Vogt
80 Gulden, da er angeblich eine diplomatische Reise machen müsse. Er hatte jedoch keine Gelegenheit mehr, das Darlehen zurückzuerstatten, denn mittlerweile erfolgte seine Verhaftung. Mit der Höchsmann lebte er bis zu diesem Zeitpunkte zusammen, ohne daß dieses bedauernswerte Geschöpf eine Ahnung hatte, mit welcher Scheusal sie unter einem Dache wohnte und in welchen Gefahr sie schwebte.

Am 13. März 1884 begann der Prozeß gegen das Trifolium. Wie anfangs bemerkt, waren damals politisch sehr bewegte Zeiten, die Geschworenengerichte waren suspendiert, und es fungierte an ihrer Stelle ein aus sechs Berufsrichtern bestehender Senat. Den Vorsitz führte der aus seiner Dienstzeit als Staatsanwalt berühmte Graf Lamezan. Der Schwurgerichtssaal war bis auf den letzten Platz gefüllt, größtenteils mit Damen aus der ersten Gesellschaft. Alles hält den Atem an, als der Hauptangeklagte Hugo Schenk den Saal betritt. Er besitzt sehr sympathische Gesichtszüge, weist einen wohlgepflegten Schnurrbart auf und mustert keck lächelnd, als sei er ein gefeierter Held, das Publikum. Seine Stimme klingt voll, er spricht dialektfrei mit fester Betonung und macht mit seiner Denkerstirne alles eher, als den Eindruck eines vielfachen Raubmörders. Auffällig ist, daß er seinen langen braunen Überrock trotz der großen im Saale herrschenden Hitze bis an den Hals zugeknöpft trägt. Karl Schlossarek fällt neben ihm ab. Er hat ein ganz alltägliches Gesicht und spricht mit einem fremden Akzent. Sein dichter brauner Vollbart gibt ihm trotz sorgfältiger Toilette ein verwildertes Aussehen. Karl Schenk ist viel kleiner als sein Bruder, trägt Schnurr- und Backenbart von rötlicher Farbe und zeigt auf den ersten Blick, daß er schwer lungenleidend ist.

Die Verhaftung des Mädchenmörders Hugo Schenk.

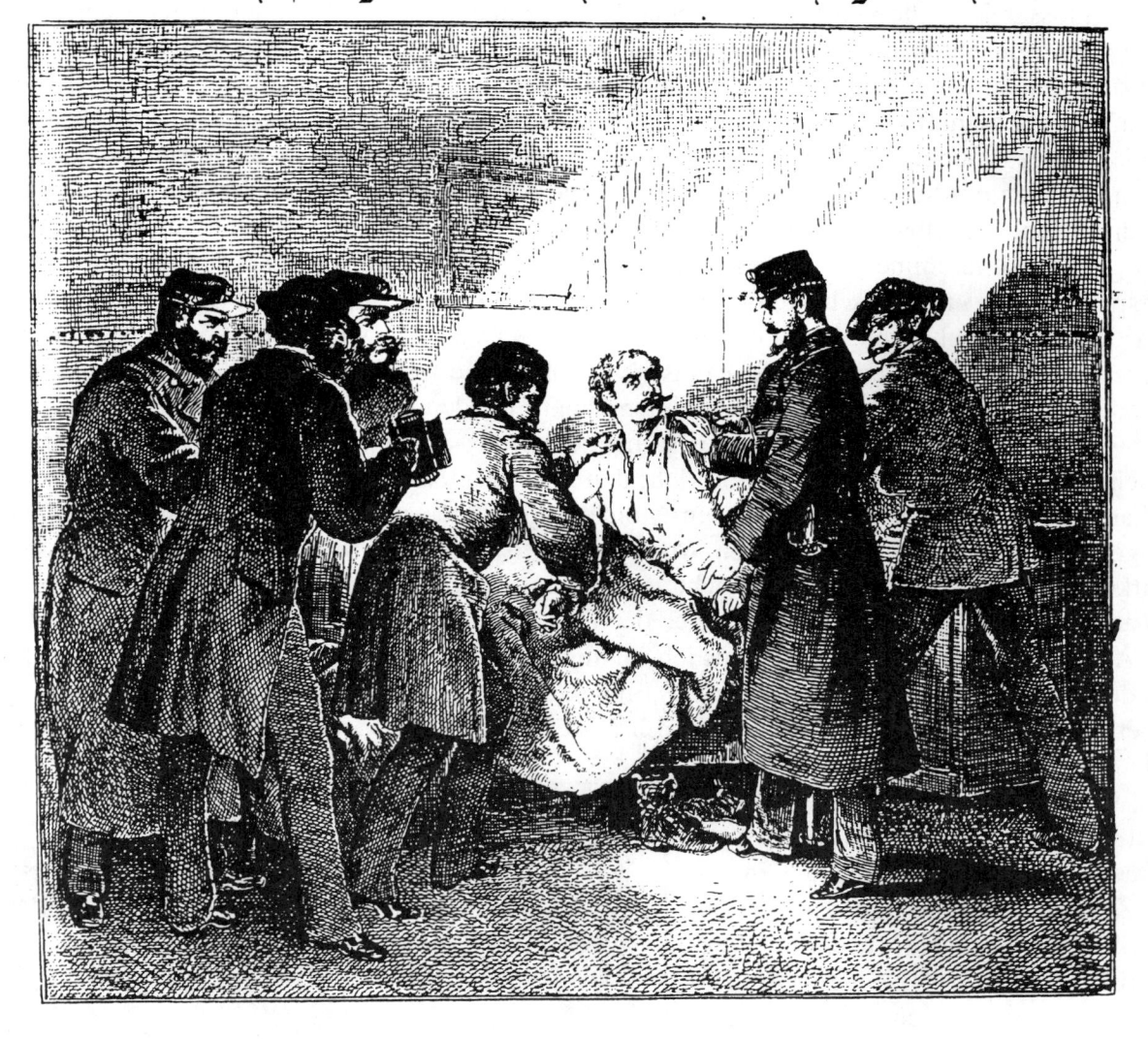

Nach Verlesung der Anklage tritt Hugo Schenk mit elegantem, festem Schritt auf den Gerichtstisch zu und erwartet lächelnd die Fragestellung. Der Präsident beginnt das Leben des Angeklagten von den Kinderjahren an zu beleuchten und hält demselben vor, daß er schon frühzeitig auf Abwege geraten sei, um seiner Familie Schande und Schmach zu bereiten. Hugo Schenk gibt dies lächelnd zu. Graf Lamezan sagt dann: „Am 25. August 1879 haben Sie die Ehe mit ihrer jetzigen Gattin Wanda geschlossen, die damals in Böhmen Erzieherin war. Die arme Frau hat von dem Augenblicke ihrer zweiten Verurteilung an - die erste war ihr unbekannt - mit ihnen nicht mehr zusammengelebt. Aus dieser Ehe wurden ihnen zwei Kinder geboren, welche zum Glück bald starben. Es ist ein Beweis ihrer sinnlichen Disposition, daß Sie damals neben ihrer Frau noch ein Verhältnis mit einer

Person unterhielten, die als ganz gewöhnliche Landdirne geschildert wird." Der Angeklagte schweigt. Präs.: „Sie hieß Magdalena Wimmer, nicht wahr?" Angekl.: „Ja." Präs.: „Sie haben das Verhältnis ohne Wissen ihrer Frau fortgesetzt und die Wimmer verpflegt. Dieses Mädchen ist schließlich vollständig verschwunden, man weiß nicht wohin." Der Angeklagte zuckt lächelnd die Achseln. Nach Erörterung des ferneren Lebenslaufes des Angeklagten geht der Präsident sodann auf die einzelnen Verbrechen über.

Die Attentate auf Podpera und Bauer erweckten weniger Interesse. Ungeheure Spannung rief aber die Besprechung der an den Mädchen verübten Grausamkeiten hervor. Über die Josefine Timal sagt er: „Schlossarek wollte von so gefahrvollen Unternehmen, wie die Attentate gegen Podpera und Bauer gewesen waren, nichts mehr wissen. Er erklärte, künftig nur dann dabei sein zu wollen, wenn die zu beraubende Person das Leben verliere. Ich hatte mit dem Stubenmädchen Josefine Timal in Wien eine Liebschaft angeknüpft, wir korrespondierten durch meinen Bruder Karl Schenk, der die Rolle meines Bedienten spielte, und es war mir bekannt, daß sie 1.500 Gulden Vermögen habe. Ich besprach mich mit Schlossarek und wir kamen überein, daß sie sterben müsse. Ich sagte ihm aber ausdrücklich, daß ich unter gar keinen Umständen selber Hand anlege, wenn mir auch nichts daran läge, daß sie umkomme. Er war es zufrieden und so fuhr ich mit ihr, nachdem ich ihr die Ehe versprochen, die in Mährisch-Weißkirchen gefeiert werden sollte, nach dieser Stadt." Er fährt dann fort: „Von Weißkirchen gingen wir in den Wald. Auf dem Weg ließen wir die Josefine Timal wiederholt aus einer, reinen Wein enthaltenden Flaschen trinken. Sie wurde berauscht. Schlossarek suchte einen Stein, den er ihr mit einer vorbereiteten Schnur um den Leib binden wollte.

Als wir in die Nähe des Gevatterloches kamen, entfernte ich mich, und Schlossarek hat sie dann hineingestoßen." Der Präsident unterbricht den Angeklagten und hält ihm vor, daß Schlossarek behaupte, Hugo Schenk hätte ihm bei dem Morde beigestanden, auch sei der Wein vergiftet gewesen. Hugo Schenk bestreitet dies mit den Worten: „Das ist ein unbegreiflicher Irrtum. Hätte sie ein Narkotikum getrunken, so hätte sie nicht gehen, nicht sprechen und nicht mit Bewußtsein um sich schauen können. Schlossarek äußerte sich der Tat zu mir: „Wenn Sie nur gesehen hätten, mit was für Augen sie mich angeschaut hat, als ich sie hineingeworfen habe." Präs.: „Haben Sie es gehört, als der Körper ins Wasser fiel?" Angekl.: „Einen Schlag in das Wasser habe ich gehört."

Über die Ermordung der Katharina Timal läßt sich Hugo Schenk folgendermaßen aus: „Abends fuhr ich mit ihr nach Krummnußbaum, wo wir in der Nacht um 12 Uhr eintrafen. Meine beiden Genossen kamen mir entgegen und ich gab ihnen ein Zeichen, daß sie auf einen rechts von der Station hinunterführenden Weg einbiegen sollten. Bald darauf trat Schlossarek auf mich zu und fragte mich, ob wir ein Fahrwerk bräuchten. Das war nämlich das verabredete Signal. Wir gingen noch etwa hundert Schritte weiter, ich hinten, die Timal beiläufig zehn bis fünfzehn Schritte voraus. Da höre ich einen Schlag und gleich darauf Schlossarek rufen. „Ich bin zu schwach, geben sie mir ein Messer." Ich sah in der Dunkelheit nichts und vernahm bloß einen Ton, wie wenn jemand die Kehle durchschnitten werden würde." Präs.:

Die Uebertragung der Leiche Theresia Ketterl's.

„Sie wollen also glauben machen, daß Sie auch an dieses Opfer nicht selbst Hand angelegt haben?" Angekl.: „Ich habe sie nicht berührt." Präs.: „Ich mache Sie darauf aufmerksam, daß dies für die strafrechtliche Beurteilung ganz gleichgültig ist." Angekl. (lächelnd): „Das ist mir vollkommen bekannt. Ich weiß genau, was mir bevorsteht." Präs.: „Haben Sie dem Schlossarek ihr Taschenmesser geborgt, um die Timal zu ermorden?" Angekl.: „Nein. Ich hörte einen gurgelnden Ton und sah die dunklen Umrisse von zwei Personen, welche einen Körper nach dem Wasser schleiften." Präs.: „Wissen Sie, da hört sich doch alles auf. Tun Sie doch nicht so, als ob sie nicht dabei gewesen wären." Der Angeklagte bleibt aber ruhig lächelnd bei seiner Aussage. Der Präsident fragt nun den Schlossarek über dieses Faktum aus und dieser erzählt fließend: „Hugo Schenk hat den ganzen Plan von A bis Z ersonnen und die Timal nach Wien gelockt. Er befahl mir, für einen Stein und eine Stange zu sorgen, denn sie solle ertränkt werden. Nach der Ankunft in Krummnußbaum ging Karl Schenk voraus, nach ihm kamen Hugo Schenk und die Timal, ich einige Schritte hinter ihnen. Als wir an Ort und Stelle waren, sagte Hugo Schenk: „Ob wir mit einem Fährmann hinüberkommen werden?" Das war das Stichwort. Karl Schenk und ich fielen sofort über Katharina Timal her, rissen sie zu Boden und würgten sie an der Kehle. Sie sollte bewußtlos ins Wasser geworfen werden. Aber sie wehrte sich stark und Karl Schenk sagte: „Ich halte es nicht mehr aus". Nun trat Hugo Schenk hinzu und schnitt ihr, während wir sie beide hielten mit seinem Taschenmesser die Kehle durch. Wir mußten ihre Kleider durchsuchen, ihr einen Stein um den Leib binden und sie sodann ins Wasser werfen." Der Präsident fragt den lachenden Hugo Schenk, ob er bei seiner Aussage bleibe.

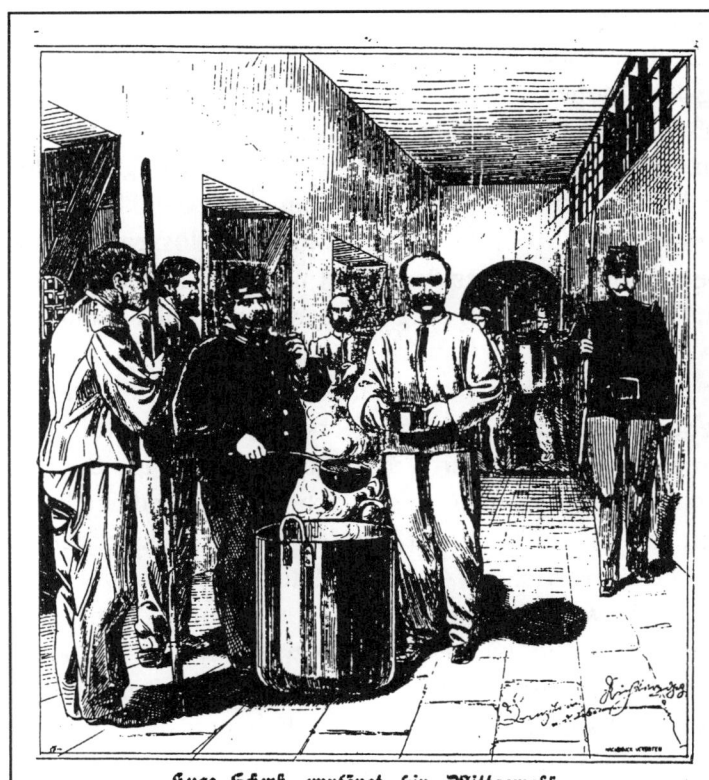

Dem Mädchenmörder Hugo Schenk wird die Vollziehung der Hinrichtung verkündigt.

Hugo Schenk empfängt sein Mittagmahl.

Hugo Schenk: „Ja, die Angaben des Schlossarek sind unwahr." Schlossarek: „Ein anderes Mal hat er sogar verlangt, wir sollen ein Frauenzimmer an einen Baum binden und denselben anzünden." Dies erweckt bei Hugo Schenk noch mehr Heiterkeit, weshalb der Präsident entrüstet ausruft: „Lachen Sie nicht. Sie haben die empörendsten Beweise ihrer Roheit gegeben. Heute ermorden Sie die Josefine Timal, morgen verführen sie die Emilie Höchsmann und unterhalten sich mit ihr im Theater. Sie haben gleichzeitig drei Bräute, die ihnen dazu dienen, ihre Wollust zu befriedigen und ihren Blutdurst zu stillen. „Schlossarek beginnt nun zu weinen und ruft aus: „Er hat seinen Bruder dazu verleiten wollen, meine Frau aus der Welt zu schaffen, weil sie ihm mißtraute." Der Präsident schließt seine Ermahnung mit den Worten: „So verworfen auch der Angeklagte Schlossarek ist, ich glaube ihm, aber Sie, Hugo Schenk, lügen, Sie können nichts anderes als lügen. Ich muß sie einen Lügner bis in das innerste Mark ihrer Knochen nennen. Sie haben alle ihre Opfer belogen und betrogen und sich, sobald Sie ihren Zweck erreicht hatten, nach einem neuen Opfer umgesehen."
Die Ermordung der Rosa Ferenczy schildert Schlossarek zum Unterschied von Hugo Schenk, der nur in der Nähe gestanden zu sein behauptet, folgendermaßen: „Eines Tages holten wir sie ab, fuhren mit ihr nach Preßburg und gingen dann zusammen nach Wolfstal, wo wir in der Dunkelheit um 5 Uhr abends ankamen. Schenk rief mich aus dem Wirtshaus unter einem Vorwand heraus und unterrichtete mich, daß er den Revolver wegen der Nähe eines Jägerhauses nicht gebrauchen könne. Ich hätte das Mädel daher mit einer Hacke totzuschlagen. Wir machten uns auf den Weg, es dauerte aber wohl eine Stunde, ehe wir in der Finsternis den ausgesuchten Platz wiederfanden. Auf ein Zeichen Hugo Schenk's versetzte ich der Rosa Ferenczy von rückwärts einen Schlag mit der Hacke auf den Kopf. Sie fiel lautlos nieder. Ich warf die Hacke weg und suchte nach einem Steine, den ich ihr umbinden wollte. Mittlerweile hob Hugo Schenk die Hacke auf und schlug noch einige Male auf den Kopf des bewußtlos daliegenden Frauenzimmers, um dann ihre Taschen zu durchsuchen, er fand aber ihre goldene Taschenuhr nicht. Auf sein Geheiß nahm ich die Ohrgehänge, suchte mit ihrem Umhängetuch die Blutspuren zu tilgen und schob endlich mit einem jungen Baumstamm den Leichnam ins Wasser. Um 3 Uhr früh kehrten wir nach Wien zurück, stiegen an der Mariahilfer Linie aus und gingen von da direkt in die Wohnung Karl Schenk's."
Selten noch hat ein Todesurteil die Öffentlichkeit so befriedigt, als das gegen die drei Mordgesellen. Hugo Schenk verzieht bei der Verkündigung des Urteiles keine Miene. Nur als der Präsident erklärt, daß er der Reihe nach der Letzte sei, erblaßte er, um dann wieder ein dunkles Rot im Gesicht zu zeigen. Karl Schenk brütet still vor sich hin, nur Schlossarek gebärdet sich ganz fassungslos. Der Präsident fragt zuerst Hugo Schenk, ob er ein Rechtsmittel ergreife, worauf der Angeklagte mit fester Stimme antwortet: „Ich bin zufrieden mit dem, was der Gerichtshof beschlossen hat. Ich melde keine Berufung an und bin zu sterben bereit." Der Präsident fragt nochmals: „Sie melden kein Rechtsmittel an?" Hugo Schenk „Nein." Ebenso erklären die beiden anderen, daß sie auf die Nichtigkeitsbeschwerde verzichten.
Die Todesstrafe wurde jedoch nur an Hugo Schenk und Karl Schlossarek vollzogen. Karl Schenk wurde vom Kaiser begnadigt und zwar zu lebenslänglichem schweren Kerker. Die Hinrichtung der beiden fand am 22. April 1884 in Wien durch den Scharfrichter Willenbacher statt. Hugo Schenk hatte nach keinem Priester verlangt, als ein solcher aber kam, hörte er ihm höflich zu und beichtete auch. Er legte eine staunenswerte Ruhe an den Tag. Im Leichenhofe *(Spitalshof)* des Landesgerichtes waren an dem genannten Tag um 7 früh zwei Galgen errichtet. Zuerst brachte man Schlossarek. Er benahm sich sehr gefaßt und hielt an die etwa 120 versammelten Personen eine kurze Ansprache: „Gott verzeihe mir meine Sünden," sagte er, - „auch Sie, meine Herren, verzeihen Sie mir meine Missetaten! Fluchet mir nicht, ihr Christen, fluchet mir nicht wegen meiner Sünden." Diese Worte waren rührend gesprochen. Es wurde ihm nun der Rock ausgezogen, und leicht, wenn auch zitternd, stieg er rasch die kleine Treppe zum Richtpflock hinan. Der Scharfrichter legte ihm die Schlinge um den Hals und nach einigen Minuten war alles vorüber ... Das Kommando: Habt acht!" ertönte,

Hinrichtung der Mörder Schenk und Schlossarek zu Wien am 22.

eine Abteilung der Justizwache verließ den Hof und kam mit Hugo Schenk zurück. Der Verbrecher ging mit festen Schritten zum Galgen, verbeugte sich höflich vor der Gerichtskommission und sagte: „Bitte, grüßen sie meine Frau!" Und noch als ihm Willenbacher die Schlinge umgelegt hatte, wiederholte er diese letzte Bitte gegenüber dem Scharfrichter. Nach drei Minuten hing er als Leiche am Galgen. Der Gefängnisgeistliche hielt an die tiefergriffenen Zuhörer eine kurze Rede, in der er der armen Opfer gedachte, aber auch mit Befriedigung betonte, daß die Verbrecher reumütig und nach Ablegung der Beichte gestorben seien. Nach einer Stunde wurden in aller Stille die beiden Leichen abgenommen, und damit schloß eines der schrecklichsten Kapitel der Wiener Kriminalgeschichte.

Bald nach der Hinrichtung erschien ein kleines Heftchen von bloß 32 Seiten, betitelt: „Hugo Schenks Gesicht, nach authentischen Quellen gesammelt und herausgegeben vom Verleger" (Wien, 1884, Verlag von Emil Karl Fischer). In einem Vorwort erklärte der Herausgeber, daß er einen Teil des Reingewinnes dem Dienstmädchen Eder widmen wolle, welches für Hugo Schenk bekanntlich zur Diebin geworden war und ihre Tat mit dreijährigem schweren Kerker büßen mußte. Dennoch konfiszierte die Behörde das Büchlein, verbot seine Weiterverbreitung und ließ alle Exemplare einstampfen. Man wollte für diesen Raubmörder, um den sich vielleicht romantische Legenden gebildet haben würden, keine Reklame zulassen. Die Gedichte waren zwar bloß Durchschnittsverse eines mittelmäßig gebildeten Mannes, verdienen aber immerhin auch heute noch einiges kriminalpsychologisches Interesse. Wir wissen ja aus den Schriften Cesare Lombrosos und August Forels, daß selbst die blutigsten und grausamsten Verbrecher ihre typische Eitelkeit wiederholt auch in Versen auszuleben pflegen.

Eine kleine Auswahl der besagten Poeme möge hier der Vergessenheit entrissen werden. In das Genre naturschwärmerischer Lyrik fällt zum Beispiel das Gedicht „Sehnsucht", bei dessen Lektüre man viel mehr an einen harmlosen Dilettanten, als an einen so blutrünstigen Raubmörder denken wird.

Sehnsucht

Auf dem blauen Himmelsdome
geht der Mond die stille Bahn,
Venus grüßet ihn von ferne,
Und er sieht sie traurig an

Sinnend und im ewgen Kreise
Zieht er durch die Ätherflut,
Feucht und unverwandt sein Auge
Auf dem schönen Sterne ruht

Ewig bleiben sie sich ferne,
Ewig strahlt ihr mildes Licht.
Wie ein Blick voll tiefster Sehnsucht
Aus dem blassen Angesicht.

Ich bin Mond und sie ist Venus,
Unverstanden, weil ich ferne,
Doch die Erde ist kein Himmel
Und die Menschen nicht wie Sterne.

Widerlich wirkt im Zusammenhang mit der kriminellen Persönlichkeit des Autors das folgende Gedicht: „Ein Traum":

Ein Traum

Im Eichwald ließ ich mich einst nieder
Und suchte Schutz vor heißer Glut,
Belauschend all der Vöglein Lieder
Hab' ich im Grün mich ausgeruht.

Betrachtete der Allmacht Werke,
Die ringsumher mein Blick geschaut;
Ich sucht' im Schlummer Mut und Stärke
Und so entschlief ich gotterbaut ...

Ungleich ehrlicher klingt ein anderes Gedicht, welches einen gewollten Zynismus atmet:

> ### Schmetterlingsgedanken
>
> (An eine interessante Frau)
>
> Als einst der liebe Gott die schöne Welt erschaffen,
> Da setzt' er außer andern großen Affen
> Auch mich in dieses ird'sche Jammertal.
> Er suchte mich indes alsbald zu trösten,
> Gab mir ein Herz von seinen allergrößten
> Und sprach zu mir: „Beginne deine Qual"
> Ich fand alsbald an Blumen meine Freude,
> Die schönsten Knospen wurden mir zur Beute;
> Zur Straf' hiefür ward ich ein Schmetterling.
> Ich flatterte nach Schmetterlingens Sitte
> Von Blum' zu Blum', von Blüte rasch zur Blüte,
> Bis ich an einer Blume mich verfing.
> Ich schlürfe nun mit seelenvergnügten Zügen,
> Als tränke ich aus alten deutschen Krügen;
> Er ist so süß - der einen Blume Duft!
> Und wüßte ich, ich müßte auf ihr sterben,
> Als Schmetterling hab' ich ja keine Erben;
> Ich wünschte gern, sie würde meine Gruft.
> Doch fürchte ich, ein Windstoß könnt' es wagen,
> Und mich hinweg zu andern Blumen tragen;
> Weit fort von ihr, von ihrem Angesicht.
> Dann will ich gern die Schwingen sinken lassen,
> Und sterbend noch recht innig fest umfassen
> Die letzte Blume: das Vergißmeinnicht.

In die gleiche Kategorie fallen auch die nachstehenden „Sinnsprüche":

> Die höchste Poesie, die ist - das Geld;
> Kein Geld - die Prosa,
> Drum heirat' ich die Emma Feld
> Und nicht die Rosa.
>
> Des Weibes Reiz, er ist vergänglich,
> Für Geld allein bleibt man empfänglich.

Den Schluß des Bändchens bildete ein Gedicht, „Abschied", welches, wenn es hinter dem vergitterten Fenster der Armensünderzelle geschrieben worden sein sollte, einen weiteren Beweis für das bis zur Todesstunde an den Tag gelegte Komödiantentum Hugo Schenks bilden würde:

Abschied

Durchs Gitter fiel der Sterne bleiches Licht,
Ich lag im Traum und wollte fast verzagen,
Da sah ich dich, dein teures Angesicht,
Und hörte dich an meiner Seite klagen.

Du kamst als Trost, der längst mir schon entschwand,
Als Friedensengel sah ich dich nun wieder.
Du blickt'st mich an, gar lange, unverwandt,
Und ließest dich auf deine Knie nieder.

Dein treues Auge hat mir nicht gelacht,
Verzweiflung sah ich nur in deinen Blicken,
Und wehmutsvoll hast du der Zeit gedacht,
Die nun auf immer sollte uns entrücken.

Du reichtest mir die Hand zum letzten Gruß,
Mit bangem Herzen wollt'st du von mir gehen...
Und schmerzlich heiß gabst du den Abschiedskuß:
Da wacht' ich auf; - ich werd dich nie mehr sehen!

Nachträglich wurde mir noch ein Gedicht zur Verfügung gestellt, welches Hugo Schenk in Nr. 4 der „Mährischen Illustrierten Zeitung" im Jahre 1875 veröffentlicht hatte:

Wonnige Stunden im Lenze!
Sonniger duftiger Mai!
Tage der blühenden Kränze,
Seid ihr für ewig vorbei?

Waren nur Träume die Tage,
Da ich gekost und gescherzt?
War's nur verklungene Sage,
Daß ich geküßt und geherzt?

Blätterentlaubt hernieder
Schauen die Zweige im Wald
Und die jubelnden Lieder
Sind schon lange verhallt.

> Und das jubelnde Schlagen
> Meines Herzens vorbei -
> Willst du denn nimmermehr tagen,
> Sonniger, duftiger Mai? ...
>
> ... Wenn sich die Sonne auch trübe
> Birgt hinter grauem Gewölk,
> Wenn auch im Herzen die Liebe,
> Wenn auch die Waldblümlein welk -
>
> Wenn auch verstummt jetzt die Lieder,
> Die einst so fröhlich verhallt -
> Bald, bald kehrst du ja wieder,
> Frühling, ins Herz, in den Wald!

Der Fall Hugo Schenk gilt wohl als der bedeutendste Fall in der österreichischen Kriminalgeschichte und gab der Legendenbildung um den Haupttäter breiten Raum. Der „Blaubart von Wien - um den von manch einem potentiellen Opfer bittere Tränen vergossen wurden - hatte noch Jahrzehnte nach seinem Tod am Galgen seinen fixen Platz in der Trivialliteratur und im Herzen so manch eines alt gewordenen Dienstmädchens.

Auch bisher unbekannte Umstände der verbrecherischen Laufbahn Schenks wurden erst vor wenigen Jahren bekannt. Eine alte Dame aus Tirol übergab dem Herausgeber dieses Buches im Jahre 1993 ein Konvolut von Briefen und ein kleines Schmuckstück. Die Gegenstände waren von einer verstorbenen Freundin der alten Dame an sie gekommen und stammten aus der Hand Hugo Schenks, der offensichtlich versucht hatte, das damals blutjunge Mädchen zu umgarnen und nach Wien zu locken. Ein gütiges Schicksal hatte das Mädchen vor der Reise nach Wien bewahrt und erst die öffentliche Berichterstattung über den verurteilten Mädchenmörder hatten ihr die Augen geöffnet und offenbar gemacht, in welcher Gefahr sie sich befunden hatte. Trotz diesem Wissen hatte die mit mehr als hundert Jahren verstorbene Dame offensichtlich aber bis zu ihrem Tod einen Hauch wehmütiger Liebe an den glutäugigen und romantischen Poeten und Verehrer, der ersten großen Liebe ihrer Jugend, bewahrt.

Neben den mit den kriminaltechnischen Möglichkeiten des 19. Jahrhunderts nachweisbaren Fakten dürfte Hugo Schenk jedoch auch für den Tod von rund fünfzig jungen Mädchen verantwortlich sein, deren spurloses Verschwinden sich immer mit dem jeweiligen Aufenthaltsort des Mädchenmörders deckte.

㊻

DER FALL EMEDER
1891

Die Bluttat, welche in der Sonntagnacht zum 5. Juli des Jahres 1891 im Fabriksviertel von Gumpendorf verübt wurde, bildet eines der düstersten und zugleich mysteriösesten Kapitel der Wiener Kriminalchronik. Noch heute, wenn wir die Schilderung der Vorgänge in jener Nacht lesen, greifen wir uns verwundert an den Kopf und fragen uns, ob wir nicht versehentlich einen Räuberroman oder eine Geschichte aus dem wilden Westen Amerikas in die Hand bekommen haben ... ?

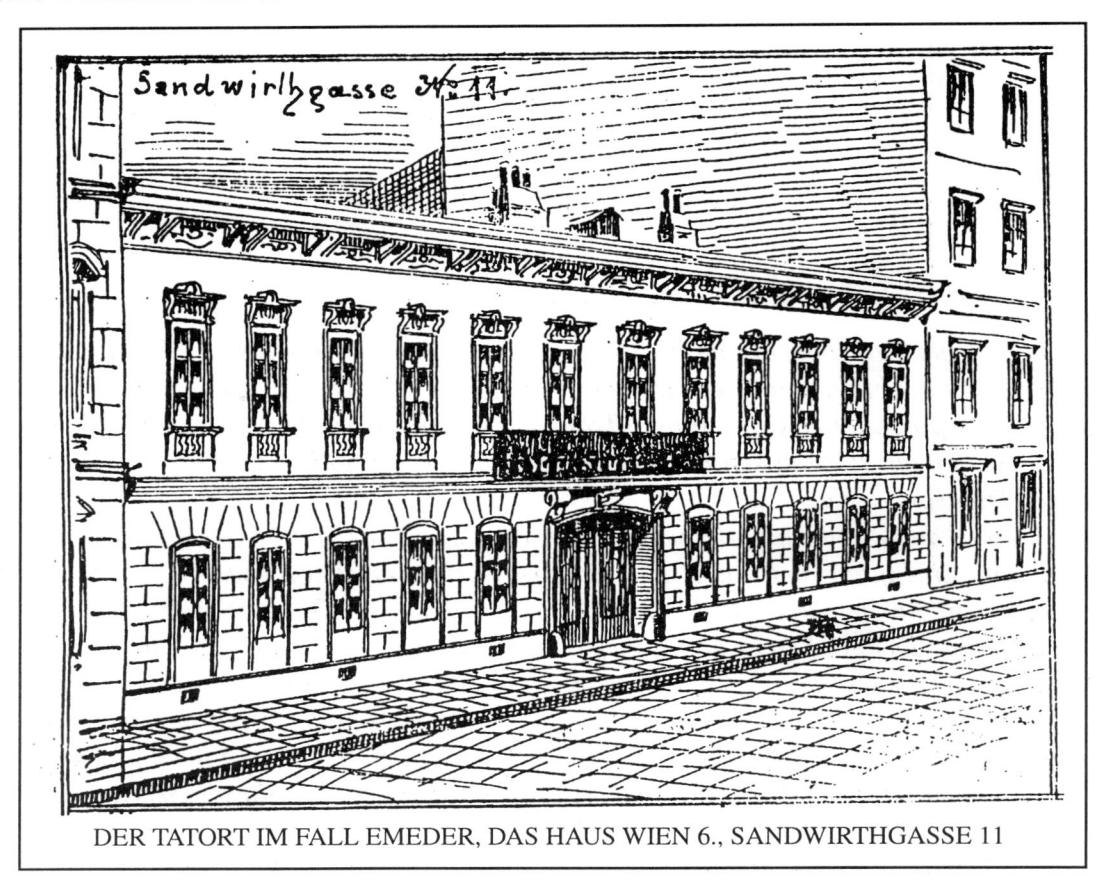

DER TATORT IM FALL EMEDER, DAS HAUS WIEN 6., SANDWIRTHGASSE 11

Der Fall trug sich im Hause 6. Bezirk, Sandwirtgasse 11, Ecke Mollardgasse, einem weitläufigen, der Firma Schuller und Sohn gehörigen Fabriksgebäude zu, in welchem Sonnen- und Regenschirmbestandteile erzeugt wurden. Es bestand aus vier miteinander verbundenen Trakten und wurde von zwei Hausbesorgern bewacht. Die Stelle eines zweiten Hausmeisters nahm seit 18 Jahren Rudolf Emeder ein, dessen Frau eine geborene Schuller und mit den Hauseigentümern nahe verwandt war. Der Mann arbeitete in der Fabrik, während die Frau eine „Auskocherei" und einen Viktualienhandel für die im Hause beschäftigten beiläufig 100 Arbeiter betrieb.

So lebendig es tagsüber in dem Gebäude war, so still wurde es nach Fabriksschluß um 7 Uhr abends. Außer den Familien des Eigentümers und der Hausmeister wohnten nur der Privatkutscher und die Köchin des Herrn Schuller daselbst. Am kritischen Tag hielt sich der Fabrikant mit seinem Sohn übrigens in Mauer bei den Angehörigen auf, so daß also bloß die beiden Hausmeisterfamilien und die Köchin in der Fabrik verblieben waren.

Das Ehepaar Emeder war kinderlos, weshalb es den damals 22-jährigen unehelichen Sohn einer Schwester des Mannes, namens Thomas Emeder, an Kindesstatt angenommen und aufgezogen hatte. Derselbe lebte indessen nicht mehr im gemeinsamen Haushalt mit Onkel und Tante, sondern besaß eine eigene Wohnung in Baumgarten, da er in der Maschinenfabrik Flesch in Breitensee arbeitete.

An Samstagen pflegte schon um halb 7 Uhr Feierabend gemacht zu werden. Die Arbeiter waren auch diesmal nach der Auszahlung früher entlassen worden. Mit zwei derselben, dem 16-jährigen Leopold Hübel und dem 22-jährigen Johann Jahn, hatte Rudolf Emeder für den nächsten Tag eine Landpartie ins „Franz Josef Land", - einem Gebiet hinter der Reichsbrücke, von wo man Kahnpartien

EIN SICHERHEITSWACHMANN TRIFFT NACH DER VERSTÄNDIGUNG DURCH DIE VERÄNGSTIGTEN HAUSBEWOHNER AM TATORT IN DER SANDWIRTHGASSE 11 EIN UND FINDET DIE LEICHEN DES ERMORDETEN EHEPAARES EMEDER.
ZEITGENÖSSISCHE ILLUSTRATION AUS DEM ILLUSTR. WIENER EXTRABLATT VOM 11. JULI 1891

Die ermordete Frau Julie Emeder.

auf die Alte Donau unternehmen konnte - vereinbart. Ihnen sollte sich weiters ein Freund, der Uhrmacher Karl Baumgartner, anschließen. Da der Ausflug schon um 2 Uhr früh angetreten werden sollte, so hatte Rudolf Emeder den genannten drei Personen nahegelegt, bei ihm zu übernachten. Platz genug war vorhanden. Das Schlafzimmer des Hausbesorgers enthielt nämlich drei Betten und einen Diwan. In zwei Betten sollte das Ehepaar, in dem dritten Jahn und Baumgartner schlafen, während sich der 16-jährige Hübel auf den Diwan legen könne.

Um 1 Uhr nachts vernahm nun die Köchin des Fabrikanten Hilferufe, die ihr durch die Hast, mit welcher sie ausgestoßen wurden, durch Mark und Bein gingen. Gleichzeitig hörte sie jemanden an der den Gang abschließenden Gittertüre rütteln. Das Mädchen glaubte nichts anderes, als daß ein Brand ausgebrochen sei und sprang eiligst aus den Federn. Die Schreie wurden indessen immer lauter, das Pochen und Rütteln immer stürmischer. Die Köchin machte notdürftig Toilette und flüchtete sodann gegen die Türe, von welcher ihr der Lärm entgegenscholl. Daselbst erblickte sie zwei männliche Gestalten, die sie der Dunkelheit wegen nicht sogleich erkannte Man rief ihr zu: „Hilfe! Rettung! Mörder sind da! Sie haben den Emeder und seine Frau umgebracht! Aufmachen! Hilfe!"

Nun erkannte sie die Stimmen und wußte, wer die Rufer seien. Es waren Hübel und Baumgartner, denen die Todesangst ins Gesicht geschrieben stand und die an allen Gliedern zitterten. Ohne sich lange in Erzählungen einzulassen, stürmten sie, nachdem sie freie Bahn erlangt, nach der Wohnung des ersten Hausmeisters, Ferdinand Seder, dem sie bloß zuriefen, daß Mörder im Hause seien. Zu Tode erschrocken eilte der Hausmeister zu dem in die Sandwirtgasse führenden Tore, um Lärm zu schlagen. Das Tor zeigte sich auffallenderweise unversperrt, aber nicht erbrochen.

Passanten liefen zusammen und verständigten die Polizei. Baumgartner schrie ihnen zu: „Mich haben sie auch erschießen wollen, die Kugel hat mich aber nur gestreift." Tatsächlich hatte er an der rechten Brustseite eine Schußwunde. Jahn jammerte noch mehr über erhaltene Verletzungen, und nur Hübel erklärte, er sei unverletzt geblieben, da er so schlau gewesen war, sich unter den Diwan zu verkriechen.

Der ermordete Rudolph Emeder.

Was war geschehen? Aus den hervorgestoßenen Sätzen entnahm man in den ersten Minuten bloß mit Sicherheit, daß zwei Männer plötzlich in die Wohnung eingedrungen seien und mit Messern und Revolvern ein Blutbad angerichtet hätten.

Nach kurzer Zeit erschien die Kommission des Polizeikommissariates Mariahilf. Sie bestand aus dem Bezirksleiter Polizeirat Böhm, dem Polizeikommissär Grsak (dem späteren Leiter des Kommissariates Ottakring) und dem Polizeiarzt Dr. Raab. Sie verfügte sich sofort auf den Schauplatz der Tat, dem Schlafzimmer der Eheleute Emeder. Der Anblick, welcher sich den behördlichen Funktionären hier bot, war grauenerregend. Rudolf Emeder lag neben seinem Bett auf dem Fußboden, dessen Dielen fingerdick mit Blut bedeckt waren. Die Schädeldecke des Ärmsten zeigte sich buchstäblich in zwei Teile gespalten. Bei näherer Besichtigung der Leiche entdeckte man überdies am Rücken derselben eine von einem Nahschuß herrührende pulvergeschwärzte Wunde.

Noch viel entsetzlicher waren die Verletzungen der Frau Emeder. Die Täter hatten sie im wahrsten Sinne des Wortes massakriert. Der Hals war ganz durchschnitten, die Brust zerfleischt, der Unterleib geradezu zerfetzt, die Hand- und Fußgelenke mit einem scharfen Instrument durchtrennt. Die bedauernswerte Frau mußte einen verzweifelten Kampf mit ihren Angreifern geführt haben, denn an ihren Fingernägeln hingen ganze Hautfetzen, die sie den letzteren herabgerissen hatte. Neben der Leiche Rudolf Emeders lag ein „Fokos" (ungarischer Hackenstock) mit abgebrochenem Stiele, der jedoch, abgesehen von den in Verwendung gestandenen Schußwaffen, unmöglich das einzige Mordinstrument gewesen sein konnte. Der Polizeiarzt erklärte nämlich, daß die Mörder auch mit scharfen Messern hantiert haben mußten, allein man fand keines derselben. Nur zwei ausgeschossene Revolverkugeln kamen noch zum Vorschein.

Die Mitglieder der Kommission waren über diesen in der Wiener Lokalchronik unerhörten Fall von bestialischer Roheit zutiefst konsterniert. Man stand vor einem Rätsel. Nach den Schilderungen der drei Schlafgenossen, von welchen Jahn so schwere Verletzungen erlitten hatte, das ihn der Polizeiarzt verbinden und vor einem eingehenderen Verhöre schützen mußte, war Rudolf Emeder aus einem Gaudenzdorfer Wirtshause gegen 11 Uhr nachts angeheitert heimgekehrt. Da alle Anwesenden noch wach gewesen seien, habe er mit ihnen eine Weile geplaudert. Man besprach den bevorstehenden Ausflug in allen Einzelheiten, verabredete, im Wirtshaus Magenschein das Mittagmahl einzunehmen und traf eine genaue Einteilung des Tages. Nach 11 Uhr seien dann die Eheleute und ihre Gäste eingeschlafen. Plötzlich fielen Schüsse. Jahn glaubte in seiner Schlaftrunkenheit, daß die Detonationen auf der Straße erschollen seien, sprang aus dem Bette und eilte ans Fenster. In diesem Momente hörte er aber einen neuerlichen Knall und spürte zugleich einen brennenden Schmerz in der Seite. Jemand hatte ihn angeschossen. Unmittelbar darauf wurde er von einem zweiten Manne angefallen, welcher ihn mit einem scharfen Instrumente bearbeitete. Jahn flüchtete in der Richtung gegen das Bett, in dessen Nähe er einen derartigen Hieb auf die Brust erhalten zu haben erklärte, daß er niedersank. Aber auch jetzt schlug sein unbekannter Gegner auf ihn, während sich der erste Verbrecher auf den erwachten Baumgartner stürzte. Dieser hatte beim Aufblitzen der Schüsse zwei fremde, beiläufig 20-jährige Burschen gesehen, von denen einer bleich und mit einem lichtgelben Sakkoanzug und dunklem Hut bekleidet gewesen sei.

Nun hätten sie, Jahn und Baumgartner, wohl geahnt, um was es sich handle, aber aus Angst geschwiegen. Sie hörten dann noch, wie die Mörder wuchtige Hiebe gegen die Frau Emeder führten, welche sich aus allen Kräften zu wehren suchte. Ihr Gatte lag währenddessen daneben und röchelte sterbend. Als der Körper des Weibes endlich entseelt aus dem Bette gefallen war, vernahmen die Schlafgenossen, wie die zwei Fremden durch die Küche in den zur Treppe führenden Vorraum entflohen. Baumgartner eilte zur Zimmertüre, um zu horchen. Er hörte, daß eine Türe, welche die Lackiererwerkstätte von der Trockenkammer trennte, heftig zugeschlagen wurde. Nun war er überzeugt gewesen, daß die Mörder fort seien und hätte seine beiden Freunde angerufen. Hübel sei hierauf unter dem Diwan heil und gesund hervorgekrochen. Die drei seien jetzt auf Rudolf Emeder zugetreten und hätten ihn gefragt: „Ist ihnen was g'schehn? Stehen S' auf!" Sie mußten sich jedoch überzeugen, daß der Hausmeister ebenfalls tot sei und eilten hinaus, um das Haus zu alarmieren. Diese Schilderung wiederholten die Freunde auch vor der mittlerweile erschienenen Kommission des Sicherheitsbureaus, welcher der Polizeirat Stehling, Oberinspektor Jurka des Polizeiagenteninstitutes und dessen Stellvertreter Jerabek sowie der Polizeikommissär Brzesowsky (der spätere Wiener Polizeipräsident) angehörten. Man suchte das große Gebäude in allen Räumen

Kundmachung.

Bei der Thatbestandserhebung über den in der Nacht vom 4. zum 5. d. M. in der Sandwirthgasse Nr. 11 an den Hausbesorgers-Eheleuten Rudolf und Julie Smeder verübten Doppelmord wurde im Bette des ersteren ein kurzstieliges, nach seiner natürlichen Größe hier abgebildetes Beil (Fokos) vorgefunden.

Nachdem es für die Untersuchung von hohem Interesse ist, den früheren Besitzer dieses Instrumentes auszuforschen, werden jene Personen, welche hierüber Aufklärung geben können, ersucht, dies dem Sicherheits-Bureau der k. k. Polizei-Direction oder dem nächsten Polizei-Commissariate mittheilen zu wollen.

Wien, am 11. Juli 1891.

Von der k. k. Polizei-Direction.

und Winkeln ab, ohne weitere Spuren von den Tätern zu finden. Diese hatten offenbar einen Nachschlüssel zum Tor in die Sandwirtgasse besessen, denn dasselbe war, wie bereits oben erwähnt, vom ersten Hausbesorger unversperrt, aber dabei unbeschädigt angetroffen worden.
Es ergab sich allerdings noch eine Kombination für die etwa eingeschlagene Fluchtrichtung, nämlich die, daß die Mörder die Mauer des dritten Hofes überklettert hätten, um in die Mollardgasse zu gelangen. Dies war aber schon deshalb schwer anzunehmen, weil sich im dritten Hofe ein überaus wachsamer und bissiger Hund befand, der die Männer sicherlich angefallen oder wenigstens verbellt hätte. Für die Vermutung, daß die Eindringlinge Nachschlüssel mitgebracht hätten, sprach auch der

Umstand, daß sie sich im Gebäude sehr gut ausgekannt haben mußten, denn jene Türe zwischen Lackiererwerkstätte und Trockenkammer trug ein sogenanntes „Verkehrtes Schloß", und trotzdem war sie anstandslos und leicht geöffnet worden.

Die im Beisein des Staatsanwaltes Dr. Haller und des Untersuchungsrichters Dr. Hauska vorgenommene Hausdurchsuchung ergab, daß dem Ehepaar nichts geraubt worden war. Das Sparkassenbuch sowie die Pretiosen und das Bargeld waren unberührt geblieben. Als Motiv wäre somit nur Rache in Betracht gekommen, wenn man nicht mit der Anwesenheit dreier Schlafgenossen hätte rechnen müssen. Rudolf Emeder hatte sehr sparsam gelebt. Seine einzige Passion waren Singvögel, deren er nicht weniger als zwanzig in der Wohnung hatte. Das Ehepaar legte sich daher manches Sümmchen zurück und es war bekannt, daß die Leute ein kleines Vermögen besaßen. Man konnte sich nun die Sache ganz gut erklären, daß die beiden Verbrecher einen Raubmord an dem Ehepaare geplant, aber ganz wider Erwarten Fremde in der Wohnung angetroffen hatten. Ihr Vorsatz wurde dadurch gekreuzt und sie fanden keine Gelegenheit, die Früchte ihrer Tat einzuheimsen, da sie ihr Heil in der Flucht suchen mußten.

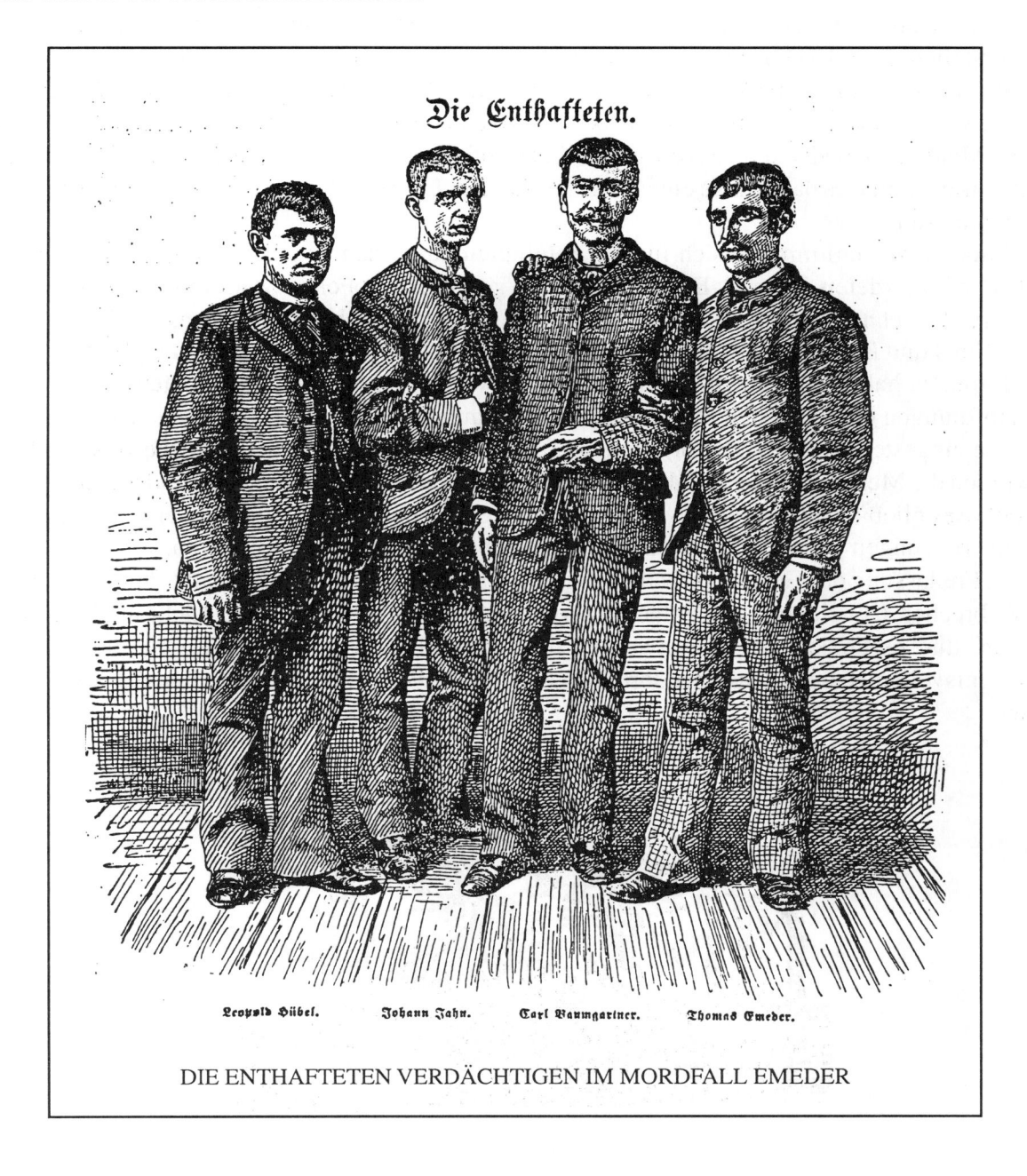

DIE ENTHAFTETEN VERDÄCHTIGEN IM MORDFALL EMEDER

Die Polizei entfaltete ihren ganzen Apparat, um der Täter habhaft zu werden. Die nächsten Tage verliefen trotzdem resultatlos. Man fragte sich erstaunt, wieso es komme, daß sich keine Quartierfrau melde, welche an ihrem Mieter Wunden oder Blutspuren bemerkt oder wahrgenommen hätte, daß er in der kritischen Nacht spät nach Hause gekommen wäre. Darauf erwiderten einige, daß es sich ja um eine Sonntagnacht handle, in welcher viele Personen erst gegen 2 Uhr früh heimzukehren pflegen. Man wies auch darauf hin, daß das Ufer des (damals noch nicht verbaut gewesenen) Wienflusses in der Nähe liege und daß sich die Mörder ganz leicht waschen und umkleiden konnten. Die erlittenen Kratzwunden vermochten sie allerdings nicht so leicht verschwinden zu machen, und auf dieses blieb man auch die Antwort schuldig.

Als sich keine Auskunftspersonen melden wollten, obwohl der Fabrikant eine Prämie von 300 Gulden und die Polizei eine solche von 500 Gulden ausgesetzt hatten, erlangten allmählich jene Stimmen Geltung, welche die drei Schlafgenossen der Täterschaft verdächtigten. Die Vertreter dieses Standpunktes betonten, daß sich vier kräftige Männer doch der zwei Angreifer erwehren hätten können. Wenigstens um Hilfe hätten die drei Schlafgäste gerufen, wenn sie von Fremden angefallen worden wären, sowie Frau Emeder ja eingestandermaßen entsetzlich geschrien habe. Die Vorstellung, daß zwei bewaffnete Männer nächtlicherweise in ein wohlverschlossenes Stadthaus eindringen, um dort zu schießen und zu stehlen, ohne dingfest gemacht zu werden, sei für landläufige Begriffe so ungeheuerlich, daß man unwillkürlich zu einer natürlichen Lösung der Frage hingedrängt werde. Man müsse bedenken, daß die drei Arbeiter mit der Frau allein gewesen seien, als der Mann heimkehrte: könnte es da nicht zu einem Streite, zu einer Eifersuchtszene mit folgenden Gewalttaten gekommen sein?

Die Situation verschlimmerte sich für die Beteiligten durch den Umstand, daß der Ziehsohn und Neffe der Ermordeten, Thomas Emeder, über den gefundenen „Fokos" Auskünfte erteilte, die sich bald als erdichtet herausstellten. Am 10. Juli erfolgte dann plötzlich die Verhaftung des Baumgartner, Jahn, Hübel und Emeder. Ganz Wien wurde aufs neue in Aufregung versetzt. Man glaubte, endlich die Mörder zu haben, obwohl alle vier nicht müde wurden, ihre Unschuld zu beteuern.

Die Hoffnungen erfüllten sich aber nicht. Nach geraumer Zeit mußte die Untersuchung mangels Beweise eingestellt werden. Es sprachen doch zu viele Entlastungsgründe für die Beschuldigten. So wurden die Messer, welche als Mordinstrumente gedient hatten, nirgends gefunden; die Herkunft des Fokoses blieb ungeklärt, und es war auch nicht einzusehen, wie Baumgartner und Jahn zu den Schußverletzungen gekommen waren, wenn sie selbst die Täter gewesen wären.

Mit der Freilassung der Genannten schwand freilich auch der letzte Anhaltspunkt für die Ermittlung der Verbrecher. Es gelang in der Folge weder der Behörde, noch der Presse, Licht in die Affäre zu bringen, und es deckt ewiges Schweigen die schrecklichen Vorgänge, welche sich in jener verhängnisvollen Nacht in Gumpendorf abspielten und zwei blühende Menschenleben zum Opfer hatten.

(57)

FRANZ UND ROSALIA SCHNEIDER
1891

Im Jänner des Jahres 1891 mietete ein Dienstmädchen namens Marie Hottwanger bei den Eheleuten Steiner in der Mariahilferstraße 43 ein Kabinett und zeigte sich als eine sehr anständige, sparsame Person. Sie lebte still für sich und suchte in den Vormittagsstunden nach einem passenden Posten. Einmal glaubte sie schon, einen solchen gefunden zu haben, überzeugte sich aber vom Gegenteil und trat nach 14 Tagen aus, um wieder in ihr altes Logis zurückzukehren. Marie Hottwanger hatte stets in großen Häusern gedient und wollte wieder in ein besseres Haus eintreten, wobei sie allerdings ihre Ersparnisse allmählich opfern mußte. Als sie selber keinen Dienstplatz ausfindig machen konnte, ließ sie sich am 2. Juli im Dienstvermittlungsbureau Meixner auf dem Franziskanerplatze vormerken. Während sie noch im Geschäft weilte, erschien eine kleine, magere Frauensperson, knüpfte mit verschiedenen Mädchen die Konversation an und erklärte, daß sie die Hausbesorgerin der „Villa Hauser" in Rekawinkel sei. Ihre Herrschaft habe sie beauftragt, ein sympathisches Dienstmädchen für sofort zu besorgen, da hätte jenes Mädchen, welches den Posten bekäme, geradezu einen Haupttreffer gemacht. Sie schilderte ausführlich die Vorteile des Platzes und fragte schließlich die Hottwanger, ob sie nicht Lust hätte, gleich mit ihr nach Rekawinkel zu fahren. Marie Hottwanger antwortete, sie suche schon so lange nach einem guten Posten, daß sie sehr froh wäre, wenn es diesmal klappen würde, aber ihre Effekten wolle sie lieber vorsichtshalber in Wien lassen - vielleicht gefalle ihr das Haus doch nicht. Die Hausmeisterin war zufrieden und erklärte sich mit Freude bereit, die Magd in deren Wohnung zu begleiten, von wo sich die Engagierte einiges Zehrgeld zu holen beabsichtigte. Um diese Zeit saß in einem dem Vermittlungsbureau gegenüberliegenden Gasthause der Geliebte der Hottwanger, namens Karl Hornung. Er sah die beiden Frauen vorübergehen, trat aber nicht auf die Straße, weil er sich dachte, es handle sich um einen Dienstposten, und dem Mädchen wäre es unangenehm, wenn man gleich beim Einstehen wüßte, daß es einen Geliebten habe. Nach einiger Zeit bemerkte Hornung die zwei Frauen wieder auf der Straße; die ihm Fremde trat in das Gasthaus, ging an den Tisch eines allein sitzenden Mannes und sagte zu demselben: „Sie kommt schon!" Hierauf kehrte sie auf die Straße zurück, um sich

Wien, Franziskanerplatz.

mit seiner Geliebten zu entfernen. Der Mann, zu welchem die Fremde ins Gasthaus gekommen war, stand bald auf und folgte den Frauen, welche sich in der Richtung gegen die Westbahn entfernten. Seit diesem Tage hörte der Goldarbeitergehilfe Karl Hornung nichts mehr von der Hottwanger und zerbrach sich darüber den Kopf, womit er wohl das Mädchen beleidigt haben könnte.

Zwei Tage, nachdem die Aftermieterin das Steinersche Haus verlassen hatte, kam die Gärtnerin und Hausbesorgerin der „Villa Hauser" zur Frau Steiner und erzählte, die Hottwanger sei mit dem Platz sehr zufrieden und lasse sich entschuldigen, daß sie in der Eile den Zimmerschlüssel mitgenommen habe. Dabei übergab die Frau den Schlüssel. Ferner richtete sie von dem Mädchen aus, daß es um seinen Koffer bitte. Während die Hausbesorgerin von Rekawinkel dies sagte, erschien der Briefträger und brachte ein den Poststempel „Rekawinkel" tragendes Schreiben der Hottwanger, in welchen

Im Dienstbotenbureau.

diese auch schriftlich vom guten Platz schwärmte und bat, ihren Koffer der Hausbesorgerin zu übergeben. Frau Steiner freute sich aufrichtig, daß die Marie Glück gehabt hatte und folgte der Vertrauensperson den Koffer anstandslos aus. Der früher erwähnte, der Frau Steiner natürlich unbekannte Mann wartete auf der Straße und nahm einen Dienstmann auf, als ihm die Frau mitteilte, daß die Effekten der Hottwanger ausgehändigt worden seien. Das Paar ließ den Koffer in das „Hotel

Hozwarth" in Fünfhaus bringen und beim Hausknecht deponieren. Am 6. oder 7. Juli erschien der Mann bei dem genannten Hausknecht, erklärte, daß er den Koffer für ein Mädchen abholen müsse und ließ sich denselben auf die Straße tragen, wo er einen Stellwagen erwarten wolle. Der Hausknecht kümmerte sich nicht weiter um den Fremden und begab sich in das Hotel zurück.

Ende Juli ging durch die Blätter eine Notiz, die folgenden Inhalt hatte: „Leichenfund: Frauensperson, über 18, jedoch unter 30 Jahre alt, 150-160 cm groß, gut genährt, mit dunkelblonden langen Haaren, Gesichtszüge infolge hochgradiger Verwesung nicht mehr zu erkennen, wurde am 23. d. M. im Dreiföhrenwalde in einem Dickicht, mit einem schmutzigen, 1/2 cm breiten Bande um den verwesten Hals versehen, als Leiche aufgefunden. Sie dürfte mindestens 14 Tage daselbst gelegen sein, war mit rot- und weißgestreiftem Unterrock, weißem Hemde mit grauem Mieder, weißen Strümpfen, roten Gummistrumpfbändern und schwarzem Strohhut mit Rosenbukett und schwarzen Bändern geputzt, bekleidet. Oberkleider, Schuhe usw. fehlten. An der Leiche waren Spuren einer Gewalttat nicht ersichtlich. Der Strohhut befindet sich beim hiesigen Gerichte deponiert. Gendarmeriepostenkommando Neulengbach, 26. Juli 1891."

Diese Verlautbarung las nun auch Karl Hornung und vermutete nach der Personsbeschreibung, daß die Leiche die seiner Geliebten sei. Obwohl die Notiz besagte, daß Spuren eines Verbrechens nicht vorhanden seien, glaubte er, seine Marie sei umgebracht worden. Darin bestärkte ihn die Erinnerung an das geheimnisvolle Paar, in dessen Gesellschaft sie damals zur Mariahilfer Linie gegangen, sowie der Umstand, daß ein an die Geliebte geschriebener Brief wieder an ihn mit dem Postvermerke zurückgekommen war, in Rekawinkel gebe es keine „Villa Hauser".

Mit diesem Verdacht im Herzen fand sich Karl Hornung nun beim Polizeikommissariate Sechshaus ein, wo ein sehr tüchtiger Beamter, der Oberkommissär Sabtzka, Dienst versah. Dieser nahm den „Polizeianzeiger" zur Hand und las dem Besucher nach einer kleinen Pause folgende Beschreibung vor, die seinen Gedankengang zum Ausdruck brachte. Die Kurrende lautete:

„Mann, der sich für einen Gärtner ausgab, bei 30 Jahre alt, vielleicht auch älter, mittelgroß,

FRANZ SCHNEIDER

ROSALIA SCNEIDER

kräftig gebaut, mit rotem Schnurrbart, rötlichblonden Haaren, graublauen Augen, rotbrauner Gesichtsfarbe, gerader, ziemlich großer Nase, niederösterreichischen Bauerndialekt sprechend, bekleidet mit leichtbraunem gerippten Sakko, solcher Hose, schwarzem Gilet, blauer Leinwandschürze, ungestärktem, weißem groben Hemde mit schwarzen Beinknöpfen und Röhrenstiefeln, hat am 1. d. M. die Dienstmagd Anna Djuris, III., Erdbergerlände Nr. 2 wohnhaft, unter dem Vorwande, ihr eine Stelle als Stubenmädchen bei einer Baronin in Neulengbach zu verschaffen, von hier nach Neulengbach gelockt, sie in einem Gasthause in der Umgebung von Neulengbach genotzüchtigt und ihr die Ersparnisse von 30 fl. zu erpressen versucht. Polizeikommissariat Landstraße. 8. Juni 1891."

Die Übereinstimmung des Tatortes und der Art der gebrauchten Vorwände, die Ähnlichkeit der Personsbeschreibung des Mannes, der sich für einen Gärtner ausgab, mit dem Begleiter jener Frau, die eine Gärtnerin zu sein behauptete, brachten den gewiegten Kriminalbeamten zu der Vermutung, daß es sich in beiden Fällen um denselben Täter handle, und daß die Polizei vor einer großen Sache stehe. Zunächst entsandte der Oberkommissär den Anzeiger zum Bezirksgericht Neulengbach, damit er die Effekten der Aufgefundenen zwecks Agnoszierung besichtige. Er selbst war bestrebt, die

AUFFINDUNG DER LEICHE DER MARIE HOTTWANGER IM DREIFÖHRENWALD

Anna Djuris ausfindig zu machen, was ihm auch rasch gelang. Die Angaben des Mädchens waren äußerst nützlich. Es ging aus ihnen hervor, daß der Gesuchte nur deshalb mit der Magd in jenem Gasthof abgestiegen war, weil sie sich entschieden geweigert hatte, allein mit dem Fremden durch den Wald zu gehen. Der Wirt habe allerdings ihre Bedenken mit den Worten zu zerstreuen gesucht: „Mit dem können sie schon gehen, den kenn ich ja." An dieses Wort hielt sich der Oberkommissär. Er schickte sogleich Detektive nach Neulengbach, wo Hornung währenddessen den deponierten Strohhut mit vollster Bestimmtheit als den seiner Geliebten erkannt hatte.

Im Hause Nr. 25 der Rudolfsgasse *(vermutlich Rudolfsheimer Hauptstraße, heute Sechshauserstraße)* in Rudolfsheim wohnte seit 14 Tagen ein anscheinend dem Arbeiterstande angehöriges Ehepaar. Die beiden besaßen ein Kabinett zu ebener Erde, in welches sie als Meublement einen Kasten, ein Bett, einen Tisch und einige Sessel mitgebracht hatten, lebten vollständig zurückgezogen und machten deshalb einen ganz guten Eindruck. Es verursachte daher ein riesiges Aufsehen im Hause, als am 10. August in der Frühe eine von einem Oberkommissär geführte polizeiliche Kommission erschien, welche das Paar verhaftete und rasch zur nächsten Wachstube brachte. In dem Kabinette des Ehepaares wurde eine genaue Hausdurchsuchung vorgenommen, wobei drei Koffer mit mehreren Dienstbotenbüchern der Saisierung anheimfielen.

Aus der Verhandlung gegen das Ehepaar Schneider. „Der Urtheilsspruch."

Diese Amtshandlung war das Signal zu einer beispiellosen Aufregung. Gerüchte durchschwirrten die Stadt, daß ein neuer Hugo Schenk aufgetaucht sei und jeder, der ein Mädchen vermißte, glaubte es bereits durch Mörderhand verloren.

Die Verhafteten waren der vorbestrafte Franz Schneider, 35 Jahre alt, zu Murstetten geboren, nach Byrba zuständig, katholisch, verheiratet, ohne bestimmte Beschäftigung und die Rosalia Schneider, geborene Capellari, Gattin des ersteren, 41 Jahre alt, zu Villach geboren, katholisch, Köchin, zuletzt mit dem Manne in Rudolfsheim wohnhaft, wegen Falschmeldung bereits vorbestraft. Die Untaten, welche man ihnen in der Folge nachwies, müssen wir der Kürze halber schon übersichtlich geordnet erzählen, nur das eine sei noch erwähnt, daß beide anfangs starr und frech leugneten, daß sich Rosalia Schneider aber der irdischen Gerechtigkeit dadurch entziehen wollte, daß sie einen Selbstmordversuch beging. Sie stürzte sich nämlich im alten Polizeigefangenenhaus in der Theobaldgasse aus einem Abortfenster. Zum Glück fiel sie auf ein Zwischendach und verletzte sich bloß leicht.

Wir geben nun zunächst einen Auszug aus der Anklage wieder, welche die am 25. Jänner 1892 beginnende Schwurgerichtsverhandlung einleitete. Die „Begründung der Anklageschrift" lautete folgendermaßen:

„Am 23. Juli 1891 machte die Taglöhnerin Maria Stoiber im Dreiföhrenwalde zu Neulengbach einen unheimlichen Fund. Es lag im dichten Gestrüpp ein halbverwester, bis auf die Wäsche entkleideter weiblicher Leichnam. Ein Strohhut, mit roten Rosen geputzt, lag zwischen den Schultern. Das Fehlen der Kleider und der Mangel irgendeines auf Selbstmord hindeutenden Anzeichens rechtfertigte den Schluß, daß die Leiche von fremder Hand in diese Lage gebracht worden sei . . ."

Der Staatsanwalt erläutert hierauf, wie die Polizei durch die Vergleichung der Anzeige des Karl Hornung und der der Anna Djuris veranlaßt worden sei, Detektivs zu dem Wirte nach Neulengbach zu schicken. Er sagt: „Die Personsbeschreibung des Hornung und der Djuris stimmten überein. Nun erinnerte sich ein Stammgast des Wirtes Komarek in Neulengbach, in dessen Gasthaus das Attentat auf die Djuris verübt worden war, daß ihr ehemaliger Begleiter dem Knechte des Wirtschaftsbesitzers Schmatz sehr ähnlich sehe und daß dieser Knecht einen sehr ähnlichen, übelbeleumundeten Bruder namens Schneider habe. Es wurde nach diesem gefahndet und bald konstatiert, daß Franz Schneider und dessen Gattin zuletzt in Wien bei einem gewissen Ignaz Werk in der Rustengasse *(15. Gemeindebezirk)* gewohnt, am 13. Juni sich nach Baden abgemeldet hatten und dort unbekannt seien. Ignaz Werk erzählte darüber aber, daß sie ihn vor ganz kurzer Zeit besucht und sich damals auch Möbel bei einem Trödler Ignaz Fürst gekauft hätten. Der Hausknecht dieses Trödlers gab an, daß er diese Möbel nach Rudolfsheim, Rudolfsgasse Nr. 28 geführt habe, und dort wurden richtig Franz und Rosalia Schneider unter dem falschen Namen Ferdinand Riedler eruiert, in ihren Koffern Nachschau gehalten und sofort der ermordeten Marie Hottwanger gehörige Sachen darin gefunden." Nach Erwähnung des Selbstmordversuches der Rosalia Schneider fährt der öffentliche Ankläger fort: „Die nunmehr eingeleitete Voruntersuchung ergab, daß man es bei Franz Schneider mit einem Menschen zu tun habe, der es von Jugend an auf fremdes Eigentum abgesehen hatte, nach und nach immer tiefer sank, bis er endlich vor Gewalttätigkeiten und sogar vor Mord nicht zurückschreckte und daß er den Mord geradezu geschäftsmäßig betrieb, und ihn sicher noch wiederholt haben würde, wenn nicht der Zufall zur Entdeckung seines schändlichen Treibens geführt hätte. Es wurde festgestellt, daß ihm drei meuchlerische Raubmorde und zwei Notzuchtsfälle zur Last zu legen sind. Es wurde ferner klargestellt, daß er seine Frau dazu gebracht hat, ihm bei seinen verbrecherischen Unternehmungen behilflich zu sein und daß sie bei zwei Morden beteiligt gewesen, aus dem dritten aber zum mindesten Nutzen gezogen habe. Es möge zunächst also das Vorleben des Franz Schneider betrachtet werden. Derselbe ist als der Sohn eines Schuhmachers in Murstetten im Bezirke Atzenbrugg geboren. Er besuchte die Schule nur kurz und äußerst mangelhaft, so daß er kaum seinen Namen zu schreiben imstande ist. Schon im Elternhause wurde ihm Unehrlichkeit geläufig, und finden wir, daß er, kaum vierzehnjährig, mit seinen Eltern wegen Diebstahlsteilnehmung bestraft wurde. Er lernte keinerlei Handwerk, nur etwas von der Fleischhauerei, und trieb sich als Knecht, insbesondere in der Gegend von Neulengbach, herum. Er tat nirgends lange gut, sondern zeigte einen Hang, auf fremde Kosten zu leben. Selbst als er im Jahre 1882 die Köchin Rosalia Capellari in Wien heiratete, scheint er es, um nicht arbeiten zu müssen, sondern um ihr Erbteil von 700 fl. zu vergeuden, getan zu haben. Als dieses verzehrt war, suchte er aus einem früheren Verhältnisse seiner Frau Kapital zu schlagen, indem er von Egidius Maxl, dem Vater ihres unehelichen Kindes, möglichst viel zu erpressen suchte und ein für dieses Kind bestimmtes Vermächtnis verbrauchte. Dann mußte ihm wieder die Pflegnahme einer blödsinnigen Verwandten seiner Frau Substenzmittel bieten. Es ist charakteristisch, daß er sich zwar sehr eifersüchtig stellte, dabei aber doch seiner Frau nahelegte, es wäre ihm nichts daran gelegen, wenn sie mit einem anderen ein Liebesverhältnis unterhielte, falls derselbe nur viel Geld hätte.

Der Staatsanwalt führte aus, daß man es bei solchen Charaktereigenschaften nicht wundernehmen könne, wenn Franz Schneider alsbald in Wien und St. Pölten wegen Diebstahls und Betruges wiederholt bestraft wurde.

Nach der Rückkehr aus Garsten

Franz Schneider hatte am 28. April 1891 seine letzte achtzehnmonatige Kerkerstrafe in Garsten verbüßt, kam mit Schub nach St. Pölten und sollte dort unter Polizeiaufsicht gestellt werden, entwich aber nach Wien und zog mit seiner Frau, die seinetwegen ein Liebesverhältnis aufgeben und den betreffenden Dienstplatz verlassen mußte, zu Herrn Ignaz Werk in die Rustengasse. „Das Ehepaar lebte nun eine Zeitlang von den Ersparnissen der Frau und dem aus der Strafanstalt mitgebrachten Überverdienste. Als das Geld verausgabt war, trat die Frau wider seinen Willen am 25. Mai 1891 bei der Baronin Falke als Köchin ein. Er aber ging sofort ans Werk, sich seinen Unterhalt auf

FRANZ SCHNEIDER AUF DER ANKLAGEBANK

verbrecherische Art zu erwerben. Er begegnete um 9 Uhr früh am Rennweg der Dienstmagd Johanna Stoiber und fragte sie, ob sie einen Dienst suche. Er wisse einen guten Platz bei einer Baronin in Purkersdorf mit 16 fl. Monatslohn und er wußte ihr den Platz so lockend zu schildern, daß sie darauf einging, sofort mit ihm zu fahren und ihren Koffer mitzunehmen. Er führte sie nach Neulengbach, stellte den Koffer in ein Gasthaus ein, führte das Mädchen bis gegen Abend in der Gegend umher und zuletzt in den etwa eine Stunde von Neulengbach entfernten einsamen Haspelwald. Sie kamen zu einer Kapelle, wo er sie beten ließ, führte sie dann tiefer in den Wald und zweigte vom Wege ab, indem er sagte, er kürze diesen nur gegen die Villa der Baronin, die ganz in der Nähe sei, ab. Plötzlich packte er sie am Hals, drückte sie an einen Baum und würgte sie ... Da sie sich aber wehrte, ließ er von ihr ab. Sie weinte und bat ihn, er solle sie aus dem Walde herausführen. Er versprach es ihr, führte sie eine halbe Stunde, beim rechten Arme sie festhaltend, weiter und erkundigte sich dabei, ob sie Geld bei sich habe, was sie verneinte, beteuernd, sie sei ein ganz armes Mädchen. Plötzlich wendete er sich gegen sie, packte sie bei den Armen und warf sie so schnell zu Boden, daß sie nicht wußte, wie sie zu Falle kam. Hierauf sagte er, sie solle sich nicht fürchten, es sei ihr nichts geschehen. Er führte sie nun wieder im Walde herum, und da sie ihn flehentlich bat, sie herauszuführen, sagte er, es sei zu spät, sie müssen im Walde übernachten. Er schüttete Reisig auf, drückte sie zu Boden und legte sich nebenhin. Nach einer Weile stürzte er wieder auf sie, sie aber wehrte ihn nun mit Erfolg ab, wachte dann neben ihm und betete, bis es Tag wurde. Da weigerte sie sich, ihm weiter zu folgen, und bewog ihn, sie aus dem Walde zu führen, aus dem sie um 4 Uhr morgens bei Anzing herauskamen. Er fragte sie noch wiederholt, ob sie Geld bei sich, oder ob sie solches in ihrem Koffer habe, was sie der Wahrheit gemäß verneinte. Auch wollte er ihren Koffer versetzen, wogegen sie Einsprache erhob. Er ließ sie daher stehen, und das Mädchen war froh, in Eichgraben bei Neulengbach einen Dienst zu finden ... Schneider fuhr dann nach Wien und suchte noch am nächsten und an den folgenden Tagen nach einem anderen Mäd- chen... Er wurde auch bestimmt am 27. und 28. Mai mit einem Mädchen in Neulengbach gesehen,
ohne daß hierüber Näheres eruiert werden konnte ... Am 1. Juni ereignete sich das bereits anfangs erwähnte Faktum Anna Djuris.
Am 12. Juni gibt Sehneider seinen Unterstand bei Werk auf und meldet sich nach Baden ab. Nun brachte er die Nächte meist bei seiner Frau zu, die ihn ohne Wissen der Dienstgeberin bei Tag unter dem Bett versteckte. Zugleich setzt er seine Versuche, Mädchen anzuwerben, fort, und hier greift schon seine Frau ein, die sich alle Mühe gibt, eine gewisse Horalek, mit der sie früher zusammen diente, „irgendwo gut unterzubringen".
„In der Zeit vom 18. bis 21. Juni gelang es ihm endlich, die Rosalia Kleinrath, welcher ein schlimmeres Los als den Vorigen beschieden war, auf der Straße anzuwerben. Das Mädchen war erst 18 Jahre alt, kaum nach Wien gekommen, ganz unerfahren und daher ganz glücklich, als Franz Schneider sie anredete und ihr einen glänzenden Dienst bei einer Gräfin in Klosterneuburg anbot. Er stellte ihr den Eintritt als sehr dringend hin und bewog sie, ihren Koffer gleich mitzunehmen. Sie kam zu ihrem bisherigen Dienstherrn Alfred Delker, packte ihre Sachen zusammen, wobei ihr Schneider half, ging mit ihm fort und war seither verschollen. Aus den Geständnissen der Rosalia Schneider geht hervor, daß Franz Schneider die Kleinrath nächst Christophen bei Neulengbach in den Wald führte, sie dort erwürgte, den Leichnam nackt auszog und in einem Graben unter Reisig verbarg. Es wurde auch der Leichnam am 19. November 1891 im Altmühlgraben nächst Christophen aufgefunden und an dem dunkelblonden Haare, der vorspringenden Nase und der eigentümlichen Anordnung und Gestalt der Zähne als jener der Rosilia Kleinrath erkannt. Schneider bemächtigte sich nicht nur der Kleider, Wäsche und alles dessen, was sie bei sich trug, darunter auch eines Barbetrages von zirka 20 fl., sondern auch ihres Koffers samt Inhalt im Werte von zirka 50 fl., und brachte die Beute in den Dienstort seiner Frau, später in die Rudolfsgasse."
Nun wird Rosalia Schneider eifrige Mordgenossin ihres Mannes. Sie verläßt am 30. Juli ihren

Posten bei Falke und bezieht mit ihrem Gatten unter dem falschen Namen „Reisinger" (so hieß ein Opfer des ersteren, wie wir hörten) bei Kouba in der Kolonitzgasse ein gemeinsames Quartier. Für Franz Schneider hatten die Unternehmungen gewisse Schwierigkeiten. „Die Mädchen waren gegen einen fremden Mann mißtrauischer, er hatte große Mühe, sie zu überreden; ihm folgten sie nicht gerne in den Wald, auch hatte er bemerkt, daß er den Dienstvermittlern verdächtig war und sie die Mädchen abgeredet hatten. mit ihm zu gehen. Eine Frau erregte weniger Verdacht und ihre Begleitung mußte beruhigend auf die Mädchen wirken. Wir finden die Rosalia Schneider auch sofort eifrig nach Mädchen suchen." Einige Stellensuchende wollten ihr gern folgen, aber die Frau hielt sie für arm und wies sie zu ihrem Glück aus vorgeblichen anderen Gründen zurück. Am Franziskanerplatz engagierte sie die Marie Hottwanger. Wir wissen bereits, was sich bis zu dem Zeitpunkt abspielte, wo der Geliebte des Mädchens dieses zuletzt sah. Die drei Personen fuhren wirklich hinaus. „Um 4 Uhr kamen die beiden Frauen mit Franz Schneider bei der Kapelle im Dreiföhrenwalde bei Neulengbach an. Der Buschenschänker Josef Danner und mehrere andere zufällig anwesende Personen sprachen mit ihm, während die Frauen zur Kapelle gingen. Schneider trank schnell mehrere Viertel Wein. Nach einer Weile kehrte Frau Schneider mit der Hottwanger zurück und mahnte ihren Mann ungehalten zum Aufbruch. „Trink' net so viel, du Tepp" rief sie ihm zu, „..waßt net, was d' vor dir hast?" „Na, na, na," antwortete der Gatte, welcher unmittelbar vor der Mordtat stand, gemütlich, —„a paar Viertel wird man doch no' trinken därfen!" Dann verschwanden die drei in den Wald. Nach dem Geständnisse der Rosalia Schneider sei ihr Mann nach einer Weile mit der Hottwanger vorausgegangen, dann allein zurückgekehrt und habe erzählt, daß er die Hottwanger erwürgt, ihr die Kleider ausgezogen und diese sowie die Schachtel mit ihren Effekten an sich genommen und den Leichnam im Gestrüpp versteckt habe." Die Frau schrieb sodann, ohne zu zittern, den fingierten Brief an die Quartiergeberin und gab ihn in Rekawinkel auf. „Sie machten

FRANZ SCHNEIDER WIRD ZUR HINRICHTUNG IN DEN GALGENHOF DES LANDESGERICHTES GEBRACHT

sich dann auf den Rückweg. Hier warfen sie die Schachtel weg, die dann bei Eichgraben gefunden worden ist. Sie fuhren nach Wien und bereits am nächsten Tage begann der Verkauf der Gegenstände, welche die Hottwanger am Leibe getragen hatte."

„Bereits nach sechs Tagen warb Rosalia Schneider das dritte Opfer, die eben aus Hermannstadt eingetroffene Frieda Zuffer, angeblich als Stubenmädchen für die Villa Ecker in Neulengbach an. Der Quartierfrau Grabherr der Zuffer fiel es auf, daß die Schneider sich erkundigte, ob die Zuffer Geld habe, und daß die Zuffer erzählte, sie müsse durch einen langen Wald gehen. Die Zuffer ließ sich aber nicht warnen. Sie nahm das Nötigste, auch ihr Geld und ihre Wertpapiere in eine Tasche und ging fort. Der Gastwirt Öllerer in Unter-Wolfsbach und mehrere Gäste desselben, die den Sehneider von früher kennen, bestätigen, daß er mit den beiden Frauen gegen 5 Uhr nachmittags in sein Gasthaus kam. Schneider war sehr lustig und machte Späße. Er wartete das eben niedergehende Gewitter ab und ging dann gegen den Haspelwald.

Seine Frau gibt an, er hätte sie eine Weile in der Irre herumgeführt, sei dann, als ob er den Weg verloren hätte und ihn suchen müsse, umgekehrt, wobei er sie ersucht hätte, auf ihn zu warten, und sei nach einer Weile ohne die Zuffer, jedoch mit einem Teil ihrer Habseligkeiten zurückgekommen und hätte ihr erzählt, er hätte der Zuffer den Fuß untergesetzt, sie so zur Erde geworfen, habe sich dann auf sie gestürzt und sie so schnell erwürgt, daß sie nur wenig geschrien habe. Er habe sie dann ganz nackt ausgezogen, damit man sie im Auffindungsfalle nicht so leicht an den Kleidern agnoszieren könne, und die Leiche ins Gestrüpp geschleppt. An der Stelle, welche die Rosalia Schneider bestimmt bezeichnete, ist auch die entkleidete Leiche der Frieda Zuffer am 15. November 1891 gefunden worden. Sie war an den Haaren und an dem falschen Gebiß im Oberkiefer deutlich erkennbar. Keine zehn Schritte davon, auf der anderen Seite des Weges lagen ihre Oberkleider, ihr Hut und ihre zerrissenen Dokumente und Schriften ... Das Ehepaar Schneider brachte die Nacht im Walde zu und ging morgens über Langenberg, Berging, Raipoltenbach nach Neulengbach, von wo sie ein Telegramm mit der Unterschrift Zuffer an deren Quartiergeberin aufgaben, das die Bitte enthielt, ihre Effekten der abgesendeten Hausbesorgerin zu übergeben.

Als diese Hausbesorgerin erschien die Schneider, übernahm einen Koffer und einen Reisekorb der Zuffer, und brachte das Gepäck zuerst in ein Penzinger Gasthaus, dann in das „Zur Sonne" in Rudolfsheim. Erst nach einigen Tagen schafften sie die Sachen in ihr Quartier und erzählten dem Kouba, daß sie aus der Verlassenschaft der Mutter der Frau herrühren. Dann wurden sie nach und nach verkauft, es sind die zustande gebrachten Dinge mit Bestimmtheit als Eigentum der Zuffer erkannt worden. Nachdem alles zu Geld gemacht worden war, nahmen sich die Eheleute Schneider ein Kabinett in Rudolfsheim, Rudolfsgasse, wo sie unter dem Namen Ferdinand und Rosalia Riedler einzogen, kauften Möbel und begannen sich einzurichten. Es ist kein Zweifel, daß sie ihre verbrecherische Tätigkeit fortsetzen wollten, denn Ende Juli, anfangs August begann Rosalia Schneider, wie aus den Depositionen der Köchin Watza und des Dienstvermittlers Eder hervorgeht, neuerlich nach Dienstboten zu suchen, und es wurde ein neuer Mord nur durch das behördliche Ein-schreiten verhindert..."

DAS TOR DER EHEMALIGEN „WEIBER-STRAFANSTALT" WIENER NEUDORF IN HEUTIGEM ZUSTAND

Die Verhandlung trug das Gepräge eines Sensationsprozesses. Den Vorsitz führte der durch seine Umsicht aber auch eiserne Strenge bekannte, später durch Selbstmord aus dem Leben geschiedene

Landesgerichts Vizepräsident Dr. R. v. Holzinger. Als Votanten fungierten die Räte Stöger und Neubauer. Die Anklage vertrat der Chef der Staatsanwaltschaft, OLGR v. Soos. Franz Schneider wurde von Dr. Bernhard Fried, Rosalia Schneider von Dr. Gustav Fried verteidigt. Beide Angeklagte machten einen abstoßenden Eindruck. Sie, ein kleines, schwächliches, spindeldürres Frauenzimmer mit spitzer Nase und listigen, kleinen Äuglein. Er ein ordinärer Mensch, bei dem alles ins Rötliche spielt, so daß man unwillkürlich an einen Darsteller des Teufels erinnert wird. Das dunkelblonde, an der Seite gescheitelte Haar hat einen rötlichen Stich, der dichte, die Lippen verdeckende Schnurrbart ist grellrot, seine Krawatte erscheint dunkelrot, und selbst sein Gewand schillert in dieser Farbe. Er hat lange, affenartige Hände, deren Fingerspitzen fast die Knie berühren, und während der Verlesung der Anklage mustert er bald zynisch lächelnd, bald mit unheimlichen Blicken das Publikum, wobei seine geschlitzten Augen die diesem Manne innewohnende Tücke und Rohheit widerspiegeln. Franz Schneider erklärt sich mit finsterer Miene für schuldig, er sucht aber seine Frau, die er offenbar glühend haßt und die sich in der Hoffnung wiegt, daß sie glimpflich davonkommen werde, tunlichst zu belasten. Soviel geht jedenfalls hervor, daß die Frau viel intelligenter ist und daß sie die abscheulichere Bolle durchführte. Sie nennt sich zwar das „Werkzeug" ihres Mannes, der Staatsanwalt ruft ihr aber zu: "Im Gegenteile, er war bloß die Würgemaschine".

DIE KAPELLE IM DREIFÖHRENWALD BEI NEULENGBACH

DER „DREIFÖHRENWALD" BEI NEULENGBACH

Es kommt schließlich zu einem furchtbaren Auftritte zwischen den Ehegatten, in welchem sie sich gegenseitig die Schuld an den grauenhaften Mordtaten zuzuschieben trachten, worauf der Vorsitzende zu Schneider sagt: „Sie wollen uns also sagen, daß sie sich früher nur mit Betrügereien an Dienstboten abgegeben haben, dabei aber schlechte Erfahrungen machten, weil sie immer angezeigt wurden?"
„So is" ruft der Angeklagte aus, „und da hat sie mir den Rat gegeben: Bringen wir s' lieber glei' um, da kommt nix auf!"
Das gegenseitige Leugnen und Belasten nützte den beiden aber nichts. Die Volksrichter wußten, was sie von Franz und Rosalia Schneider zu halten hatten. Beide wurden schuldig erkannt und wegen meuchlerischen Raubmordes am fünften Verhandlungstage zum Tode durch den Strang verurteilt. Die Beratung der Geschworenen hatte fünf Viertelstunden gedauert. Es wurde ausgesprochen, daß die Strafe an Rosalia Schneider zuerst zu vollziehen sei.
Das Todesurteil sollte indessen bloß an dem Manne vollzogen werden. Rosalia Schneider wurde durch Allerhöchste Entschließung zu lebenslänglichem schweren Kerker begnadigt. Im März, und zwar am 17., um 7 Uhr früh, wurde die Justifizierung an Franz Schneider durch den Wiener Scharfrichter Seyfried durchgeführt. Die Haltung dieses Verbrechers seit dem Moment, in welchem er erfahren hatte, daß sein fluchwürdiges Leben verwirkt sei, zeigte so recht, welche niedrige, feige Gesinnung in dem Mann wohnte. Er, der ruhigen Blutes unersättlich morden konnte, war völlig gebrochen, als es um sein eigenes Leben ging. Er brachte die letzte Nacht schlaflos unter fortwährendem Wehklagen und Jammern zu. Als ihn sein Verteidiger in der Frühe besuchte, fragte er: „Gibt's denn gar kan Pardon net?" Der Verteidiger schüttelte den Kopf. „In Gott's Namen also!" antwortete der Mörder, zitterte aber an allen Gliedern und nahm mehr mechanisch eine ihm angebotene Zigarre zum Munde. Er hatte nur wenig davon geraucht, als er den Besuch des

Scharfrichters erhielt, der an ihm die nötigen Toilettenvorbereitungen traf. Die im Hofe Versammelten erschauerten, als sie bald darauf des Delinquenten ansichtig wurden. Er kam, kreidebleich, mit wirren, in die Stirne fallenden Haaren, zwischen den Bajonetten seiner Eskorte aus dem knarrenden Türchen, welches in den Leichenhof führt. Seine Wangen, aus denen die unrasierten Haare in dichten roten Stacheln gewachsen waren, zeigten sich tief eingefallen. Der Rock schien nur über die Schulter geworfen zu sein, die herabgleitende Hose bauschte sich unten an den Schuhen, während sein unsteter Blick an den grauen Mauern zum Himmel glitt und dann zu dem für ihn bereitstehenden Richtpflock. Furcht und Entsetzen malte sich in seinen entstellten Zügen, als auf einen Wink des Gerichtspräsidenten die Henkersknechte an ihn herantreten, um ihn mit Stricken zu binden. Er sträubte sich, unter den Galgen zu treten, aber man ergriff ihn und stellte ihn auf den Schemel. Als ihm der Scharfrichter die todbringende Schlinge um den Hals legen wollte, zog er die Schultern hoch und drückte den Kopf auf die Brust, um die Handlung zu hindern. „Ich möcht' noch etwas reden", rief er dann und hob die Füße empor, als man ihn packte. Noch einmal schaute er mit wüstem, verstörtem Blicke empor, dann legten sich die schwarzbehandschuhten Hände des Scharfrichters über sein Gesicht, während die Gehilfen seine Füße nach abwärts streckten. Über vier Minuten dauerte es, bis der Scharfrichter vom Richtpflock trat, und das bleiche Gesicht des Delinquenten wieder sichtbar wurde. Schweiß stand den Nachrichtern auf der Stirne, und auch auf der Stirne des Justifizierten, der selbst dem Scharfrichter viel Mühe gemacht hatte, standen die Tropfen des Angstschweißes. Was hatte Schneider wohl sagen wollen,,? War es nur seine Absicht, eine Minute Zeit zu gewinnen oder wollte er gestehen, daß irgendwo noch eine Leiche modere, die er auf dem Gewissen habe? In der Verhandlung war von einem abgängigen Mädchen ja die Rede gewesen, welches man mit ihm gesehen hatte. Er hatte aber bloß gesagt: „Dera hab' i nix tan" . . . Nach der gerichtlichen Obduktion wurde die Leiche des Gerichteten auf den Zentralfriedhof gebracht, wo das Grab der Erde gleich gemacht wurde, damit niemand außer der Friedhofsverwaltung wisse, wo der Mörder seine Ruhestätte gefunden ...

Rosalia Schneider war hingegen mit ihrem Schicksal zufrieden. Nach der Urteilspublikation in ihre Zelle zurückgekehrt, hatte sie zu ihren Zellengenossinnen gleichgültig gesagt: „Der Franzl kriegt den Strick und ich geh' leer aus." Das „bissel Leben", welches ihr Franz Schneider, wie sie sich ausdrückte, geneidet hatte, blieb ihr erhalten

Sie wurde in die Weiberstrafanstalt Wiener-Neudorf bei Mödling eskortiert.

BEGRÄBNIS DER IN DER STRAFANSTALT VERSTORBENEN ROSALIA SCHNEIDER IM JAHRE 1901

⑤⑧
DER PROZESS DER FRAU VON ALSO-RUSSBACH
1891

Ein ganz eigenartiger Prozeß war es, der am 11. November 1891 vor den Wiener Geschworenen begann, interessant durch die Umstände, die zur Erhebung der Anklage geführt hatten, noch fesselnder aber vielleicht durch die Persönlichkeit der Beschuldigten und der gerichtlichen Funktionäre. Als Angeklagte erschien die Witwe des Hof- und Gerichtsadvokaten Dr. Leopold Mayer von Also-Rußbach, welcher vom Staatsanwalt von Cischini zur Last gelegt wurde, daß sie ihren inzwischen verstorbenen Gemahl und hierauf dessen Verlassenschaft durch Unterschiebung eines Kindes betrügen wollte.

Die angeklagte Elise Mayer von Also-Rußbach.

Nach der Anklageschrift war Elise Ernestine Karoline Mayer von Also-Rußbach die eheliche Tochter des Knopfmachers Karl Schedel und dessen Gemahlin Christine. Sie hatte am 24. März 1852 in Hamburg das Licht der Welt erblickt, dort die Volks- und Bürgerschule besucht, außerdem Privatunterricht genossen, sodaß sie mehrere Sprachen beherrschte. Durch den frühen Tod ihres Vaters kam sie bald in die mißliche Lage, ihren Lebensunterhalt selbst bestreiten zu müssen. Sie wandte sich bereits mit fünfzehn Jahren der Bühnenlaufbahn zu, befaßte sich mit dramatischen Studien und betrat in kurzer Zeit die Bretter, wo sie vermöge ihrer vorteilhaften äußeren Erscheinung und einigen Talentes so weit Erfolg hatte, daß sie ihr Auskommen fand. Nach zehnjähriger Bühnentätigkeit reiste sie aus Deutschland nach Wien, um hier vor Dingelstedt vorzuspielen. Das von ihr angestrebte Engagement kam zwar nicht zustande, doch machte sie hier die Bekanntschaft ihres zukünftigen Gatten.

Dies kam so: Sie fragte den Besitzer des Hotels Munsch, Herrn Schindler, bei welchem sie Quartier genommen hatte, ob er ihr nicht einen guten Advokaten empfehlen könne, da sie einige Geldangelegenheiten zu ordnen hätte. Der Hotelier nannte ihr seinen Stammgast Dr. Leopold Mayer von Also-Rußbach, welchen er ihr auch bald vorstellte. Der Advokat erteilte seiner Klientin die gewünschten Ratschläge, verliebte sich aber gleichzeitig in die Schauspielerin, mit der er wiederholt zusammen speiste. Nachdem das Paar auch eine Semmering-Fahrt unternommen hatte, reiste die Klientin ab, worauf sie mit ihrem Rechtsfreunde die geschäftliche Korrespondenz aber weiter unterhielt. Ihr Ziel war Paris. Von dort begab sie sich nach Reval, Dorpat, Hannover und Amsterdam. In der Zwischenzeit erhielt sie von Mayer wiederholt Liebesanträge und als sie sich im Jahre 1882 in Schandau bei Dresden zum Sommeraufenthalte einfand, kam auch Dr. Mayer und machte ihr einen regelrechten Heiratsantrag, obwohl er damals einundsiebzig, sie jedoch erst dreißig Jahre zählte. Für den Advokaten war hiefür bestimmend, daß er, ein Lebemann, die Schauspielerin besitzen wollte, die sich ihn bisher hartnäckig verweigert hatte. Die Schedel nahm den Antrag an, da Mayer als sehr wohlhabend galt. Die Schauspielerin verhehlte übrigens nicht, daß für sie die Geldfrage ausschlaggebend sei. Es schien sich ihr nun eine glänzende Zukunft zu öffnen. Der Bräutigam übergab ihr denn auch bereits in Schandau ein Kodizill, in welchem er ihr für den Fall seines Ablebens eine Jahresrente von 1.200 Gulden vermachte. Dies geschah am 10. Juli 1882, und erst dann ließ sie sich herbei, die Verlobung mit ihm zu feiern. Im September erhöhte er die Rente bereits auf 3.000 Gulden und erklärte seiner Braut, daß ihm die Anfechtungen seiner Verwandten ganz gleichgültig ließ: sie werde an seiner Seite eine behagliche Existenz und nach seinem Tode ein bedeutendes Einkommen genießen. Kaum war Mayer mit der Ordnung des Vermögens fertig, so fand in der evangelischen Kirche zu Wien, und zwar am 5. Dezember 1882, die Trauung des Paares statt.

Daß diese, auf so ungesunder Basis eingegangene Ehe nicht glücklich sein werde, war vorauszusehen. Bald entstanden arge Zwistigkeiten zwischen den Ehegatten, die zu einer langen Reihe von Prozessen führten. Dr. Mayer strebte mit aller Kraft die Lösung jeglicher ehelicher Gemeinschaft an und scheute keine Mittel, auch die taktlosesten nicht, um seine Absicht zu verwirklichen. Seine Erbitterung wuchs ständig, er widerrief die früheren letztwilligen Verfügungen, machte stets neue Prozesse anhängig, setzte seine Verwandten wieder zu Erben ein, kurz, tat alles, um sich an seiner Frau zu rächen, die er für treulos hielt. Als die Frau endlich einsah, daß sie von ihrem Gatten nichts mehr zu erwarten habe, so beschloß sie durch unehrenhafte, ja, nötigenfalls verbrecherische Mittel in den Besitz des Vermögens ihres Mannes zu gelangen, oder wenigstens ihm, beziehungsweise seinen Verwandten, den Besitz eines Teiles dieses Vermögens zu entziehen. Wenn nun auch zugegeben werden muß, daß sich Dr. Mayer in vieler Beziehung unschön gegen seine Gattin benahm, so war sie doch durch ihn schon bei Lebzeiten zu einem Barvermögen von 70.000 bis 80.000 Gulden gelangt, weshalb der Staatsanwalt erklärte, daß ihr nunmehriges Vorgehen keiner wirklichen Notlage, sondern vielmehr übermäßiger Habgier und schadenfrohem Hasses entsprang. Frau von Mayer fällte nämlich den Entschluß, ihrem Gatten ein Kind unterzuschieben, um ihre Gelder durch den dem Kinde gebührenden Pflichtteil zu vergrößern. Zu diesem Zwecke arrangierte sie in Aussee eine Zusammenkunft mit ihrem Gatten, gelegentlich welcher sie es verstand, den alten Mann zärtlich zu stimmen. Es ist dies um so mehr zu verwundern, als sie damals mit ihm wegen einer monatlichen Alimentation von 500 fl. prozessierte. Die Eheleute kamen hierauf noch einige Tage zusammen, um vergeblich über den Ausgleich zu verhandeln; dann reiste die Frau nach Wien. Schon nach zehn Tagen schrieb sie ihrem Gatten, daß die Zusammenkunft Folgen gehabt hatte. Dr. Mayer bestritt dies sofort und unbedingt, weshalb die Gattin am 29. August 1889 beim Bezirksgericht Aussee ein Gesuch um Zeugenvernehmung „zum ewigen Gedächtnis" einbrachte. Gleichzeitig suchte sie mit irgendeinem jungen Manne ein geheimes Liebesverhältnis anzuknüpfen, da sie dadurch ihren Zweck um so sicherer zu erreichen dachte. Sie sah im Stadtpark einen Kontoristen namens Moritz B. zum erstenmal und trat sofort in intime Beziehungen zu ihm. Da sich ihre Erwartungen nicht erfüllten, so entschloß sie sich zur Unterschiebung eines fremden Kindes. Sie begab sich auf die Suche nach einem solchen und bemühte sich gleichzeitig, ihre äußere Erscheinung mit dem von ihr simulierten Zustande in Einklang zu bringen. Immer durch Rechtsfreunde genau informiert, schrieb sie dem Vertreter ihres Gatten, Hof- und Gerichtsadvokaten Dr. Max Neuda, dieser solle ihr einen Beitrag zur Anschaffung von Kindeswäsche zukommen lassen.

Nachdem sie in Wien mit verschiedenen Hebammen verhandelt hatte, verfügte sie sich zu der Wahrsagerin Klara Trodt und ließ sich die Karten darüber aufschlagen, „ob es ihr gut ausgehe, wenn sie ihrem Gatten ein fremdes Kind unterschiebe?" Die Kartenaufschlägerin prophezeite ihr, daß ihr alles in Erfüllung gehen werde. Dr. Meyer erhielt jedoch durch zahlreiche Spione von all diesen Umtrieben Kenntnis und verlangte die gerichtsärztliche Untersuchung der Frau. Wegen Betrugsverdachtes zur Wiener Polizei zitiert, erklärte sich Frau Mayer bereit, die Untersuchung am 16. April an sich vornehmen zu lassen, worauf man sie nachhause gehen ließ. Vorsichtshalber ließ kaiserlicher Rat Stehling ihre Wohnung aber durch Detektivs bewachen. Die Frau merkte dies und führte ein kühnes Manöver aus, um ihren Wächtern zu entgehen. Sie setzte nämlich einer Bedienerin ihren Hut auf und ließ sie zum Fenster treten. Mittlerweile ging sie in anderer Kleidung zum Tor hinaus, nahm einen Wagen, fuhr an eine Station der Westbahn und von dort noch am selben Tage, es war der 28. März 1890, nach Augsburg. Von da ab vermochte der Doktor den Aufenthalt seiner Gattin durch ein Jahr nicht zu ermitteln.

Frau von Mayer durchquerte mittlerweile Deutschland und Frankreich auf der Suche nach einem Kinde.

Die strafgerichtliche Untersuchung stellte erst nach vieler Mühe die einzelnen Phasen der Rundreise fest. Frau von Mayer sprach zunächst in Augsburg bei der Hebamme Thekla Dachs vor und war bestrebt, diese für ihre Pläne zu gewinnen. Die Dachs ging insoweit auf das Ansinnen der reichen Dame ein, daß sie es zwar ablehnte, ein Kind zu beschaffen, sich aber bereit erklärte, ein von anderswoher beschafftes Kind als bei ihr geboren auszugeben und beim Standesamt zu melden. (Dies hatte zur Folge, daß die Hebamme später beim königlichen Landgericht zu Augsburg wegen Mitschuld an dem von der Mayer verübten Betruge angeklagt wurde.) Nachdem sie sich bei einer Reihe anderer Geburtshelferinnen überall Abweisungen geholt hatte, fuhr sie auf Anraten ihrer Rechtsfreunde nach Nancy in Frankreich, wo sie durch Vermittlung einer gewissen Johanna Bayard endlich das Gesuchte fand. Der Genannten erzählte die Mayer, welche sich der Dachs gegenüber als Louise Schmidt vorgestellt hatte, eine ihrer Freundinnen, die Gattin eines Straßburger Arztes, habe soeben ihr Kind verloren und würde wahnsinnig werden, wenn sie erführe, daß das Kind gestorben sei, man müsse daher trachten, ihr ein anderes Kind zu unterschieben. Die Bayard führte sie nun in das Findelhaus, wo tags vorher, am 22. April, eine 44-jährige schwächliche Taglöhnerin namens Agathe Moras, einem wenig lebensfähigen Knaben das Leben geschenkt hatte. Da die Mutter im Tage bloß 30 Sous verdiente, so war sie, wenn auch schweren Herzens, bereit, das Kind zu verkaufen. Frau Mayer drückte ihr ein Zehn-Frances-Stück in die Hand und erhielt den Knaben ausgefolgt. Nun reiste die Betrügerin sofort nach Augsburg zur Dachs, wo der Knabe das zweitemal getauft wurde und zwar auf den Namen Wilhelm Franz Humbert Leopold Mayer von Also-Rußbach. Nach der Darstellung der Hebamme hätte die Mayer gesagt, sie habe das Kind auf dem Wege im Buschwerk geboren, was ihr die Dachs ohne jedwede Untersuchung geglaubt haben wollte. Frau Mayer habe gleichzeitig auch ihren wahren Namen genannt. Am 8. Mai begab sich die Mayer nach Tannerode, wo sie ein Häuschen besaß, ließ das Kind durch die Dachs hinbringen und überließ es dann der Pflegefrau namens Aurora Große.

In der Meinung, alle Spuren verwischt zu haben, ging die Angeklagte nach Weimar und teilte ihrem Manne durch einen Advokaten mit, daß sie am 24. April einen Sohn geboren habe. Jede weitere Nachricht verweigerte sie in einem Schreiben vom 4. Juni. Dr. Mayer protestierte sofort in aller

Form gegen die oktroyierte Vaterschaft und überreichte eine Zivilklage, die dem Strafgericht abgetreten wurde. Währenddessen reiste die Mayer nach Italien, wo sie sich unter falschem Namen verborgen hielt und durch ihre Rechtsfreunde, sowie durch ihren Geliebten Moritz B. über alle Vorgänge auf dem Laufenden halten ließ.

Unterdessen war ihr Mann am 3. März 1891 gestorben. Die lachende Witwe schrieb nun einen triumphierenden Brief an die Dachs, in welchem sie bekannt gab, daß „..der alte Gauner und

Schwindler" gestorben sei. In einem zweiten Schreiben schlug sie der Familie ihres Gatten vor, sich mit ihr abzufinden. Als Ausgleichssumme nannte sie einen Betrag von 50.000 Gulden. Die Verwandten ihres Mannes wollten davon aber nichts wissen. Man erfuhr, daß die Gesuchte unter dem falschen Namen „E. Götting" in Mailand lebte und bewirkte ihre Verhaftung. Die Mayer wurde auch bald darauf festgenommen und den österreichischen Behörden ausgeliefert. Vor den Untersuchungsrichter gebracht, beteuerte sie ihre Unschuld, bezeichnete alle belastenden Aussagen als Lügen, die Zeugen für bezahlte Spione ihres Mannes und behauptete, niemals in Nancy gewesen zu sein. Dagegen sprach sie von ihrem Kinde nur in Ausdrücken größter Zärtlichkeit und Besorgnis. In der vom Landesgerichts-Vizepräsidenten v. Holzinger geleiteten Hauptverhandlung standen dem Verteidiger der Angeklagten, Dr. Steger, zwei geschickte, redegewandte Gegner, der Vertreter der Erben des Dr. Mayer, Dr. Max Neuda, sowie der Staatsanwalt von Cischini gegenüber. Die Angeklagte rief durch ihre imposante Erscheinung Aufsehen im Gerichtssaale hervor. Sie zeigte sich erregt, wurde aber von dem energischen Vorsitzenden sehr bald gründlich beschwichtigt, indem er ihr mit der Abführung und Durchführung der Verhandlung in ihrer Abwesenheit drohte. Die Angeklagte verlegte sich daher mehr darauf, ihre Darstellungsmittel in die Waagschale zu werfen.

Hervorgehoben zu werden verdient, daß im Verlaufe des Prozesses Dinge über den verstorbenen Gatten zur Sprache kamen, die es einigermaßen begreiflich machten, daß ihm die Frau mit bestem Willen nicht gut sein konnte. Er begann schon nach vierzehn Tagen der Ehe ein intimes Liebesverhältnis mit seinem Stubenmädchen, ließ seine Frau auf dem Graben stehen, um sich mit einem Blumenmädchen zu vergnügen und sagte, zur Rede gestellt: „Einen Mann von meinem Range geniert das nicht. Wenn es dir nicht paßt, so geh' hin, woher du gekommen bist. Ich will fünf, sechs Jahre genießen." Als die Frau zu ihrer Mutter ging, ließ er die Wohnung ausräumen und der Rückkehrenden durch einen Diener sagen, daß er sie nicht kenne, und daß sie nichts bei ihm zu suchen habe. Der Advokat behandelte seine Frau auf das roheste, vergriff sich an ihr und beschimpfte sie wiederholt, so daß er mit seinem Scheidungsbegehren in allen Instanzen abgewiesen wurde. Auf ihre gütlichen Vorstellungen erwiderte er: „Das Prozessieren ist für mich eine angenehme Zerstreuung, eine Unterhaltung, ein Vergnügen, ich bin es seit meiner Jugend gewöhnt. Ich muß Prozesse haben, sonst sterbe ich." Bei Besprechung dieser Dinge rief die Angeklagte aus: „Mein Mann war der schlechteste Mann von Wien." Der Vorsitzende brachte eine Stelle aus dem Tagebuch der Angeklagten zur Verlesung, wo es heißt, sie ekle sich vor den falschen klappernden Zähnen, dem beständigen Nasentropfen und vor dem geifernden Munde. Es fand sich auch eine Photographie des Dr. Mayer, welcher die Angeklagte die Augen ausgestochen und den Satz beigefügt hatte: „Für jede Träne, die er mir gepreßt hat, fluch ich ihm auf allen seinen Wegen."

Der Prozeß stand für Frau von Mayer nicht so ungünstig, zumal die ärztlichen Sachverständigen nicht mit vollster Bestimmtheit zu erklären vermochten, daß die Angeklagte nie im Leben geboren habe. Es gebe Frauen, deren Körper schon nach fünfzehn Monaten keine Merkmale einer stattgehabten Geburt mehr zeige. Der Verteidiger zitierte sogar einen vom Tübinger Professor Säxinger angeführten Fall, wo bei einem von der Fakultät untersuchten Mädchen vier oder fünf Monate nach der Geburt kein einziges derartiges Sympton mehr gefunden worden sei.

Vernichtend waren aber die Zeugen aus Nancy. Die Klosterfrauen Marguerite Francois und Anastasie Beguin erkannten die Witwe unter Eid mit aller Bestimmtheit wieder. Auch die Kindesmutter trat auf, welche tränenden Auges den Vorsitzenden bat, ihr wieder das Kind zu verschaffen, um welches sie unausgesetzt trauere.

Nach den glänzenden Reden der beiden Advokaten und des Staatsanwaltes schloß der Präsident am 3. Verhandlungstag das Beweisverfahren. Die Geschworenen berieten eine halbe Stunde, dann verkündeten sie ihr Verdikt: den einstimmigen Schuldspruch. Der Gerichtshof verhängte daraufhin eine zweijährige schwere Kerkerstrafe über die Angeklagte. Frau Mayer knickte bei der Urteilsverkündung zusammen und sank auf die Bank nieder. Ganz gebrochen wurde sie hinausgeführt und dann von einer tiefen Bewußtlosigkeit befallen.

Die Verwandten des Advokaten wurden durch dieses Urteil von dem familiären Eindringling befreit und der armen französischen Tagelöhnerin, die so rührend nach ihrem Kinde verlangt hatte, die Hoffnung gegeben, ihr Kind wieder zurückzubekommen......

(59)

DER MORD IM KURHAUSE
1892

Im Herzen der Residenz, im erzbischöflichen Kurhause am Stephansplatze gegenüber dem Dom, also dort, wo keine Sekunde der Verkehr stockt, wurde am 10. März 1892 bei hellichtem Tage ein Mord verübt. Ein Greis, der 70-jährige Kuratdiener Leopold Buchinger fand hier ein grausames Ende. Das Kurhaus, ein vierstöckiges Gebäude, war damals von beiläufig 150 Personen bewohnt. In den oberen Stockwerken waren die Alumnen *(Zöglinge)* untergebracht; im ersten Stockwerk befand sich die Kapelle; im Hochparterre, links vom Eingange, die Kanzlei der Kirchenverwaltung und rechts davon die Wohnung des Opfers. Als Buchinger gegen seine Gewohnheit abends um halb neun nicht beim Nachtmahle erschienen war, begaben sich die Köchin Maria Fahrbacher und deren Gehilfin zu seiner Tür, um ihn zu rufen. Im Zimmer blieb es auf ihr Klopfen still, weshalb die Mädchen die Türe öffnen wollten. Dies vermochten sie aber nur schwer zu bewerkstelligen, denn sie fanden ziemlichen Widerstand. Endlich gelang es der einen, den Kopf ein wenig durch die Türspalte zu stecken. Da lag der alte Buchinger der Länge nach auf dem Boden, mit dem Gesicht nach abwärts, die Füße gegen die Türe gestemmt. Das Mädchen stieß einen Schreckensruf aus, da es glaubte, der Leopold sei vom Schlage gerührt worden. Beide eilten hierauf in die Wohnung des Ökonomen Kuraten Franz Czernohorsky und verständigten ihn von ihrer schrecklichen Entdeckung. Der Priester begab sich mit einem Licht zu dem Zimmer des Dieners und zwängte sich in den Raum. Als er sich zu dem Körper niederbeugte, sah er, daß der Kopf desselben eine Reihe von schweren Verletzungen aufwies., weshalb er die Wache verständigen ließ. Die Wachstube auf dem Petersplatze avisierte unverzüglich das Stadtkommissariat, dieses die Polizeidirektion und bald erschien Regierungsrat Heide, Polizeirat Stehling, die Kommissäre Jerabek und Sturminger sowie der Polizeiarzt Dr. Deimel.

DAS CHURHAUS AM WIENER STEPHANSPLATZ, TATORT DES MORDES VOM 10. MÄRZ 1892

Die Kommission nahm eine Besichtigung der Leiche vor und stellte fest, daß der Täter den alten Mann zuerst mit einem stumpfen und scharfkantigen Instrumente betäubt hatte, um sodann den Hals Buchingers zu durchschneiden. Die Leiche zeigte eine klaffende, ziemlich scharfkantige, die Haut und die Unterhautzellgewebe sowie die Muskeln und einzelne Blutgefäße durchtrennende, am Kehlkopfe beginnende Schnittwunde am Halse, eine Schnittwunde mit bogenförmigem Verlaufe an der Beugeseite des linken Zeigefingers, seiner ganzen Breite nach und drei Hiebwunden am

Hinterhaupt, und zwar am linken Ohre beginnend und sich über den oberen Teil des Hinterhauptes erstreckend. Die Haut des hinteren Schädels war in Rißquetschwunden zum größten Teile losgelöst, das Schädeldach zeigte mehrere Knochensprünge. Der Mörder mußte also mit Wucht losgeschlagen haben, was offenbar darin seinen Grund hatte, daß sich das Opfer verzweifelt wehrte. Hievon zeugte auch die Schnittwunde am Finger: Buchinger fing jedenfalls mit der Hand das Messer auf. In dem bereits gestockten, reichlich vergossenen Blut lag ein Zweiguldenstück und fünf neue Silbergulden. Der erste Gedanke der Kriminalbeamten war daher der, daß Buchinger einem Raubmord zum Opfer gefallen war.

DIE ERSTE UNTERSUCHUNG DES OPFERS

Nun wurde das kleine, bescheidene Gemach des Dieners dem Augenschein unterzogen. Es handelte sich darum, ob der Mörder Spuren hinterlassen, noch mehr aber um die Feststellung, ob etwas geraubt worden sei. Zur Überraschung der amtlichen Organe befanden sich die Einrichtungsgegenstände in vollster Ordnung. Noch größer war die Verblüffung, als man nach Öffnung der Mittellade eines Schubladekastens eine Brieftasche mit 320 Gulden zutage förderte. In einem Fach derselben steckte ein Schriftstück. Man entfaltete es und las: „Sollte ich unversehens sterben, so gilt dies als Testament". Buchinger, welcher bloß ein monatliches Fixum von 6 Gulden

Zum Morde im Curhause.
Ein Blick in das Zimmer, in welchem Leopold Buchinger ermordet wurde.

bezog, hatte also ein Testament gemacht. Das Erstaunen erreichte den Höhepunkt, als man sah, daß der Verblichene darin seinen vier Geschwistern je 7.000 Gulden vermacht hatte. Wo war das Geld? Man stieß bald darauf. In einem Hängekasten, auch ganz unversperrt, fanden sich nämlich eine Rentenobligation zu tausend Gulden und vier Rentenobligationen zu je hundert Gulden, sechs Rollen mit je fünfzig Silbergulden und einige Dukaten. Ferner enthielt der Kasten in Paketen Wertpapiere im Betrag von nahezu 23.000 Gulden, drei Sparkassenbücher, lautend auf je 1.900 Gulden und noch verschiedene kleinere Beträge. Dieser Reichtum erklärte sich - auf Grund der Recherchen - einerseits daraus, daß der alte Mann eine Art Kellerwirtschaft im Kurhause betrieben hatte und für seine treuen Dienste von einer Reihe von Erblassern zum Legatnehmer eingesetzt worden war, anderseits aus seiner außergewöhnlichen Bescheidenheit und Sparsamkeit. Er ging fast nie aus und wenn er einmal das Haus verließ, kehrte er bald wieder zurück. Er war überhaupt ein großer Sonderling gewesen. Als man den anderen Diener, namens Johann Sperl, um die Gewohnheiten und persönlichen Beziehungen seines Kollegen befragte, zuckte er die Achseln und gab zur Antwort: „Meine Herren, ich weiß gar nix; ich und mein Freund, wir haben uns gut leiden können, doch habe ich mit ihm wochenlang nichts gesprochen. So beispielsweise haben wir in dieser Woche net amal a einzige Wörterl miteinander g'red't." Was konnte also die Triebfeder zu diesem Mord gewesen sein ? Am naheliegenden war es, unter den gegebenen Umständen an einen Racheakt zu denken. Wem aber hatte dieser stille, von jedem näheren gesellschaftlichen Verkehre abgeschnittene Mensch wohl etwas angetan, was eine derartige Tat hätte begründen können? Man warf die Frage auf, ob Buchinger, dessen einzige Freude das Sparen war, nicht etwa gewuchert habe, und ob der Mörder nicht ein bedrängter Schuldner sei. Wirklich wurde erhoben, daß der Diener manchmal den Alumnen Geld geborgt hatte, allein man stellte auch fest, daß dies nie gegen Zinsen, sondern lediglich aus Gutherzigkeit geschehen sei. Im Zimmer konstatierte man noch, daß dessen Fenster in einen Lichthof mündeten und es wurde der unten befindliche Schnee sogleich umgeschaufelt, um das Mordwerkzeug, besser die Mordwerkzeuge, zu finden. Die Suche blieb ergebnislos. Wenn man in das Gemach Buchingers gelangen wollte, mußte man an einer in einen Keller führenden Türe vorüber, die während des Tages geöffnet war. Die behördlichen Organe nahmen daher an, daß hier der Mörder sein Opfer erwartet habe.

Der Letzte, welcher Buchinger lebend gesehen hatte, war der andere Diener namens Johann Sperl. Er war dem alten Leopold um 3 Uhr nachmittags auf dem Gang begegnet. Um 6 Uhr nachmittags hatte sich, wie alltäglich, der Bäckerjunge bei der Türe Buchingers eingefunden, um Gebäck abzuliefern. Da ihm auf sein Pochen niemand öffnete, entfernte er sich wieder. Durch den Zusammenhang dieser beiden Zeitpunkte ergab sich, wann die Tat geschehen sein mußte: zwischen 3 und 6 Uhr. Dies stimmte auch mit dem ärztlichen Gutachten überein.

Die nächsten Tage vergingen resultatlos. Nicht nur, daß man den Mörder und die Mordinstumente nicht entdeckte, kam man der Lösung des Falles auch sonst nicht näher. Allmählich, bei Beobachtung des im Kurhause herrschenden Lebens sowie durch die genauere Erforschung der Lebensgewohnheiten des Opfers, schien es aber, als sollte sich eine Erklärung des Geschehnisses, insbesondere des Beweggrundes, finden lassen. Buchinger hatte nämlich, wie die meisten bejahrten Sparmeister die Gepflogenheit, seine Gelder oft und oft zu zählen. Er tat dies mit einer gewissen Liebe und ließ sich in dieser Tätigkeit auch nicht stören, wenn er überrascht wurde, wie er auch aus seinem Reichtum kein Geheimnis machte. Man hörte gelegentlich von ihm, daß er „sich schon a paar Gulden erspart habe". Das Kurhaus wird nun von zahlreichen Bettlern täglich besucht, von denen die Mehrzahl beschenkt wird, und man nahm an, daß ein solcher Bettler den alten Buchinger beim Geldzählen überrascht habe und von dem Reichtum geblendet worden sei. Er erschlug den Greis und wollte sich dann wahrscheinlich Beute aneignen, in diesem Momente dürfte aber der Bäckerjunge geklopft haben. Der Mörder erschrak, hörte aufatmend, daß sich die Schritte wieder von der Türe entfernten, verlor dann offenbar den Mut und entlief, ohne den Raub ausgeführt zu haben.

Dieser Annahme maß man die größte Wahrscheinlichkeit bei und es fand sich auch später kein Grund, um an der Vermutung zu zweifeln. Ob sie jedoch den Tatsachen entsprach, ist allerdings nie bewiesen worden, denn der Mörder vom Kurhause blieb bis heute unentdeckt........

(60)
DER „AUFSCHLITZER" VON OTTAKRING
1898

Am 28. Dezember 1898 früh liefen einige erregte Personen auf einen patrouillierenden Sicherheitswachmann zu und baten ihn, rasch in das Haus 16., Haymerlegasse 27 zu kommen, wo soeben ein schrecklicher Mord entdeckt worden sei. Als der Polizist das bezeichnete Haus betreten hatte, fand er es voll von Menschen, die ihm aufgeregt mitteilten, daß ein dort wohnhaft gewesenes alleinstehendes Frauenzimmer in der Nacht umgebracht worden sei. Die Person, um welche es sich handelte, war die unter sittenpolizeilicher Kontrolle stehende 41-jährige Franziska Hofer. Seit drei Jahren hatte sie in dem genannten Hause ein separiertes, nur vom Gang aus zugängliches Kabinett bewohnt. Um halb neun Uhr morgens war ihre in der Deichgasse domizilierende Schwester, namens Wilhelmine Tintner, zu Besuch erschienen und hatte vergeblich angeklopft. Als ihr nicht geöffnet wurde, drückte sie die Klinke nieder und ging in den halbdunklen Raum. Aber schon im nächsten Momente prallte sie mit einem fürchterlichen Schrei zurück, denn was sie sehen mußte, raubte ihr fast die Besinnung. Auf dem Sofa lag ihre Schwester, splitternackt, mit aufgeschlitztem Bauch und zerschnittener Brust. Die Weichteile der Unglücklichen hingen lose auf das mit Blut getränkte Sofa und den ringsum durch Blut geröteten Fußboden herab. Auf die Rufe der Tintner: „Mord! Mord!" waren die Nachbarn aus den Wohnungen geeilt. Einige von ihnen stürmten auf die Straße und holten einen Wachmann. Dieser hatte sich kaum von der Stichhaltigkeit der Anzeige überzeugt, als er das Kommissariat verständigte. Die Abordnung desselben, unterstützt von der des Sicherheitsbureaus, war sehr schnell zur Stelle. Als die behördlichen Funktionäre die nähere Besichtigung der Leiche vornahmen, wurde noch ein grausamer Fund gemacht: Einige Schritte von der Toten entfernt lag nämlich die Leber des Mädchens. Der Täter hatte sie aus dem Körper gelöst und ins Zimmer geschleudert.

Der Augenschein wies offensichtlich auf einen Lustmörder hin. Man stellte fest, daß der Täter sein Opfer zuerst gewürgt hatte. Wahrscheinlich hatte er der Hofer mit der Linken die Kehle zugeschnürt, um ihr sodann mit einem scharfen Instrumente die gräßlichen Verletzungen zuzufügen. Der Eindruck war der, daß der Mörder ein Mensch wäre, welcher mit der Zerteilung von Körpern vertraut sein müsse. Es handelte sich nun darum, mit wem die Ermordete zuletzt beisammen gewesen sei. Die Erhebungen ergaben, daß sie am Abende vorher um ½ 10 Uhr von Parteien zum letztenmal gesehen wurde. Bis um 2 Uhr nachmittags war sie bei ihrer vorerwähnten Schwester gewesen, der sie beim Abschied mitteilte, daß sie nach Hause gehen und stricken wolle. Sie hatte sich auch wirklich heimbegeben. Um ½ 9 Uhr abends verließ sie dann die Wohnung, um sich ein Nachtmahl zu besorgen. Gleich darauf sah man sie mit einem Mann zurückkehren. Derselbe entfernte sich um ½ 10 Uhr abends, also nach einer Stunde, und wurde von der Hofer begleitet. Wahrscheinlich kaufte sie sich erst hierauf das Nachtessen. Seither hatte man nichts mehr von ihr gesehen oder gehört. Von dem erwähnten Manne hieß es, daß er schon am Vortag bei ihr gewesen war. Man schilderte ihn als mittelgroß, bekleidet mit kurzem Lodenrock und stellte bald auch fest, daß er mit ihrem Geliebten, dem Möbelpacker Karl L. nicht identisch sei. Dieser hatte sich den ganzen Tag und die ganze Nacht mit anderen Mädchen herumgetrieben und nicht um die Hofer gekümmert. Die Lebensgeschichte der Ermordeten klang überhaupt recht traurig. Sie war das uneheliche Kind eines Markörs und einer Regenschirmmacherin gewesen. Die Eltern hatten später geheiratet. Der Verbindung waren ein Sohn und eine Tochter entsprossen. Der erstere widmete sich der Artistenlaufbahn und galt seit drei Jahren als verschollen, die letztere haben wir bereits kennengelernt. Vom 18. bis zum 24. Lebensjahr fungierte die sehr hübsche Franziska als Kassierin in einem Hernalser Nachtcafe. Dann wanderte sie nach Deutschland aus und verdang sich als Servierkassierin in einem Stuttgarter Etablissement. Da es ihr aber im Ausland nicht gefiel, kehrte sie wieder nach Wien zurück und ließ sich, da sie keinen entsprechenden Posten fand und nichts zu leben hatte, unter

DER TATORT

sittenpolizeiliche Kontrolle stellen. Eine Zeit, durch etwa fünf Jahre, war es ihr allerdings gut gegangen. Sie unterhielt nämlich ein Liebesverhältnis zu einem wohlhabenden Gewerbetreibenden, der sie bis zu seiner Verheiratung reichlich unterstützte. Zur Zeit der Tat verfügte sie über sehr geringe Einkünfte. Sie lebte sehr sparsam, ja geizig. Trotzdem hatte sie bereits einen Teil ihrer einfachen Garderobe verpfänden müssen.

Am Tage der Ermordung hätte sie sich beim Bezirksgericht wegen einer mit ihrem traurigen Berufe im Zusammenhange stehenden Beanstandung verantworten sollen. Da sie nichts Gutes mehr anzuziehen hatte, war sie an ihre Schwester mit der Bitte herangetreten, ihr zur Verhandlung eine Jacke zu borgen. Die Schwester brachte ihr am andern Morgen das Gewünschte in die Wohnung, wobei sie die so furchtbare Entdeckung machte.

Die Kommission, welcher der Regierungsrat Jurka, sowie die kaiserlichen Räte Stukart und Polt angehörten, denen sich bald darauf seitens des Landesgerichtes der erste Staatsanwalt Girtler v. Kleeborn mit seinem Substituten Klingspor anschlossen, stand ziemlich ratlos in dem schmalen Kabinett. Man konnte sich darin kaum bewegen, obwohl das ganze Mobiliar bloß in einem beiderseitigen Rechen, einem Waschtisch, einem gußeisernen Ofen und einem Diwan bestand. Das einzige Fenster mündete in einen Hof, in welchen auch die Fenster einiger anderer, von leichtfertigen Frauenzimmern bewohnten Kabinette gerichtet waren. Wer ist der Mörder? fragte man sich vergeblich. Niemand hatte ihn kommen oder fortgehen gesehen. Die Stunde der Tat, der Zeitpunkt der Flucht, das Motiv (Perversität?) über alles herrschten nur Vermutungen. Man nahm eine genaue Revision der Effekten vor und konstatierte, daß wirklich verschiedenes fehlte. Als abhanden gekommen notierte man: ein Paar innen weiß gefütterte, mit schwarzem Pelzsaum verbrämte, abgetragene Schuhe, eine schwarzlederne, oben mit einem weißen Schnapper versehene, jedenfalls nur wenig gefüllt gewesene Geldbörse, ein Hemd, ferner 15 Pfandscheine, lautend auf Gegenstände im Gesamtwert von höchstens 50 Gulden, ausgestellt von der Versatzamtsfiliale Josefstadt. Dieselben hatten in einer kleinen hölzernen Sparbüchse gelegen, die gleichfalls verschwunden war. Schließlich vermißte man zwei Photographien, von denen eine einen Mann darstellte, mit welchem die Ermordete früher ein Liebesverhältnis gehabt, die andere zwei Frauen. Später stellte man noch das Fehlen der weißen Strümpfe fest und eines Paares Ohrgehänge, welche die Hofer zur Zeit der Tat getragen hatte. Der Mörder mußte sie erst nach Eintritt des Todes entfernt haben, denn er hatte der Leiche bei dieser Arbeit eine Kratzwunde zugefügt, die aber nicht mehr blutete. Um diese Zeit war das Leben der Ärmsten aber schon gewichen. Die Aneignung der erwähnten Gebrauchsgegenstände berechtigte wohl zu der Annahme eines Lustmordes, doch konnte es sich wohl auch um eine Maskierung handeln. Damals las man viel von den geheimnisvollen Taten eines Londoner Frauenmörders, der unter dem Namen „Jack, der Aufschlitzer" (*Jack the Ripper*) allgemein bekannt und gefürchtet war. Der Verbrecher mochte die Hofer eben für wohlhabender gehalten haben, als sie es war. Oder war es ein Wahnsinniger? Ein Bekannter schien es auf jeden Fall gewesen zu sein, denn verschiedene Anzeichen sprachen dafür, daß er sich im Haus und speziell in dem Kabinett sehr gut ausgekannt

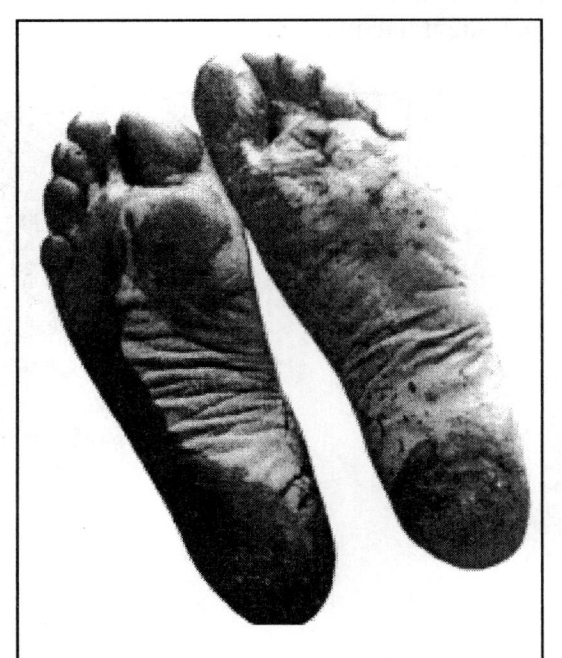

DIE FUSSOHLEN DER ERMORDETEN MIT DEM HINWEIS, DASS DIE STICHVERLETZUNGEN DEM OPFER IN STEHENDEM ZUSTAND BEIGEBRACHT WURDEN

haben mußte. Da ihm das Tor nicht geöffnet worden war, so neigte man zur Vermutung daß, er die ganze Nacht bei seinem Opfer zugebracht hatte, um sich dann in der Frühe unbemerkt zu entfernen. Die Recherchen verliefen ohne Resultat. Nach einigen Tagen fand die gerichtliche Leichenöffnung statt, welche Professor Dr. Albin Haberda vornahm. Es zeigte sich, daß der gesamte Körper bis zur Brust mit einem äußerst scharfen Instrument aufgeschlitzt war. Der Täter hatte einen einzigen rechtwinkeligen, bis auf die Oberschenkel reichenden Schnitt geführt. Spuren von Gegenwehr ließen sich nicht nachweisen.

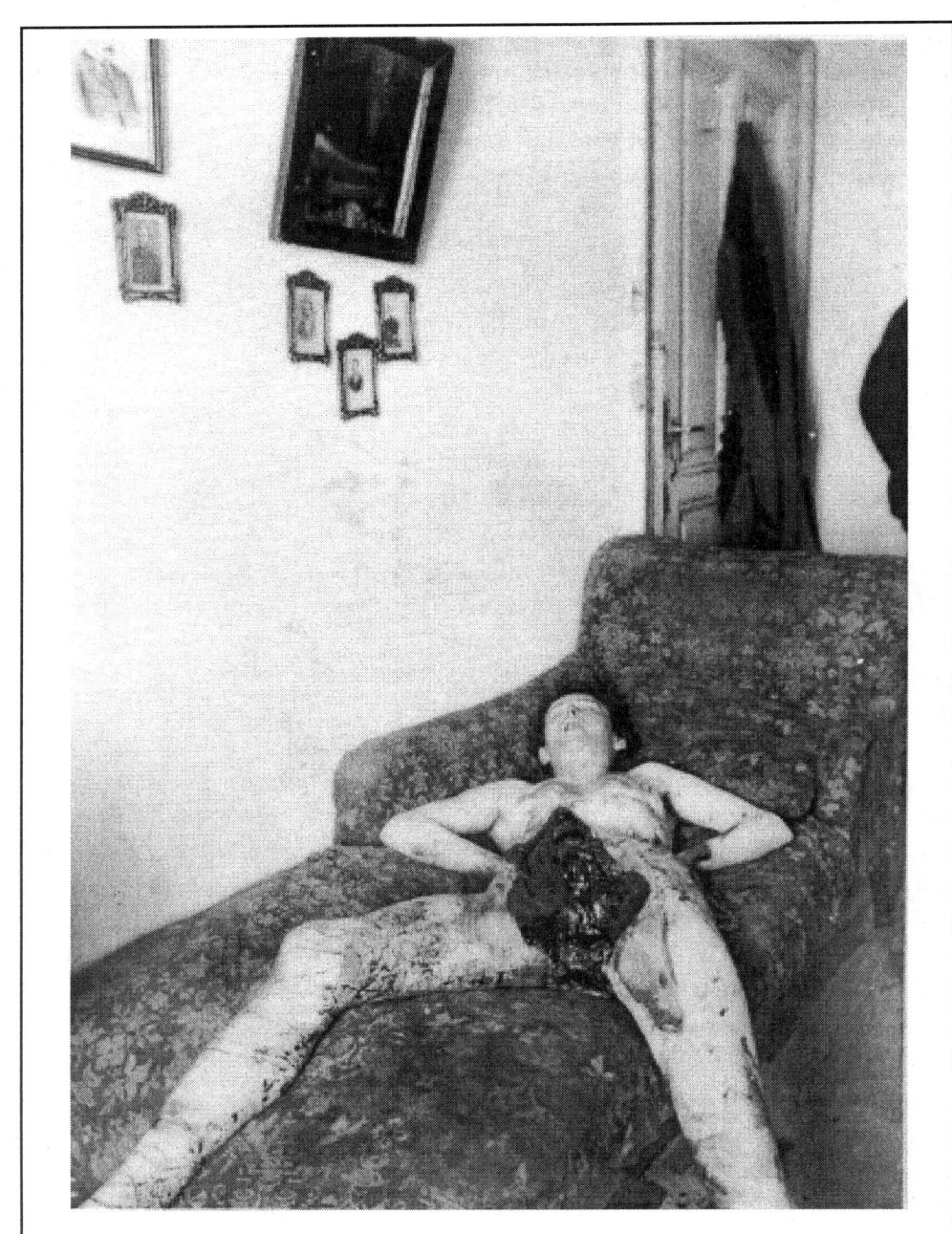

DAS MORDOPFER FRANZISKA HOFER BEI AUFFINDUNG AM TATORT

Noch ein schon bei der Tatbestandsaufnahme wahrgenommener Umstand wies auf einen Lustmörder hin, nämlich der, daß die Hofer nicht in jener Lage ermordet worden war, in der sie aufgefunden wurde. Die sanft in die Hüfte gestemmten Hände zeugten vielmehr davon, daß die Leiche erst später in die geschilderte Position gebracht worden sei. Der Obduktionsbefund, der die besondere Bestialität betonte, mit welcher das Verbrechen verübt worden war, sprach auch die Ansicht aus, daß der Täter in der anatomischen Zerteilung von Leichen versiert gewesen sei. Auch waren Merkmale vorhanden, welche seine Absicht erkennen ließen, die Tote besonders entsetzlich, und zwar charakteristisch zu verstümmeln. Eines sprach jedoch gegen die Annahme eines Lustmordes: in der nächsten Zeit ereignete sich kein zweiter, ähnlicher Fall, was sonst fast immer vorzukommen pflegt, wenn plötzlich ein dermaßen veranlagter Mörder auftaucht. Es blieb zum Glück alles ruhig, bis nach etwa 14 Tagen in einem Hernalser Rinnsal alle der Hofer geraubten Effekten gefunden wurden. Die bereits abgeflauten Erhebungen der Polizei wurden nun wieder mit erneuter Energie aufgenommen. Man fragte in sämtlichen Häusern der Umgebung herum und forschte nach - jedoch umsonst. Die Behörde bekam keine Anhaltspunkte. Der Mörder blieb weiter unentdeckt, obwohl er sich um diese Zeit sicherlich in Wien aufhielt. Wir kennen bis heute seine Persönlichkeit nicht. Wurden damals auch wirklich alle Prostituierten, die mit der Hofer zu verkehren pflegten, gefragt, ob sie einen Streit mit ihr gehabt, und ob die Tat nicht doch ein Racheakt eines Zuhälters war....?

EPILOG

Wenn sich der Leser an Hand dieser sechzig Kriminalfälle aus dem Wien des 19. Jahrhunderts mit dem oftmals blutigen aber auch skurrilen Geschehen in der Reichshaupt- und Residenzstadt auseinandersetzt, so gewinnt er einen umfangreichen aber beileibe nicht vollständigen Einblick in die Kriminalgeschichte des vorigen Jahrhunderts.

Gerade gegen Ende des vorigen Jahrhunderts finden wir eine steigende Anzahl bedeutender Kriminalfälle, die von Tartaruga (Ehrenfreund) nicht in seine Sammlung aufgenommen wurden, da für den Leser jener Jahre vor dem Ersten Weltkrieg diese Fälle durch die bereits breite Presseberichterstattung noch gegenwärtig waren. Diesen Kriminalfällen wird in kommenden Veröffentlichungen der EDITION SEYRL verstärktes Augenmerk geschenkt.

Die Bedeutung der Sammlung liegt hauptsächlich in dem Umstand, daß Ubald Tartaruga durch seine dienstliche Tätigkeit innerhalb der k.k. Polizeidirektion Wien den Zugang zu einem noch verbliebenen Aktenbestand aus der Frühzeit des 19. Jahrhunderts hatte. Gerade dieser Aktenbestand ist jedoch durch verschiedene Umstände innerhalb der letzten einhundert Jahre weitgehendst verlorengegangen und so bietet in manchen Fällen die Sammlung Tartarugas die einzige authentische Quelle zur Kriminalgeschichte der ersten Hälfte des vorigen Jahrhunderts.

Nicht unerwähnt muß in diesem Zusammenhang bleiben, daß es bereits einen gewaltigen Aderlaß an historischen Akten und Materialien bei der Auflösung des Wiener Kriminalgerichtes am Hohen Markt bzw. bei der Übersiedlung in das neue Gebäude des Landesgerichtes (ab 1839) gegeben hatte. Vor allem die Zeugnisse der für die Stadtgeschichte so interessanten und aufschlußreichen Kleinkriminalität gingen fast zur Gänze verloren.

Auch bei Übersiedlung der Polizeidirektion vom alten Direktionsgebäude am Platz Am Peter in das bisherige „Hotel Austria" im Jahre 1874 ging sehr viel Material verloren, desgleichen bei dem 1904 erfolgten Einzug der kriminalpolizeilichen Dienststellen in das neuerrichtete Amtsgebäude an der Elisabethpromenade, der heutigen Roßauerlände.

Die völlige Zerstörung der Polizeidirektion am Schottenring 11 während der Luftangriffe des Zweiten Weltkrieges und die schweren Kriegsbeschädigungen des Hauses an der Roßauerlände führten zu weiteren Verlusten der so nur mehr in geringem Maße vorhandenen historischen Aktenbestände. Durch das noch nicht entwickelte Kopiersystem fehlten weitgehendst auch Zweitschriften und die Verluste waren somit endgültig und unwiederbringlich.

Schließlich darf der wohl größte Verlust an historischen Quellen zur Wiener Kriminalgeschichte nicht unerwähnt bleiben, der am 15. Juli 1927 durch den Brand des Justizpalstes zu beklagen war.

Das „Archiv des Inneren und der Justiz", welches im prächtigen Gebäude am Schmerlingplatz untergebracht war und eine zentrale Sammlung bedeutendster historischer Kriminalakten und Druckschriften nicht nur Wiens sondern auch anderer Teile der Monarchie beinhaltete, wurde an diesem Schicksalstag Österreichs fast vollständig ein Raub der Flammen.

Gerade durch diese Umstände ist die Materialsammlung Tartarugas doppelt wertvoll geworden und soll durch die bearbeitete, erweiterte und kommentierte Neuherausgabe, mit einem reichen Bildteil versehen, einem breiten Publikum zugänglich gemacht werden.

Harald Seyrl, Herausgeber

DAS K.K. POLIZEI-GEBÄUDE A.D. ELISABETH-PROMENADE IN WIEN

FACADE ELISABETHPROMENADE

INHALT

Vorwort des Herausgebers	5
Vorwort zur ersten Auflage	6
Historische Entwicklung der Wiener Polizei- und Gerichtsgewalt	8
1 DIE FREUNDINNEN VON ALTHAN, 1805	18
2 DIE GREISSLERIN VOM HUNGELGRUND, 1809	24
3 JOHANN GEORG GRASEL, 1812-1818	31
4 DER BRUDER ALS DOPPELMÖRDER, 1817	61
5 DER MASKIERTE SCHNEIDER, 1817	65
6 BEI DER GOLDENEN SCHLANGE, 1817	72
7 SEVERIN VON JAROSCHINSKI, 1827	78
8 IN DEN KASEMATTEN NÄCHST DEM SCHANZLTORE, 1829	88
9 DER VERDÄCHTIGE VOM „PARADEISGARTEL", 1829	92
10 DIE ALTE HETZMEISTERIN, 1830	99
11 DER „FREIHAUS-JUD", 1830	103
12 DAS ÄGYPTISCHE BETÄUBUNGSMITTEL, 1830	107
13 EINE KÖCHIN AUS DEM „ELYSIUM", 1836	111
14 EIN APACHENPAAR AUS DEM VORMÄRZ, 1838	116
15 DIE KNABENLEICHE IM STADTGRABEN, 1842	123
16 DIE VERBRECHEN DES STIEFSOHNES, 1844	130
17 GREGOR BILDSTEIN, 1844	135
18 DIE WAHRSAGERIN VOM BRÜNNL, 1848	139
19 DER HOCHVERRÄTER LIBENYI, 1853	144
20 RESPITZEL, 1853	154
21 UNBESTELLBARES FRACHTGUT, 1859	160
22 DIE SCHENKE BEI DER LAMPELMAUTH, 1860	173
23 DIE SPINDELUHR ALS VERRÄTER, 1861	179
24 DER GEORGI-ZINS, 1861	185
25 DAS GEHEIMNIS DER SCHMIEDE, 1861	189
26 DIE BLUTIGE HAND, 1862	194
27 DIE „HARMONIEMACHERIN" VOM SCHOTTENFELD, 1862	198
28 EIN UNGESÜHNTER RAUBMORD, 1862	202
29 DIE NETTEL VOM „GOLDENEN OCHSEN", 1863	209
30 DER VERHÄNGNISVOLLE BROMBEERSTRAUCH, 1864	213
31 RAUBMORDVERSUCH AM TAGE EINES TODESURTEILES, 1865	217
32 KATHARINA PETRSILKA, 1867	222
33 DER FALL CHORINSKI–EBERGENYI, 1867	233

34	DIE LETZTE ÖFFENTLICHE HINRICHTUNG IN WIEN, 1868	244
35	EIN BEDENKLICHER SELBSTMORD, 1868	250
36	IN DER BAUHÜTTE, 1869	254
37	EIN „JOSEPHINER" ALS GIFTMÖRDER, 1869	257
38	EIN VERTIERTES WEIB, 1869	265
39	DIE VERSCHWUNDENEN WOHNUNGSSCHLÜSSEL, 1870	268
40	EIN UNGEKLÄRTER FALL, 1870	273
41	EIN GRAUSIGER FUND, 1870	276
42	EIN LEBENDER LEICHNAM, 1870	282
43	IM LIEBESWAHNSINN, 1871	289
44	DER BRIEF DER GELIEBTEN, 1871	294
45	DER ERSTE MÖRDER VOR DEN GESCHWORENEN, 1873	298
46	DAS ENDE EINER GEFALLENEN, 1874	303
47	MIT HAMMER, AMBOSS UND SCHEIDEWASSER, 1874	306
48	VON STUFE ZU STUFE, 1874	310
49	DER SCHWARZE HANDSCHUH, 1874	315
50	EINE NÄCHTLICHE SZENE, 1874	319
51	EIN PAAR STUNDEN, 1874	324
52	DER RAUBMORD AUF DER TÜRKENSCHANZE, 1875	328
53	ENRICO VON FRANCESCONI, 1876	334
54	DIE GIFTMISCHERIN THERESE SIMMERE, 1877	345
55	DER MÄDCHENMÖRDER HUGO SCHENK, 1884	353
56	DER FALL EMEDER, 1891	374
57	FRANZ UND ROSALIA SCHNEIDER, 1891	381
58	DER PROZESS DER FRAU VON ALSO-RUSSBACH, 1891	394
59	DER MORD IM KURHAUSE, 1892	399
60	DER „AUFSCHLITZER" VON OTTAKRING, 1898	403
Epilog		409
Inhalt		411
Quellen - und Bildnachweis		413

Quellen und Bildnachweis:

Archiv und Amtsbibliothek der Bundespolizeidirektion Wien
Archiv des Österr. Kriminalmuseums, Scharnstein
Archiv des Wiener Kriminalmuseums, Wien
HR Mag. Ernst Trybus, Baden
Österr. Nationalbibliothek - Zeitschriftensammlung, Wien
Museum der Stadt Baden
Mag. Harald Seyrl, Wien-Scharnstein